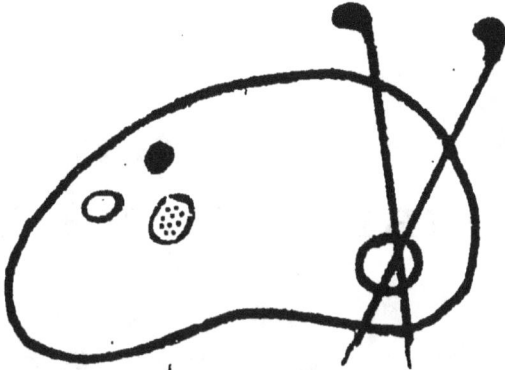

Couvertures supérieure et inférieure
en couleur

BIBLIOGRAPHIE

DE L'AFRIQUE

Tirage à 500 exemplaires plus 20 sur papier teinté.

Exemplaire N° 3/

VINCENT BONA — Imprimeur de S. M. — TURIN.

BIBLIOGRAPHIE

DES OUVRAGES RELATIFS

A L'AFRIQUE ET A L'ARABIE

CATALOGUE MÉTHODIQUE

de tous les ouvrages français & des principaux en langues étrangères traitant
de la Géographie, de l'Histoire, du Commerce, des Lettres & des Arts
de l'Afrique & de l'Arabie

PAR

JEAN GAY

Membre de l'Institut National de Genève

A SAN REMO

CHEZ J. GAY & FILS

ÉDITEURS

A PARIS

CHEZ MAISONNEUVE & CIE

QUAI VOLTAIRE, 15

1875

PRÉFACE

En 1842, M. Ternaux-Compans avait fait paraître une *Biblio-thèque Asiatique et Africaine;* mais comme il ne s'occupait dans cet ouvrage que de livres publiés jusqu'à la fin du XVIIème siècle, un pareil travail ne pouvait offrir d'intérêt qu'à l'anti-quaire, il en était dépourvu pour le reste du monde lettré.

L'Afrique et l'Arabie n'ont pas eu jusqu'ici de bibliographie générale.

Il y a six ans, frappé de cette lacune, nous entreprîmes d'y remédier; et à cet effet, nous compulsâmes les principaux tra-vaux bibliographiques, et peu à peu nous sommes arrivé à former ce Catalogue méthodique que nous offrons au monde savant, industriel et commercial, et à tous ceux dont les études sont portées vers l'Afrique ou l'Arabie.

LISTE

DES PRINCIPAUX OUVRAGES COMPULSÉS

BARBIER. — *Dictionnaire des anonymes.*

Bibliographie de la France. Journal général de l'imprimerie et de la librairie.

Bibliographie de la presse périodique française; par EUG. HATIN.

Bibliographie des ouvrages relatifs à l'amour, aux femmes, etc.; par le C. d'I.

BOUILLET. — *Dictionnaire universel d'histoire et de géographie.*

BOURQUELOT. — *La Littérature française contemporaine.*

BRUNET. — *Manuel du libraire et de l'amateur de livres.*

Catalogue des Accroissements de la Bibliothèque royale. Bruxelles, 1843, brochures in-8.

Catalogue des livres de la Bibliothèque de Grenoble. 3 vol. in-8.

LA VALLIÈRE (Duc de). — *Catalogue.* Paris, 1783 et ann. suiv., 9 vol.

M. — Notes communiquées par M. A. de MARSY.

Nouveau dictionnaire historique portatif, ou Histoire abrégée de tous les hommes qui se sont fait un nom par des talens, etc.; par une Société de gens de lettres. Nouv. édit. revue. Amsterdam, 1771, 4 vol. in-8.

PEIGNOT. — *Dictionnaire historique et bibliographique.*

QUÉRARD. — *La France littéraire.*

Revue bibliographique. Polybiblion.

Les Supercheries littéraires dévoilées; par QUÉRARD, GUST. BRUNET et P. JANNET.

VAN HULTHEM. — *Bibliotheca Hulthemiana.* Gand, 1836, 6 vol. in-8 (Bibliothèque Royale de Bruxelles).

VAPEREAU. — *Dictionnaire universel des contemporains.*

WALCKENAER. — *Recherches géographiques sur l'intérieur de l'Afrique.*

Et les principaux Catalogues des librairies et de ventes de livres parus dans ces dernières années.

Table des Matières

TABLE DES MATIÈRES

BIBLIOGRAPHIE

RELATIFS À L'AFRIQUE & À L'ARABIE

I.

AFRIQUE & ARABIE

Théologie, Philosophie, Économie, Industrie, etc.

1. **AUBRY** (Jean d'), prêtre, né à Montpellier. Il fut regardé comme un charlatan et un rusé visionnaire. On a de lui : *Le Firmament de la vérité, contenant les démonstrations... qui prouvent que les prêtres, diacres, etc., doivent être damnés, s'ils ne vont prêcher l'Evangile aux Turcs, Arabes, Maures etc.* 1642, in-8. (*Manuel du libraire* de Brunet.)

2. **FLACHAT** (Jean-Claude), né à Lyon. *Observations sur le commerce et les arts d'une partie de l'Europe, de l'Asie et de l'Afrique.* Lyon et Paris, 1766, 2 vol. in-12. (*Dict. hist.* Peignot.)

3. **LIPP** (L.). *Guide des négociants dans toutes les entreprises mercantiles, ou Traité instructif sur le commerce de 126 villes de l'Europe, de l'Asie et de l'Afrique, etc.* Montpellier, 1798, 2 vol. in-4°. (Quérard.)

4. **POIVRE** (N.), ancien intendant des îles de France et de Bourbon, né à Lyon en 1715, mort en 1786. On a de lui : *Voyage d'un philosophe, ou Observations sur les mœurs et les arts des peuples de l'Afrique, de l'Asie, etc.* Yverdon, 1768, in-12. — Maestricht, 1779, in-12. — Paris, 1786, in-8 (édition augmentée d'une Notice sur la vie de l'auteur).—Nouv. éd. augm., 1797, in-8. (Nyon, n° 20824. — Quérard.—*Manuel* de Brunet.—Van Hulthem, t. I, n° 5961. — *Catal.* de Grenoble, n° 19477. — *Supercheries litt.*, t. III, col. 115.)

5. **PONCELIN de La ROCHE TILHAC** (J.-Ch.), conseiller du roi à la table de marbre, né en 1746. *Almanach Américain, Asiatique et Africain, etc.* Paris, 1784 et années suiv., 7 vol. in-12. Poncelin, dans cet Almanach, a copié Raynal presque littéralement. (Quérard.)

— *Tableau du commerce et des professions des Européens en Asie et en Afrique.* Paris, 1783, 2 vol. in-12. (Quérard.)

— *Superstitions orientales, ou Tableau des erreurs et superstitions des principaux peuples de l'Orient, etc.* Paris, 1785, in-fol., 22 pl. (*Supercheries litt.*, t. III, p. 672.)

6. **REYNIER** (J.-L. Ebnezer), général du génie, né à Lausanne en 1771. Accompagna Bonaparte en Egypte. On a de lui : *De l'économie publique et rurale des peuples anciens* (Egyptiens, Arabes, Carthaginois, etc.). Genève, 1820, in-8. — Genève et Paris (édition précédée de Considérations sur les antiquités éthiopiennes), 1823, in-8. (Quérard.)

7. **RICARD** (Samuel). *Traité général du commerce, etc.* Nouvelle édition, contenant l'État actuel du commerce de l'Asie, de l'Afrique et de l'Amérique. Paris, an VII (1799), 3 vol. in-4°. (Quérard.)

8. **LAMBERT** (Claude-François), jésuite, né à Dôle, vers 1700, curé de Saineau. *Observations curieuses sur les mœurs, les coutumes, les arts et les sciences des différents peuples de l'Asie, de l'Afrique, etc.* Paris, 1749, 4 vol. in-12. (Bouillet, *Dict. d'hist.*)

9. **JAUBERT, DE PASSA** (Baron Fr.-Jacq.), né à Passa, en 1785, correspondant de l'Institut. *Recherches sur les arrosages chez les peuples anciens.* Paris, 1846-1847, 4 vol. in-8. La 4e partie comprend la Syrie, l'Arabie et l'Egypte. (Bourquelot.)

Sciences et Histoire naturelle.

10. **BELON** ou **BELLON** (Pierre), docteur en médecine de la Faculté de Paris, et naturaliste, né vers 1518, assassiné en 1564. Il voyagea en Orient. Ses ouvrages furent recherchés pour leur exactitude et l'érudition dont ils sont remplis. On a de lui : *Observations de plusieurs singularités et choses mémorables trouvées en Grèce, Asie, Judée, Egypte, Arabie et autres pays, rédigées en trois livres.* Paris, 1553, pet. in-4°, figures sur bois (1re édition). — Autres éditions en

1554. — 1555. — Anvers, 1555, pet. in-8, fig. s. b. — Paris, 1588, in-4° (c'est la seule édition de cet ouvrage imprimée en lettres rondes). Ch. l'Ecluse (Clusius) a donné une traduction latine de ces *Observations*. Anvers, 1589, in-8, fig. (Van Hulthem, n° 11479. — J^me Bignon, 1837. — *Manuel* de Brunet. — Nyon, 20812. — Soleil, 1871. — La Vallière. — *Nouv. dict. hist.*, 1771. — Potier, 1871, n° 2022. — Yéméniz, 2760². — *Archives du Bibliophile*.)

— *Recueil d'oyseaux, animaux, serpens, herbes, arbres, hommes et femmes d'Arabie et d'Egypte, observez par* P. BELON, *le tout enrichy de quatrains, pour plus facile cognoissance : plus y est adjousté la carte du Mont Attos et du Mont Sinay.* Paris, 1557, in-4°, 216 fig. sur bois. — Il existe des exemplaires en noir et d'autres coloriés, également recherchés. — Autre édition, Paris, 1588, in-4°, fig. (*Manuel* de Brunet. — *Catalogue* de Grenoble, n° 12351. — *Catalogue* Van Hulthem, n° 7135.)

11. **LARTET** (**Louis**), docteur ès sciences. *Essai sur la géologie de la Palestine et des contrées environnantes, telles que l'Egypte et l'Arabie; comprenant les observations recueillies dans le cours de l'expédition du duc de Luynes à la mer Morte.* Paris, 1869, in-4°, carte. (*Journal de la librairie*, 1870, 316.)

— *Sur la formation particulière des grès rouges en Afrique et en Asie.* Paris, 1868, in-8 de 10 pp. (Extrait du *Bulletin de la Société géologique de France*, 2ᵉ série, tome XXV). (*Journal de la librairie.*)

12. **ZAGIELL** (**J.-T.**, prince), docteur en médecine. *Aperçu général des formations géologiques de l'Egypte, d'une partie de la Nubie et de l'Arabie Pétrée, correspondant à la carte de ces contrées, publiée à Londres en 1871.* Paris, 1872, in-8 de 83 pp.

13. **SCHENK** (**A.**). *Plantarum species quas in itin. per Ægyptum, Arabiam et Syriam colleg. Schubert, Erdl et Roth.* Monachii, 1840, in-8. (Biblioth. royale de Bruxelles, 12ᵉ catal. des accroissements, p. 37.)

14. **FORSKÄL** (**Pierre**), naturaliste suédois, né en 1736. Il voyagea en Orient et en Arabie avec Niebuhr. *Flora ægyptiaco-Arabica; seu Descriptiones plantar. Ægypti inferioris et Arabiæ Felicis: post mortem auctoris edidit Carts. Niebuhr.* Hanniæ, 1775, in-4°, cum 1 tab. (cat. Van Hulthem, t. Iᵉʳ, n° 6855. — Daremberg, 1873, adjugé 8 fr.)

— *Symbolæ botanicæ, sive Descriptiones plantarum, quas in itinere imprimis orientali collegit* Petrus Forskäl. Hanniæ, 1790-94, 3 part. en 4 vol. gr. in-fol., 75 pl. (*Manuel* de Brunet.)

Peignot, dans son *Dictionnaire*, mentionne aussi de cet auteur: *Icones rerum naturalium.* In-4°. — *Descriptiones animalium in itinere orientali.* In-4°.

15. **HEUGLIN** (**Théodore de**), voyageur et zoologiste allemand, né à Hirschlauden (Wurtemberg), en 1824. Explora l'Egypte jusqu'au Nil Blanc, fut consul à Khartoum, parcourut les côtes de la mer Rouge et l'Arabie Pétrée. Les résultats de ses découvertes, qui intéressent surtout la zoologie et plus spécialement l'ornithologie, ont été consignés dans les Mémoires de Pétermann (P.'s *Mittheiluengen*, 1860-1864). (Vapereau.)

16. **CRAMER** (**Pierre**) et **C. STOLL**. *Les Papillons exotiques des trois parties du monde, l'Asie, l'Afrique et l'Amérique.* Amsterdam, 1779-1791, 5 vol. in-4°, y compris le *Supplément.* 442 figures (L'ouvrage est écrit en français, et en flamand). (*Manuel.*)

17. **EHRENBERG** (**Christian-Gottfried**), naturaliste allemand, né en 1795. L'Académie des sciences de Berlin lui confia, en 1820, une mission pour l'Egypte. Il parcourut l'Egypte, l'Abyssinie et une grande partie de l'Arabie. A son retour il publia son Voyage scientifique dans l'Afrique septentrionale et l'Asie occidentale (*Naturgeschichtliche Reisen in Ægypten, Dongola, Syrien, Arabien, und Habessinien von Hemprich und Ehrenberg, von 1820-1825*). Berlin, 1828 et années suiv., gr. in-4°, cartes et vues. (Brunet.)

— *Symbolæ physicæ seu Icones et Descriptiones corporum naturalium novorum aut minus cognitorum quæ ex itineribus per Libyam, Ægyptum, Nubiam, Dongolam, Syriam, Arabiam, et Habessiniam...* Berlin, 1829-45, in-fol. Il a été fait pour ce livre un texte allemand. (Brunet.)

18. **ROCHE** (**Louis Aubert**), médecin, né à Vitry-le-François, vers 1810, fut chef de service de santé de la compagnie de l'isthme de Suez. On a de lui divers *Rapports médicaux* sur l'Orient; un *Projet d'institution de médecins envoyés en Orient*, présenté à l'Académie; un ouvrage intitulé: *De la peste ou typhus d'Orient, documents et observations recueillis pendant les années 1834 à 1838, en Egypte, en Arabie, sur la mer Rouge, en Abyssinie, etc.* Paris, 1843, in-8. L'auteur conclut que la peste n'est nullement contagieuse. (Bourquelot. — Vapereau.)

Linguistique, Belles-Lettres et Beaux-Arts.

19. **ADELUNG** (**Jean-Christophe**), né en 1734, en Poméranie, bibliothécaire de l'électeur de Dresde. On a de lui: Mithridate, ou Science générale des langues, avec l'oraison dominicale pour exemple dans près de 500 langues ou dialectes (*Mithridates, oder allge-*

meine Sprachenkunde, etc.). Berlin, 1806-1817, 4 tom. en 5 vol. in-8. Le 1er volume, qui a paru du vivant de l'auteur, renferme les langues d'Asie, au nombre de 159. Le 3e volume, publié par J.-S. Vater, en 1812, comprend les langues africaines. (Peignot. — Brunet.)

— (**Frédéric**), né en 1768, neveu de Jean-Christophe, philologue et érudit, se fixa à Saint-Pétersbourg, où il devint conseiller d'État. On a de lui : Coup d'œil sur toutes les langues connues et leurs dialectes (*Uebersicht aller bekannten sprachen und ihrer Dialecte*). St-Pétersbourg et Berlin, 1820, in-8º. Une traduction italienne de ce livre, parut à Milan en 1824, in-8. On y trouve 3114 idiômes connus, dont 276 pour l'Afrique seule. Depuis, J.-S. Vater a fait paraître un travail plus complet : *Literatur der Grammatiken*, etc. Berlin, 1847, in-8º. (Bouillet. — Brunet.)

20. **HASSE** (**J.-G.**). *Praktischer Unterricht..* (Introduction pratique sur toutes les langues orientales, arabe, éthiopienne, etc.). Iena, 1781, 4 part. en 2 vol. in-8. (*Manuel* de Brunet, nº 11486.)

21. **BRUYN** (**Abraham Van**), graveur célèbre, qui florissait à Anvers vers l'an 1560. *Diversarum gentium armatura equestris ubi fere Europæ, Asiæ atquæ Africæ equitandi ratio propria expressa est.* (1576), in-4º, titre gravé. La dédicace du 1er feuillet porte la date de 1576, 8 ff. prélim. et 52 planches numérotées (Suite de costumes bien gravés). — Il a été fait un nouveau tirage in-4º, mais le volume comprend 81 planches au lieu de 52. — Autre édition, Amsterdam, 1614, in-4º, 80 grav. (Catalogue Yéméniz, nº 3113, adj. 200 fr. ; id., nº 3114, 100 fr. — *Manuel* de Brunet.)

— *La Forme et façon diverses des vestemens des peuples de l'Europe, Asie, Aphrique (sic) et Amérique;* gravées... Anvers, 1581, in-fol. obl., 58 pl. (Des exempl. portent la date de 1584). Cet ouvrage qui contient 500 fig. avec texte latin et français, parut sous divers titres. (Van Hulthem, 9624. — Brunet.)

22. **DEMMIN** (**Aug.-Frédéric**), archéologue, né à Berlin en 1823. *Histoire de la céramique, en planches phototypes inaltérables, avec texte explicatif. L'Asie, l'Amérique, l'Afrique et l'Europe, par ordre chronologique.* Paris, 1873-74, in-fol., planches. (*Journal de la librairie*, nº 10671.)

23. **GIRAULT DE PRANGEY**. *Monuments arabes d'Egypte, de Syrie et d'Asie mineure, dessinés et mesurés de 1842 à 1845.* Paris, 1846 et années suivantes, in-fol. (Catalogue des accroissements, 8e livr.)

— *Essai sur l'architecture des Arabes et des Maures, en Espagne, en Sicile et en Barbarie.* Paris, 1841, gr. in-8, 28 planches lith. en noir et en couleur. (*Manuel* de Brunet, nº 9952.)

— *Notice sur les deux ouvrages de M. Girault de Prangey, intitulés : Monuments arabes;* par Reynaud. Paris, 1842, in-8. (Catalogue de M. Claudin.)

24. **RECUEIL** *de la diversité des habits, qui sont de présent en usage, tant ès pays d'Europe, Asie, Afrique et Isles sauvages. Le tout fait après le naturel.* Paris, 1564, in-8, fig. sur bois. (Yéméniz, adj. 78 fr.) — Autre édition; Paris, 1567, in-8, fig. en bois. (Yéméniz, adj. 115 fr. — Catal. de Grenoble, nº 19421.)

25. **ROBERTS** (**Dav.**). *Views in the Holy Land, Syria, Egypt, Nubia, Arabia, etc.; with historical descriptions by the rev. Dr Croly, and W. Brockedon.* London, 1842, 1847, 4 vol. gr. in-fol., 120 pl. et vignettes. — 1856, 6 vol. gr. in-8.

— *La Terre Sainte, vues et monuments recueillis, avec une Description historique.* Bruxelles, 1843, gr. in-fol., 60 pl. (*Manuel* de Brunet.)

26. **WERNER** (**Charles**), peintre allemand, né en 1808. Il parcourut l'Egypte, la Syrie, la Palestine, etc.; à son retour il fit paraître à Londres une grande publication pittoresque, intitulée : Jérusalem et la Terre Sainte (*Jand the Holy Land*). 1866-1867, avec 30 feuilles en couleur. (Vapereau.)

27. **WILKIE** (**David**), peintre anglais, né en 1785, mort en 1841. Il voyagea en Orient et a laissé des *Sketches in Turkey, Syria, Egypt, Spain, and Italy.* London, 1843-47, gr. in-fol. de 52 grandes lithographies. (*Manuel* de Brunet.)

28. **WILLYAMS** (**Cooper**). *A Selection of views in Egypt, Palestine, etc., with a geographical and histor. description to each view, in english and french.* London, 1821, in-fol., 32 pl. Ouvrage d'une exécution médiocre. (*Manuel* de Brunet.)

Histoire et Géographie.

29. **ABD-EL-HAMID-BEY** (**Du Couret**), voyageur français, né à Huningue (Haut-Rhin), en 1812. Il partit en 1834, visita l'Egypte et l'Abyssinie, fit comme musulman le pélerinage de la Mecque, parcourut l'Yémen et le pays d'Aden, se rendit à l'île Bourbon, puis à Mascate. En 1848, il partit de nouveau en Afrique avec le dessein de pénétrer jusqu'à Tombouctou. On a de lui : *Les Mystères du désert, souvenirs de voyages en Asie*

et en Afrique, précédés d'une préface, par
Stan. de Laperouse. Paris, 1859, 2 vol. in-12.
(Wolf. — *Supercheries littéraires*, Iʳᵉ par-
tie, p. 163.)

30. **ABUL'-FÉDA (Ismael)**, célèbre historien et géographe arabe, mort en 1331. On a
de lui deux précieux ouvrages ; l'un est une
Histoire abrégée du genre humain, divisée
en 5 parties (la 3ᵉ partie traite des Pharaons,
la 4ᵉ partie des rois d'Arabie avant Mahomet). Cet ouvrage a été traduit partiellement
plusieurs fois. L'autre est un Traité de géographie, intitulé : *De la vraie situation des
pays;* il est divisé en deux parties ; il a eu
également plusieurs éditions et traductions.
Une traduction française de la géographie,
avec des notes, a été faite par MM. Reinaud
et le baron Mac Guckin de Slane : publiée à
Paris, imprimerie royale, 1837-48, 2 vol. in-4°.
(Bourquelot.)

— *Africa, arabice, curavit* J. G. Eichhorn.
Gott., 1791, in-8°. — Gott., 1790, in-8. (Van
Hulthem. — *Manuel* de Brunet, n° 28338.)

31. **ANDRÉ (Ch.)**. Divers voyages en Arabie
et Est-Africain faits par Burton, Soeke,
Krapf, Rebmann-Erhart, etc. (*Forschung-
reisen in Arabien und Ost-Africa...*). Leipzig, 1861, gr. in-8 de 548 pp., carte et fig.
(*Manuel* de Brunet.)

32. **ANVILLE (J.-B. d')**, géographe du roi,
membre de l'Académie des inscriptions et
belles-lettres, né à Paris en 1697. *Mémoires
sur l'Egypte ancienne et moderne, suivi
d'une Description du golfe arabique ou de
la mer Rouge*. Paris, imprim. royale, 1766,
in-4°, 5 cartes. (*Manuel* de Brunet, n° 28351.
— Peignot.)

32 *bis.* **ARVIEUX (Laurent** chev. d'),
consul à Alger, né à Marseille en 1635, m.
en 1702. *Mémoires du chevalier d'Arvieux,
contenant ses voyages à Constantinople,
dans la Syrie, l'Egypte et la Barbarie*, par
le P. J.-B. Labat. Paris, 1735, 6 vol. in-12.
(Nyon, n° 20780.)

— *Lettres crit. de Hagdi Mohemmed Effendi
à madame la marquise de G..., au sujet des
Mémoires du chev. d'Arvieux, trad. du turc
par Ahmed Frengui* (Petis de la Croix).
Paris, 1735, in-12. (*Manuel* de Brunet.)

33. **BACHEVILLE (Barth.)**. *Le Voyage
des frères Bacheville en Europe, en Asie et
en Afrique*. Paris, 1822, in-8°. Il y a deux
éditions sous la même date. (Quérard.)

34. **BATOUTAH (Abu-Abd-Allah-Moha-
med-ibn)**, voyageur et géographe arabe,
né à Tanger en 1302, mort à Fez en 1377.
Visita de 1325 à 1350 divers pays de l'Asie,
l'Arabie, l'Egypte, le Maghreb et le Soudan

jusqu'à Tombouctou. Le récit de ses voyages, écrit pour le Sultan de Maroc, a été
publié pour la première fois en français, en
1853-58, sous le titre : *Voyages d'Ibn-Batou-
tah, texte arabe et traduction*, par de Fré-
mery et le Dʳ Sanguinetti. Paris, 4 vol. in-8.
(Bouillet. — Loescher, 1867.)

— Kosegarten a écrit sur ce voyageur une
dissertation intitulée: *De Mohammede-Ebn-
Batuta arabe...;* Ienæ, 1818, in-4° de 51 pp.

35. **BADIA-Y-LEIBLICH (Dom.)**, sous
le pseudonyme d'**Ali-bey**, officier espagnol,
né en 1766. Voyagea en Afrique et en Arabie, se faisant passer partout pour musulman, et publia à son retour la relation de
ses *Voyages en Afrique et en Asie, pendant les années 1803 à 1807*. Paris, 1814,
3 vol. in-8 et atlas in-4° oblong de 83 pl.
et 5 cartes. On y rencontre de curieux détails. Cet ouvrage a été traduit en anglais
et publié à Londres en 1816, en 2 vol. ; les
planches sont les mêmes que celles de l'édition française de 1814. (*Manuel* de Brunet. —
France littér. — Bouillet. — Daremberg, adj.
20 fr.)

— *Viajes por Africa y Asia*. Valencia, 1836,
3 tom. in-4°. (Catal. Llordachs, p. 5.)

36. **BAUMGARTEN**. *Peregrinatio in Ægyptum, Arabiam, etc.* Norimb., 1594, in-4°.
Voyage fait en 1507. (*Manuel* de Brunet.)

37. **BEAUVAU (Henri**, baron de). Parcou-
rut l'Europe, l'Asie et l'Afrique et écrivit la
*Relation journalière de ses campagnes et
de ses voyages*. Toul, 1608, pet. in-8. —
Lyon, 1609, in-12. — Paris, 1610, in-12. —
Nancy, 1615, 1619, in-4°, fig. (Peignot. —
Cat. de Grenoble, n° 19428. — *Manuel* de
Brunet.)

38. **BIBLE**, Βίβλιον, *le livre* (le livre par
excellence). Collection des livres écrits sous
l'inspiration du Saint-Esprit; elle se divise
en deux parties : *l'Ancien et le Nouveau
Testament*. Le premier comprend les livres
écrits avant la venue de J.-C., le second
renferme les livres qui ont été écrits depuis
la mort de Jésus, par ses apôtres ou par ses
disciples.

Le livre de l'*Exode*, qui signifie *sortie*,
raconte l'histoire des descendants d'Abraham
après leur établissement en Egypte, la naissance de Moïse et ses efforts pour affranchir
le peuple hébreu de l'esclavage des Pharaons,
la sortie des Israélites de l'Egypte, leur séjour dans le désert, et la loi donnée par Dieu
à Moïse sur le mont Sinaï. La *Bible* s'occupe aussi de diverses parties de l'Arabie.

La *Bible* est un des plus anciens monuments qui nous soient parvenus ; la fable
s'y trouve souvent mêlée à la vérité, et elle

n'est au fond que l'histoire du peuple juif. Moïse a été désigné à tort comme un des premiers auteurs de la *Bible ;* c'est à Samuel que l'on accorde aujourd'hui cet honneur. Cet ouvrage a été traduit dans presque toutes les langues ; les éditions des textes hébreux et des diverses traductions sont innombrables Le texte primitif a été souvent modifié par les Juifs, par les chrétiens et par les sectes protestantes.

38 bis. BLYDEN (Edward W.). *From West Africa to Palestina.* Manchester , 1873, in-8 de 208 pp. (*Journal de la librairie,* Chron., 1873, p. 88.)

39. BOTELER (Captain Th.). *Narrative of a voyage of discovery to Africa and Arabia, from 1821 to 1826, under the command of capt. F. W. Owen.* London , 1835, 2 vol. in-8. (*Manuel* de Brunet, 20029.)

40. BRAMSEN. *Promenade d'un voyageur prussien en diverses parties de l'Europe , de l'Asie et de l'Afrique ,* de 1813 à 1815. Paris, 1818, 2 vol. in-8. (Boucher de la Richarderie, 1826, n° 694. — *Manuel* de Brunet, n° 19929.)

41. BRÉMOND (Gabr. de), littérateur français réfugié en Hollande. *Viaggi fatti nell'Egitto superiore ed inferiore , nel monte Sinay, in Gerusalemme , etc. , con la descrizione della Mecca e del Sepulcro di Mahometto, di Gabriele Bremond, da lui scritta in francese, e tradotta da G. Corso.* Roma, 1679, in- 4°. — Bologne, 1680, pet. in-8. (*Manuel* de Brunet.)

42. BRISSOT-THIVARS (L.-Saturnin), libraire à Paris, et homme de lettres, né à Chartres en 1792. *Mémoires du capitaine Peron sur ses voyages aux côtes d'Afrique, en Arabie, etc.* Paris, 1824, 2 vol. in-8. (Quérard.)

43. BROWNE (Will.-George), voyageu anglais, né à Londres en 1768. Il pénétra en 1793 dans le Darfour, où il fut retenu pendant 3 ans prisonnier. On a de lui: *Travels in Africa, Egypt and Syria.* London , 1799, in-4°. — Nouvelle édit. , Londres, 1806, in-4°, avec des corrections. (Walckenaer, p. 80, note. — *Manuel* de Brunet, 20014.)

— *Nouveau voyage dans la Haute et Basse-Egypte, la Syrie, le Darfour... faict depuis les années 1792 jusqu'en 1798 , etc... Avec des notes critiques sur les ouvrages de Savary et de Volney. Traduit de l'anglais sur la 2e édition* (par Castéra). Paris , an VIII (1800) , 2 vol. in-8, fig. et cartes. On y trouve des détails sur Alexandrie, Syouah, Aboukir, Rosette, le Caire, Gizé, Assiout (Syout), le Nil , Girgé, Denderah , Thèbes , Assouan ou

Syène, Cosseïr, Tamieh, le lac Moeris, le Sinaï , Damiette, etc.

— *Reisen in Afrika und Ægypten Syrien ,* 1792-1798. Leipzig, 1800, grav. et cartes. (Dr Schubert.)

44. BRUCE (Jacques), célèbre voyageur écossais, né en 1730; en 1763 il fut nommé consul à Alger ; en 1768 il se mit à explorer la côte barbaresque , l'Egypte, le Nil bleu , qu'il regarda à tort comme étant le vrai Nil, le désert de la mer Rouge, l'Arabie heureuse et l'Abyssinie. En 1773, Bruce rentra en Angleterre et y publia la relation de ses voyages : *Travels to discover the source of the Nile, in the years* 1768, 69, 70, 71 and 72. Edinburgh, 1790, 5 vol. gr. in-4°, fig. Il y a des exempl. avec figures coloriées. — Rich. Wharton, dans ses *Observations,* a réfuté cet ouvrage.

— Le texte anglais de l'ouvrage de Bruce a eu plusieurs éditions : London, 1805, augmentée de la vie de l'auteur ; et une autre, en 1813, 7 vol. in-8 et atlas in-4°, mais on recherche de préférence la première édition.

— *Voyage aux sources du Nil, en Nubie et en Abyssinie, depuis l'année 1768 jusqu'en* 1773 ; trad. de l'anglais par J.-H. Castéra. Paris, 1790-91 , 5 vol. in-4° et atlas de 88 planches, y compris les 4 grandes cartes. — Autre édition, Paris, 1790-91, 10 vol. in-8, et atlas in-4°. Le V° volume in-4° ou le X° vol. in-8 , renferme les *Quatre voyages dans le pays des Hottentots,* traduits de Paterson.

— Il existe une contrefaçon suisse de la traduction française de l'ouvrage de Bruce, publiée à Berne, en 1790 et années suivantes, en 14 vol. , avec planches médiocres. Le texte de cette dernière édition est estimé.

— *Voyage en Nubie et en Abyssinie, traduction abrégée de l'ouvrage de Bruce,* par P. F. Henry. Paris, 1800, 9 vol. in-18, dont un de 22 planches et une carte. (Quérard. — *Manuel* de Brunet. — Peignot.)

— *This map cont. a chart of the Arabian gulf with is Egyptian, Ethiopian and Arabian coasts, from Suez to Bab-el-Mandeb , to the source of Nile , to the Sennaar and the great desert Nubia and Beja, etc.* (Carte géographique). (Dr Schubert.)

45. BURGO (Gio.-Batt. de). *Viaggio de cinque anni in Asia, Africa ed Europa del Turco.* Milano (1686), 3 vol. in-12, fig. (*Manuel* de Brunet.)

46. CASSAS (L.-F.). *Voyage pittoresque de la Syrie, de la Phénicie, de la Palestine et de la Basse-Egypte.* Paris , 1799 et années suiv. , 3 vol. gr. in-fol. Le texte est de Laporte-Dutheil et Langlès. L'ouvrage fut arrêté dans sa publication à la 30ᵉ livraison des figures et à la septième livraison du texte, par ordre de M. de Choiseul. (Brunet. — Quérard.)

47. **DIETERICI** (Fréd.), né en 1821, professeur agrégé de l'Université de Berlin. Visita l'Orient, le Sinaï et l'Egypte. On a de lui : *Reisebilder aus dem Morgenlande* (Esquisses d'un voyage en Orient). Berlin, 1853, 2 vol. (Vapereau.)

48. **DUGAT** (Gust.). Orientaliste français, né à Orange (Vaucluse), en 1824. *Cours complémentaire de géographie, histoire et législation des Etats musulmans, à l'école des langues orientales.* Paris, 1873, gr. in-8. (*Journal de la librairie.*)

49. **DUSTERHOOP** (J.-J.). *Dagverhaal van eene reize van groot Cairo na den berg Sinaï ente rug, gedaan in't jaer 1722; uit het englest van Robert bisshop van Clogher.* Amsterdam, 1754, in-8, fig. (Van Hulthem, 13873.)

50. **ERBEN** (Ch. Jaromir), historien, né en Bohême en 1811. On a de lui un *Voyage de Harault de Polschitz dans la Terre promise et en Egypte.* 1854, t. I. (Vapereau.)

51. **EYRIÈS** (J.-B.), géographe, né a Marseille en 1767, mort en 1846. *Voyage pittoresque en Asie et en Afrique; résumé général des voyages anciens et modernes.* Paris, 1839, gr. in-8 à 2 col., nombr. figures gravées d'après Jules Boilly. — Édition précédente : Paris, 1834-35, gr. in-8, nombr. gravures. (Quérard. — Comte de Rayneval, nᵒ 280.)

— *Afrique*, article extrait de l'*Encyclopédie moderne.* Paris, 1824, in-8 de 16 pp. (Quérard.)

51 *bis.* **EVLIYA EFENDI.** *Narrative of Travels in Europa, Asia, and African, in the Seventeenth Century, translated from the Turkish* by J. von Hammer. 1834-50, 2 vol. in-4ᵒ. (B. Quaritch, 1874, nᵒ 15, 5 sh.)

52. **FABRI** (Félix). Auteur d'un Voyage en Egypte et au Sinaï (*Eigentlich beschreibung der hin und wider farth zudem Heyligen Landt gen Jerusalem, etc.*). 1557, in-4ᵒ. Volume devenu fort rare.

— *Evagatorum in Terræ santæ, Arabicæ et Egypti peregrinationem.* Dans la *Bibliotek des literalischen Vereins in Stuttgart*, nᵒ 18. Stuttgart, 1843-49, in-8. (*Catal. des accroiss. de la Biblioth. roy. de Bruxelles*, p. 67. — Brunet, t. IV, col. 928.)

53. **FUERERI AB HAIMENDORF** (Christ.). *Itinerarium Ægypti, Arabiæ, etc.* Norimbergæ, 1620 seu 1621, pet. in-4ᵒ, fig. (*Manuel* de Brunet, nᵒ 20007.)

54. **GOSSELIN** (Fr.-Jos.), géographe, né à Lille en 1751, mort en 1830. *Recherches sur la géographie systématique et positive des anciens, pour servir de base à l'hist. de la géographie ancienne.* Paris, 1798-1813, 4 vol. gr. in-4ᵒ, 54 cartes, et la rose des vents des anciens. Ces 4 vol. renferment dix-neuf mémoires, entre autres des Recherches sur les connaissances géographiques des Anciens, le long des côtes occidentales de l'Afrique; — un examen des principales autorités d'après lesquelles on pense communément que les Anciens ont fait le tour de l'Afrique; — des Recherches sur les connaissances géogr. des Anciens dans le Golfe-Arabique; le long des côtes de l'Arabie, réimpression avec quelques changements, d'un mémoire inséré dans le XLIXᵉ vol. de l'*Ancien recueil de l'Acad. des sciences* (1808); — des Recherches sur les connaissances géogr. des Anciens dans le Golfe-Persique; — des Recherches sur les connaissances des Anciens le long des côtes méridionales de l'Arabie; extrait avec des modifications du *Recueil de l'Académie des sciences, etc.* (Quérard.)

55. **GRAUL** (K.). *Reise nach Ostindien über Palastina und Ægypten.* Leipzig, 1854, 5 vol. in-18. (*Catal. des accroissements de la Biblioth. royale de Bruxelles*, II, 4, p. 106.)

56. **GROOTE** (E. Von). *Ritter Arnold von Harff von Cölln, Pilgerfahrt durch Italien, Syrien, Ægypten, Arabien, Æthiopien, Nubien, Palestina, etc., wie er sie in den Jahren 1496-99 vollendet, beschrieben und durch Zeichnungen erläntert hat; herausgeg.* von E. von Groote. Cöln, 1860, in-8, 47 fig. s. b. (*Manuel* de Brunet, 19904.)

57. **HABICHT.** *Epistolæ quædam arabicæ, a Mauris, Ægyptiis et Syris conscriptæ; edidit, interpretatione latina annotationibusque illustravit et glossarium adjecit* Dᵣ Max. Habicht. Vratislaviæ, 1824, in-8. (Brunet.)

58. **HASE** (J.-M.). *Regni Davidici et Salomonei descriptio geogr. et hist., una cum delineatione Syriæ et Ægypti sub Seleucidis et Lagidis regibus.* Nuremberg, 1739-1754, in-fol., fig. color. (*Manuel* de Brunet. — Dᵣ Schubert.)

59. **HAYTON**, ou **Haiton**, ou **Haycon**, ou **Aithon**, prémontré, neveu d'un roi d'Arménie. *L'Hystoire merveilleuse, plaisante et récréative du grand empereur de Tartarie, seigneur des Tartres, nommé le grand Can, contenant six livres ou parties, dont le premier traite des singularitez et conditions des XIII royaulmes de Asye, sujectz audit grand Chan. Le second parle des empereurs qui depuis l'incarnation nostre Seigneur ont ré-*

gné et encore à présent règnent en Asie. Et aussi dont premier procéda le nom de grand Chan, et la seigneurie des Tartres, et comment. Le tiers descript quelle chose on doibt faire avant que commencer la guerre. Le quart parle du voyage que fist un religieux des frères prêcheurs allant par le commandement du pape oultre-mer prescher les mescréans. Et sont en ceste partie contenuz les royaulmes, les gens, les provinces, les loix, les sectes, les hérésies; et les nouvelles que ledict frère trouva es parties dorient Le cinquième contient comment un autre religieux des frères mineurs alla oultre-mer pour prescher les infidèles, et fust jusques en la terre du Prestre Jean, où il vit plusieurs aultres choses fort admirables, et dignes de grand mémoire, comme il raconte cy-dedans. Le sixième parle du pays de Syrie, et des villes sur mer, d'Egypte, du désert du mont Synaï, d'Arabe, et des saints lieux, etc. Paris, pour Jehan S. Denys. (à la fin): Cy finist l'histoire merveilleuse.., Paris, 1529, pet. in-fol. goth. de 4 ff. prél. et 82 ff. de texte, grav. s. b.

Ce livre est une trad. du latin, faite en 1351, par Jehan de Longdit, né à Ypres, moine de l'abbaye de Saint-Bertin, à Saint-Omer, de l'ordre de S. Benoît.

Il parut d'autres éditions de ce livre, mais d'un autre traducteur, et avec des changements assez notables, sous le titre: Les Fleurs des histoires de la terre d'Orient; Paris, Philippe le Noir (s. d.), pet. in-4° goth. de 4 ff. prélim. et 70 ff. de texte. Il y a aussi des titres au nom de Denys Janot. — Autres éditions: Paris, en la rue neuve Nostre-Dame, in-4° goth.; — Lyon, 1595, pet. in-8 de 240 pp. (le style en est retouché).

Le livre intitulé: *l'Histoire du grand empereur de Tartarie*, et celui qui a pour titre: *les Fleurs des histoires*..., proviennent l'un et l'autre d'une même source, savoir: de l'*Histoire de l'Orient* écrite en français par Nic. de Salcon, ou Salcoin, ou Salconi (mais point Falcon), d'après Hayton. Salcon donna aussi en 1307, une trad. latine de ce livre: *Liber historiarum partium Orientis*, Haythono auctore. Haganoæ, 1529, in-4°; réimpr. depuis. Il en a été fait aussi une traduction anglaise, par Alex. Barclay, impr. à Londres, s. d. (vers 1520 ou 1530), in-fol.

Voir pour plus de détails bibliographiques le *Manuel* de Brunet.

60. HEINZELMANN (F.). *Reisen in den Nil-Landern Afrika's und Arabien.* Leipzig, 1854, in-8. (Biblioth. roy. de Bruxelles, *Accroissements*, II, 2, 73.)

61. HELFFRICH (P. ou Joh.). *Kurtzer und Wahrhafter Bericht von der Reiss aus Venedig nach Hierusalem von dannen in Ægypten auff den Berg Sinaï, Alcair, Ale-* xandria und folgends widerumb gen Venedig. (Leipzig), 1589, in-4°, nombr. fig. s. b., dont une de 4 pieds et demi de longueur, qui représente l'opération de la circoncision. (Dr Schubert, 1870. — *Manuel* de Brunet, n° 20547.)

62. HERBERT (Thom.), mort à York en 1682. En 1626, il fut chargé de faire un voyage en Asie et en Afrique; il revint en Angleterre après quatre ans d'absence, et publia à Londres la relation de ses voyages (*Some years travels into divers parts of Africa*, etc.). London, 1634, in-fol. — 4e édition augm. London, 1677, pet. in-fol., fig.

— *Relation du voyage de Perse*, etc., trad. de l'anglais (par Wicquefort, sur la 2e édit. du texte anglais). Paris, 1663, in-4°. (Peignot. — Brunet.)

63. L'IMAGE DU MONDE, *contenant en soi le Monde, mis en trois parties; c'est assavoir: Asie, Afrique et Europe, etc.;* Lyon, Arnoullet, s. d., in-16 goth. (Méon, 1803, n° 3124.)

64. INCIDENTS *of a travel in Egypt, Arabia Petræa and Holy Land; by un American.* New-York, 1837, 2 vol. in-8. (*Manuel* de Brunet, n° 20576.)

65. IRBY (Ch.-Léon) et **James MANGLÈS.** *Travels in Egypt and Nubia, Syria and Asia minor, during the years* 1817 *and* 1818. London, 1823, in-8. (*Manuel* de Brunet.)

66. IRWIN (Eylés). *Series of adventures in the course of a Voyage up the Red-Sea, on the coasts of Arabia and Egypt, etc. in the year* 1777. 2e édit. London, 1780, gr. in-4°, fig. — L'édition de Londres, 1787, 2 vol. in-8, contient de plus que celle-ci: *A supplement of a voyage from Venise to Latichea, and of a route through the deserts of Arabia, by Aleppo, Bagdad, and the Tigris, to Busrah, in* 1780 *and* 1781, qui se trouve aussi dans la traduction française de ce voyage. (*Manuel* de Brunet.)

— *Voyage à la mer Rouge, sur les côtes de l'Arabie, en Egypte et dans les déserts de la Thébaïde; suivi d'un Voyage à Bassorah, etc., en* 1780 *et* 1781; *trad. de l'anglais par* Parraud. Paris, 1792, 2 vol. in-8, cartes. (Quérard. — Van Hulthem, 15020. — Boucher de la Richarderie, 721.) — Autre édition: Paris, 1790, 2 vol. in-8. (Brunet.)

— *Reise auf dem rothen Meer, auf der arab. und Ægypt. Küste und durch d. Thebaïschen Wüste.* Leipzig, 1781. (Dr Schubert, 1870.)

— *Voyage de l'Inde en Europe par l'Egypte, traduit de l'anglais* (par Billecocq). Paris, 1793, in-8. (Brunet, n° 20635.)

67. **JOANNE (Ad.-Laurent)**, littérateur français, né à Dijon en 1813, et **Emile ISAMBERT,** agrégé en médecine, né à Antibes en 1827. *Itinéraire descriptif, historique et archéologique de l'Orient, Malte, la Grèce, la Turquie, la Syrie, l'Arabie Pétrée, le Sinaï et l'Egypte.* Bruxelles, 1850, in-18, 10 cartes, 19 plans. (Challamel. — Bibliothèque roy. de Bruxelles, *Accroissements,* XIII, 1, p. 99.)

68. **JOMARD (Edme-Fr.)**, né à Versailles en 1777, mort en 1862, membre de l'Académie des inscriptions et belles-lettres, conservateur des collections géographiques à la Bibliothèque royale de Paris. *Études géographiques et historiques sur l'Arabie, accompagnées d'une carte générale de l'Arabie; suivie de la relation du Voyage de Mohammed-Ali dans le Fazoql, avec des observations sur l'état des affaires en Arabie et en Egypte.* Paris, 1839, in-8, 2 cartes. Ces études ont été jointes à l'ouvrage intitulé: *Histoire sommaire de l'Eygpte sous le gouvernement de Mohamet-Ali,* par F. Mengin. Paris, 1839, in-8. (Bouillet. — Bourquelot. — Brunet.)

69. **JUBA II**, né en Numidie, prisonnier des Romains, élevé à Rome, puis roi des deux Mauritanies et d'une partie de la Gétulie; mort l'an 23 de l'ère chrét. On a de lui une *Histoire de Libye, d'Assyrie et d'Arabie,* dont les fragments ont été recueillis dans le IIIe volume des *Fragmenta historicorum græc.* de la collection Didot, 1840. (Bouillet. — Peignot.)

70. **LA BOULLAYE LE GOUZ (François de)**. *Voyages et observations, où sont décrits les religions, gouvernements et situations des états et royaumes d'Italie, Grèce, Arabie, Egypte, etc.* Paris, 1653, in-4°, fig. s. b. — Autre édition, Paris, 1657, in-4°, fig. Les deux portraits de La Boullaye Le Gouz manquent souvent. (Nyon, 20776. — *Manuel* de Brunet.—Cat. de Grenoble, 19439. — *Archives du bibliophile,* 1858.)

71. **LACOMBE (P.-H.)**. *Voyage en Italie, en Grèce, en Turquie, en Arabie, en Egypte, etc.* Paris, 1832, in-8 de 32 pp. (Bourquelot.)

72. **LADE** (le capitaine **Robert)**. *Voyages en différentes parties de l'Afrique, de l'Asie et de l'Amérique, traduits de l'anglais* (par l'abbé Prévost). Paris, 1744, 2 vol. in-12, cartes. (Nyon, 20828. — Quérard.)

73. **LA MOTTRAYE (Aubry de)**, voyageur français, né vers 1674, mort en 1743. *Voyages en Europe, Asie et Afrique.* La Haye, 1727, 2 vol. in-fol., fig. (*Manuel* de Brunet. — Nyon, 20770. — Quérard.)

74. **LAUBESPIN** (Comte **Emm. de**). *Revue de l'histoire universelle moderne,* etc. Paris, 1823, 2 vol. in-12. (Arabes, Abyssins, etc.) (Quérard.)

75. **LE GENDRE (Jehan)**. *Le Tiers livre de la Fleur et Mer des histoires les plus célèbres et mémorables advenues tant en l'Asie et l'Afrique, qu'en l'Europe; commençant en l'an 1535 et continuant jusqu'en l'an 1550.* Paris, Oudin Petit et les Angeliers, s. d., 3 vol. in-fol. goth. (*Manuel* de Brunet.)

76. **LENOIR (Paul)**. *Le Fayoum, le Sinaï et le Pétra; expédition dans la Moyenne Egypte et l'Arabie Pétrée, sous la direction de J.-L. Gérôme.* Paris, 1872, in-12 de 336 pp. et 13 grav. s. b. Contenant: le Caire, les pyramides, le désert, les danseuses, une forêt vierge, Médinet-el-Fayoum, Suez, le Sinaï, Pétra. — 4 francs.

77. **LEPSIUS (Karl-Richard)**, célèbre orientaliste allemand, né en 1813. Voyagea en Egypte. On a de lui: *Briefe aus Ægypten, Æthiopien und der Halbinsel des Sinaï, geschrieben in den Jahren 1842-1845 während der auf Befehl Sr Maj. des Koenigs Friedrich Wilhelm IV von Preussen ausgeführten wissenschaftliche Expedition.* Berlin, 1852, in-8, 2 cartes (Lettres sur l'Egypte, l'Ethiopie et le Sinaï). (*Manuel* de Brunet.)

— *Reise von Theben nach der Halbinsel des Sinaï, vom 4 mærz bis zum 14 april 1845.* Berlin, 1846, in-8 de 52 pp. et 2 cartes (Voyages de Lepsius, de Thèbes à la presqu'île du Sinaï, du 4 mars au 14 avril 1845). (Baur et Detaille, 1872, n° 131.)

78. **LETTRES** *sur la Palestine, la Syrie, l'Egypte, etc. Trad. de l'anglais.* Paris, 1820, in-8. (Boucher de la Richarderie, n° 725.)

79. **LIGHT (Henri)**. *Travels in Egypt, Nubia, Holy Land, Mount Libanon and Cyprius, in the years* 1814. London, 1818, in-4°, fig. (Biblioth. roy. de Bruxelles, *Accroissements,* II, p. 67. — *Manuel* de Brunet.)

80. **LINDSAY (Alex.-Will. CRAWFORD,** lord), écrivain anglais, né en 1812. Visita l'Egypte, l'Arabie et la Syrie. On a de lui: *Letters on Egypt, Edom, and the Holy Land.* London, 1838. — 3e éd., London, 1839, 2 vol. in-8. Peintures agréables et fidèles des mœurs orientales. (Vapereau.—Brunet, 20030.)

81. **LOTTIN DE LAVAL (René-Victorien)**, né à Laval en 1815. Voyagea officiellement en Egypte et au Sinaï. On a de lui: *Voyage dans la péninsule arabique du Sinaï et de l'Egypte moyenne. Histoire,*

géographie, etc. Paris, 1855-1859, 2 vol. in-4° et atlas in-fol. (Brunet. — Vapereau.)

82. **LUDOVICI Patritii Romani**, *Novum itinerarium Æthiopiæ, Ægypti, utriusque Arabiæ, etc.* S. l. n. d., in-fol., avec chiffres et signatures. (La Vallière, 4539.) Voir n° 140.

83. **MACKINTOSH.** *Voyage en Europe, en Asie et en Afrique, de 1777 à 1781 ; trad. de l'anglais.* Paris, 1788, 2 vol. in-8. (Boucher de la Richarderie, 1826, n° 689. — Quérard.)

84. **MACLOT (J.-Ch.)**, né à Paris en 1728, et **BRION DE LA TOUR.** *Description générale de l'Europe, de l'Asie, de l'Afrique et de l'Amérique*, 1700. Paris, 1795, in-4°. Compilation estimée lors de sa publication. (Peignot. — Quérard.)

85. **MA'COUDY Abu-l-Hacan-Ali**, auteur arabe estimé, né à Bagdad vers 890, mort au Caire l'an 346 de l'hégire (947 de l'ère chrét.), avec le titre de docteur. On a de lui divers ouvrages, entre autres : *Les Prairies d'or, et mines de pierres précieuses*, livre célèbre de géographie et d'histoire, écrit en 336, 2 vol. Le premier comprend l'hist. générale, depuis la création du monde jusqu'à Mahomet, le second volume, depuis Mahomet jusqu'à l'époque contemporaine de l'auteur. Il se trouve des manuscrits de cet ouvrage dans la Bibliothèque nationale de Paris, et dans celle de Leyde. De Guignes en a donné une analyse complète et raisonnée dans les *Extraits et notices des manuscrits*, tome 1er. Schultens a extrait de cet ouvrage son *Histoire des Joctanides*, in-8, en latin.

— Les *Prairies d'or, texte arabe et traduction*, par Barbier de Maynard et Pavet de Courteille. Paris, 1861, et années suivantes, 7 vol. (Peignot. — Loescher, en 1867. — Bouillet.)

86. **MADOX (John).** *Excursion in the Holy Land, Egypt, Syria, Nubia, etc. ; including a visit to the infrequented district of the Haouran.* London, 1834, 2 vol. in-8. (*Manuel* de Brunet, n° 20026.)

87. **MAILLOT (J.)**, ancien directeur de l'Académie des beaux-arts de Toulouse. *Recherches sur les costumes, les mœurs, les usages des anciens peuples.* Ouvrage publié par P. Martin. Paris, 1804, 3 vol. in-4°, avec 296 pl. gr. au trait. Le second volume renferme des détails sur plus de trois cents peuples de l'Europe, de l'Asie et de l'Afrique; notamment sur les Grecs, les Gaulois, les Etrusques et les Egyptiens. Chaque volume se vendait séparément. On a une traduction allemande de cet ouvrage. (Quérard.)

88. **MARCO-POLO** de Venise, surnommé

Milione. Ce sobriquet lui fut donné parce qu'il n'énumérait que par millions les populations des pays qu'il a visités. *De le meravigliose cose del mondo.* (Au verso de l'avant dernier f.): Impr. in Venetia, 1496, pet. in-8 de 44 ff. non ch., lettres rondes.

Edition la plus ancienne que l'on connaisse de cet abrégé (en langue vénitienne) de la relation des voyages de Marco Polo. Voir le *Manuel du libraire*, article : *Marco Polo*, pour les détails bibliographiques sur les écrits de cet explorateur.

89. **MAXIMILIEN-JOSEPH**, duc de Bavière, né en 1809. En 1838, il fit un voyage en Egypte, en Nubie et en Palestine. On a de lui une relation de son voyage en Orient: *Wanderung nach O.* ; Munich, 1839. — 2e édition en 1840. (Vapereau.)

90. **MAYR (Henri von).** *Vues pittoresques de l'Orient, recueillies dans le Voyage du duc Maximilien de Bavière en Nubie, en Egypte, en Palestine, en Syrie et à Malte*, en 1838. Leipzig, 1839, in-fol. oblong, planches. (Bourquelot. — Brunet.)

— *Tableaux de genre de l'Orient, recueillis dans le Voyage de S. A. R. le duc Maximilien de Bavière*, et dessinés par Henri de Mayr. Avec un texte explicatif par Séb. Fischer. Stuttgart, 1846-49, in-folio, 36 pl. (Brunet.)

91. **MENGEN (Félix).** *Histoire sommaire de l'Egypte sous le gouvernement de Mohammed Aly, ou Récit des principaux événements qui ont eu lieu depuis l'an 1823 à l'an 1839*, par F. Mengen ; précédée d'une introduction par M. Agoub, et suivie d'études géographiques et historiques sur l'Arabie, par Jomard ; accompagnée de la Relation du Voyage de Mohammed-Aly au Fazoql, d'une carte de l'Acyr et d'une carte générale d'Arabie, par le même. Paris, 1823-24, 2 vol. in-8 et atlas in-folio. — Autre édit. Paris, 1839, in-8. (Boucher de la Richarderie. — Potier, 1871. — Bourquelot. — Quérard. — Brunet, n° 28384.)

91 *bis*. **MICHAUD (Joseph).** Membre de l'Académie française, né en 1767 en Savoie. *Histoire des progrès et de la chute de l'empire de Mysore (Maïssour)*, etc. Paris, an ix (1801), 2 vol. in-8, portrait, cartes, etc.

On trouve dans cet ouvrage une esquisse de la conquête d'Egypte, considérée par rapport à l'Inde ; les lettres de Bonaparte au chérif de La Mecque et à Typpoo-Saïb ; les négociations de Typpoo avec le gouverneur de l'Ile-de-France, etc. (Quérard.)

92. **MOCQUET (Jean).** *Voyages en Afrique, Asie, etc.* Rouen, 1665, in-8, fig. — Autres éditions : Paris, 1616 et 1617, pet. in-8, fig.

— Rouen, 1616, pet. in-8 , 6 fig. — Paris , 1830, in-8 ? — Rouen, 1665, in-8, fig. (Yéméniz, n° 3790. — Potier, 1871, 2ᵉ partie, n° 2052. — Catal. de Grenoble, 19429. — *Manuel* de Brunet. — Lyon, 20819. — Boucher de la Richarderie, nᵘ 717. — Baur, 1874, n° 336.)

93. **MONCONYS (Balthasar)**, mort à York en 1665, voyagea dans l'Orient pour y chercher les traces de la philosophie de *Mercure Trismegiste* et de *Zoroastre*. Ses Voyages ont été imprimés sous le titre : *Journal des voyages en Portugal..., Egypte, Syrie, etc., rédigé par le sieur de Liergues, son fils.* Lyon, 1665-66, 3 vol. in-4°, fig. — Autre édition : Lyon, 1678 , 3 parties en 2 vol. in-8 , figures. — Paris, 1695, 5 vol. in-12.

L'auteur de ces voyages s'est plus attaché à remarquer les choses rares et curieuses qu'à donner des descriptions géographiques. (Nyon, n° 20771. — Méon , 1803, n° 3131. — *Manuel* de Brunet , 19913. — Van Hulthem, 14463. — *Nouveau Dictionn. hist. et portatif.*)

94. **MONTAGUE (lady Mary Wortley)**, née vers 1690 , morte à Londres en 1762. On a d'elle: *Lettres écrites pendant ses Voyages en Europe, en Asie et en Afrique* , traduites par Anson , avec une Notice de Eug. Henrion ; 1830, in-18.

Ces lettres ont été publ. précédemment en anglais : *Letters of lady M-y W-y Mᵉ, etc.* Londres et Paris, 1790, in-12. — Paris, an VII (1799) , in-18. En français : (trad. du P. J. Brunet), Londres et Paris, 1764, 2 vol. in-12, et d'autres réimpressions depuis. (*Catalogue* de Grenoble, 19483. — Van Hulthem, 14473. — Quérard.)

95. **MONTEMONT (Albert)**, né en 1788. *Bibliothèque universelle des voyages...* Paris, 1833 et années suivantes, 4 vol. in-8. (Quérard.)

— *Voyages nouveaux par mer et par terre, effectués de 1837 à 1847 dans les diverses parties du monde.* Paris, 1846-1847, 5 vol. in-8. Le tome II comprend les voyages en Afrique ; le tome III, les voyages en Asie. (Bourquelot.)

96. **MORISSON (A.)**, Chanoine de Bar-le-Duc. *Relation hist. d'un voyage nouvellement fait au mont Sinaï et à Jérusalem.* Toul, 1704, in-4°. L'auteur visita successivement l'Egypte, l'Arabie et la Barbarie. (Yéméniz, 2699. — Nyon, 20777. — *Archives du bibliophile*, 1858, n° 28288.)

97. **NOUVEAU VOYAGE** de Grèce, d'Egypte, de Palestine, etc., fait en 1721, 1722 et 1723 (par Ch. de Sainte Maure). La Haye, 1724, in-12. (Nyon, n° 20807. — Daremberg , 1872, n° 4202.)

98. **OCKLEY (Simon)**, orientaliste et professeur d'arabe à Cambridge , né à Exeter, en 1678. On a de lui: *The Conquest of Syria, Persa and Egypt, by the Saracens; the third edition, to which is prefixed an accounth of the Arabians or Saracens, of the life of Mahomet and the mahometan religion* by Dʳ Long ; *with a plan of the Ca'aba or temple of Mecca, from a ms. in the Bodleian library.* Cambridge , 1757 , 2 vol. in-8. C'est l'édition la meilleure de cet ouvrage.

La première édition du texte anglais est de Londres, 1708-1718, 2 vol. in-8. Il existe des exemplaires de cet ouvrage avec le titre suivant : *History of the Saracens, etc.* London, 1757. — Une traduction française a paru sous le titre : *Histoire des Sarrazins et de leurs conquêtes sous les onze premiers Califs* (trad. par Fr. Jault). Paris, 1748, 2 vol. in-12. Le traducteur français a ajouté quelques remarques. (Quérard. — Brunet. — Peignot.)

99. **OLIN (The Rev. Steph.)**. *Travels in Egypt, Arabia Petrea and the Holy land.* New-York, 1843, 2 vol. in-8. (Biblioth. roy. de Bruxelles, Cat. des *Accroissements* , II, p. 2. — Brunet, 20030.)

100. **OLIVIER (G.-Ant.)**, entomologiste et membre de l'Institut, né à Fréjus en 1756, mort en 1814. Voyagea en Orient, et a donné la relation de cette excursion : *Voyage dans l'empire Ottoman , l'Egypte , la Perse , la Barbarie.* Paris, an IX (1801, 1804 et 1807), 3 vol. in-4°, ou en 6 vol. in-8, et 3 atlas in-4°. Ouvrage estimé. (Bouillet. — Van Hulthem, 14513. — Catal. de Grenoble, n° 19487.)

101. **OWEN (Cap. W.-F.)**. *Narrative of voyages to explore the shores of Afrika , Arabia and Madagascar.* London , 1833, 2 vol. in-8. (*Manuel* de Brunet, n° 20028.)

— *Voyage to Africa, Arabia, etc.* New-York, 1833, 2 vol. in-12. (Daremberg, n°4290.)

102. **PALERNE** Forésien **(Jean)**. *Pérégrinations, où il est traicté de plusieurs singularités et antiquités remarquées ès provinces d'Egypte, Arabie déserte et pierreuse, Terre-Sainte, etc. , avec la manière de vivre des Mores et Turcs... , plus est ajouté un petit dictionnaire en langage françois, italien, grec vulgaire, turc , moresque ou arabe, et esclavon , nécessaire à ceux qui désirent faire le voyage.* Lyon, 1606, pet. in-12. Relation devenue rare. Il s'en trouve des exemplaires avec un nouveau titre daté de 1626. (*Manuel* de Brunet. — Nyon, 20805.)

103. **PARDO (Nicolas)**. *Impressiones de viaje de Italia a la Palestina y Egipto.* Paris, 1872, in-8 de 128 pp.

104. **PARSONS** (Abraham). *Travels in Asia and Africa ; a Voyage from Bombay to Mocha and Suez, in the Red Sea, and in journey from Suez to Cairo and Rosetta, in Egypt.* London, 1808, in-4°. (*Manuel* de Brunet.)

105. **PEMBROKE FETRIDGE** (W.). *Handbook for Travellers in Europe, Egypt, Syria, etc.* New-York, 1873, in-12 de 763 pp., 100 pl. et cartes.

106. **PFEIFFER** (Ida Reyer, dame), voyageuse, née à Vienne (Autriche), en 1795, m. en 1858. Devenue veuve, elle se mit à voyager; elle vit la Palestine, l'Egypte, Madagascar, etc. ; enfin, elle fit deux fois le tour du monde (en 1846 et en 1851). Ses voyages ont été publiés en allemand, et ensuite traduits en français par M. de Suckau.

— *Voyage d'une femme autour du monde.* Paris, 1854, in-12, cartes.

— *Voyages autour du monde*, abrégé par J. Belin de Launay sur la traduction de W. de Suckau. Paris, 1868-1869, in-12. — 2e édition, Paris, 1871, in-12 de viii-328 pp., carte. (Bouillet. — *Journal de la librairie.*)

107. **PINKERTON** (John), savant Ecossais, né à Edimbourg en 1758. *A general collection of the best and most interesting voyages and travels, in all parts of the world.* London, 1808-1814, 17 vol. gr. in-4°, fig. La partie concernant l'Afrique comprend 2 volumes. Il a été fait aussi un *Supplement containing retrospect of the origin progress of discovery by sea and land, in ancient, modern, and most recent times.* L'ouvrage renferme 197 planches. (*Manuel* de Brunet. — Bouillet.)

108. **POCOCKE** (Richard), voyageur, né à Southampton, en 1704, mort en 1765. Visita l'Orient de 1737 à 1742. On a de lui une *Description of the East and some other countries.* London, 1742-1743, 2 tomes en 3 vol. gr. in-fol., 76 et 103 pl. Ouvrage estimé, et recherché pour les planches qu'il renferme et qui ne se trouvent point dans la traduction française.

— *Voyage de R. Pockocke en Orient, dans l'Egypte, l'Arabie, etc.; trad. de l'anglois sur la 2e édition* (par de La Flotte ou Ant. Eidous). Paris, 1772-73, 7 vol. in-12. Traduction médiocre et non estimée. (Van Hulthem, 14835. — Catal. de Grenoble, 19478. — Nyon, 20808. — Yéméniz, 2715.)

109. **POINSINET DE SIVRY** (Louis), né à Versailles en 1733, mort en 1804. *Nouvelles recherches sur la Science des médailles, inscriptions et hiéroglyphes antiques ; avec un tableau de divers alphabets hébraïques,* arabes, africains, etc. Paris, 1779, in-4, 6 pl. (Quérard.)

110. **POUJOULAT** (Jean-Jos.-François), littérateur français, né en 1808. Voyagea en Orient, en 1830. On a de lui: *Voyage à Constantinople, dans l'Asie mineure, à Palmyre, en Syrie, en Palestine et en Egypte.* Paris, 1840-1841, 2 vol. in-8. Cet ouvrage est le Complément de la *Correspondance d'Orient* de MM. Michaud et Poujoulat). (*Manuel* de Brunet, 10979. — Vapereau.)

111. **PTOLÉMÉE** (Claude), mathématicien de Péluse, né à Ptolémaïde en Egypte, vécut à Alexandrie dans le IIe siècle de l'ère chrét. On a de lui une *Géographie* en 8 livres, dont il existe de nombreuses éditions. Celle publiée à Venise en 1511, in-fol. en caract. ronds, présente l'Afrique toute entière, mais l'on sait que du temps de Ptolémée on ne connaissait que l'Afrique septentrionale. Voir pour plus de détails bibliographiques le *Manuel* de Brunet.

112. **PUISIEUX** (Phil.-Flor. de), né à Meaux en 1713, mort à Paris en 1772, avocat au Parlement. On a de lui: *Les Voyageurs modernes en Europe, Asie et en Afrique; trad. de l'anglais.* Paris, 1760, 4 vol. in-12. (Van Hulthem, n° 14472.)

113. **RAGUSE** (le maréchal duc de). *Voyage en Hongrie, en Syrie, en Palestine et en Egypte.* Paris, 1837-1839, 6 vol. in-8. (*Manuel* de Brunet, 19931.)

114. **ROBINSON** (George). *Three years in the east; being the substance of a journal written during a tour and residence in Greece, Egypt, Palestine, etc., in 1829 and 1832.* Paris, 1837, 2 vol. in-8 et 8 cartes.

— *Voyage en Palestine et en Syrie, avec vues, cartes et plans, trad. revue et annotée par l'auteur.* Paris, 1838, 2 vol. in-8, 20 lithogr. et 8 cartes. (Bourquelot.)

115. **ROCHET D'HÉRICOURT** (C.-E.-X.). *Voyage de la côte orientale de la mer Rouge, dans le pays d'Adel et le royaume de Choa.* Paris, A. Bertrand, 1841, gr. in-8, 12 pl. lithogr. et une carte, 16 fr. (Catal. des Accroissements, II, 2, 91. — Bourquelot.)

— *Second voyage sur les deux rives de la mer Rouge, dans les pays des Adels et le royaume de Choa.* Paris, A. Bertrand, 1846, in-8, atlas de 4 pp. de texte et 15 lithogr. et une carte, 16 fr. (*Manuel.*)

116. **ROOKE** (H.). *Travels to the coast of Arabia felix and from thence, by the Read Sea and Egypt to Europa.* London, 1778 ou 1783, in-8. (*Manuel* de Brunet, 20584.)

— *Voyage sur les côtes de l'Arabie heureuse,*

sur la mer Rouge et en Egypte, etc.; avec une Notice sur l'expédition de M. Suffrein au Cap de Bonne-Espérance, trad. de l'anglois (par Langlès). Paris, 1788, in-8.— Paris, 1785 ou 1805, in-8. (*Manuel* de Brunet.— *Archives du biblioph.,* 1861, 42436. — Quérard.)

— *Reize na de kust van Gelukkig, Arabie, etc.* Amsterdam, 1788, in-8. Edition hollandaise. (Van Hulthem, 15026.)

117. **RÜPPELL** (**Guill.-Pierre.-Ed.-Simon**), voyageur, né à Francfort-sur-Mein, en 1794. Il parcourut de 1822 à 1827, la Nubie, le Sennaar, le Kordofan, et l'Arabie. A son retour il en publia la relation : *Reisen in Nubien, Kordofan und dem petraïschen Arabien vorzüglich in geographisch statistischer Hinsicht.* Francfort-sur-Mein, 1829, gr. in-3, 8 pl. et 4 cartes. (*Manuel* de Brunet.)

118. **SAINT-AIGNAN** (l'abbé **Laurent**), membre de la Société asiatique de Paris. *La Terre sainte, Syrie, Egypte, et Isthme de Suez.* Paris et Grenoble, 1868, in-8 de XIII-214 pp., fac-sim. et 4 pl. (*Revue bibliographique,* 1868, tome II.)

119. **SALLES** (**Eusèbe-Fr.** comte de), né en 1796 à Montpellier, mort en 1873, docteur en médecine, professeur d'arabe à Marseille, voyageur en Orient. On a de lui : *Pérégrinations en Orient* (Syrie, Egypte, etc.). 1840-1855, 2 vol. in-8. (Vapereau.)

120. **SAN ROMAN.** *Historia general de la Yndia oriental, los descubrimentos, y conquistas que han hecho las armas de Portugal en el Brasil, y en otras partes de Africa y de la Asia ; y de la dilatacion del S. Evangelio por aquellas grandes provincias, desde sus principios hast' en ano de 1557 ; compuesta* por Ant. de San-Roman. Valladolid, 1603, pet. in-fol. (*Manuel* de Brunet.)

121. **SANSON** (**Nicolas**), né à Abbeville, géographe. *L'Asie et l'Afrique en plusieurs cartes et en divers traités de géographie et d'histoire.* Paris, 1652, in-fol. (*Catal.* de Grenoble, 19377.)

— *L'Afrique en plusieurs cartes et plusieurs traités de géographie et d'histoire.* Paris, 1656, in-4°, 18 cartes col. (Grenoble, 19378.)

— *L'Europe en plusieurs cartes* (l'Asie, l'Afrique et l'Amérique). Sur la copie imprimée à Paris, 1683, in-4°, à la' Sphère.
Dans la partie de l'Asie se trouve l'Arabie, 1 carte. L'Afrique comprend : l'Afrique en général — Maroc — Fez — Alger — Tunis — Tripoli — Barca — Biledugerid — Egypte — Zahara — Pays des Nègres — Guinée — Iles St-Thomas, etc. — Nubie — Abyssins — Zanguebar — Basse Ethiopie et Congo — Congo — Monomotapa — Cafrerie — Madagascar — Ile du Cap Verd — Madère — Iles Canaries — Ile de Malte.

122. **SAURIGNY** (**de**). *Histoire de la Chine, du Japon, de la Perse, de l'Inde, de l'Arabie, de la Turquie, de l'Egypte et de l'Algérie.* 3° édit. Paris, 1846, in-8, 30 pl. Cet ouvrage fait aussi partie de celui intitulé : *Le Monde, histoire de tous les peuples.* (Bourquelot.)

123. **SAVIGNY DE MONCORPS** (le vicomte). *Journal d'un voyage en Orient, 1869-70. Egypte, Syrie et Constantinople.* Paris, 1873, in-8 de 224 pp. et 19 grav. (*Journal de la librairie.*)

124. **SCHOLZ** (**J.-M.-A.**). *Travels in countries between Alexandria and Parœtonium, the Libyan desert ; Siwa, Egypt, Palestin and Syria.* London, 1822, in-8. (*Manuel* de Brunet, 20024.)

125. **SESTINI** (l'abbé **Dominique**). Voyageur, naturaliste et archéologue toscan, mort en 1832, âgé de 82 ans. On a de lui : *Voyage de Constantinople à Bassora... et retour par le désert et Alexandrie* (trad. de l'ital. par le comte de Fleury). Paris, an VI (1798), in-8 de 350 pp. et une carte. (*Catalogue* de Grenoble, 19482. — Quérard.)

— *Nouveau voyage... et retour par le désert et Alexandrie.* Paris, an IX (1801), in-8. (Van Hulthem, 14512.)

126. **SIMONIN** (**Louis-Laurent**), ingénieur et voyageur français, né en 1830, à Marseille. En 1861, le gouvernement l'envoya en mission à l'île de la Réunion, et deux ans plus tard à Madagascar. Outre de nombreuses relations de ses voyages insérées dans divers recueils périodiques, on a de lui : *Les Pays lointains, notes de voyages* (Maurice, Aden, Madagascar). Paris, 1867, in-12. (Challamel. — *Revue bibliogr.,* 1868, p. 65.)

127. **SKINNER** (le major **Thomas**). *Adventures during a journey over land to India, by way of Egypt, Syria and the Holy Land.* London, 1836, 2 vol. in-8, fig. (*Manuel* de Brunet, 20642.)

128. **SMITH** (**Jean**), navigateur anglais (1579-1631). *The True travels adventures and observations of Capt. John Smith, in Europa, Asia, Affrica, and America, from 1593 to 1629, etc.* London, 1630, in-fol. de VI ff. et 59 pp., grande planche pliée. L'ouvrage est devenu rare et recherché. (*Manuel* de Brunet.)

129. **SURIUS** de Lubeck, religieux de la Chartreuse, mort à Cologne. On a de lui un grand\nombre d'ouvrages, entre autres une *Histoire* de son temps, qui commence en 1500

et s'étend jusqu'en 1568. C'est une compilation pure et simple écrite dans un esprit très-catholique, mais curieuse, car l'auteur était contemporain des faits qu'il relate.

— *Histoire, ou Commentaire de toutes choses mémorables, advenues depuis* LXX *ans en ça, par toutes les parties du monde, tant au faict séculier que ecclésiastic; composez premièrement par Laurent Surius, et nouv. mis en françois par Jacq. Estourneau Xaintongeois. Le tout revu, corrigé et augm.* 3e édition. Paris, 1573, in-8 d'env. 460 feuillets. Livre dédié au duc d'Anjou, frère du Roy.

On y remarque : Aden, pillée par les Turcs et son roy tué — Egypte fertile et peuplée — Mœurs des Africains — Afrique prise et ruinée — Expédition de l'empereur à Alger — Barberousse prend Tunes et autres villes, il est chassé d'Afrique — Campson soudan d'Egypte — La Goulette prise par l'Empereur — le pirate Horuc occupe Alger, il est tué par les Espagnols — Labyrinthe d'Egypte — Madère habitée par les Portugais — Mahomet et son sépulcre — Mahométains divisez en deux sectes, et pourquoy ils s'entrehaïssent — Monomotapa convertie à la foy, et incontinent apostate — La Mecque, pourquoy elle est estimée — Muleasse roy de Tunes tue ses frères, s'enfuit, l'empereur le restitue, il est aveuglé par son fils — Pyramides d'Egypte — Selym s'empare de la Syrie et de l'Egypte — le Mont Sinaï descrit — Tripoly prise par les Turcs — Château de Tunes pris par les esclaves, etc.

130. **SYRIÆ**, *Palestinæ, Arabiæ, Ægypt', Schondiæ, Holmiæ historia, variis auctoribus antiquis, Strabone, Plinio, Antonio, Josepho, divo Hieronymo, et Joan. Leon Arab grammatico, locupletata.* Argentorati, 1532, in-fol. (Nyon, 20809.)

131. **TAYLOR** (Bayard), voyageur et littérateur américain, né en 1825. Il explora la Syrie, l'Arabie centrale, l'Egypte; remonta le cours du Nil bien au-dessus des rapides, et pénétra dans l'Afrique centrale jusqu'à la petite mer Verte connue sous le nom de lac des Gazelles. La *Tribune* de New-York a reçu la primeur des relations exactes de ces voyages. On a de lui : *Vues et paysages de l'Egypte.* — *Voyage au centre de l'Afrique.* 1854. Il a écrit aussi un volume d'Orientales (*Eastern poems*). (Vapereau.)

132. **THÉNAUD** (Jehan), maistre ès arts, docteur en théologie, etc. *Le Voyage et itinéraire de oultre mer faict par frère J. Thénaud..., et premièrement dudict lieu Dangoulesme jusques au Cayre.* Paris, à l'enseigne de S. Nicolas, s. d., sans chiffres, ni réclames, pet. in-8 goth. Ce voyage à la Terre Sainte et en Egypte a été commencé le 2 juillet 1511. (Yéméniz, n° 2695, adjugé 520 fr.)

— *Le Voyage et itinéraire d'oultre mer....* Paris, à l'enseigne de St Nicolas, pet. in-8 goth. de 64 ff., signat. A-H. (*Manuel* de Brunet.)

133. **THÉVENOT** (Jean), voyageur, né à Paris en 1633, mort en 1667 ou 1669. Visita l'Orient, l'Arabie, l'Egypte et la Tunisie. On lui doit l'introduction du café en France. Ses voyages ont été imprimés d'abord séparément, puis ils ont été réunis.

— *Voyages de Thévenot en Europe, Asie et Afrique..., où se trouvent aussi diverses particularités de l'archipel, Constantinople, Terre-Sainte, Egypte, déserts de l'Arabie, la Mecque, et de plusieurs autres lieux de l'Asie et de l'Afrique, remarqués depuis peu et non encore décrits jusqu'à présent, et de l'entretien de l'auteur avec l'ambassadeur du Prêtre Jean, où il est parlé des Sources du Nil, etc.* Paris, 1664 et 1674, 2 vol. in-4°, fig. (Nyon, n° 20768. — Quérard.) — Autre édition. Paris, 1689, 3 vol. in-12, fig. (*Catal.* de Grenoble, 19466. — Van Hulthem, 14162.) — La 1re édition de la 3e partie du *Voyage au Levant...* de Thévenot fut publiée à Paris en 1684, in-4°. (*Catal.* de Grenoble. — Quérard.)

— *Voyages d'Europe, Asie et Afrique....* Amst., 1727, 5 tomes in-12, fig., ou 3 vol. in-4°. (*Manuel* de Brunet. — Dr Schubert.)

— Une trad. hollandaise faite par G. V. Broekhuizen. Amst., 1782-83, 3 tomes in-4°, fig. (Van Hulthem, 14460.)

— Une trad. anglaise: *The Travels of M. de Thevenot in to the Levant, in three parts.* London, 1807, 3 tom. en 1 vol. in-fol., portr. (Peignot. — Brunet. — Bouillet. — Van Hulthem, 14461.)

134. **THÉVENOT** (Melchisedeck), bibliothécaire du roi, né en 1620, mort en 1692 à Paris, à l'âge de 71 ans. Oncle de Jean Thévenot. On a de lui une *Relation de divers voyages curieux qui n'ont pas été publiés, et qu'on a traduits ou tirés des originaux, etc.* Paris, 1696, 4 part. en 2 vol. in-fol., fig.

Chaque partie est composée de pièces séparées; il est difficile de rencontrer des exemplaires complets de cette collection intéressante. La 1re partie a été publiée en 1663, puis avec un nouveau titre (Paris, 1666); la seconde et la troisième, sont de 1666; la quatrième de 1672. L'auteur préparait une 5e partie lorsqu'il fut surpris par la mort; quelques-unes des pièces composant cette 5e partie ont été imprimées. En 1696, on réimprima quelques pièces qui étaient épuisées et on mit de nouveaux titres aux exemplaires qui restaient.

La première partie renferme une *Descrip-*

tion des pyramides d'Egypte, 25 pp., 1 planche des pyramides, et 1 planche des momies. La seconde partie: des *Cartes des côtes d'Arabie*, et 4 ff. grav. s. bois, contenant la vue des côtes d'Arabie. La quatrième partie: *Histoire de la Haute-Ethiopie*, 16 pp., avec la carte d'Ethiopie et un frontispice de 1574, quelquefois retranché; — Remarques sur la relation d'Ethiopie, 4 pp.; — Relation de Lobo de l'empire des Abyssins, 16 pp., avec une petite carte de l'entrée de quelques ports de la mer Rouge. Cette carte, gravée sur bois, se trouve souvent sur le même f. que la carte d'Ethiopie; mais on trouve aussi quelquefois à cet endroit une carte de quelques lieux de l'empire des Abyssins. Paris, 1672, avec un avertissement en 24 lignes au verso. Le même frontispice existe avec la date de 1673. (*Manuel* de Brunet. — La Vallière, 4513.)

135. **THEVET** (**F.-André**), d'Angoulême, mort à Paris en 1590, âgé de 88 ans. Cordelier, historiographe et aumônier de Catherine de Médicis. Voyagea en Orient et en Egypte. Il publia la relation de cette excursion, sous le titre: *Cosmographie du Levant*. Lyon, 1556, in-4°, fig. sur bois. — Autre édition, Paris, 1554, in-4°, fig. s. b., portr. de l'auteur. (Potier, 1871, n° 2020. — Van Hulthem, n° 14477. — Peignot.)

136. **TOLLOT** (**Jean-Bapt.**), apothicaire, né à Genève en 1698, mort en 1773. *Nouveau voyage fait au Levant, ès années 1731 et 1732; contenant la description d'Alger, Tunis, Tripoli, Alexandrie, Terre-Sainte, etc.* Paris, 1742, in-12 de VI-354 pp. (Yéméniz, 2737. — *Manuel* de Brunet, 20822. — Quérard.)

137. **TUDÈLE** (**Rabbi Benj.**), savant rabbin du XIIe siècle. On a de lui: *Voyages en Europe, en Asie et en Afrique...; trad. de l'hébreu et enrichis de notes par J.-P. Barathier. Amst., 1734, 2 vol. in-12, fig. Cette traduction française a été précédée d'une autre faite sur la version latine de Montanus. Voir pour plus de détails bibliographiques le *Manuel* de Brunet, tome I, col. 774.

La relation de Tudèle a été insérée aussi dans les *Voyages faits principalement en Asie, dans les XIIe, XIIIe, et XIVe siècles;* recueillis par Pierre Bergeron. La Haye, 1735. (Quérard.)

138. **VALENTIA** (le comte **George Annesley**). *Voyages and travels to India, Ceylan... Red-Sea, Abyssinia and Egypt* (1802-1806). London, 1809, 3 vol. in-4°, 69 pl. (*Cat. des accroissements*, p. 119. — Brunet.)

— Autre édition: London, 1811, 3 vol. in-8 et atlas in-4° de 72 pl. (*Manuel* de Brunet.)

— *Voyages dans l'Indoustan, à Ceylan, sur les côtes de la mer Rouge, en Abyssinie et en Egypte* (en 1802-1806), trad. de l'anglais par P.-F. Henry. Paris, 1813, 4 vol. in-8 et atlas in-4° de 26 pl. (Boucher de la Richarderie, n° 731. — Cat. de Grenoble, n° 19493.)

— *Reize naar Indie... Abyssinie en Egypte, in de jaren 1802-1806, naar het engelsch...* Haarlem, 1816, 4 vol. in-8, fig. (Van Hulthem, 14469.)

— *Route de l'Inde, ou Description géographique de l'Egypte, de la Syrie, de l'Arabie, trad. en partie de l'anglais et rédigée par P.-F. Henry.* Paris, an VIII (1800), in-8, 1 carte. (*Manuel* de Brunet, 27969.)

— *Reise-weg naar de Indien of aardrykskundige beschryving van Egypten, Syrien, Arabien, etc.* 1799, in-8. (Van Hulthem, 14511.)

139. **VAN GHISTELE** (le chev. **Josse**). On a de lui une relation de son voyage en Orient commencé en 1481, écrite sous ses yeux par Ambroise Zeebout, son chapelain et son compagnon de voyage. Quoique faite avec bonne foi, elle renferme de fausses merveilles et des traditions populaires de l'époque. *Tvoyage... in landen... Arabien, Egypten, Ethiopien, Barbarien, etc.* (Gand), 1557, in-4°. — Autre édition (Gand), 1572, pet. in-fol. goth. de 384 pp. Des exemplaires de l'édition princeps de 1557, portent un titre daté de 1563, et comprennent en plus une table alphabétique. (*Manuel* de Brunet.)

140. **VARTHEMA**, ou **Verthema**, ou **Barthema**, ou **Varomicher** (**Louis de**), de Bologne. Célèbre voyageur, dont le vrai nom est **Ludovicus Patricius**. — *Itinerario nello Egypto, nella Surria, nella Arabia deserta et felice, nella Persia, nella India et nella Ethiopia.* S. l. n. d. (Mediolani, 1511), in-fol.; — Roma, 1510, in-4°; — Rome, 1517, in-8 goth.; — Venetia, 1517, pet. in-4°, 1 fig. s. b.; — Venetia, 1518, pet. in-8 à 2 col. (Il existe deux éditions de Venise sous cette date). — Venetia, s. d., pet. in-8; — Venetia, 1520, pet. in-4°; — Venetia, 1526, in-8; — Milano, 1523, in-4°; — Venetia, 1535, in-8.

L'ouvrage de Varthema a eu de nombreuses éditions dans la première moitié du XVIe siècle, et a été traduit en latin, en espagnol, en allemand, toutes imprimées dans les premières années du XVIe siècle. Ces éditions n'ont guère qu'une valeur purement bibliophilique.

Une traduction française de cet ouvrage se trouve publiée dans la collection de J. Temporal, tome II. Du Verdier parle de cet auteur à l'article: LOUIS VARTOMAN.

— *Die Ritterliche unnd Lobwürdige Reysz...* Franckfurth am Mayn, 1556, in-4°, fig. s.b. Version allemande. (Yéméniz, n° 2720, 45 fr.)

Voir pour plus de détails bibliographiques le *Manuel* de Brunet. Voir aussi n° 82.

141. VERDUN DE LA CRENNE, DE BORDA et PINGRÉ. *Voyage fait en 1771 et 1772 en diverses parties de l'Europe, de l'Afrique et de l'Amérique, pour vérifier l'utilité de plusieurs méthodes et instruments servant à déterminer la longitude et la latitude.* Paris, impr. roy., 1778, 2 vol. in-4° et atlas. (Brunet. — Boucher de la Richarderie.)

142. VESPUCE (Améric), né à Florence en 1441 ou 1451, mort en 1516. Célèbre explorateur et flibustier qui eut la gloire de donner son nom au Nouveau-Monde : « Amérique ». *Sensuyt le Nouveau Monde et Navigations faites.... tant en lethiopie* (sic) *que Arrabie, Calichut et aultres plusieurs regions estranges. Translate de ytalien en langue françoyse,* par Math. Du Redouer. Paris, s. d., goth., in-4° (1re traduction française de cette relation). — Autres éditions, 1516, 1519, etc. Voir pour plus de détails bibliographiques le *Manuel du libraire* de Brunet, t. II, col. 316 et suiv., et t. V, col. 1153 et suivantes.

143. VEZIEN. *Lettre à M. Rouillé, contenant une relation de l'Egypte, de la Terre-Sainte, du Mont-Liban, etc.; avec des réflexions.* Lisbonne, 1702, in-12. (Quérard.)

144. VILLOTTE (le P. Jacques), né à Bar-le-Duc, en 1656. Jésuite. On a de lui : *Voyage d'un missionnaire de la compagnie de Jésus en Turquie, Arménie, Arabie et Barbarie.* Paris, 1714, in-fol. — Autre éd. : Paris, 1730, in-12. Cette relation a été rédigée par le P. Nic. Frizon ; elle a paru aussi sous le titre : *Voyage en Turquie, en Perse et en Arménie.* (Peignot. — Brunet. — Quérard. — Mlle Pelatan, 1873, n° 626.)

145. VRIES (David PETERSON de), né à La Rochelle en 1593, fit plusieurs voyages et en publia la relation en hollandais : *Korte historiael ende Journaels aenteyckeninge van Verscheyden voyagiens in de vier deelen des Wereldts, van de 1618-1644, Ronds als Europa, Africa, Asia, ende Amerika gedaen.* T. Hoorn, vor D. P. de Vries; Tot Alkmaer by Simon Cornelisz. 1655, pet. in-4° de 192 pp., goth., portr. et 18 pl. Livre fort rare. (Brunet.)

146. WEBBE (Edward). *The Rare and most wonderful thinges which Edw. Webbe an Englishman borne, hath seene and passed in his troublesome trauailes in the cities of Jerusalem, Dammasko, ... Egipt, ... in the land of Prester John.* London (1590), in-4° goth. de 10 ff. Ouvrage dédié à la reine Elisabeth. —Autres édit.: London, s. d., in-4° goth., de 16 ff., sign. *A — D* 4. — London, 1590, in-4° goth., fig. s. b. (Brunet.)

147. WILKINSON (J. Gardenet). *Carte d'Afrique où se trouvent l'Arabie, la Méditerranée et une partie de l'Afrique méridionale.* London, 1800, 4 feuilles. Texte anglais. (Brunet, n° 19721.)

148. WITTMAN (William). *Travels in Turquey, Asia Minor, Syria and across the desert into Ægypt, during the years 1799-1801, in company with the turkish army and the british military mission, etc.* London, 1803, in-4° de 22 pl. (Brunet.)

149. ZIEGLER (Jacques), mathématicien et théologien, né a Landau (Bavière), mort en 1549. On a de lui une description de la Terre Sainte qui est estimée : *Terræ Sanctæ, quam Palestinam nominant, Syriæ, Arabiæ, Ægypti et Schodiæ descriptio.....* 1526, pet. in-fol., 8 fig. — Autre édition : Argentinori (Strasbourg), 1536, in-fol., fig. — Ce livre a eu encore d'autres éditions. (Van Hulthem, n° 14307. — Brunet. — Peignot. — Quaritch, en 1874, 25 sh.)

Polygraphie et Bibliographie.

150. SACY (le baron A.-J.-Sylv. de), savant orientaliste, né à Paris, en 1758, mort en 1838. *Mémoires d'histoire et de littérature orientale.* Paris, 1818, 2 vol. in-4°, 2 pl. C'est la réunion de divers Mémoires lus par Silv. de Sacy à l'Académie des inscriptions, depuis sa réorganisation, et imprimés dans les premiers volumes du recueil de cette Académie. Ces mémoires renferment : Mémoires (1er, 2e et 3e) sur la nature et les révolutions du droit de propriété territoriale en Egypte, depuis la conquête de ce pays par les Musulmans jusqu'à l'expédition des Français ; suivis d'observations relatives au 1er mémoire. — Mémoire où l'on examine l'autorité des synchronismes établis par Hamza Isfahami entre les rois de Perse, d'une part, et, de l'autre, les rois arabes du Yémen et du Hira, etc. (Quérard.)

151. HOTTINGER (Jean-Henry), né à Zurich en 1620, mort en 1667. On a de lui : *Promptuarium sive bibliotheca orientalis exhibens catalogum, tam authorum Arabicorum, Ægyptiacorum, Æthiopicorum, etc.* Heidelberg, 1658, in-4°. (catalogue Fleury, n° 87. — Brunet.)

152. TERNAUX-COMPANS (H.), député français, mort en déc. 1864. *Bibliothèque asiatique et africaine des ouvrages relatifs à l'Asie et à l'Afrique qui ont paru depuis la découverte de l'imprimerie jusqu'en 1700.* Paris, 1841-42, 2 parties in-8. (*Catal. des accroissements*, 3e livr., p. 102; 4e livr., p. 82. — Bourquelot.)

AFRIQUE EN GÉNÉRAL

OUVRAGES CONCERNANT PLUSIEURS ÉTATS DE L'AFRIQUE

Philosophie, Industrie, Commerce, Législation, etc.

153. BERLIOUX (**Et.-Félix**), professeur d'histoire au lycée de Lyon. *La Traite orientale, hist. des chasses à l'homme, organisées en Afrique depuis 15 ans pour les marchés de l'Orient.* Paris, 1870, in-8 de xi-350 pp., 1 carte. — L'auteur distingue trois théâtres de la chasse : le premier est le Soudan depuis la Vallée du Nil jusqu'au Maroc ; le second est la Vallée du Nil ; le troisième, ce sont les côtes orientales de l'Afrique. La vente se fait sur trois marchés : la frontière méridionale de l'Egypte, l'île de Zanzibar, enfin l'Arabie. (*Polybiblion*, t. V, n° 1129.)

153 bis. BROGLIE (le duc **Achille-Victor de**), né en 1785, ministre sous Louis-Philippe et anti-esclavagiste. *Discours prononcé à la Chambre des pairs le 28 mai 1822, sur la traite des nègres.* Paris, 1823, in-8. (Quérard.)

154. BUXTON (**Thomas FOWELL**), membre de la Chambre des Communes d'Angleterre. *De la traite en Afrique, et des moyens d'y remédier ; trad. de l'anglais sur la seconde édition*, par J.-J. Pacaud. Paris, 1841, in-8. (Bourquelot.)

155. CLARKSON (**Th.**), philanthrope anglais.— *Le Cri des Africains contre les Européens leurs oppresseurs, ou Coup d'œil sur le commerce homicide de la traite des noirs*, trad. de l'anglais (par Benj. La Roche). Londres, 1821, in-8. — Réimpr. en 1822. Paris, in-8 de 64 pp., 1 planche.

— Le même ouvrage, sous ce titre : *Histoire du commerce homicide, appelé traite des noirs, ou Cri des Africains contre les Européens ;* (trad. de l'anglais) *avec des Observations préliminaires*, par M. Grégoire. Paris, 1822, in-8 de 88 pp.

— *Dangers du commerce des esclaves Africains*, trad. de l'anglais. Paris, 1814, in-8.

— *Essai sur les désavantages politiques de la traite des nègres*, traduit par Gramagnac. Neufchâtel, 1789, 2 part. in-8.

— *Résumé du témoignage donné devant un comité de la chambre des communes de la Grande-Bretagne, touchant la traite des nègres.* Paris, 1814, in-8 de 32 pp.

— *De la traite du commerce des nègres*, trad. de l'anglais (par Maubert, ancien préfet apost. de St-Domingue). (Vers 1788), in-8. (Quérard.)

156. DEVEREUX (**W. Cope**). *A Cruise in the «Gorgon» ; or, Eighteen Months on Suppression of the Slave Trade on the East Coast of Africa. Including a Trip up Zambesi with Dr Livingstone.* London, 1869, in-8 de xv-421 pp. (*Revue bibliographique*, 1869, IV, n° 1365.)

157. DUVIVIER (**Fr. Fleurus**), général de division, né à Rouen en 1794. *Abolition de l'esclavage, civilisation du centre africain; projet pour y parvenir.* 1845, in-8. (Bourquelot.)

158. GAUME (**Jean-Joseph**), théologien et littérateur, né en 1802, mort en 1869. — *Suéma, ou la Petite esclave africaine enterrée vivante, hist. contemporaine dédiée aux jeunes chrétiennes.* Paris (1870), in-18 de 227 pp. Tableau navrant de la traite des nègres en Afrique, écrit dans le but de recueillir de l'argent pour le rachat des petites négresses.

159. GRÉGOIRE (le comte **Henri**), évêque de Blois, député aux États-Généraux, né en 1750. — *Littérature des nègres, ou Recherches sur les facultés intellectuelles, les qualités morales et la littérature des nègres.* Paris, 1808, in-8. (Van Hulthem, n° 10178. — *Archives du bibliophile*, 1861, n° 9784.)

— *De la noblesse de la peau, ou du Préjugé des blancs contre la couleur des Africains et celle de leurs descendants noirs et sang-mêlés.* Paris, 1826, in-8 de 80 pp. Ce livre a été trad. en anglais (*Essay on the nobility of the skin, etc.*), par Charlotte Nooth. Paris, 1826, in-8 de 104 pp.

— *Des peines infamantes à infliger aux négriers.* Paris, 1822, in-8 de 64 pp. Le comte

H. Grégoire a produit plusieurs écrits, instructions pastorales et mandements contre la traite et l'esclavage des nègres. (Quérard.)

160. **HUC**. *L'Emancipation de la race africaine, considérée sous le rapport religieux.* Paris, 1840, broch. in-8.

161. **QUESNÉ** (**Jacques Salbigoton**). *Histoire de l'esclavage en Afrique (pendant 34 ans) de P. J. Dumont, natif de Paris, rédigée sur ses propres déclarations.* Paris, 1818, in-8, 2 portr. et 1 fac-sim. — Une seconde édition parut en 1819. Une 5ᵉ édition. Paris, 1830, in-12, 3 fr. (Quérard.)

162. **SCHŒLCHER** (**Victor**), né à Paris en 1804. *L'Abolition de l'esclavage, examen critique des préjugés contre la couleur des Africains et sang-mêlés.* 1840, in-32. (Vapereau.)

163. **BERTHELOT** (**Sabin**), naturaliste, né à Marseille en 1794. *De la pêche sur la côte occidentale d'Afrique et des établissements les plus utiles au progrès de cette industrie.* Paris, 1840, in-8, 1 carte. (Bourquelot. — Delahays, 1871, 1 fr. 50 au lieu de 7.50.)

164. **DUCHON-DORIS** (**J.-P.**), de Bordeaux. *Commerce des toiles bleues dites de Guinée. De l'industrie française de Pondichéry et de la Métropole dans ses rapports avec le Sénégal, l'île de Bourbon et l'étranger.* Paris, 1842, in-8 de 68 pp., 1 tableau. (Bourquelot.)

164 bis. **HAUTEFEUILLE** (**L.-B.**), procureur du roi à Alger (de 1830 à 1834). On a de lui : *Plan de colonisation des possessions françaises dans l'Afrique occidentale au moyen de la civilisation des nègres indigènes, précédé d'un examen critique des essais de défrichements faits jusqu'à ce jour.* Paris, 1830, in-8 de 200 pp. (Vapereau. — Bourquelot.)

165. **HOURY** (**C.-B.**). *Du Commerce dans les Etats barbaresques et dans l'Afrique centrale.* Bruxelles, 1852, in-8 de 44 pp. (Biblioth. roy. de Bruxelles, *Accroiss.*, 12ᵉ cat., première partie, p. 16.)

— *Coup d'œil sur le commerce des Etats de l'Afrique.* Arlon, 1850, in-8. (*Catal. de la biblioth. roy. de Bruxelles, Accroiss.*, 11ᵉ, p. 10.)

166. **JOUFFROY** (**Thomas-Simon**, dit **Théod.**), né en 1796, mort en 1842. — *De la politique de la France en Afrique;* article de la *Revue des Deux-Mondes*, 1838, tome IV, et tiré à part. Paris, 1840, in-8. (Bourquelot.)

167. **LINGAY** (**J.**). *La France en Afrique.* Paris, 1846, in-8. (D. A.)

168. **SELLON** (le comte **J.-Jacques de**), Genevois, mort en 1782. — *Réflexions.* Genève, 1829, 2 vol. in-8. Ces réflexions sont composées de 37 chapitres; elles ont trait à une foule d'objets tels que l'histoire, l'éloquence, le Coran, la civilisation de l'Afrique, etc. L'auteur fait appel aux savants amis de l'humanité pour qu'ils prouvent que la guerre est non-seulement une œuvre de barbarie, mais encore une faute grave en économie politique, et il propose d'occuper les bras rendus inactifs par la paix, par de grandes expéditions mercantiles dans le centre de l'Afrique, et par l'essai de l'établissement d'une nouvelle échelle dans les environs de Tripoli. (Quérard.)

Sciences et Histoire naturelle.

169. **AVEZAC-MACAYA** (**Marie-Armand-Paul de**), géographe français, né en 1799. S'occupa des explorations faites en Afrique et écrivit sur ce sujet des notices et des articles de revues. — *Examen et rectification des positions astronomiques déterminées en Afrique par Mungo-Parck.* 1834, in-8. (Vapereau.)

170. **ANVILLE** (**d'**). *Mémoire concernant les rivières d'Afrique,* inséré dans le *Recueil de l'Académie des inscriptions,* tome XXVI, p. 73. (Walckenaer.)

170 bis. **LEPRÉDOUR** (l'amiral). *Résumé des opérations hydrographiques faites sur la côte occidentale d'Afrique dans les années 1826 et 1827 à bord de la frégate la Flore et de la goëlette la Dorade, etc.* Paris, 1828, in-8 de 16 pp. (Quérard.)

171. **OWEN** (**Capt. W.-F.**). *Hydrographical survey of the coast of Africa.* London, 1822-26, gr. in-fol., 50 cartes et 58 pl. in-4º. (*Manuel* de Brunet, 19771.)

172. **BROCA** (**Paul**), chirurgien français, né en 1824. *Sur les proportions relatives des membres inférieurs chez les nègres et les Européens.* Paris (1868), in-8 de 15 pp. (Extrait des *Bulletins de la Société d'Anthropologie,* 2ᵉ série, tome II, p. 641 et suiv.). (*Journal de la librairie.*)

173. **DESCOURTILZ** (**Michel-Etienne**), médecin et naturaliste, né en 1775. *Guide sanitaire des voyageurs aux pays chauds : conseils hygiéniques aux Européens destinés à passer aux îles ou à faire partie de l'expédition d'Afrique, etc.* Nouvelle édit. Paris, 1830, in-18. (Bourquelot.)

174. **HEUGLIN** (**Théod. d'**), voyageur et zoologiste allemand, né en 1824. S'est fait connaître par d'importants voyages d'exploration en Afrique. — *Système général des*

2*

oiseaux du nord et de l'Afrique (*Systematische Übersischt der Vögel N.*). Vienne, 1855. (Vapereau.)

— Ornithologie du nord-est de l'Afrique, des sources du Nil et des côtes de la mer Rouge et du pays de Somali (*Ornithologie Nordost-Afrika's, der Nilquellen und Küstengiebiete des roters Meeres und des Somali-Landes*). Cassel, 1869, in-8, planches. (*Polybiblion*, 1869, VI, n° 127.)

175. **MULLER** (le baron **J.-W. de**). *Description de nouveaux oiseaux d'Afrique, découverts et dessinés d'après nature.* Stuttgard, 1854, gr. in-4°. (Biblioth. roy. de Bruxelles, *Catal. des Accroiss.*, II, 3, p. 145.)

175 bis. **NOTICE** *destinée à faciliter aux entomologistes les recherches des coléoptères dans diverses contrées de la côte occidentale d'Afrique;* par un médecin de la marine. Lorient (1874), in-8 de 4 pp. (*Journal de la librairie.*)

175 *ter.* **SHARPE** (**R.-B.**). *Catalogue of African Birds in his Collection.* 1871, in-8 de 76 pp. (Quaritch, 1874, n° 108, 1 sh. (1 fr. 25.)

176. **SMEATHMAN** (**H.-M.**). *Some account of the termites, which are found in Africa and other hot climates.* London, 1781, gr. in-4°, 3 pl. (*Manuel* de Brunet.)

177. **VOSMAER** (**A.**). *Description de différents animaux apportés d'Asie et d'Afrique dans la ménagerie de S. A. le prince d'Orange* (trad. en franç. par Renfner). Amst., 1767, in-4°, fig. Ce sont 31 descriptions, imprimées de 1766-87; chacune d'elles contient une planche color., avec l'explication en français et en hollandais, et un titre particulier. — Amst., 1804, in-4°, fig. (*Manuel* de Brunet.)

— *Description d'une nouvelle espèce de porc à large groin, ou sanglier d'Afrique.* Amst., 1767, in-4°. (Quérard.)

178. **BURMANN** (Jean), professeur de botanique, et médecin à Amsterdam, né en 1707, mort en 1780. *Rariorum Africanarum plantarum decades X.* Amst., 1738-39, in-4°, cum 100 tabl. (Peignot. — Brunet.)

179. **LINNÉ** (Charles von), professeur de botanique à l'Université d'Upsal, né en 1707, mort en 1778. *Plantæ rariores africanæ dissertatio.* Holmiæ, 1760, in-4°. (Brunet.)

180. **MASSON** (**Fr.**). *Stapeliæ novæ, or a Collection of several new species of that genus discovered in the interior parts of Africa.* London, 1796, pet. in-fol., 41 planch. color. (*Manuel* de Brunet.)

181. **VAHL** (**Mart.**). Savant botaniste, né en Norwège en 1749, mort en 1805. *Symbolæ botanicæ, sive plantarum tam earum quas in itinere, imprimis orientati, collegit Pet. Forskäl, quam aliarum recenter detectarum, descriptiones.* Hauniæ, 1790-94, 3 part. en 1 vol. in-fol., 75 pl. Ouvrage spécial à l'Afrique. (*Manuel* de Brunet. — Peignot.)

182. **ZANARDINI** (**J.**). *Plantarum in mari Rubro hucusque collectarum enumeratio.* Venetiis, 1858, in-4°, 12 pl. color. Ouvrage spécial à l'Afrique.

Beaux-Arts, Linguistique et Belles-Lettres.

183. **FERRARIO** (**Jules**). *Le Costume ancien et moderne, ou Histoire du gouvernement, de la milice, de la religion, des arts, des sciences, usages, etc., de tous les peuples anciens et modernes, déduite des monuments.* Milan, 1816-27, 13 vol. gr. in-4°, fig. L'Afrique comprend 2 vol. Compilation peu estimée. Il parut en même temps que le texte français, un texte italien. L'ouvrage fut publié au prix de 1716 fr. en figures noires, et de 2283 fr. en fig. col. (*Manuel* de Brunet. — Quérard.)

184. **HAWEL** (**Rob**). *Twenty four views, etc.* (Vingt-quatre vues prises à Ste-Hélène, au Cap de Bonne-Espérance, aux Indes, à Ceylan, sur les bords de la mer Rouge, en Abyssinie et en Egypte, gravées et coloriées d'après les dessins de Henry Salt, par et sous la direction de Rob. Hawell. London, 1809, in-fol., avec l'explication in-4°. (*Manuel* de Brunet.)

185. **MOREAU DE SAINT-MÉRY**. *De la danse.* Parme, 1801, in-16. L'auteur expose l'analogie existante entre les danses coloniales et celles des Maures, des Africains, et des Grecs. (Van Hulthem, n° 9942.)

186. **BLEEK** (le Dr **W.-H.-J.**). *The Library of his Exc. Sir G. Grey*, haut-commissaire de S. M. britannique à la colonie du Cap; publié à Cap-Town, en 1860, in-8. Le tome premier comprend les ouvrages relatifs à l'Afrique. Ce sont spécialement des livres de linguistique. (*Actes de la Société d'ethnogr. de Paris*, 1864.)

187. **HALÉVY** (**Joseph**). *Etudes sur les langues de l'Afrique;* article inséré dans la *Revue de linguistique*, 1869, oct.

188. **KOELLE** (**S.-W.**). *Polyglotta Africana, or a comparative vocabulary of nearly three hundred words and phrases, in more than one hundred distinct africain languages.* London, 1854, in-fol. de 212 pp., 1 carte de l'Afrique. (*Manuel* de Brunet.)

189. **MAIUS** (Jean-Henri), théologien luthérien et professeur de langues orientales, né à Pfortzheim en 1653, mort en 1719. On a de lui : *Brevis institutis linguæ arabicæ, hebraïcæ, chaldaïcæ, syriacæ, samaritanæ ac œthiopicæ harmonica accedit glossarium arabicum*, etc. Francf.-ad-Mœnum, 1707, in-4°. (*Nouv. Dict. histor.-port.*, Amst., 1771. — *Manuel* de Brunet.)

190. **BUTINI** (Jean-Fr.), avocat, né en 1747. *Lettres africaines*. Paris, 1771, in-12. (Peignot.)

191. **CASTILLON**. *Chasses en Afrique.* Paris, in-4° obl., 12 grav. (A. Courcier, en 1864).

192. **DASH** (Comtesse), pseud. de la vicomtesse de **Saint-Mars, Cisterne de Courtiras**, née à Paris vers 1805. *Les Châteaux en Afrique*. Paris, 1872, in-12 de 323 pp. Roman.

193. **LACROIX DE MARLÈS**. *Merveilles de la nature et de l'art dans les cinq parties du monde... Ouvrage propre à donner aux jeunes gens*, etc. Paris, 1830, 10 vol. in-12, fig. L'Afrique comprend 2 vol., et se vendait séparément. (Quérard.)

194. **LOSSIUS** (G.-F.), ministre du Saint-Évangile. *Gumal et Lina, ou les Enfants africains, histoire religieuse pour la jeunesse*, imitée par J. L. Dumas. Nouv. édition. Paris, 1838, 3 vol. in-12. (Bourquelot.)

195. **NOUVELLES** *africaines*. S. l. n. d., 2 vol. in-12. Roman. (Nyon, 8733.)

196. **QUESNÉ** (Jacques Salbigoton), né à Pavilly en 1778. *La Goëlette sous-marine et le grand boa d'Afrique*. Paris, 1839, in-8 de 80 pp. (Bourquelot.)

— *Mémoires du capitaine Landolphe, contenant l'histoire de ses voyages pendant trente-six ans aux côtes d'Afrique et d'Amérique*. Paris, 1823, 2 vol. in-8, 3 grav. (Brunet, n° 20014. — Quérard.)

197. **ROSE** (Cooper), officier du génie. *Esquisses africaines*, trad. de l'anglais, par Cabanis. Paris, 1832, in-8. (Bourquelot.)

198. **SCRIBE** (Eug.), célèbre auteur dramatique, né à Paris en 1791, mort en 1861. *L'Africaine*, opéra en 5 actes, paroles de Scribe, musique de Meyerbeer. Paris, 1874, in-12 de 72 pp.

Histoire et Géographie.

199. **L'AFRIQUE** *et le peuple africain*. Paris, 1789, in-8. (Walckenaer, p. 56.)

200. **ALVAREZ DE COLMENAR** (don Juan). *Annales d'Espagne et de Portugal*. Amsterdam, 1741, 4 vol. in-4°, fig. et cartes. Le tome Ier renferme divers passages relatifs à l'Afrique ; aux découvertes des Portugais sur les côtes d'Afrique ; la prise de Guinée, du Congo; l'expédition d'Oran, de Charles-Quint et de Sébastien sur la côte barbaresque, etc.

201. **ALVISE DA CÀ DA MOSTO**, vénitien. *Dei viaggi e delle scoperte africane*, dissertazione de P. Zurla. Venezia, 1815, in-8 de 132 pp. (*Manuel* de Brunet, VI, 1515.)

202. **ANVILLE** (J.-B. d'). *Mémoire concernant les rivières de l'intérieur de l'Afrique, sur les notions tirées des anciens et des modernes*, avec une carte ; inséré dans le *Recueil de l'Académie des inscriptions et belles-lettres*, tome XXVI, 1759. (Quérard.)

203. **ATLAS** *général des phares et fanaux. Turquie et Afrique*. Paris, 1844, in-fol. (Biblioth. royale de Bruxelles, *Catalogue des Accroiss.*, 7e livr., p. 80.)

204. **AVEZAC** (A.-P. d'). On a de lui des articles sur l'Afrique insérés dans les *Revues*. L'article *Afrique* dans l'*Encyclopédie pittoresque*.

— *Notice sur l'apparition nouvelle d'un prophète musulman en Afrique*. 1829, in-8.

— *Esquisse générale de l'Afrique. Aspect et constitution physique, hist. nat., ethnologie, linguistique, état social, histoire, exploration et géographie*. Paris, 1837, in-12 de 144 pp. — Paris, 1844, in-12.

— *Les Iles fantastiques de l'Océan occidental au moyen-âge*. Paris, 1845, in-8. (Vapereau.)

— *Notice des découvertes faites au moyen-âge dans l'Océan Atlantique*, etc. 1845, gr. in-8. (Catal. Vincent, en 1871, n° 1546.)

204 bis. **BALBI** (Adrien), statisticien, émettait pour l'Afrique, en 1826, 12 journaux, parmi lesquels un français manuscrit à Tripoli. Ce nombre s'est accru depuis lors. (*Bibliographie de la presse*, CXIV.)

205. **BARBIER DU BOCAGE** (J.-D.). *Notice sur l'Afrique*, insérée dans le *Bulletin de la Société géographique*, tome III, 1825. (Quérard.)

206. **BARBOT** (Jean), voyageur français du XVIIe siècle. Visita à diverses reprises la côte d'Afrique et publia les matériaux qu'il avait rassemblés sous le titre de *Description des côtes occidentales d'Afrique et des contrées adjacentes*; ouvrage écrit en français, puis traduit en anglais. (Peignot.)

207. **BARTH**, célèbre voyageur allemand, né à Hambourg, en 1821. En 1845 il entre-

prit son premier voyage en Afrique; de retour à Tunis à la fin de 1845, il se rendit à
Malte pour y mettre en ordre les documents
qu'il avait recueillis. Il reprit sa course, se
dirigea vers le Nil, passa en Asie, visita
l'Arabie Pétrée, puis revint à Berlin, en 1848,
où il ouvrit un cours sur la géographie du
nord de l'Afrique.

Il était occupé à publier la relation de son
grand voyage: *Wanderungen durch die
Küstenlaender, des Mittelmeeres, etc.* (Exploration des côtes de la Méditerranée dans
les années 1845, 1846 et 1848); Berlin, 1849
et années suiv., lorsqu'il eut connaissance du
voyage de découvertes dans l'intérieur de
l'Afrique du nord entrepris sous les auspices du gouvernement anglais; il se joignit,
avec Overwey, au voyageur anglais Richardson.

Il publia ses Voyages et découvertes dans
l'Afrique septentrionale et centrale, en allemand et en anglais: *Reisen und Entdeckungen in Nord und Central Afrika in den
Jahren 1849-1855.* Gotha, 1857-1858, 5 vol.,
grav.

— *Travels and discoveries in north and
central Africa: being a journal of an expedition underta^en under the auspicies of
H. B. M's Government in the years 1849-
1855.* London, 1857-59, 5 vol. in-8, cartes et
fig. Les illustrations des éditions allem. et
anglaise, sont les mêmes. L'ouvrage a été
traduit en français par M. Paul Ithiar. Bruxelles, 1859-61, 4 vol. gr. in-8. — 2e édition
en 1865. (*Manuel* de Brunet. — Vapereau.)

— *Idées sur les expéditions scientifiques en
Afrique.* Paris, in-8 de 19 pp. (Extrait du
Bulletin de la Société de géographie, 1872.)

208. **BERGHAUS** (**H.**), géographe allemand,
né à Clèves (Prusse), en 1797. — Carte d'A-
frique (*Karte von Afrika*); publiée à Stuttgart, en 1825. (Vapereau.)

209. **BLERZY.** *L'Afrique moderne, d'a-
près les derniers explorateurs;* article inséré dans *la Revue des Deux-Mondes,* 1868.
(*Revue bibliographique,* 1868, p. 24.)

210. **BRUÉ** (**Hubert**), mort en 1832. *Carte
d'Afrique* (1 mètre 40 sur 1 m. 10). Paris,
J. Barthelemier. (*Journal de la librairie,*
1871, Feuill., p. 210.)

211. **BRUNS** (**P.-J**). *Systemat. Erdbes-
chreibung von Africa.* Frankfurt, 1791-1799.
(Dr Schubert, 1870.)

212. **BRY** (**J.-Théod.** et **Isr. de**). Collection
dite des grands et petits voyages. *Collec-
tiones peregrinationum in Indiam orientalem et Indiam occidentalem, XXV par-
tibus comprehensæ a J. Theodoro de Bry et*

a Matheo Merian publicatæ. Francofurti ad
Mœnum, 1590-1624, 25 part. in-fol.

Titre factice sous lequel on indique ordinairement dans les catalogues les vingt-cinq parties de la collection de voyages pub . e par
les de Bry ou De Bry, et qui est divisée en
deux séries. La première série connue sous
le nom de *Grands Voyages,* à cause de son
format plus grand d'environ 27 millimètres
dans tous les sens que celui des volumes de
la seconde. Ces voyages parurent en latin,
en français, en allemand et en anglais.

Théod. de Bry était graveur, marchand
d'estampes et libraire de Francfort-sur-le-
Mein, il commença la publication des Grands
Voyages, et en fit paraître six parties (1590 à
1596). Après sa mort (arrivée en 1598), sa
veuve et ses deux fils Jean-Théodore et Jean-
Israel, firent paraître la 7e et la 8e parties, en
1599; la 9e en 1600. Jean-Théodore donna les
10e et 11e parties en 1619 et 1620; et ses héritiers publièrent la suite. Jean-Théodore et
Jean-Israël de Bry ont publié aussi les huit
premières parties du texte latin des Petits
Voyages (1598 à 1607).

Les grands voyages s'occupent de l'Amérique.

La partie concernant l'Afrique est renfer-
mée dans les petits voyages:

I. *Regnum Congo,* etc. Francfurti, 1598,
front., cartes, et 14 pl. —.Une seconde édition, Francf., 1624, à la suite de laquelle se
trouve ordinairement un *Appendix' Regni
Congo, qua continentur Navigationes quinque Samuelis Brunonis...* Francfort, 1625,
front. gr., 11 pl. dans le texto. *La planche
de la page 39 manque dans quelques exemplaires.* C'est la même que la seconde du
supplément à la 9e partie des *Petits Voyages,*
où elle est intitulée: *Æthiopes conantur.*

Cet appendix n'a été imprimé qu'une seule
fois en langue latine, et il se trouve en allemand, dans la 3e édition de la première
partie de ce texte, imprimé en 1625.

II. *Pars Indiæ orientalis...* Francfordi,
M.D.XCIX; front. gr., 1 carte de Mozambique, 1 carte de Java, 1 carte de Goa, et
autres. 39 planches avec explications. La 4e
(*De Caffrorum militia*) manque quelquefois.
Le titre de la seconde édition de cette seconde partie des Petits Voyages, a pour sous-
cription: *Francoforti, typis Erasmi Kempf-
feri, impensis Wilhelmi Fitzeri,* 1628.
Dans cette réimpression la préface primitive
est remplacée par une autre plus courte.

III. *Tertia pars Indiæ orientalis...* Francofurti, 1601, front.; 4 cartes, savoir: l'île
de Ste-Hélène; l'île de l'Ascension; le plan
de la ville d'Angra; carte hydrographique
de Java; plus une carte intitulée: *Delineatio cartæ trium navigationum...,* laquelle
est quelquefois à la suite de la 58e pl.

Une seconde édition fut publiée en 1629.

VI. *Indiæ orientalis pars VI. Veram et historicam descriptionem auriferi regni Guineæ ad Africam pertinentis, quod alias littus Mina vocatur, continens... latinitate ex Germanico donata studio et opera M. Gothardi Arthus Dantiscani: illustrata vero in æs incisis iconibus, inque lucem edita a Johanne-Theod. et Johanne-Israel de Bry fratribus. Francfurti ad Mœnum, 1604, 26 pl.*

IX. *Indiæ orientalis pars IX, historicam descriptio. . navigationis ab Hollandis et Selandis in Indiam orientalem...*; Francfort, 1612 (1613). Camus place entre le second avis et les planches une carte de Ste-Hélène et une carte de l'île Mozambique qu'annonce formellement cet avis.

Voir pour plus de détails bibliographiques le savant article inséré dans le *Manuel* de Brunet, tome Ier, col. 1310 à 1363.

213. CENTELLAS (Joachim de). *Voyages et conquestes des roys de Portugal ès Indes d'Orient, Ethiopie, Mauritanie d'Afrique et Europe...; le tout recueilly des Mémoires de Joachim de Centellas, gentilhomme Portugais.* Paris , 1578, in-8. (*Manuel* de Brunet. — Nyon , 20767.)

214. CHAULMER. *Le Tableau de l'Afrique, où sont représentez les royaumes, républiques, principautés, îles, presqu'îles, etc. , avec quelques relations succintes des progrès que font les pères de la Compagnie de Jésus en la conversion des infidèles...* Paris, 1654, in-12. (Catal. de Grenoble, n° 25732.)

215. CORTAMBERT (Eugène), géographe français, né à Toulouse en 1805 , conservateur des cartes géographiques à la Bibliothèque nationale de Paris. *Géographie générale de l'Europe et de l'Afrique modernes.* Paris (1870), in-12 de 103 pp. , 18 fig. dans le texte.

216. CORTAMBERT (Richard), fils du précédent, né à Paris en 1836, secrétaire de la Société de géographie et attaché à la section des cartes géographiques à la Bibliothèque nationale. *Peuples et voyageurs.* Paris, J. Gay, 1864, in-12. (Les Touaregs, p. 59. — Voyages en Afrique, pp. 159 à 259.)

— *La Chevelure chez les différents peuples.* Paris, 185. , in-12. L'auteur, pour ce qui concerne l'Afrique, a tiré ses citations de H. Dunan (Tunisie), Regnault (Egypte), d'Escayrac de Lauture (Arabes du Kordofan), de Ch. Didier (l'Egypte et la Nubie), d'Abbadie (l'Abyssinie), de Rochet d'Héricourt (Adel), Richard Burton , Ph. Terranuova , et autres voyageurs. La *Revue orientale et américaine*, tomes III, IV et V, renferme des articles critiques sur ce livre.

217. COULIER (Ph.-J.). *Afrique.* Paris , 1845, et atlas in-4° de 27 pl. et cartes. (Bourquelot.)

218. COULON (Louis), prêtre mort en 1664, et Pierre **Bergeron**: *Les Voyages fameux de Vincent Le Blanc aux Indes orientales et occidentales, en Perse et Pégu , aux royaumes de Fez, de Maroc et de Guinée, et dans toute l'Afrique intérieure, depuis le Cap de Bonne-Espérance jusqu'en Alexandrie, par les terres de Monomotapa, du Prestre-Jean et de l'Egypte, etc.* Paris , 1648, 2 part. en 1 vol. in-4°. — Paris, 1649, 3 part. en 1 vol. in-4°. — Troyes et Paris, Nic. Oudot, 1658, in-4°. L'ouvrage a été traduit en anglais sous le titre : *World Surveyed*, etc. London , 1660, in-fol. (Nyon, 20731. — *Manuel* de Brunet. — Peignot. — Van Hulthem, n° 14470.)

219. DAPPERS (Olivier), médecin d'Amsterdam , mort en 1690. *Die Inseln in Africa als Madagaskar , Lorenz und Thomas-Insel , Kanarischen, und der Grünen vorgebirges Malta und a.* Amsterdam, 1671, in-fol. (Dr Schubert, en 1870.)

— *Naukeurige beschryvinge der Afrikaensche gewesten (en eylanden).* Amst. , 1676 , in-fol., fig. (Van Hulthem, n° 14972.)

— *Beschreibung von Africa als Egypten, Barbarien, Libyen, Biledulgerid, dem Lande der Negros , Guinea, etc.* Mit Landkarten un Abrisse des Städte trachten, etc. , in Kupfer. Amsterdam, 1670, in-fol.

— *Description de l'Afrique, cont. les noms, situations et confins de toutes les parties, etc.* Avec des cartes des états, provinces, villes, et des figures en t. d. (trad. du flamand en français). Amst. , 1686 , in-fol., fig. (Dr Schubert. — Peignot. — Catal. de Grenoble, n° 25734. — Nyon, 2191. — Boucher de la Richarderie, n° 1369.)

220. DELISLE (Guillaume), géographe du roi, né à Paris en 1675. *Carte de l'Afrique.* 1722. (Valckenaer, p. 133.)

221. DEMANET , curé en Afrique. *Nouvelle histoire de l'Afrique française.* Paris, 1767, 2 vol. in-12, fig. (Peignot. — *Manuel* de Brunet.)

222. DRASLÉ DE GRAND PIERRE. *Relation de divers voyages faits en Afrique, en Amérique et aux Indes occidentales.* Paris, 1718, in-12. — Autre édition , 1726, in-12, fig. (Van Hulthem, n° 14471. — Nyon, 20861. — *Manuel* de Brunet, n° 19996.)

223. DUBOIS. *Les Voyages faits par le sieur D. B. aux îles Dauphine ou Madagascar, et de Bourbon ou Mascarennes , depuis 1669 jusqu'en 1672; dans lesquels il est*

*traité du cap Vert , de Surate , des îles de
Ste-Hélène et de l'Ascension.* Paris , 1674,
in-12. (Nyon, 20821. — *Manuel* de Brunet ,
n° 20934.)

**224. DUBOIS-FONTANELLE (Joseph-
Gasp.),** né en 1737 à Grenoble, mort en 1812.
*Anecdotes africaines , depuis l'origine ou
la découverte des royaumes qui composent
l'Afrique jusqu'à nos jours.* Paris, 1775,
pet. in-8. (*Dict. des anonymes ,* col. 178. —
Quérard.)

225. DUFAY (Jules). *L'Afrique; histoire
des voyages dans cette partie du monde ,
guerres, mœurs, produits , anecdotes, abrégée de La Harpe et des voyageurs modernes.* Paris, 1825, 2 vol. in-12. (Quérard.)

226. DUREAU DE LA MALLE , né à
Paris en 1777, mort en 1857, membre de l'Institut. *Géographie physique de la mer Noire,
de l'intérieur de l'Afrique, etc.* Paris, 1807,
in-8, cartes. (Quérard.)

227. EICHHORN (J.-Gottfr.), théologien
et historien , né en 1752 à Dœrenzimmern
(Hohenloe). *Antiqua historia...* Lipsiæ, 1811,
4 vol. in-8. Le tome II traite de l'Afrique.
(*Manuel* de Brunet.)

228. ESTANCELIN (Louis), né à Eu en
1777. *Recherches sur les voyages et dé-
couvertes des navigateurs normands en
Afrique, etc.* Paris, 1823, in-8 de XII-364 pp.
(Bourquelot. — Catal. Fr. Soleil, n° 2006. —
Cat. Baer et Cie, 1872.)

229. EYMERY (Alexis), pseud. de A. E.
de Saintes. *Les Voyages du petit André
en Afrique.* Limoges et Paris, 1852. — Autre édition, 1872, in-18 de 71 pp. , fig. (Bibliothèque religieuse).

— Avec Mme A. S. (Alida Savignac): *L'U-
nivers en miniature, ou les Voy. du Petit
André en Europe , Asie , Afrique, Amérique et Océanie.* Paris, 1838, 6 pet. vol. in-32,
fig. et cartes. (*Supercheries littér.*)

230. FARIA Y SOUSA (Emm.), gentilhomme portugais, mort à Madrid en 1649, à
l'âge de 59 ans. *Africa portugueza.* Lisboa,
1681, in-fol. (*Nouveau Dict. histor.* — *Manuel* de Brunet.)

231. FORBES (James). *Oriental Memoirs...
including observations on parts of Africa
and South America...* London , 1813 , 4 vol.
gr. in-4°, fig. Ouvrage écrit dans un style
diffus, peu estimé. (*Manuel* de Brunet.)

232. FROGER (François), ingénieur français. *Relation d'un voyage fait en 1695 ,
1696 et 1697, aux côtes d'Afrique, etc. , par
une escadre commandée par M. de Gennes.*
Paris, 1698, 1699, in-12, fig. — Amsterdam,

1702, in-12. — Amst. , 1715, sous le titre de:
*Relation d'un voyage dans la mer du Sud,
etc.* (Nyon, 20860. — *Archives du biblioph.,*
1857, n° 1745. — Idem , 1859 , n° 3937. —
Boucher de la Richarderie. — Yéméniz ,
n° 2380. — Catal. de Grenoble, 19169. — Quérard. — Brunet.)

233. GEOFFROY DE VILLENEUVE.
De l'Afrique , in-18. (Walckenaer, p. 22.)

234. GRANT (le capitaine). *A travers l'A-
frique;* traduit de l'anglais par Mme Léon-
tine Rousseau. Paris, 1873, in-12 de 309 pp.
(*Journal de la librairie ,* n° 10727.)

235. GUILHERMY (le P. E. de). *Méno-
logue de la compagnie de Jésus. Assistance
de Portugal, comprenant les provinces et
missions du Japon, de la Chine, du Brésil,
des Indes, de l'Ethiopie et de la Guinée.*
1re partie. Poitiers, 1869 , in-4° de 401-583 pp.
(*Revue bibliographique ,* 1869, tome III ,
n° 1416.)

236. GUILLAIN (Ch.), contre-amiral français, né en 1808. *Documents sur l'histoire,
la géographie et le commerce de l'Afrique
orientale , recueillis et rédigés par ordre
du gouvernement* (1re partie).

— 2e partie : *Relation du voyage d'exploration à la côte d'Afrique exécuté pendant
les années 1846, 1847 et 1848,* par le brick le
Ducouédic. Paris, 1856-57, 3 vol. gr. in-8,
et atlas in-fol. de 54 pl. (*Manuel* de Brunet, nos 19771 et 20919.)

237. HALÉVY. *Lettre sur l'origine asiatique des peuples africains.* Paris, 1867,
in-8. (Jos. Baer et Cie , en 1373.)

238. HALLÉ (Jean-Noël), médecin, né à
Paris en 1754 , mort en 1822. On a de lui
l'article sur l'*Afrique,* inséré dans l'*Encyclopédie méthodique.*

239. HANNON, célèbre navigateur Carthaginois, qui fut chargé de faire un voyage de
découvertes sur les côtes d'Afrique, au-delà
des colonnes d'Hercule. Il aurait laissé une
relation de cette expédition, écrite en langue punique. Un extrait de cette relation,
en grec, seul a été conservé et publié sous
le titre de: *Périple d'Hannon.* Il vivait
selon les uns 500 ans avant l'ère chrétienne,
selon d'autres 1000 ans.

— *Périplus gr. , cum annotationibus atque
emendationibus edidit* J. Leon Hug. Fri-
burgi, 1808, in-4° de 32 pp.

— *Antiguedad maritima de la republica de
Cartago; con el Periplo de su general Hannon ,* trad. por P. Rodriguez Campomanes
(con el texto). Madrid. 1756, pet. in-4°.

Il existe aussi sous le titre de *El Periplo de
Hannon illustrado,* et avec la date de 1754.

— *The Voyage of Hanno*, *translated*, *und acc. with the greek text*, by Th. Falconer. Oxonii, 1797, in-8.

— Et.-Marc Quatremère a donné un *Mémoire sur le Périple d'Hannon*, en 1857. (Peignot. — Bouillet. — Brunet.)

240. HISTOIRE DE PORTUGAL, *contenant les entreprises, navigations et gestes mémorables des Portugallois tant en la conquête des Indes orientales par eux découvertes qu'ès guerres d'Afrique et aux exploits, depuis l'an mil quatre cent nonante-six* ...; trad. de Jér. Osorius, de Lopez Castagnède et d'autres historiens, par S. G. S. (Simon Goulard, de Senlis). Paris, 1581, in-8 de 1200 pp. (*Archives du bibliophile*, 1857, nº 3967, et en 1859, nº 5072.)

241. HOEFER (Jean-Chr.-Ferd.), docteur médecin et littérateur franç., d'origine allemande, né en 1811. *Iles africaines de l'Océan atlantique*; inséré dans l'*Univers pittoresque*. (Bourquelot. — Vapereau.)

242. HOYARSABAL (le capitaine **Martin de**). *Ses Voyages aventureux, contenant les règles et enseignements nécessaires à la bonne et seure navigation*. Rouen, 1632, in-4°. Cette relation est moins celle des voyages de Hoyarsabal que celle des observations nautiques qu'il a faites en Afrique, en différentes parties d'Europe et à Terre-Neuve. Cette édition est rare. Il en existe une autre *revue et augmentée*. Bourdeaux, 1633, in-8; et une de La Rochelle, 1636, in-8.

Il a été fait aussi une traduction en basque du dialecte de Labourd, publiée sous le titre : *Liburu hau da ixasco nabigacionecoa M. de Hoyarzabalec...* Bayonan, 1677, in-8 de 164 pp. et 2 ff. non chiffrés. (*Manuel* de Brunet. — Bibliothèque nationale de Paris.)

243. HURD (the captain **T.**). *Atlas des côtes d'Afrique et des îles adjacentes, depuis Madère jusqu'au canal Mozambique* (en anglais). Londres, 1821, 39 feuilles. (*Manuel* de Brunet, nᵈ 19769.)

244. HUTTON (Cath.). *The Tour of Africa, selected from the best authors*. London, 1819-1821, 3 vol. in-8. (*Manuel* de Brunet, nº 20783.)

245. JOURNAL *d'un voyage sur la côte d'Afrique et aux Indes d'Espagne*. Paris, 1730, in-12. (Nyon, 20862.)

246. KOWALEWSKI ou **KOVALEFSKI (J.-Et.).** *Poutechestvïe vo vnoutrennioumeg Afrikïe* (Voyage dans l'Afrique centrale). Saint-Pétersbourg, 1849, 2 vol. in-8. (*Manuel* de Brunet.)

247. KUNSTMANN (Fr.). *Afrika vor den Entdeckungen der Portugiesen*. München, 1853, in-4°. (*Catal. des Accroiss.* II, 2, p. 76.)

248. LA BARRE DUPARCQ (Ed. de). *L'Afrique depuis quatre siècles, dépeinte au moyen de huit croquis successifs, avec un texte descriptif*. Paris, 1873, in-4° de 13 pp. et 8 cartes. (*Journal de la librairie*, 1873.)

249. LA CARRIÈRE (A.-C. de). *Voyage aux pays aurifères. Afrique, Mexique, etc.* Paris, 1855, gr. in-8, fig. (*Manuel* de Brunet, nº 20045.)

250. LACERDA, voyageur portugais de la fin du XVIIIᵉ siècle. Il parcourut l'Afrique méridionale, et a laissé une relation de cette excursion. Quoique possédant quelques notions scientifiques, il se trompe souvent, entre autres sur la latitude qu'il assigne à la ville du Cazembe, sur le Changu; il y a là une erreur de 50 milles anglais. Il termina ses jours par suite des douleurs de la fièvre tropicale, près du lac Moero.

251. LACROIX (de), professeur de géographie à Lyon, mort vers 1715. *Relation universelle de l'Afrique ancienne et moderne*. Lyon, 1688, — ou 1713; — ou Paris, 1689, 4 vol. in-12, fig. (*Manuel* de Brunet, nº 28342. — Bibliothèque de Nice.)

252. LA HARPE (J.-Fr. de), de l'Académie française, né à Paris en 1730, mort en 1803. *Abrégé de l'histoire générale des voyages*. Paris, 1780-1801, 30 vol. in-8, et atlas in-4°. — Cet ouvrage qui a eu plusieurs éditions est simplement un abrégé de la grande *Hist. gén. des Voyages* de l'abbé Prévost, laquelle est elle-même, en partie, la traduction d'une compilation anglaise peu estimée, dont la publication date de 1745. Il n'y faut point chercher la vérité dans les faits, ni une grande exactitude. Les vingt et un premiers volumes sont de La Harpe.

Il parut à Lyon et à Paris en 1830 et années suiv.; une édition en 30 vol. in-8 et cartes; mais étant destinée à l'éducation religieuse, cette édition est châtrée; on y a fait disparaître les détails de mœurs et des notes qui semblaient inconvenants ou dangereux. Cette édition fut publiée en 5 parties qui se vendaient chacune séparément; la 1ʳᵉ comprenait les *Voyages en Afrique* (extraits de Gama, Pacheco, Albuquerque, Brue, Atkins, Pacho, Clapperton, Lyons, Caillié et autres voyageurs), 5 volumes. (Quérard.)

253. LAMIRAL. *L' Afrique et le peuple africain, considérés sous tous les rapports avec notre commerce et nos colonies; orné de six figures en taille-douce et d'une carte* *géographique.* Paris, 1789, in-8. (Catal. de Mlle Pelatan, 1873, n° 395.)

254. LA ROCHE (Benjamin), mort à Paris, en 1851, à l'âge de 54 a ıs. Pamphlétaire français ; exilé en Angleterre sous la restauration. *De l'état actuel de la traite des nègres, extrait des renseignements déposés récemment à ce sujet sur le vureau de la Chambre des Communes d'Angleterre; composant le rapport présenté le 8 mai 1821 aux directeurs de l'institution africaine, etc.;* trad. de l'anglais. Londres, 1821, in-8. (*Dict. des ouvrages anonymes.*)

255. LAS CASES (le comte M.-Jos.-Em.-D. de), né en 1766. *Atlas historique, chronologique et géographique, ou Tableau général de l'Hist. univers., etc.* Paris, an XI et XII (1803-04), gr. in-fol. Cet ouvrage qui a eu plusieurs éditions (1806, 1807, 1809, 1814, 1820, 1823, 1826, gr. in-fol.), comprend, n° XXXII, une géographie de l'Afrique. 1809. L'Afrique, avec une table méthodique de ses divisions, états, gouvernements, colonies, leurs productions ; par qui fondés, possédés, etc. ; les Voyages de Le Vaillant, de Mungo-Park, Bruce, Brown, et Hornemann. Cette carte se vendait séparément au prix de 5 fr. (Quérard.)

256. LE FRANÇOIS DE LALANDE (Jos.-Jér.), astronome, né en 1732 à Bourg, mort en 1807. *Mémoire sur l'intérieur de l'Afrique.* Paris, 1795, in-8 ; — 1802, in-4°. (Quérard.)

257. LE GRAS (A.). *Phare des côtes ouest, sud et est d'Afrique, et des îles éparses de l'Océan Atlantique.* Paris (1869), in-8 de 18 pp. (Dépôt de la marine.)

258. LÉON (Jean), africain, natif de Grenade, à la fin du XVIᵉ siècle, se nommait primitivement **Al-Hacan** ; il parcourut toute l'Afrique, visita Tombouctou ; pris par des corsaires, Léon X le fit baptiser sous le nom de Jean Léon. On a de lui une Description de l'Afrique, écrite en arabe, puis traduite dans presque toutes les langues européennes. *De totius Africæ descriptione libri IX ab auctore primum arab. scripti, nunc latine versi,* per J. F. Florianum. Antwerpiæ, 1556, pet. in-8. La Description fut mise en italien par l'auteur lui-même.

— *De totius Africæ descriptione libri IX.* Zurich, 1559, pet. in-8.

— *Africæ descriptio...* Lugd.-Batav., Elzév. 1639, 2 vol. in-24. — Lugd.-Batav., Elzév. 1632, 2 tom. en 1 vol. in-24 de 800 pp., front. gr.

La traduction française de la *Description* de Jean Léon, a été publiée dans l'*Historiale description de l'Afrique, etc.* (de J. Tem-poral). Recueil contenant: Navigation d'Hanno, capitaine Cartaginoys (*sic*) premier qui a découvert les parties d'Afrique. — Discours sur icelle navigation fait par un pilote portuguès (*sic*). — Description de l'Afrique, par Jean Léon africain, contenant neuf livres. — Navigation du seigneur Alouys de Cademoste, au païs des Noirs. — Navigation de Pierre de Sintre, escrite par ledit de Cademoste. — Navigation de Lisbonne à l'île Saint-Thomas, par un pilote Portuguès, envoyée au comte Rémond de La Tour. — Lettres (*sic*) d'Améric Vespuce, escrite à S. Pierre Soderin, touchant sa navigation. (Tous ces voyages sont traduits sur la 1ʳᵉ édition du Recueil de Ramusio.)

— *Historiale description.....* (de Temporal). Lyon, 1556, 2 tomes en 1 vol. in-fol., 1 fig. s. b. — Paris, août 1830, 4 vol. in-8, sans figures.

Le Recueil de J.-B. Ramusio : *Delle Navigationi et Viaggi raccolti,* a été publié à Venise, en 1550, 1563, 1583, 1585, 3 vol. in-fol.

Voir pour plus de détails bibliographiques le *Manuel* de Brunet, tome IV, col. 1100 à 1101. (Catal. de Grenoble, 25729 et 25731. — Yéméniz, 2878. — *Archives du bibliophile,* en 1859. — Bouillet.)

259. LEPRÉDOUR (Fortuné-Jos.-Hyac.), amiral français, né en 1793, mort en 1866. *Description de la côte occidentale d'Afrique,* publiée dans les *Annales maritimes,* 1828, tome XXXV. (Bourquelot.)

260. LINSCHOTEN (Jean-Hugues van), célèbre voyageur né à Harlem, vers 1563. Il visita les côtes d'Afrique et les îles de l'Océan, et donna la relation de ce voyage. Le texte hollandais a paru à Amst. en 1596, in-fol., fig. On y joint : *Reys-Ghechrift van de navigatien der Portugaloysers in Orienten,* et *Beschrijvinghe van de gantsche Custe van Guinea, etc.* Les trois parties ont été réimprimées à Amst., en 1614, in-fol., fig., et plusieurs fois depuis.

— *Navigatio et itinerarium in orientalem, sive Lusitanorum Indiam, collecta et descripta belgica, nunc latina reddita.* Hagæ-Comitis, 1599, in-fol. de 4 ff. et 124 pp., fig. Cette 1ʳᵉ édition de cette traduction doit être accompagnée de la pièce intitulée: *Descriptio totius Guineæ...,* 45 pp. et 3 pp. d'index.— 2ᵉ édition. Amsterdam, 1614, in-fol., fig. On joint ce volume à la collection des De Bry.

— *Histoire de la navigation de J. H. de Linschot et de son voyage es Indes...; à quoy sont adjoustées quelques autres descriptions tant du pays de Guinée et autres costes d'Ethiopie que des navigations vers le nord au Vagat et en la Nouvelle-Zembla* (trad.

rançaise). Amst. , 1610, in-fol. , fig. Cette traduction qui est r-cherchée , a été réimpr. en 1619, et en 1638. Dans ces deux éditions on trouve joint ordinairement, à la suite de l'histoire de la navigation : le Grand routier de mer, du même auteur. (Peignot. — Brunet.)

Une traduction anglaise de cet ouvrage a été publiée à Londres en 1598, in-fol. , fig. et 12 cartes.

261. **LITHGOW** (Will.), Ecossais, né à la fin du XVe siècle, parcourut l'Europe, l'Asie et l'Afrique, et publia la relation de ce voyage : The Pilgrimes Farewell, to his native country of Scotland, etc. , the Bonaventure of Europe , Asia and Africa. Edimburg, 1618, in-4º de 32 ff. ; fig. représ. l'auteur et son valet. — Autres édit. du texte anglais. London, 1611 , in-4''. — 1614. in-4º. — 1623, in-4º. — 1632, in-4º. — 1640, in-4º. — 1682 , in-12. — 1692, in-12. — Edimbourg, 1770, in-8. — 12e édition. London, 1814, in-8.

Relation curieuse , qui parut sous le titre: The Totall discourse of the rare adventures, etc.

Il existe une édition en hollandais, Amst. 1652, in-4º goth., fig., publiée sous le titre: XIX jaarige lant-reyse uit schotlant dor Europa , Asia ende Africa ; uyt't engels, met kop. (Manuel de Brunet. — Van Hulthem, 14459, 148922. — Peignot.)

262. **LOJARDIÈRE** , voyageur français du XVIIe siècle. Il avait écrit en français la relation de ses aventures , qui n'a jamais paru dans cette langue ; elle fut traduite en allemand sur le manuscrit original, et publiée à Francfort-sur-l'Oder , en 1748, in-12, sous le titre de : Voyage en Afrique , trad. avec des observations relatives à la géographie et à l'histoire naturelle. (Quérard.)

263. **LOUANDRE** (Charles), né en 1812 à Abbeville. La Statistique et l'Archéologie en Afrique ; article inséré dans la Revue des Deux-Mondes, 1852. (Bourquelot.)

264. **MAC CARTHY** (J.), chef de bataillon, puis libraire , géographe , né à Cork en 1785, mort en 1835. Dictionnaire universel de géographie phys. , polit. , hist. et commerciale, contenant, etc., où sont indiquées les découvertes récemment faites tant en Afrique que dans la partie nord-ouest de l'Amérique. Paris, 1827 et années suiv., 2 gros vol. in-8. (Quérard.)

265. **MANET** (l'abbé de). Nouvelle histoire de l'Afrique françoise, avec des cartes géographiques et des observations astronomiques. [Paris, 1767, 2 vol. in-12. (Nyon, nº 21194.)

266. **MILBERT** (Jacq.-Gérard), peintre naturaliste, né à Paris en 1766, mort en 1840. Voyage pitt. à l'Ile de France, au Cap de

Bonne-Espérance et à l'île Ténériffe. Paris. 1812, 2 vol. in-8, et atlas de 3 cartes, 45 vues. (Quérard. — Bouillet. — Boucher de la Richarderie.)

267. **MOQUET** (Jean). Voyages en Afrique, Asie, Indes orientales et occid. Paris , 1830, in-8. (Catal. Lefebvre, nº 1209.)

268. **MORCELLI** (Steph.-Ant.), né en 1737 à Chiari, mort en 1821 ; bibliothécaire du cardinal Albani. Africa Christiana , in tres partes tributa. Brixiæ, 1816-1817, 3 vol. in-4º. (Catal. des Accroiss., II, III, p. 103. — Brunet.)

269. **NEITSCHITZ** (Georg-Christ. von). Siebenjährige Weltbeschauung durch Europa, Asia, und Africa ; nach dessem Tode aus Seinem Handbuche durch M. Chr. Laegern zum Druck befördert. Budissin , 1666, in-4º. Relation d'un voyage exécuté de 1630 à 1637. Elle a été réimpr. en 1673, in-4º, en 1674 , en 1678 , en 1686 et enfin en 1753. (Manuel de Brunet.)

270. **NOTICES** sur les colonies françaises , publiées par ordre de S. Exc. le ministre de la marine. Histoire , géographie , météorologie, population, administration, culte, instruction publique , justice , forces militaires, marine, finances , agriculture , industrie, etc. Paris, in-8 de 768 pp. avec atlas de 14 cartes : Planisphère ; Réunion ; Iles Mayotte, Nossi-Bé et Sainte-Marie de Madagascar ; Sénégal et dépendances ; Côte d'Or et Gabon, etc. (Challamel.)

271. **OGILBY** (John), en latin : **Ogilvius**, né à Edimbourg en 1600, mort à Londres en 1676 ; imprimeur géographe et cosmographe de Charles II. On a de lui une compilation géographique intitulée : Africa , publiée à Londres, en 1670. (Peignot. — Brunet.)

272. **PÉRON**. Mémoires du capitaine Péron. sur ses voyages aux côtes d'Afrique, etc. Paris, 1824, 2 vol. in-8, fig. (Manuel de Brunet, nº 19997.)

273. **PETERMANN** (Dr Aug.-Henri), géographe allemand , né en 1822 à Bleicherode. An Account of the progress of the expedition to the central Africa, performed by order of Her Maj. foreign Office under MM. Richardson, Barth, Overweg and Vogel, in the years 1850, 1851, 1852 and 1853, consisting of maps illustrations, with descriptive note, etc. London, 1854, gr. in-fol., 3 cartes. (Manuel de Brunet.)

274. **PHARES** des côtes occidentales d'Afrique (Dépôt de la marine). Paris, in-8. (Journal de la librairie , 1873, p. 607.)

275. **PHEROTÉE DE LA CROIX**. Relation universelle de l'Afrique ancienne et

Bibliographie.

moderne, où l'on voit ce qu'il y a de remarquable, tant dans la terre ferme que dans les îles ; avec ce que le roi a fait de mémorable contre les corsaires de Barbarie, etc. Lyon, 1688, 4 vol. in-12, fig. (Nyon, n° 21192. — Cat. de Grenoble, n° 25735.)

276. **PROCEEDINGS** *of the association for promoting the discovery of the interior parts of Africa.* London, 1790, in-4° (et 1791, in-8) ; le 2° vol., en 2 part. in-4°, en 1797 (et en 1802). London, 1810, 2 vol. in-8 et cartes. Cette dernière édition a reçu des augmentations. (Brunet.)

Cette société formée à Londres se réunit pour la première fois le 9 juin 1788 ; elle n'avait pour but que d'étendre simplement les connaissances géographiques et ethnographiques. (Valckenaer, p. 65.)

277. **RECUEIL DE DIVERS VOYAGES** *faits en Afrique et en Amérique..., contenant les mœurs, les coutumes et commerce des habitans de ces deux parties du monde qui n'ont point esté encore publiez.* Paris, 1674, in-4°, cartes et fig. Contenant : la Relation de l'isle des Barbades, par Richard Ligon ; — la Relation de la rivière du Nil, trad. de l'angl. par Pierre Wische ; — De la mer Rouge. — Extrait de l'histoire d'Ethiopie, trad. du portugais de Balth. Tellès, jés.; — Description de l'Empire du Prêtre Jean ; — Relation de l'isle de St-Christophe, du voyage fait sur les côtes d'Afrique, etc. — Autre édition du même recueil : Paris, 1684, in-4°. (Nyon, 20859. — M.... (Tilliard), en 1839, n° 1629. — Tross, en 1868, n° 2148. — Grenoble, n° 19452. — *Manuel* de Brunet, 20038.)

278. **REINECKE** (J.-C.-M.). *Carte de la Sénégambie, Nigritie et Guinée* (texte allemand). Weim, 1801. — Weim, 1804. (D' Schubert, 1870.)

279. **RICCA** (V. Saporito). *Le Esplorazioni nell'Africa centrale ;* article inséré dans la *Revista Sicula*, 1870, juin.

280. **RICHARDSON** (sir John), voyageur anglais, naturaliste, né à Dumfries (Ecosse), mort en 1865. *Narrative of a mission to central African, performed in the years 1850-1851.* London, 1853, 2 vol. in-8. (Catal. des *Accroiss.*, II, 2, p. 90.)

281. **RITTER** (Karl), géographe allemand, né en 1779, mort en 1859, professeur de géographie à l'université de Berlin. *Die Erdkunde im Verhältniss zur Natur und zur Geschichte des Menschen, oder allgemeine vergleichende Geographie, als sichere Grundlage des Studiums und Unterrichts in physikalischen und historischen Wissenschaften, etc.* Berlin, 1830-58, 20 vol. in-8. Le

volume Ier traitant spécialement de l'Afrique est épuisé. Cette partie est aujourd'hui fort arriérée ; elle a été traduite en français sous le titre de : *Géographie générale comparée de l'Afrique, par* E. Buret et Ed. Desoer. Paris, 1836, 3 vol. in-8. (*Manuel* de Brunet. — Quérard. — Bouillet.)

282. **RIVOYRE** (Denis de). *Les Anglais en Afrique ;* article inséré dans le *Correspondant*, février 1869.

283. **ROBERTSON** (G.-A.). *Notes on Africa, between cap Vert and the river Congo...* London, 1819, in-8. (*Manuel* de Brunet, n° 20878.)

284. **ROCHON** (l'abbé **Alexis**), astronome et navigateur, né à Brest en 1741, mort en 1817. *Voyage à Madagascar* (au Maroc) *et aux Indes orientales.* Paris, 1791 ou 1793, in-8. — 2° édition, Paris, au x (1802), 3 vol. in-8, cartes. — 3° édition revue et augm. d'une *Dissertation sur les îles de Salomon.* Paris, 1807, 3 vol. in-12. On a retranché dans cette dernière édition ce qui a rapport à Madagascar. (Bouillet. — Quérard.)

285. **SANUTO**. *Geographia distincta in XII libri.* Vinegia, 1588, in-fol., 12 cartes. (Peignot. — Brunet.)

« L'ouvrage porte simplement le titre de *Geografía*, parce que Livio Sanuto s'était proposé de donner ainsi successivement les autres parties du monde ; il aspirait à la gloire d'être le Ptolémée de son temps ; mais il mourut à l'âge de 56 ans, après avoir achevé le premier volume qui ne fut publié qu'après sa mort. Il prélude à la description du monde, par l'Afrique. Les auteurs où il a puisé, sont : Léon l'Africain, Cadamosto, Barros, Massoudi, et Ptolémée. Purchass (*His pilgrinage*, 1826, in-fol.) dit que Sanuto est un des descripteurs les plus exacts de l'Afrique. » (Walckenaer, note, p. 42).

286. **SKYNNERS** (Thomas). *Eines englischen Kaufmanns, Seltsame Begebenheiten in dem inwendigen Land von Afrika, von ihm Selbst aufgesetzt und herausgegeben von A. Roberts.* Sulzbach, 1689, in-4°. (D' Schubert, 1870.)

287. **SOCIÉTÉ DE L'AFRIQUE.** En 1802, on imprima à Paris les règlements d'une *Société de l'Afrique intérieure et des découvertes.* La Société et son comité d'administration devaient tenir leurs assemblées à Marseille. L'on ne connaît rien de cette société qui n'est peut-être restée qu'à l'état de projet. (Walckenaer, p. 67.)

288. **TANNER** (Mathias), né en Bohême en 1630, jésuite. *Societas Jesu, usque ad sanguinis et vitæ profusionem militans in Europa, Asia, Africa et America, contra*

Gentiles, Mahometanos, Judæos, Hœreticos, pro Deo, fide, ecc'esia, etc. Pragæ, 1675, in-fol. 174 fig. gravées par Melchior Kussel, d'après C. Sereta. (Manuel de Brunet. — Peignot.)

289. **TARDIEU** (**Ambr.**), graveur et géographe, né à Paris en 1788. Sénégambie et Guinée. Paris, 1847, in-8 (Univers pittoresque). (Accroiss., IX, p. 140.) Il a gravé, pour le dépôt de la marine, les cartes des côtes d'Afrique. (Quérard.)

290. **TRAPOLINUS** (**Nic.**), mort en 1509 à Padoue. Ou a de lui une Descriptio Africæ antiquæ et novæ.

291. **ULE** (**Otto**), naturaliste allemand, né en 1820. Les Nouvelles découvertes en Afrique, en Australie, et au pôle Arctique. (Die Nuesten Entdeckungen in Africa, etc.). Leipzig, 1861. (Vapereau.)

292. **UNIVERS PITTORESQUE.** Histoire et description de tous les peuples, de leurs religions, mœurs, coutumes, etc., avec plus de 3000 grav., etc. Paris, s. d., 67 vol. in-8. (L'Afrique comprend 7 vol.)

293. **VALLEMONT** (**P.**). Journal d'un voyage sur les costes d'Afrique et aux Irdes d'Espagne. Amst., 1723, in-8. (Catal. Llordachs, 1873, p. 133.)

294. **VAN REENEN** (**Jacq.**). Journal d'un voyage dans l'intérieur de l'Afrique, en 1790 et 1791, publié par le capitaine Riou, trad. du hollandais (par Henri Jansen). Paris, an VI (1798), in-8. (Van Hulthem, 14995. — Archives du bibliopb., 1861, n° 43436. — Manuel de Brunet.)

295. **VINCENT** (**Will.**). Periplus of the Erythrean Sea, containing an account of the navigation of the ancients from the sea of Suez to the coast of Zanguebar. London, 1800-1805, 2 vol. gr. in-4°, fig. (Manuel de Brunet.)

296. **VIVIEN DE S. MARTIN** (**Louis**), géographe français, né en 1802. Histoire des découvertes géographiques des nations européennes dans les diverses parties du monde. Paris, 1845 et années suiv. La 3e partie concernant l'Afrique a 10 volumes. (Bourquelot.)

297. **VOYAGE DANS L'INTÉRIEUR DE L'AFRIQUE** depuis le Cap de Bonne-Espérance, à travers la Cafrerie, les royaumes de Mataman, d'Angola, de Massi, de Monoëmugi, de Muschako, etc. en continuant par le désert de Sahara et la partie septentrionale de la Barbarie, jusqu'à Maroc; commencé en 1781 et achevé en 1797, par Fr. Damberger; traduit de l'allemand par L. H. Delamarre. Paris et Strasbourg, an IX, 2 vol. in-8, 1 carte, 4 grav. (Grenoble, 19669. — Quérard.)

298. **VULLIET** (**A.**). Scènes et aventures de voyages, histoire et récits destinés à intéresser à l'étude de la géographie. 2e édit., Paris, Meyrueis (1869), in-12 de 257 pp. La 4e partie comprend les récits suivants sur l'Afrique. 1. Une merveille de la charité dans la colonie du Cap. — 2. Trois redoutables rencontres. — 3. Voyages et aventures dans le Kalahari. — 4. Wahlbery, le hardi tueur d'éléphants. — 5. Scènes cafres. — 6. Un jeune garçon hollandais naufragé à Madagascar. — 7. Un nouveau Robinson. — 8. Un missionnaire égaré dans les déserts de Zanguebar. — 9. Henderick Portenger, ou Naufrage et aventures d'un soldat suisse sur les côtes de l'Abyssinie. — 10. La Chasse aux hommes dans le Soudan. — 11. Tio Jorge, le vendeur d'hommes. — 12. Dascher. Vie et aventures d'un chef nègre. — 13. Voyages et aventures terribles dans le grand désert. — 14. Naufrage de la Méduse.

299. **WALCKENAER** (**baron Ch.**). Collection de relations de voyages par mer et par terre en différentes parties de l'Afrique, depuis 1400 jusqu'à nos jours. Paris, 1826-1831, 21 vol. in-8. Cet ouvrage qui devait comprendre en tout 60 volumes n'a pas été terminé, il n'y a eu de fini que la partie relative à l'Afrique. (Brunet.)

300. **WEILAND** (**C.-F.**). Cart von Africa, in 6 Blättern. Weimar, 1840. (Accroiss., 3e partie, p. 99.)

301. **WILLIAMS** (**The Rev. R. O.**). Africa; physical, historical, ethnological; article inséré dans The Universalist quarterly, oct. 1860.

AFRIQUE SEPTENTRIONALE

Philosophie, Économie, Industrie, etc.

302. **ABUDACNI (Jos.)**, ou **Abudocni**. *Seu Barbati historia Jacobitarum* (secte religieuse de l'Orient), *seu Coptorum in Ægypto, Libya, Nubia , Æthiopia , etc.* Lugd.-Batav. , 1740, in-8. Notes de J. Nicolaï. Cette édition est la meilleure. Il en existe une d'Oxford, 1675, in-4° de 30 pp., ou pet. in-12; et une de Lubeck, 1733, in-8 ; mais elles ne sont pas estimées des bibliophiles. (Nyon , n° 20826. — Grenoble, n°ˢ 2042 et 23846.)

303. **FÉRAUD-GIRAUD (L.-J.-D.)**, conseiller à Aix. *De la juridiction française dans les Echelles du Levant et de Barbarie. Etude de la condition légale des étrangers dans les pays hors chrétienté.* Paris, 2ᵉ édition , 1866, 2 vol. in-8. (*Journal de la librairie*, 1871, Feuilleton, p. 50.)

304. **HARAMBURE (V.)**. *Les Possessions françaises du nord de l'Afrique* ; art. inséré dans le *Journal officiel* (français), 1870, 16 mai.

305. **HEEREN (Arnold)** , historien , né en 1760 à Arberg, près de Brême, mort en 1842. *Idées sur les relations politiques et commerciales des anciens peuples de l'Afrique;* trad. de l'allemand (par Jul.-Jos.-Désaugiers). Paris, an VIII (1800), 2 vol. in-8. Il existe une autre traduction française de cet ouvrage, faite par W. Suckau, mais qui n'a pas été publiée séparément.

306. **HENNEQUIN (Victor)** , avocat à la cour d'appel de Paris, représentant du peuple, né en 1816 , mort en 1854. Disciple de Fourier. *Introduction historique à l'étude de la législation française; les Juifs.* Paris, 183., 2 vol. in-8.

Ce livre s'occupe non-seulement des Juifs, mais aussi des Egyptiens , des Abyssiniens , etc. , dans la comparaison des lois de ces peuples et dans l'étude des lois générales qui président au développement de l'humanité. A la fin du 2ᵉ volume, l'on remarque un catalogue de 300 ouvrages concernant la Bible et les peuples orientaux. (Bourquelot.)

306 *bis*. **HIRSCHFELD (O.)**. *I Sacerdoti municipali nell'Africa;* article inséré dans les *Annali dell'Istituto archeol. di Roma*, 1866, tome XXXVIII, p. 28. (M.)

307. **LEYDECKER (Melchior)**, théologien calviniste, né à Middelbourg en 1652, mort en 1721. *Historia Ecclesiæ Africanæ.* Utrecht et Leipzig, 1690, in-4°. (Bourquelot, *Sibour.*)

308. **MAS-LATRIE** (Jacques-Marie-Jos.), archiviste , né à Castelnaudary en 1815. *Traités de paix et de commerce , et documents divers concernant les relations des chrétiens avec les Arabes de l'Afrique sept. au moyen-âge. Supplément et tables.* Paris, 1865, in-4°. — Nouv. édition, Paris, 1868, in-4°. — Paris, 1873, in-4° de ɪɪ-421 pp. Pièces recueillies et publiées par ordre de l'empereur, et dont un grand nombre concernent les rapports des républiques italiennes avec Tunis , le Maroc , Bougie , Alger , Tripoli, etc.

Avant la publication de M. Mas-Latrie, divers traités avaient déjà été publiés ; ainsi, MM. Champollion et Reinaud avaient donné dans les *Mélanges des documents inédits,* Paris, impr. royale , 1843, tome II, p. 71 , des traités de paix en dialecte catalan et en arabe, conclus en 1270, 1278 , 1312 et 1339 entre les rois de Majorque, comtes de Roussillon et de Cerdagne, seigneurs de Montpellier, avec les rois maures de Tunis et d'Alger. — M. Charrière , dans son ouvrage intitulé : *Négociation de la France dans le Levant, ou Correspondances , mémoires et actes diplomatiques , etc.* (Etats de Tunis , d'Alger et de Maroc), 4 vol. in-8, Paris , *Collection des documents inédits,* 1848-1860, donne des détails importants sur les négociations de la France en Orient au XVIᵉ siècle. M. Amari a publié : *I Diplomi arabi del reale archivio Fiorentino.* Florence, 1863, in-4° ; renfermant 84 documents originaux de 1150 à 1509, dont 41 sont relatifs aux royaumes arabes de l'ouest ou du Maghreb. (M.).

— *Aperçu des relations commerciales de l'I-*

talie septentrionale avec l'Algérie au moyen-âge 1845. Inséré dans le *Tableau de la situation des établissements français en Algérie, en 1843-1844.* (Bourquelot.)

309. **MAUROY** (**P.**), ancien secrétaire du procureur général, conseiller de préfecture de la Seine. *Question d'Alger en 1844, précédée d'un Précis de la domination romaine dans le nord de l'Afrique, et suivie d'un Appendice sur le commerce de l'Algérie avec l'Afrique centrale.* Paris, 1844, in-8 de 76 pp. — 2e édition, 1844, in-8 de 84 pp. (Bourquelot.)

— *Précis de l'histoire et du commerce des peuples de l'Afrique septentrionale dans l'antiquité, le moyen-âge et les temps modernes, comparé au commerce des Arabes de nos jours*, faisant suite à la *Question d'Alger en 1844.* Paris, 1845.—2e édition, 1846, in-8. (Bourquelot. — Catalogue des *Accroiss.*, VIII, p. 21. — M.)

310. **RAYNAL** (l'abbé **Guill.-Th.**), né en 1713, mort en 1796. Jésuite, puis libre penseur. *Histoire philosophique et politique des Européens dans l'Afrique septentr.* Ouvrage posthume, publié en 1826 par M. Peuchet; augmenté d'un *Aperçu de l'état actuel de ces établissements,* etc. Paris, 1826, 2 vol. in-8, 1 carte. (Contenant : livre premier, de la Barbarie en général. — 2, de l'Egypte.— 3, Tripoli.— 4, Tunis.— 5, Alger. — 6, Maroc.

311. **LECOMTE**, ancien chef d'escadron, en retraite. *Notice détaillée sur la manière adoptée en Afrique pour établir les hommes et les chevaux de cavalerie au bivac.* 22e édition, Paris, 1873, in-32 de 54 pp., 3 pl. (*Journal de la librairie.*)

312. **MULLER** (**J.-H.**), négociant. *Le Commerce du globe. Comptes de revient de marchandises échangées entre les principaux marchés du monde; ouvrage publié sous les auspices de la chambre de commerce du Havre.* 2e édition refondue, Le Havre, 187..

La partie de la zône de la Méditerranée comprend: Alexandrie, le Caire, Tunis, Sénégal (S. Louis), Gorée, Oran, Mogador, Tanger, Salé, Larache, etc. (*Annuaire* Didot, 1873.)

313. **RÉVÉRONI DE SAINT-CYR** (le comte), cornette blanc en 1783. *Notes sur le génie militaire et la tactique des Egyptiens, des Grecs, des rois d'Asie, des Carthaginois et des Romains; avec la relation raisonnée des principales expéditions militaires de ces guerriers.* Paris, 1783, in-4°, 48 planches. (Quérard.)

313 bis. **DUVAL** (**O.**). *Moyens de rendre aux côtes du nord de l'Afrique tous leurs principes de fécondité.*

Sciences naturelles et Mathématiques.

314. **MARTIN** (**Ch.-Fréd.**), botaniste et minéralogiste, né à Paris en 1805. *Du Spitzberg au Sahara. Etapes d'un naturaliste au Spitzberg, en Laponie, en Ecosse, en Suisse, en France, en Italie, en Orient, en Egypte, en Algérie.* Paris, 1865, in-8.

— *Promenade botanique le long des côtes de l'Asie mineure, de la Syrie et de l'Egypte.* Paris, 1854, in-4°. (Vapereau.)

314 bis. **RUPPELL** (**Guill.-P.-Ed.-Sim.**). *Zoologischer atlas zu Reisen im nördlichen Africa, von der Sekenbergischen naturforschenden Gesellschaft.* Francfurt a. M., 1826-31, in-fol., fig., 118 pl. lithogr.

— *Systematische Uebersicht der Vögel Nord-Ost-Afrika's.* Frankfurt-am-M., 1845, in-8, 50 pl. (sur les oiseaux du Nord-Est). (*Manuel* de Brunet.)

314 ter. **PRÉVOST**. *Note sur la détermination de la date de l'ère provinciale d'Afrique*, article inséré dans la *Revue archéologique*, 1847, p. 800. (M.)

315. **FURNARI** (Dr **Salvato**), médecin. *Voyage médical dans l'Afrique septentrionale,* etc. Paris, 1845, in-8. (Quérard.)

316. **GUYON** (**J.-L.-Gen.**), chirurgien français, né en 1794. *Histoire chronol. des épidémies du nord de l'Afrique.* Alger, 1855, in-8. (Vapereau.)

317. **BELLIN**, ou **BELIN** (**Nic.**). *Hydrographie française; pl. VII. Côtes sept. et occid. d'Afrique* (Dèpôt de la marine). (*Manuel* de Brunet.)

Belles-Lettres et Linguistique.

318. **ALARCON**. *Diario de un testigo de la guerra de Africa con grabados.* Madrid, 1859, in-fol. (Catal. Llordachs, 1873, p. 4.).

319. **BLED DE BRAINE**. *Cours synthétique, analytique et pratique de la langue arabe, ou les Dialectes vulgaires africains d'Alger, de Maroc, de Tunis et d'Egypte, enseignés sans maître.* Paris, 1846, gr. in-8. (Catal. Maisonneuve, 1873. — Challamel.)

320. **CHAMPAGNAC** (**J.-Bapt.-Jos.** de), sous le pseudonyme de C. H. **Mirval**; né à Paris en 1796. *Le Robinson des sables du désert, ou Voyage d'un jeune naufragé sur les côtes et dans l'intérieur de l'Afrique.* Paris, 1836, 1837, 1841, 1845, 1849, in-12. (Bourquelot.)

321. **HALÉVY**. *Lettre à M. d'Abbadie sur quelques langues du nord de l'Afrique.* Paris, 1870, in-8 de 15 pp. (Catal. Maisonneuve, et Cie.)

3*

— *Etudes sur les langues de l'Afrique*; article inséré dans la *Revue linguistique*, 1869.

321 *bis*. **MARCEL**. *Vocabulaire français-arabe des dialectes africains d'Alger, de Tunis, de Maroc et d'Egypte*. Paris, 1837, in-8. (M.)

322. **PRADEL** (Eug. de Courtray de), poëte français, né en 1787, mort en 1857. *Saint-Louis en Afrique, récit en vers*. Rochefort, 1827, in-8 de 48 pp. (Quérard.)

Histoire et Géographie.

323. **ABU-OBEID-AL-BEKRI**. *Description tion de l'Afrique septentr., texte arabe, revu et publié par le baron de Slane*. Alger et Paris, 1857, in-8. Trad. franç., par de Slane, publiée dans le *Journal asiatique*, 1858-1859, et tirée à part. (*Manuel* de Brunet, n° 28388.)

324. **AHMED BABA**. On a de lui un ouvrage intitulé : *Tekmilet-ed-dibâdj*, qui renferme la biographie des savants du nord de l'Afrique ; M. Cherbonneau y a puisé les matériaux de son *Essai sur l'histoire de la littérature arabe au Soudan*, publié en 1855.

325. **ANCIENTS FRAGMENTS** of the *phœnician, chaldœan, egyptian, tyrian, carthaginian*, etc. *With an introductory dissertation ; and an inquiry into the philosophy and trinity of ancients* ; by Isaac Preston Cory. — Seconde édition. London, 1832, in-8 de LIX-361 pp., plus 4 ff. prél. (*Manuel* de Brunet.)

326. **AVÉZAC**. *Itinéraires dans l'intérieur de l'Afrique septentr. et Discussion d'un nouveau canevas géodésique de cette région*. Paris, 1835, in-8. Ce travail a été publié aussi sous le titre : *Relation d'un voyage dans l'intérieur de l'Afrique septent.*, dans le *Bulletin de la Soc. de géographie*, 2e série, tome I, pp. 277 à 349, et tome II, pp. 81 et 145 ; tome IV, pp. 347, et tome V, pp. 144. (M. — Bourquelot.)

— *Etudes de géographie critique sur une partie de l'Afrique septent., itinéraires de Haggy-Ebn-el-Dyn-el-Aghouathy, avec des annotations et des remarques*, une notice sur la construction d'une carte de cette région, etc. Paris, 1836, in-8 de 192 pp., 1 carte.

326 *bis*. **BERBRUGGER**. *L'Afrique septent. après le partage du monde romain en empire d'Orient et empire d'Occident* ; article inséré dans la *Revue Africaine*, tome I, p. 81. (M.)

327. **BIÉCHY** (Amand), professeur de philosophie *L'Afrique au IVe siècle*. Limoges, 1872, in-8 de 192 pp. et gr. (Biblioth. chrét. et morale.)

328. **BIRAGO AVOGADRO** (J.-B.), Génois. *Histoire Africaine de la division de l'Empire des Arabes, et de l'origine et du progrès de la monarchie des Mahométans, dans l'Afrique et dans l'Espagne; écrite en italien, et mise en français*, par M. M. D. P. (Michel De Pure). Paris, 1666, in-12. (*Dict. des anonymes*. — Nyon, 21024. — Grenoble, 25737.)

Le texte italien fut publié à Venise, en 1650, in-4° : *Istoria africana della divisione dell'imperio degli Arabi*, etc. (Peignot.)

329. **BODICHON** (Eug.), médecin français, né à Nantes vers 1810. *Tableau synoptique représentant les noms, les émigrations, les filiations, l'origine, les caractères physiques et moraux des races de l'Afrique septent*. Nantes, 1844, in-fol. (Vapereau.)

330. **BORZCERI** (H.) *Abrégé de l'histoire égyptienne des Carthaginois*. Trad. du français en polonois. Grodna, 1776, in-8. Ouvrage écrit en français et en polonais. (*Dict. des anonymes*.)

331. **BROSSES** (Ch. de), comte de **Tournay**, de l'Académie des inscr., né à Dijon, en 1709, mort en 1777. *Du culte des dieux fétiches, ou Parallèle de l'ancienne religion d'Egypte avec la religion actuelle de la Nigritie*. (Paris), 1760, in-12. — Lausanne, 1760, in-12. (Nyon.)

332. **BRUN-ROLLET**, voyageur, né à Saint-Jean de Maurienne (Savoie) en 1810, mort en 1858. *Le Nil blanc et le Soudan. Etudes sur l'Afrique centrale. Mœurs et coutumes des sauvages*. Paris, 1855, in-8 de 355 pp., 1 carte et grav. s. b., portr. de l'auteur. Brun-Rollet, issu d'une pauvre famille savoyarde, protégé par l'archevêque de Chambéry, entreprit le voyage du haut Nil en vue d'y exercer le trafic de l'ivoire. Il vécut ainsi parmi les naturels dans une assez grande intimité pour être à même de les étudier dans leurs coutumes privées et dans toutes leurs ressources. Il engage, dans son livre, le gouvernement égyptien à établir une administration honnête dans les contrées du haut Nil, et de gagner de la sorte la confiance des peuples indigènes en vue de développer les débouchés commerciaux. Il conseille aussi l'établissement d'un chemin de fer entre Assouan et la province de Berber. Le terrain peu accidenté en cet endroit présente un parcours de 320 à 500 kilomètres. En résumé, ce livre offre un amas de renseignements utiles et curieux.

333. **CARDONNE** (Denis.-Dom.), savant orientaliste, né à Paris en 1720, mort en 1783. *Histoire de l'Afrique et de l'Espagne sous la domination des Arabes*. Paris, 1765, 3 vol. in-12. Trad. allemande par De Murr,

1768-70, 3 vol.; et par Foesie, Zurich, 1770, in-8. (Nyon, 20814. — Peignot. — Brunet, n° 20344.)

334. CÉSAR (Jules), empereur romain. *Cœsaris (C. J.) Commentarii de bellis gallico et civili, aliorum de bellis Alexandrino, africano et hispaniensi.* Adnotat. crit. instrux. F. Dubner. Paris, ex typogr. imp., 1867, gr. in-8. On sait que les *Guerres d'Alexandrie et d'Afrique*, que l'on joint aux *Commentaires* de J. César, ne sont point de lui. (Jos. Baer, 1872, n° 176.)

335. CHARON DE LAMPSAQUE, historien grec du VIᵉ siècle avant l'ère chrétienne. *Histoire de l'Ethiopie, de la Libye et de la Grèce, en 4 livres.* (Peignot.)

336. CHATEAUBRIAND (Fr.-René, vicomte de), né en 1769, à St-Malo, mort en 1848, membre de l'Académie française. Il visita l'Orient, l'Egypte et la Barbarie. *Itinéraire de Paris à Jérusalem et de Jérusalem par l'Egypte, la Barbarie et l'Espagne.* Paris, 1811, 3 vol. in-8, cartes; ouvrage réimprimé souvent depuis. Traduction espagnole; Paris, 1827, 6 vol. in-12. — A. L. Millin a publié une analyse critique sur l'*Itinéraire de Paris à Jérusalem*, etc., insérée dans le *Magasin encyclopédique*, avril 1811, et tirée à part, in-8. (Grenoble, n° 19492. — Quérard.)

337. CLAPPERTON (Hugh), voyageur écossais, né en 1788, dans le comté de Dumfries, mort à Sakatou, en 1827. En collaboration avec le major Dixon Denham : *Narrative of travels and discoveries in northern and central Africa, in the years 1822, 23 and 24, by major Denham, capt. Clapperton, and the late Dʳ Oudney, extending across the great desert to the tenth degree of northern latitude, and from Korika in Bornou to Sackatoo, the capital of the Fellatha empire, with an appendix.* London, 1826, gr. in-4°, 44 pl. — Même ouvrage, 2ᵉ édition, en 1826, 2 vol. in-8. — Idem, 3ᵉ édition en 1828, 2 vol. in-8. (*Manuel* de Brunet.)

— *Voyages et Découvertes dans le nord et dans les parties centrales de l'Afrique, au travers du grand désert, jusqu'au dixième degré de latitude, et depuis Kouka, dans le Bornou, jusqu'à Sackatou, capitale de l'empire des Fellatah; exécutés pendant les années 1822-24*, par le major Denham, le capitaine Clapperton, le docteur Oudney; suivis d'un appendice, contenant un Essai sur la langue du Bornou : les Vocabulaires des langues de Tombouktou, du Mandara et du Begharmi (par M. J. Klapproth); des traductions de manuscrits arabes sur la géographie de l'intérieur de l'Afrique; des documents sur la minéralogie, la botanique et les différentes branches d'histoire naturelle de cette contrée. Trad. de l'anglais; par MM. Eyriès et de La Renaudière. Paris, 1826, 3 vol. in-8 et atlas in-4° de 5 cartes et 14 pl. (Quérard.)

— *Journal of a second expedition into the interior of Africa, from Badagry in the Bright of Benin to Saccatoo, by the late captain Clapperton; to which is added the journal of Richard Lander, from Kano to the sea coast, partly by a more eastern route.* London, 1829, gr. in-4°, 1 carte et 1 portr. de Clapperton.

Ce journal fait suite à la relation du voyage de Denham et Clapperton. Il en a été donné une édition in-8, et en suite une traduction française sous le titre : *Second voyage dans l'intérieur de l'Afrique, depuis le golfe de Benin jusqu'à Sackatou, par le cap. Clapperton, pendant les années 1825, 1826 et 1827; suivi du Voyage de Richard Lander de Kano à la côte maritime*, trad. de l'anglais par Eyriès et de La Renaudière. Paris, 1829, in-8, fig., 2 cartes et portr., 2 vol. (Arthus Bertrand, 14 fr.)

338. COPPIN (le B. P. Jean). *Le Bouclier de l'Europe, ou la Guerre sainte; avec une Relation de voyages faits dans la Turquie, la Thébaïde et la Barbarie.* Imprimé au Puy et se vend à Lyon, 1686, in-4°. (Potier, 1871, 2ᵉ partie, n° 2036. — Nyon, n° 20779. — *Manuel* de Brunet, n° 19949.)

339. CORTAMBERT (Richard). *Guillaume Lejean et ses voyages.* Paris (1873), in-8 de 20 pp. (Extrait du *Bulletin de la Soc. de géogr.*, juin 1872.)

— *Les Mystères de l'Afrique centrale* (avec carte); art. publié dans le *Musée univ.*, 1873.

340. CUNY (le Dʳ Ch.), de Goin (Moselle); médecin en chef de la province de Siout, mort en 1858. *Journal de voyage du docteur Charles Cuny de Siout à el-Obéid, du 22 nov. 1857 au 5 avril 1858. Précédé d'une introduction et accompagné d'une carte*, par M. V. A. Malte-Brun. Paris, 1863, in-8 de 204 pp., 1 carte.

341. DAX (A.-J.-A.-L. vicomte de), voyageur et littérateur, né à Montpellier, en 1816. Voyagea en Egypte, à Tunis, en Algérie, au Maroc, etc., et a publié le résumé de ses observations dans divers journaux français. (Vapereau.)

342. DINOMÉ (l'abbé), chanoine hon. de Blois. *Coup d'œil rapide sur les informations obtenues depuis la fin du XVIIIᵉ siècle au sujet de l'intérieur de l'Afrique septentrionale, comparées avec les décou-*

vertes faites jusqu'à ce jour, suivi de ré-
flexions sur les cours de Kouara, sur l'hy-
drographie, etc. Paris, in-8, carte. (Arthus
Bertrand, 4 fr.)

343. **DUPRAT** (Pierre-Pascal), publiciste
français et professeur d'histoire à Alger, né
en 1815. *Essai historique sur les races an-*
ciennes et modernes de l'Afrique septent.
Paris, 1845, in-8. (*Manuel* de Brunet, 5636.
— Vapereau.)

344. **DUPUCH** (Ant.-Ad). évêque d'Alger,
né à Bordeaux en 1809, mort en 1856. *Fas-*
tes sacrés de l'Afrique chrétienne. Bordeaux, 1848.

   1re époque: *De la prédication de l'É-*
vangile en Afrique jusqu'à Constantin. In-8
(2 éditions).

   2e époque, non publiée.

   3e époque: *De l'invasion des Vandales*
en 328 jusqu'au triomphe de Bélisaire en
535. In-8, 1849.

   4e époque: *De 535 à la fin du VIIe siè-*
cle. 2e édition, gr. in-8.

345. **EDRISI**, natif de Ceuta en 1099 de l'ère
chrét., calife en Afrique. *Commentatio geo-*
graphia Africa Edrisiana, curavit J. M.
Hartmann. Gottingæ, 1791, in-4°; 2e édit.,
Gott., 1796, in-8.

— *Description de l'Afrique et de l'Espagne,*
par R. Dozy et J. de Goeje. Leide, 1866.

   La Géographie d'Edrisi, qu'avait fait connaître Roger, roi de Sicile, vers le milieu du
XIIe siècle, avait révélé à l'Europe l'existence d'un grand nombre de villes et de royaumes dans l'intérieur de l'Afrique. (Valckenaer, p. 17. — *Manuel* de Brunet. — Catal.
Loescher, 1867, p. 39.) — Voir n° 3466.

346. **ENFANTIN** (Prosper), dit le Père-
Enfantin. *Œuvres de Saint-Simon et d'En-*
fantin, publiées par les membres du conseil institué par Enfantin, et précédées de
deux Notices historiques. Paris, 1865-1873,
15 vol. in-8. Cet ouvrage renferme de nombreux documents relatifs à l'Algérie et à
l'Egypte, où le Père a séjourné.

347. **FAIDHERBE** (le général), né à Lille,
en 1818. Servit en Algérie, puis fut gouverneur du Sénégal en 1854. En 1871, il fut
chargé par le gouvernement français d'une
mission scientifique dans la Haute-Egypte,
où il allait étudier les monuments libyques.

— *Inscriptions numidiques. Réponse au Dr*
Judas. (Extrait des *Mémoires de la Soc. de*
géographie, 1871, 3e série, IXe vol.)

— *Collection complète des Inscriptions nu-*
midiques (libyques). Avec des Aperçus ethnographiques sur les numides. Lille (1870),
gr. in-8 de 81 pp., 7 pl.

Savant et très-curieux ouvrage qui dénote
chez son auteur des connaissances ethnologiques, anthropologiques et linguistiques
très-étendues. Ce livre se rapporte particulièrement aux habitants primitifs des pays
berbères.

— *Chapitres de géographie sur le nord-*
ouest de l'Afrique, avec une carte à l'usage
des écoles de la Sénégambie. Saint-Louis,
1865, in-8. (Vapereau, *Supplément.*)

— *Les Dolmens d'Afrique,* par le général Faidherbe. Paris, 187..

   Savante étude sur les pierres druidiques
qui se trouvent en Afrique. (*Illustration*,
25 oct. 1873.)

348. **FEUILLERET** (H.). *Les Romains en*
Afrique, épisodes de l'histoire ancienne de
l'Algérie. 2e édition revue et augm. de la
Conquête de l'Afrique par les Arabes. Li-
moges et Isle (1868), in-8 de 144 pp. et grav.
(*Biblioth. religieuse pour l'enfance.*)

349. **GUISCHARDT** (Ch.-Théoph.), membre de l'Académie de Berlin, né à Magdebourg, en 1724, mort en 1775. *Mémoires mi-*
litaires sur les Grecs et les Romains, etc.,
et l'analyse de la campagne de Jules César
en Afrique, avec quantité de notes criti-
ques, d'observations militaires. La Haye,
1758, 2 vol. en un, in-4°; ou Lyon, 1768,
in-4° et 2 vol. in-8. (Quérard.)

350. **HEDENBORG** (Jean), voyageur suédois, né en 1787, étudia en France, fut reçu
docteur à l'Université d'Upsal. En 1834-35,
il exécuta un voyage sur le Nil, au Sennaar,
en Abyssinie, et il en publia la relation:
Resa i Egypten och det indre Afrika. Sto-
ckolm, 1843, grav. et cartes. (Vapereau.)

351. **HEUGLIN** (Théod. de). Voyage dans
le nord-est de l'Afrique (*Reisen in nord-ost-*
Afrika). Gotha, 1857, in-8, cartes et fig. (Vapereau. — *Manuel* de Brunet, n° 20821.)

352. **HISTOIRE** *ancienne des Egyptiens,*
des Assyriens, des Mèdes et des Perses, des
Grecs, des Carthaginois, avec cartes, à l'u-
sage des maisons d'éducation (religieuses).
Nouv. édition. Lyon, 1869, in-18 de 232 pp.
(*Journal de la librairie.*)

353. **HODGSON** (Vill.-B.). *Notes on Nor-*
thern Africa, the Sahara, and the Soudan,
in relation to the ethnology, languages, etc.,
of those countries. New-York, 1844, in-8.
Cet ouvrage contient une bibliographie des
ouvrages sur les Berbères, et des Vocabulaires
de divers dialectes; le Berbère d'Alger, la
Touareg, le Mozabi, parlé par le Beni Me-
zab; le dialecte Ergeiah parlé dans les oasis
des Ouadreag et Ouourgelah; le Sergou de
la famille Touareg, etc. (*Manuel* de Brunet,
n° 28388. — Maisonneuve.)

354. HORNEMANN (Fréd.-Conrad), voyageur, né à Hildesheim en 1772. Fils d'un ecclésiastique, il fit d'excellentes études à Gottingue. En 1797, il partit de Londres pour l'Egypte, s'initia aux mœurs des Arabes, se fit circoncire et se fit mahométan. *Journal of travels from Cairo to Mourzouk, the capital of the Kingdom of Fezzan in Africa, in the years 1796 and 1797.* London, 1802, gr. in-4°, fig. Cette relation est estimée elle fait connaître le Fezzan et les oasis de Syouah et d'Audjelah, ainsi que la partie du désert qui sépare l'Egypte du Fezzan. La traduction française de cet ouvrage a donné à Langlès qui l'a revue, occasion de publier un itinéraire de Tripoli au Fezzan, rédigé par un Tripolitain.

— *Voyage dans l'Afrique septentrionale, depuis le Caire jusqu'à Mourzouk, capitale du Fezzan, suivi d'éclaircissements,* etc. (par Rennell); trad. de l'anglais (par Griffet de La Baume), avec des notes et un *Mémoire sur les oasis,* par L. Langlès. Paris, an xi (1803), 2 vol. in-8, fig.

— *Tagebuch seiner Reise* (Journal de voyage, etc.), publié (en allemand) sur les mss. de l'auteur, par Ch. Kœnig. Weimar, 1802, in-8. (Walckenaer, pp. 89 et 90, note. — *Manuel* de Brunet. — Bouillet. — Boucher de la Richarderie.— Quérard.—Lescoet, 1872, n° 1332. — *Supercheries littér.,* col. 1122.)

X **355. HUMBERT.** *De l'influence de la franc-maçonnerie en Afrique.* Paris, 1849, in-8 de 16 pp. (Bourquelot.)

356. IMBERT (**Paul**), natif des Sables d'Olonne, en France, était esclave d'un eunuque blanc, Portugais d'origine, nommé Hamar, que le roi de Tafilet avait envoyé deux fois à Tombouctou, qu'on disait alors être la capitale du Gago. Il fit la relation de son voyage à un nommé Charant, qui en a publié quelques particularités dans une lettre qu'il fit imprimer en 1670 : *Lettre écrite en réponse de diverses questions curieuses sur les parties de l'Afrique où règne Muley-Arxid, roi de Tafilet,* par M*** (Charant), qui a demeuré 25 ans en Mauritanie. Paris, 1672, in-12. On la trouve ordinairement jointe à l'*Histoire de Muley-Arxid, roi de Tafilet, Fez, Maroc et Tarudent.* Paris, 1670, in-12. Cette petite histoire est traduite de l'anglais. (Walckenaer, p. 51, note.)

357. JOANNE (**Ad.-Laur.**). *Un mois en Afrique*; article inséré dans l'*Illustration française.* — *Voyage en Afrique.* Bruxelles, 1850, in-18. (*Accroissements,* XII, 1, p. 99.)

358. JOMARD Em.-Fr.), membre de l'Institut, né à Versailles, en 1777, mort en 1862. *Sur les rapports de l'Ethiopie avec l'Egypte.* Paris, 1822, in-8. (Quérard.)

— *Aperçu des nouvelles découvertes dans l'Afrique centrale.* Paris, 1824, in-8, 1 carte. (Quérard.)

— *Coup d'œil rapide sur les progrès et l'état actuel des découvertes dans l'intérieur de l'Afrique.* Paris, 1825, in-8. (Quérard.)

— *Remarques sur les découvertes géographiques faites dans l'Afrique centrale, et le degré de civilisation des peuples qui l'habitent.* Paris, 1827, in-4°. Contenant l'état de la géographie de ce continent sous les Ptolémées. Ces Remarques sont extraites d'un Mémoire de l'auteur, lu à l'Institut.

258 bis. JUDAS. *Sur diverses médailles de l'Afrique septentrionale avec des légendes puniques;* article inséré dans le *Bulletin archéologique de l'Athenæum français,* 1855, p. 104 ; 1856, pp. 5 et 13. (M.)

359. KATEB (**Ibn-**), Mohammed, auteur arabe, né à Grenade en 713 de l'hégire, mort en 776. On a de lui divers écrits ; entre autres : une *Chronologie des khalifs d'Espagne et des rois d'Afrique,* en vers, avec un *Commentaire* de l'auteur ; une *Table chronologique des Aglabites qui ont régné en Afrique et sur la Sicile,* etc.

360. KERHALLET, capitaine de vaisseau. *Manuel de navigation à la côte occidentale d'Afrique.* 2e édition. Paris, 1857, 3 vol. in-8. (*Manuel* de Brunet, n° 19771.)

— *Instructions nautiques sur la côte occidentale d'Afrique, comprenant le Maroc, le Sahara et le Sénégambie,* revue par Legras et Wallon. Paris, 1868, in-8 de xvi-334 pp. (Dépôt de la marine). -- Paris, 1871, in-8 de iv-364 pp.

361. KHALDOUN (**Abou Zeid Abd-er-Rahman Ibn-Mohammed Ibn-**), natif et magistrat de Tunis, mort au Caire l'an 1406. *Histoire des Berbères et des dynasties musulmanes de l'Afrique septentrionale.* Texte arabe, collationné sur plusieurs manuscrits par M. le baron de Slane. Alger et Paris, Duprat, 1847-51, 2 vol. gr. in-4°, 54 fr. — Traduction française, par M. le baron de Slane. Alger, 1852-56, 4 vol. in-4°. -- Quatremère a publié des morceaux de cet ouvrage dans ses *Notices et extraits des manuscrits.* Le tome IV, p. 522, comprend une Bibliographie des travaux publiés sur la langue berbère (environ 40 articles), plus un catalogue des livres berbères de la Bibliothèque impériale de Paris.

— *Histoire de l'Afrique sous la domination musulmane,* texte arabe (avec la traduction française et des notes par M. Jos.-Noël Des Vergers). Paris, Didot, 1841, in-8.

— Sur le grand ouvrage historique et critique d'Ibn-Khaldoun, appelé Kitab-ol-iber We Diwan-ol-Moubteda wel Khaber, par F.-E. Schulz. Paris, 1826, in-8 de 36 pp. Extrait du *Journal asiatique*. (Quérard, article *Schulz*.)

362. **LATOUR (L.-A. Tenant de)**, poëte et littérateur français, né en 1808. *Voyage de S. A. le duc de Montpensier à Tunis, en Egypte, en Turquie et en Grèce. Lettre*, par A. de Latour. Paris, 1847, gr. in-8, plus un Album dessiné par Sinety.

363. **LATREILLE (P.-André)**, naturaliste, né à Brives en 1762, mort en 1833. *Dissertation sur l'expédition du consul Suétone Paulin en Afrique, et sur diverses parties de la géographie ancienne de cette contrée;* insérée dans les *Mémoires sur divers sujets d'histoire naturelle des insectes, etc.* Paris, 1819, in-8. (Quérard.)

364. **LEAL (Man.)**, portugais, mort en 1681. On a de lui une *Histoire des moines d'Afrique*. (Peignot.)

365. **LEBRUN (Henri)**. *Voyages et découvertes dans l'Afrique centrale et septentrionale*. Tours, Mame, 1839, in-12, fig. — 3e éd., 1842, in-12, fig.

366. **LEJEAN (Guill.)**, mort en 1871, âgé de 43 ans. *Voyage aux deux Nils* (Nubie, Kordofan, Scudan oriental), exécuté de 1860 à 1864. Paris, 1865, gr. in-4° et atlas. Il a paru de cet ouvrage 4 livraisons de texte de 192 pages et 4 livr. de l'atlas, contenant 15 cartes. — La *Revue des Deux-Mondes; le Tour du Monde;* le *Bulletin de la Société de géographie*, renferment beaucoup d'articles de G. Lejean.

367. **LE MAIRE (Jacques)**, pilote hollandais, mort en 1617. *Voyages aux isles Canaries, au Cap-Verd, au Sénégal et Gambie sous M. Dancourt, directeur de la Compagnie royale d'Afrique*. Paris, 1695, in-12. — Autre édition, suiv. la copie à Paris, 1695, in-12, cartes et fig. (Nyon, 21255.—Grenoble, 19673. — *Archives du bibliophile*, n° 1765. — Boucher de la Richarderie. — Potier, 1871, 2e partie, 2050.)

368. **LEYDEN (le Dr John)**. *Historical account of discoveries and Travels in Africa;* by J. Leyden and H. Murray. Edimburg, 1817, 2 vol. in-8. La première édition est de 1799, in-12.

— Tableau des découvertes et établissements des Européens dans le nord et dans l'ouest de l'Afrique, jusqu'au commencement du XIXe siècle. Paris, 1809, 2 vol. in-8. Traduction française de l'ouvrage de Leyden, faite par Cuny. Il fut publié une première édition en 1804. On y trouve l'extrait du voyage de Picard qui se rendit à Fouta-Toro; cette relation ne se rencontre pas ailleurs.

— Histoire complète des voyages et découvertes en Afrique, depuis les siècles les plus reculés jusqu'à nos jours, par le Dr Leyden et M. Hugh Murray; traduite de l'anglais, et augm. de toutes les découvertes faites jusqu'à ce jour; par A. C. S. du S. de F. (par Cuvillier, secrétaire du Sceau de France). Paris, 1821, 4 vol. in-8, 1 atlas in-4°. (Valckenaer, p. 63. — *Manuel* de Brunet. — *Supercheries litt.* — Quérard. — Arthus Bertrand, 30 fr.)

369. **MANGON DE LA LANDE (Ch.-Fl.-Jacques)**, archéologue français, né en 1770, mort en 1847. *Etudes paléographiques sur des inscriptions et découvertes en Afrique;* article inséré dans le tome V des *Mémoires de la Soc. des antiquaires de l'ouest*. (Bourquelot.)

370. **MANSOUR (Yacoub-al-Madjahed-al)**, de la dynastie des Almohades, qui régna sur l'Afrique septentrionale et sur l'Espagne. *Vie de Jacob Almançor, roy d'Arabie*, trad. d'espagnol en françois par de Vieux-Maison. Paris, 1638, in-8. Le texte espagnol de ce livre, resté anonyme, a été publié à Saragosse, en 1603. On a une traduction anglaise faite par Rob. Ashley, Londres, 1627, in-4; une italienne de Sennuccio Cirfranci; Florence, 1663, in-4°. (*Manuel* de Brunet, tome V, col. 1183.)

371. **MARÉCHAL (Sylvain)**, écrivain, né à Paris, en 1750, mort en 1803. *Voyage de Pythagore en Egypte, dans la Chaldée, dans l'Inde, en Crète, à Sparte, en Sicile, à Rome, à Carthage, à Marseille, et dans les Gaules, suivi de ses lois politiques et morales*. Paris, an VII (1799), 6 vol. in-8, frontispice gr. et cartes. Voyage supposé qui eut une grande vogue lors de son apparition, mais qui aujourd'hui est peu apprécié. (Lescoet, 1872, n° 1354. — Bignon, en 1837, n° 1372. — Boucher de la Richarderie, 1873.)

372. **MARMOL-CARVAJAL (Louis)**, célèbre écrivain espagnol, né vers 1520 à Grenade. Fit partie de l'expédition de Charles-Quint contre les Maures; fait prisonnier, il parcourut, pendant sa captivité qui dura 7 ans et 8 mois, une grande partie de l'Afrique septentrionale. On a de lui: *Primera parte de la descripcion general de Africa con todos los successos de guerras que a avido entre los infideles y el pueblo christiano, y entre ellos mesmos desde que Mahoma invento su secta, hasta el anno de senor mil y quinientos y setenta y uno*. Granada, 1573, 3 vol. in-fol. — Malaga, 1599, in-fol., 3 part.

La première partie de cet ouvrage renferme

6 livres. La seconde les livres 7 à 11, et porte le titre suivant : *Secunda parte y libro septimo de la descripcion general de Africa, donde se contiene las provincias de Numidia, Libia, la tierra de los Negros, l'Ethiopia y Egipto.*

— *L'Afrique de Marmol,* de la traduction de Nicolas Perrot d'Ablancourt, avec l'*Histoire des chérifs,* trad. de l'espagnol de Diego Torres, par le duc d'Angoulême le père, revue et retouchée par P. R. A. (Pierre Richelet, avocat). Paris, 1667, 3 vol. in-4°, cartes et fig. (Peignot. — Bouillet. — Grenoble, n° 25733. — Nyon, n° 21188. — *Manuel* de Brunet.)

373. **MATUGÈNE DE KÉRALIO,** pseudonyme de **A. P. F. Ménégault.** *Voyage dans l'Afrique et dans les deux Indes pendant les années* 1809 à 1812. Paris, 1814, 2 tomes in-12. (Quérard.)

374. **MIRZA - ABU - TALEB - KHAN.** *Voyage en Asie, en Afrique et en Europe, de* 1799 à 1803 ; trad. du persan en anglais, par Ch. Stewart, et de l'anglais en français, par M. J. C. J. (Jansen). Paris, 1811, 2 tomes in-8. — Autre trad. franç. faite par Ch. Malo ; Paris, 1819, in-8. Cette dernière traduction, quoique n'ayant eu aucun succès, a des exemplaires portant la mention de seconde édition. (Boucher de la Richarderie, n° 692. — Van Hulthem, 14475. — Bourquelot, tome I, 5.)

375. **MOUHY (Ch. de Fieux,** chev. de), né à Metz en 1701, mort en 1784. *Lamekis, ou les Voyages extraordinaires d'un Egyptien dans la terre intérieure, avec la découverte de l'île des Silphides.* Paris, 1735-1737, 8 part. en 3 vol. in-12. Voyage imaginaire. (Quérard.)

375 bis. **MOVERS** (Dr Fr.-Karle), philologue allemand, né en 1806, mort en 1856. *Die Phönizier,* I, religion der phönizier mit Rücksicht auf die Carthager, Ægypter, etc. Bonn, 1841 à 1856, 3 vol. in-8. (Brunet, n° 22744. — Loescher, en 1867.) Voir aussi dans le *Journal des savants,* 1857, une série d'articles de Quatremère de Quincy, et notamment, 4e article, p. 117 : *Fondation de Carthage,* et 5e article, p. 249 : *Investigation d'Hannon le long des côtes occidentales de l'Afrique.* (M.)

376. **MULLER (L).** *Numismatique de l'ancienne Afrique,* par C. T. Falbe, et continuée par L. Müller. Copenhague, 1855 à 1862 et 1874, 4 vol. in-4°, fig. (B. Quaritch, en 1874, n° 16, p. 7.)

377. **NAU de CHAMPLOUIS.** *Notice sur la carte de l'Afrique sous la domination des Romains.* Paris, impr. impériale, 1864, in-4°. (Lescoet, n° 1286.)

378. **NUCULA (Horace),** de Terni, histor. estimé du XVI siècle. On a de lui une *Histoire* (en latin) *de la guerre de Charles-Quint en Afrique, en* 5 livres. Rome, 1552. (Peignot.)

379. **PAUR (Théodore),** professeur allem., né en 1805. *Charles-Quint et l'Afrique septentrionale,* d'après les documents du XVIe siècle (1848).

380. **PICTET DE ROCHEMONT,** membre de la Société de géographie de Genève. *L'Afrique centrale ; Mémoire sur les derniers voyages d'Antinori et Piaggia.* Communication lue à la Société de géographie de Genève, et insérée dans le *Globe,* VIII, pp. 129 et suiv.

381. **QUETIN.** *Guide en Orient. Itinéraire scientifique, artistique et pittoresque.* Paris, 1844, in-12, 1 carte routière du bassin de la Méditerranée. On y trouve un Voyage à travers l'Egypte ; une Description de l'Algérie. (Bourquelot.) — 10 fr. 50.

381 bis. **RABUSSON (A.).** *De la géographie du nord de l'Afrique pendant les périodes romaine et arabe.* Paris, 1855-57, 2 vol. in-8 de 133-251 pp. Dans ces deux mémoires l'auteur s'écarte des idées émises par les géographes. (M.)

382. **RIGAUD DE VAUDREUIL** (le Cte P.-L.), né en 1770. *De l'Afrique et des chevaliers de St-Jean de Jérusalem ;* par L. C. P. D. V. Paris, 1818, in-8 de 97 pp. (*Supercheries litt.,* tome II, col. 703.)

383. **RITCHIE,** anglais. Il a rédigé en partie la *Ruche provençale,* imprimée à Marseille, et dans laquelle il traitait spécialement de l'Afrique septentrionale. Il résolut de se rendre au *Fezzan,* de là à *Tomboctou,* et ensuite aux établissements anglais et français de la *Sénégambie :* mais arrivé à *Mourzouch* le 3 mai 1819, la fièvre le saisit au moment où il se disposait à partir pour le *Bergou,* et il y succomba le 20 octobre de la même année. (Valckenaer, p. 123.)

384. **ROCCA (Nonce).** *Quelques notes sur l'histoire littéraire de l'Italie et la géographie ancienne de l'Afrique.* Orléans, 1868, in-8 de 24 pp. Extrait de la *Revue de l'instruction publique.* (*Revue bibliographique,* p. 160.)

385. **ROHLFS (Gerhard),** voyageur allemand, né en 1834. Fit l'expédition de la Kabylie, dans la légion étrangère. En 1861, il passa dans le Maroc sous un costume musulman et en explora diverses contrées inaccessibles aux chrétiens. En 1865, il parcourut le territoire compris entre Tripoli et Ghadamès, se dirigea vers le Soudan, se rendit dans le Bornou (en 1866), et de là vers le Niger et les côtes de l'Atlantique.

— *Reise durch Marokko...* (Voyage à travers le Maroc, passage du grand Atlas, exploration des oasis de Tafilet, Tuat et Tidikelt, et voyage à travers le grand désert, de Rhadamès à Tripoli). Brême, 1867, gr. in-8 de vii-200 pp. — 2ᵉ édition, Brême, 1869, in-8 de vi-278 pp., 1 carte. (*Polybiblion*, 1868, 1869.)

— *Land und Volk in Afrika Berichte aus den J.* 1865-1870 (Le Sol et le peuple en Afrique. Rapports de 1865 à 1870). Brême, 1870, gr. in-8 de v-240 pp. (*Polybiblion*, 1870, nº 370.)

— *Voyage à travers l'Afrique septentrionale, depuis la mer Méditerranée jusqu'au golfe de Guinée*, 1865 à 1867 ; article inséré dans les *Mittheilungen aus J. Perthes geogr. Ansthalt*, 1868, cartes.

386. **ROLLIN** (Ch.), célèbre professeur, né à Paris en 1681, mort en 1741, membre de l'Académie des inscriptions. *Histoire ancienne des Egyptiens, des Carthaginois, etc.* Paris, 1730 et ann. suiv., 14 vol. in-12, et atlas in-4º. — Paris, 1734-40, 13 vol. in-12, ou 7 tomes en 5 vol. in-4º. — Paris, 1740-47, 6 vol. in-4º, cartes. — Amst., 1736, 10 vol. in-12. — Paris, 1748, 14 vol. in-12. — Lausanne, 1754 (abrégé par Tailhie), 5 vol. in-12. — Paris, 1769, 3 tomes en 14 vol. in-12. — Halle, 1756, 5 vol. — Avignon, 1813, 13 vol. in-12. — Lons-le-Saulnier, 1828, 16 vol. in-12. — Paris, 1829-30 et 34, 32 vol. in-18 ; et autres éditions. (Grenoble, nᵒˢ 22229-31. — Dʳ Schubert. — Quérard. — Van Hulthem, 16850. — Yéméniz, nº 2960. — Boucher de la Richarderie.)

387. **SAINT-MARTIN** (J.-A.), orientaliste, né à Paris en 1791, mort en 1832. Membre de l'Académie des inscriptions. *Notice historique, chronol. et généalogique des principaux souverains de l'Asie et de l'Afrique septentrionale ;* article inséré dans le *Nouveau journal asiatique*, 1828.

388. **SAUGNIER**. Après avoir fait naufrage sur la côte d'Afrique, il fut retenu prisonnier chez les Maures. *Relation de plusieurs voyages à la côte d'Afrique, Maroc, au Sénégal, à Gorée, à Galam, etc.*, tirée des journaux de Saugnier, avec une car teréduite par de La Borde. Paris, 1791, in-8. Maestricht, 1792, in-8. — Paris, 1797, in-8. (*Manuel* de Brunet, 20788. — Van Hulthem, nᵒˢ 14996 et 14999. — Dʳ Schubert, en 1870. — Quérard.)

389. **SAXE-COBOURG-GOTHA** (Ernest IV, duc de). Ses Voyages en Afrique ont été publiés en allemand. *Reise des Herzogs Ernst von Sachsen-Coburg-Gotha nach Ægypten und den Ländern der Habab Mensa und Bogos.* Leipzig, 1864, in-fol.

obl., 20 chromolith., 4 phot. et 2 cartes. (*Manuel* de Brunet, nº 20816.)

390. **SCHEHAB-EDDIN-AHMET**, ou **Sheabbedin-Ahmed**, surnommé **Almokri**, né à Fez dans le XVᵉ siècle. On a de lui des relations sur l'Afrique, un abrégé de l'Histoire universelle, publié sous le titre de *Perles recueillies de l'histoire des siècles, depuis l'origine du monde jusqu'au son de la dernière trompette.* Silvestre de Sacy en a donné une analyse dans le *Recueil des manuscrits de la Bibliothèque du roi*, tome II, pp. 124-163. (Peignot. — Valckenaer, p. 22.)

391. **SHAWS** (Thomas), théologien d'Oxford, voyageur anglais, né vers 1692, mort en 1751. *Travels, or observations relating to several parts of Barbary and the Levant.* Oxford, 1738-46, 2 vol. in-fol. — Londres, 1757, in-4º, fig. — 3ᵉ éd., avec une vie de l'auteur, Edimbourg, 1808, 2 vol. in-8, fig.

— *Voyages de Shaw dans la Barbarie et le Levant, contenant des observations sur les royaumes d'Alger et de Tunis, sur la Syrie, l'Arabie Pétrée, l'Egypte, etc.;* trad. de l'anglais. La Haye, 1743, 2 vol. in-4º, carte, et figures.

— *Voyages et observations...;* trad. franç. Nouv. édit. augm. et corrigée.

— *Reisen in der Barbarey und der Levante.* Leipzig, 1765, in-4º. Cet ouvrage est estimé tant pour ses observations relatives à l'histoire naturelle, que pour son exactitude. L'auteur visita pendant douze ans l'Afrique septentrionale. (Dʳ Schubert, 1870. — Peignot. — Bouillet. — Quérard. — Nyon, 20800. — Van Hulthem, nº 15028.)

391 bis. **SOTZMANN** (D.-F.). *Nord-Africa, Darstellung der neuesten Entdechungen nach Rennels u. Browne's Karten vermehrt, hrsg. von D. F. Sotzmann.* Berlin, 1800. Carte de l'Afrique du nord. (Dʳ Schubert, 1870.)

392. **TRADESCANT** (Sir Jean), célèbre voyageur hollandais, mort en 1652. Il parcourut une grande partie de l'Afrique, visita surtout la Turquie, l'Egypte et la Barbarie. Il rassembla dans ses courses une collection de curiosités importantes, dont on a imprimé la notice, sous le titre: *Museum Tradescantium.* (Peignot.)

393. **TRÉMAUX** (Pierre). *Voyage au Soudan oriental, dans l'Afrique septentrionale et dans l'Asie mineure, exécuté de 1847 à 1854, comprenant une exploration dans l'Algérie, la Régence de Tunis, de Tripoli, l'Asie Mineure, l'Egypte, la Nubie, les déserts, l'île de Méroé, le Sennaar, le Fazogo, et dans les contrées inconnues de la*

Nigritie; avec un atlas de vues pittoresques, scènes de mœurs, types de végétaux, etc. Paris, 1852 et années suivantes, in-fol. de 61 pl. et texte in-8, cartes. — Paris, 1863-64, 3 vol. in-8, et atlas de 61 pl.

— *Notice sur un voyage au Soudan oriental.* Paris, 1850, in-8.

394. **VINCHON** (le baron de). *Histoire de l'Algérie et de plusieurs autres Etats barbaresques, depuis les temps les plus anciens jusqu'à ce jour.* Paris, 1839, in-8, 4 grav. (Quérard.)

395. **VIRLET D'AOUST**, ingénieur civil. *Notes sur la géographie ancienne, et sur la dépression probable de l'Afrique septentrionale, celle du lac Melghigh.* Paris, 1845, in-8. (*Archives du Biblioph.*, 1869, n° 1248.)

396. **VIVIEN DE SAINT-MARTIN**. *Le Nord de l'Afrique dans l'antiquité grecque et romaine.* Paris, impr. impér., 1863, gr. in-8, cartes. (*Manuel de Brunet*, n° 19587.)

397. **WALCKENAER** (baron Ch.-Ath.), membre de l'Institut, né en 1771 à Paris, mort en 1852. *Rapports sur les recherches géographiques, historiques, archéologiques, à entreprendre dans l'Afrique septentrionale.* Paris, impr. royale, 1838, in-4° de 83 pages. (Bourquelot.)

— *Recherches géographiques sur l'intérieur de l'Afrique septentrionale, comprenant l'Histoire des voyages entrepris ou exécutés jusqu'à ce jour pour pénétrer dans l'intérieur du Soudan; l'exposition des systèmes géographiques qu'on a formés sur cette contrée; l'analyse de divers itinéraires arabes pour déterminer la position de Tombouctou et l'examen des connaissances des anciens relativement à l'intérieur de l'Afrique:* suivies d'un Appendice contenant divers itinéraires traduits de l'arabe par le baron Silv. de Sacy et M. de La Porte; et plusieurs autres Relations ou itinéraires également traduits de l'arabe, ou extraits des voyages les plus récents. Ouvrage accompagné d'une carte. Paris, 1821, in-8 de 526 pp.

Extrait de la table des matières:

Des Cartes modernes d'Afrique; — de celles du XVIe et XVIIe siècles. — Envoi à l'Académie des Inscriptions et Belles-Lettres d'un itinéraire de Tripoli à Tombouctou; — autre itinéraire remis par M. de Sacy, traduit de l'Arabe; — autre remis par M. de La Porte, de Tripoli à Cachenah. — Les Arabes envahissent l'Afrique; — ils pénètrent dans l'intérieur; — y établissent des colonies; convertissent les Nègres à la religion musulmane. — Nouveaux États formés dans l'intérieur de l'Afrique. — Fondation de Tombouctou.— L'époque où le commerce de l'intérieur de l'Afrique fut le plus florissant. —

D'Edrisi. — Des cosmographes du XIVe siècle. — Voyages d'Ibn-Batouta. — Voyages des Portugais. — De l'ouvrage de Shelub-Eddin-Ahmet. — De Léon Africain. — Révolution dans le commerce de Tombouctou, à la fin du XVe siècle. — Conquêtes d'Aboubakre-Ischia. — Marmol. — Antoine Dassel recueille des renseignements sur Tombouctou. — Bruits exagérés des richesses de l'intérieur de l'Afrique. — De ce qu'en a dit Ibn-al-Ouardi. — Il se forme une compagnie d'Afrique, sous le règne d'Elisabeth. — Voyage de George Thompson, de Jobson. — Entreprises des Français dans l'intérieur de l'Afrique. — Voyage de Brue; — Itinéraire donné par de Brue, mal interprété par d'Anville; — Moyen de le rectifier; — Autres itinéraires de Tripoli à Tombouctou, recueillis par De Brue. — Voyage de Paul Imbert de Tripoli à Tombouctou. — Expéditions de Sidi-Ali et de Muley-Ismaël à Tombouctou. — Voyages des Anglais dans l'intérieur de l'Afrique. — Voyages de Stibbs, de Moor, de Jobson et Job-ben-Salomon. — Voyages français dans l'intérieur de l'Afrique. — Voyages de Compagnon au pays de Bambouk, — de Flandre, — d'Adanson. — Société formée pour les découvertes en Afrique, dont d'Anville faisait partie. — Naufrages de Follie, de Saugnier et de Brisson. — Renseignements obtenus par M. Von Einsiedel. — Voyage de Rubault à Galam, et de Picard à Fouta-Toro. — Projet de voyage formé par M. de Boufflers, gouverneur du Sénégal. — Formation et but de la Société formée à Londres en 1788, pour les progrès des découvertes dans l'intérieur de l'Afrique; — on cherche à l'imiter en France. — Voyages de Ledyard, — de Lucas, — de Watt et Winterbottom. — Renseignements donnés à M. Niebuhr par Abd-Arrachman-Aga; — renseignements donnés à la sœur de M. Tully, et à M. de Beaufois, par Schaabeny. — Voyage du major Houghton. — Premier voyage de Mungo-Park. — Voyage de M. Browne au Darfour. — Renseignements obtenus en Egypte, par Hamilton, par Denon, par Lapanouse, et par Seetzen. — Des contradictions apparentes qu'offrent les témoignages de divers, sur le cours du Niger. — Voyages de Hornemann à Mourzouk; — de M. Nicholls au Calabar; — de Rœntgen à Mogador. — Renseignements donnés par le chérif Hadji-Mohammed; — par Grey Jackson. — Renseignements donnés par Badia ou Aly-bey, d'après Buhlal. — Second voyage de Mungo-Park.—Voyage d'Isaac et d'Amadi. — Fatouma, à la recherche de Mungo-Park; — Voyage du colonel Boutin. — Naufrage du matelot Robert-Adams. — Renseignements sur les relations commerciales, établies entre Haoussa et la côte de Benin, — contestés par Bowdich. — Renseignements donnés par un nègre sur Tombouctou, sur la nation de Gallo ou Quallo.

— Naufrage de Riley. — Voyages de Sidi-Hamet dans l'intérieur de l'Afrique et à Timbouctou. — Navigation du capitaine Tuckey, sur le fleuve Zayre; — autres tentatives des Anglais sur la Gambie. — Tentatives du gouvernement français qui envoie Aly-bey en Egypte et M. Mollien au Sénégal. — Voyage de M. Ritchie à Mourzouk. — Voyage de M. Bowdich à Coumassie. — Notes sur l'Afrique de M. Robertson. — Voyages de M. Burckhardt. — Voyage de M. Mollien. — Notions obtenues par M. Ritchie à Mourzouk. — Expédition du major Grey au Sénégal.— Itinéraire de Schabeeny, ou de Chabiny, et fragments sur l'Afrique, par M. Jackson. — Limites des connaissances réelles. — Description du Sahara. — Description du Soudan. — De la carte de Jean Ruysch dans l'édition de Ptolémée, de 1508, — de Jean Scot dans le Ptolémée de 1520; — des cartes de Gryneus et de Ramusio, en 1535 et en 1550; — carte de Forlani, en 1562; — des cartes d'Ortélius, de Mercator, de Livio Sanuto, de Sanson, de Jacob Meursius, de Delisle, de d'Anville; — de la première carte de Rennell en 1798, corrigée en 1802; — de la carte d'Arrowsmith, en 1802; — de celle de Purdy, en 1809 ou 1814; — des cartes de MM. Lapie et Brue; — de la carte de Murray, en 1817, d'Eddy, en 1816. — Derniers renseignements sur Timbouctou donnés par le colonel Fitz-Clarence.

Analyse géographique de l'itinéraire de Tripoli à Timbouctou par le cheyk Hagg-Cassem. — Recherches pour fixer Timbouctou. — Distance de Timbouctou à Silla. — Position des lieux de Kayi à Sami; — distance de Sami à Timbouctou. — Recherches pour déterminer la latitude et la longitude de Timbouctou. — Position de Gadamès. — Distance de Touat à Tafilet. — Analyse géographique d'Achmet-Ibn-Hassan, de Fez à Tafilet. — Position de Tafilet (Sidjilmessa), de Touat, d'Agably. — Position du désert d'Haïr. — Sur Bouda d'Ibn-Batouta. — Sur l'Ekably de M. Einsiedel. — Erreur de M. Brun sur Touat. — Fixation de la position de Timbouctou. — Sur les Touariks au pied d'Agably. — Sur le peuple de Terga ou Therdja, de Léon l'Africain. — Sur les Arabes Berbères. — Sur Tata. — Sur Akka. — Distances de Timbouctou à Tata, à Mourzouk, à Akka, à Tegazza. — Sur l'existence de deux grands fleuves dans le Soudan. — Distances de Tripoli à Gadamès, entre Haoussa et Timbouctou. — Tareknah. — Sur Wanonki ou Caoucaou. — Sur Tegama et les habitants blancs de l'intérieur de l'Afrique. — Route de Tripoli à Gadamès, et de Gadamès au Fezzan. — Coïncidence de cet itinéraire avec celui du major Rennell. — Sur la position de Taï-gari — Sur celle de Tedment ou Tadent. — Sur Açoudi ou Ahir ou Asouda. — Sur Ganat. — Sur Agadez. — Sur Cachenah.

— Distance de Cachenah à Gondjah. — Sur la route de Tripoli à Mourzouk. — Sur Sokna. — Sur Goundjeh, Kong, Conche. — Sur Mollawa et Sarem. — Sur le Housa ou le Haoussa (Melly) qui est près de Timbouctou. — Sur les routes des caravanes indiquées par Cadamosto. — Des cinq itinéraires de Bowdich. — Cours du Quolla, selon M. Bowdich. — Examen des connaissances d'Eschyle. — Nom de Meslas ou Niger donné au Nil. — Examen des connaissances d'Hérodote sur le cours du Nil. — Voyage des cinq jeunes Nasamons. — Hérodote. — Sur le pays des Garamantes. — Sur l'expédition de Ptolémée Evergète. — Navigation autour de l'Afrique dans les temps anciens. — Limites des connaissances sur l'intérieur de l'Afrique au temps de Strabon, au temps de Pline, au temps de Ptolémée. — Expédition de Septimius Flaccus et de Jullus Maternus. — Importance et effets des découvertes dans le Soudan. — Descriptions de Gadamès, d'Agably. — Détails sur les Touâreks. — Description de Timbouctou, par le cheyk Hagg-Kassem. — Itinéraire de Tripoli à Timbouctou, par Mohammed, fils d'Aly, fils de Foul, trad. de l'arabe par M. Sylv. de Sacy (Haoussa, ville. — Wanonki ou Caoucaou, grande ville; Afnou — Soudah;— arrivée à Timbouctou). — Itinéraire de Tripoli à Cachenah, par le cheyk Hagg-Kassem (Ahir; — Agadès, Cachenah). — Itinéraire de Gaudja à Haoussa et de Haoussa à la Mecque, trad. de l'Arabe. — Itinéraire d'Achmet-Ibn-Hassan, de Fez à Tafilet (du fleuve Ziz. — De Tafilet). — Journal d'une expédition faite en 1810, par Sidi Mohammed-bey, contre Soltan, ville de la montagne de Garian (Soltan, Mezdah).—Extrait d'Ibn-Haukal. — Itinéraire d'Hadji Boubeker, de Sono-Palel à la Mecque (de Jarra, de Sego, de Timbouctou, de Haoussa, de Cachenah, de Bornou, de Djaliba, de Wadai, de Kouka, de Baghermi, de Darfour). — Relation de Scott (de Wad Seyghi; d'El-Ghiblah; d'El-Scharrag.—Du Bahar-el-Kabir, ou la grande mer; Conjectures). — Relation du capitaine Lyon sur l'Afrique Septentrionale (sur Tegerry).— Sur Gherma, l'ancienne capitale du Fezzan. — De la contrée nommée Ghraast. — Route de Tegerry à Bilema. — Sur Bournon et Kanem. — Sur Tschad, rivière. — Sur le lac Fittri. — Route de Birnie à Bagherme. — Mandra. — Wadey; Kattagoum; Oungaourou; Bahr-el-Ghazel. — Yaou, capitale de Kanem. — Itinéraire de Mourzouk à Cachenah; Nouß et sa capitale Bakani. — Communication de Nouß avec la mer. — Ringhem, Kattagoum, Gambarou, Kamadakou, le Joliba, etc.; Gonjeh. — Route de Cachenah au Bornou; Gouber; Zamfara; Daoura; Zegzeg; Yemyem et Lamdam; Timbouctou; Haoussa; Afnou et Soudan. — Itinéraire de Mourzouck à Cachenah. — Itinéraire de Mourzouk au pays des Touats.

— Termes arabes pour exprimer les différents aspects du Désert.

398. YANOSKI (Jean), professeur d'histoire à Paris, né à Lons-le-Saulnier en 1813, mort en 1851. On a de lui: *L'Afrique chrétienne et la domination des Vandales en Afrique.* Paris, 1844, in-8. *Univers pittoresque.* (Bourquelot.)

PAYS MAGHREB OU COUCHANT

[Algérie, Maroc, Tunisie, Tripoli, Barcah, Fezzan, Beled-el-Djerid]

399. ABUL-FÉDA (Ismaël). *Description des pays de Maghreb*, texte arabe avec traduction française et des notes par Ch. Solvet. Alger, 1839, in-8 de 111 pp. et 190 pp. (*Manuel* de Brunet. — Bourquelot.)

400. AD-HARI (Ibn-). *Histoire de l'Afrique et de l'Espagne*, intitulée : *Al Bayano 'L. Mogrib*, et fragments de la Chronique d'Areb (de Cordoue) ; publiée avec des notes, etc., par R.-P.-A. Dozy. Leyde, 1849-51, 2 vol. in-8 (texte arabe). (*Manuel* de Brunet.)

401. AGUILAR (Hier. de Torres). *Coronica y recopilacion de varios sucesos de guerra que han acontecido en Italia, y partes de Levante, y Barberia desde el ano de 1570 hasta el de 1574.* Çaragoça, 1579, in-4°. L'auteur était témoin oculaire des faits qu'il rapporte. (*Manuel* de Brunet.)

402. ALI-ACHI-MOULA-AHMED. *Voyages dans le sud de l'Algérie et des Etats barbaresques, de l'Ouest et de l'Est*, trad. par Adr. Berbrugger. 1846, in-8, fig. Cet ouvrage fait partie de l'*Exploration scientifique de l'Algérie...*

403. AMO (Ant.-Guill.), nègre africain, né dans la province d'Axim, fut amené en Hollande en 1707. On a de lui une thèse intitulée : *De Jure maurorum;* dissertation publiée vers 1729. (Peignot.)

404. AVERROÈS (Ibn-Rochd), philosophe arabe, natif de Cordoue, mort à Maroc en 1198 ou en 1206. Célèbre commentateur des œuvres d'Aristote. Fut médecin de la Cour de Maroc, et juge de toute la Mauritanie. Il professait les doctrines d'Aristote alliées à celles des Alexandrins sur l'émanation, enseignait qu'il existe une intelligence universelle à laquelle tous les hommes participent, que cette intelligence est immortelle, mais que les âmes particulières sont périssables. Il a laissé de nombreux ouvrages souvent publiés et traduits. M. Renan a donné de savantes recherches sur Averroès, en 1852 et en 1860. (Bouillet. — Peignot.)

405. BANNISTER (S.). *Appel en faveur*

d'Alger et de l'Afrique du Nord; par un anglais. Paris, 1833, in-8 de 32 pp. (*Supercheries littér.*, 1re partie, col. 351.)

406. BARD (le chev.). *Voyage d'études de Tunis à Gibraltar par l'Afrique française.* Vienne, 1853, in-8. (Ch. Gromier, 1873.)

407. BARLOW (Joel), Américain, né à Reading (Connecticut), en 1755; savant distingué et zélé partisan de l'indépendance de son pays. Le gouvernement américain le chargea d'une mission importante sur les côtes d'Afrique ; il parvint à conclure des traités avantageux avec les états, d'Alger, de Tunis et de Tripoli. Il a laissé divers écrits. (Peignot.)

408. BAUDIN (L.-S.), lieutenant de vaisseau. *Manuel du pilote de la mer Méditerranée, ou Description des côtes d'Espagne, de France, d'Italie et d'Afrique dans la Méditerranée depuis le détroit de Gibraltar jusqu'au Cap Bon, etc., trad. pour la côte d'Espagne et la partie correspondante de la côte de Barbarie du « Derrotero, ou Routier espagnol » de Tofino.* Toulon, 1828 et 1840, in-8. (Bourquelot.)

409. BEAUSSIER (Marcellin), interprète. *Dictionnaire pratique arabe-français, contenant tous les mots employés dans l'arabe parlé en Algérie et en Tunisie, ainsi que dans le style épistolaire, les pièces usuelles et les actes judiciaires.* Alger, 1871, in-4° de 764 pp. à 2 col. — Autre édition, Alger, 1873, in-4° de XVI-776 pp. à 2 col.

410. BEECHEY (F.-W. et H.-W.). *Proceeding of the expedition to explore the northern coast of Africa in 1821 and 1822, comprehending an account of the Syrtis and Cyrenaica; of the ancient cities, composing the Pentapolis, and other various existing remains;* by capt. F.-W. Beechey and H.-W. Beechey. London, 1828, in-4°, fig. et cartes. (*Manuel* de Brunet.)

410 bis. BERBRUGGER. *Situation religieuse et politique de la Mauritanie*, lors de la grande révolution berbère à la fin du

III° siècle ; article inséré dans la *Revue africaine*, journal de la Société hist. algérienne, 1865, n° 51. (M.)

411. **BOUGAINVILLE** (J.-P.), membre de l'Académie des inscriptions et belles-lettres, né à Paris en 1722, mort en 1763. *Mémoire sur les découvertes et établissements faits le long des côtes d'Afrique par Hannon, amiral de Carthage ;* avec une carte par Robert de Vaugondi. Inséré dans le *Recueil de l'Académie des inscriptions*, 1759. (Quérard.)

412. **BOULET** (l'abbé). *Histoire de l'empire des Chélifs en Afrique ; sa description géographique et historique ; la Relation de la prise d'Oran, etc.*, par M***. Paris, 1733, 2 tomes en un vol. in-12, cartes. (*Archives du bibliophile*, 1869, n° 179. — *Manuel* de Brunet, n° 28389. — *Supercheries littér.*, tome III, col. 1035.)

413. **BOYDE** (H.). *Several voyages to Barbary.* London, 1736, in-8. (*Manuel* de Brunet, n° 2023.)

414. **BROOKS** (François), marin natif de Bristol. On a de lui : *Navigation faite en Barbarie*, traduit de l'anglais. Utrecht, 1737, in-8. (Peignot. — *Manuel* de Brunet. — Quérard.)

415. **CARETTE** (Ant.-Ernest-Hipp.), officier et rédacteur du journal *l'Algérie ;* il a collaboré à divers ouvrages de géographie ; fit de nombreuses recherches sur l'Afrique ancienne, sur Bougie, sur la station romaine de Plumbaria, sur les ruines d'Hippone, sur la division territoriale établie en Afrique par les Romains, etc. ; la *Notice* explicative qui accompagne l'*Atlas de l'Algérie* de M. L. Bouffard ; dans la Collection de l'*Univers pittoresque :* Alger, Tunis, Tripoli, et le Fezzan. Paris, 1853, in-8. (Vapereau.)

415 *bis*. **CARONNI** (Felice). *Ragguaglio del viaggio compendioso di un dilettante antiquario, sorpreso da' corsari, condotto in Barberia, e felicemente ripatriato* (signé : D. F. C. B.). Milan, 1805-6, 2 parties en 1 vol. in-8, 13 pl. (M.) — Voir n° 475.

416. **CHATELAIN** (le chev.), lieutenant-colonel de cavalerie. *Mémoire sur les moyens à employer pour punir et détruire la piraterie des puissances barbaresques ; précédé d'un Précis historique sur le caractère, les mœurs et la manière de combattre des Musulmans, habitant la côte d'Afrique, et d'un coup d'œil sur les expéditions françaises tentées contre eux à diverses époques.* Paris, 1828, in-8. (Quérard.)

417. **CHENIER** (Louis Sauveur de). *Recherches historiques sur les Maures, et Histoire de l'empire de Maroc.* Paris, 1787,

3 vol. in-8, fig. (Boucher de la Richarderie, 1826, n° 1389. — Quérard.)

418. **CHERBONNEAU** (Jacques-Aug.), orientaliste français, né le 28 août 1813. On a de lui : *Notices et extraits du voyage d'El-Abdery* (Ibn-Ad-Hari), *à travers l'Afrique septentrionale, au VII° siècle de l'hégire.* Paris, 1860, in-8.

— *Relation du voyage de M. le capitaine de Bonnemain d'El-Oued à R'dâmès* (1855-1857), avec carte itinéraire où se trouvent le plan de la ville de R'dâmès et l'esquisse des routes vers cette ville. Paris, 1857, broch. in-8. (Vapereau. — Challamel.)

418 *bis*. **CHOTIN** (Alex.-Guill.). *Les Expéditions maritimes de Charles-Quint en Barbarie.* Bruxelles, 1849, in-8 de 292 pp. — Tournai, 1857, in-8. (M.)

419. **CHRISTIAN** (P.), pseudonyme de **Pitois**. Secrétaire du maréchal Bugeaud, en Algérie. *Souvenirs du maréchal Bugeaud, de l'Algérie et du Maroc.* Paris, 1845, 2 vol. in-8. Cet ouvrage n'ayant pas eu de succès, a été jeté dans la librairie au rabais et a été revêtu de nouveaux titres : *La Nouvelle France, souvenirs de l'Algérie et du Maroc.* (*Superch. littér.*)

— *L'Afrique française, l'empire du Maroc et les déserts du Sahara. Histoire nationale des conquêtes et nouvelles découvertes des Français, depuis la prise d'Alger, jusqu'à nos jours.* Édition illustrée. Paris, 1845-46, in-8. (*Supercheries litt.*)

420. **CLARK KENNEDY** (J.-C.). *Algeria and Tunis in 1845.* London, 1846, 2 vol. in-8. (Brunet, n° 28411.)

420 *bis*. **COTELLE** (H.), Drogman du Consulat général de France à Tunis. *Le Langage arabe ordinaire, ou Dialogues arabes élémentaires destinés aux Français qui habitent l'Afrique et que leurs occupations retiennent à la campagne*, etc. Alger, 1858, in-12. (M.)

421. **CURTIS** (J.). *A journal of a travel in Barbary, in 1801, by J. Curtis, with observations on the gumtrade of Senegal.* London, 1803, in-12. (*Manuel* de Brunet, n° 20827.)

422. **CUVELIER DE TRIE** (J.-G.-Aug.), né en 1766, m. en 1824. *A-t-il deux femmes ? ou les Corsaires barbaresques*, mélodrame en 3 actes. Paris, an XI (1803), in-8. (Quérard.)

423. **DAN** (le P. Pierre), trinitaire. *Histoire de la Barbarie et de ses corsaires, des royaumes et des villes d'Alger, de Tunis, de Salé et de Tripoli.* 2° édit. Paris, 1649, in-fol., front. gr. — La 1re édition est de Paris, 1637, in-4°, fig. Une traduction fla-

mande par Simon de Wies. Amsterdam, 1648, 2 vol. in-fol. (Nyon, n⁰ˢ 21210 et 21211. — Grenoble, 25743. — *Manuel* de Brunet, n⁰ 28389 — Boucher de la Richarderie, n⁰ 1386. — Piget, n⁰ 581. — M.)

424. DAUX (A.), ingénieur civil de Nîmes. *Recherches sur l'origine et l'emplacement des Emporia phéniciens dans le Zeugis et le Byzacium; faites par ordre de l'empereur.* Paris, imprimerie impériale, 1870, gr. in-8 de 313 pp. et 9 pl. (*Journal d la librairie.*)

425. DESFONTAINES (Réné-Louiche), botaniste français, né en 1750, mort en 1833, membre de l'Académie des Sciences. Voyagea sur les côtes barbaresques pour y étudier la flore, et publia à son retour la: *Flora atlantica, sive historia plantarum quæ in Atlante, agro tunetano et algeriensi crescunt.* Parisiis, an VI (1798), 2 vol. gr. in-4⁰, 263 pl. (*Manuel* de Brunet. — Bouillet. — Quérard.)

426. DOLCE (Lodovico), célèbre poëte, né à Venise, en 1508, mort en 1568. *Stanze di M. L. Dolce composte nella vittoria Africana nuovamente havuta dal sacratis. Imperatore Carlo Quinto.* Roma, 1535, pet. in-8. (*Manuel* de Brunet.)

427. DUCHALAIS (A.). *Monnaies antiques frappées dans la Numidie et dans la Mauritanie.* Paris, broch. de 64 pp. et pl. (Claudin, nov. 1871, n⁰ 546.)

428. DUESBERG (F.) et L. MARCUS. *Géographie ancienne des États barbaresques, d'après l'allemand de Konrad Mannert; enrichie de notes et de plusieurs mémoires, etc.* Paris, 1842, in-8. Le texte allemand, *Geographie von Africa*, parut à Leipzig en 1825, 2 vol. (*Manuel* de Brunet. — Bourquelot.— D⁰ Schubert.)

429. DUMAS (Alexandre), célèbre écrivain français, né en 1803, mort en 1870. En 1846, il voyagea en Afrique sur le vaisseau de l'État le *Véloce*, et en publia la relation: *Impressions de voyages, en forme de lettres, adressées à une dame,* et dont *la Presse* a commencé la publication le 12 mars 1847. Ce travail n'a aucune valeur littéraire ni historique. (*Supercheries littéraires*, tome I, 2ᵉ partie, col. 1127.)

— *Le Véloce, ou Tanger, Alger et Tunis.* Paris, 1851, 2 vol. in-8. (Vapereau.)

— *Alexandre Dumas-Quichotte et ses écuyers en Afrique;* par le vicomte de Nugent (En vers de huit syllabes). Impr. dans la *Tribune sacrée*, *Echo du monde catholique*, janvier 1847. (*Supercheries littér.*, tome I, 2ᵉ partie, col. 1026.)

430. DUREAU DE LA MALLE (Adolphe-Jules-César-Aug.). *Voyages de Peyssonnel et Desfontaines, dans les régences de Tunis et d'Alger,* publiés par Dureau de La Malle. Paris, 1838, 2 vol. in-8, 1 carte et 6 lithogr.

Peyssonnel et Desfontaines étaient l'un et l'autre médecins et naturalistes. Ils avaient été chargés d'explorer, dans l'intérêt de la botanique principalement, les parties septentrionales de l'Afrique. Le premier accomplit son voyage de 1724 à 1725, le second de 1783 à 1786. (M.)

On a aussi de Dureau de la Malle des *Recherches sur la domination romaine en Afrique, etc.* Rapport rédigé au nom d'une commission de l'Académie des inscriptions et belles-lettres pour le ministère de la guerre, qui, en 1833, avait demandé à l'Académie des notes géographiques et historiques sur l'administration et la colonisation de l'Afrique septentrionale par les Romains. (Quérard. — *Manuel* de Brunet.)

431. DUVIVIER (le général Francis de Fleurus), né à Rouen en 1794. Il prit part à l'expédition d'Alger, en 1830. On a de lui des écrits estimés sur l'Algérie, et un travail sur les *Inscriptions phéniciennes, puniques, numidiques, expliquées par une méthode incontestable.* Paris, 1846, in-8 de 16 pp. (Claudin, 1871, n⁰ 329.)

432. ETAT DES ROYAUMES de Barbarie, Tripoly, Tunis et Alger, contenant l'histoire naturelle et politique de ce pays; la manière dont les Turcs y traitent les esclaves, etc.; avec la tradition de l'Eglise pour le rachat et le soulagement des captifs. Rouen, 1703, in-12. — La Haye, 1704, in-12. (*Dict. des anonymes.* — Quérard. — Brunet, n⁰ 28390.)

433. ETLAR (C.). *Arabern og Kabyler, Skildringer* (Arabes et Kabyles. Esquisses). Copenhague, 1863, in-8 de 188 pp. (*Revue bibliographique*, 1869, n⁰ 1485.)

434. FAURE (Guill.-Stan.), imprimeur du Havre, né en 1765, mort en 1826. *Nouveau flambeau de la mer, etc.; avec une série de phrases françaises et un idiome arabe;* des instructions pour les navigateurs obligés de relâcher sur les côtes de Barbarie, et des notes historiques; ornés de cartes, plans et vues de côtes, etc. Au Havre et à Paris, 1824, 2 vol. in-8, atlas de 75 cartes, pet. in-fol. obl. (Quérard.)

435. FOURNEL (Mar.-Jér.-H.), ingénieur français, né en 1799, chef du service des mines en Algérie. *Étude sur la conquête de l'Afrique par les Arabes, et Recherches sur les tribus berbères qui ont occupé le Maghreb central.* Paris, impr. impériale, 1857, in-4⁰. (Vapereau. — Challamel.)

4*

436. **GALLAIS** (F.), maire de Ruffec (Charente). *Essai de naturalisation des végétaux utiles à l'agriculture, entre les parallèles 30°-46°, plus particulièrement, aux puissances composant le bassin méditerranéen, la province d'Alger prise comme type.* Angoulême (1867), in-8 de 108 pp. (*Journal de la librairie.*)

437. **GREY JACKSON** (James). *Sur la conformité de l'Arabe occidental ou de Barbarie, avec l'Arabe oriental ou de Syrie.* Paris, 1824, broch. in-8. (Quérard.)

438. **GUIDE SAINT-LAGER.** *Guide général du voyageur en Algérie et en Tunisie.* 1er semestre, 1873, in-16 de 196 pp., annonces et cartes. Constantine, Alger, et Oran.

439. **HANSER.** *Wer veranlasste die Berufung der Vandalen nach Africa* Dorpat, 1842, in-4°. (Bibliothèque royale de Bruxelles, IXe cat. des Accroissements, p. 120.)

439 bis. **HEBENSTREIT** (J.-E.), professeur de médecine à l'Université de Leipzig. *Voyage à Alger, Tunis et Tripoli entrepris aux frais et par ordre de Frédéric-Auguste, roi de Pologne, en 1732;* inséré dans les *Nouvelles Annales des Voyages,* publiées par Eyriès, t. XLVI, 1830. C'est la traduction de 4 lettres adressées en allemand au roi de Pologne, et publiées après la mort de l'auteur, par Bernouilli, *Sammlung Kleiner Reisen.* Berlin et Leipzig, 1780.

On a aussi de cet auteur une dissertation latine peu développée et peu instructive publiée sous le titre: *De Antiquitatibus romanis, per Africam repertis.* Leipzig, 1733, in-4°. (M.)

440. **HENIN** (le baron Et.-F. d') de Cuvillers, né en 1755. *Mémoire concernant le système de paix et de guerre que les puissances européennes pratiquent à l'égard des régences barbaresques.* Trad. de l'italien sur la 2e édit. imprimée à Venise en 1787. Venise, 1787, pet. in-12. (Quérard. — Bourquelot.)

441. **HISTOIRE** *d'Aménophis, prince de Libye.* Paris, 1728, in-8. Roman. (Nyon, 8732.)

442. **HISTOIRE** *de Tafilette, conquérant et empereur de Barbarie;* trad. de l'anglois en françois. Jouxte la copie impr. à Londres, 1669, in-12. (Nyon, 21227.)

443. **HISTOIRE** *des dernières guerres de Barbarie, et du succès pitoyable du roy de Portugal dernier, Dom Sébastien, qui mourut en bataille le 4 août 1573, avec l'origine et descente des roys qui de nostre temps ont commandé és Royaumes de la ditte Barbarie,* trad. de l'espagnol en françois. Paris, 1579, in-8. (Brunet, n° 23392. — Nyon, n° 21209.)

444. **HISTOIRE** *des dernières révolutions du royaume de Tunis, et des mouvemens du royaume d'Alger.* Paris, 1689, in-12. (Grenoble, n° 25745.)

445. **HISTOIRE** *du ministère du cardinal Ximenès, archevesque de Tolède et régent d'Espagne;* par de Marsolier. Nouvelle édition, revue. Paris, 1739, 2 vol. in-12. Le livre V comprend: le Projet du cardinal grand Inquisiteur, de conquérir le royaume d'Oran; il propose à Ferdinand de faire cette expédition à ses dépens; il obtient de ce roi le généralat de l'armée pour lui-même, et la lieutenance pour Pierre de Navarre. — Les Maures sont vaincus. — Prise d'Oran. — Continuation des conquêtes en Afrique. — Livre VI: Ximenès envoye une nouvelle armée en Afrique; elle est défaite.

446. **IBN-AL-KATIE**, écrivain arabe, né à Grenade, en 1313, mort en 1374. On a de lui une *Chronologie des Califes et des rois d'Afrique et d'Espagne.* (Bouillet.)

447. **KAZIMIRSKI** (A.), de **Biberstein**, né à Korchow (palat. de Lublin), en 1808. *Dictionnaire arabe-français, contenant toutes les racines de la langue arabe, leurs dérivés, tant dans l'idiome vulgaire que dans les dialectes d'Alger et de Maroc; avec un vocabulaire des termes de marine et d'art militaire, en arabe et en français.* Paris, 1846 et années suivantes, gr. in-8 à 2 col. (Bourquelot.) — Autres édit., Paris, 1853-1856, 2 vol. in-8. — Paris, 1860, 2 vol. gr. in-8 à 2 col. (Maisonneuve et Cie.)

447 bis. **KENNEDY** (the captain J. Clarke). *Algeria and Tunis in 1845, an account of a journey made throught the two regencies by viscount Feilding and capt. Kennedy.* London, 1846, 2 vol. in-8. (M.)

448. **LAGRANGE** (Jos. de Chancel de), dit **Lagrange-Chancel**, né à Périgueux en 1676, m. en 1768. *Adherbal, roi de Numidie,* trag. (en 5 a. et en vers). Paris, 1694. Nouv. édit., Amst., 1702, in-12. Réimpr. depuis sous le titre de *Jugurtha.* (Quérard.)

449. **LA MARTINIÈRE** (le sieur de). *L'Heureux esclave, ou Relation des aventures du sieur de la Martinière; comme il fut pris par des corsaires de Barbarie et délivré. La manière de combattre sur mer de l'Afrique, et autres particularités.* Paris 1674, in-12. (Nyon, 21213.)

450. **LAPIE** (Pierre), chef d'escadron au corps royal des ingénieurs, cartographe du roi, né à Mézières en 1771, mort en 1850. *Carte de la colonie d'Alger, avec le tracé de la régence de Tunis et de la partie septentrionale de l'empire de Maroc.* (Bourquelot.)

451. LAUGIER DE TASSY (N.), commissaire de la marine pour le roi d'Espagne en Hollande, vivait à la fin du XVIIe siècle et au commencement du XVIIIe. Il est auteur d'une *Histoire des Etats barbaresques, qui exercent la piraterie, contenant l'origine, les révolutions et l'état présent des royaumes d'Alger, de Tunis, de Tripoli et de Maroc, avec leurs forces, leurs revenus, leur politique, et leur commerce ; par un auteur qui y a résidé plusieurs années avec caractère public* (Laugier de Tassy), traduit de l'anglois (par P. Boyer de Prébandier). Paris, 1757, 2 vol. in-12. (Daremberg, 3 fr.)

Un anglais s'étant emparé du travail de Laugier de Tassy, publié par L. Leroi, et augmenté de quelques pièces, y joignit une analyse des « Mémoires sur Tunis »; il intitula sa compilation : *A complete History of the pyratical states of Barbary*. London, 1750, in-8. Trad. en italien: Venise, 1754, et en allemand : Rostock, 1753, in-8, avec 1 carte et un plan d'Alger. (*Dict. des anonymes*, 1874, tome V, col. 750, d'après les citations de Eyriès, art. « Laugier de Tassy » dans la *Biographie universelle*, LXX, 367-68, et la notice publiée par A. A. Barbier, insérée dans le *Magasin encyclopédique*, février 1805, tome LV, pp. 344 et suiv.)

452. LETRONNE (J.-Ant.), célèbre érudit, né à Paris en 1787, mort en 1848 ; directeur de la Bibliothèque du roi, professeur d'archéologie au Collège de France. *Sur des colonnes milliaires de la frontière de Maroc et de Tunis ;* art. inséré dans la *Revue archéolog.*, tome Ier, p. 183. (Bourquelot.)

453. MALTE-BRUN (Victor-Adolphe), géographe français, né à Paris, en 1816. *Résumé historique et géographique de l'exploration de Gerhard Rohlfs au Touat et à In-Calah, d'après le journal de ce voyageur publié par les soins d'Aug. Petermann*, par V.-A. Malte-Brun. Paris, in-8, avec une carte d'ensemble des voyages d'Henri Duveyrier et de G. Rohlfs dans l'Afrique septentrionale et occidentale. (Challamel.)

454. MALTZAN (Heinr.-Frhr. baron von). *Drei Jahre im Nordwesten von Afrika. Reisen in Algerien und Marokko* (Trois ans dans le nord-ouest de l'Afrique. Voyages en Algérie et au Maroc). 2e édition. Leipzig, 1868, 4 vol., grav. et une carte. (*Revue bibliographique*, 1868, tome II, p. 13.)

— *Sittenbilder aus Tunis und Algerien* (Tableaux des mœurs de Tunis et de l'Algérie). Leipzig, 1869, in-8 de 452 pp. et une pl. (*Revue bibliogr.*, 1869, tome III.)

— *Reise in den Regentschaften Tunis und Tripolis* (Voyage dans les régences de Tunis et de Tripoli). Leipzig, 1869, 3 vol. in-8, pl., cartes, etc. (*Polybiblion ;* tome V, no 1422.)

455. MARCUS (Louis). *Histoire des Vandales..., accompagnée de recherches sur le commerce que les états barbaresques firent avec l'étranger, etc.* Paris, 1836. — 2e édit., Paris, 1838, in-8. (Dr Schubert, 1870. — *Manuel* de Brunet, no 23009.)

456. MASSAC (Cl.). *Relation en forme de journal du voyage pour la rédemption des captifs aux royaumes de Maroc et d'Alger, pendant les années 1723, 1724 et 1725*. Paris, 1727, in-12. (Quérard.)

457. MAYO (Will. Starbuck), romancier américain, né en 1812. Il entreprit un voyage d'exploration dans l'intérieur de l'Afrique, mais il ne pénétra pas au-delà des Etats barbaresques. On a de lui : *Kaloolah or Journeyings to the Djebel Kumri*. New-York, 2e édition, 1851. C'est un récit d'aventures fabuleuses, sorte d'utopie satirique.

— *The Berber, or the Mountaineer of the Atlas*. New-York, 1850, in-12. Roman dramatique dont la scène se passe en Afrique à la fin du XVIIe siècle. (Vapereau.)

458. MONTGRAVIER (Azéma de), chef d'escadron d'artillerie et correspondant de l'Académie des inscriptions et belles-lettres. *Mémoire sur l'occupation de la Mauritanie par les Romains*, qui a reçu la première médaille au concours de 1848 à l'Académie des inscriptions. (Bourquelot.)

459. NOUVELLES *de la cité d'Afrique en Barbarie, prinse par les capitaines de l'armée de l'empereur au Xe jour de septembre anno 1551. Imprimé en Anvers par Silvestre de Paris, tailleur de formes, pet. in-8 goth. de 8 pp.* (*Manuel* de Brunet. —1 ex. fut vendu en 1841, 23 fr.)

460. PAPENCORDT (Félix). *Geschichte der Vandalischen Herrschaft in Afrika*. Berlin, 1837, in-8. (Biblioth. roy. de Bruxelles, 10e catal. des Accroiss., p. 83. — *Manuel* de Brunet, no 28344.)

461. PELET (le général J.-J.), né à Toulouse en 1779, mort en 1858. Pair de France. *Maroc, Alger, Tunis, avec une carte de l'Algérie dressée au dépôt de la guerre*. Magdebourg, 1840. (Dr Schubert, 1870.)

462. PIESSE (Louis). *Itinéraire historique et descriptif de l'Algérie, de Tunis et de Tanger. Contenant une carte générale de l'Algérie, une carte spéciale de chacune des trois provinces, une carte de la Mitidja et une carte des environs de Tunis.* 2e édit. revue et augm., Paris, 1873, in-8 à 2 col. de CLXXVI-548 pp. (Collection des Guides Joanne.)

463. **POIRET** (l'abbé **J.-L.**), naturaliste français, né en 1755, mort en 1834. Visita le nord de l'Afrique. *Voyage en Barbarie, ou Lettres écrites de la Numidie (1785-86) sur la religion, les coutumes, les mœurs des Maures et des Arabes bédouins ; avec un Essai sur l'histoire naturelle de ce pays.* Paris, 1789, 2 vol. in-8. (Van Hulthem, n° 14991. — Quérard. — Boucher de la Richarderie. — Brunet, n° 20826.)

463 *bis.* **PRÉCIS** *historique sur les nations barbaresques*, suivi d'un tableau des crimes, des horreurs et des brigandages des pirates africains, des souffrances et des tourments qu'endurent ceux qu'ils réduisent en esclavage. Paris, Figer, 1816, 2 vol. in-18. (M.)

464. **REINECKE** (**J.-C.-M.**). *Karte der Nordküste Africas, Marocco, Fez, Algier, Tunis, Tripolis u. Ægypten entw.* Weim., 1804.

— *Marocco, Algier und Tunis, Fez, Tripoli u. Ægypten Fez.* Weim., 1802 (carte).

465. **RELATION** *en forme de journal du voyage pour la rédemption des captifs aux royaumes de Maroc et d'Alger, pendant les années* 1723, 1724 *et* 1725 ; *par les PP. Jean de la Faye, D. Mactar, A. d'Arcisos et H. Le Roy.* Paris, 1726, in-12. (Baillieu, 1873, n° 482.)

466. **RIVOIRE** Saint-Hippolyte (le chev.), sous le pseud. de Josiah **Hakohen**. *Adar el Melek, ou les Pirates barbaresques*, trad. de l'arabe par le chevalier de R., officier de la marine, l'an de la création du monde 5809 et de l'hégire 1187. Paris, 1815, 4 vol. in-12. (*Superch. littér.*)

466 *bis.* **RUSSEL** (**Michael**). *History and present condition of the Barbary States.* Edimburgh, 1835, in-12 de 453 pp. (M.)

467. **SABATIER** (**André-Hyac.**), professeur d'éloquence, né en 1726, mort en 1806. *Ode à Pie VII, pour réunir les princes chrétiens dans une ligue contre les puissances barbaresques.* 1783, in-8. (Quérard.)

468. **SACY** (**Silv.** de). *De quelques monnaies arabes et des monnaies de Tunis, d'Alger et de Maroc.* Paris, 1797, in-8 (Extrait du *Magasin encyclopédique*, 3ᵉ année, tome III). (Quérard.)

— *Mémoires sur quelques monnaies arabes en or des Almohades et des Mérénites.* Extrait du *Journal des savants*, 1837. (Bourquelot.)

469. **SAINT-MARC-GIRARDIN** (**Marc Girardin**, dit), né à Paris en 1801, membre de l'Académie française. *L'Afrique sous saint Augustin ;* deux articles insérés dans la *Revue des Deux-Mondes*, 1842.

470. **SALAZAR** (**Pedro**). *Hispania Victrix, historia en la qual se cuentan muchas guerras succedidas entre christianos y infideles, asi en mar como en tierra, desde el ano 1546-1565, con la guerras acontecidas en la Barberia entre el Xarife y los reyes de Morruecos, Fez y Velez,* compuesta por Pedro de Salazar. Medina del Campo, 1570, in-fol.

— *Historia de la guerra y presa de Africa; con la destruycion de la villa de Monazter y ysla del Gozo y perdida de Tripoli de Berberia, con otras muy nuevas cosas.* Napoles, 1550, in-fol. Livre bien imprimé, avec des gravures en bois et des bordures autour de chaque page. — Il en existe une édition de 1552 citée par Nic. Antonio. (*Manuel* de Brunet.)

471. **SANSON** (**Nic.**), d'Abbeville. *Partie de la coste de Barbarie en Afrique, où sont les royaumes de Tunis et de Tripoli et pays circonvoisins, tirés de Sanuto.* Paris, 1655. (Dᵣ Schubert.)

472. **SAVARY** (**François**) **DE BRÈVES**. *Relation de ses voyages en Grèce, en Terre-Sainte, en Egypte, aux royaumes de Tunis, Alger ;* ensemble ; *un Traité fait en* 1604 *entre Henri-le-Grand et l'empereur des Turcs.* Paris, 1628, in-4°, 2 parts en 1 vol (Grenoble, n° 19421. — Catal. Boulard. — Catalogue Bergeret. — Nyon, 20806.)

473. **SCHELSTRATE** (**Emm.-A.**). *Ecclesia Africana sub primate Carthaginiensi.* Parisiis, 1679, in-4°. — Paris, 1680, in-4°. — Anvers, 1680, in-4°. (Grenoble, n° 1564. — Van Hulthem, n° 15606. — Bourquelot, *Sibour.*)

474. **SCHLOEZER** (**Aug.-L.** de), historien allemand, né en 1735, mort en 1809. *Summarisch Gesch. v. Nord-Africa, namenltch. von Marocko, Algier, Tunis, u. Tripoli.* Göttingen, 1773. (Dᵣ Schubert, 1870.)

475. **SETTALA** (**Luigi**). *Ragguaglio del viaggio compendioso di un dilettante antiquario sorpreso da' corsari, condotto in Barbaria.* Milano, 1805, in-8. (*Manuel* de Brunet, n° 20828.) — Voir n° 415 *bis.*

476. **SIBOUR** (l'abbé **L.**), né à Istres (Bouches-du-Rhône), en 1807, vicaire général de Paris. *Etudes sur l'Afrique chrétienne: état de l'Afrique avant l'arrivée des Vandales.* Digne, 1843, in-8 de 44 pp. Extrait des *Annales des Basses-Alpes*, 1843. (Bourquelot.)

477. **SOUCHY** (l'abbé **J.-Bapt.**), philologue, membre de l'Académie des inscriptions, m. en 1746, âgé de 59 ans. *Discours sur les Psylles, peuple d'Afrique ;* inséré dans le *Recueil de l'Acad. des inscriptions*, 1733. Hérodote présente à tort les Psylles comme un peuple habitant la Cyrénaïque ; car ce

n'étaient que des jongleurs d'Egypte et de Libye. (Bouillet.)

478. SUÉTONE (Caïus S. Paulinus), gouverneur de Numidie, l'an 40 avant J.-C., vainquit les Maures et conquit leur pays jusqu'au-delà du mont Atlas. Il écrivit une relation de cette guerre. Voir pour la Bibliographie concernant SUÉTONE le *Manuel* de Brunet, tome V, col. 579 à 585.

479. SUMMER (Charles), orateur et politique américain, né à Boston en 1811. L'Esclavage blanc dans les Etats barbaresques (*White Slavery in the Barbary States*). Boston, 18.., in-12. Ouvrage anti-esclavagiste. (Vapereau.)

479 bis. TEMPLE (Sir Grenville). *Excursions in the Mediterranean; Algiers and Tunis*. Londres, 1835, 2 vol. in-8. C'est le récit d'un voyage fait en Barbarie pendant les années 1832 et 1833. Temple décrit avec précision toutes les localités et tous les monuments qu'il a visités. (M.). — Une analyse de ce voyage a paru dans les *Nouvelles Annales des voyages*, tome LXVI.

480. THÉOCRITE, le sophiste ou l'orateur, natif de l'île de Chio. Composa une *Histoire de Libye*. (Peignot.)

481. VELASQUEZ DE VÉLASCO (L.-J.), marquis de Valdeflore, de l'Académie d'histoire de Madrid, et de celle des Inscriptions de Paris, né à Malaga, en 1722, mort en 1772. On a de lui une *Description des royaumes de Tunis et de Maroc*. (Peignot.)

482. VIVIANI (Dom.). *Floræ libycæ specimen, sive plantarum enumeratio Cyrenaicam, Pentapolim, magnæ Syrteos desertum et regionem tripolitanam incolentium, quas ex Siccis speciminibus delineavit, descripsit et ære insculpi curavit Dom. Viviani*. Genuæ, 1824, in-fol., 27 pl. (*Manuel de Brunet, 5253*.)

483. VOYAGE *dans les États barbaresques de Maroc, Alger, Tunis et Tripoli, ou Lettres d'un des captifs rachetés par les chanoines réguliers de la Sainte-Trinité, etc.* Paris, 1785, in-12. (Van Hulthem, n° 14990. — *Archives du bibliophile*, 1858, 28592.)

Cet ouvrage qui a été traduit en allemand: Lubeck, 1780, in-8, est un tissu d'absurdités. (M.)

484. VOYAGE *pour la rédemption des captifs aux royaumes d'Alger et de Tunis, fait en 1720, par les Pères François Comelin, Philémon de La Motte et Joseph Bernard, mathurins*. Paris, 1721, in-12, 1 fig. (Grenoble, 19658. — Van Hulthem, 14974. — Nyon, 21220. — Lanctin, 551.)

— *État des royaumes de Barbarie, Tripoli, Tunis et Alger*, contenant l'histoire naturelle et politique de ce pays, etc., avec la traduction de l'Eglise pour le rachat et soulagement des captifs, par les PP. Geoffroy, Comelin et Philémon de La Motte. Rouen, 1731, in-12. (M.)

Berbers et Kabyles.

485. AUCAPITAINE (le baron H.), officier français. *Les Kabyles et la colonisation de l'Algérie*. Paris, 1805, in-12. La première partie de l'ouvrage s'occupe des aptitudes de la race, des mœurs, des ressources; la 2e partie est consacrée à l'histoire. (Challamel.)

— *Le Pays et la Société Kabyles. Expédition de 1857*; broch. in-8. (Challamel.)

486. BEAUVOIS (E.), capitaine d'état-major. *En colonne dans la grande Kabylie. Souvenirs de l'insurrection de 1871; avec la relation du Fort-national.* Paris, 1872, in-18 de 398 pp.

487. BERBRUGGER (Louis-Adrien), philologue et littérateur, né à Paris en 1801, mort en 1869. *La Grande Kabylie sous les Romains;* 1850.

— *Les Epoques de la Grande Kabylie, tableau historique de cette contrée, depuis l'époque romaine exclusivement jusqu'à nos jours.* Paris, in-18, 1 carte par O. Mac-Carthy. (Vapereau. — Challamel.)

488. BERTHERAND (Alph.-Fr.), médecin et directeur de l'école préparatoire à Alger. Correspondant de l'Académie de médecine à Bazeilles (Ardennes), en 1815. *Campagnes de Kabylie; histoire médico-chirurgicale des expéditions de 1854-1856 et 1857.* Paris, 1862, in-8. (Vapereau.)

489. CARETTE (A.-E.-H.), officier et publiciste français, né en 1808. *Etudes sur la Kabylie proprement dite.* Paris, 1848, 3 vol. in-8, 1 carte (*Exploration scientifique de l'Algérie*). (Challamel.)

490. CARREY (Emile), littérateur français, né à Paris en 1820; il suivit l'expédition de Kabylie. *Récits de Kabylie. Campagne de 1857.* Paris, 1858, in-12, 1 carte. (Vapereau.)

491. CLERC (Eug.). *Campagne de Kabylie en 1857.* Paris, pet. in-4°, planches. (Challamel.)

492. CREUSAT (le R. P. J.-B.), jésuite. *Essai de dictionnaire français-kabyle (Zouaoua), précédé des éléments de cette langue.* Alger, 1873, in-8 de 59-374 pp. (*Journal de la librairie.*)

493. DAUMAS (le général M. Jos.-Eug.), m. en 1803. Avec Chancel: *La Grande Kabylie.* Paris, 1847, in-8. — *La Kabylie.* Paris, in-32. (Vapereau. — Challamel.)

494. DEVAUX, capitaine au 1er zouaves, ancien chef du bureau arabe. *Les Kebaïles du Djerdjera. Etudes nouvelles sur les pays vulgairement appelés la Grande-Kabylie.* Paris, fort vol. in-18. (Challamel.)

495. DICTIONNAIRE *français - berbère , dialecte écrit et parlé par les Kabyles de la division d'Alger, rédigé par la commission ministérielle* (par Ch. Brosselard, Nully, Jaubert, Delaporte, et Sidi-Ahmed). Paris, impr. royale, 1844, gr. in-8 de 656 pp. (*Manuel* de Brunet, n° 11940. — Maisonneuve et Cie , 1873.) Ouvrage peu complet.

496. DUHOUSSET. *Les Populations algériennes, les Kabyles du Djujurra ;* article inséré dans la *Revue des cours scientifiques*, 11 avril 1868, et dans les *Mémoires de la Société d'ethnographie.* Paris , 1872 , in-8, 7 pl. (Feuilleton du *Journal de la librairie*, 1873, p. 499.)

497. DU PONCEAU (P.-S.). *Grammatical sketch and specimens of the Berber language*, by Peter S. Du Ponceau, preceded by four letters on Berber etymologies addressed by Will. B. Hodgson. (Philadelphia, 1830), in-4° de 48 pp. (*Manuel* de Brunet.)

498. GASC (Georges). *Souvenirs de Kabylie. Siège du bordj d'El-Miliah.* Marseille (1871), in-8 de 12 pp. (*Journal de la librairie.*)

499. HANOTEAU (le général **A.**), et **LE-TOURNEUX**, conseiller à la cour d'Alger. *La Kabylie et les coutumes arabes.* Paris et Alger (1872-1873), 3 vol. gr. in-8. (Challamel.)

— *Essai de grammaire kabyle , renfermant les principes du langage parlé par les populations du versant nord du Jurjura, et spécialement par les Igaouaouen Zouaoua; suivi de notes et d'une notice sur quelques inscriptions en caractères dits Tifinar et en langue tamachek.* Alger , 1858 , in-8 de 303 pages. (*Manuel* de Brunet, n° 11940. — Maisonneuve et Cie , 1871.)

— *Rapport sur la grammaire kabyle de M. Hanoteau* , par Reinaud. Paris , 1857 , in-8. (Maisonneuve et Cie .)

500. HANOTEAU (le général). *Poésies populaires de la Kabylie du Jurjura.* Texte kaby : traduction. Paris , 1867 , in-8 de 475 pp. (Maisonneuve et Cie .)

501. HUN (Félix). *Excursion dans la Haute Kabylie et ascension au tangout de Lella Khedidja*, par un juge d'Alger en vacances. Bastide , 1859, in-8 de 2 ff. et 280 pp. La première édit. parut en 1854 et est intitulée: *Une excursion dans la Haute Kabylie.* Strasbourg, 1854, in-8. (Baur, 1873, 567.)

502. KALTBRUNNER (D.). *Recherches sur l'origine des Kabyles.* Genève, 1871, in-8 de 47 pp. (Chronique du *Journal de la librairie*, p. 4.)

503. LAPÈNE (Ed.), général français. *Tableau historique, moral et politique sur les Kabyles.* Metz , 1846, in-8 de 80 pp. (Bourquelot.)

504. MAFFRE. *La Kabylie. Recherches et observations sur cette riche contrée de l'Algérie, par un colon établi à Bougie depuis les premiers jours d'octobre 1833.* Paris, in-8, plan du port. (Challamel.)

505. NEWMAN (Fr.-Will.). On a de lui une *Grammar of the Berber language.* (Vapereau)

506. PERIER (J.-A.-N.), ancien membre de la commission scientifique d'Algérie. *Des races dites berbères et de leur ethnogénie.* Paris, 1873, in-8 de 55 pp. Mémoire communiqué à la Société d'anthropologie , en 1870. (*Journal de la librairie*, n° 7083.)

507. REBOUD (Dr), membre de la Soc. française de numismatique et d'archéologie. *Recueil d'inscriptions libyco-berbères.* Paris (1870), in-4° de 49 pp. , 1 carte de la Cheffa et 25 pl. — Paris , 1873 , in-4° de 51 pp. , 1 carte et 25 pl. Extrait des *Mémoires de la Société française de numismatique.* (*Journal de la librairie.*)

508. SCOUTETTEN (Rob.-Jos.-H.), chirurgien, né à Lille en 1799 , mort en 1871. *Relation médico-chirurgicale de la campagne de Kabylie.* Metz, 1858, in-8. (Vapereau.)

509. SEPT MOIS *d'expédition dans la Kabylie orientale et dans le Hodna ;* par H. V... Angoulême, 1874, in-8 de 147 pp. , tiré à 100 exempl.

510. SHALER (Will.). *Communication on the language, manners and customs of the Berbers (or Brebers) of Africa , in a series of letters from W. Shaler to Peter S. Duponceau.* Philadelphia , 1824, in-4°. (*Manuel* de Brunet, n° 11940.)

511. VENTURE DE PARADIS. *Grammaire et dictionnaire abrégés de la langue berbère ;* revus par P. Amédée Jaubert. Paris, impr. royale, 1844, in-8.

— *Principes de la langue berbère.* Paris , 1832, in-4°. (Biblioth. roy. de Bruxelles, 8e livr., p. 71. — *Manuel* de Brunet, n° 11940.)

512. VIGNERAL (Ch. de), capitaine d'état-major. *Ruines de l'Algérie, Kabylie, du Djurjura.* Paris (1868), gr. in-8 de 195 pp., 17 pl. et inscriptions. (*Journal de la librairie.*)

513. WARDEN. *Esquisse sur le système grammatical de la langue berbère.* Paris, 1836, in-8. (La Jarrie, 1re part. , 1383.)

ALGÉRIE

(*Voir aussi* ALGER, *nᵒˢ 1056 et suivants*).

Religions.

514. **ANNUAIRE** *du Clergé du diocèse d'Alger*, 1869. Alger, in-8 de 33 pp.

515. **BROSSELARD** (Ch.). *Les Khouan. De la constitution des ordres religieux musulmans en Algérie*. Brochure in-8. (Challamel.)

516. **EGRON** (A.). *L'Algérie chrétienne*. 8ᵉ édition. Lille et Paris, in-8 de 108 pp. et grav.

517. **LAVIGERIE** (Ch.), archevêque d'Alger, né en 1825. *Recueil de lettres sur les œuvres et missions africaines*. Paris, 1869, in-8 de 128 pp. (*Revue bibliographique*, VI, nᵒ 840.)

518. **MARIN** (A.). *La Bienfaisance maçonnique en Algérie;* article inséré dans le *Monde maçonnique*, janvier 1869.

518 bis. **MARTIN-RAGET.** *L'Algérie conquise, ou les religions juive, chrétienne et musulmane comparées entre elles au point de vue civilisateur, avec des notes historiques, littéraires et critiques formant un appendice justificatif très-étendu*. Paris, 1873, in-12 de 372 pp. (*Journal de la librairie.*)

518 ter. **MEYNIER** (E.). *Études sur l'islamisme et le mariage des Arabes en Algérie*. Alger et Paris, 1868, in-18 de VI-191 pp.

519. **NEVEU** (E. de), lieutenant-colonel d'état-major, membre de la commission scientifique de l'Algérie, directeur des affaires arabes à Alger. *Les Khouan, ordres religieux chez les musulmans de l'Algérie*. Paris, 1845, in-8 de 112 pp. — 2ᵉ édition, Paris, 1846, in-8. (Bourquelot. — Challamel.)

520. **PAVY** (L.-Ant.-Augustin), évêque d'Alger, né en 1805, mort en 1866. *Appel.... en faveur de la chapelle de N.-D. d'Afrique*. Paris, in-8. (Challamel.)

— *Histoire critique du culte de la Vierge en Afrique*. 1858-1859. (Vapereau.)

— *Statuts synodaux du diocèse d'Alger*. 1853. (Vapereau.)

521. **RIANCEY** (Ch.-Louis de), membre de l'Assemblée législative en 1849; né à Paris en 1819. *De la situation religieuse de l'Algérie. Mémoires de Monseigneur l'évêque démissionnaire d'Alger*. Paris, 1846, in-12. (Bourquelot.)

522. **STATUTS** synodaux du diocèse d'Alger, 1871, *et recueil d'ordonnances épisco-*

pales. Alger, 1873, in-8 de L-316 pp. (*Journal de la librairie.*)

523. **SUCHET** (l'abbé), vicaire général d'Alger. *Le Missionnaire en Algérie. Extrait des lettres de l'abbé Suchet*. Tours, Mame, 1873, in-18 de 35 pp. Biblioth. de l'enfance chrétienne.

Législation et Jurisprudence.

524. **BARDY** (Gust.), avocat général à Alger et depuis conseiller à la cour de Poitiers. *L'Algérie et son organisation en royaume*. Riom, 1852, in-8 de 167 pp. (*Dictionn. des anonymes.*)

525. **BERTIN.** *Le Jury en Algérie*. Bone, 1872, in-8 de 16 pp.

526. **CADOZ** (F.), huissier à Mascara (Algérie). *Droit musulman malékite. Examen critique de la traduction officielle qu'a faite M. Perron du livre de Khalil*, contenant la solution des questions intéressantes et démontrant: 1ᵒ que les principes de la loi musulmane et du dogme islamique, bien compris et bien appliqués, ne s'opposent pas au développement civilisateur des peuples musulmans; 2ᵒ que les mêmes principes, excepté ceux qui ont trait au divorce et aux successions, ne s'opposent point à l'application du Code civil français aux Arabes de l'Algérie. Paris, 1872, in-8 de 206 pp.

— *Civilité musulmane, ou Mœurs et coutumes des Arabes;* texte arabe de l'iman Essoyouthi, traduction française en regard. In-18. (Challamel.)

527. **CAHIERS ALGÉRIENS.** *Session législative de 1870*. In-8. (*Journal de la librairie*, 1870, Feuilleton, p. 498.)

528. **CHEVILLOTTE** (A.), conseiller à la Cour de Paris. *De la famille musulmane en Algérie, à propos du Statut personnel et des successions en droit musulman*, par MM. Santerra et Cherbonneau. Compte rendu. Paris, 1873, in-8 de 16 pp. Extrait du *Droit*. (*Journal de la librairie.*)

529. **CITATI** (Gaétan), banquier, juge au tribunal d'Alger. *Essai de créer une viceroyauté en Algérie*. Marseille, 1847, in-8 de 30 pp. (*Dictionn. des anonymes.*)

529 bis. **DARESTE DE LA CHAVANNE** (R.-M.-Cl.), jurisconsulte français, né à Paris en 1824. *De la propriété en Algérie, commentaire de la loi du 17 juin 1851*. Paris, in-18. (Challamel.)

— *De la propriété en Algérie (Sénatus-consulte du 22 avril 1863)*. Nouv. édition, 1863-64. (Vapereau. — Challamel.)

530. **DUVERGER** (P.), ex sous-intendant

militaire. *La Féodalité comme moyen de conserver et de civiliser l'Algérie*, par P. D. Paris , 1839 , in-8 de 32 pp. (*Supercheries littéraires.* — *Dictionn. des anonymes.*)

531. **FAWTIER** (**P.**). *L'Autonomie algérienne et la République fédérale.* Constantine, 1871, in-8 de 23 pp. (*Journal de la librairie.*)

532. **FRANQUE** (**Alfred**), jurisconsulte français, né en 1805; s'est occupé spécialement des questions relatives à l'Algérie; il a rédigé de 1836 à 1838, la *Revue Africaine*, 10 vol. in-8. En 1840, il fut attaché au ministère de la guerre dans la direction des affaires de l'Algérie. On a de lui :

— *Lois annotées de l'Algérie*, de 1830 à 1844. Paris, 1843-44, 5 vol. in-8. La première édition de cet ouvrage forme 3 vol.

— *De la législation de la propriété en Algérie.* Paris, 1848, in-8. (Vapereau.)

532 bis. **HOUBY** (**C.-B.**). *Du gouvernement des Arabes. Despotisme et tyrannie des chefs indigènes en Algérie.* Paris, 1849, in-8. (Biblioth. royale de Bruxelles, 11ᵉ Catal. des Accroiss. , p. 83.)

533. **JOURNAL** *de la jurisprudence de la cour d'appel d'Alger.* 1872. Paris et Alger, in-8. Trimestriel. (*Annuaire de la librairie*, 1873.)

534. **LAVIGNE** (**Albert**). *Question algérienne. Le Régime du sabre.* Paris (1871) , in-8 de 46 pp. (*Journal de la librairie.*)

535. **MATTEI** (**A.**), lieutenant de la garde impériale en Afrique. *Protestation contre les détracteurs du système administratif suivi actuellement en Algérie.* Paris (1868), in-8 de 29 pp. (*Journal de la librairie.*)

536. **MÉNERVILLE** (**P. de**), président à la cour d'appel d'Alger. *Dictionnaire de la législation algérienne, Code annoté et Manuel raisonné des lois , ordonnances , décrets, décisions, etc.* Paris, 3 vol. gr. in-8. Le tome Iᵉʳ comprend 1830 à 1860 ; le t. II, 1861 à 1865 ; le t. III, 1866 à 1872. (Feuilleton du *Journal de la librairie*, 1872.)

537. **MERCIER** (**Ernest**), interprète judiciaire. *Des abus du régime judiciaire des indigènes de l'Algérie et des principales modifications à y apporter.* Constantine, 1871, in-8 de 61 pp. (*Journal de la librairie.*)

— *Études sur la confrérie des Khouan de Sidi Abd-el-Kader-el-Djilani, à propos d'un catéchisme.* In-8. (*Journal de la librairie* , 1871, Feuilleton.)

538. **MOUTON**, colonel du 21ᵉ de ligne, transporté en décembre 1861. *La Transportation en Afrique*, avec une préface de M.

Eug. Ténot. Paris (1870), gr. in-18 de XI-274 pp. (*Journ. de la librairie.*)

539. **OBSERVATIONS** *sur le gouvernement de l'Algérie*, par un ancien officier de l'armée d'Afrique. Paris (1869), in-8 de 16 pp. (*Journ. de la librairie.*)

540. **PACIFICATION** (**La**) *de l'Algérie*; par un officier supérieur de la milice. Constantine, 1871, in-8 de 19 pp. (*Journal de la librairie.*)

541. **PHARAON** (**Joanny**), interprète de l'armée d'Afrique, mort en 1846. *De la législation française , musulmane et juive à Alger.* Paris, 1833, in-8. (Bourquelot.)

542. **PLANAT DE LA FAYE**, chef d'escadron et officier d'ordonnance de Napoléon Bonaparte. *De la nécessité d'abandonner Alger. Adressé aux deux Chambres législatives.* Paris, 1836, in-4º de 20 pp.

— *Supplément aux motifs pour l'abandon d'Alger. Ce que c'est que la colonisation. Adressé aux deux Chambres législatives.* Paris, 1836, in-4º de 24 pp. (Bourquelot.)

543. **PONTON D'AMÉCOURT** (**L.-M.**). *Quelques mots sur l'état de la justice en Algérie, depuis 1834 jusqu'à ce jour, et sur la nécessité d'y apporter des modifications essentielles, suivis d'un projet d'organisation judiciaire.* Nancy, 1842, in-8 de 116 pp. (Bourquelot.)

544. **PROJET** *de constitution algérienne*, par un colon. Marseille , 1870 , in-12 de 23 pp. (*Journal de la librairie.*)

545. **RAYNAL** (**Paul Chaudru de**), officier d'état-major. *De la domination française en Afrique, et des principales questions que fait naître l'occupation de ce pays.* Paris, 1832, in-8 de 154 pp. (Bourquelot. — Quérard.)

546. **RÉGIME** (**Le**) *du sabre en Algérie.* Paris, 1869, in-8 de 48 pp. Extrait de la *Revue militaire française.* (*Journal de la librairie.*)

546 bis. **ROBINET DE CLÉRY**, avocat général près la cour de Cassation d'Alger. *Essai de transcription hypothécaire dans les tribus du Tell algérien.* Alger (1869), in-8 de 16 pp. (*Journal de la librairie*, 1870.)

547. **SAINT-HILAIRE** (**Amable Vilain de**). *Appel à la justice du peuple. Révélations complètes et appuyées de preuves authentiques sur les barbaries du régime disciplinaire d'une partie de l'armée d'Afrique : le silo, la flagellation, la barre, le clou, la crapaudine, etc.* Paris, 1848, in-16 Prix: 15 cent.

548. **SARTOR** (**J.**), avocat à Oran. *Projet.*

de réformes politiques et administratives de l'Algérie. Oran (1869), in-8 de 16 pp.

— De la condition juridique des étrangers, des musulmans et des israélites en Algérie. De la naturalisation en France et en Algérie. Paris, 1869, in-18 de 125 pp.

549. **SAUTAYRA** (E.), président du tribunal de Mostaganem. Avec M. Charleville, trad. du traité : Eben Haezer, avec les explications des docteurs juifs ; la jurisprudence de la cour d'Alger, etc. Paris, 1869, 2 vol. in-8. (Journal de la librairie.)

550. **SENHAUX** (Henri de). La France et l'Algérie. Paris, 1871, in-8. — 2e édition, Paris, 1872, in-8 de 195 pp. (Journal de la librairie.)

— Un mot sur la propriété individuelle en Algérie. In-8. (Challamel.)

550 bis. **URBAIN** (Ismay). Algérie. Du gouvernement des tribus. Chrétiens et musulmans. Français et Algériens. Paris, 1848, in-8 de 44 pp. , 1 fr. 50. Extrait de la Revue de l'Orient et de l'Algérie, 1847. (Bourquelot.)

551. **WOLF**, général de division. Les Bureaux arabes devant le jury. Compte rendu in extenso des débats du procès intenté par M. le général Wolf, agissant au nom des bureaux arabes, contre l'Akhbar, l'Algérie française, le Moniteur de l'Algérie et le Tell. Alger (1872), in-8 de xv-127 pp. (Journal de la librairie.)

Économie et Politique.

552. **ALGÉRIE (L')** assimilée. Étude sur la Constitution et la réorganisation de l'Algérie, par un chef de bureau arabe. Constantine et Paris, 1872, in-8 de vii-160 pp. (Challamel.)

553. **ALLARD** (Maurice). Considérations sur la difficulté de coloniser la régence d'Alger, et sur les résultats probables de cette colonisation. Paris, 1830, in-8 de 80 pp. (Quérard.)

554. **ARABES (Les)** et la colonisation en Algérie. Paris (1873), in-8 de 75 pp. (Journ. de la librairie.)

555. **ARABES (Les)** et l'occupation restreinte, par un ancien avoué de Laghouat. In-18. (Challamel.)

556. **ASSIMILATION (L')** des Arabes (d'Algérie), par un ancien curé de Laghouat. In-18. (Challamel.)

557. **AUBEL**. De l'importance de la question d'Afrique et d'un choix de système de colonisation. Paris, 1837, in-8 de 60 pp. (Bourquelot.)

558. **AUBERT DE VITRY** (François-Jean-Philibert), né en 1765, à Paris. Essai sur l'Algérie, considérée comme colonie... ; imprimé dans la Revue mensuelle d'économie politique. (Quérard.)

559. **AUBIGNOSC** (L.-P.-B. d'), membre de la commission du gouvernement d'Alger. Alger. Nouveau système d'occupation et d'exploitation, réduction des dépenses d'Alger pour 1836 à 15,000,000, etc. Paris, 1835, in-4° de 20 pp.

— Lettre sur Alger, sa détresse, etc. Paris, 1836, in-4° de 20 pp.

— Alger, de son occupation depuis la conquête, en 1830... Paris, 1836, in-8 de 92 pp. (Bourquelot.)

560. **AURÉLY** (A.). Mémoire à l'Assemblée nationale pour la colonisation de l'Algérie et l'amélioration du régime pénitentiaire. Villeneuve-sur-Lot, 1871, in-8 de 21 pp. (Journal de la librairie.)

561. **AUSONE DE CHANCEL** (Ch.-Ant.), éditeur du Sahara Algérien. — D'une émigration de noirs libres en Algérie. Alger, 1858, in-8 de 52 pp. (Supercheries littéraires.)

562. **BALLUE** (Arthur). La Question algérienne à vol d'oiseau. Marseille et Paris, 1863, in-8 de 49 pp. (Journal de la librairie.)

563. **BARRACHIN** (le Docteur). Discours préliminaire exposant les considérations qui doivent servir de base au système administratif propre à la régence d'Alger. Paris, 1833, in-8 de 40 pp.

— Le Dr Barrachin, ex-sous intendant civil de la province d'Oran..., ou Exposé des considérations... propre à la régence d'Alger. Paris, 1831, in-8 de 60 pp. (Bourquelot.)

564. **BASSANO** (le prince **Eug. de**). Il a longtemps dirigé, près de Bone, une exploitation de mines qui fut ruineuse pour lui. En 1848, il s'occupa activement, à Paris, de la question algérienne, et publia, en collaboration avec M. de Solms, un Projet de colonisation de l'Algérie par l'association. Paris 1848, in-4° de 56 pp. Et une Lettre aux citoyens membres de l'assemblée nationale sur le même sujet. Paris, in-4° de 4 pp. (Vapereau. — Bourquelot.)

565. **BAUDICOUR** (Louis de). Histoire de la colonisation de l'Algérie (1860). Un vol. in-8 de 584 pp. (Les débuts. — Les constructions urbaines. — Les villages. — La colonisation dans les provinces. — Commencement du progrès. — Les fermes — Les communes. — Du cantonnement des Arabes. — La colonisation des Arabes, etc.).

— *La Colonisation de l'Algérie. Ses éléments* (1856). In-8 de 588 pp. (Les ressources du sol. — La salubrité du climat. — Les colons. — La population de l'Algérie. — Les orphelinats. — La transportation. — La propriété. — Les ouvriers et les capitalistes, etc.).

— *La Guerre et le gouvernement de l'Algérie* (1853) (Le territoire de l'Algérie. — L'occupation française. — Les indigènes. — Le gouvernement d'Abd-el-Kader. — Le gouvernement des Français. — Les insurrections. — La paix en Algérie). Paris, in-8 de 600 pp. (Challamel.)

566. BÉRARD (Aristide). *L'Algérie. Sa situation présente, son avenir.* Paris, 1868, in-8 de 16 pp. (*Journal de la librairie.*)

567. BERBRUGGER (Adrien). *Projet d'exploration dans la seconde ligne des oasis algériennes.* 1850. (Vapereau.)

— *Echange des prisonniers* (1841). *Négociations entre Mgr l'évêque d'Alger et Abd-el-Kader pour l'échange des prisonniers.* Gr. in-8. (Challamel.)

568. BLANQUI (Jér.-Adolphe), directeur de l'école de commerce et d'industrie à Paris, né à Nice en 1798. *Position de la question d'Afrique;* article imprimé dans le *Journal des économistes*, tome 1ᵉʳ, page 390 à 402. (Bourquelot.)

— *Algérie. Rapport sur la situation économique de nos possessions dans le nord de l'Afrique, etc.* Paris, 1840, in-8 de 108 pp.

569. BLONDEL (A.-Léon), sergent-major. *Aperçu de la situation politique, commerciale et industrielle des possessions françaises dans le nord de l'Afrique, au commencement de 1836*, par L. B. Alger, 1836, in-8 de 63 pp. (*Dictionnaire des anonymes.*)

— *Nouvel aperçu sur l'Afrique. Trois nécessités en Afrique: Conserver, pacifier, coloniser.* Paris, 1838, in-8. (Bourquelot.)

570. BODICHON (Eug.), médecin. *Considérations sur l'Algérie.* Paris, 1845, in-8.

— *Etude sur l'Algérie et l'Afrique.* Paris et Alger, 1847, in-8 de 256 pp.

— *Sujet d'une exploration politique, commerciale et scientifique d'Alger à Tombouctou par le Sahara.* Paris, 1849, in-8, carte.

— *Hygiène à suivre en Algérie, acclimatation des Européens.* Algérie, 1851, in-12. (Vapereau.)

571. BOISSY (Adrien). *Réflexions d'un Français au sujet de l'expédition d'Alger.* Paris, 1830, in-8 de 24 pp. (Bourquelot.)

572. BORY DE SAINT-VINCENT (le colonel J.-M.-B.-G.), géographe et naturaliste, né à Agen en 1780, mort en 1846. En 1838, il présida la commission explorative de l'Algérie, et il collabora de la sorte à l'*Exploration scientifique de l'Algérie*, publiée à Paris, en 1846, in-4°.

— *Note sur la commission explorative et scientifique de l'Algérie.* Paris, 1838, in-4° de 20 pp. (Bourquelot. — Bouillet.)

573. BOSSU (V.). *Nouveau système de colonisation algérienne.* Lyon, 1870, in-8 de 30 pages. (*Journal de la librairie.*)

574. BOUBÉE (F.-Th. de). *De la colonisation de l'Algérie.* 1839. (Bourquelot.)

575. BROGLIE (Albert, prince de), né en 1841, membre de l'Académie française. *Une réforme administrative en Algérie.* Paris, 1860, in-18. Cette brochure fit du bruit lors de son apparition. (Vapereau.)

576. BROSSARD (Am.-Hipp., marquis de), général français, né en 1784. *Mélanges sur l'Afrique.* Paris, 1838, in-8. (Vapereau. — Bourquelot.)

— *Mémoire présenté à M. le maréchal duc de Dalmatie, sur les moyens d'assurer la sécurité du territoire de la colonie d'Alger.* Paris, 1833, in-8 de 104 pp. (Bourquelot.)

577. BRUNET (J.-Baptiste), officier français, représentant du peuple, né à Limoges en 1814. Il fit plusieurs campagnes en Afrique comme officier d'ordonnance. On a de lui une *Etude sur la question algérienne.* 1847. (Vapereau.)

578. BUGEAUD DE LA PICONNERIE (Th.-Robert), duc d'Isly, maréchal de France, né à Limoges en 1784, mort en 1849. Gouverneur général de l'Algérie en 1840. On a de lui quelques écrits sur ce pays: *L'Algérie, des moyens de conserver et utiliser cette conquête.* Paris, 1842, in-8 de 128 pp. (Dʳ Schubert.)

— *De l'établissement de légions de colons militaires dans les possessions françaises du nord de l'Afrique.* Paris, 1838, in-8 de 60 pages. (Bourquelot.)

— *De la colonisation de l'Algérie* (par Petrus Borel). Paris, 1847, in-8 de 95 pp.

579. BURET (Ant.-Eug.), économiste, né à Troyes, en 1810, mort en 1842. *Question d'Afrique. De la double conquête de l'Algérie par la guerre et la colonisation.* Paris, 1842, in-8. Le maréchal Bugeaud a fait l'éloge de cet ouvrage. (Bourquelot.)

580. CAMBON (Ferd.). *Aux Algériens. Système de colonisation.* Constantine, 1871, in-8 de xi-41 pp. (*Journal de la librairie.*)

581. CAPDEVILLE (P.), rédact. en chef du *Courrier de l'Algérie*. — *L'Administration et les tabacs algériens*. Alger, 1870, in-8 de 32 pp. (*Journal de la librairie*.)

582. CAPPÉ, juge d'Oran. On a de lui diverses petites brochures sur l'Algérie, entre autres: *Projet d'amélioration, sous le double rapport économique et organique, des administrations civile, judiciaire et militaire dans les possessions françaises d'Afrique du nord*. Paris, 1834, in-8 de 16 pp. (Bourquelot.)

583. CAUQUIL (D^r). *Études économiques de l'Algérie; administration; colonies, etc.* Oran, 1860, in-8. (Bibliothèque de Nice.)

584. CAUVAIN (Henri). *De la colonisation de l'Algérie*. Brochure in-18. (Challamel.)

585. CERFBERR (A.) DE MEDELS-HEIM, né à Épinal en 1817. Il voyagea dans sa jeunesse en Algérie et en Orient. On a de lui: *De la colonisation de l'Algérie par les pauvres, les orphelins et les condamnés libérés*. Paris, 1847. (Vapereau.)

586. CLAUSEL (Bertrand), maréchal de France, gouverneur général de l'Algérie, de 1835 à 1836; né en 1772, mort en 1842 *Observations du général Clausel sur quelques actes de son commandement à Alger*. Paris, 1831, in-8 de 164 pp. (Bourquelot.)

— *Nouvelles observations... sur la colonisation d'Alger*. Paris, 1833, in-8 de 52 pp.

— *Statement of marshal count Clausel... an answer to the accusations of malversation... in the gouvernment of Algier and conduct of Constantine expedition*, transl. from the french, by James Ackland. Paris, 1837, in-8 de 40 pp. (Bourquelot.)

587. COCHUT (André), économiste français, né à Paris en 1812. Traita, en 1836, dans la *Revue des Deux-Mondes*, les questions d'économie politique, et particulièrement celles qui se rapportent à la colonisation algérienne. Ses travaux furent approuvés du maréchal Bugeaud, et il fut chargé de rédiger un *Rapport général sur l'Algérie*. Ce travail qui devait former un volume in-4°, a été mis sous presse à l'imprimerie royale, mais non terminé par suite des événements de février 1848. (Vapereau.)

588. COHEN (Joseph), journaliste français, né à Marseille, en 1817. Chargé, en 1842, avec M. Altaras, d'étudier en Algérie l'état des populations israélites et les moyens de les civiliser, il fut, depuis cette époque jusqu'en 1848, défenseur officiel près le tribunal d'Alger, président du consistoire de cette ville après le décret organique de 1845, et capitaine de la milice algérienne De retour en France, il organisa à Paris la société al-

gérienne, dont il fut le secrétaire. Il publia un *Rapport sur sa mission en Afrique*. 1845. (Vapereau.)

589. COIFFORT (L.). *Étude sur la propriété individuelle en Algérie*. Paris, broch. in-8. (Feuilleton du *Journal de la librairie*, 1871, p. 215.)

590. COLOMBEL (Alexandre). *Du parti qu'on pourrait tirer d'une expédition d'Alger, ou de la possibilité de fonder dans le bassin de la Méditerranée un nouveau système colonial et maritime à l'épreuve de la puissance anglaise*. Paris, 1830, in-8 de 104 pp. (Bourquelot.)

591. COLONISATION de l'Algérie, par un officier de l'armée d'Afrique. Paris, broch. in-8. Librairie phalanstérienne.

592. CORMENIN (L.-M. de LA HAYE, vicomte de), publiciste et jurisconsulte, membre de l'Institut, député, né à Paris en 1788, mort en 1868. *Le Droit de tonnage en Algérie*. Paris, 1860, in-18. (Vapereau.)

593. CZYNSKI (Jean), né à Praga, près Varsovie, en 1801. *Colonisation d'Alger d'après la théorie de Charles Fourier*. 1839. (Bourquelot.)

594. DE CÈS-CAUPENNE. *Nœud gordien de la question algérienne*; article inséré dans l'*Économiste français*, le 5 juin 1870.

— *Récents décrets sur l'Algérie*; inséré dans le même numéro.

595. DELFRAISY. *Colonisation de l'Algérie par le système du maréchal Bugeaud*. Alger, 1853, in-8 de 55 pp. (*Journal de la librairie*.)

596. DESJOBERT (A.), député français. *La Question d'Alger. Politique. Colonisation. Commerce*. Paris, 1837, in-8.
L'auteur, dans cette brochure, dit que la possession de l'Algérie est ruineuse pour la France et il incline vers l'abandon. Voir les *Débats* du 27 mars 1837.

— *L'Algérie en 1838*. Paris, 1838, in-8.

— *L'Algérie en 1844*. Paris, 1844, in-8.
Publié à l'occasion de la demande d'un supplément de force de 15000 hommes pour l'armée d'Afrique. Desjobert était membre de la commission. (Bourquelot.)

597. DESMAREST (Ern.-L.-Jos.) et H. **RODRIGUES**. *De Constantine et de la domination française*. Paris, 1837, in-8. (Bourquelot.)

598. DUBOURG (le général). *Sommaire d'un plan de colonisation du royaume d'Alger, indiquant les moyens de rendre la possession de cette belle conquête avantageuse à la France* (1836). (Bourquelot.)

599. DU BOUZET (Charles), rédacteur en chef de la *Gazette de Constantine*, ancien préfet d'Oran, etc.

— *L'Algérie, hier et demain.* Article inséré dans la *Revue moderne*, 25 janvier 1868.

— *La Paix au Sahara;* article inséré dans la *Revue moderne*, 10 mars 1869. Imprimé séparément. Paris, 1869, in-8 de 17 pp. (*Journal de la librairie.*)

— *La Constitution de l'Algérie;* article inséré dans la *Revue moderne*, 1869, 10 juillet.

— *Les Indigènes israélites de l'Algérie. Pétition à l'Assemblée nationale contre le décret du 24 oct. 1870.* Paris (1871), in-8 de 14 pp.

— *Les Indigènes israélites* (de l'Algérie). Réponse à M. Dubouzet, par M. Taupiac. Brochure in-8. (Challamel.)

— *Les Vingt et un coups de canon*, article critique inséré dans le *Siècle*, 13 janv. 1871, contre Mʳ Du Bouzet, devenu commissaire extraordinaire du gouvernement de la défense nationale en Algérie, aux appointements annuels de 72,000 francs, qui, abusant de son pouvoir discrétionnaire, fit tirer 21 coups de canon (le 4 janvier), dans le seul but de se distraire, en mystifiant la ville d'Alger.

600. DUCROT (le général **A.**), député de la Nièvre. *La Vérité sur l'Algérie.* Paris, 1871, gr. in-8 de 77 pp. Ouvrage dédié au duc d'Aumale.

— *L'Algérie, quelques mots de réponse à la* brochure: *la Vérité sur l'Algérie;* par E. Ducos. Paris, 1871, in-8 de 43 pp.

601. DUGAT (Gust.). *Précis historique et statistique des colonies agricoles établies en France et en Algérie.* Paris, 1850. (Vapereau.)

602. DUGAT (Henri). *Des condamnés, des libérés et des pauvres. Prisons et champs d'asile en Algérie.* Paris, 1844, in-8 de 96 pp. (Bourquelot.)

603. DUPONCHEL (Edm.). *Cent mille hommes en Algérie. Projet de colonisation militaire. Solution économique et pratique de la question d'Alger;* par un vieil africain. Paris, broch. in-8. (*Supercheries littér.*, tome III, col. 946. — Challamel, 1 fr. 50.)

604. DUPRÉ (Aug.), avocat. *Lettres sur l'Algérie*, publiées dans la *Gironde*. Bordeaux, 1871, in-12 de x-119 pp. (*Journal de la librairie.*)

605. DUPRÉ DE SAINT-MAUR et **VIGUIER**. *Simple note sur les mesures urgentes à prendre pour répondre aux vœux* de l'Algérie, etc. Paris (1869), in-8 de 15 pp. (*Journal de la librairie.*)

606. DUVAL (Jules), publiciste français, né à Rodez (Aveyron), en 1813, mort en 1870. En 1847, il passa en Algérie comme sous-directeur de l'Union agricole du Sig, fondée sur le principe de l'association du capital et du travail; puis fut rédacteur de l'*Echo d'Oran*, et d'autres feuilles périodiques. On a de lui divers écrits relatifs à l'Algérie.

— *L'Algérie, tableau historique, descriptif et statistique de la colonie.* Paris, 1854. — 2ᵉ édition, 1859.

— *Catalogue explicatif et raisonné des produits de l'Algérie.* 1855. (Vapereau.)

— *Tableau de l'Algérie. Manuel descriptif et statistique, contenant le tableau exact de la colonie sous les rapports géographique, agricole, commercial, industriel, maritime, etc.* Paris, 1855, in-18 de 498 pp., 1 carte de l'Algérie. (Challamel, 3 fr. 50.)

— *La Politique de l'empereur en Algérie.* Paris, in-8. (Challamel, 2 fr. 50.)

— *Les Colonies et l'Algérie au concours national d'agriculture.* 1861, in-8. (Vapereau.)

— Avec le Dʳ Aug. Warnier: *Programme de politique algérienne. Lettre à M. Rouher, ministre.* Paris, 1868, in-8. (Challamel.)

— Avec le Dʳ Aug. Warnier: *Bureaux arabes et colons, réponse au Constitutionnel, pour faire suite aux lettres de M. Rouher.* Paris, 1869 (1868), in-8 de 190 pp. (*Journ. de la librairie.*)

607. DUVERNOIS (Clément), journaliste, né à Paris en 1836. Il fit ses études en Algérie, et débuta comme journaliste dans une feuille d'Alger: la *Colonisation*. Ce journal ayant été supprimé, M. Duvernois vint à Paris publia ses premiers écrits sur l'Afrique française, puis retourna à Alger fonder l'*Algérie nouvelle*, sous les auspices du prince Napoléon, alors ministre de l'Algérie. Ce journal fut aussi supprimé en 1859, et M. Duvernois condamné à trois mois de prison. Il revint à Paris et collabora à la rédaction de divers journaux. On a de lui une douzaine de brochures relatives à l'Algérie et imprimées la plupart à Alger (1858 à 1860). (Vapereau.)

— *Pourquoi des douanes en Algérie.* Brochure in-8. (Challamel, 1 fr.)

— *L'Algérie, ce qu'elle est, ce qu'elle doit être; essai économique et politique.* In-12. (Challamel, 4 fr.)

— *Les Chemins de fer algériens, leur utilité, leur possibilité, leur produit.* Brochure in-8. (Challamel, 1 fr. 50.)

608. **DUVIVIER (Fr.-Fl.)**, général franç. *Solution de la question de l'Algérie.* Paris, 1841, in-8. (Bourquelot.)

— *Algérie ; quatorze observations sur le Mémoire du général Bugeaud : Des moyens de conserver et d'utiliser...* Paris, 1842, in-8. (Bourquelot.)

— *Ports en Algérie, Réponse à M. Thiers.* In-18. (Bourquelot.)

— *Algérie. Réponse à l'examen publié par le D* Guyon. 1843, in-8. (Bourquelot.)

609. **ENFANTIN (Barth.-Prosper)**, dit le **Père-Enfantin**, l'un des fondateurs du Saint-Simonisme, né à Paris, en 1796, mort en 1864. (Vapereau.)

Il s'est occupé du barrage du Nil comme ingénieur du pacha d'Egypte, et fit partie de la commission scientifique d'Algérie. En 1835, il fonda la publication de l'*Algérie*. On a de lui divers écrits, entre autres: *Colonisation de l'Algérie*. Paris, 1843, in-8, 1 tableau et 1 carte.

L'auteur traite, dans l'introduction, des colonisations en général, et particulièrement de la colonisation romaine. L'ouvrage comprend : 1re partie, *Constitution de la propriété* ; 2e partie, *Colonisation européenne* ; 3e partie, *Organisation des indigènes* ; et une conclusion, plus un Appendice. (Bourquelot.)

610. **ENQUÊTE** *Agricole. Algérie.* Alger, Oran, Constantine. Ministère de l'agriculture, du commerce, etc. Paris, imprim. imp. (1869), in-4o de x-471 pp.

611. **ESTIENNE**, ancien officier supérieur. *Colonisation d'Alger. A MM. les députés.* Paris, 1837, in-8. (Bourquelot.)

612. **ETOURNEAU**. *L'Algérie faisant appel à la France.* Paris, Grassart, in-8. (Catal. Larose, 1873.)

613. **FAMINE (La)** *en Algérie et les Discours officiels. Erreurs et contradictions.* Constantine (1867), in-8 de 36 pp.

614. **FAVRE (Jules)**, avocat, député, ministre et l'un des dictateurs du gouvernement du 4 septembre, né à Lyon en 1809. *La Question algérienne.* Paris (1870), gr. in-18. Prix: 30 cent. (Feuilleton du *Journ. de la librairie*, 1870, p. 469.)

615. **FÉLINE (Adrien)**. *De l'Algérie et des moyens d'assurer son avenir.* Alger et Paris, 1842, in-8 de 84 pp. (Bourquelot.)

616. **FÉRUSSAC (d'Audebart, baron de)**. *Mémoire sur la colonisation de la régence d'Alger.* Paris, 1833, in-8 de 80 pp. (Bourquelot.)

616 *bis.* **FLANDRIN (J.-B.)**, ancien sous-intendant militaire. *La Régence d'Alger. Peut-on la coloniser? Comment?* Paris, 1833, in-8.

— *De la régence d'Alger. Solution de ces questions: Doit-on conserver cette régence?* etc. Paris, 1834, in-8. (Bourquelot.)

— *Prise de la possession des trésors d'Alger.* Paris, 1835, in-4o. (Bourquelot.)

617. **FORTIN (T.)** d'Ivry. *L'Algérie, son importance, son avenir.* Paris, 1845, in-8. (Bourquelot.)

618. **FOUCHER (Vict.-Ad.)**, directeur des affaires civiles de l'Algérie jusqu'en 1847, né à Paris en 1802, mort en 1866. *Les Bureaux arabes en Algérie.* Paris, 1858, in-18. (Vapereau.)

619. **FOURCADE (Raymond-Henri)**, ancien consul à Smyrne, mort en 1845. *Notice sur la question d'Orient et sur la possession d'Alger.* Paris, 1836, in-8. (Bourquelot.)

620. **FRANCE (La)** *et l'Algérie* ; article inséré dans le journal l'*Italie*, 17 mai 1871.

L'auteur dit que la France n'est point colonisatrice ; elle ne sait point s'assimiler dans une mesure exacte les populations nouvelles. En Algérie, les Français sont encore campés comme ils l'étaient en juillet 1830, malgré les trois dynasties et les deux républiques qui ont passé sur la France, depuis cette époque, et les deux milliards et demi de francs, engloutis alors, pour cette conquête. La France continuant à gouverner l'Algérie comme on gouverne une forteresse, finira par perdre ce pays.

621. **FRÉGIER (Casimir)**, avocat à Constantine. *Chevesich, ou Du commerce en Algérie. Esquisse biographique, commerciale et juridique.* Constantine, 1871, in-8 de iv-82 pp.

622. **FROMENTAL (A.)**. *Essai sur la pacification, la colonisation, la sécurité, etc., de l'Algérie, ou des quatre-vingt-quatre tribus qui étaient sous l'autorité du dernier dey d'Alger,* etc. Nancy, 1836, in-8 de 26 pp. (Bourquelot.)

623. **FUMERON D'ARDEUIL**, ancien préfet de la Somme. *Nouvelles observations sur la situation et l'avenir de nos possessions d'Afrique.* Paris, 1840, in-8 de 32 pp. (Bourquelot.)

624. **GAETAN (le comte) DE RAXIS DE FLASSAN**. *Opinion de la querelle de la France avec Alger.* Paris, 1830, in-8. (Bourquelot.)

625. **GASPARIN (le comte Agénor de)**, député, né à Orange (France), en 1810, mort en mai 1871, en Suisse. *La France doit-elle conserver Alger?* Paris, 1835, in-8. (Bourquelot.)

626. **GRADIS (Benjamin)**, dit **Benjam.** *Coup d'œil sur les colonies et en particulier sur celle d'Alger.* Paris, 1833, in-8 de 48 pp. (*Dictionn. des anonymes*, col. 790.)

627. **GRAND (Emile)**, capitaine du génie, m. au siège de Constantine, à l'âge de 26 ans. *Défense et occupation de la colonie d'Alger. Notes laissées par le capit. Emile Grand.* Toulon, 1857, in-8 de 156 pp., 1 pl. (Bourquelot.)

628. **GRENIER-ALTAROCHE (F.)**, juge au tribunal civil de Philippeville (Algérie). *Plan sommaire de la colonisation complète de l'Algérie.* Philippeville et Paris, 1848, in-8, 1 fr. 25. (Bourquelot.)

629. **GUILBERT (Aristide)**. *De la colonisation du nord de l'Afrique ; nécessité d'une association nationale pour l'exploitation agricole et industrielle de l'Algérie.* Paris, 1829, in-8. Le *Journal des savants*, mars 1840, p. 186, a donné un article analytique sur cet écrit. (Bourquelot.)

Ce volume contient un état des principaux ouvrages et documents tant imprimés que manuscrits, sur l'Afrique, et particulièrement sur la régence d'Alger, avant et depuis 1830, ainsi qu'une liste bibliographique des auteurs qui ont écrit sur l'Afrique septentrionale depuis la conquête de cette contrée par les Arabes.

630. **HEDDE (J.-A.)**. *Observation sur la colonisation de la régence d'Alger.* Paris, 1834, in-8 de 32 pp. (Bourquelot.)

631. **HÉRICART DE THURY** (le vicomte **L.-E.-F.**), de l'Académie des sciences, né à Thury, près de Soissons, en 1777. *Rapport sur le « Projet de colonisation de l'Algérie, ou des fermes du Petit Atlas » de l'abbé Landmann, curé de Constantine.* Paris, 1842, in-8 de 44 pp. (Bourquelot.)

632. **HOCHENÉ** *De la gestion des intérêts nationaux en Afrique, ou Résumé critique de l'état politique et économique de l'Algérie.* Paris, 1840, in-8 de 96 pp., 1 carte. Publié sous le pseudonyme de A. Duverine. (Bourquelot.)

633. **HOREAU (H.), J. BUQUET et Ern. LUCE.** *De l'organisation des ateliers nationaux, et de leur application à divers travaux d'utilité publique et à la colonisation de l'Algérie.* 1848, in-8 de 16 pp. (Bourquelot.)

634. **HUGONNET (Léon)**. *La Crise algérienne et la démocratie.* Paris (1868), in-8 de 95 pp. (*Journal de la librairie.*)

635. **INDUSTRIE (L)** *algérienne et l'administration de la guerre.* Alger, in-8 de 14 pp. Extrait de l' *Akhbar*, journal de l'Al-

gérie, 22 et 24 mars 1873. (*Journal de la librairie.*)

636. **JABLONOWSKI** (le comte **Venceslas**) *Esquisse d'un système de civilisation et de colonisation de l'Algérie, par un étranger qui a habité ce pays et qui n'y possède rien.* Paris, 1840, in-8 de 32 pp. (Bourquelot.)

637. **JACQUOT (Félix)**, docteur en médecine, chirurgien militaire en Afrique. En collaboration avec M. Topin. *De la colonisation et de l'acclimatement de l'Algérie.* Paris, 1849, in-8 de 124 pp. Extrait du *Spectateur militaire.*

638. **JUILLET SAINT-LAGER (T.-E.-A.)**. Éditeur de l'*Algérie médicale.* On a de lui : *France et Algérie. Solutions de quelques questions....* Alger, 1870, in-8 de 78 pages. (Challamel, 1 fr. 50.)

639. **LABORDE** (comte **Alex.-L.-Jos. de**), député, membre de l'Institut, né à Paris, en 1774. *Au Roi et aux chambres sur les véritables causes de la rupture avec Alger, et sur l'expédition qui se prépare.* Paris, 1830, in-8 de 108 pp. *Pièces à l'appui.* Paris, 1830, in-8 de 48 pp. (Quérard.)

640. **LACRETELLE (Ch.-Nic.)**, général français, né en 1824. *De l'Algérie au point de vue de la crise actuelle.* Lyon et Paris, 1868, gr. in-8 de 102 pp. (*Dict. des anonymes.* — *Revue bibliographique*, 1868, t. II, p. 49.)

641. **LACUÉE** (le baron de), maître des requêtes au Conseil d'État. *Economie politique: Des colonies, d'Alger, de sa possession, etc.* Agen, 1831, in-8 de 96 pp. (Bourquelot.)

642. **LA HAYE DE CORMENIN** (le vicomte **Louis-Marie de**). *L'Algérie et ses relations extérieures.* Alger, 1860, in-12. (*Dict. des anonymes.*)

643. **LAMARQUE (Léo)**, capitaine d'artillerie. *De la conquête et de la colonisation de l'Algérie.* Paris, 1841, in-8, 6 pl. et 1 carte. (Bourquelot.)

644. **LAMBERT (Alexis)**, représentant français, né à Besançon en janvier 1829. Il se rendit, en 1850, à Alger. En 1859, il fonda, avec M. Louis Marle, libraire à Constantine, le journal *l'Indépendant*, dans lequel il publia de nombreux articles sur les inconvénients du régime militaire, et réclama pour la colonie les institutions civiles et politiques de la métropole. En sept. 1870, il fut nommé sous-préfet de Bone, en nov. suivant, préfet d'Oran, et en juillet 1871, il fut élu représentant du département d'Oran. (Vapereau, *Supplément.*)

645. **LA MENNAIS** (l'abbé **Félicité Robert**, dit **de**), né à Saint-Malo en 1782. *Politique à l'usage du peuple.* Recueil d'articles publiés dans le *Monde*, du 10 février au 4 juin 1837, la *Revue des Deux-Mondes*, et la *Revue du Progrès*. Paris, 1838, 2 vol. — Autre édition, 1839, 2 vol. in-32. Tome 1er. Question d'Alger; tome II: Affaires d'Alger. (*Supercheries littéraires*, t. II, p 546.)

646. **LANDMANN** (l'abbé), curé de Constantine. *Les Fermes du petit Atlas, ou Colonisation agricole, religieuse et militaire du nord de l'Afrique.* Paris, Périsse, 1841, in-12. — Héricart de Thury a parlé de cet ouvrage dans son *Rapport*. Paris, 1842, in-8. (Bourquelot.)

— *Mémoires au roi sur la colonisation de l'Algérie.* Paris, Lecoffre, 1845, in-8 de 88 pp. (Bourquelot.)

— *Exposé adressé à MM. les députés sur la colonisation de l'Algérie.* 1846, in-8.

— *Exposé sur la colonisation de l'Algérie, adressé à MM. les paires de France.* 1846, in-8. (Bourquelot.)

— *Appel à la France pour la colonisation de l'Algérie.* Paris, 1848, in-8 de 96 pp. (Bourquelot.)

647. **LA PRIMAUDAIE** (de). *Le Commerce et la navigation de l'Algérie avant la conquête française.* Paris, 1861, in-8. (Bibliothèque de Nice.)

648. **LAVERGNE** (**Louis-Gabr.-L. GUILHAUD de**), membre de l'Académie des sciences de Toulouse, député, et sous directeur aux affaires étrangères. *L'Algérie sous le gouvernement républicain;* article inséré le 1er mai 1848 dans la *Revue des Deux-Mondes.* (Bourquelot.)

648 bis. **LAVIGERIE** (**Mgr. Ch.**). *Les Orphelins arabes d'Alger, leur passé, leur avenir, leur adoption en France et en Belgique. Lettre de l'archevêque d'Alger.* Paris, 1870, in-8 de 24 pp. (*Journal de la librairie.*)

649. **LAVIGNE** (**G.**). *L'Algérie et le Rhin;* article inséré dans la *Revue moderne*, 25 mai 1868.

650. **LEBLANC DE PRÉBOIS** (**François**), officier français, représentant de l'Algérie à la Constituante en 1847, né à Yverdun (Suisse), en 1804. Attaché à l'expédition d'Alger en 1830, il fut rappelé en France en 1842, pour avoir critiqué les actes de l'administration dans ses ouvrages.

— *Nécessité de substituer le gouvernement civil au gouvernement militaire* (en Algérie). Paris, 1840, in-8, 1 carte.

— *Conditions essentielles du progrès en Algérie.* Paris, 1840, in-8 de 96 pp.

— *L'Algérie prise au sérieux.* Alger, 1842, in-8.

— *Les Départements algériens.* Alger, 1844, in-8, 1 carte. (Vapereau.)

— *Le Bilan du régime civil de l'Algérie à la fin de* 1871. Paris (1871), in-8 de 16 pp. (*Journal de la librairie.*)

651. **LEDENTU** (**A.**). *Pourquoi l'Algérie a-t-elle été jusqu'ici un fardeau pour la France?* Paris, 1845, in-8 de 56 pp. (Bourquelot.)

652. **LEFÉBURE**. *Discours prononcé au Corps législatif.* Interpellation sur les affaires de l'Algérie. Paris (1870), in-8 de 38 pp. Extrait du *Journal officiel*, 9 mars 1870. (*Journal de la librairie.*)

653. **LEGOYT** (**Alfred**), économiste, né à Clermont-Ferrand, en 1815. *Colonisation de l'Algérie;* article inséré dans la *Revue nouvelle*, 1840, in-8. (Bourquelot.)

654. **LEHON** (**Louis-Xav.-Léop.**, comte), né à Paris en 1831. Il fit en 1868, en Algérie, un voyage d'enquête sur la situation de cette colonie; il proposa à la chambre un amendement en faveur du gouvernement civil des colons, mais il le retira avant le vote (avril 1869). (Vapereau.)

— *Interpellation sur les affaires de l'Algérie, séance du 7 mars 1870.* Paris, 1870, in-8 de 89 pp. Extrait du *Journal officiel*, 8 mars 1870. (*Revue bibliographique*, 1870, t. V, 2055.)

655. **LE PAYS DE BOURJOLLY** (**Jean-Alexandre**), général français, sénateur, né à St-Domingue en 1791, mort en 1865. *Colonies de l'Algérie.* Paris, 1849, in-8.

— *Du mode de gouvernement en Algérie.* Paris, 1850, in-8. (Vapereau.)

656. **LESTIBOUDOIS** (**Dr Thémistocle**), président du conseil général de Constantine, en 1859, né à Lille en 1797. *Voyage en Algérie.* 1853, in-8. Etude sur la colonisation civile. (Vapereau.)

— *Exposition collective de l'Algérie. Exposition universelle de 1867.* Paris (1868), in-8 de 34 pp. Rapport du Jury international. (*Journal de la librairie.*)

657. **LÉTANG** (le baron de), général français, sénateur, né en 1788, mort en 1864. *Des moyens d'assurer la domination française en Algérie.* Paris, 1840, 1 carte. Une analyse critique de cet ouvrage a été donnée par le Dr Warnier et a été tirée à part. Paris, 1847, in-8 de 56 pp.

— *Résumé sur le système de M. le général de Létang sur l'Algérie.* Paris, 1843, in-16.

658. **LETTRES Algériennes.** 1re partie.
Marseille (1870), in-8 de 16 pp. (*Journal de
la librairie.*)

659. **LIAUTAUD** (D^r). *La République de
1848 en Algérie. Suite des différents ré-
gimes administratifs de l'Algérie.* Alger,
1873, in-8. (*Journal de la librairie.*)

660. **LOUIS PHILIPPE Ier**, roi de France
(1830-1848). On a de lui des *Lettres* adressées aux gouverneurs de l'Algérie, publiées par M. Taschereau dans la *Nouvelle
Revue rétrospective*, 1848, in-4° (Bourquelot.)

661. **LOUYRETTE** (le chev. **W.-H.**) *Extrait du journal d'un officier supérieur attaché à la 2e division de l'armée d'Afrique.*
Paris, 1831, in-8. 2 pl.

— *De la régence d'Alger et des avantages
que la possession de ce pays peut procurer
à la France.* Paris, 1833, in-8 de 40 pp.
(Bourquelot.)

662. **LOYER** (**Ch.**), ancien curé à Laghouat.
*La Vérité sur l'échange des prisonniers
français et des prisonniers arabes.* Paris
(1870), in-18 de 43 pp. (*Journal de la librairie.*)

663. **LUNEL** (**Eug.**). *La Question algérienne,
les Arabes, l'armée, les colons.* Paris, 1808,
in-8 de 137 pp. (*Journal de la librairie.*)

664. **MARMIER** (**Xavier**), voyageur et littérateur français, né en 1809. *Lettres sur
l'Algérie.* Paris, 1847, in-12.—Bruxelles, 1852,
in-18. (Bourquelot. — *Cat. des accroiss.*)

665. **MATHIEU DE DOMBASLE** (**Chr.-
Jos.-Alex.**), correspondant de l'Académie des Sciences, né à Nancy en 1777,
mort en 1843. *De l'avenir de l'Algérie.*
Paris, 1838, in-8 de 32 pp. Cette brochure a
donné lieu à une réponse intitulée: *Révélations sur l'Algérie, par un habitant de l'A-
frique.* Paris, 1838, in-8. (Bourquelot.)

666. **MEFFRAY** (le colonel comte de). *Mémoire sur l'Algérie.* Paris, 1871, in-8 de
16 pp. (*Journal de la librairie.*)

667. **MILHOT DE VERNOUX.** *Révéla-
tion de la pensée secrète sur Alger, dialogue entre Timon et un colon du nord de
l'Afrique.* Paris, 1842, in-18 de 42 pages.
(Bourquelot.)

668. **MOLL** (**Louis**). *Colonisation et agriculture de l'Algérie.* Paris, 1845, 2 vol. in-8,
fig. (Bourquelot.)

669. **MONTAGNE** (**D.-J.**), agriculteur à
Alger. *Avantages pour la France de coloniser la régence d'Alger.* 1831. (Quérard.)

670. **MONTEBELLO** (comte Ch. de), ancien
capitaine des tirailleurs algériens, colon-pro-
priétaire aux Ouled-Ramouns près de Constantine. *Quelques mots sur l'Algérie.* 1re et
2e éd., Paris (1870), in-8 de 32 pp. (*Journal
de la librairie.*)

670 bis. **NAPOLÉON III**, empereur des
Français. *Politique de la France en Algérie.*
Paris, impr. imp. Brochure écrite sous les
inspirations du monarque, et datée des Tuile-
ries, 20 juin 1865. L'on sait que Napoléon III
voyagea en Algérie, qu'il dota ce pays d'une
nouvelle constitution à la suite de laquelle
survint une disette qui détruisit la moitié de
la population indigène.

671. **NETTEMENT** (**Alfred-François**),
littérateur et journaliste français, né à Paris
en 1805, mort en 1869. *Un coup d'œil sur
l'Algérie;* article inséré dans la *Revue de
Bretagne et de Vendée*, décembre 1869.

672. **NŒUD GORDIEN** (**Le**) de l'Algérie.
*Quelques moyens pratiques, par un ancien
fonctionnaire.* In-8. (Feuilleton du *Journal
de la librairie*, 1871, p. 90, 1 fr. 25.)

673. **OBERT**, agent général de la compagnie
de la colonisation de l'Algérie. Avec Jules
Carles: *Aperçu général sur la colonisation
de l'Algérie, pour servir de bases à l'organisation du travail.* Paris, 1843, in-8 de
40 pages. (Bourquelot.)

674. **ODOLANT-DESNOS** (**Joseph**), né à
Alençon, en 1797. *Possibilité de coloniser
Alger.* Paris, 1831, in-8 de 52 pp. (Quérard.)

675. **PÉLISSIER** (**E.**) de Reynaud, officier
français, puis consul de France à Malte.
*Quelques mots sur la colonisation militaire
en Algérie.* Paris, 1847, in-8. (Bourquelot.)

676. **PELLETIER** (**H.**), propriétaire en Algérie. *Physiologie de la tribu après 40 ans
d'occupation. Suivi d'un projet d'organisation.* In-18 (Feuilleton du *Journal de la
librairie*, 1871, p. 90, 1 fr. 25.)

677. **PEYRONNY**, capitaine au 3e régiment
de chasseurs d'Afrique en 1836. *Considérations politiques sur la colonie d'Alger.* Paris, 1836, in-8. (Bourquelot.)

678. **PICOT** (**J.-B.-C.**), docteur en droit. *Colonisation de l'Algérie.* Paris, 1848, in-8 de
16 pp. (Bourquelot.)

678 bis. **PHILEBERT** (**C.**), colonel du 36^e
de ligne. *Considérations sur l'occupation
militaire de l'Algérie.* Paris, 187., broch.
in-8, 1 fr. (J. Dumaine, 1874.)

679. **POIREL** (**Jacq.-Franç.**), avocat général à la cour de Nancy. *De l'emploi de
quelques moyens de colonisation à Alger.*
Paris, 1836, in-8.

— *De l'occupation et de la colonisation militaire, agricole et pénale d'Alger.* Paris,
1837, in-8.

— *De la déportation et de la colonisation pénale de l'Algérie.* Paris, 1844, in-8. (Bourquelot.)

680. **POISSONNIER** (**Alfred**). *Observations générales sur la colonie d'Afrique, causes d'instabilité, résultats à obtenir par le système du général Bugeaud.* Paris, 1843, in-8. (Bourquelot.)

681. **POULLE** (**Emm.**), avocat, député du Var, premier président de la cour d'appel d'Aix, né en 1793. *Alger et le conseil général du Var.* Paris, 1838, in-8 de 80 pp.

— *Considérations générales sur la régence d'Alger.* Paris, 1840, in-8. (Bourquelot.)

682. **PRADIER** (**César**), lieutenant de vaisseau. *De l'influence de la marine et du commerce sur la civilisation des Arabes en Algérie.* Paris, 1848, in-8 de 8 pages. (Bourquelot.)

683. **PRÉAUX-LOCRÉ**, colonel d'artillerie. *Réflexions sur la colonisation du territoire d'Alger.* Paris, in-8, cartes et plans.

— *Mémoire sur l'Algérie, dédié aux Chambres, à la Société maritime de Paris et à la flotte.* Paris, 1846, in-8.

— *De l'Algérie. Urgence de réunir cette conquête d'outre-mer aux colonies administrées par la marine, ou son adjonction définitive à la métropole, en formant trois départements compris dans une division militaire, etc.* Paris, 1847, in-8. (Bourquelot.)

684. **QUESTION** (**La**) *algérienne en 1872. Discussion entre M. Lucet, député de l'Algérie, et M. de Gueydon, gouverneur général, en présence de M. Thiers, le 24 oct. 1872.* Constantine (1873), in-8 de 23 pp. (*Journal de la librairie.*)

685. **QUINEMANT** (**Jules**), propriétaire-colon, à l'Oued-Yacoub, près Constantine. *Du peuplement et de la vraie colonisation de l'Algérie.* Constantine (1871), in-8 de 31 pp. (*Journal de la librairie.*)

686. **QUITARD**. *Du désarmement des Arabes, considéré comme l'unique moyen de soumettre, de coloniser et de civiliser l'Algérie.* Paris, 1841, in-8 de 24 pp. (Bourquelot.)

687. **RAMEAU** (**E.**) et **L. BINEL**. *Aperçu sur la culture et la colonisation de l'Algérie, suivi d'un plan d'établissement agricole.* Paris, 1844, in-8. Il y a eu deux éditions sous la même date. (Bourquelot.)

688. **RAOUSSET-BOULBON** (comte **Gaston de**), célèbre aventurier, dont la *Vie et les aventures* ont été écrites par H. de la Madelène, et publiées à Paris, en 1859, in-12. Fusillé à Guaymas en 1854.

— *De la colonisation et des institutions civiles en Algérie.* Paris, 1847, in-8 de 65 pp. (*Supercheries littér.*, tome III, col. 341.)

689. **RENAULT** (**Eug.**), avocat à la cour royale de Paris. *Colonie d'Alger.* Première lettre à M. Passy, député (1836). Paris, 1835, in-8 de 24 pp. — 2e lettre au même. Paris, 1835, in-8 de 20 pp. (Quérard.)

690. **RENOULT**. *Alger et sa colonisation, avec des considérations sur l'importance de ce pays.* Paris, 1832, in-8 de 64 pp. (Quérard.)

691. **ROBINEAU DE BOUGON**, ancien officier du génie, ancien député, etc. Pseudonyme de Jules Juchaud de La Moricière, frère du général. *Quelques idées sur Alger et sur les travaux de la commission.* Paris et Nantes, 1833, in-8 de 80 pp. (*Superch. littér.*, tome III, col. 437.)

— *Opinion sur la question d'Alger.* Paris, 1835, in-8 de 20 pp. (Quérard.)

— *Discours sur la question d'Alger.* Paris, 1837, in-8 de 32 pp. Prononcé à la Chambre des députés le 25 avril 1837; extrait du *Moniteur.*

692. **ROGNIAT** (le vicomte **Jos.**), lieutenant général du génie, pair de France, membre de l'Académie des sciences, né en 1776, mort en 1840. *De la colonisation de l'Algérie, et des fortifications propres à garantir les colons des invasions des tribus africaines.* Paris, 1840, in-8.

— *Opinion sur la question de l'Algérie, à l'occasion des crédits supplémentaires.* Paris, 1840, in-8. Le général Rogniat est mort avant d'avoir prononcé ce discours qu'il avait écrit. (Bourquelot.)

693. **ROSSIÈRE**, négociant de Beaucaire, à Alger. *Projet de colonisation en Algérie.* Carpentras, 1840, in-8 de 40 pp. Société formée par M. Rossière pour obtenir du gouvernement une concession de 12000 hectares de terre en Algérie. (*Supercheries littér.*, t. II, col. 293.)

694. **ROZEY** (**A.-G.**). *Sur l'Algérie; mémoire adressé aux Chambres législatives.* Paris, 1839, in-8 de 32 pp.

— *Cris de conscience de l'Algérie, avec approbation de la Société coloniale d'Alger.* Paris, 1840, in-8.

— *Mémoire aux Chambres législatives. Esquisse rapide et historique sur l'administration de l'Algérie depuis 1830, et sur la direction qu'y donne le général Bugeaud. Quelques observations sur les attaques dirigées contre la propriété et contre les colons. Mesures à adopter pour assurer la colonisation.* Marseille, in-8 de 80 pp. (Bourquelot.)

695. RUMIGNY (le lieutenant-général **M.-Théod.**, comte de), aide de camp de Louis-Philippe, pair de France, né en 1789, mort en 1860. *Essai sur la province d'Alger, sur les expéditions faites dans ce pays jusqu'à ce jour, et sur les moyens de les rendre fructueuses.* Paris, 1841, in-8 de 40 pp. On trouve à la suite une pagination particulière: *Notes sur l'organisation des troupes irrégulières algériennes*, etc. In-8 de 32 pp. (Bourquelot.)

695 bis. SABATAULT. *Note sur la colonisation du Sahel et de la Mitidja, par un colon propriétaire.* Marseille, 1842, in-12 de 24 pp. (Bourquelot.)

696. SABBATIER (J.). *Lettre sur la colonie d'Alger à MM. les députés.* Paris, 1836, in-8 de 32 pp. (Quérard.)

697. SAVARY, chef de bataillon du génie. *Algérie. Nouveau projet d'occupation restreinte.* Paris, 1840, in-8 de 56 pp., 1 pl. (Bourquelot.)

698. SEMALLÉ (René de), membre de la Société de géographie *Projet d'organisation de l'Algérie.* Versailles (1871), in-8 de 13 pp. (*Journal de la librairie.*)

699. SOUBIRANNE. *Lettres de Monseigneur d'Alger et de l'abbé Soubiranne sur la misère des indigènes en Algérie,* insérées dans le *Bulletin de l'œuvre des pélerinages de la Terre Sainte,* décembre 1867. (*Revue bibliographique,* 1868, p. 20.)

700. TESTOT (L.). *Les Réformes en Algérie,* article inséré dans le *Correspondant,* 1869, 10 août.

701. THOMAS (V.), chef de bataillon. *De l'emploi des Arabes et de leur réforme, considérés comme moyen de domination en Algérie.* In-8. (Challamel, 2 fr.)

702. THOMASSY (M.-Jos.-Raymond), littérateur français, né à Montpellier en 1810, mort en 1863. *De la colonisation militaire de l'Algérie.* 1840, in-8. (Bourquelot.)

703. TISSOT, ingénieur des mines à Constantine. *Les Effets du déboisement dans les pays méditerranéens,* par M. E. Desor. Avec une *notice sur la régénération de l'Algérie,* par M. Tissot. M. Tissot remarque que le déboisement de l'Algérie a amené la ruine de ce pays si riche et si fertile dans l'antiquité. Le *Globe* de Genève, tome VIII, pp. 207 et suiv. donne un résumé de ce travail.

704. URTIS, avocat, ancien secrétaire de Manuel. *Opinion émise par M. Urtis, propriétaire à Alger, devant la commission de colonisation de l'Algérie, à la séance du 12 mars 1842.* Paris, 1842, in-8. (Bourquelot.)

705. VAILLANT (le maréchal **J.-B.-Phil.**), sénateur, ministre, né à Dijon en 1790. *Rapport sur la situation de l'Algérie.* Paris, 1855, in-4°. (Vapereau.)

706. VALLIER (Jules), colon français en Algérie; secrétaire de la Société d'agriculture d'Alger. *Colonisation de l'Algérie. Instructions hygiéniques. Calendrier du cultivateur algérien.* Paris, 1848, in-12. (Bourquelot.)

707. VERGÉ (Ch.), docteur en droit, avocat à la cour d'appel de Paris. *De la nécessité de conserver et augmenter les troupes d'infanterie indigène de l'Algérie.* Toul, 1845, in-8 de 44 pp. (Bourquelot.)

708. VERNE (Henri). *De Bone à Hamman Meskhoutine. Etude sur la question algérienne.* Lyon, 1869, in-8 de 114 pp. Extrait de la *Décentralisation.*

— *La France en Algérie.* Paris, in-8 de 63 pp. Extrait du *Correspondant,* 1869. Idem. 2e partie. Paris, 1873, in-8 de 59 pp. Extr. du *Correspondant.*

709. VIALAR (le baron). *Alger. Appendice au rapport de M. Passy* (ministère de la guerre). Paris, 1835, in-8 de 12 pp. (Quérard.)

— *Simples faits exposés à la réunion algérienne du 14 avril 1835,* par le baron Vialar, délégué des colons d'Alger. Paris, 1835, in-8 de 40 pp.

710. WALEWSKI (Alex.-Fl.-Jos.-Col. comte), homme politique français, sénateur, né en 1810, mort en 1868. *Un mot sur la question d'Afrique.* Paris, 1837, in-8 de 32 pp. (Quérard.)

711. WARNERY (Aimé), délégué de la ville de Bone. *Résumé de la situation morale et matérielle de l'Algérie.* 1847, in-8. (Bourquelot.)

712. WARNIER (Aug.-Hubert Dr**)**, médecin et publiciste, né en 1810. On a de lui de nombreux articles insérés dans les recueils périodiques. *L'Algérie devant le Sénat.* 1863, in-8. (Challamel, 3 fr. 50.)

— *L'Algérie devant l'opinion publique.* 1864, in-8. (Challamel, 3 fr. 50.)

— *L'Algérie devant l'empereur.* Paris, 1865, in-8. (Challamel, 5 fr.)

— *Cahiers algériens.* Paris, 1870, in-8. (3 éditions.)

— *L'Algérie et les victimes de la guerre.* Paris, 1871, in-8. (Vapereau, *Supplément.*)

713. WEBER (Phil.-Chrét.-Max.-Marie, baron de), directeur des chemins de fer à Dresde, né en 1822. *Algerien und die auswanderung dahin* (L'Algérie et l'émigration). Leipzig, 1854. (Vapereau.)

Commerce, Industrie, Agriculture.

714. ALGÉRIE (L') *agricole, commerciale et industrielle, recueil contenant des mémoires et des renseignements de toute nature sur l'agriculture, la colonisation, le commerce et les diverses industries algériennes.* 3 vol. in-8. (Challamel, 21 fr.)

714 bis. AYEN (le duc d'). *Mémoire sur le caroubier, ses produits, et son utilité en Algérie.* Paris, 1873, in-8 de 40 pp. Extrait des *Mémoires de la Société centrale d'agriculture de France*, 1872. (*Journal de la librairie.*)

715. BAILLOUD (J.-B.-Ch.-Jos.), inspecteur de la colonisation pendant plusieurs années. *Le Desséchement des marais et la culture du riz en Algérie.* 1853, in-4°. (Vapereau.)

716. BRODIE (William). *De l'irrigation en Algérie et des avantages qui résulteront de la construction de travaux d'irrigation dans cette contrée.* Trad. de l'anglais, par Gir. d-Dufresne. Londres et Paris (1868), in-8 de 64 pp. (*Journal de la librairie.*)

717. BULLETIN *de la Société d'agriculture d'Alger.* 1872, in-8. Trimestriel. Un an, 9 fr.; Alger. (*Annuaire de la librairie.*)

718. BULLETIN *du comice agricole d'Alger.* 1872, in-8. Mensuel. Un an, 10 fr. Alger. (*Annuaire de la librairie.*)

719. CARDON (Emile). *Les Chemins de fer en Algérie.* Brochure in-8. (Challamel, 1 fr.)

720. CARETTE (Ant.-Ern.-Hipp.). *Du commerce de l'Algérie avec l'Afrique centrale et les Etats-barbaresques. Réponse à la note de M. Jules de Lasteyrie.... sur le commerce du Soudan* (Note impr. à la suite du *Rapport général* de Bellonnet, fait à la Chambre des députés, le 17 mai 1844). Paris, 1844, in 8 de 40 pp., 1 carte. (Bourquelot.)

721. CHASSAGNIEUX. *La Sériculture en Algérie; guide pratique pour l'établissement des magnaneries économiques et l'aménagement des vers à soie.* Broch. in-8. (Challamel, 1 fr.)

722. HARDY (A.). *Importance de l'Algérie comme station d'acclimatation.* In-8. (Challamel, 1 fr.)

— *Catalogue des végétaux et graines disponibles, mis en vente par la pépinière du gouvernement au Hamma près d'Alger.* Brochure in-8. (Challamel, 2 fr.)

— *Manuel du cultivateur de coton en Algérie.* In-18. (Challamel, 1 fr. 25.)

723. HÉRICART DE THURY (Ch.). *De la culture de la vigne et de la pro-* *duction des vins en Algérie.* Broch. in-8. (Challamel, 2 fr.)

724. LABAT (A.). *Manuel de l'éducateur des vers à soie en Algérie.* In-18. (Challamel, 1 fr.)

724 bis. LOISELEUR-DESLONGCHAMPS (Jean-Louis-Aug.), membre de l'Académie de médecine, etc., né à Dreux, en 1774, mort en 1849. *Rapport sur les cultures qu'il serait utile d'introduire ou de perfectionner dans la colonie d'Alger.* 1832, in-8. (Bourquelot.)

725. PORTALUPI (Joseph). *Nouvelle méthode d'exploitation rurale et industrielle pour l'Algérie.* Rome, 1872, in-4° de 32 pp. (*Bibliografia italiana*, 1872.)

726. PRAX. *Le Commerce de l'Algérie avec la Mecque et le Soudan ; routes suivies par les caravanes, etc.* In-8. (Challamel.)

727. PUITS (Les) *artésiens des oasis méridionales de l'Algérie.* 2° édition, in-18. (Challamel, 2 fr.)

728. RECUEIL *de traités d'agriculture et d'hygiène à l'usage des colons de l'Algérie, publié par ordre du ministre de la guerre.* In-16. (Challamel, 2 fr.)

729. REVUE *agricole et horticole publiée à Alger.* Bi-mensuelle. 1872-73. (*Annuaire du commerce.*)

730. RICHARD (l'abbé). *Sur la découverte de Silex taillés en Algérie* ; article imprimé dans le recueil de *Matériaux pour l'histoire primitive et naturelle de l'homme*, janvier 1869.

731. ROSNY (Léon de). *Etude d'agriculture algérienne. L'ortie blanche, l'opuntia, le thuya.* Broch. in-12. (Challamel, 1 fr.)

732. SOUVIRON (A.-R.). *De la culture du lin en Algérie, de ses avantages et de son utilité, de son introduction dans l'assolement des terrains non arrosables.* Broch. in-8. (Challamel, 1 fr. 75.)

733. VALLIER (Jules). *Calendrier du cultivateur de l'Algérie présentant mois par mois, et pour ainsi dire jour par jour, les travaux, et les recettes que comporte le climat ;* suivi du *Calendrier de l'agriculteur*, par A. Boensch. In-18. (Challamel, 2 fr.)

Sciences et Histoire naturelle.

734. ADOLPHE (Fr.-Victor), médecin militaire français. Collabora à l'*Algérie médicale. Etudes étiologiques des fièvres en Algérie.* 1857, in-8.

— *Médecine et hygiène des pays chauds, et*

spécialement de l'Algérie et des colonies. 1859, in-8, carte de l'Algérie.

— *Souvenirs d'un médecin français* (France, Afrique, etc.). (Challamel.)

735. **ALGÉRIE** (L') *médicale.* Première année, n° 1, 31 janvier 1870, gr. in-8 de 16 pp. Alger. Mensuel. Un an, 10 fr.

736. **ALIX** (le docteur **Ch.-Em.**), médecin major de 1re classe des hôpitaux militaires. *Observations médicales en Algérie.* Paris, 1870, in-8 de XII-312 pp., pl. et carte. (*Journal de la librairie*, 1870, Feuilleton, p. 40, 5 fr.)

737. **AUDOUARD** (**Math.-F.-Maxence**). *Histoire du choléra-morbus qui a régné dans l'armée française au nord de l'Afrique, et parmi les autres habitants de cette contrée en 1834 et en 1835.* Paris, 1836, in-8 de 88 pp. (Bourquelot.)

738. **BERTHERAND** (Dr **Alph.-Fr.**). *Etudes sur les eaux minérales de l'Algérie.* 1859. (Vapereau.)

739. **BERTHERAND** (Dr **E.-L.**) frère du précédent. On a de lui divers traités médicaux relatifs à l'Algérie, entre autres : *Mémoire sur l'emploi thérapeutique des eaux ferrugineuses de Teniet-el-Hald.* Paris, 1851, in-8.

— *Médecine et hygiène des Arabes.* Lille, 1854, in-8. Etudes sur l'exercice de la médecine et de la chirurgie chez les musulmans d'Algérie, et de leurs connaissances en anatomie, histoire naturelle, etc.

— *Des ressources que la matière médicale peut offrir aux pharmacopées française et algérienne.* 1858, in-8.

— *Les Eaux minérales et bains de mer de l'Algérie.* 1860 ; etc.

— *La Médecine légale en Algérie.* Alger, (1868), in-8.

— *Gazette médicale de l'Algérie*, 12 numéros par an. Paris, 1871. (Vapereau.)

740. **BONNAFONT** (**J.-Pierre**), docteur chirurgien français, né en 1805. Séjourna douze ans en Afrique. *Thèse sur les plaies d'armes à feu observées en Afrique.* Montpellier, 1834.

— De nombreux mémoires : sur le choléra d'Alger ; 1835 ; — sur l'influence du climat d'Afrique sur la phthisie pulmonaire ; 1836 ; — sur le degré de salubrité du climat d'Alger; 1837.

— *Réflexions sur l'Algérie.* 1846, in-8. (Vapereau.)

741. **BOURGUIGNAT** (**J.-R.**). *Malacologie*

de l'Algérie ; histoire naturelle des Mollusques terrestres et fluviatiles recueillis jusqu'à ce jour dans le nord de l'Afrique. 2 vol. in-4°, planches et cartes. Cet ouvrage fait partie de l'*Exploration scientifique de l'Algérie.* (*Journal de la librairie.*)

— *Paléontologie des mollusques terrestres et fluviatiles de l'Algérie*, gr. in-8. (*Journal de la librairie*, Feuill. p. 394.)

— *Etudes géologiques et paléontologiques des hauts plateaux de l'Atlas, entre Boghar et Tiaret.* Paris, 1868, in-4° de 35 pp., 3 pl. (Challamel.)

742. **BRAVAIS**, lieut. de vaisseau. On a de lui de nombreux mémoires. *Campagnes hydrographiques sur les côtes de l'Algérie.* 1832 et 1833. (Bourquelot, t. II, p. 421.)

743. **BULLETIN** de la *Société algérienne de climatologie*, publiant 4 ou 6 numéros par an, format in-8. Prix annuel, 10 fr. (Challamel.)

744. **BURZET** (l'abbé). *Histoire des désastres de l'Algérie, 1866, 1867, 1868. Sauterelles, tremblements de terre, choléra, famine.* Alger, 1869, in-8 de 114 pp. (*Revue bibliographique*, IV, n° 3148.)

745. **CABROL** (Dr). *De l'Algérie sous le rapport de l'hygiène et de la colonisation.* Strasbourg, 1863, in-18 de 54 pp. (*Bibliographe alsacien*, 1854, p. 68.)

746. **CHAMPY** (**P.**). *Flore algérienne, avec texte descriptif des plantes, arbustes et arbres indigènes.* Paris, 1844, in-8 de 61 pp (Bourquelot.)

— *Flore de l'Algérie, classée suivant la méthode de Jussieu, modifiée par A. Richard.* Paris, 1843, gr. in-fol. de 16 pp., 40 pl. col. (*Manuel* de Brunet.)

747. **COSSON** (Dr **Ernest St-Charles**), botaniste français, né à Paris en 1819. Adjoint en 1851, à la commission scientifique de l'Algérie. Il a exploré à plusieurs reprises, de 1852 à 1858, les parties les plus inconnues des possessions françaises en Afrique. *Itinéraire d'un voyage botanique en Algérie, dans le sud des provinces d'Oran et d'Alger.* 1857. (Vapereau.)

748. **COSTALLAT** (**A.**), docteur en médecine, né à Bagnères de Bigorre, en 1801. *Mémoire présenté à la chambre des députés sur l'influence probable du climat d'Alger, pour la guérison de la phthisie.* Paris, 1837, in-8 de 24 pp. (Bourquelot.)

749. **COTTY** (**Ernest**). *Particularités curieuses sur différents reptiles, insectes et crustacés d'Algérie.* Amiens, 1869, in-8 de 72 pp. (*Revue bibliographique*, 1869, t. III, n° 1658.)

750 **CUIGNET** (le Dr **F.**), médecin major de
1re classe *Ophthalmie d'Algérie*. Lille, 1873,
2 parties in-8. (*Journal de la librairie.*)

751. **DE LA TEMPÉRATURE** *de la ville
d'Alger, au point de vue des maladies chroniques de la poitrine*. Alger, 1873, in-8 de
16 pp. (*Journal de la librairie.*)

752 **DUCOUX** (le Dr **Fr.-Jos.**), chirurgien
major en Afrique et homme politique français.
Né en 1808. *Esquisse des maladies épidé-
miques du nord de l'Afrique*. Paris, 1837, in-
8. Ouvrage d'observations sur les épidémies
d'Afrique et sur les abus de l'administration
qui lui semblaient en être la cause. (Vapereau. — Bourquelot.)

753. **DURAND**, directeur de la bergerie impériale de Ben-Chico. *Les Chèvres d'Angora
en Algérie, lettre adressée à M. Geoffroy
St-Hilaire*. Paris (1870), in-8 de 9 pp. Extrait du *Bulletin de la Société imp. d'acclimatation*, juin 1870 (*Journal de la librairie*)

754. **FLORE** *de l'Algérie;* par E. Cosson, Durieu de Maisonneuve et Bory de Saint Vincent (*Explorations scientifiques de l'Algérie.*)
Paris, 1848-71, 3 vol. in-4", 90 planches grav.
(*Journal de la librairie*, 1871, Feuilleton,
p. 162, annoncé en vente: 300 fr.)

755. **FOUCQUERON** (**J.**), chirurgien. *Essai
topographique et médical sur la régence
d'Alger*. Paris, 1833, in-8 de 108 pp. (Bourquelot.)

756. **GAZETTE** *médicale de l'Algérie;* paraissant le 25 de chaque mois. Paris et Alger,
1re année, 1856, in-4". Un an: 12 fr. Cette
publication continue à paraître chez J.-B.
Baillière.

757. **GILLEBERT D'HERCOURT** (Dr).
*Études anthropologiques sur soixante-seize
indigènes de l'Afrique française*. Paris, 1868,
in-8 de 23 pp. et 2 pl. Tirage à part du t. III
des *Mémoires de la Société d'anthropologie
de Paris*.

758. **GRAMAYE** (**J.-Bapt.**), d'Anvers, pré-
vôt et historiographe des Pays-Bas, mort en
1635. Il fut pris par des corsaires et retenu
quelque temps esclave à Alger. *Africæ illus-
tratæ libri X, in quibus Barbariæ*, etc. Tor-
naci-Nerviorum, 1622, pet. in-4". Une sec. éd.
Cologne, 1623. (Nyon 21190. — M.)

— *Diarum algerianse*. Ath, 1622, in-8. (Peignot.)

759. **GUYON** (**J.-L.-Gen.**), séjourna plusieurs années en Algérie, et fut membre de
la commission scientifique d'Algérie. *Observations faites à la suite de l'armée qui en
1839, a traversé les Portes de Fer, de la
province de Constantine dans celle d'Alger;*

insérées dans les *Mémoires de médecine et
pharmacie militaire*, 1838-1840.

— *Mémoire sur une fille bicorps née à Alger...* (1840).

— *De la plus grande longévité des Romains
de l'Algérie, d'après les restes de leurs monuments tumulaires, etc.* (Bourquelot.)

760. **HÉRAN** (**F.-C.-N. d'**), de Rouen. *Conseils aux Français composant l'expédition
d'Alger, etc.* Paris, 1830, in-18. (Bourquelot.)

761. **LACAZE DU THIERS** (**H.**). *Histoire
naturelle du corail, organisation, reproduction, pêche en Algérie et industrie*.
Paris, 1864, in-8, 30 pl. en couleur. (*Manuel
de Brunet.*)

762. **LAMBERT** (**Ernest**), inspecteur en chef
des forêts à Alger. *Eucalyptus. Culture,
exploitation et produit, son rôle en Algérie*. Nouvelle éd. Paris, 1874, in-8 de 56
pages. (*Journal de la librairie.*)

763. **LAPASSET** (le général). *La Guerre
en Algérie. Instructions sommaires pour
la conduite d'une colonne*. Paris (1874), in-12
de 32 pp., 50 centimes.

764. **LEREBOULLET** (**A.**), docteur en médecine, professeur à la faculté des sciences
à Strasbourg. En collaboration avec M. Du-
vernoy: Notes et renseignements sur les animaux vertébrés de l'Algérie, qui font partie
du Muséum de Strasbourg. 1840. T. III des
*Mémoires de la Société du Muséum de
Strasbourg*. (Bourquelot.)

765. **LÉTOURNEUX** (**Aristide**), président
de la Société de climatologie algérienne, conseiller de la cour d'appel d'Alger. *Excursions malacologiques en Kabylie et dans le
Tell oriental*. Paris (1870), in-8 de 64 pp.
et 1 pl. (Extrait des *Annales de malacologie*,
août 1870). (*Journal de la librairie*, 1871.)

766. **LOCHE**, capitaine au 45e de ligne. *Catalogue des mammifères et des oiseaux observés en Algérie*. Paris, in-8.

767. **MAC-CARTHY** (**Oscar**). *Altitudes de
l'Algérie;* article inséré dans le *Bulletin de
la Société de géographie*, avril 1848.

768. **MAILLOT** (**F.-C.**), ancien médecin en
chef de l'hôpital de Bone (Algérie), etc. *Recherches sur les fièvres intermittentes du
nord de l'Afrique*. Paris, 1835, in-8 de 48 pp.

— *Traité des fièvres, ou irritations cérébro-
spinales intermittentes, d'après des observations recueillies en France, en Corse et
en Afrique*. Paris, 1836, in-8.

— *Lettres sur le traitement des fièvres intermittentes de l'Algérie, adressées à M. le
docteur Gouraud père*. Paris, 1748, in-8.
(Bourquelot.)

769. **MALHERBE** *Faune ornithologique de l'Algérie.* Paris, 1855. (*Journal de la librairie*, Feuilleton, 1870, p. 348.)

770. **MASSOL**, vétérinaire inspecteur de l'abattoir et des boucheries de Blidah *Prés , foins et bétail en Algérie. Manière d'entretenir les prairies naturelles et artificielles, etc.* Grand in-8. (Challamel, 5 fr.)

771. **MAURIN** (Dr **Am**), chirurgien à l'hôpital civil d'Alger. *Le Typhus . des Arabes, en Algérie, dans le Maroc, la Tunisie et la Régence de Tripoli* (épidémie de 1868). Paris, 1870. — Paris, 1872, in-4° de 309 pp. (M. — *Journal de la librairie.*)

772. **PARIS.** *Additions à la flore algérienne et observations sur quelques plantes de cette flore;* par le colonel Paris. Paris (1872), in-8 de 11 pp. Extrait du *Bulletin de la Société botanique de France,* 1871.

773. **PÉRIER (J -A -N),** membre de la commission d'exploration de l'Algérie. *De l'hygiène en Algérie , suivi d'un Mémoire sur les pestes de l'Algérie,* par A. Berbrugger. Paris, 1847, 2 vol. gr. in-8. (*Manuel* de Brunet, n° 7341. — Challamel, 24 fr.)

773 *bis.* **PIETRA SANTA** (de). *Du climat d'Alger dans les affections chroniques de la poitrine.* 2e édit. Paris, 1860, in-3. (Brunet, n° 7341.)

774. **RENOU (E.),** membre de la commission d'exploration de l'Algérie. *Géologie de l'Algérie, accompagnée d'une notes minéralogique sur le massif d'Alger,* par Ravergie. Paris, 1848, gr. in-4°, 4 pl. et 1 carte géologique. (Challamel.)

775. **SABLON (J.-B.).** *De la race chevaline en Algérie , et des moyens de l'accroître et de l'améliorer.* Paris, 1844 , in-8 de 48 pp. (Bourquelot.)

776. **TERVER.** *Catalogue* (raisonné) *des mollusques terrestres et fluviatiles observés dans les possessions françaises au nord de l'Afrique.* Paris, 1839, in-8 de 40 pp. , 4 pl. (Bourquelot.)

777. **TRAPENARD** (le docteur **Gilbert**). *Campagnes d'Afrique . 23 septembre 1870-23 juillet 1871. Impressions médicales.* Gannat (1873), in-8 de 16 pp. (*Journal de la librairie.*)

778. **TROLLIET (L.-F.),** docteur en médecine, professeur de clinique à l'Hôtel-Dieu de Lyon. *Statistique médicale de la province d'Alger, mêlée d'observations agricoles.* Lyon et Paris, 1844, in-8 de 164 pp.

779. **VILLE**, ingénieur. *Recherches sur les roches , les eaux et les gîtes minéraux des provinces d'Oran et d'Alger.* Paris, impr. nation., in-4°, pl. (Brunet, 4616.)

— *Notice sur les gîtes minéraux et les matériaux de construction de l'Algérie.* Paris, 1869, in-8 de 70 pp. (*Revue bibliographique.*)

780. **VOISIN** (J.-C.), docteur en médecine. *Hygiène du soldat en Espagne , en Portugal et en Afrique* (nord). Paris, 1841, in-8. (Bourquelot.)

Linguistique et Pédagogie.

781. **BELLEMARE** (**Alex**). *Grammaire arabe* (idiome d'Alger), *à l'usage de l'armée et des employés civils de l'Algérie. Suivie des formules de civilités arabes,* par le général Daumas. Paris, 1854, 1860, in-8. — 5e édition. Alger, 1865, in-8 de 205 pp. (*Journal de la librairie ,* Feuilleton, p. 112. — Maisonneuve et Cie , 1873.)

782. **CADOZ** (**F.**), huissier de Mascara. *Alphabet arabe, ou Eléments de la lecture et de l'écriture arabes.* In-18. (Challamel.)

— *Le Secrétaire algérien , ou Secrétaire français-arabe de l'Algérie, etc.* Alger, 1862, in-18 de 180 pp. (Challamel.)

783. **DELAPORTE (J.-Hon.),** secrétaire de l'intendance civile à Alger. *Principes de l'idiome arabe en usage à Alger.* 3e édit. , Paris, 1844, in-8, 5 tableaux. (Bourquelot. — Challamel, 6 fr.)

— *Guide de la conversation française-arabe, ou Dialogues….* 3e édition. Alger et Paris, 1845, in-8 oblong. (Bourquelot. — Challamel, 7 fr.)

784. **DUGAT (Gust.),** orientaliste français, né en 1824. *Grammaire arabe et française, rédigée en arabe, à l'usage des indigènes de l'Algérie, avec la collaboration du cheik Fares Echchidicg.* 1854, in-8. (Vapereau.)

785. **JOURNAL** *scolaire d'Algérie.* Constantine. 1873, 1re année , n° 1, 15 octobre. In-8 à 2 col., 24 pp. (bi-mensuel).

786. **PAULMIER.** *Dictionnaire français-arabe* (idiome parlé en Algérie). Paris, 1850, in-12. — Paris, 1860, in-12. — Paris (1872), in-12 à 2 col. , xx-912 pp. (Catal. des *Accrois.* , 12e cat., 2e partie, p 23 — *Journal de la librairie.* — Brunet, n° 11625.)

787. **PHARAON** (**Joanny**). *Grammaire élémentaire d'arabe vulgaire, ou algérienne, à l'usage des Français.* Toulon et Paris, 1832, in-8 de 100 pp. (Bourquelot.)

— Avec M. Bertrand Vocabulaire français-arabe à l'usage des médecins, vétérinaires, sages-femmes, pharmaciens, herboristes, etc. Paris, 1860, in-12 de 204 pp. (Maisonneuve et Cie.)

787 bis. **REINAUD**. *Rapport sur le tableau des dia'ectes de l'Algér e et des contrées voisin s de M. Geslin.* Paris, 1856, in-8 de 26 pp. Extrait du *Moniteur*. (M.)

788. **ROLAND DE BUSSY** (Th.), directeur de l'imprimerie du gouvernement à Alger. *L'Idiome d'Alger, dictionnaire français-arabe et arabe-français, précédé des princ pes grammaticaux de cette langue.* Alger, 1839, in-8. (Bourquelot.)

— *Petit vocabulaire français-arabe* (idiome d'Alger). 4ᵉ édition, Alger, in-32. (Bourquelot.)

— *Petit dictionnaire français-arabe et arabe-français.* In-18. (*Journal de la librairie*, 1870, Feuilleton, p. 113.)

789. **VINCENT**, secrétaire interprète. *Petit vocabulaire français-arabe, suivi de dialogues à l'usage de l'armée d'expédition d'Afrique.* Paris, 1830, in-12 obl de 108 pp. C'est le premier ouvrage de ce genre imprimé par . lre du ministère de la guerre. (Challamel, 3 fr. — Quérard.)

Littérature et Beaux-Arts.

790. **ADJAI**, *ou le Jeune esclave africain, récit authentique destiné à la jeunesse* (religieuse). 2ᵉ édition. Toulouse et Paris (1869), in-18 de 88 pp. (*Journal de la librairie*.)

790 bis. **ALGÉRIEN** (L'), *ou les Muses comédiennes; comédie-ballet en 3 actes et en vers.* Paris, 1744. (Labitte, 8 avril 1874, nº 71.)

791. **ANDRÉ** (L.). *Les Campagnes d'Afrique. Récits populaires et anecdotiques.* Paris, 1868, in-32 de 384 pp. Prix: 1 fr. (*Revue bibliographique*, 1868, p. 52, nº 837.)

792. **ARABES** (Les) *Bédouins; par F....* Limoges et Paris, 1870, in-32 de 63 pp. Bibliothèque chrétienne du jeune âge. (*Journal de la librairie.*)

793. **BARTHÉLEMY-HADOT** (Madame **Adèle**), romancière, né à Troyes (Aube), en 1763, morte en 1821. *Les Héritiers du duc de Bouillon, ou les Français à Alger.* 1816. — 2ᵉ édit. Paris, 1823, 4 vol. in-12. (Quérard.)

794. **BARTHÉLEMY** (Aug.), poëte, né à Marseille en 1796, mort en 1867. *La Bacriade, ou la Guerre d'Alger*, poëme héroïque en 5 chants. Paris, 1827, in-8, 1 fr. (Vapereau. — Bouillet.)

795. **BERNOS** (Alex.). *Les Captifs d'Alger*, mélodrame en 3 actes. 1817, in-8. (Quérard.)

796. **BERTHET** (Elie), romancier français. *Le Colon d'Algérie.* Paris, 1872, in-4º de 132 pp à 2 col. Publication du journal le *Siècle* (*Journal de la librairie.*)

797. **BERTHOUD** (Sam.-Henri), sous le pseudonyme de **SAM**, littérateur français, né à Cambrai, en 1804. *El-Hiondi.* 1818, 4 vol. Etudes de mœurs algériennes.

— *Le Zéphir d'El-Arouch.* Publié dans le *Pays*, en 1850. Etudes de mœurs algériennes. (Vapereau.)

798. **BOITTIER** (Thessalus.) *El-Tebib-Roum, hi toire d'un Français fait prisonnier par les Arabes.* Meaux (1871), in-18 de 35 pp. (*Journal de la librairie.*)

799. **BONNELIER** (Hipp.). *Mœurs d'Alger. Juive et Mauresque.* Paris, 1833, in-8 de 376 pp. (Bourquelot.)

800. **BOUYER** A.-C.) et **E. Faucon**. *France et Algérie.* Paris, pet. in-4º, 9 fig. (*Journal de la librairie*, Feuilleton, 7 fr.)

800 bis. **CAMBON** (Ferd). *Aux Algériens. Poésies.* Alger (1874), in-8 de VII-136 pp. . (*Journal de la librairie.*)

801. **CASTELLANE** (Comte **Louis-Ch.-Pierre** de), capitaine de carabiniers. *Souvenirs de la vie militaire en Afrique.* 1852, in-12. — 2ᵉ édit., 1854, in-18. (Vapereau.)

802. **CHAM** (le vicomte **Amédée de Noé**, dit), caricaturiste français, né à Paris, en 1819, fils de l'ancien pair de France le comte de Noé. *Mœurs algériennes*, etc. (*Supercheries littéraires*, 1ʳᵉ partie, col. 689.)

— *Le Régime parlementaire en Algérie.* Actualité; lithographie. (*Journal de la librairie*, 1870, caricatures, nº 213.)

803. **CHAUMONT** (Léon de), pseud. de Léon Guillemin, officier de dragons. *Les Français en Afrique*, poëme en 2 ch. Paris, 1837, in-8 de 10 pp. (Bourquelot.)

— *Les Français en Afrique* (en vers). Paris, 1842, in-8 de 48 pp. (Bourquelot.)

803 bis. **CHÉRET ET DUBOIS DE GENNES**. *Chasse aux femmes et aux lions en Algérie.* Paris, Sartorius, 1874, in-12 de 378 pp. et fig., 3 fr. (*Journal de la librairie.*)

804. **COGNIARD** (Théodore et Hippolyte), auteurs dramatiques français. *La Cocarde tricolore, épisode de la guerre d'Alger*; vaudeville en 3 actes. Paris, 1831, in-8 de 64 pp. (*Supercheries littéraires*, t. III, col. 787.)

805. **DENANCÉ** (V.). *Les Esclaves affranchis, ou Retour en Afrique.* Limoges et Isles (1869), in-12 de 120 pp. et grav. Bibliothèque religieuse de l'enfance. (*Journal de la librairie.*)

806. **DUGAILLON (A.-Eude)**. *Le Français sur le mont Atlas, chant guerrier.* Paris, 1831, in-8. (Bourquelot.)

807. **DUPIAS (Alexandre)**, membre de l'Académie de Rouen. *Expédition d'Alger, poëme; chant 1er, interrompu par le canon des Invalides.* Paris, 1830, in-8. (Bourquelot.)

808. **FARINE (Ch.)**. *Jocrisse soldat. Episodes de la conquête d'Alger.* Paris, 1 vol., 20 fig. (*Journal de la librairie*, Feuilleton.)

809. **FEYDEAU (Ernest)**, littérateur, né à Paris en 1821. *Le Secret du bonheur, tableau de la vie en Algérie.* Paris, 1864, 2 vol. in-12. (Vapereau.)

810. **GASTINEAU (Benj.)**, transporté en Afrique, rédacteur de divers journaux algériens. *De Paris en Algérie. Voyages et chasses en Algérie.* Illustrations de Gust. Doré et J. Lange. (Challamel, 2 fr.)

— *Les Femmes et les mœurs en Algérie.* Paris, 1861, in-12. (Vapereau.)

811. **GAUTIER (Théophile)**, poëte et littérateur français, né en 1811, mort en 1872.
« En 1845, il fit à la suite d'un maréchal de France l'expédition de Kabylie ; il revint à Paris, vêtu en arabe, coiffé du fez, chargé du burnous, et sur l'impériale de la diligence depuis Châlon, tenant entre ses jambes une jeune lionne qu'on lui avait confiée. Il rapportait aussi dans sa *chambre noire*, une peinture complète de l'Algérie. L'œuvre commencée est restée inachevée ; quelques fragments ont été insérés dans le recueil qu'il a intitulé : *Loin de Paris*. L'on retrouve là ses éblouissants articles sur Alger, sur la danse des Djins, sur les Aïssaoua. » (Extrait d'un article nécrologique de l'*Univers illustré*.)

812. **GAYET de Cesena (Amédée)**, littérateur français, né à Sestri (Italie) en 1810. *Hymne classique sur la conquête d'Alger.* Dijon, 1830. (Vapereau, p. 358.)

813. **GODARD (Léon)**, curé d'El-Aghouat. *Soirées algériennes, corsaires, esclaves et martyrs de Barbarie.* Tours, Mame, 1871, in-8 de 239 pp. et fig.

814. **GOURNERIE (Eug. de La)**. *La Béarnaise ; épisode des guerres d'Afrique.* Paris, 1834, in-8. (Bourquelot.)

815. **GUÉRIN (Léon)**. *Henri le fifre, Voyage en Algérie et autour du grand désert*, petit ouvrage pour la jeunesse faisant partie de celui intitulé : *le Tour du monde, ou les 1001 merveilles des voyages.* Paris, 1840-41, 10 vol. gr. in-18, 300 vign. (Bourquelot.)

816. **LA FRESNÉE (Marie de)**. *Ode sur l'expédition d'Alger par les Français.* Paris, 1830, in-8 de 8 pp. Publié sous le pseud. de *Philarmos*.

817. **LANGLOIS**. *Souvenirs d'un prisonnier d'Abd-el-Kader.* 1859, in-12. (Wolff.)

818. **LANNOY (M.-Ant. de)**. *Etudes artistiques de la régence d'Alger.* Paris, 1837. (Vapereau.)

819. **LEFEBVRE (Marie)**. *Esquisses algériennes (1854-1858). De la littérature en Algérie. On demande des paysans. Poésies. Coquilles sur coquilles. M. de Lamartine en Algérie. Fantaisies*, etc. In-8. (Challamel, 6 fr.)

820. **LYRE (La)** algérienne. *Journal de musique.* Hebdomadaire. Un numéro, 10 cent. Alger, 1872. (*Annuaire de la librairie.*)

821. **MARESCHAL (Jean-Pierre)**. *Stances sur la guerre d'Alger.* Paris, 1830, in-8 de 12 pp. (Quérard.)

822. **MARTIN (Alexandre)** *Appel à l'Europe contre les barbares d'Afrique*, poëme. Paris, 1825, in-8 de 16 pp. (Quérard.)

823. **MARTIN (L.)**. *Monseigneur l'évêque d'Alger, ou Echange des prisonniers français et arabes.* Grenoble, 1843, in-8 de 24 pp. (en vers).

— *A l'armée d'Afrique. Mogador et l'Isly*, poésies. 1845, in-8.

— *La France en Afrique*, poésies. 1847, in-8. (Bourquelot.)

824. **MENDÈS DA COSTA (R.)**. *Le Dey d'Alger chez M. de Polignac, scène dramatique.* Paris, 1830, in-8 de 24 pp. (Quérard.)

825. **MERLE, LAFORTELLE (et Moreau)**. *Baboukin, ou le Sérail en goguette; vaudeville en un acte.* Paris, 1818, in-8. (Quérard.)

826. **MESNIER (Mme Louise)**, dite Mme **Louise Vallory**. *A l'aventure en Algérie.* Paris, Hetzel, in-12. (*Supercheries littér.*, tome III, col. 899.)

827. **MONBRION**. *Ode sur l'expédition d'Alger.* Paris, 1830, in-8 de 8 pp. (Quérard.)

827 bis. **NADOR (Le)**, *Vigie de l'Algérie.* Revue mensuelle, non politique. Alger, juin-août 1844, 6 numéros in-8. (*Bibliographie de la presse*, p. 383.)

828. **NOIR (Louis)**, pseudonyme de Louis Salmon, littérateur français, né en 1837. Servit en Afrique. *Cinq grands jours de l'armée d'Afrique.* Paris, 187., gr. in-4º Roman. (*Journal de la librairie*, Feuilleton, 1873, p. 1860.)

829. **NOUVELLE** *de la venue de la reine d'Alger à Rome, et du baptesme d'icelle et de ses six enfants et des dames de sa compagnie, avec le moyen de son départ, le tout prins et traduit de la copie italienne imprimée à Milan...*, 1587. A Paris, 1587, in-8. Cette pièce, réimprimée dans le tome IX des *Variétés historiques et littéraires*, pp. 259 et suiv., n'est qu'un petit roman curieux en ce qu'il rappelle qu'à l'époque où il fut écrit, l'attention du public était éveillée sur Alger et sur ses princes. Il n'y avait pas longtemps que Catherine de Médicis avait fait entreprendre des négociations à Constantinople pour faire donner à celui de ses fils, qui fut depuis Henri III, l'investiture du royaume d'Alger. (De Meyer, *Galerie du XVIe siècle*, tome II, p. 69.) On savait quelle était la richesse de ce pays, auquel, sous Henri II, l'on avait même fait d'assez gros emprunts d'argent, et on trouvait qu'il serait plus avantageux de mettre la main sur le trésor que d'être obligé d'y recourir encore pour de nouveaux prêts. Comme l'on n'était pas en force pour faire la guerre, l'on négocia, mais l'on n'obtint rien. Plus tard, pendant la révolution, la France eut souvent besoin de crédit auprès de cette régence; elle avait notamment emprunté, par l'entremise du juif Coen-Bacri, 200,000 piastres au dey, qui ne furent jamais rendues. En 1830, enfin, pour ne pas payer le dey, on le détrôna. La fille du dey vint elle-même en France, en 1847, réclamer auprès du roi Louis-Philippe, les biens qui lui avaient été pris à Alger; mais ses démarches restèrent infructueuses (Extrait des *Variétés historiques et littéraires*.)

830. **OTTH (Adolphe)**. *Esquisses africaines dessinées pendant un voyage à Alger*, et lithographiées. Berne, 1838-1839, in-fol., 30 pl. et un texte. (Brunet. — Bourquelot.)

831. **PAUTET (J.-F.-Jules)**, poète et conservateur de la bibliothèque de Beaune, né l'an VIII. *L'Afrique. Echange des prisonniers. Ode à Monseigneur l'évêque d'Alger*. 1841, in-8. (Bourquelot.)

832. **PERNIER (J.)**. *Alger conquis.* Poëme. Paris, 1830, in-12 de 12 pp. (Quérard.)

833. **PHARAON (Florian)**. En collaboraration avec H.-Em. Chevalier: *L'Espion noir*. Paris, in-18. (Challamel.)

— *Nos soldats en Afrique* (Spahis, turcos et goumiers). Paris, in-18. (Challamel.)

— *Récits algériens: le Renégat; — l'Arbre des 3 pendus; — la Balle du colonel Cloe; — Un Jugement de Kara-Kack; — Un pied dans l'eau; — le Soc et l'épée*. Paris, 1871, in-12. (Delahays.)

834. **POMMIER (L.-Am.-V.)**, poète, né à Lyon en 1804. *L'Algérie, ou la Civilisation conquérante*. 1848. Ouvrage écrit en vers, et primé par l'Académie. (Vapereau.)

835. **POPLIMONT**. *Le Sequin du juif; aventures d'un belge en Algérie.* 2e édition, Gand, 1844, 3 vol. in-12. (Catal. des *Accroiss.*, VII, p. 111.)

836. **POUJOL (A.)**. *La Guerre d'Alger, essai de poème politique et moral, en II chants.* Montpellier, 1830, in-8 de 32 pp. (Quérard.)

837. **POUJOULAT (J.-Jos.-Fr.)**. *La Bédouine.* Paris, 1835. — 3e édit., Paris, 1840 (édition revue par Michaud). C'est un roman des scènes du désert. (Vapereau.)

837 bis. **ROUBAUD (Benj.)**. *Album d'Afrique.* Costumes militaires algériens; — Famille maure; — Juive; — Colon de 1re, de 2e et de 3e classes; — Zouaves; — Spahis; — Mauresques; — Biskris; — Nègre; — Mahonnaise; — Bédouins; — Tirailleurs indigènes (turcos); — Déjeuner offert par les Kabyles; — bivouac. 8 planches. (Challamel, 12 fr. en noir, et 16 fr. en couleur.)

838. **SALLES (Eus.-Fr. comte de)**. *Ali le Renard, ou la Conquête d'Alger.* Paris, 1832, 2 vol. in-8 (Deux éditions). (Vapereau.)

839. **SIDI-AIDDIN** *Fatime, ou les Soirées du génie Azaël; poésies algériennes.* Traduction libre de l'arabe, par le capitaine Hervier. Paris, 1846, in-8. En vers. (Bourquelot.)

839 bis. **SIMON (Victor)**, né à Paris en 1789, mort en 1831. *Les Présents du dey d'Alger, ou l'Usurier;* comédie en 1 acte et en prose. Dunkerque, 1825, in-8. Cette pièce n'a pas été publiée dans les *Œuvres* de l'auteur; Dunkerque, 1834. (Quérard.)

840. **SUAU (Edouard)** de Varennes, ancien officier de marine, puis libraire à Paris. *Scènes de France et d'Afrique.* Paris, 1834, in-8. (Quérard.)

841. **SUSINI (De)**. *Les Adieux d'Hussein-pacha, dey d'Alger, à M. le comte Sébastiani, ministre des affaires étrangères.* En vers. Paris, 1831, in-4° de 12 pp. (Quérard.)

842. **TRAVERS (Julien-Gilles)**, conservateur de la bibliothèque de Caen, né en 1802. *Les Algériennes; poésies nationales.* Paris, 1823, in-8. (Bourquelot).

— *Algérienne*, août 1829. Saint-Lô, in-8. (Bourquelot.)

843. **VALORY (le marquis de)**. *Ode sur la conquête d'Alger par l'armée française.* Paris, 1830, in-8 de 8 pp. (Quérard.)

844. **VAN DER BURCH (Em.-Louis)**, né à Paris, en 1794. *Les Enfants de Paris.*

— *Le Gamin d'Alger, impressions, réflexions, admirations et suffocations de voyage de Joseph Meunier*. Paris, 1843, 2 vol. in-8. (Bourquelot.)

845. **VEYRAT** (J.-P.), avec **Angel**. *L'Oncle d'Afrique*, vaudeville en 1 acte. Paris, 1837, in-32. (Quérard.)

846. **VOIART** (Anne-Elisabeth-Elise **PETIT PAIN**, dame), née à Nancy en 1786. *L'Algérien ; épisode de l'expédition de lord Exmouth, en 1816*. Paris, 1830, in-12. (Quérard.)

847. **VOYAGE** *autour de ma tente*. Souvenirs militaires, par Mustapha, officier d'état major. Paris (1873), in-18, fig. s. b. (Plon, 1873, 4 fr.)

848. **WALTER** (Albert). *Les Electeurs et l'armée d'Afrique, ou les Deux combats, ode en faveur des veuves et des enfants des soldats morts à Alger*. Paris, 1830, in-8 de 8 pp. (Quérard.)

849. **YVERT** (Eug.). *Epître royaliste à un officier de l'expédition d'Alger*. Paris, 1830, in-8 de 20 pp. (Quérard.)

Géographie, Voyages et Histoire.

850. **ABD-EL-KADER** (Sidi-el-Hadji-Houled-Mahiddin), né vers 1807, aux environs de Mascara, célèbre défenseur de la nationalité arabe en Algérie, contre les armées françaises (1832 à 1847). Il acquit par son éloquence et ses connaissances les titres de *marabout* et de *thaleb*, c'est-à-dire de saint et de savant. Fait prisonnier, Napoléon III lui rendit la liberté (le 2 déc. 1852) et lui fit servir une pension annuelle de 100,000 francs, On a sous son nom, un recueil de pensées. traduit par M G. Dugat, sous le titre : *Rappel à l'intelligent, avis à l'indifférent*. Paris, in-8. (Vapereau.)

Marey-Monge a publié : *Les Poésies d'Abd-el-Kader, ses règlements militaires*. Paris, 1848, in-8. La traduction en français du texte arabe des poésies d'Abd-el-Kader avait été insérée dans le *Spectateur militaire*, par les soins du général Marey. (Bourquelot.)

— *Histoire privée, politique et militaire d'Abd-el-Kader, depuis sa naissance jusqu'à sa soumission et son arrivée en France*, par Raban. Paris, 1848, in-18. (Bourquelot.)

— *Abd-el-Kader au château d'Amboise*, par Monseigneur Dupuch, premier évêque d'Alger. Paris, in-8. (Challamel, 2 fr. 50.)

— *Vie, aventures, combats, amours, et prise d'Abd-el-Kader*. Paris, 1848, in-12 de 48 pp. (ouvrage écrit par M. Marle aîné, sous le pseudon. de Lamenaire).

— *Abd-el-Kader littérateur et philosophe*, par le docteur F. Monin. Lyon, 1869, in-8 de 16 pp. (*Journal de la librairie*.)

851. **ANDRY**, sous le pseud. de **Prosper Viro**. *L'Algérie, promenade historique et topographique*. Lille, 1870, in-12 de 166 pp. et grav. Livre d'enfant écrit dans un esprit très-catholique.

— *Un Touriste en Algérie*. Paris, 1845, in-12. (*Supercheries littér.*, tome III, p. 936.)

852. **APERÇU** *historique, statistique et topographique sur l'état d'Alger*, à l'usage de l'armée expéditionnaire d'Afrique, avec plans, vues et costumes, publié par ordre de S. Exc. le ministre de la guerre. Paris, 1830, in-12 de VIII-216 pp., 3 cartes et 9 lithogr. Contenant : Des principales expéditions dirigées contre l'Afrique septentrionale, par l'Espagne, la France, ou l'Angleterre, depuis la fin du XVe siècle jusqu'à nos jours, ainsi que des principaux événemens qui ont immédiatement précédé celle que la France va entreprendre. — Hostilités des Etats-Unis contre la régence d'Alger, et causes de l'expédition actuelle de la France contre cette régence. — Description physique: géographie, géologie et minéralogie — aérographie — hydrographie — botanique — zoologie — l'homme. — Statistique spéciale : Origine et état actuel de la population — langage — religion — gouvernement et administration — justice — finances — agriculture — industrie — commerce — communications. — Considérations militaires. — Marine. (Voir n° 873.)

853. **AVEZAC** (M.-A.-P. d'). On a de lui les articles sur Alger et sur les berbers insérés dans l'*Encyclopédie pittoresque*.

854. **BABRON** (le chev. J.-B.-A.). *Il nous faut garder Alger, l'honneur français l'ordonne..., détails exacts sur le climat, la fertilité et les ressources de ce beau pays, etc*. Paris, 1830, in-8 de 16 pp. (Bourquelot.)

855. **BARCHOU DE PENHOEN** (le baron), capitaine d'état-major, né à Brest. *Chute d'Alger, ou Destruction de la piraterie dans la mer Méditerranée; poëme en 5 chants*. Paris, 1830. in-8 de 64 pp. (Bourquelot.)

— *Souvenirs de l'expédition d'Afrique*. Paris, 1832, in-8 de 80 pp. Extrait de la *Revue des Deux-Mondes*. (Bourquelot.)

— *Mémoire d'un officier d'état-major sur la guerre d'Alger*. Paris, 1835, in-8. (Bourquelot.)

855 bis. **BARD** (Joseph). *L'Algérie en 1854, itinéraire général de Tunis à Tanger*. Paris, 1854, in-8 de 251 pp. (M.)

856. **BARTILLAT** (Arm.-L.-J.-Jeh., marquis de), né à Paris en 1776, officier français. *Relation de la campagne d'Afrique en 1830, et des négociations qui l'ont précédée, avec les pièces officielles, dont la moitié était inédite.* Paris, 1831. — 2ᵉ édition revue (avec le nom de l'auteur), Paris, 1833, in-8 de 132 pp. (La 1ʳᵉ édition anonyme avait pour titre: *Coup d'œil sur la campagne d'Afrique en 1830....*)

— *Aperçu sur la colonisation d'Alger.* Paris, 1837, in-8 de 32 pp. (Bourquelot.)

857. **BARTON** (Perceval). *Algiers, with notices of the neighbouring States of Barbary.* London, 1825 (aussi 1854 et 1861), 2 vol. in-8. (*Manuel* de Brunet, nᵒ 28409.)

858. **BAUDE** (le baron J.-J.), homme politique français, membre de l'Institut, né en 1792, mort en 1862. *L'Algérie.* Paris, 1841, 2 vol. in-8. (Catal. des *Accroiss.*, tome III, p. 69. — Brunet, nᵒ 28410.)

859. **BAVOUX** (Jos.-Evariste), conseiller d'état, né à Paris en 1809. *Alger, voyage politique et descriptif dans le nord de l'Afrique.* Paris, 1841, 2 vol. in-8. — 2ᵉ édit., Paris, 1843, 2 vol. in-8. (Vapereau. — Brunet, 20839 et 28411.)

860. **BEAULARD** (Louis). *Un voyage en Afrique, ou Description d'Alger.* Lyon, 1835, in-12 de 24 pp. (Quérard.)

861. **BÉHAGUEL** (Arthur-Alex.), publiciste, journaliste français, né à Nancy en 1833. Il a habité cinq ans l'Algérie (1860-1865), où il a été successivement rédacteur en chef de l'*Observateur de Blidah* et de diverses autres feuilles de la colonie. De retour en France, il s'est fait recevoir membre de la Société historique d'Afrique et de la Société de climatologie algérienne. On a de lui: *Guide à Alger.* Paris, 1836, in-16.

— *La Liberté de la presse, ce qu'elle est en Algérie*, lettre au baron David. Paris, 1863, in-8.

— *L'Algérie, histoire, géographie, hygiène, agriculture, richesses minérales, etc.* Alger, 1865, in-18. (Vapereau.)

— *L'Algérie. Conquêtes et colonisation. Religion, mœurs, armée.* In-12. (Challamel, 3 fr. 50.)

862. **BÉRARD** (Aug.), officier de la marine française. *Description nautique des côtes de l'Algérie,* avec des notes, par Dortet de Tessan. Paris, impr. royale, 1837, in-8, 15 pl. (Bourquelot.)

863. **BÉRARD** (V.). *Indicateur général de l'Algérie, description géographique et statistique de toutes les localités comprises dans les trois provinces.* — 2ᵉ édit., 1 fort vol. in-18, 1 carte de l'Algérie par O. Mac-Carthy, et plans d'Alger, de Constantine et d'Oran, par Ch. Portmann. (Challamel, 4 fr.)

864. **BERBRUGGER** (Louis-Adrien). *Voyage au camp d'Abd-el-Kader, à Hamzah et aux montagnes de Wannourhah* (province de Constantine), *en déc.* 1837 *et* 1838. Toulon, 1839, in-8 de 80 pp. Extrait de la *Revue des Deux-Mondes,* IVᵉ série, tome XV, augmenté d'un appendice où l'on a recueilli des passages de l'itinéraire d'Antonin, etc.

— *L'Algérie historique, pittoresque et monumentale; recueil de vues, costumes et portraits faits d'après nature dans les provinces d'Alger, de Bone, Oran et Constantine,* par Alb. Genet, Ol. Bro, Cl. Flandrin, Raffet, etc., avec un texte par M. Berbrugger. Paris, 1843-45, 5 part. en 3 vol. gr. in-fol., fig.

On y trouve les monnaies diverses et une flore algérienne. (Brunet.)

— *Le Pégnon d'Alger, ou les Origines du gouvernement turc en Algérie.* Alger, 1860, in-18. (Vapereau.)

— *Bibliothèque-musée d'Alger.* 1860, in-8. (Vapereau.)

— *Le Tombeau de la chrétienne. Mausolée des derniers rois de la Mauritanie,* etc. Alger, 1867, in-8 de 96 pp., 3 pl. (*Journal de la librairie.*)

865. **BERGER DE XIVREY** (Jules). *Traces de l'histoire dans l'Algérie.* Paris, 1838, in-8 de 19 pp.

866. **BERTEUIL** (Arsène). *L'Algérie française, histoire, mœurs, coutumes, industrie.* Paris, 1856, 2 vol. in-8. (Brunet, nᵒ 28412.)

867. **BERTHEZÈNE** (le baron Pierre), né en Provence en 1780. Commanda de juin 1830, à la fin de 1831, la première division de l'armée française en Afrique. Il a publié sur cette campagne l'ouvrage suivant: *Dix-huit mois à Alger, ou Récit des événements qui s'y sont passés depuis le 14 juin 1830, jour du débarquement de l'armée française, jusqu'à la fin de déc.* 1831. Montpellier, 1831, in-8 de 316 pp. (Bourquelot.)

— *Notes sur l'ouvrage du général Berthezène, intitulé: Dix-huit mois...;* par le général baron Delort. Paris, 1834, in-8 de 92 pp. (Bourquelot.)

— *Lettre* (1ʳᵉ) et *Seconde lettre à M. le général baron Berthezène...,* par le chevalier H. Louyrette. Paris, 1834, in-8 de 12 pp. et 32 pp. et 1 pl. (Bourquelot.)

868. **BIANCHI** (**Thom.-X.**), orientaliste, né à Paris en 1783. *Esquisse de l'État d'Alger, considéré sous les rapports politique, historique et civil*, par Will. Shaler, trad. de l'anglais. Paris, 1830, in-8, 1 pl. (Voir n° 969).

— *Arrivée du vaisseau « la Providence » à Alger, et excursion aux environs de cette ville.* Paris, 1830, in-8. (Bourquelot.)

869. **BLOCQUEL** (**Simon**), né à Douai vers 1780, ancien libraire imprimeur de Lille. Pseudonyme: **Blismon**. *Notice topographique sur le royaume et la ville d'Alger.* Lille et Paris, .830, in-18 de 30 pp. et 2 pl. (Bourquelot.)

— *Topographie et historique du royaume et de la ville d'Alger.* Lille et Paris, 1833, in-18, 6 fig. et 2 plans. (Bourquelot.)

870. **BOLLE** (**J.-A.**). *Souvenirs de l'Algérie, ou Relation d'un voyage en Afrique, pendant les mois de sept. et oct. 1838.* Angoulême, 1839, in-8, 1 vign. (Bourquelot.)

871. **BOUCHER DE CRÈVECŒUR** de Perthes (**Jacques**), né à Rethel en 1788, mort en 1868. *Voyage en Espagne et en Algérie.* Paris, 1859, in-18. (Vapereau. — Librairie des sciences sociales, 1 fr. 25.)

872. **BOURGUIGNAT** (**J.-B.**). *Souvenirs d'une exploration scientifique dans le nord de l'Afrique. Monuments symboliques de l'Algérie.* Paris, 1868, in-4° de 30 pp., 3 pl. M. de Charencey a donné une analyse de cet ouvrage dans la *Revue bibliographique*, 1868, pp. 172-174.

873. **BOUTIN** (**Vincent-Yves**), né en 1772, colonel du génie, mort en 1815. *Aperçu historique sur l'État d'Alger, etc.* Paris, 1830, in-8 et atlas in-4° de 7 pl. et 12 vues. Ouvrage publié par ordre du dépôt de la guerre. (Bourquelot.) Voir n° 852.

874. **BUGEAUD** (le maréchal). *La Guerre d'Afrique. Lettre d'un lieutenant de l'armée d'Afrique à son oncle.* Paris, 1839, in-8. (*Dictionnaire des anonymes.*)

— *Histoire de l'Algérie....* Paris, 1850, 3 vol. in-8. (Bibliothèque de Nice.)

875. **CARETTE** (**Ant.-Ern.-Hipp.**). *Recherches sur la géographie et le commerce de l'Algérie méridionale, accompagnées d'une Notice sur la géographie de l'Afrique septentrionale et d'une carte.* Paris, 1845, in-8, fig. Ouvrage faisant partie de l'*Exploration scientifique de l'Algérie.* — Autre édition, Paris, 1854, in-8, 3 cartes. (Challamel, 15 fr.)

— *Recherches sur l'origine des migrations des principales tribus de l'Afrique septen-* trionale, et particulièrement de l'Algérie. Paris, 1853, in-8. (Challamel, 12 fr.)

— *Études des routes suivies par les Arabes dans la partie méridionale de l'Algérie et de la régence de Tunis, pour servir à l'établissement du réseau géographique de ces contrées.* Paris, 1854, ou 1844, gr. in-8 et 1 carte. Ouvrage estimé. (Challamel, 15 fr. — Catal. des *Accroiss.*, VII, p. 86.)

876. **CARPENTIER** (**P**) *Alger... Essai politique, suivi de conseils et renseignements indispensables aux personnes qui vont s'établir à Alger.* Paris, 1832, in-8 de 64 pp. (Bourquelot.)

877. **CARTE** de l'Algérie, à 1/1600000°, gravée sur cuivre, en deux feuilles. Publiée par le Dépôt de la guerre. Revue par les capitaines Mixcher, de Polignac, Henri Duveyrier et Parisot. (*Journal de la librairie*, 1874, p. 48.)

878. **CARTE** des chemins de fer de l'Algérie. Paris, Chaix (1870). (*Journal de la librairie*, n° 1092.)

879. **CARTE** du territoire d'Alger, *dressée au dépôt de la guerre*, par le chef Saint-Hippolyte. Paris, 1839. (D' Schubert.)

879 bis. **CATALOGUE** des produits de l'Algérie à l'exposition de Vienne. 1873, in-8. (Challamel, 2 fr. 50.)

880. **CAVAIGNAC** (**Eug.-Louis**), officier et frère du général, né en 1802. *De la régence d'Alger* (Note sur l'occupation). Paris, 1839, in-8. (Bourquelot.)

881. **CHARPENTIER** (**H.**), lithographe. *Carte de l'Algérie* Paris, impr. Clamaron (1867). (*Journal de la librairie*.)

882. **CHENNECHOT**. *Histoire résumée de la guerre d'Alger, d'après plusieurs témoins oculaires ; suivie d'une notice sur le dey et d'une biographie des principaux officiers de l'expédition.* Paris, 1830, in-8. (Bourquelot.)

883. **COETLOGON** (le Cte **L.-Ch.-Em. de**), né à Paris en 1814. Visita l'Algérie. *Voyage en Algérie.* 1847. (Vapereau.)

884. **DALRYMPLE** (le major **W.**). *Voyage en Espagne et en Portugal, en 1774, avec la Relation de l'expédition de l'Espagne contre Alger, en 1775*, traduit de l'anglais (par Romance de Mesmont). Bruxelles et Paris, 1733, in-8. Quelques exemplaires portent le titre : *Nouveau voyage en Espagne et en Portugal.* Bruxelles et Paris, 1787, in-8. (Quérard.)

885. **DARMET**. *Expédition d'Afrique. Tableau de la composition de l'armée, etc.; avec une Notice géographique, statistique et*

politique sur la régence d'Alger. Paris, 1830, in-plano. (Bourquelot.)

886. **DAUMAS** (**Jos.-Eug.**), général de division. Eu 1835, il partit pour l'Algérie; de 1837 à 1839, il résida en qualité de consul à Mascara, auprès de l'émir Abd-el-Kader; en 1850 il fut nommé directeur des affaires de l'Algérie au ministère de la guerre.

— *Exposé de l'état actuel de la Société arabe, du gouvernement et de la législation qui la régit.* Alger, 1815, in-8.

— Avec M. Fabar, capitaine: *Mœurs et coutumes de l'Algérie, Tell, Kabylie et Sahara.* Paris, 1847, in-12. — Paris, 1858, in-18. (Challamel, 3 fr. 50. — Wolff. — Vapereau.)

— *La Vie arabe et la Société musulmane.* Paris, 1869, in-8 de xv-594 pp. (*Journal de la librairie.*)

887. **DEBAY** (**A.**). *Biographie d'Abd-el-Kader et Description pittoresque des populations de l'Algérie et en particulier du pays des Kabyles.* Paris, 1845, in-18 de 132 pp. (Bourquelot.)

888. **DELAMARRE**. *Archéologie de l'Algérie.* In-fol. (Daremberg, 1873.)

889. **DELORD** (**Taxile**), membre de l'Assemblée nationale. *Histoire du second empire.* Paris, 1873. Le tome IV comprend: chapitre I, *l'Algérie* In-8. (Feuilleton du *Journal de la librairie*, 1873, p. 1319.)

890. **DENIS** (**Ferd**), administrateur de la biblioth Ste-Geneviève de Paris, et **SANDER RANG**, officier de marine: *Fondation de la régence d'Alger. Histoire de Barberousse, chronique arabe du XVIᵉ siècle; Expédition de Charles-Quint; aperçu historique du port d'Alger, etc.* Paris, 1837, 2 vol. in-8, 2 portr. et I planche.

891. **DENNIÉ** (le baron), intendant de l'armée d'Afrique. *Précis historique et administratif de la campagne d'Afrique.* Paris, 1830, in-8, 6 pp. (Quérard.)

892. **DOPIGEZ**, aumônier de l'armée d'Afrique. *Souvenirs de l'Algérie et de la France méridionale.* Douai, 1840, in-8, 1 lith. (Bourquelot.)

893. **FAIDHERBE** (le général). *Nouvelles inscriptions numidiques de Sidi-Arrath.* Lille (1872), in-8 de 7 pp. et planche. Extrait des *Mémoires de la Société*, 1872, 3ᵉ série, Xᵉ vol. (*Journal de la librairie*, 1873, n° 7828.)

894. **FARINE** (**Ch.**). *Deux pirates au XVIᵉ siècle. Histoire des Barberousse.* Paris, 1869, gr. in-8, fig.

895. **FERNEL**, chef de bataillon, employé à l'état major de l'expédition. *Campagne*

d'Afrique en 1830, avec un portrait du dey d'Alger, le tableau de l'organisation de l'armée et un plan des travaux du siège. Paris, 1837, in-8 de 142 pp., 1 portr. et 1 pl. — 2ᵉ édition revue et augm. Paris, 1831, in-8 de 256 pp., 1 plan et 1 portr. — La 1ʳᵉ édition était anonyme. (Bourquelot.)

896. **FILLIAS** (**Ach.-Et**), littérateur, né à Aubusson en 1821. Chargé par différentes compagnies de l'exploration de l'Algérie; depuis attaché à l'administration civile du gouvernement de l'Algérie; il a rédigé plusieurs volumes de statistique sur cette colonie.

— *Études sur l'Algérie.* Paris, 1849, in-8.

— *Histoire de la conquête et de la colonisation de l'Algérie (1830-1860).* Paris, 1860, in-8. (Brunet, n° 28412. — Larose, 1873, 3 fr. 50.)

— *Nouveau guide de l'Algérie.* Paris, 1864, in-8 illustré. (Vapereau.)

— *Géographie physique et politique de l'Algérie. Description, divisions naturelles, divisions culturales, produits, population, zoologie, mœurs et coutumes, commerce et industrie, etc.* 2ᵉ édition, Alger et Paris, 1873, in-8 de 260 pp., 2 fr. 50. (*Journal de la librairie.*)

897. **FISQUET** (**Hon.-J.-Pierre**), littérateur, né à Montpellier en 1818. On a de lui une *Histoire de l'Algérie depuis les temps anciens jusqu'à nos jours.* Paris, 1842, in-8. Ouvrage non continué, duquel on a quelques livraisons seulement. (Bourquelot. — Vapereau.)

898. **FROMENTIN** (**Eug.**), peintre franç., né à La Rochelle en 1820. A voyagé en Algérie; à son retour il a donné nombre de sujets relatifs aux pays qu'il a parcourus. Il a raconté ses impressions de voyages dans le feuilleton du *Pays*, et il les a publiées à part, sous les titres de *Visites artistiques, simples pèlerinages.* Paris, 1852-1856. — *Une année dans le Sahel.* 1859, in-16. — *Un été dans le Sahara.* 1859, in-16. (Wolff. — Vapereau.)

899. **GALIBERT** (**Léon**), littérateur franç., né vers 1810, mort en 1865. *Histoire de l'Algérie ancienne et moderne, depuis les premiers établissements des Carthaginois, etc* Paris, 1844, gr. in-8, 24 vign. sur acier et sur bois, 12 costumes coloriés des tribus arabes et des armées françaises en Afrique, 11 cartes. (Bourquelot. — Crépin, en 1871, 6 fr. — Lanctin, en 1873, 9 fr. — Wolff.)

900. **GENTY DE BUSSY** (**Pierre**). *De l'établissement des Français dans la régence d'Alger.* Paris, 1835, 2 vol. in-8. — 2ᵉ édit.

augm., Paris, 1839, 2 vol. in-8. (Vapereau. — Brunet, n° 2841.)

901. GÉRARD (**C.-Jules-Basile**), dit le **Tueur de-lions**, officier français, né en 1817, mort en 1864.

— *La Chasse aux lions et les autres chasses de l'Algérie.* Paris, 1853, in-8. (Brunet.)

— *Gérard le tueur de lions. Biographie racontée par lui-même et écrite par A. Poissonnier.* Paris, 1847, in-8. (Bourquelot.)

902. GORDON (**Lucie Austin**, lady), femme de lettres anglaise. On a d'elle : *Les Français en Algérie*, et autres ouvrages. (Vapereau.)

903. GUICHARD (**Ch.-Amand**), garde principal du génie. *Excursion dans les environs de Dyr en Algérie. Lettre à mon père.* Châlon, 1872, in-16 de 101 pp.

904. GUIMET (**Emile**). *Arabes et Kabyles; pasteurs et agriculteurs.* Lyon, 1873, in-8 de 24 pp. *(Journal de la librairie.)*

905. HASSOUNA DERIZ ou **De Ghys.** *Aperçu historique et statistique sur la régence d'Alger, intitulé en arabe « le Miroir »,* par Sidy Hamdan-ben-Othman, trad. en franç., par H. D. Paris, 1833, in-8 de IV et 456 pp. *(Superch. littér., p. 249.)*

906. HATIN (**Louis-Eug.**), littérateur français, né à Auxerre en 1809. *Histoire pittoresque de l'Algérie, contenant une Notice historique sur les commencements de cet état, et les diverses expéditions tentées contre Alger ; la description du pays et de ses villes principales, avec des détails curieux sur les mœurs et les usages des Bédouins, etc.* Paris, 1840, gr. in-8 (Bourquelot.)

907. HÉRAULT (le R. P. **Lucien**). *Les Victoires de la charité, ou Citation des voyages de Barbarie faite en Alger,* par le R. P. Lucien Hérault, pour le rachat des François esclaves, aux années 1643 et 1645, ensemble ce qui s'est passé en sa captivité, emprisonnement et mort arrivée audit Alger, le 23 janvier 1646.... Paris, 1646 (aussi 1647), in-8. (Brunet, n° 20832.)

908. HERBINGHEM (d'). *Instructions particulières pour les bâtiments à vapeur, naviguant en courriers sur les côtes de l'Algérie.* Paris, 1852, atlas oblong. (Catalogue P. Lefeld, 1873, n° 91.)

909. HERMITES (**Les**) Collection d'observations sur les mœurs des Algériens, des Anglais, des Belges, etc., du commencement du XIXᵉ siècle :

— *L'Hermite à Alger* (par Alex. Martin). Cet ouvrage qui devait être publié en 2 vol. in-8, n'a pas été imprimé par suite de mauvaises spéculations. *(Supercheries littér., tome II, col. 271-272.)*

910. JOURNAL, or *Briefe repository of all occurrents happining in the fleet of ships sent out by the king his most excellent majestie, as well against the pirates of Algiers as others.* London, 1621, in-4°. (Brunet, 28406.)

911. JUDAS (le Dʳ **C.-A.**), médecin militaire. *Sur plusieurs séries d'épitaphes libyques découvertes en Algérie, particulièrement dans les cercles de Bone.* Paris, 1868, in-8 de 43 pp. *(Revue bibliographique.)*

— *Nouvelle analyse de l'inscription libyco-punique de Thugga, en Afrique ; suivie de nouvelles observations sur plusieurs épitaphes libyques dans le but exprès de faciliter en Algérie l'étude des langues phéniciennes, libyco-berbère.* Paris (1869), in-8 de 80 pp. et 1 pl. *(Journal de la librairie.)*

— *Sur une nouvelle série d'épitaphes libyques trouvées à la Cheffia par M. Reboud.* Paris, in-8 de 22 pp. et 3 pl. Extrait des *Annales des voyages,* avril 1869. *(Journal de la librairie.)*

— *Sur quelques épitaphes libyques et latino-libyques pour faire suite à mes trois mémoires sur des épitaphes libyques, et à ma Nouvelle analyse de l'inscription libyco-punique de Thugga.* Paris, 1870, gr. in-8 de 14 pp. et 1 pl. 1 fr. 25. *(Journal de la librairie.)*

— *Examen des Mémoires de M. le docteur Reboud et de M. le général Faidherbe sur les inscriptions libyques.* Paris (1871), in-8 de 115 pp. *(Journal de la librairie.)*

912. JUNGMANN (**R.**). *Costumes, mœurs et usages des Algériens.* Strasbourg, 1838, in-4°, 40 lithogr.

Le même ouvrage a été publié en même temps en allemand sous le titre de: *Trachten, Sitten und Gebrauche der Algerien ;* Strasbourg, in-4° obl. 1838. (Bourquelot.)

913. JUSUF, général français, dit **Jusuf-Mameluck**, né à l'île d'Elbe en 1805, mort en 1866. *La Guerre en Afrique.* Paris, 1850. L'auteur capturé par un corsaire tunisien, devint le favori du bey de Tunis; il passa ensuite au service de la France et fit les campagnes d'Algérie. (Vapereau.)

914. KNIGT (**Francis**). *A relation of seaven years slaverie under the Turkes of Algeire, suffered by an English captive merchant. Whereunto is added a second booke containing a description of Algeire, with its originall, manner of government, increase, and present flourishing estate.* London, 1640, in-4°, front. gr. et planches. (Brunet.)

Ce volume a été réimprimé dans *The Collection of voyages and travels*, publiée à Oxford.

915. LA MARE (de). *Note sur les villes romaines d'Algérie.* 24 pp. (Claudin, 1873, nᵒ 4167, 1 fr. 50.)

916. LAPÈNE (Ed.), général français, ancien commandant supérieur de Bougie. *Tableau historique de l'Algérie, depuis l'occupation romaine jusqu'à la conquête par les Français en 1830.* 1ʳᵉ partie. Toulouse, 1845, in-8; et 2ᵉ partie, Metz, 1845, in-8. (Bourquelot.)

917. LAUGIER DE TASSY (N.), commissaire de la marine pour le roi d'Espagne en Hollande à la fin du XVIIᵉ siècle. On a de lui: *Histoire du royaume d'Alger.* Amst., 1724, in-12. — Amst., 1725, in-12, cartes. — Paris, 1727, in-12, sans cartes. (Jérôme Bignon, 1837, nᵒ 1824. — Quérard.)

— *État général et particulier du royaume et de la ville d'Alger, et de son gouvernement,* etc. La Haye, 1750, in-12. Cette histoire, publiée par L. Le Roi, n'est qu'un plagiat de celle du royaume d'Alger, de Laugier de Tassy. (*Superch. littér.*, tome II, col. 760.)

L'Histoire du royaume d'Alger a été traduite en plusieurs langues: deux fois en allemand, une fois en espagnol, une fois en anglais et une fois en italien.

— *État de l'esclavage des chrétiens au royaume d'Alger, avec celui de son gouvernement, etc* Amst., 1732. C'est une nouvelle édition déguisée de l'*Histoire du royaume d'Alger*, etc. (*Dictionn. des anonymes.* — Brunet, 18405. — Peignot. — Quérard.)

— *A complete history of Algiers,...* translated by Morgan. London, 1728 (or 1732), pet. in-4º. (Brunet, nᵒ 28405.) Voir nᵒ 451.

918. LAUVERGNE (Hubert), médecin en chef de la marine à Toulon, etc. *Histoire de l'expédition d'Afrique en 1830, ou Mémoires historiques sur tous les événements qui ont signalé la marche de notre armée, depuis son départ de Toulon jusqu'à l'occupation d'Alger;* suivie de *Trois journées africaines,* poëme. Toulon et Paris, 1831, in-8. (Bourquelot.)

919. LESSORE (C.) et W. Wild. *Voyage pittoresque dans la régence d'Alger, pendant l'année 1833, publié et imprimé* par Ch. Motte. Paris, 1834-1835, in-fol., 50 pl. lithogr. L'ouvrage fut publié en 5 livraisons, et au prix de 100 fr. (Brunet. — Bourquelot. — Quérard.)

920. LEYNADIER et CLAUSEL: *Histoire de l'Algérie française, précédée d'une* introduction, et suivie d'un précis historique sur l'empire du Maroc; illustré par T. Guérin et Ramus. Paris, 1846, 2 vol. in-8. (Brunet, 28412.)

921. LISKENNE (Louis), né à Nantes en 1799. *Coup-d'œil sur la ville d'Alger et ses dépendances, ou Esquisses historiques, politiques et géograph. de l'état algérien,* etc. Paris, 1830, in-32. (Quérard.)

922. LUKIS (le rév. W.-C.). *Monuments mégalithiques en Algérie.* Nantes (1873), in-8 de 7 pp. Extrait du *Bull. de la Société archéol. de Nantes.* (*Journal de la librairie.*)

923. MAC-CARTHY (Oscar). *Géographie physique, économique et politique de l'Algérie.* In-18. (Challamel, 4 fr.)

924. MARCEL (J.-J.), né à Paris en 1776, mort en 1854; attaché à la commission scientifique de l'expédition d'Égypte, directeur général de l'imprimerie nationale en Égypte. *Numismatique orientale. Tableau général des monnaies ayant cours en Algérie.* Paris, 1841, in-8. (Bourquelot. — *Manuel* de Brunet, 28412.)

925. MARGUERITE (le général A.). *Les Chasses en Algérie, et notes sur les Arabes du Sud.* Alger (1869), in-8 de vii-363 pp. — 2ᵉ édition, Paris, Furne, 1869, in-12 de 330 pp. Un article critique sur cet ouvrage, est inséré dans le *Siècle,* et signé Ch. Jourdan, 6 décembre 1869.

926. MARTIN (A.-E.-Victor). *Histoire statistique de la colonisation algérienne, au point de vue du peuplement et de l'hygiène* (Ouvrage couronné par l'Institut de France). Paris, 1851, in-8. (Brunet, 28412.)

927. MAS-LATRIE. *Tableau des possessions françaises de l'Algérie,* publié par ordre du ministre de la guerre (1843-1844). (M.)

— *Documents relatifs à l'histoire de l'Algérie au moyen-âge;* article inséré dans la *Bibliothèque de l'École des chartes,* tome X, p. 134. (Bourquelot.)

928. MATHAREL (V. de). *Vues des provinces d'Alger, de Constantine et d'Oran,* d'après les dessins de M. V. de Matharel, 18 pl. in-fol. (Challamel, 20 fr.)

929. MÉMORIAL *du dépôt général de la guerre.* Le tome X comprend la *Description géométrique de l'Algérie,* etc. Paris, imprimerie nationale, 1871, in-4º de viii-137 pp. et 4 pl. (*Journal de la librairie,* nᵒ 2757.)

930. MERLE (J.-Toussaint), littérateur, né à Montpellier en 1785. *Anecdotes historiques et politiques pouvant servir à l'histoire de la conquête d'Alger, en 1830.* Paris, 1831, in-8, 4 pl. (Quérard.)

931. **MICHAELIS (E.-H)**. *Cartes géogra-phiques d'Algérie*, publiées (en allemand) à Munich, en 1830. (Dr Schubert.)

932. **MILLON (E.)**, *sa vie, ses travaux de chimie et ses études économiques et agri-coles sur l'Algérie*. Paris, 1869, in-8 de XXVI-327 pp. (*Journal de la librairie*.)

933. **MONTROND (de)**. *Histoire et conquête de l'Algérie, de 1830 à 1847*. Paris, 1847, 2 vol. in-8. (Brunet, 28412.)

934. **MORNAND (Félix)**, littérateur fran-çais, né à Mâcon en 1815, mort en 1867. En 1833, il suivit, comme secrétaire, la com-mission d'enquête composée de députés et de pairs de France, envoyée en Algérie par le gouvernement. On a de lui: *La Vie arabe*. Paris, 1856, in-12. (Vapereau.)

— Il a publié dans la *Revue de Paris* (1844) divers morceaux sous le titre: *Episodes et souvenirs de l'Algérie*, dont l'un est relatif à Sidi Embarek, *le Borgne*, fameux et brave lieutenant d'Abd-el-Kader. (Bourquelot.)

935. **NAZARIEUX (Ch.-Pierre de)**. *Mé-moire historique, géographique et politique sur l'Algérie; suivi d'un plan d'occupation général et du système financier et adminis-tratif d'une société d'actionnaires, dont le capital social serait de cinquante millions, destinés à établir une grande colonisation*. Paris, 1840, in-8 de 63 pp (Bourquelot.)

936. **NETTEMENT (Alfred)** *Histoire de la conquête de l'Algérie*, 2e édit. Paris, Le Coffre, 1870, in-12 de 384 pp. La première édition est de Paris, 1856, in-8. (Brunet, n° 28412. — *Journal de la librairie*.)

937. **OGET (Jules)**, capitaine d'état-major. *Une expédition algérienne. Episode de l'in-surrection de 1864*. Paris, 1871, in-8 de XII-228 pp. (*Journal de la librairie*.)

938. **ORLÉANS (Ferd. duc d')**, fils aîné de Louis-Philippe. *Campagnes de l'armée d'A-frique, 1835 à 1839. Ouvrage publié par ses fils*. Paris, 1870, in-8 de XCVIII-465 pp., portr. de l'auteur, et 1 carte d'Algérie. Le fait ca-pital du volume est la prise de Constantine.

— *Vie militaire, politique et privée de Mon-seigneur le duc d'Orléans*, avec des notes historiques sur les campagnes d'Afrique, ré-digées par le prince, par A. Pascal. Paris, 1842, gr. in-8, portr. et fac-simile. (Baillieu, en 1874, n° 305, 2 fr.)

939. **OTTONE (J.)**. *L'Algérie, Youssouf-bey et Abd-el-Kader*. Paris, 1837, in-8 de 16 pp. (Bourquelot.)

940. **OUTREY (Marius)**. *Dictionnaire de toutes les localités de l'Algérie, contenant par ordre alphabétique les noms des villes,* villages, hameaux, tribus des trois provin-ces. *Principaux marchés, directions et dis-tributions des postes*. In-18. (Challamel, 6 fr.)

941. **PANANTI (Fil.)**, littérateur toscan. *Avventure e osservazioni di Fil. Pananti sopra le coste di Barberia*. Firenze, 1817, 2 part. in-8. Réimpr. à Milan, 1817, 3 vol. in-12, 1 carte. (Brunet.)

— *Extrait des aventures et observations de Ph. Pananti sur les costes de Barbarie*, par Simonde de Sismondi; imprimé dans la *Bibliothèque universelle*, 1817.

— *A geographical and histor. narrative of a residence in Algiers, comprising an ac-count of the regency biographical Sketches of the Dey and his ministers, anecdotes of the late war, observations on the relations of the Barbary states with the christian powers and the necessity of the complete subjugation*, by signor Pananti, with notes and illustrations by Edw. Blaquière. Lon-don, 1818, in-4°, fig. et cartes. (Brunet.)

— *Relation d'un séjour à Alger, contenant des observations sur l'état actuel de cette régence, les rapports des états barbaresques avec les puissances chrétiennes et l'impor-tance pour celles-ci de les subjuguer* (com-posé en italien par Pananti, trad en angl. par Blaquière); trad. de l'anglais (par Henri La Salle). Paris, 1820, in-8, 1 fig. (Quérard.)

942. **PÂRIS (E.-G)**, colonel français. *Vingt-deux mois de colonne dans le Sahara algé-rien et en Kabylie*. Paris, 1869, in-8 de 94 pp. Extrait du *Bulletin de la Société bota-nique de France*, tome XIV, 1867. (*Revue bibliographique*, VI, n° 781.)

943. **PASCAL (Adrien)**. *Bulletin de l'ar-mée d'Afrique, avec des notes historiques et des notes biographiques sur chaque offi-cier supérieur, et un précis des actions de guerre des régiments nommés dans les bul-letins*. Paris, 1842, 2 vol. in-8. (Bourquelot.)

— *Précis historique des actions de guerre du 17e régiment d'infanterie légère. Détails officiels sur les dernières campagnes d'Afri-que*, avec une introduction de Méry. 1841, in-8. (Bourquelot.)

943bis. **PEIN (le colonel)**. *Souvenirs de l'Al-gérie et des guerres d'Afrique; avec un Pré-cis historique sur l'origine de cette mysté-rieuse partie du monde, depuis l'ère ro-maine jusqu'à nos jours*. Nouvelle édition, Paris, 1873, in-18 de 500 pp.

944. **PELLISSIER (E) de Reynaud**, offi-cier français, chef des bureaux arabes à Alger en 1833 et 1835, puis consul à Malte. *Mémoires historiques et géographiques sur l'Algérie*. Paris, 1845, in-8. Ce volume con-

tient : Mémoires historiques sur les expéditions et les établissements des Européens en Barbarie — Mémoire sur les mœurs et les institutions sociales des Arabes et des Kabyles — Du nord de l'Afrique — Mémoire sur la géographie ancienne et sarrazine de l'Algérie. Il fait partie de *l'Exploration scientifique de l'Algérie pendant les années* 1840, 1841, 1842, publication à laquelle M. Pellissier a pris une part très-active. (Bourquelot. — Challamel, 12 fr.)

— *Annales algériennes*. Paris et Alger, 1836-39, 3 vol. in-8. — Nouvelle édition, avec un Appendice contenant le Résumé de l'histoire de l'Algérie de 1848 à 1854, etc. Paris, 1854, 3 vol. in-8. (Brunet, 28406.)

945. **PERROT** (**A.-M.**), géographe français, né vers 1795. *Alger. Esquisse topographique et historique du royaume et de la ville*. Paris, 1830, in-8 de 91 pp., 1 carte et 1 pl. — 2ᵉ édit. Paris, 1830, in-8 de 96 pp., 2 pl. (Quérard.)

— *La Conquête d'Alger, ou Relation de la campagne d'Afrique, comprenant les motifs de la guerre, les détails des préparatifs de l'expédition, etc.* Paris, 1831, in-8, 1 carte. (Quérard.)

946. **PETIET** (le général baron **Aug.**), né à Rennes en 1784, mort en 1858. *Journal historique de la troisième division de l'armée d'Afrique ;* inséré en 1830 dans le *Spectateur militaire ;* et une 2ᵉ édit., revue et augm., Paris, 1835, in-8. (Quérard.)

947. **PETITE CARTE** *murale de l'Algérie*, dressée d'après les documents les plus récents, à l'usage des écoles primaires (formant 4 feuilles jésus. Alger et Paris, 1873).

948. **PHILEBERT** (**Ch.**), colonel du 36ᵉ de ligne. *Expédition dans les Beni-Menacer en* 1871. Paris, 1874, in-8 de 55 pp et 3 pl. Extrait du *Journal des sciences militaires*, déc. 1873.

949. **PICHON** (le baron **L.-A.**), intendant civil d'Alger. *Alger sous la domination française ; son état présent ; son avenir.* Paris, 1833, in-8, 3 cartes. (Quérard.)

950. **PIESSE** (**L.**). *Itinéraire historique et descriptif de l'Algérie, comprenant le Tell et le Sahara.* 2ᵉ édit. Paris, Hachette, 187., in-12, avec 1 carte générale de l'Algérie, une carte pour chacune des trois provinces, et une carte spéciale de la Mitidja.

951. **PLÉE** (**Léon**), journaliste français, né à Paris en 1815. *Abd-el-Kader, nos soldats, nos généraux, nos victoires en Afrique.* Paris, 1854. in-4°. (Vapereau.)

952. **POIRSON**. *Expédition d'Afrique en* 1830. Strasbourg, 1831, in-plano d'une feuille. (Quérard.)

953. **POUJOULAT** (**J.-Jos.-Fr.**). *Voyage en Algérie. Etudes africaines, récits et pensées d'un voyageur.* Paris, 1846, 2 vol. in-8. — Nouvelles éditions, 1861, — 1868, in-12, etc.

954. **QUATRE-BARBES** (**Théod. de**) *Souvenirs de la campagne d'Afrique.* Seconde édition, revue et augm. Paris, 1851, in-8. (Quérard.)

955. **REFTELIUS** (**Ch.**). *Historisk och politisk Beskrifning...* (Description historique du royaume et de la ville d'Alger, depuis 1516, jusqu'en 1732). Stockholm, 1732, 2 part. en 1 vol. in-4° (en Suédois). (Brunet, nº 28406.)

956. **REHBINDER** (von **J.-Ad.-Frhn.**), consul de Danemark à Alger. *Nachrichten und Bemerkungen über den Algierischen Staat.* Altona, 1798-1800, 3 vol. in-8, cartes et fig. Ouvrage le plus étendu que l'on eût alors sur cet Etat. (Brunet.)

957. **RENAUDOT**. *Alger ; tableau du royaume, de la ville d'Alger et de ses environs ; état de son commerce, de ses forces de terre et de mer ; description des mœurs et des usages des habitants du pays.* Paris, 1830. — IVᵉ édit. Paris, 1830, in-8, 1 pl., une carte et 4 grav.

958. **RÉNIER** (**Léon**), archéologue français, né en 1809, membre de l'Institut. *Inscriptions romaines de l'Algérie.* Paris, 1855, 2 vol. gr. in-4°, fig s. b. ; aussi dans *l'Exploration scientifique de l'Algérie*, 1840-44. (Manuel de Brunet.)

959. **RIBOURG** (**P.-Félix**), colonel d'état-major, depuis général, né en 1811. *Le Gouvernement de l'Algérie de* 1852 *à* 1858. In-8. (Challamel, 1 fr. 50)

960. **RICHARD** (**Ch.**), capitaine du génie, chef des bureaux arabes à la subdivision d'Orléansville. *Scènes de mœurs arabes* (les chefs indigènes, le peuple, les plaignants). Pet. in-18. (Challamel, 1 fr.)

— *Les Mystères du peuple arabe.* In-18. Le marché, le Cadi, le Kaïd. Actes de répudiation, le poëte, le prisonnier qui revient de France, le médecin, le marchand de talismans, l'agent des sociétés secrètes. (Catal. de la librairie des sciences soc., 3 fr. 50.)

— *Du gouvernement arabe et de l'institution qui doit l'exercer.* Alger, 1848, in-8 de 124 pp. (Bourquelot)

961. **ROBERT-HOUDIN** (**J.-Eug**), né à Blois en 1805. En 1856, il reçut du gouvernement une mission en Algérie, dont le but était de détruire les illusions des Arabes sur les prétendus miracles de leurs marabouts. Il a publié, en 1858, au retour de ce voyage : *Confidences d'un prestidigitateur.* Paris, 2 vol. in-8. (Vapereau.)

962. **ROBIOU (F.) de La TREHONNAIS**, agronome, en mission en Algérie pendant les années 1867 à 1870. *L'Algérie en 1871*. Paris, Victor Masson, 1871, in-8 de 24 pp. (*Journal de la librairie* Feuilleton, 1871, p. 610.)

963. **ROTALIER (Cl. de)**, membre de l'Académie de Besançon. *La Captivité de Barberousse, roi d'Alger. Chronique du XVIe siècle*. Paris, 1839, in-8. (Bourquelot.)

— *Histoire d'Alger et de la piraterie des Turcs dans la Méditerranée, à dater du XVIe siècle*. Paris, 1841, 2 vol. in-8. (Brunet, 28406.)

964. **ROUSSEAU (le baron Alph.)**, consul de France, ancien secrétaire interprète en Algérie. *Alger, chroniques de la régence*, traduites d'un manuscrit arabe intitulé: *El-Zohrat-el-Nayerat*. Alger, 1841, gr. in-8. (Bourquelot.)

965. **ROUSSEL (N.)**. *Mon voyage en Algérie, raconté à mes enfants*. In-12, figures. (Sandoz et Fichbacher, p. 77, 1 fr. 50.)

966. **ROY (J.-J.-E.)**, littérateur français, né en 1795, mort en 1871. *Histoire de l'Algérie* 3e édit. Tours, Mame (1870), in-8, 4 grav. — Autres édit.: Limoges et Paris, 1855, in-12, 1 grav. — 1856.

967. **ROZET (Claude-Ant.)**, capitaine d'état-major, ingénieur hydrographe, membre de la Société d'histoire naturelle et géologique. Voyagea à plusieurs reprises en Algérie. *Relation de la guerre d'Afrique pendant les années* 1830 et 1831. Paris, 1832, 2 vol. in-8, 1 carte.

— *L'Algérie* étude insérée dans l'*Univers pittoresque*, à la suite de l'*Histoire de Tunis* de J. Marcel et Franck. Paris, 1833, in-8 de 32 pp. (Quérard.)

— *Voyage dans la régence d'Alger, ou Description du pays occupé par l'armée française en Afrique, détails sur le commerce, l'agriculture, les sciences et les arts, les mœurs et coutumes des habitants, etc.* Paris, 1833, 3 vol. in-8 et atlas de 30 planches. (Brunet, 20837. — Aug. Fontaine, en 1874, 10 fr.)

968. **RUBIO (Cl.-Ant.)**, géologue français, né en 1798, fut attaché à l'armée d'Afrique. *Relation de la guerre d'Afrique*. Paris, 1832, 2 vol. in-8. Premières années de la conquête d'Alger.

— *Voyage dans la régence d'Alger*. Paris, 1833, 3 vol. in-8, pl. On y trouve de nombreuses observations sur la géographie, la géologie, l'histoire naturelle, etc.

— *Alger*. Paris, 1853, in-8. Inséré dans l'*Univers pittoresque*. (Vapereau.)

969. **SERRE (Louis)**. *Les Arabes martyrs; étude sur l'insurrection de 1871 en Algérie*. Paris, 1873, in-12 de 35 pp. (*Journal de la librairie*.)

969 bis. **SHALER (Will.)**. *Sketches of Algiers, political, historical and civil, containing an account of the geography, population, government, revenues, etc.* Boston, 1826, in-8, carte. Cet ouvrage a été traduit en français par Bianchi. Voir n° 868. (*Manuel* de Brunet, 28408.)

970. **SHAW (Th.)**. *Voyage dans la régence d'Alger, ou Description géographique, physique, philologique, etc., de cet État*, avec de nombreuses augmentations, des notes géographiques et autres, par J. Mac-Carthy. Paris, 1830, in-8; ou en 2 vol. in-18, 1 pl. Ouvrage tiré du *Voyage dans la Barbarie*, etc. Voir n° 392. (Quérard.)

971. **SIMON (Fréd.)**. *Algérie. Les Spahis et les Smalas*. Constantine, 1871, in-8 de 16 pp. (*Journal de la librairie*.)

972. **SOUVENIRS** *d'Afrique*, 1854-55; par le docteur X. Lille, 1868, in-8 de VI-255 pp. (*Journal de la librairie*.)

973. **SPRAGGE (E.)**. *A fine and perfect relation of the happy successe and victory obtained against the Turks of Algiers at Bugia by his Majesty's fleet in the Mediterranean, under the command of sir E. Spragge*. London, 1671, in-fol. (*Manuel* de Brunet, n° 28406.)

974. **STUCKLÉ (Henri)**, sous le pseudonyme de **Timon**. *L'Algérie, ses relations extérieures*. In-18. (Challamel.)

975. **TABLEAU** *de la situation des établissements français dans l'Algérie depuis* 1838, *publié par le ministre de la guerre*. Gr. in-4°, 16 vol. en 1861. Le dernier est le tableau de 1862. (Brunet, n° 28412.)

976. **TESSON (François)**. *L'Algérie: histoire, batailles, anecdotes, mœurs, légendes*. Nouvelle édition illustrée de 40 grav.; types, portraits, etc., et d'une nouvelle carte coloriée de l'Algérie, avec les plans d'Oran, de Constantine et d'Alger. Paris, Pick.

977. **THIBAUD (Émile)**, fabricant, né à Clermont en 1803. *Notice statistique et historique sur le royaume et la ville d'Alger*. 3e édit., Paris, 1830, in-8. (Bourquelot.)

978. **THIERRY (Ferd.)**, littérateur et officier, né à Sédan en 1799. *Notices sur la Corse et la Grèce, suivies d'un coup d'œil rapide sur l'expédition d'Afrique, et détail exact des marchandises que contenaient les magasins de la Casbah, résidence du dey d'Alger*. Paris, 1832, in-8. (Quérard.)

979. **THIERRY-MIEG** (**Ch.**). *Six semaines en Afrique. Souvenirs de voyage.* In-18. Avec une carte itinéraire de V.-A. Malte-Brun, et neuf dessins par Worms. (Challamel, 3 fr.)

980. **TRAPANI** (**Dom.-Gian**), professeur de langue espagnole. *Alger tel qu'il est, ou Tableau statistique, moral et politique de cette régence.* Paris, 1830, in-8 de 108 pp. et 1 pl. (Quérard.)

981. **TURCICI** *imperii status acced. de regn. Algeriano atque Tunetano comment.* Lugd.-Batav., Elzev., 1634, in-16. (Dr Schubert.)

982. **VALENTINOIS.** *Chambre des pairs. Session de 1837. Opinion de M. le duc de Valentinois sur Alger.* Paris, 1837, in-8 de 8 pp. (Quérard.)

983. **VEUILLOT** (**Louis**), littérateur français, né en 1813. Voyagea en Afrique, en 1842, avec le maréchal Bugeaud. *Les Français en Algérie. Souvenirs.* Tours, 1844, in-8. — Autre édit., Tours, 1845. — 6me édition, 1863, in-8. (Brunet, n° 28411. — Vapereau. — Bourquelot.)

984. **VIAN** (**Louis**). *L'Algérie contemporaine.* In-18. (Challamel, 3 fr.)

985. **VILLOT** (**le capitaine**), chef du bureau arabe à Constantine. *Mœurs, coutumes et institutions des indigènes de l'Algérie.* Constantine (1870), in-18 de 438 pp. (*Journal de la librairie.* — Challamel, 3 fr. 50.)

986. **VOYAGE** de *S. M. Napoléon III en Algérie* (1865), *dans les trois provinces, etc.; avec notes historiques et géographiques*, par Pharaon. Paris, in-18. (Challamel, 3 fr.) — Paris, 1865, in-4° obl., fig. (Lécureux, 1874, 8 fr.)

987. **VOYAGE** *en Algérie par sept touristes français, rédigé par X..., l'un d'eux, sur des notes prises jour par jour.* Paris, 1868, in-12 de 284 pp. (*Revue bibliographique*, tome II, 1868, p. 83, n° 1183.)

988. **VUILLEMIN.** *Carte de l'Algérie*, d'après les cartes de l'état-major, et les documents du ministère de la guerre. (Paris.) (Challamel, 5 fr.)

989. **WAGNER** (**Maurice**), écrivain allemand, né en Bavière, en 1813. Voyagea en Algérie de 1836 à 1838, et a donné la relation de cette excursion: *Reisen in der Regentschaft Algier, etc.* (Vapereau. — Brunet, 20839.)

990. **WARNIER** (Dr) et **M. CARETTE.** *Description et division de l'Algérie.* Paris, 1847, in-8 de 48 pp., 1 carte. — Paris, 1847, in-18, 1 carte. (Bourquelot.)

991. **WIMPFFEN** (**de**), général, né à Pra-gue en 1797. *L'Expédition de l'Oued-Guir. Lettre du général Wimpffen au président de la Société de géographie.* Paris, 1871, in-8 de 29 pp. Tirage à part du *Bulletin de la Société de géographie*, janvier 1872.

992. **YSUF.** *De la guerre en Afrique.* 1851, in-8. (Wolff, p. 109.) Voir n° 913.

993. **DROHOJOWSKA** (**Ant.-Jos.-Françoise-Anne Symon de Latreille**, comtesse), née en 1822, morte en 1867. *Histoire de l'Algérie.* Paris, 1858, pet. in-18. (Vapereau.)

994. **DROUET D'ERLON**, maréchal de France, né à Reims en 1765, mort en 1844. Gouverneur général de l'Algérie en 1834, créa les bureaux arabes et introduisit dans cette colonie le régime municipal. Sa modération à l'égard des indigènes le fit rappeler en France dès 1835. Drouet a écrit lui-même sa vie militaire, publiée par sa famille. Paris, 1844, in-8. (Bourquelot.)

995. **DUBOIS** (**Ch.**). *Journal d'un colon d'Algérie.* Strasbourg, 1864, pet. in-8 de 84 pp. (Extrait du *Bibliographe alsacien*, 1865, p. 108.)

996. **DUCHASSAING** (**E.**), colon agriculteur, membre du conseil municipal d'Alger. *La Vérité sur Alger.* Paris, 1840, in-8.

997. **DU CHEYRON**, commandant du 8e hussards. *Bordj-Bou-Arreridj pendant l'insurrection de 1871 en Algérie. Journal d'un officier.* Paris, 1873, in-12 de 270 pp., 1 pl. et 1 carte. (*Journal de la librairie.*)

998. **DUGAT** (**Gust.**). Séjourna en Algérie. *Précis historique et statistique des colonies agricoles établies en France et en Algérie.* Paris, 1850.

Il a donné des articles dans le *Journal asiatique*, la *Revue de l'Orient et des colonies*, etc. (Vapereau.)

999. **DUMESNIL** (**E. d'Ault**), officier français. *Relation de l'expédit n d'Afrique en 1830, et de la conquête d'Alger.* Paris, 1832, in-8. — 2e édition revue et augm., précédée d'un *Aperçu historique sur l'Algérie.* Paris, 1868, in-12 de xv-522 pp. Articles critiques dans la *Revue bibliographique*, 1869, tome III, p. 223; le *Monde*, 5 février 1869. (Bourquelot.)

1000. **DUPUCH** (**A.-A.**), évêque de Césarée ou d'Alger. *Essai sur l'Algérie chrétienne, romaine et française.* Turin, 1847, in-8. (Bibliothèque de Nice.)

1001. **DUPUY** (**Alexandre**), capitaine, conseiller d'arrondissement. *Les Mobiles de la Creuse en Afrique.* Guéret, 1872, in-8 de 51 pp.

1002. **DUREAU DE LA MALLE**. Il rédigea au nom de l'Académie les *Recherches sur l'histoire .. de la régence d'Alger et sur la colonisation de l'Afrique sous la domination romaine*, publiées par une commission de l'Académie des inscriptions et belles-lettres. Paris, 1837 et années suiv., in-8. (Brunet, n° 28403.)

— *L'Algérie, histoire des guerres romaines, des byzantins et des Vandales*. Paris, 1852, in-18. (Biblioth. royale de Bruxelles.)

1003. **DUVERNOIS** (Clément). *L'Algérie pittoresque. Description, mœurs, commerce, etc.* In-18. (Challamel, 3 fr.)

Polygraphie et Bibliographie.

1004. **AFRIQUE** (L'). *Journal de la colonisation française, politique, économique*, fondé à Paris par les colons de l'Algérie. Directeur-gérant: Hipp. Peut. Paris, 15 août 1844-1845, 2 vol. in-fol.

L'*Esprit public* publiait en 1846 un supplément portant le titre d'*Afrique*. (*Bibliographie de la presse*, p. 383.)

1005. **AFRIQUE** (L') *française, Journal des intérêts politiques et civils de l'Algérie*. Rédacteur en chef: Montagne père. Alger, 11 juin 1848, in-fol. (*Bibliographie de la presse*, col. 1832.)

1006. **AKHBAR** (L'), *journal politique de l'Algérie*, paraissant 4 fois par semaine. Alger, 1839 à 1873, volumes in-fol. C'est une des plus anciennes feuilles périodiques d'Alger. (*Bibliographie de la presse*, p. 383.)

1007. **ALGÉRIE** (L'), *courrier d'Afrique, d'Orient et de la Méditerranée*. Paris et Alger, in-fol. Cette feuille fondée en 1835 par le père Enfantin, eut pour collaborateurs Fouqueau de Passy, Carette et Warnier. Elle cessa de paraître en juillet 1846. (*Bibliographie de la presse*, col. 1832.)

1008. **ALGÉRIE** (L') *agricole, commerciale et industrielle, recueil mensuel contenant des renseignements de toute nature sur l'agriculture, la colonisation, le commerce et les diverses industries algériennes.* 1er juin 1859-1860, 3 vol. in-8.

Remplacé par la *Revue du monde colonial, organe des intérêts agricoles, etc.* In-8. (*Bibliogr. de la presse*, p. 384.)

1009. **ALGÉRIE** (L') *française. Journal politique quotidien* (le mercredi excepté). In-fol. 1 an, 20 fr., Alger. (*Annuaire de la librairie*, 1872.)

1010. **ALGÉRIE** (L') *illustrée*. 1872. Bimensuel. 1 an, 15 fr. Alger. (*Annuaire de la librairie*, 1872.)

1011. **ALGÉRIE** (L') *nouvelle*. Journal fondé par M. Clément Duvernois, sous les auspices du prince Napoléon. Supprimé en 1859. Le 1er numéro est de nov. 1858. In-fol. (Vapereau.)

1012. **ALMANACH** *algérien illustré, pour* 1870, in-8 de 64 pp. Alger. Le même, *pour* 1872, in-16 de 127 pp. (*Journal de la librairie.*)

1013. **ANNALES** *de la colonisation algérienne*. Bulletin mensuel de la colonisation française et étrangère, publié sous la direction de M. Hipp. Peut. Paris, janvier 1852, in-8. (*Bibliographie de la presse*, p. 384.)

1014. **ANNALES** *de l'Institut d'Afrique*. In-8. (*Bibliographie de la presse*, p. 567.)

1015. **ANNUAIRE** (général) *de l'Algérie*. 1880, gr. in-8 de xxix-590 pp. — Idem, 1870, in-8 de cxxviii-372 pp. (Challamel.)

1016. **ATLAS** (L'), *journal démocratique de l'Algérie*. 1829, in-fol. (*Bibliographie de la presse*, p. 384.)

1017. **BAILLY**. *Études sur l'Algérie en* 1855. Paris, 1868, in-12 de 1222 pp. (*Revue bibliographique*, 1868, tome II, p. 49.)

1018. **BELL** (Joach. Hounaud dit **George**), littérateur français, né vers 1825. Condamné pour délit politique à la déportation, il devint rédacteur en chef du *Courrier d'Oran*. On a de lui: *Ethel, souvenirs d'Afrique*. 1866, in-18. (Vapereau.)

1019. **BERBRUGGER** (L.-Ad.). En 1835, il fut secrétaire particulier du maréchal Clausel en Afrique; il rédigea jusqu'en 1837 le *Moniteur algérien*, journal officiel de la colonie.

1020. **BULLETIN** *de l'Algérie. Revue mensuelle: Colonisation, histoire, mœurs*. Paris, 1855, in-8. (*Bibliogr. de la presse*, p. 384.)

1021. **BULLETIN** *officiel du gouvernement général de l'Algérie*. 1858 à 1863, 6 vol. in-8. (*Bibliographie de la presse.*)

1022. **CENTRE** (Le) *algérien à Paris. Journal des intérêts et des affaires de l'Algérie*. 1856, in-fol. (*Bibliographie de la presse*, p. 384.)

1023. **CLÉMENCET** (J.). *La Quinzaine algérienne. Revue périodique*, paraissant 2 fois par mois (1870). (*Journal de la librairie*, Feuilleton, 1870.)

1024. **COLONISATION** (La), feuille hebdomadaire d'Alger. Supprimée. (Vapereau, article *Duvernois*.)

1025. **COURRIER** (Le) *de l'Algérie. Journal politique quotidien*; ne paraissant pas le lundi; publié à Alger, 1873.

1026. ECHO (L') *d'Algérie , organe spécial des colons d'Afrique , politique , agricole.* Rédacteur en chef, Michel de Bone. Avril 1849, in-fol. (*Revue bibliographique*, p. 384.)

1027. ECHO (L') *de Notre-Dame d'Afrique, revue religieuse, historique , archéologique et littéraire de l'Afrique chrétienne*, paraissant à Alger et à Paris chaque semaine, sous la direction d'une société d'ecclésiastiques et de laïques, et sous le patronage de Monseigneur l'archevêque d'Alger. Alger et Paris, 1868, in-8. 1 an, 7 fr. (Challamel.)

1028. ESTAFETTE *d'Alger.* Le prospectus de ce projet de journal fut publié à Toulon en 1830 (*Bibliographie de la presse*, p. 383.)

1029. EXPLORATION *scientifique de l'Algérie, pendant les années 1840 à 1844.* Publiée par ordre du gouvernement. Paris, imprimerie royale, 1844-54. Contenant:

SCIENCES HISTORIQUES ET GÉOGRAPHIQUES, 16 vol. gr. in-8. — 1. *Etude des routes suivies par les Arabes dans la partie méridionale de l'Algérie et de la régence de Tunis* , par E. Carette. 1854, 1 carte. — 2. *Recherches sur la géographie et le commerce de l'Algérie méridionale*, par le même. 1854, 3 cartes. — 3. *Recherches sur l'origine et les migrations des principales tribus de l'Afrique septentrionale et principalement de l'Algérie* , par le même. 1853. — 4 et 5. *Etude sur la Kabylie proprement dite*, par le même. 1848 , 2 vol. avec une grande carte. — 6. *Mémoires histor. et géogr. sur l'Algérie*, par E. Pellissier. 1844 — 7. *Histoire de l'Afrique* , de Muhammed Ben-abi-el-Raïni-el-K'aïrouani, trad. de l'arabe, par E. Pellissier et Rémusat. 1845. — 8 *Recherches géographiques sur le Maroc*, par Renou; suivies d'itinéraires et de renseignements sur le pays de Sous et autres parties, etc. 1846, 1 carte du Maroc. — 9. *Voyage dans le sud de l'Algérie et des Etats barbaresques de l'Ouest et de l'Est* , par Al-Alliaci-Moula-Ahmed, trad. par Adr. Berbrugger. 1846. — 10 à 15. *Précis de jurisprudence musulmane*, par Khalil-Ibn-Ish'ak , trad. de l'arabe par Perron. 1843-54, 7 vol in-8, dont 1 pour la table alphabétique. — 16. *Description de la régence de Tunis* , par E. Pellissier. 1853, 1 carte.

SCIENCES MÉDICALES , par Périer. 2 vol. gr. in-8.

RECHERCHES de physique générale ; recherches de physique sur la Méditerranée et observations sur le magnétisme terrestre, par G. Aimé. 2 vol. in-4°.

GÉOLOGIE de l'Algérie, par Renou. 1848, in-4°.

BOTANIQUE , par Bory de Saint-Vincent et Durieu de Maisonneuve. 2 vol. in-4°.

ZOOLOGIE. Histoire naturelle des animaux articulés, par H Lucas. In-4°, 33 livraisons, fig. color.

H.STOIRE naturelle des mollusques , par Deshayes. In-4°, 29 livraisons, fig. color.

ZOOPHYTES, par le même. In-4°, avec un atlas de 84 pl.

SCIENCES physiques, géologiques et minéralogiques, 1 fascicule. Richesses minérales de l'Algérie, par H. Fournel. Gr. in-4°, 1re livr. et atlas du 1er vol. gr. in-fol.

ARCHÉOLOGIE , par Delamarre. Gr. in-4° , 32 livr. en 3 vol.

BEAUX-ARTS, architecture et sculpture, par Amable Ravoisier. Paris, Didot, 1846 et ann. suiv. , gr. in-fol. , 32 livr. (Brunet.)

1030. FRANCE (La) *algérienne. Revue d'Afrique, militaire, agricole, industrielle.* Alger, 1845, in-fol. (*Bibliographie de la presse*, p. 383.)

1031. FRANQUE (Alfred). *Almanach africain pour 1845.* Paris , in-18. (Bourquelot.)

1032. GOMOT (F.), ancien employé au ministère de la guerre. *Guide du voyageur en Algérie;* contenant *l'Annuaire et les lois, etc.*, promulguées en 1843. Paris, 1844, in-8, 5 vign. et 1 table (c'est la 3e année de l'*Annuaire*).

— *Annuaire de l'Algérie pour 1842.* Alger et Paris , 1842, in-8. La deuxième année a paru en 1843, in-8.

Cet ouvrage contient : Un *Calendrier du cultivateur algérien*, par Vallier; — une *Concordance des calendriers comparés, français, arabe , musulman et juif*, par Marcel; — un *Recueil des lois de l'Algérie*, en 1841, par Franque. (Bourquelot.)

1033. GOUILLON (Charles), voyageur de commerce en Algérie. *Indicateur commercial des trois départements de l'Algérie. Commerce, administration, industrie, agriculture , économie domestique et rurale.* Année 1873. Paris, 1873, gr. in-8 de 502 pp.

1034. GUIDE *général du voyageur en Algérie ; chemins de fer, messageries, etc.* 1er semestre, n° 1, 1871-72. Alger, in-32 de 68 pp. et carte. (*Journal de la librairie.*)

1034 bis. GUIDE *des Français à Alger, ou Itinéraire sur la côte de la régence depuis Maroc jusqu'à Tunis, avec un recueil de mots et de phrases français-arabes.* Extrait de l'ouvrage de M. Alex. Laborde... avec 6 cartes, plans et vues ; par deux Arabes. Paris, 1830, in-18. (M.).

1035. HUMORISTE (L') *de 1870. Les Cent jours de l'Algérie.* Alger, 1871, in-8.

1036. **JAUBERT** (**D.**). *Les Incendies des Maures. Mémoire adressé à M le directeur général des eaux et forêts.* Toulon (1869), in-8 de 32 pp. (*Journal de la librairie,* 9117.)

1037. **MAC-CARTHY** (**Oscar**). *Annuaire de l'Algérie,* 1858, 1re année. Alger et Paris, gr. in-8 de ccxxxvi-300 pp. et carte de l'Algérie de 1500.000.

1038. **MARCEL** (**J.-J.**). *Annuaire algérien pour l'an 1842.* Paris, 1842, in-8. (Bourquelot.)

1039. **MOBACHER** (**Le**). (*Le Nouvelliste*), *journal officiel en arabe et en français.* 1817-1872. In-4°. Hebdomadaire Un an, 10 fr. et 12 fr. Alger. (*Annuaire de la librairie.* — *Bibliographie de la presse,* col. 1832.)

1040. **MONITEUR** *algérien, journal officiel de la colonie.* Alger, 27 janvier 1832 à déc. 1858, 27 vol. in-fol. (*Bibliographie de la presse,* p. 383.) C'est le plus ancien journal d'Algérie.

1041. **MONITEUR** *de l'Algérie.* 1er sept. 1861 à ce jour. In-fol. Quotidien. Un an 40 fr. Alger.

Journal officiel de la colonie, fondé par l'administration dans le double but « d'y vulgariser toutes les mesures qu'il est utile de porter à la connaissance des citoyens, et de répandre au-delà de la Méditerranée des notions exactes et précises sur ce pays. » (*Bibliographie de la presse,* p. 384. — *Annuaire de la librairie,* 1872.)

1042. **NICOT** (**P.-B.**). *Annuaire commercial des trois provinces de l'Algérie. Commerce, industrie, agriculture.* Alger, 1re année, 1870, in-8 de 496 pp. (*Journal de la librairie.*)

1043. **PEUT** (**François-Marie-Hipp.**), publiciste français, né à Lyon en 1809.

Après un voyage en Italie et en Algérie, il fonda à Paris en 1844, sous le titre de *l'Afrique,* un journal consacré aux intérêts de cette colonie, mais qui disparut en 1845; il fit alors des *courriers d'Afrique* dans la *Presse* et dans divers journaux.

A partir du 1er janvier 1852, il publia les *Annales de la colonisation algérienne,* revue mensuelle, scientifique et littéraire. (Vapereau.)

1044. **PIGNEL** (**Armand**). *Conducteur, ou Guide du voyageur et du colon de Paris à Alger et dans l'Algérie, avec carte itinéraire.* Paris, 1836, in-12, 1 carte. (Bourquelot.)

1045. **PRESSE** *algérienne. Colonisation, histoire, mœurs.* Rédacteur en chef: L. de Rosny, 1857, in-fol. (*Bibliographie de la presse,* p. 384.)

1046. **QUETIN**. *Guide du voyageur en Algérie. Itinéraire du savant, de l'artiste, de*

l'homme du monde, et du colon dans cette contrée. Paris, 1844, in-12, 1 carte. — 2e édition. Paris, 1846, in-12. (Bourquelot.)

1047. **REVUE** *africaine. Journal des travaux de la Société historique algérienne;* paraissant tous les deux mois par cahiers de 5 feuilles in-8. Paris et Alger, 1855 à 1874. Abonnements: 1 an, pour la France, 15 fr.; pour l'étranger, 16 fr.

1048. **REVUE** *algérienne, ou le Révélateur africain.* 1833. Il n'a sans doute paru que le prospectus de cette revue. (*Bibliographie de la presse,* col. 1832.)

1049. **REVUE** *algérienne.* Rédigée par MM. Berthier de Sauvigny et Horace de Viel-Castel. Paris, mai 1839 - déc. 1847, 3 vol. gr. in-8. A partir de 1847, le titre porte en plus « et orientale ». (*Bibliographie de la presse,* p. 383.)

1050. **REVUE** *algérienne et coloniale. Moniteur de l'Algérie et des colonies.* 1859, in-8. Le 1er janvier 1861, le titre est devenu: « *Revue maritime et coloniale* ». (*Bibliographie de la presse,* p. 384.)

1051. **REVUE** *d'Afrique, organe des départements algériens,* par de Peyssonnel et Baïbaut. Paris, janvier-mai 1846, 5 numéros gr. in-8. (*Bibliographie de la presse,* col. 1832.)

1052. **REVUE** *de l'Orient et de l'Algérie; recueil consacré à la discussion de tous les Etats orientaux et des colonies françaises de l'Afrique, de l'Inde et de l'Océanie.* Bulletin des actes de la Société orientale, fondé en 1841. Rédacteur en chef: M. O. Mac-Carthy. In-8. (*Bibliographie de la presse,* p. 383.)

1053. **REVUE** *des progrès de l'Algérie, bulletin officiel des Sociétés scientifiques, théoriques et pratiques de la colonie.* Alger, 1850, 6 num. in-8. (*Bibliographie de la presse,* p. 384.)

1054. **REVUE** *orientale et algérienne, recueil de documents sur les mœurs, le commerce des diverses contrées de l'Orient.* Paris, janvier 1852, in-8. (*Bibliographie de la presse,* col. 1832.)

1055. **ROUARGUE**. *L'Algérie. Landscape africain. Promenade pittoresque et chroniques algériennes.* Orné de 6 vues de l'Afrique française. In-18. (Challamel, 3 fr. 50.)

1055 bis. **SOLIDARITÉ** (**La**), journal politique publié à Alger. 1874. En avril 1874, cette feuille s'est vue condamner à 2000 fr. d'amende et 2000 fr. de dommages, plus 6 mois de prison, pour offense au gouvernement.

Alger et son département.

Voir aussi : ALGÉRIE , *num. 514 et suivants.*

1056. ALGER *médical.* 1ʳᵉ année; nº 1 , 1ᵉʳ avril 1873. Alger, in-8 de 16 pp. (mensuel.)

1057. ARANDA (Emmanuel d') , natif de Bruges (Belgique), passa sa jeunesse en Espagne, et pris par des corsaires, il resta deux ans esclave à Alger. Il a publié l'histoire de son esclavage, avec une notice des antiquités d'Alger, en espagnol , 1642, trad. en latin, 1657, et trad. en français la même année, sous le titre : *Relation de la captivité et liberté du sieur Emmanuel d'Aranda, jadis esclave à Alger , où se trouvent plusieurs particularités d'Afrique.* Paris, 1657. — Nouvelle édition augmentée de 13 relations. Paris, 1665, in-12, fig. — Bruxelles, 1666, pet. in-12 de 117 et 187 pp. plus 10 ff. et portr. d'Aranda. — Nouvelle édition augm. d'une 3ᵉ partie. Leyde, 1671, 2 tom. en 1 vol. pet. in-12, fig. — La 3ᵉ partie a été tirée à part sous le titre de: *Diverses histoires morales et divertissantes*, du sieur Emm. d'Aranda. Leyde, 1671 , pet. in-12 de 4 ff. 127 pp. (*Manuel* de Brunet. — Nyon, nᵒˢ 21218 et 21219. — Peignot.)

1058. BABAT (S.-B.-F.). *La Prise d'Alger.* Ode. Paris, 1830, in-8 de 24 pp. (Bourquelot.)

1059. BARBIER (J.-M.). *Alger et ses habitants. Etude générale sur les mœurs des musulmans.* Marseille, 1870, in-8 de 55 pp. Extrait de la *Revue de Marseille.*

1060. BUCHETET (Th.). *Le Hamma d'Alger.* Paris, 1872, in-8 de 8 pp. (Extrait du *Journal de l'agriculture.*)

1060 bis. CAPTIFS (Les) *d'Alger.* Anecdote par l'auteur de: *Que faut-il croire ?* 4ᵉ éd., Toulouse, 1871, in-18 de 23 pp. ; prix: 10 centimes. Société (protestante) des livres religieux. (*Journal de la librairie.*)

1061. COTE *septentrionale d'Afrique* (5ᵉ feuille), *entre Cherchell et Ténez* (carte du dépôt de la marine, nº 3202), 1 feuille , 2 fr. (Feuilleton, *Journal de la librairie*, p. 297, 1874.)

1061 bis. DEPLACES. *Le Bacha d'Alger*, ballet-pantomime en 2 actes. Paris, 1780, in-8. (Quérard.)

1062. DOBRANICI (le docteur). *Du climat d'Alger, de sa valeur au point de vue de la tuberculose comme station hivernale.* Paris , 1873, in-8 de 76 pp. (*Journal de la librairie.*)

1062 bis. DUCHESNE (Dʳ **Ed.-Ad.**), né à Paris, en 1804. *De la prostitution dans la ville d'Alger depuis la conquête.* Paris, 1853, in-8 de 240 pp. (Vapereau. — *Bibliographie des ouvr. relatifs à l'amour,* t. II.)

1062 ter. ESTRY (**Stephen d'**). *Histoire d'Alger, de son territoire et de ses habitants, de ses pirateries, de son commerce, de ses guerres, de ses mœurs et de ses usages, depuis les temps les plus reculés jusqu'à nos jours, dédiée à Monseigneur Dupuch, évêque d'Alger.* Bruxelles , 1844, 2 vol. in-3. (Bourquelot.)

1063. EYREVILLE (le R. P. **Edmond**). *La Vive foi et le récit fidèle de ce qui s'est passé dans le voyage de la rédemption des captifs françois, faite à Alger par les Pères de l'ordre de Notre-Dame de la Merci.* Paris, 1645, in-8. (Brunet, nº 20832.)

1063 bis. FEYDEAU (**Ernest**). *Alger, étude.* Paris, 1862, in-12. (Vapereau.)

1063 ter. FOURNEL (**Mar.-Jér.-H.**). *Alger, coup d'œil historique sur la piraterie jusqu'au XVᵉ siècle.* Paris , 1854, broch. in-8. (Vapereau.)

1064. GEOFFROY SAINT-HILAIRE (**Et.**), né en 1772 à Étampes, mort en 1844. *Sur une nouvelle fille bicorps, née à Alger ;* inséré dans la *Gazette médicale*, 3ᵉ série, tome VII, p. 1095, 1838.

1065. GUYON (**L.-J.-G.**). *Voyage d'Alger aux Bibans en 1847.* Alger, 1852 , in-4º et atlas. (Vapereau.)

1066. HAEDO (frey **Diego de**). *Topographia e historia general de Argel, repartida in cinco tradados , do se veran, casos extranos , muertos espantosas , y tormentos exquisitos , qui conviene se entiendan en la Christiandad ; con mucha doctrina, y elegancia curiosa.* Valladolid, 1612, pet. in-fol. Ouvrage sur Alger. Il y est question de la captivité de Mich. Cervantes. (Brunet.)

1067. HAIN (**Victor-Armand**), membre fondateur de la Société coloniale d'Alger. *A la nation. Sur Alger.* Paris , 1833, in-8 de 156 pp. (Bourquelot.)

1068. HISTOIRE *d'Alger et du bombardement de cette ville en 1816.* Paris, 1830, in-8, carte du royaume et vue lithogr. de la ville. (Bachelin Deflorenne, 1870, 5 fr.)

1069. JAILLARD (docteur) , pharmacien en chef à l'hôpital militaire du Dey , à Alger. *Note sur l'eau acidale ferrugineuse de la source Sainte-Marie* (propriété Firmin Dufoure, au Frais-Vallon, près Alger), analysée dans les conditions où elle est livrée à la consommation. Alger , impr. Garaudel, in-8 de 10 pp. (*Journal de la librairie,* 187..)

1070. **LAFFILLÉ (Ch.)**. *La Prise d'Alger.* Poème. 1834 , in-8 de 8 pp. (Bourquelot.)

1071. **LOUBON (Joseph)**. *Alger en 1876.* Marseille, 1838, in-8 de 24 pp. (Bourquelot.)

1072. **MARANA (Jean-Paul)**, né à Gènes en 1642, mort en 1693. — *Dialogo fra Genova ed Algieri.* Amst. , 1685, in-12. Il existe une version française de ce livre, imprimée sous le titre : *Dialogue de Gènes et d'Alger, villes foudroyées par les armes invincibles de Louis-le-Grand , en l'année 1684. Traduit de l'italien.* Amst. , 1685, pet. in-12. (Claudin, 1873, 6 fr.)

1073. **MASSON (A.)**, officier. *Dithyrambe sur la prise d'Alger.* Nantes, 1830, in-8 de 4 pp. (Quérard.)

1074. **MIROIR (Le)** *de la Charité chrétienne, ou Relation du voyage des PP. de la Mercy fait en 1632, en la ville d'Alger, pour la rédemption des captifs.* Aix , 1663 , in-8. (Nyon, n° 21217.)

1075. **MORGUES (H. de)**. *Algérienne, ou Chant de victoire en l'honneur de la prise d'Alger.* Saint-Flour, 1830, in-8 de 8 pp. (Quérard.)

1076. **MUGNEROT (Adolphe)**. *Les Esclaves d'Alger,* drame en 2 a. et en vers. Paris , 1830, in-8. (Quérard.)

1076 bis. **PÉRINÈS**. *La Conquête d'Alger en 1830 ;* poème en 3 chants. Paris, 1832, in-8 de 96 pp. (Quérard, *Supercheries littér.* II, col. 391.)

1077. **POIREL**, ingénieur en chef des ponts et chaussées , chargé des travaux du port d'Alger. *Mémoire sur les travaux à la mer, comprenant l'historique des ouvrages exécutés au port d'Alger,* etc. Paris, 1841, in-4° avec 1 atlas in-4° de 4 pp. de texte et 18 pl. Saint-Marc Girardin a publié dans le *Journal des Débats* du 18 juin 1842, un article sur cet ouvrage. (Bourquelot.)

1078. **QUIHON**, jardinier en chef du Jardin d'acclimatation. *Notes sur un voyage à Alger et dans le midi de la France.* Paris, 1873, in-8 de 14 pp. Extrait du *Bulletin de la Société d'acclimatation,* janvier 1873. (*Journal de la librairie.*)

1079. **RAFFENEAU-DELILE**. *Observations sur la question du port d'Alger.* Paris, 1842, in-4° de 24 pp. (Bourquelot.)

1080. **ROUGEMONT (Mich.-Nic. Balisson de)**, né en 1781 à La Rochelle. *Arlequin à Alger,* com. parade en 1 acte, et en vaudevilles. Paris, 1807, in-8. (Quérard.)

1081. **ROUSSEAUX**. *Aventures de Dona Inès de las Cisternas , qui d'esclave à Al-* ger en devint la souveraine. Utrecht, 1737, in-12. Roman. (Nyon, 8739.)

1082. **SOLVET (Ch.)**. *Voyage à la Rassauta. Lettre à M. A..., député.* Marseille , 1838, in-8 de 24 pp.

La Rassauta, commune de la Maison carrée, est située à 18 kil. d'Alger. (Quérard.)

1083. **URTIS**, avocat. *Opinion sur la création d'un directeur de la police à Alger.* 1842, in-8. (Bourquelot.)

1084. **VILLEGAGNON (Nic. Durand, chevalier de, ou Vallegaignon)**, né en 1510, mort en 1571. Il prit part à l'expédition de Charles-Quint en Afrique. *Caroli Quinti expeditio in Africam ad Argeriam* (Alger). Paris, 1542, in-4°. Antverpiæ, 1542, in-8. — Argentinorum , 1542, in-8. — Norimbergæ , 1542, pet. in-4°. (Brunet, 28406. — Bignon, en 1869, n° 1050, 21 fr.)

— *L'Expédition et voyage de l'empereur Charles le Quint en Afrique contre la cité d'Arges* (Alger) , traduyte de latin en françoys par Pierre Tolet , médecin Lyonnoys. Imprimé à Lyon (en 1542), in-4° goth , 12 ff.

Cette traduction est devenue fort rare. (Brunet.)

1085. **CONSTANTIN (M.)**. *Le Lion de Blidah,* légende arabe, paroles et musique. Paris , L. Vieillot (1862). (*Journal de la librairie.*)

1086. **DELPRAISY**. *L'Orange de Blidah,* par un ancien colon. Blidah (1869), in-8 de VIII-44 pp. (*Journal de la librairie,* 1869.)

1087. **LOURDE (J.-J.-Théoph.)**, pasteur protestant. *Le Marabout de Blidah, épisode de la guerre d'Alger ;* poëme. Montauban , 1844, in-8 de 16 pp. (Bourquelot.)

1088. **L'OBSERVATEUR** *de Blidah.* Feuille périodique fondée en 1860. (*Bibliographie de la presse,* p. 384.)

1089. **LE TELL** , *journal bi-hebdomadaire non politique.* 1872. Un an , 15 fr. Blidah. (*Annuaire de la librairie.*)

1090. **MONBRUN (Alfred)**. *La Trappe de Staouëli.* Lille et Paris , 1870 , in-18 de 139 pp. et gr.

1091. **L'ECHO** *du Sud.* 1872. In-folio. Hebdomadaire. Médéah (Algérie). (*Annuaire de la librairie.*)

1092. **MÉDÉAH**. *Carte levée par les officiers du corps d'état-major* et gravée par Girard. Paris (1873). (*Journal de la librairie.*)

1093. **LACOMBE (F. de)**. *Une excursion aux mines de Monzaïa , dans la province d'Alger ;* article inséré dans la *Revue contemporaine,* 15 janvier 1870.

1094. **CERFBEER (A.) de Medelsheim.** *Combat d'Aï-Taguin ; prise de la Smala d'Abd-el Kader.* Pièce de vers dédiée au duc d'Aumale. 1843. (Bourquelot.)

L'on sait que ce lieu est dans un petit désert situé dans la province d'Alger, à 800 kil. sud de cette ville. Le duc d'Aumale y surprit et dispersa le 16 mai 1843, la *Smalah* d'Abd-el-Kader.

Horace Vernet a donné une superbe toile, représentant le fait d'armes de la prise de Smalah ; elle est aujourd'hui placée dans le *Musée historique* de Versailles.

1095. **BÉRARD (J.-P.-L.).** *Deux villes de Tenez et Bou-Maza.* In-18. (Challamel, 2 fr. 50.)

1096. **BOURGUIGNAT (J.-R.).** *Histoire du Djebel-Thaya, et des ossements fossiles dans la grande caverne de la mosquée ;* avec cartes, fig. dans le texte, pl. teintées. (Challamel, 25 fr.)

— *Souvenirs d'une exploration dans le nord de l'Afrique. Histoire du Djebel-Thaya et des ossements fossiles recueillis dans la grande caverne de la mosquée.* Paris, 1870, gr. in-4° de 112 pp., fig., 3 cartes et 13 pl. (*Journ. de la librairie.*)

— *Notice sur un ursus nouveau découvert dans la caverne de Thaya.* Gr. in-8. (*Journal de la librairie*, p. 394.)

Constantine.

1097. **AFRICAIN (L'),** *journal de Constantine.* 1872-1873.

1098. **ANNUAIRE** de la Société archéologique de la province de Constantine. Constantine, 1853 à 1857, 3 vol. in-8 ; 1858 et 59, 1 vol. ; 1860 et 61, 1 vol. ; 1862, 1 vol. ; 1863, 1 vol. ; 1864, 1 vol. ; 1865, 1 vol., etc. (Challamel, 5 fr. le vol.)

1099. **ANNUAIRE** du clergé du diocèse de Constantine. Constantine, 1873, in-12 de 26 pp. (*Journal de la librairie.*)

1100. **BARTHÉLEMY (Aug.).** *Constantine. Chant de guerre, dédié à l'armée d'Afrique.* Paris, 1837, in-4° de 8 pp. (Bourquelot.)

1101. **BICHY DE SCORGIANO.** *Prise de Constantine par les Français* (poëme). Paris, 1838, in-8 de 36 pp.

1102. **BONNAFONT (J.-P.).** *La Femme arabe dans la province de Constantine.* 1865, in-8. (Vapereau.)

1103. **BOUCHER DE CRÈVECŒUR (Jacques) de Perthes.** *Constantine.* 1850. (Vapereau.)

1104. **CARAMAN (Vict.-Louis-Ch., duc de),** né à Paris, en 1762, mort en 1839.

En 1836, il prit part comme volontaire à l'expédition de Constantine. Il a laissé des *Mémoires* inédits, dont une partie, relative à l'expédition de Constantine, a été insérée dans les *Débats*, 12 juin 1841. (Bourquelot.)

1105. **CARTE** d'une partie de la province de Constantine dressée au dépôt général de la guerre. Paris, 1837. (Dʳ Schubert, 1872.)

1106. **CÈS-CAUPENNE (le baron de).** *Constantine, à propos patriotiques.* 1837. (Bourquelot.)

1107. **CHAUMONT (Léon de),** pseud. de **L. GUILLEMIN.** *Constantine* (poésie). Paris, 1837, in-8 de 8 pp. (*Supercheries littéraires*, t. II, col. 718.)

1108. **CHERBONNEAU.** En 1852, il fonda, de concert avec le général Creuly, la Société archéol. de Constantine. Il a publié divers articles dans le 1ᵉʳ volume de cette Société (1853), entre autres une notice sur *Constantine et ses antiquités.* 1857, 48 pp. Tirée à part. (Claudin, 1 fr. 75. — Vapereau.)

— *Album du musée de Constantine.* 1862, pet. in-4°.

— *Précis historique de la dynastie des Renou-Djellab.* Broch. in-8.

1109. **COQUAND.** *Géologie et paléontologie de la région sud de la province de Constantine.* Marseille, 1862, in-8 et pl (Brunet.)

1110. **CORRACH (J.-J.-Ad.),** de Lauzarte, docteur en droit. *Désastre de Constantine, et système de colonisation de la régence d'Alger.* Paris, 1837, in-8. (Bourquelot.)

1111. **COSSON (Ernest-S.-Charles).** *Rapport sur un voyage... de Philippeville à Biskra et dans les monts Aurès.* 1858. (Vapereau.)

1112. **DEVOISINS (V.).** *Expéditions de Constantine accompagnées de réflexions sur nos possessions d'Afrique.* Paris, 1840, in-8, avec une carte et un plan. (Bourquelot.)

1113. **DUPIN,** de l'Orne. *Etrennes à la France. Siège de Constantine* (en vers). Versailles, 1838, in-8 de 8 pp. (Bourquelot.)

1114. **DUREAU DE LA MALLE.** *Province de Constantine. Recueil de renseignements pour les expéditions et l'établissement des Français en Afrique.* Paris, 1837, in-8, 1 carte.

L'ouvrage est divisé en trois parties: 1° Description physique du pays, topographie, routes, importance de Constantine, productions du sol, minéralogie, zoologie, géologie, climatologie. — 2° Statistique générale, population, mœurs, caractère des tribus, revenus de la province. — 3º Géographie comparée, archéologie, extraits de l'itinéraire d'Antonin et de la table de Peutinger. (Bourquelot. — Brunet, nº 28413. — Bachelin-Deflorenne, en 1870, 3 fr. 50. — Challamel, 6 fr.)

1115. **DUVIVIER** (le général). *Recherches et notes sur la portion de l'Algérie au sud de Guelma, depuis la frontière de Tunis jusqu'au mont Auress, indiquant les anciennes routes romaines encore apparentes, avec carte sur matériaux entièrement nouveaux.* Paris, 1841, in-4º, 1 carte. (Brunet, 28413.)

1116. **FÉRAUD** (L.-C.), interprète de l'armée d'Afrique *Le Palais de Constantine.* In-8. (*Journal de la librairie*, Feuilleton, 1871, p. 90, 1 fr. 75.)

— *Monuments dits Celtiques dans la province de Constantine.* In-8. (*Journal de la librairie*, 1831, Feuilleton, 1 fr. 75.)

— *Notices historiques sur les tribus de la province de Constantine.* In-8. (*Journal de la librairie*, 1871, Feuilleton, 1 fr. 75.)

— *Kitab-el-Adouam, ou le Sahara de Constantine et de Tunis* In-8. (*Journal de la librairie*, 1871, Feuilleton, 2 fr. 50.)

1117. **GUYON** (J.-L.-Gén.). *Histoire médicale et chirurgicale de l'expédition dirigée sur Constantine en 1837.* (Bourquelot.)

1118. **INDÉPENDANT** (L') *de Constantine.* Politique. In-fol., 1872. Bi-hebdomadaire. Un an, 25 fr. (*Annuaire de la librairie.*)

1119. **LAISNÉ** (P.). *La Constantine, ou le Drapeau tricolore et Constantine.* Chant national. Paris, 1838, in-4º et in-8 de 8 pp. (Bourquelot.)

1120. **LATOUR-DUPIN** (A. de). *Expédition de Constantine;* article imprimé dans la *Revue des Deux-Mondes*, IVe série, tome XIII (1838). (*Supercheries littéraires*, II, col. 1288.)

1121. **LETRONNE.** *Deux inscriptions votives, dédiées au soleil Mithra, par le pannonien M. Aurèle Sabinus, trouvées à Lambdesa et à Sitifis.* Paris, impr. royale, 1848, in-4º de 26 pp.

1122. **MALTE-BRUN** (V.-A.). *Itinéraire historique et archéologique de Philippeville à Constantine accompagné d'une carte itinéraire présentant le tracé de l'ancienne voie romaine, de la route actuelle et du chemin de fer projeté.* Paris, 1858, broch. in-8 de 4 feuilles et une carte. (Challamel, 1 fr. 50.)

1123. **MAS LATRIE.** *Chartes relatives aux États de Bone et de Bougie*, insérées dans la *Bibliothèque de l'Ecole des Chartes*, t. II, p. 388. (Bourquelot.)

1124. **NODIER** (Charles), de l'Académie française, né à Besançon en 1780, m. en 1844. *Journal de l'expédition des Portes-de-Fer*, rédigé sur les notes du duc d'Orléans. Paris, impr. roy., 1844, gr. in-8, fig. (Rouquette, en 1873, nº 212, ex. relié par Lortic, 2400 fr.)

1125. **PARIS** (le colonel). *Notice sur la végétation des environs de Constantine.* Paris, 1872, in-8 de 19 pp. (Extrait du *Bulletin de la Société botanique de France*, tome 18). (*Journal de la librairie.*)

1126. **PAYEN.** *Les Bibans, ou Portes-de-fer. Récit d'une excursion dans l'ouest du département de Constantine.* In-8. (Challamel, 2 fr. 25.)

1127. **POISSONNIER** (Alfred). *Souvenirs d'Afrique* (province de Constantine). Poitiers, 1843, in-8. (Bourquelot.)

1128. **PROGRÈS** *de l'Algérie.* In-folio. 1872. Tri-hebdomadaire. Constantine. Un an, 35 fr. (*Annuaire de la librairie.*)

1129. **RADICAL** (Le). *Journal tri-hebdomadaire.* Constantine, 1872-73.

1130. **RECUEIL** *de documents sur l'expédition et la prise de Constantine par les Français en 1837.* In-8 et atlas in-fol. (Brunet, nº 8795.)

1131. **RECUEIL** *de notices et mémoires de la Société archéologique de la province de Constantine.* Constantine, 1863, in-8. C'est la suite de l'*Annuaire*, dont le premier volume est daté de 1853. — Alger, 1864, in-8. — 2e série, 2e vol., XIIe de la collection, 1868, in-8 de xx-522 pp. et 8 pl. — 3e vol., Constantine, 1870, in-8 de xxvii-726 pp. et 3 pl. — 4e vol., 1870, in- Constantine (1870), xv-613 pp. et 12 pl. (Brunet, nº 28413. — *Journal de la librairie.*)

1132. **RENARD**, sous le pseudonyme de **Ch. ERIVANNE.** *Constantine; Ode à l'armée.* Paris, 1838, in-8 de 16 pp. (Bourquelot.)

1133. **SCHIÈBLE** (Erhard), graveur. *Algérie; province de Constantine* (1869); carte gravée par Schièble. Paris. (*Journal de la librairie.*)

1134. **SÉDILLOT** (Ch.-Emm.), docteur en médecine, correspondant de l'Académie des sciences, né à Paris en 1804. *Campagne de Constantine de 1837.* Paris, 1838, in-8, 1 pl. (Bourquelot.)

1135. **THÉVENOT** (A.). *La Prise de Constantine.* Poésie. Nantes, 1838, in-8 de 8 pp. (Quérard.)

1136. **THUILLIER** (Emile). *Le Royaume arabe devant le jury de Constantine.* Constantine, 1874, in-8 de 55 pp. (*Journal de la librairie.*)

1137. **TRIPIER** (Dr). *Epître au roi sur la prise de Constantine.* Paris, 1833, in-8 de 4 pp. (Quérard.)

— *Sur le désastre de Constantine.* Chant. Paris, 1837, in-8 de 4 pp. (Quérard.)

1138. **UNE CIGOGNE** *hors d'âge* (Constantine) *à la Pie* (Philippeville). Marseille, 1871, in-8 de 8 pp. (*Journal de la librairie.*)

1139. **VAYSETTES** (E.). *Histoire de Constantine sous les beys, depuis l'invasion turque jusqu'à l'occupation française.* 1535-1837. In-8. (*Journal de la librairie,* Feuilleton, 1871, p. 90, 6 fr.)

1140. **VERNET** (Horace). *Fac-simile des tableaux exposés au salon de 1839 représentant le siège de Constantine.* 1849, in-8 de 16 pp., 3 fac-simile (Bourquelot.)

1141. **VITAL** (A.), médecin divisionnaire. *Rapport au Conseil de santé des armées sur la situation générale du service médical dans la province de Constantine et sur le typhus qui y a régné en 1868. Rapport à S. Exc le ministre de la guerre sur l'inspection médicale de la province de Constantine en 1869* Paris, 1870, in-8 de 150 pp. — Extrait de la *Gazette médicale de Paris,* 1869.

1142. **WORMS.** *Exposé des conditions d'hygiène et de traitement, propres à prévenir la mortalité dans l'armée, en Afrique, et spécialement dans la province de Constantine, etc.* Paris, 1838, in-8 (Quérard.)

1143. **ZACCONE** (Pierre), littérateur français, né à Douai en 1817. *De Batna à Tuggurt et au Souf.* Paris, 1865, in-12. (Vapereau.)

1144. **SUE** (Eug.), romancier, né à Paris, en 1804, mort en 1857. *Jeanne et Louise, ou les Familles de transportés.* Bruxelles, 1853, in-12 de 200 pp. On y trouve: *Histoire de la famille d'un bourgeois transporté à Lambessa, à la suite du coup d'état du 2 décembre.* L'on sait que Lambessa est une colonie agricole pénale établie en 1850 par le gouvernement français, à l'imitation de celle qu'y avaient les Romains. Elle est située à 10 kil. S. E. de Batna. (Vital-Puissant, 2 fr.)

1145. **CHAZAL** (Ch.-Cam.), peintre, né à Paris en 1846, mort en 1854. *Souvenir de Biskra* Ville principale du Sahara oriental, d'environ 7000 hab.

1146. **CIBOT** (Achille), capitaine au 3e chasseurs d'Afrique. *Souvenirs du Sahara. Excursion dans les monts Aurès* (Cercle de Biskra). Texte et dessin d'Ach. Cibot. Constantine, 1870, in-8 de 14 pp (*Journal de la librairie.*)

1147. **BECCARD**, chanoine d'Alger. *Histoire des reliques de saint Augustin et de leur translation à Hippone* (Bone) 2e éd, revue et augmentée Besançon, 1868, in-12 de VIII-116 pp. (*Journal de la librairie.*)

1148. **CARETTE** (A.-Ern-Hipp.). *Précis historique et archéologique sur Hippone et ses environs.* Paris, 1838, in-8 de 16 pp. (Bourquelot.)

1149. **DISCOURS** *des voyages et de la prise de la ville et forteresse de Bona en Barbarie, faite par les galères de la religion de S. Etienne en 1607, sous le commandement de Silvio Picolomini et du chev. de Gadagno, sieur de Beauregard,* trad. sur la copie imprimée à Florence par L. C. Lyon, 1608, in-8, fig. en b. sur le titre. Pièce devenue fort rare, qui figure dans le *Catalogue* M. Morel, de Lyon, 1873, n° 528.

1150. **EST** (L') *algérien, journal de l'arrondissement de Bone.* Bi-hebdomadaire. Bone, 1872. Un an, 24 fr. (*Annuaire de la libr.*)

1151. **LA SEYBOUSE**, *journal bi-hebdomadaire.* In-fol. Bone, 1872. Un an, 20 fr. (*Annuaire de la librairie.*)

1152. **LEBLOND** (l'abbé Gaspard Michel, dit), antiquaire, membre de l'Académie des inscriptions, né à Caen en 1738, mort en 1809. *Recherches sur deux médailles impériales de la ville d'Hippone;* article inséré dans le *Recueil de l'Académie des inscriptions,* tome XXXIX. (Quérard.)

1153. **SIBOUR** (l'abbé), depuis archevêque de Paris, mort en 1857. *Lettres sur la translation à Hippone de la relique de saint Augustin.* Paris, s. d., in-8. (Catal. Claudin, 1873, n° 455.)

1153 bis. **VERNE** (J-H.) *De Bone à Hamman-Muskoutine. Etude sur la question algérienne.* Lyon, 1869, in-8 de 114 pp. Extrait de la *Décentralisation.*

1154. **AMIOT**, lieutenant au 59e de ligne. *Vue de Bougie, prise par les Français le 29 sept. 1833,* dessinée sur pierre par Saint-Aulaire. (Challamel, 1 fr. 25.)

1155. **FÉRAUD** (L.-C.). *Histoire de Bougie.* In-8, carte. (Feuilleton du *Journal de la librairie,* 1871, p. 90, 4 fr.)

1156. **LAPÈNE** (Ed.), général français. *Vingt-six mois à Bougie, ou Collection de mémoires sur sa conquête, son occupation et son avenir. Notice histor., morale, politique et militaire sur les Kabyles.* St-Gaudens et Paris, s. d., vers 1840, in-8, pl. (Bourquelot.)

1157. **FÉRAUD (J.-C.)**. *Histoire de Gigelli* (province de Constantine). In-8, pl. (Challamel, 4 fr.)

1158. **LA MAHOUNA**. *Journal hebdomadaire*. Guelma , 1872 , in-fol. Un an , 18 fr. (*Annuaire de la librairie*.)

1159. **BOURGUIGNAT (J.-R.)**. *Histoire des monuments méga lithiques de Roknia, près d'Hamman-Meskoutin*. Paris, 1868, in-4° de 118 pp. , dessins, 1 carte, 1 plan et 9 planches. (*Journal de la librairie*, Feuilleton, 1871, p. 395.)

1159 *bis*. **AFFAIRE** de *l'Oued-Mahouine* (Cercle de Tébessa). *Ma sacre d'une caravane* (27 victimes), défenses de MM. Jules Favre, J. Lucet et Ollivier. Constantine, 1870, 2 vol. in-18. (Feuilleton, *Journal de la librairie*, 1871, p. 90.)

1160. **FÉRAUD**. *Monographie des Oulad-Abd-en-Nour* (province de Constantine.) In-8. (*Journal de la librairie*, Feuilleton, 1871 , p. 90.)

1160 *bis*. **LE MESSAGER** *algérien*. Philippeville, 1872. In-folio. Hebdomadaire. Un an, 20 fr. (*Annuaire de la librairie*.)

1131. **RIVIÈRE (A)**, jardinier en chef du Luxembourg. *Une visite à la ferme Barrot à Planchamps près Philippeville*. Paris (1871), in-8 de 30 pp. Extrait du *Bulletin de la Société d'acclimatation*, janvier et février 1871. (*Journal de la librairie*.)

1161 *bis*. **LE ZERAMMA**. *Journal hebdomadaire*. 1872. In-4°. Un an, 18 fr. Philippeville. (*Annuaire de la librairie*.)

1162. **LE SETIFIEN**. 1872-73. Sétif Feuille hebdomadaire. Un an, 18 fr (*Annuaire de la librairie*.)

1162 *bis*. **BOCHER (Ch.-Ph.)**, officier français. On a de lui une relation du siége de Zaatcha, publiée en 1851, dans la *Revue des Deux-Mondes*. (Vapereau.)

1163. **HERBILLON** (le général), né à Châlons-sur-Marne, en 1794, fit la campagne d'Afrique, mourut en 1866. On a de lui une relation du siége de Zaatcha publiée en 1863.

Oran.

1163 *bis*. **BOURDON (G.)**. *Note sur la géographie physique de la province d'Oran*; article inséré dans le *Bulletin de la Société de géographie*, juin 1869.

1164. **BROSSARD (Am.-Hipp.** général de). *Quatre-vingt-deux jours de commandement dans la province d'Oran*. Perpignan, 1838, in-8 de 64 pp. (Bourquelot.)

1164 *bis*. **BUGEAUD** (le maréchal). *Mémoire sur notre établissement dans la province d'Oran, par suite de la paix*. Juillet 1837. Paris , 1838, in-8 de 64 pp. , 1 pl. (Bourquelot.)

1165. **CARTE** *de la province d'Oran*, publiée par le Dépôt de la guerre en 1853. Refaite en 1874 à 1/100 000. (*Journal de la librairie*, Chronique, p. 48.)

1166. **COLET** (Mme **Louise Revoil**, femme), née à Aix (Bouches-du-Rhône), en 1810. *Le Marabout de Sidi-Brahim, suivi de la chanson des soldats d'Afrique*. Paris, 1845, in-8. (Bourquelot.).
Sidi-Brahim est une petite localité de 300 habitants située à 153 kil. d'Oran.

1167. **COMMUNE (La)**. *Journal*. 1872. Oran. Un an , 26 fr. (*Annuaire de la librairie*.)

1168. **COSSON (Ern. St-Charles)**, botaniste, né à Paris en 1819. *Rapport sur un voyage en Algérie d'Oran au Chott-el-Chergui*. 1853. (Vapereau.)

1169. **COURRIER (Le)** *d'Oran*. 1872. Politique. In-fol. Tri-hebdomadaire. Un an, 30 fr. (*Annuaire de la librairie*.)

1170. **DEBRÉCAGAIX (V.)**, capitaine d'état-major. *Le Sud de la province d'Oran*. Abbeville (1874), in-8 de 64 pp. et 1 carte. Extrait du *Bulletin de la Société de géographie*, janvier et mars 1873.

1171. **ECHO (L')** *d'Oran*. 1872. Politique. In-fol. Tri-hebdomadaire. Un an, 30 fr. (*Annuaire de la librairie*.)

1172. **ENTRACTE** (L'), *journal*. Oran, 1872-1873. (*Annuaire du commerce*.)

1173. **FEY**. *Histoire d'Oran, avant, pendant et après la domination espagnole*. Oran , 1858, in-8. (Challamel, 6 fr. — Larose , en 1873, 2 fr. 50.)

1174. **FRANCE (La)** *algérienne*. 1872. Un an, 28 fr. Oran. (*Annuaire de la librairie*.)

1175. **INDICATEUR** *oranais, guide du commerce, et annuaire du département d'Oran pour l'année* 1868; contenant, etc. Oran, 1868. in-18 de 296 pp., 1 fr. 25. (*Journal de la librairie*.)

1176. **LAPÈNE (Ed.)**, général français. *Tableau historique de la province d'Oran, depuis le départ des Espagnols en 1792, jusqu'à l'élévation d'Abd-el-Kader en 1831; publié dans les Mémoires de l'Académie de Metz*. (Bourquelot.)

1177. **LECLERC** (le D^r). *Les Oasis de la province d'Oran, ou les Oulad-Sidi-Cheikh*. In-8. (Challamel, 2 fr.)

1178. **MONTGRAVIER (Az. de)**. *Une ex-cursion archéologique d'Oran à Tlemcen*, publiée dans les *Mémoires de la Sociéé archéologique du midi de la France*, tome V, p. 317. (Bourquelot.)

1179. **PARDIAC** (l'abbé). *Voyage archéologique dans la vallée d'Oran*. Article inséré dans la *Revue de l'art chrétien*, 1868, déc.

1180. **POMEL (A.)**. *Paléontologie, ou Description des animaux fossiles de la province d'Oran*; par A. Pomel. Avec pl. lithographiées sous sa direction, par Mlle Augusta Pomel. Pour servir à l'explication de la carte géologique de la province exécutée par ordre du gouvernement, par MM. Rocard et Pouyanne, ingénieurs, et Pomel garde-mines. Zoophytes, 5e fascicule. Spongiaires. Oran (1872), in-4º. (*Journal de la librairie*.)

1181. **RUBIO (Cl.-Ant.)**. *Mémoires sur les environs d'Oran*. (Vapereau.)

1182. **WALSIN ESTERHAZY**, colonel français, depuis général. *Historiques sur le Maghzon d'Oran*. Oran, 1849, in-8. (Bibliothèque de Nice.)

1183. **BOURDON**, chef de bataillon au 2e tirailleurs algériens. *Etude géographique sur le Dahra*. Paris (1871-72), in-8 de 72 pp.-56 pp. (Extrait du *Bulletin de la Société de géographie*, 1871-1872.)

1184. **RICHARD (Ch.)**. *Etudes sur l'insurrection de Dahra; contenant l'histoire de Bou-Maza (1845-1846)*. Alger, 1846, gr. in-8. (Bourquelot.)

1185. **BERBRUGGER (A.)**. *Relation de l'expédition de Mascara*. Paris, 1836, in-8 de 95 pp. (Bourquelot.)

1186. **CÈS-CAUPENNE** (le baron de). *Mascara*, 1836. (Bourquelot.)

1187. **CORBET (Th.)**. *Mascara. Les Français en Afrique*. Poëme en 8 chants; suivi d'un *Aperçu sur le Koran*. Lyon, 1837, in-8. (Bourquelot.)

1188. **DE MASCARA** à *Saïda (Sahara)*; article inséré dans le journal le *Temps*, 22 mai 1873.

1189. **DUVEYRIER (H.)**. *Historique des explorations au Sud et au Sud-ouest de Géryville*. Paris, in-8 de 39 pp. Extrait du *Bulletin de la Société de géographie*, sept. 1872. (*Journal de la librairie*.)

1190. **LE COURRIER** de *Mostaganem*. In-folio, 1872. Hebdomadaire. Un an, 20 fr. (*Annuaire de la librairie*.)

1191. **FRANCE (A. de)**, enseigne de vaisseau, pseudonyme d'Ernest **Alby**. *Les Prisonniers d'Abd-el-Kader, ou Cinq mois de captivité chez les Arabes*. Paris, 1837, 2 vol. in-8, portrait d'Abd-el-Kader et plan de Tekedemta. (Bachelin-Deflorenne, 12 fr.)

Tékédempt ou *Taydempt* est une ville située à 140 kil E.-S.-E. d'Oran. Elle devint en 1836 le siège du gouvernement d'Abd-el-Kader.

1192. **BARGÈS** (l'abbé J.-J.-L.), orientaliste français, né en 1810. Visita l'Algérie. *Tlemcen, ancienne capitale du royaume de ce nom. Sa topographie, son histoire, description de ses principaux monuments, anecdotes, légendes et récits divers. Souvenirs d'un voyage*. Paris, 1859, in-8 de 12 pl. (Brunet, nº 28413. — Challamel, 12 fr.)

— Les traductions de l'*Histoire de Beni-Zeiyan, roi de Tlemcen*, par Cidi-Abou-Abd'Allah-Mohammed-ibn Abd-el-Djelyl-el-Tenessy. Paris, 1852, in-12. (Vapereau.)

1193. **LE COURRIER** de *Tlemcen*. 1872. In-fol. Hebdomadaire. Un an, 19 fr. (*Annuaire de la librairie*.)

1194. **MAS-LATRIE**. *Bulle relative à la ville de Tlemcen*, insérée dans la *Bibliothèque de l'Ecole des chartes*, tome VIII, p. 517. (Bourquelot.)

1195. **SALOMON**, inspecteur de la colonisation à Tlemcen. *Etude sur les vignes de Tlemcen*. Broch. in-8. (Challamel, 1 fr. 25.)

Sahara algérien.

1196. **BERTHERAND (E.-L.)**. *Notice sur le chancre du Sahara*. Lille, 1854, in-8. (Vapereau.)

1197. **COSSON (Ern. St-Charles)**. *Considérations générales sur le Sahara algérien et ses cultures*. 1859, in-8. (Vapereau.)

1198. **DAUMAS** (le général). *Le Sahara algérien. Etudes géographiques, statistiques et historiques sur la région au sud*. Paris, 1845, gr. in-8 et atlas in-4º. (Daremberg, 1873, 3 fr. sans l'atlas. — *Manuel* de Brunet, nº 28413.)

1199. **EDWARDS (Matilda Betham)**. *Through Spain to the Sahara*. London, 1867, in-8 de VIII-317 pp. (*Revue bibliographique*.)

1200. **GOBLET D'ALVIELLA** (le comte). *Sahara et Laponie* (I. Un mois au Sud de l'Atlas. — II. Un Voyage au Cap Nord). Paris, 1873, in-12 de 307 pp., 18 grav., 4 fr.

L'auteur s'applique à présenter à l'esprit du lecteur des tableaux juxtaposés de la nature polaire et du passage Saharien, respectivement caractérisés par leurs populations lapones et arabes, nomades toutes deux, mais divergentes d'aspect, d'origine et de mœurs.

1201. **GRAD** (**Ch.**). *Considérations sur la géologie et le régime des eaux du Sahara.* Paris (1873), in-8 de 32 pp. Extrait du *Bulletin de la Soc. de géographie*, déc. 1872. (*Journal de la librairie.*)

1202. **HARCOURT** (**B. d'**). *Une colonne d'expédition dans le désert.* Paris, 1869, in-8 de 31 pp. Extrait de la *Revue des Deux-Mondes*, 1869. (*Journal de la librairie.*)

1203. **JACQUOT** (Dr **Félix**). *Expédition du général Cavaignac dans le Sahara algérien, en avril et mai 1817. Relation du voyage; exploration scientifique, souvenirs, impressions, etc.* Paris, 1819, in-8, 1 carte et 5 lith. (Bernard Quaritch, 1874, n° 16, 5 sh.)

1204. **LOCHE**. *Description de deux nouvelles espèces d'allouettes découvertes dans le Sahara.* (Catal. Baillieu.)

1205. **MANNE** (de). *Le Désert et ses épisodes.* Paris, Arthus Bertrand, in-8.

1206. **MAYEUX** (**F.-J.**). *Les Bédouins ou Arabes du désert*, ouvrage publié d'après les notes inédites de D. Raphaël. Paris, 1816, 3 vol. in-18, 24 fig. (Brunet, 28016. — Quérard.)

1207. **POMEL** (**A.**). *Le Sahara. Observations de géologie et géographie physique et biologique avec des aperçus sur l'Atlas et le Soudan;* et discussion de l'hypothèse de la mer Saharienne à l'époque préhistorique. Alger (1873), in-8 de 139 pp. Publication de la Société de climatologie d'Alger. (*Journal de la librairie.*)

1208. **PRAX**. *Instruction pour le voyage de M. Prax dans le Soudan septentrional.* Paris, 1847. (Dr Schubert.)

1208 bis. **ROUDAIRE**. *Une mer intérieure à rétablir en Algérie.* Article inséré dans la *Revue des Deux-Mondes*, 15 mai 1874. C'est une étude intéressante sur le rétablissement d'une mer dans le Sahara; projet mis à l'étude par ordre du gouverneur général de l'Algérie.

1209. **SALMON** (**Louis**), ou **L. NOIR**. *Le Lion du Soudan.* Paris, 1869, 2 vol. in-12. Roman inspiré par un souvenir d'Afrique.

1210. **TARZANOWSKI**. *La Chasse au Sahara algérien;* article inséré dans la *Biblioteka warszawska* (Bibliothèque de Varsovie), mai 1868.

1211. **TRUMELET** (**Ch.**), capitaine d'état-major au 1er rég. des tirailleurs algériens. *Les Français dans le désert. Journal d'une expédition aux limites du Sahara algérien.* In-8.

1212. **VILLE**, ingénieur. *Voyage d'exploration dans les bassins du Hodna et du Sahara.* Paris, impr. impér., 1868, in-4° de VII-790 pp., 3 cartes et 2 pl. (*Journal de la librairie.*)

MAROC

1213. **ADDISSON** (**Lancelot**), né en 1632, mort en 1703, prêtre anglais. *La Barbarie occidentale, ou Relation des révolutions dans les royaumes de Fez et de Maroc.* 1674. (Peignot.)

1214. **AGRELL** (**Olof**). *Neue Reisen*, etc. (Nouveau voyage à Maroc..., avec addition du voyage de Lamprière), trad. du Suédois (en allemand). Nuremberg, 1798, in-8. (Brunet, n° 20848.)

1215. **ALBY** (**Ernest**), littérateur français, né à Marseille en 1809; sous le pseud. de **A. de FRANCE**. *Les Vêpres marocaines.* 1853. (Vapereau.)

1215 bis. **ARMAND** (**Jean**), dit **MUSTA-PHA**, turc. *Voyage d'Afrique..., où sont contenues les navigations des François entreprises en 1629 et 1630, sous la conduite du commandeur de Razilly, ès costes occidentales des royaumes de Fez et de Maroc; le traité de paix fait avec les habitans de Salé...; ensemble la description des susdits royaumes, etc.;* recueilli et illustré. Paris, 1631, in-8. — Paris, 1632, pet. in-8. (Brunet. — Nyon, n° 21186. — Grenoble, n° 19656.)

1216. **ATLAS** *historico topografico de la guerra de Africa, sostenida por la nacion españo'a contra el imperio maroqui en 1859 y 1860. La publica de real orden el deposito de la guerra á corgo del cuerpo de Estado Mayor del ejercito*.... siendo director general D. José Maria de Messina, marqués de La Serna... Madrid, 1861, gr. in-fol. (Brunet, 28401.)

1217. **BEAUMIER** (**Aug.**), consul de France à Mogador. *'Le Maroc.* Paris, 1867, in-8 de 47 pp. Extrait du *Bulletin de la Société de géographie*, 1867. (*Journal de la librairie.*)

— *Description sommaire du Maroc;* article inséré dans les *Annales des voyages*, 1870; et publié à part. Paris, 1868, 3 de IV-44 pp. (*Revue bibliographique*, 1869, p. 322.)

— *Le Choléra au Maroc, sa marche au Sahara jusqu'au Sénégal, en 1868.* Abbeville et Paris (1872), in-8 de 20 pp. Extrait du *Bulletin de la Société de géographie*, 1872. (*Journal de la librairie.*)

1217 bis. **BEYNET** (**Léon**). *Les Drames du désert, scènes de la vie arabe sur les frontières du Maroc.* 2e édition, in-18. (Challamel, 3 fr.)

1218. **BRAITH-WAITE**. *Histoire des révolutions de l'empire de Maroc depuis la mort du dernier empereur Muley-Ismaël.*

Contenant une Relation de ce qui s'est passé dans ce pays pendant les années 1727 à 1728; avec des observations naturelles, morales et politiques, et une carte du pays; trad. de l'anglais. Amsterdam, 1731, in-12.

L'auteur accompagna Jean Russel, consul général anglais au Maroc, et fut témoin des événements qu'il raconte. (Peignot. — Boucher de la Richarderie. — Jérôme Bignon, en 1837.)

1219. BUFFA (le Dr J.), médecin de S. M. B. *Travels through the empire of Marocco.* London, 1810, gr. in-8. (Brunet, n° 20845.)

— *De l'empire du Maroc, et des princes qui l'ont gouverné jusqu'aujourd'hui.* Extrait d'un voyage fait dans cette contrée par le Dr J. Buffa; trad. de l'anglais (par l'abbé Servois). Inséré dans les *Mémoires de la Société d'émulation de Cambrai*, en 1825. (Quérard.)

1220 BUSNOT (Dominique). *Histoire de Muley Ismael, roy de Maroc, Fez, Tafilet, Souz, etc., de la révolte de ses enfants et de ses femmes, de la cruelle persécution que souffrent les esclaves chrétiens dans ses Etats, avec le récit de trois voyages à Miquenez et Ceuta pour leur rédemption, etc.* Rouen, 1714, in-12, fig. (Baur, 1874, n° 87, 6 fr.)

1221. CALDERON. *Marocco.* Madrid, 1844, in-8. (Brunet, n° 20848.)

1222. CARPENTIER (Napoléon). *Tanger et Mogador*, poème. Paris, 1814, in-12 de 72 pp., 1 portr. (Bourquelot.)

1223. CHENIER (Louis-Sauveur de), consul général au Maroc, né en 1723, mort en 1796. *Recherches sur les Maures, et Histoire de l'empire du Maroc.* Paris, 1787, 3 vol. in-8, fig. (Bibliothèque de Nice. — Daremberg, 8 fr. — Peignot.)

1224. CŒLIUS Augustinus Curio. *Cœlii Augustini Curionis Sarracenicæ historiæ libri III; in quibus Sarracenorum, Turcorum, etc. Item Cœlii August. Curionis marochensis regni descriptio.....* Basileæ, 1568, in-8. (Grenoble, 25624.)

1224 bis. COSSON (E.). *Note sur la géographie botanique du Maroc.* Paris, 1873, in-8. Extrait du *Bulletin de la Société botanique de France.* (Année géogr., p. 258.)

1225. COTTE. *Le Maroc contemporain.* 1859, in-12. (Wolff.)

1226. COUAILHAC (Louis). *Les Jolies filles du Maroc*, pièce en 3 actes mêlée de couplets. Paris, 1844, in-8. (Bourquelot.)

1227. CRAIG (J.). *Un aperçu du Maroc;* article inséré dans le *Bulletin de la Société de géographie*, mars 1870.

1228. CURICN (Cœlius-Aug.). mort en 1567. On a de lui une *Histoire du royaume de Maroc.* In-folio. (Peignot.) Voir n° 1224.

1229. DIDIER (Ch.), né en 1805 à Genève, mort à Paris en 1864. *Promenades au Maroc.* Paris, 1844, in-8. (Brunet, n° 20848. — Daremberg, 5 fr.)

1230. DOMBAY (François de). *Geschichte der Sherifen oder der Könige den jetztregierenden Hauses zu Marokko.* Agram, 1801, in-8. (Brunet, 28400.)

1231. DRUMMOND-HAY (J.). *Le Maroc et ses tribus nomades. Excursion dans l'intérieur, chasses, détails de mœurs, superstitions, coutumes, etc.;* trad. avec notes et introduction, par Mme Louise Sw. Belloc. Paris, 1844, in-8, 7 fr.

Cet ouvrage est moins une description géographique qu'une promenade pittoresque. Le touriste anglais, parti de Tanger le 15 août 1839, avait pour mission d'acheter, au compte de la reine Victoria, des chevaux de choix. Au point de vue politique, l'auteur insiste pour une alliance entre l'Angleterre et le Maroc. (Bourquelot. — A. Bertrand, 7 fr.)

1232. FILLIAS (Ach Et.). *Le Maroc* 1859, in-8. (Vapereau.)

1233. GALLONYÉ. *Histoire d'un esclave qui a été quatre années dans les prisons de Sallé en Afrique; avec un Abrégé de la vie du roy Taffilette.* Paris, 1670, in-12. (Nyon, n° 21229.)

1234. GATELL (J.). *L'Ouad-Noun et le Tekna, à la côte occidentale du Maroc* (avec 1 planche); article inséré dans le *Bulletin de la Société de géographie*, oct. 1869.

1235. GÉRARD. *L'Afrique du nord. Description du Maroc.* Paris, 1860, in-12. (Wolff.)

1235 bis. GHÉRARD ROHLFS (Dr). *Aventures in Marocco and Journeys through the oases of Draa and Tafilet.* Edited by Winwood Reade. London (1874), Sampson and Co, in-8, carte et portrait de l'auteur. (*The Graphis*, p. 411.)

1236. GODARD (Léon), curé d'El-Aghouat. *Description historique du Maroc, comprenant la géographie et la statistique de ce pays et le tableau du règne des souverains qui l'ont gouverné depuis les temps les plus anciens jusqu'à la prise de Tétouan en 1860.* Paris, 1860, 2 vol. in-8, 1 carte. (Brunet, 28401.)

— *Le Maroc.* Notes d'un voyageur. 1858-1859, in-8. (Challamel, 2 fr. 50.)

1237. GRAEBER DI HEMSO (comte Jac.). *Specchio geografico e statistico dell'imperio* *di Marocco.* Genova, 1834, in-8, fig. (Brunet, n° 28401.)

1238. **GUILLON (Marie-Nic.-Sylv)**, évêque de Maroc, né à Paris en 1766, mort en 1817. *Lettre pastorale.... aux prêtres et fidèles catholiques répandus dans le royaume de Maroc.* 1836, in-8. (Bourquelot.

1239. **HAPDÉ (J.-Bapt.-Aug.)**, né à Paris en 1774. *Arlequin à Maroc*, folie-féerie en 3 actes. Paris, an xii (1804). (Quérard.)

1240. **HASSAN (Ibn-)**. *Voyage de Ibn-Hassan, en 1787, de Fez à Tafilet;* cette relation est mentionnée dans les *Recherches sur l'Afrique septentrionale*, de Walckenaer.

1241. **HISTOIRE** *de la mission des pères capucins au royaume de Maroque* (sic) *en Afrique.* Nyort, 1644, in-8. (Nyon, 21221.)

1242. **HISTOIRE** *de Muley-Arxid, roi de Tafilette, Fez, Maroc et Tarudan, avec la Relation d'un voyage fait en 1666 vers ce prince,* pour l'établissement du commerce en ses états; et une lettre en réponse à diverses questions curieuses faites sur la religion, mœurs et coutumes de son pays.... Paris, 1670, pet. in-12. (Grenoble, 25747.)

1243. **HISTOIRE** *de Mouley-Mahamet, fils de Mouley-Ismael, roy de Maroc* (par l'abbé Séren de La Tour). Genève (Paris), 1749, in-12. (Nyon, n° 21232. — Quérard.)

1244. **HOEFER (J.-Chr.-F.)**. *Le Maroc.* Imprimé dans l'*Univers pittoresque.* (Vapereau.)

1245. **HOMANN (J.-Ch.)**. *Marocan. Statuum regnorum nempe Fessani, Marocani, Tafiletani et Segelomessani, sec. suas provincias divis . typus . design . a . J. Ch. Homann.* Norimb. 1721. (D' Schubert.)

1246. **HOST (G.)**. *Nachrichten von Marokko und Fez; in Lande Selbst gesammelt in den Jahren* 1760-67; *aus dem Dänischen übersetzt.* Copenhague, 1781, in-4°, fig. (Brunet, 28397.)

1247. **ISMAEL**, *prince de Maroc. Nouvelle historique.* Paris, 1698, in-12. Roman. (Nyon, n° 8740.)

1248. **JACKSON (James Grey)**. *An Account of the empire of Marocco and the districts of Suse and Tafilelt, compiled from miscellaneous observations made during a long residence in, and various journies through these countries: to which is added an account of ship wrecks on the western coast Africa and a account of Timbuctoo.* London, 1814, gr. in-4°, fig. 3ᵉ édition et la plus complète de cet ouvrage. La première édition parut en 1809; la seconde augmentée, en 1812. (Brunet.)

1249. **JOURDAN**. *L'Empire de Maroc.* Paris, 1852, in-8. (Brunet, n° 20848.)

1250. **JUAN DEL PUERTO (Fr.)**. *Mision historial de Marruecos.* Sevilla, 1708, in-fol. (Catal. Llordachs, 1873, p. 68.)

1250 *bis.* **KEATINGE (Maurice)**. *Travels in Europe and Africa, comprising a Journey through France, Spain and Portugal to Morocco; with an account of that empire : also a second tour through France in* 1814. London, 1816, 2 part. in-4°, fig. — Ouvrage peu estimé. (Brunet.)

1251. **LAMBERT (P.)**. *Notice sur la ville de Maroc;* article inséré dans le *Bulletin de la Société de géographie*, nov.-déc. 1868.

1251 *bis.* **LA PRIMAUDAIE (E. de)**. *Les Villes maritimes du Maroc. Commerce. Navigation Géographie;* art. inséré dans la *Revue algérienne*, 1872-1873. (*Année géographique.*)

1252. **LAVAYSSIÈRE (P.)**. *Stations dans l'empire du Maroc.* Limoges et Isle (1869), in-12 de 120 pp. et grav. Bibliothèque religieuse pour l'enfance. (*Journal de la librairie.*)

1253. **LEMPRIÈRE (George)**, médecin des armées anglaises. *Voyage dans l'empire de Maroc et le royaume de Fez, fait pendant les années* 1790-91 (lisez 1789-90), contenant 1° une description exacte de ces deux pays et particulièrement du Mont-Atlas; 2° un Aperçu des forces de cet empire; 3° du Gouvernement et des lois, de la religion, des mœurs et des coutumes, de l'abrutissement et de l'esclavage des Maures, etc.; 4° de la décadence des sciences et des arts, de l'ignorance; 5° enfin, des détails très-curieux sur le harem, ou sérail de l'empereur du Maroc, où l'auteur, en sa qualité de médecin chirurgien, a pu seul pénétrer, etc.... Orné d'une carte de l'Afrique par Rennel, d'un itinéraire par Bion père et des vues de Tanger et de Maroc. Trad. de l'anglais par de Ste-Suzanne. Paris, an ix (1801), in-8, fig. et carte. (Grenoble, 19659. — Van Hulthem, n° 15001. — Quérard. — Brunet, 20844.)

1254. **LOPEZ (Francisco)**, natif et libraire de Lisbonne. *Verdadeira e santa historia dos sinco martyre de Marrocos,* composta en verso. Lisboa, 1619, pet. in-4°. (Brunet.)

1255. **MAIRAULT (Adrien-Maurice de)**, littérateur, né à Paris en 1708, mort en 1746. *Relation de ce qui s'est passé dans le royaume de Maroc, de 1727 à 1737.* Paris, 1742, in-12. (Quérard. — Peignot.)

1256. **MATIAS** de San Francisco. *Relacion del viage espiritual y prodigioso que hizo à Marruecos el padre Juan de Prado.* Cadiz, 1675, in-4°. (Brunet, 20842.)

1256 *bis.* **MAW** (G.). *Notes on the geology of the plain of Marokko and the Great Atlas;* ins. in *the Quarterly Journal of the Geolog. Soc.* London, 1872, xxviii, pp. 85-102. (*Année géogr.*, p. 258.)

1257. **MOUETTE** (G.). *Relation de sa captivité dans les royaumes de Fez et de Maroc, où il a demeuré pendant onze ans; où l'on voit les persécutions qui y sont arrivées aux chrétiens captifs sous les règnes de Mouley-Archy et de Mouley-Sémein, son successeur regnant aujourd'hui..., avec un traité de commerce et de la manière dont les négociants doivent s'y comporter. Ensemble les principaux termes de la langue qui est la plus en usage dans le pays.* Paris, 1683, in-12. (Nyon, n° 21230. — Grenoble, n° 25749. — *Archives du bibliophile*, 1869, 2 fr. 75.)

— *Histoire des conquestes de Mouley-Archy, connu sous le nom de roi de Tafilet, et de Mouley Ismaël ou Sémein, son frère et son successeur, tous deux rois de Fez, de Maroc, de Tafilet, de Sus, etc. Contenant une Description de ces royaumes, des lois, coutumes, mœurs des habitants; avec une carte du pays.* Paris, 1683, in-12. (Nyon, 21229. — Brunet, 28395.)

1258. **NOUVEAUX** *advis des Indes orientales et Jappon, concernant la conversion des gentils; avec un miraculeux martyre advenu à Maroc ville d'Aphrique et Barbarie.* Paris, 1581, pet. in-8. (Brunet.)

1259. **OCKLEY** (Simon), orientaliste de Cambridge. *An Account of south-west Barbary, containing what is most remarkable in the territories of the king of Fez and Marocco; written by a person who had been a slave there, published by S. Ockley.* London, 1713, in-8. (Brunet, 28394.)

— *Relation des Etats de Fez et de Maroc, écrite par un anglais qui y a été longtemps esclave,* publiée par S. Ockley, et trad. en français (par le P. Guillemeau). Paris, 1726, in-12. (Nyon, n° 21226.)

1260. **PADDOCK** (Judah). *A narrative of the shipwreck, of the Oswego on the coast of South Barbary, and of the sufferings of the master and the crew while in bondage among the Arabs.* London, 1818, in-4°. (Brunet.)

1261. **PAILLET** (H.). *Histoire de l'empire du Maroc,* accompagnée d'une carte du Maroc et d'Algérie. Paris, 1844, in-18 de 108 pp. et 1 carte. (Bourquelot.)

1262. **PÉCATIER** (Ad.). *Exploits d'un capitaine français dans le Maroc,* pour faire suite aux *Aventures d'un officier en Afri-*

que. Paris, 1845, in-18. — Paris, 1871, in-18 de 108 pp. (Bourquelot. — *Journal de la librairie.*)

1263. **PERRIER** (Amelia). *A Winter in Marocco.* London, 1873, in-8 de 364 pp. (*Année géogr.*, p. 257.)

1264. **PIDOU** (Franç.), de St-Olon, né en Touraine l'an 1640, mort en 1720. *Etat présent de l'empire de Maroc.* Paris, 1694, in-12, fig. L'auteur fut ambassadeur extraordinaire de France à Maroc. (Nyon, 21225. — Peignot) Voir n° 1275.

1265. **POTOCKI** (le prince comte Jean), savant polonais, mort en 1816. *Voyage dans l'empire de Maroc fait en l'année 1791; suivi du voyage de Hafez, récit oriental.* Varsovie, 1792, in-4°. (Brunet. — Quérard.)

1266. **RELATION** *de ce qui s'est passé dans les trois voyages que les religieux de la Mercy ont faits dans les Etats du roy du Maroc pour la redemption des captifs,* en 1704, 1708, 1712. Paris, 1724, in-12. (Baillieu, 1874, n° 547. — Nyon, n° 21222. — Quérard.)

1267. **RELATION** *historique de l'amour de l'empereur du Maroc pour madame la princesse douairière de Conty,* écrite en forme de lettres; par le comte D***. Cologne, P. Marteau, 1700, in-12 de 139 pp. (Nyon. — Ronquette, en 1873, mar. r. 40 fr. — Brunet.)

1268. **REY** (William). *Souvenirs d'un voyage au Maroc.* Paris, 1841, in-8. — Paris, 1845, in-8, 1 vign. (Bourquelot. — Challamel, 2 fr. 50.)

1269. **RICHARDSON** (John). *Travels in Marocco,* edited by his widow. London, 1859, 2 vol. in-8. (Brunet. 20845.)

1270. **ROBERTS** (David). *Pittoresque views in Spain and Marocco* (Tanger, Tétouan, Maroc, etc.). London, 1835-1838, 4 part. in fol. (Brunet.)

1271. **ROLAND FRÉJUS**, négociant de Marseille, qui se fit passer pour ambassadeur de Louis XIV. *Relation d'un voyage fait dans la Mauritanie, en Afrique, par ordre de S. M. en l'année 1666, vers le roi de Tafilet, Muley Arxid, pour l'établissement du commerce dans toute l'étendue du royaume de Fez et de toutes ses autres conquêtes.* Paris, 1670, in-12. (Grenoble, 19657.) 1re édition, réimprimée, mais très-augmentée, sous le titre:

— *Relation des Etats du roi de Fez et de Maroc, qui règne aujourd'hui,* avec une description des parties des places fortes qui appartiennent à présent aux Espagnols, aux Anglais, aux Portugais et au roi de Maroc, aux côtes de Barbarie, par M. Leg*** (M.

8*

Charont), qui y a fait un séjour de vingt et un ans. Paris, 1682, in-12. (Brunet, 20842.)

Cette relation a été traduite en anglais. London, 1671, in-8; — en italien, Bologne, 1670, in-12 ; en allemand, Nuremberg, 1676, in-12.

1271 *bis.* **ROHLFS** (G.). *Mein erster Aufenthalt in Marokko, und Reise südlich vom Atlas durch die oasen Dra'a und Tafilet.* Bremen, 1872, in-8 de 470 pp., 10 fr. (*Année géogr.*, p. 257.) Voir n° 322.

1272. **ROUD-EL-KARTAS.** *Histoire des souverains du Maghreb* (Espagne et Maroc), et Annales de la ville de Fès. Traduit de l'arabe par A. Beaumier. Paris, 1860, in-8. (Brunet, 28397. — Challamel, 10 fr.)

1273. **ROUSSEAU DES ROCHES** (J.). *Trois souvenirs : Tanger, Isly, Mogador.* Paris. 1846, in-8 de 24 pp. (Bourquelot.)

1274. **SACY** (Silv. de). *De la description des monnaies du Maroc*, par Dombay. (Quérard, IX, p. 149, col. 2.)

1275. **SAINT-OLON** (de). *Estat présent de l'empire du Maroc*, par le sieur de St-Olon. 1693, in-4°. Manuscrit du XVII° siècle, relié en mar. r. , fil. tr. d., aux armes roy. (Cat. de Montmerqué. — *Archives du bibliophile*, 1861, p. 194. 20 fr.)

— *Relation de l'estat de l'empire de Maroc.* Paris, 1695, in-12, fig. (*Archives du bibliophile*, 1857, 3 fr. 50. — Van Hulthem, 14973.)

1276. **SAN JUAN** (Francisco de). *Mission historial de Marruecos, en que se trata de los martiros persecuciones y trabajos que han padecido los missionarios, y frutos que han cogido las missiones, que desde sus principios tuvo la orden Seraphica en el imperio de Marruecos...* Sevilla, 1708, in-fol. (Brunet.)

1277. **SAUNIER DE BEAUMONT** (l'abbé), sous-diacre de Rouen. Sous le pseudonyme de **CROUZENAC**, gentilhomme gascon : *Histoire de la dernière révolution arrivée dans l'empire ottoman, le 28 sept. 1730, avec quelques observations sur l'état de la ville et empire de Maroc.* Paris, 1740, in-12. (Quérard. — *Archives du bibliophile*, en 1857, 2 fr. 50.)

1278. **SCHÆFER.** *Négociations des villes hanséatiques avec le sultan de Maroc ;* article inséré dans la *Historische zeitschrift*, 3° livr., 1869.

1279. **THOMASSY** (Marie-Jos.-Raymond). *De la politique maritime de la France sous Louis XIV, et de la demande que Muley-Ismaël, empereur de Maroc, adressa à ce monarque pour obtenir en* mariage la princesse de Conti. Paris, 1841, in-8. (Bourquelot.)

— *Des relations politiques et commerciales de la France avec le Maroc.* Paris, 1842, in-8. Cette première édition avait déjà été publiée dans les *Nouvelles Annales des voyages*. Une 2° édition parut sous le titre : *Le Maroc et ses caravanes, ou Relations de la France avec cet empire.* Paris, 1845, in-8. (Bourquelot.)

1280. **TORRES** (Diego de). *Relacion del origen y successo de los xarifes y del estado de los reynos de Marruecos, Fez, Tarudante, etc.* Sevilla, 1586, in-4°. Publiée après la mort de l'auteur par sa veuve. (Nyon, n° 21223. — Brunet.)

— *Relation de l'origine et succès des chérifs et de l'état des royaumes de Maroc, Fez et Tarudam, et autres provinces qu'ils usurpèrent*, trad. de l'espagnol, par M. C. D. V. D. D. A. (le duc d'Angoulême). Paris, 1636, in-4°. (Brunet. — Nyon, 21224.)

Cette traduction a été réimprimée à la suite de l'*Afrique* de Marmol. Paris, 1667, in-4°.

1281. **URQUHART** (David), homme politique anglais, né en 1805. *The Pillars of Hercules, a Narrative, etc.* (Les Colonnes d'Hercule, récit d'un voyage en Espagne et dans le Maroc). 1850. (Bourquelot.)

1282. **YRIARTE** (Charles), littérateur français, né à Paris, en 1833. Lors de l'expédition de l'Espagne contre le Maroc, à la fin de 1859, il fut chargé de suivre l'armée espagnole et envoya au *Monde illustré* une suite de dessins et d'articles sur cette campagne.

— *Sous la tente ; souvenirs de Maroc*, récits de guerre et de voyage. Paris, 1862, in-12, illustré. (Vapereau.)

1283. **BEAUMIER** (A.). *Excursion de Mogador à Saffi ;* article inséré dans le *Bulletin de la Société de géographie*, 1868.

— *Itinéraire de Mogador à Maroc, et de Maroc à Saffy* (en février 1868). Paris (1869), in-8 de 39 pp. Extrait de la *Revue des cours littéraires*, 1868. Inséré aussi dans le *Bulletin de la Société de géographie*.

1284. **SEUX** (A.), médecin en chef des hôpitaux de Marseille. *Mogador et son climat.* Marseille (1871), in-8 de 35 pp. Extrait du *Marseille médical.*

1285. **THÉVENIN** (le Dr). *Du climat de Mogador sous le rapport des affections pulmonaires;* article inséré dans le *Bulletin de la Société de géographie*, avril 1868.

1286. **ABUL-HASSAN-Ali-ben-Abd-Allah.** *Annales regum Mauritaniæ a con-*

dito Idrisidarum imperio ad annum fugæ 726, *illustravit Car. Joh. Tornsberg.* Upsaliæ, 1813-16, 2 vol. in-4°. (Brunet.)

Et. de Quatremère a rendu compte de ce livre dans le *Journal des savants*, année 1847. Avant la publication du texte il en avait paru deux traductions, la première en allemand, sous le titre de : *Geschichte der Mauritanischen Könige...* Agram, 1791, 2 vol. in-8, par Franz de Dombay ; la seconde en portugais, par F. Jozé de Santo-Antonio Moura, sous le titre de *Historia dos soberanos mahometanos que reinarão na Mauritania.* Lisboa, 1828, in-4°.

Fr. Petis de La Croix a donné une traduction française de ce livre restée manuscrite et conservée à la Bibliothèque nationale de Paris. (Brunet.)

1286 bis. EBN-MADIN, de Fez. On a de lui des *Maximes et sentences.* François de Dombay en a donné une traduction publiée à Vienne en 1805, in-8. (Peignot.)

1287. NÈVE (F.-J.-B.), orientaliste belge, né à Ath (Hainaut) en 1816. *Relation d'un voyageur chrétien sur la ville de Fez et ses écoles dans la première moitié du XVIe siècle.* Gand, 1845, in-8. (Catal. des *Accroiss.*, X, p. 82.)

1288. PASSIO *gloriosi martyris beati patris fratris Andree de Spoleto ordinis minorum regularis observantie p. catholice fidei veritate passi in Affrica civitate Fez.* Anno M.D.xxxij. (in fine). Impressum Tholose..., pet. in-4° de 4 ff. goth. (Brunet.)

— *Histoire et lettres du glorieux frère André de Spolete, lequel a souffert martyre en la cité de Fez en Afrique, l'an M.D.xxxij.* Tholose, 1532, pet. in-4° de 6 ff. goth., 1 fig. s. b. Trad. de la pièce latine (Brunet.)

1289. PRÉCHAC. *La Princesse de Fez.* Paris, 1681, 2 vol. in-12. Roman. (Nyon, n° 8741.)

1290. QUEVEDO ou Quebedo e Castello branco (Vasco Mouzinho de). *Alfonso Africano*, poema heroico da presa d'Arzitta et Tanger. Lisboa, 1611, pet. in-8. — Réimpr. à Lisbonne, 1786, in-8. (Brunet.)

1291. TAYLOR (le baron Is.-Justin-Sév.), voyageur, littérateur, sénateur français, membre de l'Institut, né à Bruxelles en 1789. *Voyage pittoresque en Espagne, en Portugal et sur la côte d'Afrique de Tanger à Tétouan.* Paris, 1826-32, 3 vol. gr. in-8. Il y a des exempl. in-4°, planches. (Brunet. — Quérard.)

1292. VERNET (Horace). *La Bataille de l'Isly :* imprimée sur colombier entier. (Brunet.)

1293. BUGEAUD (le maréchal). *Relation de la bataille d'Isly ;* insérée dans la *Revue des Deux-Mondes.*

1294. WINDUS (John). *A Journey to Mequinez, the residence of the present emperor of Fez and Marocco, on the occasion of comm. Stewart's embassy in 1721.* London, 1725, in-8. (Brunet, 20817.)

1295. BERBRUGGER (L.-A). *Les Colonnes d'Hercule, excursions à Tanger, Gibraltar, etc.* In-18. (Challamel.)

1296. CHOLMLEY (Hugh). *A Account of Tangier.* (London), 1787, in-4° de 320 pp. (Brunet, 20831.)

1297. JOUBERT (André). *De Cadix à Tanger* (Espagnols, Anglais et Maures). Angers (1869), in-8 de 22 pp. Extrait de la *Revue d'Anjou.* (*Journal de la librairie.*)

1298. LEMPRIÈRE. *A tour from Gibraltar, to Tangier, Sallec, etc.* 2e édition, Londres, 1793. (Walckenaer, p. 75.)

1299. MENEZES (Fernando de), comte d'Eryceira. *Historia de Tangere, que comprehende as noticias desde a sua primeira conquista a te a sua ruina.* Lisboa-Occidental, 1732, in-fol. (Brunet.)

1300. PEPYS (Samuel), esq., secrétaire de l'amirauté à Londres au XVIIe siècle. *The Life, journals, and correspondence of Samuel Pepys... including a narrative of his voyage to Tangier, deciphered from the shorthand mss. in the bodleian library, by the rev. John Smith.* London, 1841, 2 vol. in-8. (Brunet.)

TUNIS ET TUNISIE

1301. AMEILHON (Hubert-Pascal), membre de l'Académie des inscriptions, né à Paris, en 1730, mort en 1811. *Mémoire sur une inscription, ou fragment d'une inscription sur une plaque de cuivre trouvée à Tunis*, et adressée à l'Académie des inscriptions, par M. de la Luzerne, ministre de la marine ; article inséré dans les *Mémoires de l'Académie des inscriptions*, 1789, t. XLIX, p. 501. (M.)

1302. ANGEL (Fr.-Pierre). *Les Frères des écoles chrétiennes à Tunis ;* art. insérés dans l'*Œuvre des écoles d'Orient*, nov. 1871 et janvier 1873. (M.)

1303. BAEDECKER. *Guide de l'Italie méridionale.* La seconde édition française de ce livre renferme le programme d'une excursion à Tunis. (M.)

1304. BER (E). *Exposition tunisienne*, 1855; article inséré dans le *Bulletin annexe* de la *Revue des Deux-Mondes*, 1er nov. 1855. (M.)

1305. **BERBRUGGER** (A.). *Itinéraires archéologiques en Tunisie;* articles insérés dans la *Revue africaine*, 1857, avril, juin et octobre. De Tunis à Nefta. (M.)

1306. **BIGNAN** (Anne), littérateur, né à Lyon en 1793. *Monument de Saint-Louis à Tunis*. Ode. Paris, 1841, in-8 de 16 pp. (Bourquelot. — M.)

1307. **BORGIA**. *Sur un voyage scientifique de Camille Borgia dans la régence de Tunis*. Lettre du comte Hector Borgia au président de la Société de géographie italienne; article inséré (en italien) dans le *Bulletin de la Société de géographie italienne*. Florence, 1869, 3ᵉ fasc.

Camille Borgia, dont le voyage remonte au commencement du siècle, a laissé sur Carthage de précieux manuscrits mis à profit par le major hollandais Humbert et rappelés par M. Beulé. (M.)

1308. **BOURGUIGNAT** (J.-R.). *Histoire malacologique de la régence de Tunis*. Paris, 1868, in-8 de 38 pp., 1 pl. et 1 carte. (M. — *Journal de la librairie*.)

1309. **BRANDIN**. *Considération sur le royaume de Tunis, dans ses rapports avec l'Algérie*. Alger, 1846, in-8 de 132 pp. (M.)

— *Remarques sur un voyage de M. Brandin à Tunis, et sur les sages réformes commencées par S. A. Ahmet-bey*, par Roux de Rochelle; article inséré dans le *Bulletin de la Société de géographie*, 1847, 3ᵉ série, t. VII, p. 68. (M.)

1310. **CARDON** (Emile). *Le Progrès en Tunisie*, article inséré dans la *Revue du monde colonial*, 2ᵉ série, tome VI, p. 345. Résultats des réformes amenées par la constitution promulguée en 1860. (M.)

1310 bis. **CHAPELLE** *Saint Louis à Tunis*. 9 pl. pet. in-fol. (Lécureux, en 1874, nº 12375, 2 fr. 50.)

1311. **CHARENCEY** (H. de). *La Régence de Tunis;* articles insérés dans la *Revue orientale et américaine*, t. I, p. 297, et t. II, p. 51, 1859. L'auteur rend compte du travail de M. Dunant. Des renseignements communiqués par M. Soliman al Haraïra, interprète du consulat français de Tunis, ont permis au comte de Charencey de compléter son travail et d'y joindre un certain nombre de détails nouveaux. (M.)

1312. **CHARLES-QUINT**. *Relation de la conquête de Tunis, etc.;* insérée dans les *Archives du nord de la France et du midi de la Belgique, publiées* par M. Dinaux, tome IV, pp. 54 à 60. (M.)

1313. **CHASSIRON**. *Aperçu de la régence de Tunis*. Paris, 1819, gr. in-fol., 37 lithogr. (M. — Daremberg, 1873, 25 fr.)

1314. **CHERBONNEAU** (A.). On a de lui une *Description de Tunis*, d'après El-Abdery (Ad-Hari), insérée dans le *Journal asiatique*, 1854, 5ᵉ série, tome IV, p. 163. (M.)

1315. **COSSON** (le Dr Ern.-S.-Ch.). *Notes sur quelques plantes de la régence de Tunis*. 1847. (Vapereau. — M.)

1316. **CRAPELET** (Amable). *Voyage à Tunis*, inséré dans le *Tour du monde*, déc. 1864, in-4º. (*Revue orientale et américaine*, tome X, p. 64.)

1317. **CREULY** (le général). *Sur diverses inscriptions romaines de Tunisie;* article inséré dans la *Revue archéologique*, 1858, tome XV, p. 285.

L'auteur passe en revue une série de travaux sur les antiquités tunisiennes, publiés dans la *Revue algérienne*, en avril 1857, par le capitaine Lewal, et en juin 1858, par M. A. Rousseau. (M.)

1318. **CUBISOL** (Ch.). *Notice abrégée sur la régence de Tunis*. Paris, Challamel, 1867, in-18, 16 pl. d'inscriptions. Le même auteur a publié en 1866, sous le même titre, un cahier autographié, suivi de l'indication des produits envoyés par S. A. le bey à l'exposition universelle de Paris. Ce mémoire renferme surtout des renseignements statistiques. (M.)

1319. **DAUMAS** (C.-Ph.). *Quatre ans à Tunis*. Alger, 1857, in-8, 180 fr. Etude sur la Tunisie, où l'auteur avait été envoyé, en qualité d'officier instructeur. (M.)

1320. **DAUX**. *Achmet-pacha, bey de Tunis, et des réformes récentes qu'il a faites dans le gouvernement de ses états;* inséré dans la *Revue de l'orient*, 1848, 2ᵉ série, tome IV, p. 342. (M.)

1321. **DESFONTAINES**. *Lettre de M. Desfontaines à M. Lemonnier, de l'Académie des sciences;* insérée dans les *Nouvelles annales des voyages*, t. XLVII, 1830, p. 60. Cette lettre, datée du 15 avril 1784, contient des détails archéologiques et une description de Kaïrouan, Calsa, Le Gerid, Sfaïtla et Sbiba. (M.)

— *Observations sur les plantes économiques qui croissent dans les royaumes de Tunis et d'Alger*, présentées à l'Académie des sciences; insérées dans les *Nouvelles annales des voyages* publiées par Eyriès, 1830, tome XLVII, pp. 321 à 359. Les principales plantes étudiées dans ce travail sont les dattiers, l'arbre à mastic, l'olivier, les grains et les céréales. (M.)

1322. **DESPREZ** (Cl.-Aimé) et **Desprez**

Saint-Clair. *Grégoire à Tunis , ou les Bons effets du vin*. Vaudeville en 1 acte. Théâtre de l'Ambigu, 15 déc. 1819) Paris, 1820, in-8 de 3 pp. (*Dictionnaire des anonymes*.)

23. **DUGAT** (**Gust**). *Le Poëme en l'honneur du bey de Tunis , du cheik Farès.* Paris, 1851, in-8. (Vapereau.)

24. **DUNANT** (**Henri**). *Notice sur la régence de Tunis.* Genève, 1858, gr. in-8. Résumé historique, ville de Tunis ; la cour ; armée, marine, impôts ; climat et productions; industrie et commerce ; villes et localités diverses ; religion et littérature; année musulmane ; esclavage des Maures , des Arabes et des Djébélias ; coutumes et superstitions des juifs de Tunis ; société et population. (M.)

25. **DUVERNOIS** (**Clément**) *Les Réformes en Tunisie ;* articles insérés dans la *Revue de l'Orient* , 1858 , 3ᵉ série , t. VII, pp. 83, 143 et 202. (M.)

26. **DUVEYRIER** (**H.**). *Lettre sur son voyage dans le sud de la Tunisie et à la frontière orientale de l'Algérie ;* insérée dans les *Nouvelles annales des voyages* , 1868, t. II, p. 356 (M)

27. **FINOTTI** (**Guglielmo**). *La Reggenza di Tunisi considerata nei suoi rapporti geografici, storici, archeologici, idrografici, commerciali, ecc.* Malta, 1857 , in-8 de 410 pp. (Brunet, 28393.)

28. **FLAUX** (**A. de**). *La Régence de Tunis au XIXᵉ siècle.* Paris, 1865, in-8. L'auteur fut chargé d'une mission scientifique à Carthage par le comte Walewski, alors ministre d'état. Il a parcouru la Tunisie en tous sens. A la suite de son travail, il donne une traduction de la constitution tunisienne, une analyse des principaux traités conclus par le bey avec les puissances occidentales et la traduction de quelques poésies arabes. — Des analyses de l'ouvrage de M. Flaux ont été publiées dans le *Journal des savants*, sept. 1866 , et dans les *Annales des Voyages,* 1866, IIᵉ vol., pp. 228. (M. — Challamel, 6 fr.)

29. **FONVIELLE** (**W. de**), né à Paris, en 1828, publiciste et savant. *La France à Tunis;* article inséré dans la *Revue du monde colonial,* 1864, 3ᵉ série, tome I, p. 352. Article politique. (M.)

30. **FRANK** (le Dr), médecin du bey de Tunis. *L'Afrique moderne.* Tunis. Inséré dans l'*Univers pittoresque.* (M)

31. **GACHET** (**Emile**). *Documents inédits relatifs à la conquête de Tunis par l'empereur Charles-Quint , en 1535.* Bruxelles, 1844, in-8 de 50 pp. (Claudin, en 1871, 2 fr. 25.

— Bourquelot.) Extrait du tome VIII des *Bulletins de la commission royale d'histoire naturelle* de Belgique. (M.)

1332. **GALLAND** (**Ant**), né en 1646, mort en 1715, professeur d'arabe, membre de l'Académie des inscriptions. *Relation de l'esclavage d'un marchand français de la ville de Cassis à Tunis.* Ouvrage posthume ; nouvelle édition publiée par Jourdain. Paris, 1808, in-12. Cet ouvrage a été imprimé une première fois par les soins de M. Langlès dans le *Magasin encyclopédique* de 1809 , tome I et t. II. — 2ᵉ édition , Paris, 1810 , in-12. (Quérard. — M.)

1333. **GAY** (**Ferdinand**), attaché au consulat de France au Maroc. *Le Progrès en Tunisie;* article inséré dans l'*Annuaire de la Société d'ethnographie de Paris* , 1864 , pp. 42 à 49.

— Avec **Soliman-el-Haraïra** : *Les Parfumeurs indigènes de Tunis;* dans les *Ouvriers des deux mondes;* ouvrage publié sous la direction de M. Le Play , en 4 vol. in-8. (M.)

1334. **GAY** (**Oscar**) *La Tunisie. Notice historique.* Mai 1861. Paris, 1861, in-8. (M.)

1335. **GRANDEUR** *et décadence de la dette tunisienne I. Simple Aperçu sur l'origine de la dette tunisienne.* Paris (1871), in-16 de 25 pp.

1336. **GROSJEAN**. *Le Télégraphe en Tunisie;* article inséré dans les *Annales télégraphiques*, 1860, tome III. (M.)

1337. **GUASTAVINI** (**G.**). *Istoria di Mons. Uberto Foglietta, nobile genovese, della sacra lega contra Selim , e dell'impresa del Gerbi Soccorso d'Oran, impresa del Pignon di Tunigi, etc.* Genova, 1596, in-4°. (M.)

1338. **GUÉRIN** (**V.**). *Voyage archéologique dans la régence de Tunis,* et publié sous les auspices et aux frais de H. d'Albert, duc de Luynes. Paris, 1862, 2 vol. in-8 , 1 carte , 1 pl. (Brunet, 28393.) Ouvrage estimé. L'auteur avant la publication de son voyage, avait donné une analyse des résultats principaux qu'il avait obtenus, dans les *Nouvelles annales des voyages,* déc. 1860. (M.)

— *Etablissements catholiques dans la régence de Tunis;* article inséré dans le *Bulletin de l'œuvre des écoles d'Orient,* janvier 1865. Ce travail fournit des renseignements sur Tunis , la Goulette, Carthage , Sousa, Mahedin, Sfax , Porto Farina, Bizerte et l'île de Djerba. (M.)

1339. **GUITER** (**A.**). *De Tunis à Soussa ;* articles insérés dans la *Touriste,* 28 déc. 1871 et numéros suivants.

1340. **GUYON** (Dr **J.-L. G**). *Etude sur les eaux thermales de la Tunisie*, accompagnée de recherches historiques sur les localités qui les fournissent. Paris, 1864, in-8 de 69 pp. (Vapereau. — M.)

1341. **HANEGGER**, professeur d'archéologie à Don meschingen. *Extrait d'une lettre de M. Sakini, sur les travaux de M. Hanegger dans la régence de Tunis;* article inséré dans le *Bulletin de la Société de géographie*, 2e série, 1835, tome III, p. 64. (M.)

1342. **HOMAÏS**, *reyne de Tunis*. Amst. (Elzévier, à la Sphère), 1631, in-12.—Amst., 1682, in-12. Roman satirique contre la cour de Louis XIV, mais qui n'a de rapport avec Tunis que par son titre seulement. (Nyon, 8738. — Jér. Bignon, en 1837, n° 1827.)

1343. **HOUDOY** (**J.**). *Tapisseries représentant la conquête du royaulme de Thunes par l'empereur Charle-Quint.* Histoire et documents inédits. Lille, 1873, gr. in-8 de 33 pp. (M.)

1344. **HOURY** (**C.-B.**). *Copie de traité conclu entre S. M. le roi des Belges et S. A. le prince souverain de Tunis, Ahmed pacha Bey, en* 1869. Ms in-fol. se trouvant à la Bibliothèque royale de Bruxelles, n° 147-18216-13 3. (Catalogue des *Accroissements*, 1843, 2e partie, p. 64.)

1344 bis. **HUGELMANN** (**G**).*Le Conflit tunisien.* Lettre à S E M. de Moustiers, ministre de nos affaires étrangères. Paris, (1868), in-8 de 23 pp. (*Journal de la librairie.*)

1345. **JULIEN** (**Félix**) *Tunis et Carthage, souvenirs d'une station sur la côte d'Afrique.* Inséré dans la *Revue contemporaine*, 1864, tome XLII, p. 388. (M.)

1346. **KERSANTÉ** (**Vic.**). *Impressions de voyage. L'Afrique au XIXe siècle. La Tunisie aux points de vue politique, agricole et commercial.* Dinan (1871), in-8 de 62 pp.

1347. **LEGRAND** (**Ad.**), attaché au ministère de la guerre *La Tunisie, étude historique.* Paris, 1873, in-8 de 63 pp.

1348. **LETRONE**. *Observations historiques et géographiques sur une inscription de borne milliaire qui existe à Tunis et sur la voie romaine de Carthage à Theveste.* 1845, in-8. (M.)

1349. **LETTRE** d'un comédien à un de ses amis, touchant sa captivité et celle de vingt-six de ses camarades, chez les corsaires de Tunis, etc. Paris, 1741, in-8. (Grenoble, n° 25746. — Nyon, n° 21216.)

1350. **LUCAS** (**Paul**). *Mémoire pour servir à l'histoire de Tunis,* faisant suite au voyage de Paul Lucas dans la Grèce, l'Asie mineure et l'Afrique. Paris, 1712. (M.)

1351. **LUMBROSO** (**Abraham**), médecin tunisien contemporain, né en 1813. *Lettres médico-statistiques sur la régence de Tunis.* Paris, 1841, in-8. (Vapereau.)

1352. **MAC-GILL** (**Th.**). *An Account of Tunis,* of is government, customs and antiquities, especially of its productions, manufactures and commerce. Glasgow, 1811, in-8. (*Manuel* de Brunet, n° 28393.)

— *Nouveau voyage à Tunis*, publié en 1811; trad. de l'anglais avec des notes (par Ragueneau de La Chesnaye). Paris, 1815, in-8. (Quérard.)

1353. **MARCEL** (**J.-J.**). *Histoire de Tunis,* précédée d'une Description de cette régence par le docteur Louis Franck, revue et accompagnée d'un *Précis historique*, par M. J. Marcel. Paris, 1851, in-8, 16 pl. Aussi insérée dans l' *Univers pittoresque*. (Bourquelot.)

1354. **MARSY** (**A. de**). *Essai de bibliographie tunisienne,* ou Indication des principaux ouvrages publiés en France sur la régence de Tunis. Arras et Paris, 1869, in-8 de 48 pp. La 2e édition est entièrement fondue dans notre travail.

1355. **MÉRIADE MARCHOT** (**de Tombeckem**). *Abrégé de l'histoire de la régence de Tunis.* Bruxelles, s. d. (1866), in-8 de 40 pp. (M.)

1356. **MEULEMANS** (**Aug.**). *Etudes sur la Tunisie au point de vue du commerce belge.* Bruxelles, 1867, in-8 de 29 pp. Extrait de la *Revue trimestrielle*, 2e série, tome XVI, oct. 1867. (M.)

1357. **MICHEL** (**Léon**). *Tunis. L'Orient, Africains, Arabes, Maures, Kabyles, Juifs, Levantins, scènes de mœurs,* intérieurs maures et israélites, noces, sérail, harems, musiciens, almées, villégiature orientale, Carthage. Paris, Garnier, 1867, in-8 de 336 pp. Plusieurs chapitres de ce volume ont paru dans le *Moniteur universel*. (M.)

1358. **MOREL** (**Louis**). *Mémoire sur la nécessité de réformer le système des poids et mesures de la régence de Tunis.* Système proposé. Oran, 1860, in-8 de 16 pp. (M.)

1359. **NEU** (**Justin**). *La Vérité sur la Tunisie.* Paris (1870), in-8 de 42 pp.

1360. **NEWE** *Zeyttung wie die Römisch Kayserlich Mayestat, unser Allergnedigister Herr von Thunis auß Affrica, etc.* S. l., 1536, in-4° de 12 ff. (M.)

1361. **NONCE ROCCA**. *A propos d'un livre récent sur la Tunisie. Observations.* Paris,

1866, in-8. Relatif à l'ouvrage de M. A. de Flaux. (M.)

1362. **OBSERVATIONS** on the city of Tunis. Londres, 1786, in-4". (M.)

1363. **O'KELLY** (le comte **Alphonse**). Etudes politiques sur le royaume de Tunis. Bruxelles, 1871, in 8. Le but principal de l'auteur est d'établir les droits de souveraineté de Tunis, et il compare l'indépendance de la régence à la vassalité de l'Egypte et des provinces danubiennes. Une partie de ce livre est une étude sur les relations politiques et commerciales de Flandres et de la Belgique avec la Tunisie. (M.)

1364. **PANSA** (**Guill.**). Historia nuova della guerra di Tunigi di Barberia; in cui si cont'ene la navigatione da Genova in Africa. Milano, 1585, pet. in-8. Cette relation de l'expédition de Tunis sous le règne de Charles-Quint, est devenue fort rare. (Grenoble, n° 25741. — Manuel de Brunet.)

1365. **PATON** (**Emile**). Tunis et son gouvernement. Paris, 1868, in-8 de 22 pp.

1366. **PAYSANT** (**L**.). Le Bey de Tunis devant l'opinion publique. Alger, 1870, in-8 de 15 pp.

1367. **PELLISSIER** (**E.**), membre de la commission scientifique de l'Algérie, vice-consul à Soussa. Trois lettres à M. Hase: 1° Sur les antiquités de la Régence; 2° Sur les antiquités de la partie ouest de la Régence; 3° Sur les antiquités de Nakter et de l'ancienne Zeugitane, 1847 et 1848. In-8. Extrait de la Revue archéologique. (M.)

— Description de la régence de Tunis. Paris, imprimerie impériale, 1853, in-8 de 455 pp., carte. Ouvrage faisant partie de l'Exploration de l'Algérie. (M.)

— La Régence de Tunis, le gouvernement des beys et la société tunisienne; inséré dans la Revue des Deux-Mondes, 1er mai 1856. (M.)

1368. **PIESSE**. Guide de l'Algérie. La 2e éd., Paris, 1873, renferme un Guide de Tunis et ses environs, avec 1 carte. (M.)

1369. **PONTET DE FONVENT** (**Henry**). La Tunisie, son passé, son avenir et la question financière. Magny et Gisors, 1872, in-8 de 32 pp.

1370. **PRAX**. Tunis, articles insérés dans la Revue de l'Orient, 2e série, t. VI, 1849. Sur la population, les usages, mesures et monnaies, et sur l'histoire naturelle. Les t. IX et X (1851), de la même Revue comprennent la suite de ce travail relative à l'industrie, au commerce et à l'agriculture. (M.)

1371. **PRÉVOST** (**F.**). La Tunisie devant l'Europe. Paris, 1862, in-8 de 31 pp. (M.)

1372. **REGENZA** (**La**) di Tunis nell' 1869. Tradutto in lingua italiana da ***. Alger, 1870, in-4" de 68 pp.

1373. **RÉGENCE** (**La**) de Tunis. Article inséré dans les Nouvelles annales des voyages de Malte Brun, 1870. Sur la politique, le commerce, la situation et les mœurs du pays. (M.)

1374. **RELATION** du voyage et prise de quatre galions du roy de Tunis en Barbarie, faite par les galères de Malte, sous le commandement du fr. de Cremeaux. Traduit de l'italien. Paris, 1629. Pièce in-8. (M.)

1375. **RELATION** véritable de tout ce qui s'est fait et passé dans l'accommodement de Tunis et de plusieurs e claves catholiques de toutes les nations, qui ont été rendus et que sa Majesté aura la bonté de renvoyer dans leur pays, en leur faisant fournir ce dont ils auront besoin pour y retourner (le 17 juin — 8 juillet 1728). (Paris), L. Coignard, s. d., in-4", pièce. (M.)

1376. **RERUM** a Carolo V Cæsare Augusto in Africa gestarum commentarii, elegantissimis iconibus ad historiam accommodis illustrati authorum elenchum, e quorum monumentis huc opus constat sequens pagella indicabit. Antverpiæ, apud Joan. Bellerum, 1555, in-8.

Ce précieux recueil contient: 1° Une préface de Corneille Schepperus. 2° Jo. Christoph. Calveti Stellæ ad Carolum V encomium. 3° Commentarium seu prius diarium expeditionis Tunetanæ a Carolo V imperatore semper August. anno 1535 suscepte, Joanne Etrobio authore, adjuta cum urbis tum adjacentium et portuum vera descriptione. 4° Pauli Jovii Novocomensis episcopi Nucerini, ex historiarum sui temporis libro XXXII fragmentum declarans quibus artibus Hariadenus Mithylenus cognomento Barbarussa, regno Tunetensi invaso, Muleassem regem legitimum exegerit. 5° Ejusdem ex historiarum sui temporis libro XXXIII de Caroli V Cæsaris in Tunetum expeditione fragmentum. 6 et 7, etc. — Le n° 3 est la réimpression d'une publication faite à Louvain en 1547. On trouve dans ce volume une planche portant pour titre: Tunetensis urbis et Guletæ arcis munitiss. una cum adjacentib. et portubus, brevis et certa descriptio. (Bibl. de Bruxelles, fonds V. H., n° 26185. — M.)

1377. **RÖMISCHER**. Keyserlicher Maiestat Christenliches Kriegs Rüstung wider die Unglanbigen, ... in Africa un Eroberung des Ports zu Thunisie im monat Junio anno 1535, aus Teutschen, Ital.a-

xischen und Frantzösichen scrifften.. 24
juhi, 1535 (s. l.), in-4° de 5 ff. (M.)

1378. **ROSNY (Léon de)**. *La Constitution
de Tunis et sa nouvelle promulgation ;* insérée dans la *Revue orientale et américaine.*
Cette constitution fut élaborée en 1858; rédigée, acceptée et promulguée en 18.0. Cette
traduction de M de Rosny est accompagnée
d'un préambule historique. (M.)

1379. **ROSSI (De)**. *Secchia di piombo trovata
nella Reggenza di Tunisi ;* art cle inséré
dans le *Boll. d'arch. crist.,* 1867. p. 77 (M.)

— *Mémoire sur un vase de plomb trouvé dans
la régence de Tunis;* trad. de l'italien par
A. Campion. Caen, 1869, in-8 de 37 pp. et
fig. Extrait du *Bulletin monumental,* publié
à Caen.

1380. **ROUSSEAU** (le baron **Alphonse**).
*Voyage du Scheikh El-Tidjani dans la ré-
gence de Tunis,* pendant les années 706, 707
et 708 de l'hégire (1306 à 1309 de l'ère chrét.),
trad. de l'arabe. Inséré dans le *Journal
asiatique,* 1re série, t. XX, 1852, et 5me série,
t. I, 1853. (M.)

— *Annales tunisiennes, ou Aperçu historique sur a régence de Tunis.* Alger, 1864,
in-8. Ouvrage très-important pour l'histoire
de la régence. (Brunet. — M.)

— *Bibliothèque de Tunis.* Notice et catalogue; article inséré dans la *Revue africaine,*
t. VI, p. 222.

1381. **SABLON DE LA SALLE (Mich.-
Marie-Vict-Gabr.)**. *L'Avenir de la Tunisie.* Paris, 1870, in-8 de 39 pp

1382. **SACY (Sylv. de)**. *Mémoire sur le
traité fait entre le roi de Tunis et Philippe
le Hardi, en 1270,* pour l'évacuation du territoire de Tunis par l'armée des Croisés. (L'o-
riginal de ce document est conservé aujour-
d'hui aux archives nationales de Paris, dans
l'armoire de fer). Inséré dans les *Mémoires
de l'Académie des inscriptions,* 1826, t. XIX,
p. 418. (M.) — Le même *Mémoire.* Paris,
1825, in-8 de 16 pp. Tirage à part du *Journal asiatique.* (Quérard.)

1383. **SAINT-GERVAIS (de)**. *Mémoires
historiques concernant le gouvernement du
royaume de Tunis, avec des réflexions, etc.*
Paris (Genève), 1736, in-12. (Nyon, n° 21215.
— M.)

1384. **SCHWAB (Moïse)**. *Mémoire sur l'ethnographie de la Tunisie.* Paris, 1868, in-8
de 72 pp. Extrait du premier volume des
*Mémoires couronnés par la Société d'ethno-
graphie.* (*Journal de la librairie.* — M.)

1385. **SOCIETÀ** *lessicografica tunisiana.*
Statuti. Cagliari (1871), in-8 de 8 pp.

1386. **TARMINI ALMERTÉ**. *Voyage de
S. M. la reine d'Angleterre et du baron
Pergami* (Bergami), en Allemagne, en Italie,
en Grèce, et à Tunis, de 1816 à 1820. Paris,
1820, in-8. L'auteur avait été attaché à la
reine pendant ses voyages , de 1816 à 1820.
(Quérard.)

1386 bis **TISSOT (Ch.)**. *La Tunisie;* article
inséré dans la *Revue africaine,* 1866,
n° 58. (M.)

— *Des routes romaines du sud de la Byza-
cène;* article inséré dans la *Revue africaine,*
t. I, p. 184. (M.)

— *Archéologie tunisienne;* article inséré
dans la *Revue africaine,* tome V, p. 286:
Inscriptions. (M.)

1387. **TRAITÉ** *de paix entre Frédéric roi
de Danemark et Ali-pacha du royaume de
Tunis.* 8 déc. 1751. Ce traité a été publié
séparément en danois et en allemand. Il existe,
de plus, dans les recueils de Weuck. III,
1, etc. (M.)

1388. **TRAITÉ** *de paix entre le roi, la ville
et le royaume de Tunis, fait à la baie de
la Goulette, le 28 juin 1672,* par le marquis
de Martel, lieutenant général des armées
navales de S. M. au Levant. S. l. n. d.; in-4°.
Pièce. (M.)

1389. **TULIN** de la Tunisie **(Ch.)** *Le Royaume
Tunisien et les représentants des puissances étrangères à Tunis.* 1864. L'auteur, suédois, exerce à Tunis les fonctions de consul
de Suède et de Norwège. (M.)

1390. **TUNIS** *et son historien El Kairouani;*
par un sous-lieutenant attaché aux affaires
arabes. Marseille (1871), in-8 de 39 pp.

1391. **TUNISIE (La)**, article publié dans la
Revue de l'Orient, 1re série, tome 1, pp. 1
à 19. 1847 Note justificative de l'expression
de Tunisie, indications géographiques et notions d'histoire naturelle. (M.)

1392. **VIEUSSEUX**. *I Barbareschi e i christiani.* Genevra , 1822 , in-8 de 64 pp. dont
37 de notes.

Opuscule relatif principalement à la conduite du bey de Tunis depuis 1815. Une contrefaçon parut sous le titre : *Cenni storici
sui Barbareschi.* M.)

1393. **WALTER**. *Régence de Tunis. Palais
du bey;* chromolithographie. Paris (1870),
Morel) (*Journal de la librairie,* 1870, Monuments et vues , n° 2341.)

Carthage.

1394. **ADDISSON (Jos.)**, littérateur anglais
du XVIIIe siècle. *Histoire de la rivalité de
Carthage et de Rome,* trad. de l'anglais par
A.-H. Dampmartin. Strasbourg, 1789, 2 vol.
(Quérard.)

1395. **APPIEN** d'Alexandrie, II⁰ siècle de l'ère chrétienne. Il avait composé une *Histoire romaine* estimée, en 34 livres, dont il ne reste plus que peu de livres, parmi lesquels on a encore: *Historiarum punica*, ouvrage réimprimé souvent en grec, en latin, en français, et en d'autres langues. (Bouillet. — *Manuel* de Brunet.)

1395 bis. **ARISTOTE**. *De politica Carthaginiensium*, gr. textum critice recognovit, comment. histor. illustravit... F. G. Kluge: accedit Theod. Metochitæ *descriptio reipubl. carthagin.* cum notis criticis. Uratislaviæ, 1823, in-8.

Ce sont les passages du 2⁰ livre de la Politique d'Aristote, où il est question du gouvernement de Carthage, qui forme le fond de ce volume. (Brunet.)

1396. **AUGUSTIN** (saint), natif de Tagaste en Numidie, professeur de rhétorique à Tagaste, puis à Carthage. Il combattit par ses écrits et par ses discours les Donatistes, les Manichéens et les Pélagiens; évêque d'Hippone (auj. Bone), il mourut dans cette ville en 430. On a de lui divers écrits théologiques, des *Confessions*, des *Soliloques*, des *Rétractations*, de nombreuses *Lettres*, et de nombreux *Sermons*, curieux pour l'histoire de la philosophie africaine à cette époque.

1397. **AVECIO** (Léonard de). *Livre des batailles de Carthage*, trad. en français l'an 1542 et dédié à Charles VII, roi de France. In-fol. Roman de chevalerie, manuscrit du XV⁰ siècle, sur papier. Au bas de la première page on lit l'inscription suivante: « C'est livre des battailles de Cartaige.... 1584. » (*Archives du bibliophile*, 1860, n⁰ 6776, 100 fr.)

1398. **BALDUINUS** (Franç.). *Historia carthaginensis* (sic) *collationis sive disputationis de Ecclesiâ.....* Paris, 1566, in-8. (Grenoble, 20085.)

— *Delibatio Africanæ historiæ ecclesiasticæ...* Paris, 1569, in-8. (Van Hulthem, 15593.)

1399. **BARGÈS** (l'abbé J.-J.-L.). *Aperçu historique sur l'Eglise d'Afrique en général*. 1848, in-8. (Vapereau.)

— *Mémoire sur deux inscriptions puniques découvertes dans l'île du port Cothon à Carthage*. Paris, 1849, in-4⁰, fig. (Catal. des Accroiss., XII⁰ cat., p. 26.)

— *Autre Mémoire sur 39 inscriptions puniques expliquées*. Paris, 1852, in-4⁰. (M.)

— *Examen d'une nouvelle inscription phénicienne découverte récemment dans les ruines de Carthage et analogue à celle de Marseille*. Paris (1868), in-4⁰ de 31 pp. et 1 planche.

1400. **BELLERMANN**. *Ueber die phönizischen und punischen Münzen*. Berlin, 1812 à 1821. Opuscules in-8. (Schubertiana. — Vincent, en 1871.)

1401. **BERRIAT** (Jacques St-Prix), docteur en droit. *Annibal à Carthage, après la bataille de Zama, fragment lu à l'Académie de Grenoble*, le 6 sept. 1805; imprimé dans le *Magasin encyclopédique*, année 1806, tome VI, p. 341 et suiv. (Quérard. — Bourquelot.)

1402. **BEULÉ** (Ch.-Ern.), archéologue, membre de l'Institut, député, ministre de l'intérieur, né en 1826, mort en 1874. *Fouilles à Carthage*. Paris, 1860 in-8. Extrait de la *Revue archéologique*. (M.)

— *Fouilles faites à Carthage aux frais et sous la direction de M. Beulé*. Paris, impr. imp., 1861, in-4⁰ de 113 pp. et 6 pl. Ces travaux résument les fouilles exécutées en 1859 et 1860, à Byrsa, aux ports et à la nécropole de Quamart. (M.)

1403. **BLAKESLEY** (J.-W.). *Four months in Algeria, with a visite to Carthage*. Cambridge, 1859, in-8, cartes et grav. (M.)

1404. **BOURGADE** (l'abbé **Fr.**), missionnaire français, né en 1806, mort en 1866. *Soirées de Carthage*. 1817, in-8. (C'est un dialogue entre un prêtre catholique, un muphti et un Cadi.) (Vapereau.)

— *Baal-Hah* (maître de l'anneau, c'est-à-dire *Mercure*). Paris, 1857; brochure in-12, comprenant deux inscriptions reproduites dans l'ouvrage suivant:

— *Toison d'or de la langue phénicienne*, recueil d'inscriptions puniques trouvées sur les ruines de Carthage et sur divers points de la régence de Tunis, avec la transcription en caractères hébreux et la traduction en latin et en français. 2⁰ édition. Paris, 1856, pet. in-fol., 21 pl. — (Brunet. — M.)

1405. **BRUNI** (L.), ou **Léonard ARÉTIN**, écrivain célèbre d'Italie, né en 1369, m. en 1444. *De bello punico*, libri 2, etc. 1490, in-fol. — Brescia, 1498. — Paris, 1512, in-4⁰, et autres éditions. (Peignot. — Brunet, art. *Aretinus*.)

1406. **CAILLETTE** de l'Hervilliers. *Etudes de quelques inscriptions chrétiennes carthaginoises*. Paris, 1863, in-8. (M.)

1407. **CAMPOMANÈS** (D. Pedro Rodr. de). *Antigüedad marítima de la república de Cartago* (Antiquité maritime de la république de Carthage, avec le *Périple* d'Hannon, notes). Madrid, 1756, in-4⁰, pl. Analysé dans les *Mémoires de Trévoux*. 1757, p. 1938. (Peignot. — Llordachs. — M.)

1408. **CASSIANUS BASSUS**, écrivain grec, né en Numidie dans le III⁰ ou IV⁰

9

siècle de l'ère chrét. On a sous son nom des *Géoponiques*, ouvrage grec publié pour la première fois en 1539 et qui contient d'intéressants détails sur l'agriculture chez les anciens, trad. en franç. en 1543 par Ant. P. de Narbonne et en 1812 par Caffarelli. (Bouillet.)

1409. CHATEAUBRIAND (Fr.-René, vicomte de). Dans son *Essai historique et politique sur les révolutions*, il donna un *Parallèle entre la république ancienne de Carthage et l'empire moderne des îles britanniques*. (Quérard.)

1410. CLAUDE, IVe empereur romain. Il composa dans sa jeunesse une *Histoire des Carthaginois*, estimée. (Bouillet.)

1411. CONCILES de Carthage. Années: 215, 217, 253, 255, 256, 311, 348, 386, 390, 393, 397, 398, 401, 403, 404, 405, 407, 408, 409, 410, 411, 414, 415, 417, 418, 419, 421, 426, 484, 525, 534, 550, 594, 646. Voir: *Dictionnaire des conciles*, de l'abbé Peltier, collection Migne, l'indication des recueils où se trouvent ces textes. (M.)

1412. COUSINÉRY (Espr. Mar.), numismate. *Essai historique et critique sur les monnaies d'argent de la ligue achéenne, accompagné de recherches sur les monnaies de Corinthe, de Sicyone et de Carthage, qui ont eu cours pour le service de cette confédération.* Paris, 1825, in-4°, 5 pl. (Brunet. — Quérard.)

1413. CYPRIEN (saint), natif et évêque de Carthage. On a de lui divers écrits : *Contre les spectacles; sur l'unité de l'Eglise*, etc.
G. A. Poole a écrit une *Histoire de la vie et des temps de S. Cyprien;* trad. de l'anglais. Lyon et Paris, 1842, in-8. (Bouillet. — Bourquelot.)

— *Saint Cyprien et l'Eglise d'Afrique au IIIe siècle. Cours d'éloquence sacrée fait à la Sorbonne pendant l'année 1863-64*, par Monseigneur Freppel, évêque d'Angers. 2e éd., Paris, 1873, in-8 de 474 pp.

1414. DAVIS (Dr Nathan). *Carthage and her remains; being an account of the excavations and researches on the site of the Phœnician metropolis of Africa and other adjacent places; conducted under the auspices of her majesty's government.* London, 1860, in-8 de 640 pp. (Brunet, n° 22715.)

— *Inscription in the phenician character, now deposited in the British Museum, discovered on the site of Carthage*. London, 1863, in-fol. oblong. (M.)

— *Ruined, cities within Numidian and Carthaginian territories*. London, 1863, in-8 de xvi-391 pp., cart. (M.)

1415. DEDREUX. *Esquisse de la restauration de la ville de Carthage*. Carte autographiée. (M., d'après Beulé.)

1416. DELISLE DE SALES (J.-B.-Cl.-Is.), membre de l'Institut de France, né en 1743, mort en 1816. *Histoire de Carthage*, 1 vol. (ouvrage qui fait partie de l' *Histoire de tous les peuples du monde, ou Histoire des hommes*. Paris, 1779 et années suivantes, 53 vol. in-12 et 3 vol. d'atlas in-4° de 112 cartes et figures. Peu estimé. (Quérard.)

1417. DUREAU DE LA MALLE. *Recherches sur la topographie de Carthage*, avec des notes de M. Dugaste. Paris, 1835, in-8, 4 pl.
Letronne a donné sur cet ouvrage, un article inséré dans le *Journal des savants*, nov. 1837. (Bourquelot.)

— Avec **YANOSKI**, dans l'*Univers pittoresque : l'Histoire de Carthage jusqu'au commencement de la 2e guerre punique.* (Bourquelot. — M.)

1418. ESTRUP. *Lineæ topographiæ Carthaginis Tyriæ;* inséré dans les *Miscell. Haon.*, t. II, fasc. 1. (M.)

1419. EUGÈNE (saint), évêque de Carthage en 481. On a de lui une *Exhortation aux fidèles de Carthage*, etc. (Peignot. — Bouillet.)

1420. FALBE (C.-C.), consul général à Tunis. *Recherches sur l'emplacement de Carthage*, suivies de renseignements sur plusieurs inscriptions puniques inédites, avec le plan topographique des ruines de la ville. Paris, 1833, in-8, et atlas de 6 pl. in-fol. (Brunet, 22771. — *Archives du bibliophile*, 1869, 2 fr.)

— *Plan des ruines de Carthage*, publié (en allemand); Maasstab. (Dr Schubert, 1870.)

1421. FLAUBERT (Gust.), littérateur français, né à Rouen, vers 1821.
En 1857 il fit un voyage à Tunis et aux ruines de Carthage, d'où il a rapporté le sujet et les matériaux d'un roman annoncé pendant trois ans, sous différents titres, et publié sous celui de *Salammbô*. Paris, 1862, in-8. (Vapereau.)

1422. GAZZENA (l'abbé J.-Ant.-Eug.-H.), italien, né en 1772. *Le Retour en Afrique, ou Veilles de saint Augustin pendant son trajet de l'Italie à Carthage*. Ouvrage traduit de l'italien. Nouvelle édition française augmentée. Paris, 1826, in-8. La 1re édit. est de 1803; elle fut publiée sous le titre de: *Veilles de saint Augustin*. In-12. (Quérard.)

1423. GESENIUS (Fried.-H.-Will.), orientaliste né à Nordhausen, en 1785, mort en 1842. *Versuch über die maltesische Sprache, zur Beurtheilung der neulich wiederhol-*

ten Behauptung, dass sie ein Uebersesi der Altpunischen sey, und als Beytrag zur arabischen Dialektologie ; von D. Wilh. Gesenius. Leipzig , 1810 , in-8. (Van Hulthem , n° 10161.)

— *Etudes paléographiques sur l'écriture phénicienne et carthaginoise (Paläographische studien über Phönizische und Punische Schrift).* Leipzig, 1835, in-4°. (Dr Schubert, 1870.)

— *Monumenta scripturæ linguæque Phöniciæ quotquot supersunt, ed. comment. de lingua, etc.,* illustr. 3 part. ; 1837, in-4°, avec 48 pl. (Loescher, en 1867, 25 fr.)

1424. **GODARD FAULTRIER**. *Etude sur un vase en plomb trouvé dans les ruines de Carthage.* Angers , 1867 , in-8. Ce vase, placé à l'Exposition universelle dans la région tunisienne , a aussi fourni à M. Edm. Le Blant , le sujet d'une *communication à la Société des antiquaires de France.* (M.)

1425. **HALY O-HANLY (Stanislas)**, Milésien. *La Chute de Carthage ;* poëme en 8 chants. Paris, 1818, in-8. (Quérard.)

1426. **HAMAKER (Henr.-Arens.)**, orientaliste , né en 1789 à Amsterdam , mort en 1835. *Diatribe philologico-critica monumentorum aliquot punicorum interpretationem exhibens ;* accedunt novæ in nummos aliquot phœnicios lapidemque carpentoractensem conjecturæ, nec non tabulæ inscriptione et alphabeta punica continentes. Lugd. Batav. , 1822 , gr. in-4° de 72 pp. et 3 pl. A cette dissertation est ordinairement joint l'article suivant : *Periculum animadversionum archæologicarum ad cippos punicos humbertianos musei antiquarii.* Lugd.-Batav., 1822, in-4°. (Brunet.)

— *Miscellanea Phœnicia, seu Commentarii... de Punicæ gentis rebus , lingua , etc. ex inscript.* illustr. Lugd.-Batav. , 1828 , in-4° de x-368 pp. 3 pl. (Brunet. — Loescher , en 1867, 14 fr. 50.) Sylv. de Sacy a donné une analyse de cet ouvrage dans le *Journal des savants*, 1829, p. 736. (M.)

1427. **HEINDREICH (Ch.)**. *Carthago sive Carthaginensium respublica.* Francof.,1684, in-8. (Brunet, 22770.)

1428. **HENNEBERT (E.)**. *Histoire d'Annibal*, par E. Hennebert, capitaine du génie. Paris, impr. imp. , 1870 , in-8, t. 1, 540 pp. et atlas. Ce premier vol. comprend trois livres : I. Temps de Carthage antérieurs à Annibal; II. Carthage au temps d'Annibal ; III. Annibal en Espagne , et en appendice les dissertations suivantes: A. Notice bibliographique, sources de l'histoire d'Annibal. B. Notes sur Carthage au temps d'Annibal. C. Numismatique de Carthage. D. Antiquités puniques. Architecture, fortifications , topographie. E. Notice iconographique sur Annibal. G. Notice ethnographique sur Annibal. (M.)

1429. **HUMBERT** (le major **J.-E.**), officier hollandais. *Notice sur quatre cippes sépulcraux et de deux fragments découverts en 1817 sur le sol de l'antique Carthage.* La Haye, 1821, in-fol. On a aussi du major Humbert un plan de Carthage reproduit par Dureau de la Malle. (M.)

1430. **JAL (A.)**. *L'Antique port de Carthage et les navires antiques ;* inséré dans le *Dictionnaire critique de biographie et d'histoire*. Paris, 1867. Critique du travail de M. Beulé relatif au port de Carthage. (M.)

1431. **JAUBERT** (le chev. **Am.-P.**). Article sur les ruines de Carthage; inséré dans le *Journal asiatique*, 1re série, tome Ier. (Bourquelot.)

1432. **JOUAULT (A.)**. *Les Ruines de Carthage, la chapelle de Saint-Louis ;* article inséré dans la *Revue de l'Orient*, 2e série , tome XIV, 1853, p. 123. (M.)

1433. **JUDAS**. *Sur un tarif des taxes pour les sacrifices, en langue punique, trouvé à Carthage et analogue à celui de Marseille.* In-8. (M.)

1434. **LACOMBE (Jacques)**, né à Paris en 1721, mort en 1811. *L'Opéra à Carthage*, opéra, musique de M. (Méreaux). Paris, an III, in-8. (*Supercheries littér.*, t. II, col. 461.)

— *Scipion à Carthage*, opéra en 3 a. S. l., an III (1795), in-8 de 62 pp. (Quérard.)

1435. **LÉVÊQUE** (Mme), née **Cavelier**. *Lilia, histoire de Carthage ;* par Mme L... Amst. (Paris), 1736, in-12 ; et dans les *Amusements du cœur et de l'esprit*, tome IV. (*Superch. littér.*, t. II, col. 464.)

1436. **LINDBERG (Jac.-Christian)**, théologien et numismate danois , né à Ripen (Jutland), en 1797. On a de lui un *Mémoire sur les monnaies carthaginoises.*

1437. **MAGO ou MAGON**, de Carthage, vivait vers l'an 140 avant l'ère chrétienne. On a de lui un ouvrage en 28 livres, écrit en carthaginois , sur l'agriculture et les plantes , trad. en grec par Dyonisius d'Utique, mis en latin par J. Cornarius. Ces livres portaient le nom de *Rizotomiques.*

1438. **MAHUDEL (Nicolas)**. *Lettres sur une médaille de la ville de Carthage.* Paris, 1741, in-8. (Quérard.)

1439. **MAIUS (J.-H.)**, théologien luthérien, né en 1653, mort. en 1719. *Specimen linguæ* *punicœ*, *in hodierna Melitensium œtate superstites*. Marpurgiæ, 1718, in-8. Ouvrage réimprimé dans le *Thesaurus antiq. italicar.* X. (Peignot. — Brunet.)

1440. **MENU DE St-MESMIN** (E.). *Les Ruines de Carthage et d'Utique ;* articles insérés dans le *Moniteur universel* les 9, 10 et 31 oct. 1868.

1441. **MÜNTER** (Fréd.). *Die Religion der Karthager.* Kopenhagen, 1821, in-4° de 171 pp., fig. (Brunet.)

— On y joint : Fr. Münter's Sendschreiben an Fried. Creuzer : *Ueber einige Sardische Symbole ;* Beilage zur 2ᵘ Augs. der Religion der Karthager. Kopenhagen, 1822, in-4°, fig. (Brunet.)

— *Der Templer der kimmlischen Göttin zu Paphos.* 2ᵉ *Beilage zur Religion der Karthager.* Kopenhagen, 1824, in-4°, 4 planches. (Brunet.)

— *Die Religion der Babylonier.* 3ᵉ *Beilage zur Religion der Karthager.* Kopenhagen, 1827, in-4°. (Brunet.)

— *Primordia ecclesiæ Africanæ.* Hafniæ, 1829, in-4°. (J. Baer et Cⁱᵉ, 1872, 6 fr. — Brunet, n° 21566.)

1442. **NÆVIUS**, poëte latin du IIIᵉ siècle avant l'ère chrétienne. Retiré à Utique, il combattit dans la première guerre punique. On a de lui un poëme épique sur cette première guerre entre Rome et Carthage, mais il n'en reste plus que quelques fragments. (Peignot. — Bouillet.)

1443. **NÉMÉSIEN** (**M.-Aurelius Opimius Nemesianus**), poëte latin du IIIᵉ siècle, né à Carthage. Il soutint une lutte poétique contre l'empereur Numérien ; il composa trois poëmes : un sur la chasse, un sur la pêche et un sur la navigation. Voir pour plus de détails bibliographiques, le *Manuel du libraire* de Brunet.

1444. **NOTICE** *sur la construction de la chapelle St-Louis érigée par Louis-Philippe Iᵉʳ sur les ruines de l'ancienne Carthage, près de Tunis.* Paris, 1841, in-4°, fig. (Potier, 1871, 2ᵉ partie, n° 2939. — M.)

1445. **OPTAT** (saint), né en Afrique, évêque de Milève en Numidie, au IVᵉ siècle. Il combattit les Donatistes. *Optati (sancti) Afri, de schismate donatistarum libri septem, quibus accessère historia donatistarum, una cum monumentis veteribus ad eam spectantibus, nec non geographia episcopalis Africæ.* Curante L. E. Dupin. Parisiis, 1700, in-fol. — Nova editio, Amst., 1701 ; et Antw., 1702, in-fol. (Quérard.)

1446. **PAPIRICE-MASSON** (Jean), né à St-Germain en Forez, en 1544, avocat au Parlement de Paris, etc. *Gesta collationis Carthagine habitæ inter catholicos et donatistas.* Paris, 1596, in-8. (Grenoble, 1563.)

1447. **PÉTRARQUE** (François), célèbre poëte italien, né en 1304, mort en 1374. *L'Africa di Petrarca, in ottava rima*, tradotta da Fabio Maretti, col testo latino. Venet., 1570, pet. in-4°. (Brunet.)

Ce poëme sur la guerre punique a été souvent imprimé, antérieurement et postérieurement à l'édition de 1570. La dernière édition est celle imprimée à Oneglia, 1874, in-12 de 460 pp., avec des notes de G.-B. Gando.

— P. Petrarchæ. *Africa, quam recensuit, præfatione, notis et appendicibus illustravit* L. Pinaud. Paris, 187., gr. in-8. (Feuilleton du *Journal de la librairie*, 1873, p. 71.)

1448. **PINART** (Michel), orientaliste, né à Sens en 1659, mort en 1717. Membre de l'Académie des inscriptions. *Mémoire sur le nom de Byrsa donné à la citadelle de Carthage bâtie par Didon ;* inséré dans le *Recueil de l'Académie des inscriptions*, 1ʳᵉ série, tome I, p. 150. (Quérard. — M.)

1449. **POLYBIUS**, historien grec né à Mégalopolis vers l'an 206 avant l'ère chrét. Accompagna Scipion au siège de Carthage, en 146, et mourut l'an 124. On a de lui une *Histoire générale*, dont il ne reste plus que les cinq premiers livres. *De punico bello Punico et Plutarchi paralello.* S. l. n. d. (1500), in-fol. (Catalogue Sormani, de Rome, 1873, 4 fr.)

1450. **PUGET DE LA SERRE** (Jean), né à Toulouse vers l'an 1600, mort en 1665. *Le Sac de Carthage*, tragédie en prose. Paris, 1643, in-4°. (Nyon, n° 17401.)

1451. **PUGET DE SAINT-PIERRE**, né en Provence. *Les Hauts faits de Scipion l'Africain.* Paris, 1814, in-12. (Quérard.)

1452. **QUATREMÈRE** (E.-Marc), orientaliste, né en 1782, mort en 1857 ; membre de l'Institut. *Mémoire sur quelques inscriptions puniques.* Paris, impr. roy., 1828, in-8 de 19 pp. Extrait du *Journal asiatique*. (Quérard. — Bourquelot.)

1453. **RABUSSON**. *Carthage retrouvée. C'est à Bougie de l'Algérie qu'a existé Carthage.* Paris, J. Corréard, 1856, in-8. (M.)

1454. **RÉNIER** (L.). *Note sur quelques noms puniques ;* insérée dans la *Revue archéologique*, tome VIII, p. 702. (M.)

1455. **RICQUE** (Dʳ Camille). *Les Dieux de Carthage ;* article inséré dans la *Revue de l'Orient*, 3ᵉ série, t. XVI, 1863, p. 376. (M.)

1456. **ROBIANO** (l'abbé comte **Louis-Marie-Fr. de**), né à Bruxelles en 1739. *Essai sur la langue punique*, impr. à la suite des *Etudes sur l'écriture*, etc. Paris, 1834, in-4°.

1457. **ROCHAS** (Aimé). *Excursion à Carthage et à l'amphithéâtre d'El-Djem ;* article inséré dans la *Revue archéologique*, tome IX, p. 87. (M.)

1458. **ROSSI** (De). *De Christianis titulis Carthaginiensibus.* Paris, 1858, in-4°. (M.)

1459. **ROUSSEAU** (A.). *Lettre à l'éditeur de la Revue archéologique*, sur une mosaïque trouvée à Carthage ; article inséré dans la *Revue archéologique*, t. VII, p. 260. (M.).

1460. **SAINT-MARC GIRARDIN**. *De la domination des Carthaginois et des Romains en Afrique, comparée avec la domination française :* article inséré dans la *Revue des Deux-Mondes*, 1841, 1er mai. (M.)

1461. **SALLUSTE** (**C. SALLUSTIUS CRISPUS**), célèbre historien latin, né en 86 av. J.-C. Il eut part à la guerre d'Afrique ; fut nommé proconsul de Numidie (l'an 45) ; il pilla sa province et revint à Rome chargé de richesses. *Bellum Catilinarium et Jugurthinum.* (Venetiis, Vindelinus de Spira), 1470, gr. in-4° de 71 ff. non chiffrés ; — ou même date, gr. in-4° de 55 ff. non chiffrés.

— *Salluste auteur romain. De la guerre que les Romains firent à l'encontre de Jugurtha roy de Numidie. De la guerre Catilinaire.* Paris, Ambroyse Girault, 1539, in-8 de 154 ff. en tout.

— *L'Histoire catilinaire composée par Saluste*, translatée par forme d'interprétation en françoys par Jehan Parmentier de Dieppe. Paris, Denys Janot, 1539, pet. in-8.

— *L'Histoire de C. Crispe Saluste, touchant la conjuration de L. Serge Catilin, avec la première harangue de Marc Tulle Cicero contre luy ;* ensemble la guerre Jugurthine et la harangue de Portius Latro Catelin, traduitte en françois par Loys Meigret, lyonnois. Paris, Wechel, 1547, in-8 de 295 pp. — Lyon, J. de Tournes, 1556, in-16 de 346 pp.

— *Catilina et Jugurtha*, par Salluste. Traduction franç. avec le texte latin et des notes, par P. Croiset. Paris, Hachette, 1861, in-12.

Voir le *Manuel du libraire* pour les nombreuses éditions latines et les autres traductions françaises, italiennes, allemandes, anglaises et espagnoles.

1462. **SAULCY** (**Louis-Félicien-Joseph CAIGNARD** de), membre de l'Institut, né à Lille, en 1807. *Recherches sur la numismatique punique.* Paris, impr. roy., 1843, in-4°. Extrait des *Mémoires de l'Académie*

des inscriptions. Nouv. série, t. XV, 2e partie. Une analyse de ce travail a été donnée par M. Defrémery dans la *Revue numismatique française*, 1re série, tome IX, p. 451, 1844. (M.)

— *Rectification de la valeur alphabétique d'un caractère de l'écriture punique ;* article inséré dans la *Revue archéologique*, 1846, p. 565.

— *A propos de deux inscriptions trilingues trouvées à Leptis-Magna et publiées dans* le *Journal asiatique*, par M. Fulgence Fresnel.

Voir aussi, sur une médaille inédite de Leptis, un article du baron d'Ailly, inséré dans la *Revue numismatique française*, 1re série, t. VI, p. 349. (M.)

— *Lettre à M. Ch. Lenormant sur un point de l'épigraphie punique*, insérée dans la *Revue archéologique*, 1846, p. 629. (M.)

— *Recherches sur les inscriptions votives phéniciennes et puniques.* Paris, 1846, in-8. (M.)

— *Nouvelles inscriptions votives trouvées à Carthage et à Constantine.* Paris, 1848, gr. in-8, pl. (M.)

1463. **SAUVAGNER** (Fr.-Ch.) et **DU ROZIER**. *Abrégé de l'histoire de Carthage.* Paris, 1843, in-12. (Bourquelot.)

1464. **SCHELSTRATE**. *Ecclesia africana sub primate Carthaginensi per D. Emman. A. Schelstrate.* Parisiis, Leonard, 1679, in-4°.

On signale de cet ouvrage d'Emmanuel Schelstract une autre édition d'Anvers de la même année. L'auteur, né à Anvers, mourut en 1692, bibliothécaire du Vatican. (M.)

1465. **SERAN DE LA TOUR** (l'abbé). *Histoire de Scipion l'Africain, avec les Observations du chevalier de Folard sur la bataille de Zama.* Paris, 1738, in-12.

— *Histoire de Scipion l'Africain et d'Epaminondas.* Nouvelle édition. Paris, 1752, in-8. (Quérard.)

— *Parallèle de la conduite des Carthaginois à l'égard des Romains, dans la seconde guerre punique, avec la conduite de l'Angleterre et de la France dans la guerre déclarée par ces deux puissances en 1756.* Paris, 1757, in-12. (Quérard.)

1466. **SILIUS-ITALICUS** (Caïus), poëte latin, né à Rome vers 782 de Rome. *Silii Italici Punicorum.* Rome, 1471, in-fol. de 161 ff. et 38 lign. à la page.

Edition princeps du texte latin de ce poëme, réimprimé plusieurs fois dans le courant du XVe siècle et depuis. Voir le *Manuel* de Brunet, t. V, col. 381 à 383, pour plus de détails bibliographiques.

— *La Seconde guerre punique*, poëme trad.

en français par Lefebvre de Villebrune, avec le texte latin. Paris, 1781, 3 vol. in-12. (Brunet. — Quérard.)

— *Silius Italicus. Les Puniques*, trad. nouvelle par E.-F. Corpet et N.-A. Dubois (avec le texte en regard). Paris, 1837, 2 vol. in-8. (Brunet. — Quérard.)

Le baron Chaudruc de Crazannes a donné une *Dissertation sur Silius Italicus*, et traduction en vers de quelques passages de son poëme sur la seconde guerre punique. Insérée dans les *Mémoires de l'Athénée du Gers.* (Quérard.)

1467. **SWINTON** (**J.**). Il collabora pour la partie comprenant l'*Histoire des Carthaginois*, dans l'*Histoire universelle depuis le commencement du monde*, traduit de l'anglois. Amst. et Paris, 1742-1792. (*Supercheries littéraires*, III, col. 665.)

1468. **TORRES** (l'abb. de). *Letteratura de' Numidi, memoria dell'abb. de Torres.* Venezia, 1789, in-4°. (Brunet, 30154.)

1469. **WALLANCEY** (le général **Ch.**). *Comparaison de la langue punique et de la langue irlandaise, au moyen de la scène punique de la comédie de Plaute, intitulée : Le Carthaginois.* S. l., 1787, in-12. Trad. de l'anglais par A.-L. Millin. (Quérard.)

1470. **ZOTEMBERG** (**Hermann**). *Inscription phénicienne de Carthage;* insérée dans la *Revue archéologique*, 1866. (M.)

1471. **AGIUS DE SOLDANIS**, ou Fra **SESTIO ANGELO?** *Della lingua punica presentemente usata da' Maltesi; overo novi documenti sull'antica lingua etrusca.* Roma, 1750, in-8. (Brunet. — Van Hulthem.)

— *Annone Carthaginese, cioè spiegazione della prima scena dell'atto V della comedia di Plauto in Penulo fatta colla lingua moderna maltese.* Roma, 1757, in-4°.

Localités diverses de la Tunisie.

1472. **SPRATT** (le lieutenant). *Remarques sur le lac de Benzerta dans la régence de Tunis, faites en mai 1845*, imprimées dans le *Journal de la société géographique de Londres*, t. XII. Cette étude a été analysée dans le *Bulletin de la Société de géographie*, 3e série, 1847, t. VII. A ces indications il faut ajouter la carte de la Régence de Tunis, du Dépôt de la guerre, publiée en 1843, d'après les matériaux fournis par MM. Falbe, capitaine de vaisseau danois, et Pricot de Sainte-Marie, capitaine français. (M.)

1473. **PRICOT DE SAINTE-MARIE**. *Lettre ;* insérée dans le *Bulletin de la So-*

ciété de géogr., IIIe série, t. IX, p. 49. Excursion au Cap Bon, à la ville des Troglodytes, aujourd'hui *Grar-Mta-Dar-el-Amen.* (M.)

1474. **TISSOT** (**Ch.**). *Inscriptions de l'amphithéâtre d'El-Djem;* article inséré dans la *Revue africaine*, 1856, 7 pp. et 1 pl. L'amphithéâtre d'El-Djem est la plus importante et la moins connue des ruines romaines de la régence de Tunis. Le Dr Barth avant M. Tissot avait déjà signalé ces inscriptions. (M.)

1475. **GUÉRIN** (**V.**). *Kairouan ;* article inséré dans le *Bulletin de la Société de géographie*, IVe série, t. XX, p. 425. (M.)

1476. **PONTHIEURE DE BALAERE** (**L.-F.**). *L'Hermite dans l'île de Lampedosa, ou les Soirées musicales dans le voisinage des Barbaresques.* Vienne, 1830, in-12. (Quérard.)

1477. **ROSSIGNOL** (**J.**). *Explication et restitution d'une Inscription latine découverte à Madaourouche, l'ancienne Madaure en Afrique,* suivie d'une réponse à des objections qu'on avait faites. 1857, 31 pp. — Une *Réponse* de L. Rénier à cette brochure, de 15 pages. (Claudin, en 1873, les deux brochures, 1 fr. 75.)

1478. **ROUSSEAU** (**A.**). *Lettre à M. A. Jaubert, sur la découverte d'une mosaïque à Oudnah (Uthina Zeugitanæ).* *Revue archéologique*, 1846, p. 142 et pl. (M.)

1479. **AUCAPITAINE** (le baron). *Crocodiles de l'Oued Takmalet, dans le Sahara tunisien ;* article inséré dans les *Nouvelles annales des voyages*, 1860, t. I, pp. 232 à 234. (M.)

1480. **BOURGUIGNAT** (**J.-B.**). *Histoire des monuments mégalithiques de Roknia, près d'Hamman-Meskhoutin.* Paris, 1869, in-4° de 118 pp. et pl. (M.)

1481. **ESPINA** (**A.**). *Notice historique sur le caïdat de Sfax.* Insérée dans la *Revue de l'Orient*, 2e série, t. XIII, p. 142. (M.)

1482. **RÉNIER** (**Léon**). *Sur quelques inscriptions de Thagaste et Madaure.* 1857, 16 pp. (Claudin, en 1873, 1 fr. 50.)

1483. **TISSOT** (**Ch.**). *Notice sur Thuburbo-Majus* (colonia Julia Aurelia Commoda); article inséré dans la *Revue africaine*, t. I, p. 424. (M.)

1484. **GUITER** (**A.**). *Les Ruines de Tiboursek, en Tunisie ;* article inséré dans les *Nouvelles annales des voyages*, 1862, t. II, p. 115. Tibursek est l'ancienne ville romaine Tibursicumbure. (M.)

1485. **CANINA**. *Anfiteatro di Tisdro ;* article inséré dans les *Ann. Instit. arch. di Roma*, 1852, p. 241. (M.)

1486. PRICOT DE SAINTE-MARIE, capitaine d'état-major. *Antiquités de la régence de Tunis;* article inséré dans le *Bulletin de la Société de géographie*, 1847, 3e série, t. VIII.

Ce travail renferme quelques inscriptions romaines, recueillies à El-Djem, ancienne-ment Tysdrus, à Gabeuss. On peut rappro-cher de ces découvertes le *Rapport* de M. Paul Chaux sur les fouilles faites à Tysdrus par sir Grenville Temple, et inséré dans le *Bulletin de la Soc. de géogr.*, 3e série, 1847, t. VII. (M.)

1487. LEO AFRICANUS. *Turcici imperii Status*, acced. *de Regno Algeriano atque Tunetano commentarius.* Lugduni Batav., Elzevir., 1634, in-16. (M.)

1488. VICTOR DE TUNONES, évêque de cette ville en Afrique, mort en 566. On a de lui une *Chronique* qui renferme les évé-nements arrivés dans l'église et dans l'état; on la trouve dans le *Thesaurus Temporum* de Scaliger, et dans Canisius. (Peignot.)

— *Historiam persecutionum Africæ*, per *Geisericum et Hunericum Vandalorum Reges*, etc. Paris, in-4º. (Nyon, 21185.)

Rob. Arnauld d'Ardilly en donna un trad. française, intitulée : *Vies de plusieurs saints illustres*, avec l'histoire des martyrs de l'E-glise d'Afrique, persécutée par les Vandales, et écrite par Victor évêque d'Utique (et de Tunones). (Brunet.)

1489. GUYS (Ch.). *Lettre de M. Ch. Guys*, insérée dans le *Bulletin de la Société de géographie*, 1re série, t. V, p. 548. On y trouve une note sur l'île de Zerbi. (M.)

RÉGENCE DE TRIPOLI

1490. BLAQUIÈRE (E.). *Letters from the Mediterranean : containing a View of Sicily, Tripoli, Tunis and Malta.* London, 1813, 2 vol. in-8. (Brunet, 20463.)

1491. CIRNI (Ant.-Fr.). *Successi dell'armata catholica destinata all'impresa di Tripoli di Barbaria, etc.* Venetia, 1560, in-8. — Réimpr. à Florence, en 1567, in-8. (Brunet, 23391.)

1492. DELLACELLA (P.). *Viaggio da Tripoli di Barberia alle frontiere occiden-tali dell'Egitto*, fatto nel 1817, dal Dre P. Della Cella, e scritto in lettere al sig. D. Viviani. Genova, 1819, in-8, une carte des régences de Tripoli, de Barca et du golfe de Bomba, un plan du port et de la rade de Tripoli, une planche d'inscription et de mé-dailles. Contenant: da Tripoli a Tagiura. — Da Lebda a Mesurata. — Da Mesurata a Lubey. — Da Lubey ad Eneuva. — Da Eneuva

a Murate. — Da Murate a Labiar. — Da La-biar al Sepulcro di Sidz Mohamet-Emeri. — — Dal Sepulcro di Sidz ad Gheghem. — Da Slughe a Cirene. — Dalla Fonte di Cirene. — Da Cirene. — Da Cirene a Derna. — Da Bengasi. — Autre édition du même voyage. Milano, 1826, in-12.

P. Della Cella est un des premiers Euro-péens qui parcourut la Cirénaïque, course qu'il fit en qualité de médecin d'Achmed-bey; il n'a écrit qu'une relation très-super-ficielle de son excursion rapide. (Catal. des *Accroiss.*, II, iv, p. 54. — Brunet, 20830.)

1493. FRÉRET (Nicolas), né à Paris en 1683, mort en 1749, membre de l'Académie des inscriptions. *Observations sur l'époque d'une ancienne inscription grecque*, ap-portée de Tripoli d'Afrique en Provence; ins. dans le *Recueil de l'Académie des ins-criptions*, t. XXI (1754).

— *Examen des observations...*, par de La Nauze; inséré dans le même recueil, t. XXI.

1494. HISTORIA *dell'impresa di Tripoli, di Barbaria, della presa del Peñon di Ve-lez, della Gomara in Africa;* fatte per co-mandamento del Re catolico..., da Alfonso Ulloa, con le cose avenute a christiani nel-l'isola delle zerbe. Venetia, 1566, in-4º. — Venetia, 1569, in-4º. (Nyon, 20813 et 21214. — Brunet, 28391.)

1495. LA PRIMAUDAIE (Elie de). *Le Littoral de la Tripolitaine.* Commerce, navi-gation, géographie comparée, accompagné d'une carte. Paris (1865), in-8 de 200 pp.

Pisans, les Catalans, les Marseillais — Commerce actuel — Djenzour et le vieux Tripoli — Zaouâra — Le Ras el Makhbas — Le château des Bibân — Zarziss. CHAP. V · Relations de la France avec la régence de Tripoli : Les Corsaires de Tripoli — Duquesne à l'île de Chio — M. de Guilleragues — Bombardement de Tripoli par le maréchal d'Estrée — Récit du voyageur El-Aïâchi — Nouvelles guerres et nouvelles négociations — Dernières hostilités — Traité du 11 août 1830. Les pages 196 et 197 comprennent un curieux tableau : *Hydrographie comparée de la Tripolitaine.*

1496. **LETRONNE.** *Notice sur l'oasis de Gadamès et de ses antiquités;* insérée dans le tome IV, p. 301 de la *Revue archéologique.* (Bourquelot.)

1496 bis. **MAC-CARTHY.** *Voyage à Tripoli, ou Relation d'un séjour de dix années en Afrique.* Paris, 1819, 2 vol. in-8, 7 pl. et une carte. (Baillieu, 1874, n° 236, 5 fr.)

1497. **PRAX et RENDU.** *Carte de la régence de Tripoli et des routes commerciales de l'Afrique;* in-plano. (Challamel.)

1498. **ROUSSEAU (Jean-Bapt.-Louis),** consul général de France près la régence de Tripoli.

En 1827 il a contribué à l'établissement d'un journal qui a paru à Tripoli, sous le titre : *l'Investigateur africain,* auquel il a collaboré. (Quérard.)

1499. **SANDERS** (capt. **Thomas**). *True description and briefe discourse of a most lamentable voyage made lately ta Tripolis in Barbarie; with the barbarous usage of our Men there.* London, 1587, in-4°. (*Manuel* de Brunet.)

1500. **SUBTIL** (E.). *Tripoli et Tunis. Considérations sur la possibilité d'une invasion des Turcs dans la régence de Tunis par les frontières de Tripoli;* article inséré dans la *Revue de l'Orient,* 1845, tome VIII, p. 281. (M.)

1501. **POINSINET DE SIVRY** (L.). *Caton d'Utique,* tragédie en 5 a. Paris, 1789, in-8. (Quérard.)

1502. **TULLY** (Richard). *Narrative of a ten year's residence at Tripoly, in Africa, from the original correspondence in the possession of the family of Richard Tully, comprising authentic memoirs and anecdotes of the reigning Bashaw, his family..., also an account of the Moors, Arabs and Turks.* London, 1816, in-4°, fig. Trad. en franç. sous le titre : *Voyage à Tripoly,* etc. par J. Mac-Carthy. Paris, 1819, 2 vol. in-8, fig. (Brunet.)

CYRÉNAIQUE, LIBYE, BARCAH ET FEZZAN.

1503. **ARISTIPPE**, philosophe grec de la secte Cyrénaïque, né à Cyrène vers l'an 435 avant l'ère chrétienne, proposait pour but unique de la vie la recherche du plaisir, toutefois en évitant les excès et restant maître de soi-même. Il mit cette doctrine en pratique. On a sous son nom quatre *Lettres* (dans les *Epistolæ socraticorum d'Allatius*), mais elles sont apocryphes. Wieland a donné un roman historique, intitulé : *Aristippe et quelques-uns de ses contemporains,* trad. en franç. par Coiffier. 1802, 5 vol. in-8; — 1807, 7 vol. in-12. (Peignot. — Bouillet.)

1504. **BOMPOIS** (Ferd.). *Médailles grecques autonomes frappées dans la Cyrénaïque....* Paris, 1869, in-8 de 129 pp., 3 pl.

1505. **CHANNEBOT** (A.). *Empire ottoman. Esquisse d'un projet de colonisation de la Cyrénaïque.* Paris, Douniol, 1869, gr. in-8 de 43 pp.

L'auteur met en relief les ressources qu'offrirait à la colonisation cette belle et fertile contrée située sur la côte africaine et exploitée aujourd'hui, par deux ou trois beys subalternes et quelques hordes d'Arabes à demi-sauvages. (*Revue bibliographique,* VI, p. 314.)

1506. **DESCRIPTIO** *plantarum novarum in itinere Cyrenaico a Cl. Rohls delectarum; auctore E. Cosson. Compositarum genus novum algeriense;* auctoribus G. Bentham et E. Cosson, etc. Paris, 1872, in-8 de 11 pp. Extrait du *Bulletin de la Société de botanique de France,* 1872.

1507. **HALÉVY** (Jos.). *Les Inscriptions libyques,* article inséré dans le *Bulletin de l'Athénée oriental.* Paris, 1873.

1508. **HAMAKER** (H.-A.). *Lettres de M. H. Arent. Hamaker à M. Raoul Rochette, sur une inscription en caractères phéniciens et grecs, récemment découverte à Cyrène.* Leyde, 1825, gr. in-4°, 1 planche lith. (Quérard. — Brunet.)

1509. **HARDION** (Jacq.). *Histoire de la ville de Cyrène;* insérée dans les *Mémoires de l'Académie des inscriptions,* tome III, 1746. (Quérard.)

1510. **JOHANNIDOS** (Cresconii Corippi). *Seu de bellis libycis libri VII,* editi ex codice mediolanensi Musei Trivultii, opera et studio Petri Mazzuccheli. Mediolani, 1820, in-4° de lxxij et 444 pp. (Poëme peu estimé et édité incomplet.)

— *Notice sur l'ouvrage intitulé :* Fl. Cresconii Corippi Johannidos, seu De bellis libycis, libri VII (avril 1828).

1510 bis. JUNKER (P.-S.). *Die Umschiffung Libyens durch die Phönizier.* Leipzig, 1841. — Le même ouvrage: Conitz, 1835, in-4°. (Dr Schubert, 1870.)

1511. LAPIE (Pierre), chef d'escadron du corps royal des ingénieurs. *Mémoire sur la carte de la partie nord-est de l'Afrique pour servir à l'intelligence du voyage de Della Cella dans la Cyrénaïque.* (Quérard.)

1512. LETRONNE. *Sur quelques inscriptions trouvées dans la Cyrénaïque par Pacho;* ins. dans le *Journal des savants,* juin 1848. (Bourquelot.)

— *Notes sur l'exploration de la Cyrénaïque;* ins. dans la *Revue archéologique,* tome V, p. 279 et 432. (Bourquelot.)

1513. MACÉ (Ant.-P.-Laur.). *Les Voyageurs modernes dans la Cyrénaïque et le Silphium des anciens.* Paris, 1857, in-8. (Vapereau.)

1514. PACHO (Raymond). *Relation d'un voyage dans la Marmarique, la Cyrénaïque et les oasis d'Audjelah et de Maradeh* (pendant les années 1824 et 1825), accompagnée de cartes géographiques et topographiques, et de planches représentant les monuments de ces contrées. Paris, 1827-29, gr. in-4°, 3 cartes et atlas in-fol. de 100 planches. (Quérard.)

1515. THRIGE (J.-P.). *Res Cyrenensium a primordiis inde civitatis usque ad ætatem, qua in provinciæ formam a Romanis est reducta;* novis curis illustravit J. P. Thrige; e schedis defuncti autoris edidit J. Bloch. Hafniæ, 1828, in-8. (Brunet.)

1516. LYON. *L'Afrique, ou Histoire, mœurs, usages et coutumes des Africains* (Fezzan), trad. de l'anglais par L.-Ed. Gauttier. Paris, 1821, 2 vol. in-12, fig. (Quérard.)

SAHARA OU GRAND DÉSERT

1517. ABD-EL-HAMID-BEY (Du Couret.). *Mémoire à S. M. Napoléon III, empereur des Français.* Paris, 1853, in-4° de 16 pp.

En 1848, l'auteur fut chargé officiellement par le gouvernement français d'une excursion en Afrique, afin de pénétrer par le nord jusqu'à Tombouctou, d'y étudier les avantages politiques, économiques, commerciaux et scientifiques que la France pourrait en retirer pour ses colonies algérienne et sénégalienne. Les résultats de cette expédition se trouvent consignés dans le Mémoire ci-des-

sus. (*Supercheries littér.,* 1re livr., col. 163. — Vapereau.)

1518. ADAMS (Robert), matelot américain. *The Narrative of R. Adams, a sailor, who was wrecked on the western coast of Africa in 1810, was detained three years in slavery by the Arabs of the great Desert, and resided several months in the city of Tombuctoo* (with notes by Jos. Dupuis). London, 1816, in-4°. Trad. sous le titre de: *Nouveau voyage dans l'intérieur de l'Afrique, fait en 1811, 1812, 1813 et 1814* (trad. par le chev. de Frasans). Paris, 1817, in-8, fig. (Brunet, 20861. — Quérard. — B. Quaritch, 1874, n° 16, 7 sh. 6 d.)

En 1810 l'auteur fit naufrage sur la côte occidentale d'Afrique, un peu au nord du Cap-Blanc; il fut pris et conduit par les Maures en esclavage à Tombouctou, où il séjourna 5 mois.

1519. ANGLAS DE PRAVIEL (d'). *Relation nouvelle et impartiale du naufrage de la Méduse et des événements qui ont eu lieu dans le désert de Zaarha et au camp de Daccard.* Nîmes et Paris, 1818, in-8 de 64 pp. (Quérard. — Baur, en 1870, n° 13, 2 fr. 50.)

1520. BARGÈS (l'abbé J.-J.-L.). *Le Sahara et le Soudan. Documents historiques et géograph., recueillis par le Sid-el-Hadj-Abd-el-Kader-ben-Abu-Bekr-el-Touatyi, avec un alphabet touareg inédit.* Brochure in-8. (Challamel.)

1521. BOSSI (Giac.). *I Nigri della Nigrizia occidentale e della interna, e i Mori e Arabi erranti in Saara e del deserto di Libia, etc.* Milano, 1838-51, 3 vol. in-8. (Brunet, 28427.)

1522. BRISSON. *Histoire du naufrage et de la captivité de M. de Brisson, avec la Description des déserts d'Afrique depuis le Sénégal jusqu'au Maroc.* Genève, 1789, in-8. (Brunet, n° 20849.)

1523. DARD (Mme Charl.-Adèle), née Picard. *La Chaumière africaine, ou Histoire d'une famille française jetée sur la côte occidentale de l'Afrique, à la suite du naufrage de la Méduse.* Dijon, 1824, in-12. L'auteur se donne pour la fille aînée de la famille naufragée. (Quérard.)

1524. DAUMAS (le général). *Le Grand désert, ou l'Itinéraire d'une caravane de Sahara au pays des nègres.* 2e édit. Paris, 1849, in-8. — Paris, 1849, 1861, in-8. (Vapereau.)

— *Les Chevaux du Sahara, et principes généraux du cavalier arabe.* Paris, Chamerot, 1851, gr. in-8. — 5e édition. Paris, 1858. (Vapereau.)

— *Les Chevaux du Sahara et les mœurs du désert*. Paris, 1862, gr. in-8. (A. Morel, 1873, 5 fr.)

1525. **DESOR** (**E.**). *Le Sahara :* I. *Les formes du désert*. II. *Les oasis ;* articles insérés dans la *Bibliothèque universelle et Revue Suisse*, 1869, mai, juin et juillet.

1526. **ESCAYRAC DE LAUTURE**. *Le Désert et le Soudan*. Paris, 1853, gr. in-8, 12 pl. et 2 cartes. Paris, 1858, in-12. (Brunet, 20420. — *Revue bibliographique*, tome III, 1869, p. 44.)

— *Mémoire sur le Bragle ou hallucination du désert*. (Vapereau.)

1527. **FAIDHERBE** (le général). *L'Avenir du Sahara et du Soudan*. Paris, 1863, in-8. (Vapereau, *Supplément*.)

1528. **FOLLIE**. *Voyages dans le désert de Sahara*. Paris, 1792, in-8. L'auteur, après avoir naufragé sur la côte d'Afrique, fut retenu prisonnier par les Maures. (Brunet, n° 20850.)

— *Histoire du naufrage de Brisson, de Follie, et de Saugnier sur les côtes d'Afrique*. Paris, 1789, in-8. (Walckenaer, p. 59, note.)

1529. **LAURENT** (**Ch.-Aug.**). *Voyage au Sahara oriental*. Paris, 1859, gr. in-8, cartes et fig.

En 1855, il explora l'Algérie et fit creuser un grand nombre de puits artésiens dans le Sahara algérien et le Sénégal.

1530. **RICHARSON** (**J.**). *Travels in the great desert of Sahara, in 1845-1846, including a description of the oases and cities of Ghat, Ghadames and Mourzuk*. London, 1848, 2 vol. in-8, cartes et fig. (Brunet, n° 20853.)

Belad-el-Jerid, ou Beni Mzab.

1531. **AUCAPITAINE** (le baron **H.**). *Les Beni-Mzab ; Sahara algérien*. Paris, 1868, in-8 de 85 pp.

1532. **GUYON** (**J.-L.-Gén.**). *Mémoire sur différentes pestes qui ont régné dans le*

nord de l'Afrique occid. ; *Notice médicale sur un voyage dans le Petit Atlas et le Beled-el-Djerid ;* inséré dans la *Gazette médicale*, 1836 et 1838. (Bourquelot.)

Tibbous.

1533. **DINOMÉ** (l'abbé). *Voyage du Dr Nichtigal dans les pays des Tibbous-Rechadé, du 6 juin au 8 octobre 1869 ;* article inséré dans les *Annales des voyages*, juin 1870.

Touariks ou Touaregs.

1534. **BOISSONNET** (**Est.**). *Le K'lem tifinag ; alphabeth des Touaregs, comparé à l'ancienne écriture berbère*. Une page in-4°. (Challamel, 75 cent.)

1535. **DE L'ASSIMILATION** *des Arabes suivie d'une étude sur les Touâreg*, par un ancien curé de Laghouat. In-18. (Challamel, 3 fr.)

1536. **DUVEYRIER** (**Henri**). *Les Touareg du nord, exploration du Sahara*. Ce volume comprend un supplément : *Mollusques du Sahara* décrits par J.-B. Bourguignat. Paris, 1864, gr. in-8, ou 2 vol. in-4°, 31 pl. et 1 carte. Ouvrage qui a obtenu la grande médaille d'or de la Société de géographie, en 1864, divisé : 1° Bibliographie algérienne; 2° Classification méthodique des mollusques; 3° Description des espèces ; 4° Stratigraphie malacologique du nord de l'Afrique ; 5° Des espèces algériennes par rapport aux espèces de l'Europe, du Maroc et de la régence de Tunis. (Challamel, format gr. in-8, 25 fr. ; — format gr. in-4°, 120 fr.)

1537. **HANOTEAU** (le général **A.**). *Essai de grammaire de la langue Tamachek, renfermant les principes du langage parlé des Imouchard ou Touareg, etc. ;* avec une carte. Paris, 1860, gr. in-8, 7 pl. (Brunet, n° 11940. — Challamel, 20 fr.)

1538. **HOSKINS** (**G.-A.**). *Visit to the great oasis of Libyan Désert (Syouah)*. London, 1837, in-8. (Brunet, n° 20806.)

EGYPTE

Religions.

1539. **ATHANASE** (saint), natif et patriarche d'Alexandrie, vers 296, mort en 373. Il a laissé divers écrits contre les Ariens; une

Lettre encyclique aux évêques d'Egypte et de Syrie, trad. en français par H. de Riancey, faisant partie du IIIe vol. des *Chefs-d'œuvre des Pères de l'Eglise*. Paris, 1838, in-8 ; et autres ouvrages théologiques.

— *Vie de saint Athanase, patriarche d'A-lexandrie*, par Godefroy Hermant. Paris, 1671, 1679, 2 vol. in-4°, portr. (Bouillet. — Peignot. — Brunet, tome III, col. 116. — Bourquelot.)

1540. **BAILLEUL** (A.-J.-Ch.). *Crata Repoa, ou Initiations aux anciens mystères des prêtres de l'Egypte;* trad. de l'allemand (de Kœppen). Paris, 1821, in-8 de 128 pp.

Le faux titre de ce volume porte : *Recueil de pièces relatives aux anciens mystères et à la mac∴. moderne en Amérique, en Allemagne et en France.* (Bourquelot.)

1541. **BANIER** (l'abbé Ant.), né en 1673, mort en 1741. *Dissertation sur l'origine du culte que les Egyptiens rendaient aux animaux;* insérée dans le tome III du *Recueil de l'Académie des inscritions*, 1723. (Quérard.)

1541 bis. **BEAUREGARD** (Ollivier). *Les Divinités égyptiennes, leur origine, leur culte et son expansion dans le monde.* Paris, 1866, libr. intern., gr. in-8. (Catalogue Ste-Beuve.)

1542. **BLANCHARD** (Elie), membre de l'Académie des Inscriptions et Belles-lettres, né en 1672, mort en 1755. *Mémoire historique sur les animaux respectés en Egypte;* inséré dans le *Recueil ∙∙ l'Académie des inscriptions*, tome IX, ∙.ó. (Quérard).

1543. **BLOEMAERT** (Corneille), né à Utrecht en 1603, mort en 1680, peintre et graveur. *Sylva anachoretica Ægypti et Palestinæ*, fig. æneis et brevibus elogiis expressa, Abrah. Bloemaert inventore, Boetio A. Bolswert sculptore. Antwerpiæ, 1619, in-4°.

Ces planches ont paru également en 1619, avec un texte français, sous le titre de: *Forest des hermites et hermitesses d'Egypte et de la Palestine.* (Brunet.)

1544. **BOWDICH** (T.-Edw.), voyageur et naturaliste, né à Bristol en 1775, mort en 1824, en Afrique où il se trouvait alors en qualité de chef de l'ambassade anglaise, au pays d'Ashantie. *An Essay on the superstitions, customs, and arts common to the ancient Egyptians, Abyssinians and Ashantees.* London, 1821, in-4° de 72 pp., fig. (Brunet, 28366.)

1545. **CASALI** (J.-Bapt.), Romain. *De veteribus Ægyptiorum ritibus.* Romæ, 1644-1645, 2 vol. in-4°, fig. (Grenoble, n° 26120. — Nyon, 20177.)

1546. **CASSIEN** (Jean), Gaulois d'origine, mort vers l'an 434 ou 435. Il visita les solitaires de la Thébaïde. On a de lui 24 conférences des PP. du désert. *Les Colacions des saints Pères anciens,* translatez de grec en latin et de latin en françoys, par Me Jehan Golein, docteur en théologie... Paris, Ant. Vérard (vers 1503), in-fol. à 2 col. de 37 lignes.

— *Les Institutions et les Conférences de Cassien,* trad. en françois par de Saligny. Paris, 1663, 2 vol. in-8. Voir pour plus de détails bibliographiques le *Manuel du libraire,* article *Cassienus.*

— *Principes philosophiques des SS. Solitaires d'Egypte,* extraits des Conférences de J. Cassien (par le marquis de Créquy). Madrid, 1799, in-18. (Quérard.)

1547. **CHABAS** (Fr.-Jos.), égyptologue français, né à Briançon en 1817. *La Circoncision chez les Egyptiens.* Paris, 1861, in-8. (Maisonneuve et Cie, en 1873.)

— *Scène mystique peinte sur un sarcophage égyptien.* Paris, 1862, in-8, 7 pp. (Maisonneuve et Cie.)

— *Observations sur le chapitre VI du Rituel égyptien à propos d'une statuette funéraire du musée de Langres.* Paris, 1863, in-4°, 12 pp., 2 pl. (Maisonneuve, 10 fr.)

— *Les Pasteurs en Egypte.* Amst., 1868, in-4° de 56 pp. (Maisonneuve et Cie.)

— *Le Calendrier des jours fastes et néfastes de l'année égyptienne.* Paris, 1870, in-8 de 136 pp. Espèce d'almanach éphéméride de l'ancienne Egypte, contenant l'indication des souvenirs mythologiques attachés à chaque jour de l'année, ainsi que les notes des influences bonnes et mauvaises qui leur étaient attribuées, et les prescriptions de faire ou de s'abstenir de certaines choses d'après ces influences.

1548. **CREUZER** (Fréd.). *Religions de l'antiquité, etc.;* trad. de l'allemand par J.-D. Guignant. Paris, 1825-51, 4 vol en 10 parties in-8. Cette traduction est préférable à l'original Le tome Ier comprend les religions de l'Inde, de la Perse et de l'Egypte. (Brunet.)

1549. **DE L'AULNAGE** (Fr.-H.-Stan.). *Histoire générale et particulière des religions et cultes de tous les peuples du monde, tant anciens que modernes.* Paris, 1791, in-4°. Il n'a paru de cet ouvrage, auquel l'abbé Leblond a eu part, que les trois premières livraisons. Le tome Ier comprend la *Religion des Egyptiens.* (Catal. Vincent, 1871, n° 957. — Quérard.)

1550. **GLADISCH.** *Das Mysterium der œgyptischen Pyramidem und obelisken.* Halle, 1846, in-8. (Catal. des Accroiss., VIII, p. 88.)

1551. **GRIPPIS** Mediolanensis (**Fortunatus de**). *De superstitione et vinculis dæmonum secundum Ægyptiorum et Chaldæorum dog-*

mata. Mediolani , 1805, in-fol., fig. Ouvrage singulier, tiré à petit nombre d'exemplaires. (Brunet.)

1551 bis. **CUIGNES (Jos. de)**. *Observa-tions sur quelques points concernant la religion et la philosophie des Egyptiens et des Chinois*, insérées dans le *Recueil de l'Académie*, tome XI, 1780.

1552. **GUILLEMAIN de Saint-Victor.** *Histoire critique des mystères de l'antiquité, et particulièrement chez les Egyptiens.* Paris, an VII (1799). Ce livre, qui a été publié sous la rubrique *Hispahan*, en 1788, pet. in-12, est mal écrit et très-fautif. (Quérard.)

1553. **IDJIEZ (B.-Victor)**. *Dissertation historique et scientifique sur la Trinité égyptienne ; précédée d'un coup-d'œil historique sur l'histoire, de documents pour servir à l'historique du magnétisme animal, etc.* Bruxelles, 1844, in-18 de VIII-248 pp.

Le faux-titre porte: *la Trinité égyptienne expliquée par le magnétisme.* (Bourquelot.)

1554. **JABLONSKY (Paul-Ernest)**, orientaliste, né à Berlin en 1693, mort en 1757. *Pantheon Ægyptiorum, sive de Diis eorum commentarius.* Francf. sur l'O. , 1750-1752, 3 vol. in-8. Traité estimé sur la religion égyptienne. (Daremberg , en 1873, 6 fr. — Brunet.)

1555. **JAMBLIQUE** , nom de deux célèbres philosophes platoniciens ; l'un était de Chalcide et l'autre d'Apamée en Syrie. On ne sait auquel des deux il faut attribuer les ouvrages que nous avons en grec sous le nom de *Jamblique*, parmi lesquels on remarque un *Ecrit* contre la lettre de Porphyre sur les mystères des Egyptiens. *De mysteriis Ægyptiorum, etc.* Venetiis, M.IIID, Aldi , (1497), in-fol. Première édition de ce recueil. C'est un livre bien imprimé.

— *De mysteriis Ægyptiorum , etc.* Venet., Aldi, 1516, in-fol.

Edition plus complète, mais moins belle et moins recherchée par les bibliophiles, que la précédente.

Il y a eu d'autres éditions: Lyon , 1552; 1570, in-16 ; Rome, 1556.

— *De mysteriis (Ægyptiorum), etc.* Oxonii, 1678, pet. in-fol. Edition faite sur des mss. fautifs.

— *Jamblichus, on the mysteries of the Egyptians , etc.*, translated from the greek, by Th. Taylor. Chiswick, 1821, in-8.

Voir pour plus de détails bibliographiques le *Manuel* de Brunet , article: *Jamblichus.*

1556. **LABORDE** (le comte **Léon-Em.-S.-Jos.** de). *Recherches de ce qu'il s'est conservé dans l'Egypte moderne de la science des anciens magiciens.* Paris, 1841, gr. in-4°,

fig. (tiré à 25 exempl.). (Catal. des *Accroiss.*, XI, p. 15. — Brunet. — Daremberg , 7 fr.)

1557. **LATRELLE (P.-A.).** *Du premier âge du monde , et de l'accord des théogonies phénicienne , chaldéenne , et égyptienne, avec la Genèse ;* inséré dans les *Mémoires sur divers sujets de l'histoire naturelle des insectes.* Paris, in-8. (Quérard.)

— *Des insectes (sacrés) peints ou sculptés sur les monuments antiques de l'Egypte ;* article inséré dans le *Mémoires sur divers sujets de l'histoire naturelle des insectes, etc.* Paris, 1819, in-8.

1558. **LEPSIUS.** *Ueber den ersten Ægypten* (Premiers dieux des Egyptiens). Gœtterkreis, 1851. (Vapereau.)

1559. **LETRONNE.** *Matériaux pour l'histoire du christianisme en Egypte, en Nubie et en Abyssinie , etc.* Contenus en trois mémoires. Paris, 1832, in-4°. (Vincent, en 1871.)

1560. **NICOLAI (Jean)**, professeur à l'Université de Tubingue, mort en 1708. *Tractatus de Synedrio Ægyptiorum, illorumque legibus.* Lugd.-Batav. 1706, in-8. (Peignot. — Nyon, 20178. — Brunet, 29084.)

1561. **ORÉSIÉSIS** ou **Oriésius** , solitaire d'Egypte, vivait dans le IVe siècle. On a de lui : *Regula de institutione monachorum.* (Peignot.)

1562. **PAVIE (Th.-Marie)**. *Les Hardis de l'Egypte et les jongleurs de l'Inde ;* article inséré dans la *Revue des Deux-Mondes ,* 1843. (Bourquelot.)

1563. **PERNETTI (Dom Louis-Ant.)**, bénédictin de Saint-Maur ; né à Roanne en 1716, mort en 1801. *Les Fables égyptiennes et grecques dévoilées... , avec une explication des hiéroglyphes.* Berlin , 1758, 2 vol. in-8. —Paris, 1786, 2 vol. in-8. — Paris, 1795, 2 vol. in-8. (Quérard. — Vincent.)

1564. **PERROT (J.-F.-A.).** *Essai sur les momies ; histoire sacrée de l'Egypte, expliquée d'après les peintures qui ornent les sarcophages.* Nîmes, 1844, in-8 de 128 pp. et 3 pl. — Autre édition , Nîmes , 1846 , in-8. (Bourquelot.— Brunet, 29088.)

1565. **PETTIGREW (Th.-J.).** *History of egyptian mummies, an account of the worship and embalming of the sacred animals by the Egyptians, with remarks on the funeral ceremonies of different nations.* London, 1834, in-4°. (Brunet, 29088.)

1566. **PIERRET (Paul)**, conservateur adj. du musée égyptien du Louvre. *Le Dogme de la résurrection chez les anciens égyptiens.* Paris (1871), in-4° de 24 pp. (*Journal de la librairie.*)

1567. **PIGNORIUS** (**Laur.**). *Characteres ægyptii, hoc est sacrorum, quibus Ægyptii utuntur, simulachrorum accurata delineatio et explicatio*, etc. ; omnia in æs incisa per J.-Th. et J.-Isr. de Bry. Francofurti, 1608, in-4°, fig. Seconde édition de la table isiaque.

La première édition a été imprimée à Venise en 1605, in-4°, fig., sous le titre : *Vetustissimæ tabulæ Æneæ sacris Egyptiorum simulacris cœlatæ explicatio...* (Brunet.)

— *Mensa isiaca, qua sacrorum apud Ægyptios ratio et simulacra, subjectis tabulis æneis simul exhibentur et explicantur.* Amst., 1670. — *Ejusdem auctoris magnæ deum matris Idææ et Attidis initia*, etc. Ibid., 1669, 2 tom. en 1 vol. in-4°, fig. Cette édition est la troisième et la meilleure de cet ouvrage. (Brunet.)

1568. **PORTAL** (le baron **P.-P.-Fréd.**), né à Bordeaux en 1804, archéologue français. *Les Symboles des Egyptiens comparés à ceux des Hébreux.* Paris, 1840, in-8. (Vapereau. — Bourquelot.)

1569. **PRICHARD** (**James Cowles**), né en 1785, mort en 1848, médecin à Bristol. *An Analysis of the Egytian mythology.* London, 1819, gr. in-8. (Catal. des *Accroiss.*, II, IV, p. 74. — Brunet, 22620.)

— *Darstellung d. Ægyptischen mythologie.* Uebers. v L. Hayman, M. Vorr, v. a. W. Schlegel. Bonn, 1837. (D' Schubert, 1870.)

1570. **REGHELLINI de Scio**, né en 1770, mort en 1853. *Esprit du dogme de la franche-maçonnerie ; recherches sur son origine*, etc. Bruxelles, 1826, in-8 de 11 pl. L'auteur démontre dans cet ouvrage, que la maçonnerie prit naissance chez les Egyptiens, d'où elle passa ensuite dans l'univers. (Quérard.)

— *La Maçonnerie considérée comme le résultat des religions égyptienne, juive et chrétienne*, par R. de S. Paris, 1833, 3 vol. in-8, 10 pl. — Paris, 1842, 3 vol. in-8 et atlas. Cet ouvrage a été traduit en allem. Il est peu estimé. Les *Annales de la maçonnerie des Pays-Bas*, t. VI, p. 165-169, en ont donné une critique assez vive. Reghellini y répliqua par une *Réponse* insérée dans les mêmes *Annales*, tome VI, pp. 339-556. (*Supercheries littéraires*, tome III, col. 346.)

1571. **RÉVÉREND** (**Dominique**), ecclésiastique, né à Rouen, mort en 1734. *Lettre à M. H...* (Huet ou Hérinch) *sur l'origine des anciens dieux ou rois d'Egypte, qui explique ce qui a donné lieu aux fables des dieux de l'antiquité.* Paris, 1712, in-12. — Paris, 1733, in-12 (Nyon, 20173 et 20174. — Quérard. — *Archives du bibliophile*, 1867, n° 34910, 3 fr.)

1572. **RÉVILLE.** *Les Dieux de l'Egypte ;* article inséré dans la *Revue des Deux-Mondes*, 15 juin 1871.

1573. **ROBIOU** (**F.**). *Croyance de l'Egypte à l'époque des pyramides ; passage du monothéisme au polythéisme ;* article inséré dans les *Annales de philosophie chrétienne*, avril 1869.

— *Les Pasteurs en Egypte et le ministère de Joseph ;* article inséré dans la *Revue des questions historiques*, 1869, juillet.

1574. **ROUGÉ** (**Olivier-Ch.-Cam.-Emm.**, vicomte de), conservateur des monuments égyptiens au Louvre, membre de l'Institut, né à Paris en 1811. *Conférence sur la religion des anciens Egyptiens et sur le monothéisme primitif ;* article inséré dans les *Annales de philosophie chrét.*, nov. 1869, et publié séparément : Paris, 1869, in-8 de 29 pp.

— *Moïse et les Hébreux, d'après les monuments égyptiens ;* article inséré dans les *Annales de philosophie chrét.*, 1870.

— *Rituel funéraire des anciens Egyptiens, texte complet en écriture hiératique, publié d'après les papyrus du Louvre, et précédé d'une introduction.* Paris, 1861, in-fol. (Brunet, 29123.)

1575. **SCHMIDT** (**Fréd.-Sam.** de). *Dissertatio de Sacerdotibus et sacrificiis Ægyptiorum.* Tubingæ, 1768, pet. in-8. (Brunet.)

1576. **SCHWENCK.** *Die Mythologie der... Ægypter Semiten, Perser*, etc. Francfort-S.-M., 1846, 7 vol. in-8. (Catal. des *Accroiss.*, VIII, p. 110.)

1577. **SÉVIN** (l'abbé **Fr.**), membre de l'Académie des inscriptions et belles-lettres, né en 1682, mort en 1741. *Mènès ou Mercure, premier roi d'Egypte.* Paris, 1709, in-12. L'auteur soutient que Mènès ne diffère point de Misraïm ou Mezraïm, fils de Cham, et que c'est ce prince qui a été le Mercure des Egyptiens. On a attaqué cette dissertation, et l'auteur a répondu, en 1710 ; voir : le *Journal des savants*, 1710, p. 339 ; 1712, p. 36, etc. Cette réponse a été tirée à part sous le titre d'*Opuscule*, etc. Paris, 1710, in-12. Sévin traita, par occasion, différents points de la théologie égyptienne, négligés jusqu'alors par les savants. (Quérard. — Peignot.)

1578. **SEYFFARTH** (**Gust.**), égyptologue allemand, né à Uebigan (Saxe), en 1796. *Ecrits théologiques des anciens Egyptiens* (*Theologische scriften der alten Ægypter*). Gotha, 1855, gr. in-8. (Brunet, 29110.)

1579. **STANLEY FABER** (**G.**). *A dissertation on the mysteries of the Cabiri, or* *the great gods of Phenicia, Samothrace, Egypt, etc.* Oxford, 1803, 2 vol. in-8. (Brunet, 22585.)

1579 bis. THOTH, ou **Hermès-Tismegiste**, dieu égyptien, présidait à la parole, à l'écriture, aux sciences, aux arts. Les Egyptiens lui attribuaient toutes les inventions. Il existait sous son nom 42 livres sacrés, confiés aux prêtres seuls, qui contenaient toute l'encyclopédie religieuse et scientifique des premiers temps de l'Egypte. (Bouillet.)

1580. VOGEL (P.-L-S.). *Versuch üb. d. Religion d. alt. Ægypter u. Griechen.* Nürnberg, 1793, in-4°. (Dr Schubert.)

1581. WITSIUS (Herm.). *Ægyptica, sive de Ægyptiacorum sacrorum cum Hebraicis collatione et de decem tribubus Israëlis. Accessit diatribe de legione fulminatrice christianorum sub imperatore M. Aur. Antonino.* Amst., 1696, in-4°. (Grenoble, 26121. — Nyon, 20176. — Brunet, 29086.)

Législation et Jurisprudence.

1582. CAPITULATIONS (Les) *et la réforme judiciaire en Egypte. Réponse au journal.* Paris, 1870, broch. in-8, 1 fr. (Feuill. du *Journal de la librairie*, 1870, p. 702.)

1583. FIRMAN *qui accorde au Khédive d'Egypte une complète indépendance;* publié dans les divers journaux politiques en juillet 1873, et en diverses langues.

1584. FORGET (Germain), avocat au duché d'Evreux. *Paraphrases sur les loix des républiques anciennes des Egyptiens, Athéniens, etc.* Paris, 1577, in-8. (Brunet.)

1585. GENTON, avocat. *De la juridiction française dans les Echelles du Levant. Les Capitulations. Réformes demandées par le vice-roi d'Egypte; commission française de 1867; commission internationale de 1870; projet de traité. Notes et documents.* Lyon, 1873, in-8 de 85 pp.

1586. THONISSEN (J.-J.). *Etudes sur l'organisation judiciaire, les lois pénales et la procédure criminelle de l'ancienne Egypte;* article inséré dans la *Revue historique du droit français et étranger.* 1868. (*Revue bibliographique*, 1868, p. 94.)

1587. VARGÈS. *De Statu Ægypti.* Gottingae, 1842, in-4°. (Vincent, 1871.)

1587 bis. VELLA (Giuseppe). *Libro del consiglio di Egitto*, tradotto da Giuseppe Vella. Palermo, 1793, gr. in-fol., et in-4°. Très-belle édition dans laquelle le texte arabe est placé à côté de la traduction. Cet ouvrage ayant été reconnu pour n'être qu'une imposture littéraire, n'a pas été terminé d'imprimer. (Brunet.)

Economie et Politique.

1588. ALADENIZE (H.), ingénieur civil. *Projet de nivellement général de l'Egypte.* Vichy, 1873, in-12 de 29 pp., 1 pl.

1589. APERÇUS *sur l'Egypte.* Paris, impr. Shiler (22 sept. 1873), in-8 de 23 pp., 1 fr.

1590. BLUMSTENGEL (Dr K.-G.). *Leibniz's Ægyptischer Plan...* (Le Projet égyptien de Leibnitz. Monographie historique et critique). Leipzig, 1869, gr. in-8 de 119 pp. (*Revue bibliographique*, VI, p. 876.)

1591. BUQUOI (F.). *Egypten, zum Verständniss der jetzigen Begebenheiten.* Breslau, 1800. (Dr Schubert.)

1592. BURGY (J.-J.). *Recueil de tares et usages des principales villes de commerce de l'Europe, des Etats-Unis et d'Egypte.* Mulhouse, 1825, in-8. (Quérard.)

1593. CAUBET. *Egypte; les loges arabes et les Ecoles;* article imprimé dans le *Monde maçonique*, nov. 1868.

1594. COLIN (A.), voyageur et publiciste. Il a publié dans la *Revue des Deux-Mondes* les articles suivants: *Budget et administration de Mohammet-Ali* (t. XIII, 1837); — *Administration territoriale du pacha* (t. XIII, 1838); — *Commerce de l'Egypte* (t. XVII, 1839); — etc. (Bourquelot.)

1594 bis. COMPAGNIA *Italico-Egiziana. Resoconto dell'esercizio dal 1° gennaio al 31 marzo 1874.* Firenze, 1874, tip. Civelli, in-4° de 16 pp. (*Bibliografia italiana.*)

1595. CRESSIN (François). Article sur la *Réforme militaire de l'Egypte et de la Turquie;* inséré dans le *Journal de l'armée*, 1833. (Bourquelot.)

1596. DOR (Ed.), docteur en philosophie. *L'Instruction publique en Egypte.* Paris, 1872, in-8 de II-403 pp.

1597. DU MESNIL-MARIGNY. *Histoire de l'économie politique des anciens peuples de l'Inde, de l'Egypte, etc.* 2e éd. Paris, Plon, 1873, 2 vol. in-8.

1597 bis. EDMOND (Ch.). *L'Egypte à l'exposition universelle de 1867.* Gr. in-8, portr. (Delaroque, 1874, 4 fr. 50.)

1598. EINHORN (Ign.) dit **HORN.** *Du progrès économique en Egypte.* Paris, 1864, in-8. (Vapereau.)

1599. EMPRUNT (L') *égyptien.* Paris, 1873, in-8 de 16 pp.

1600. EON DE BEAUMONT (Charl.-Geneviève-L.-Aug.-Timothée, chevalière **d'**), née à Tonnerre en 1728, morte en 1810. *Considérations historiques sur les impôts des Egyptiens, des Babyloniens, etc.* 1760, 2 vol. in-8. — La première édition est de 1758, 2 vol. in-12. (Quérard.)

1601. **FAUCON** (T.). *La Ruine de l'Egypte. L'Emprunt égyptien et les capitalistes français.* Paris, 1873, in-8 de 47 pp.

1602. **FIALIN** (J.-Gilbert-Victor, comte) et depuis duc de **PERSIGNY**, né en 1808. Etant prisonnier dans Versailles, il composa et adressa à l'Institut l'ouvrage suivant: *De la destination et de l'utilité permanente des pyramides d'Egypte.* Paris, 1845, gr. in-8 et 6 planches. Ouvrage volumineux dans lequel l'auteur voulait démontrer que ces constructions gigantesques étaient uniquement destinées à protéger la vallée du Nil contre l'invasion des sables du désert.

— *Développements du Mémoire..., suivis d'une nouvelle interprétation de la fable d'Orisis et d'Isis.* Paris, 1845, gr. in-8, fig. (Brunet, 29470. — Quérard.)

— *Nouvelles idées sur les pyramides, ou Réfutation des hypothèses de M. F. de Persigny,* par le comte de Salles. Paris, 1845. (Vapereau.)

1602 *bis.* **FINANCES** (The) *of Egypte.* London, Will. Rigway, 1874, 6 d. (*Pall Mall Gazette.*)

1603. **FLASSAN** (le comte **G. de Raxis de**). *Solution de la question d'Orient et neutralité perpétuelle de l'Egypte.* Paris, 1840, in-8. (Bourquelot.)

1604. **GIROD** (J.), professeur au collège royal de Bourbon. *Dictionnaire spécial et classique des monnaies, poids, mesures, divisions du temps chez les Grecs, les Romains, les Juifs et les Egyptiens; suivi d'un Tableau comparatif des monnaies, poids, etc. des anciens avec notre système décimal.* Paris et Lyon, 1827, in-8. (Quérard.)

1605. **GUILLAUMOT** (Henri). *Le Khédive et le Sultan. Etude sur la question turco-égyptienne.* Chaumont (1869), in-8 de 15 pp.

— *Le Khédive d'Egypte.* Pau (1869), in-8 de 31 pp.

1606. **JACQUOT** (**François**), professeur à Metz. *Etudes historiques sur l'esprit militaire et l'éducation nationale des premiers empires* (1re partie: Egyptiens et Babyloniens). Metz (1868), in-8 de x-63 pp. Extrait de la *Revue de l'est,* 1868.

1607. **LABAT** (Dr Léon). *Route de l'Inde par l'Egypte et la mer Rouge, considérée sous le point de vue de la question d'Orient.* Paris, 1839, in-8, 2 cartes. Le morceau de la Route de l'Inde n'a que 24 pp., il est ex-trait de la *Revue du XIXe siècle,* juillet 1839; le reste se compose d'autres articles ayant aussi rapport à l'Egypte. (Bourquelot.)

1608. **LALEU** (G. de). *L'Egypte* (1870). *Les Capitulations et la réforme.* Paris, 1870, in-12 de 68 pp.

1609. **LECONTE** (Casimir). *Etude économique de la Grèce,.... sur le commerce de l'Orient, sur l'Egypte,* etc. Paris, 1847, in-8, 1 carte de la Grèce. (Bourquelot.)

1610. **LEIBNITZ** (God.-Guill., baron de), né en 1646, mort en 1716, docteur en droit. *Voyage en Hanovre, etc.,* par Mangourit; contenant les extraits du projet de la conquête d'Egypte, présenté à Louis XIV. Paris, an VIII (1805), in-8 de 500 pp. (Quérard.)

— *Court aperçu d'un Mémoire adressé par Leibnitz à Louis XIV pour l'engager à la conquête de l'Egypte.* Londres, 1803, in-12. (*Revue bibliographique,* V, p. 52.)

— *Mémoire sur le projet d'expédition en Egypte présenté en 1672 à Louis XIV par Leibnitz.* Paris, 1840, in-8. (*Revue bibliographique,* V, p. 52.)

— *Concilium ægyptiacum. Mémoire sur la conquête de l'Egypte,* traduit du latin en français, et publié pour la première fois, d'après le manuscrit de l'Institut de France; par A. Vallet de Viriville. Paris, 1842, gr. in-8 de 32 pp. (Bourquelot.)

Le *Mémoire de Leibnitz à Louis XIV sur la conquête de l'Egypte* a été aussi publié avec une préface et des notes, par M. de Hoffmanns. Paris, 1840, in-8 de 78 pp. (Bourquelot.)

1611. **LETTRE** *du divan du Kaire à Bonaparte,* trad. de l'arabe, par Silv. de Sacy et Jaubert. Paris, an XI (1803), in-fol. (Quérard.)

1612. **LOANDS** (The) *and future of Egypt.* Paris, 1873, in-8 de 29 pp., 1 shilling.

1613. **LUMBROSO** (Dr Giac.). *Recherches sur l'économie politique de l'Egypte sous les Lagides.* Torino, 1870, gr. in-8 de XXVIII-374 pp.

1614. **MAYRARGUES** (Alfred). *Quelques mots sur l'Egypte contemporaine. Le Vice-roi et le Fellah.* Paris, 1869, in-8 de 29 pp.

1615. **MENGEN** (Félix). *Considérations sur l'opportunité de reconnaître l'indépendance de l'Egypte sous le gouvernement de Mohammed-Aly.* Marseille, 1839, in-8 de 28 pp. (Bourquelot.)

1616. **MIGNONNEAU**. *Mémoire sur l'Egypte, considérée comme possession agricole, commerçante, militaire et politique.* Paris, an VI (1798), in-8. — Seconde édition, augm. Paris, an VII (1799), in-8. (Quérard.)

1617. POLITIQUE (La) *d'Ismaïl-pacha et les intérêts de l'Europe dans la question d'Egypte , avec les principaux traités à l'appui.* 2ᵉ édition, augmentée de l'opinion des journaux. Paris , 1869, in-8 de 48 pp. (*Revue bibliographique*, 1870, n° 471.)

1618. RAPPORT *de la commission des délégués de LL. EE. MM. les représentants des puissances près la Sublime-Porte , instituée pour l'examen des réformes proposées par le gouvernement égyptien dans l'administration de la justice en Egypte.* Paris , 1873 , in-8 de 37 pp. (*Journal de la librairie.*)

1619. RIAUX (François). *L'Egypte et la France.* Paris (1870), in-8 de 106 pp.

1620. ROZIÈRE , ingénieur en chef des mines. *De la constitution physique de l'Egypte et de ses rapports avec les anciennes institutions de cette contrée.* S. l. n. d. , in-fol. de 92 pp. Extrait de la *Description de l'Egypte,* édition du gouvernement. (Bourquelot.)

1621. SAKAKINI (A.), traducteur au service du vice-roi d'Egypte. *De l'Egypte et de l'intervention européenne dans les affaires d'Orient.* Paris, 1833 , in-8 de 24 pp. Une 2ᵉ édition la même année. (Quérard.)

1621 bis. SANUTO (Martin-L.), dit l'Ancien ou **Torsello.** On a de lui : *Liber secretorum fidelium crucis super Terræ sanctæ recuperatione* (1306), ainsi que 4 cartes de la *Méditerranée* , de la *terre* et de la *mer,* de la *Terre-sainte* et de l'*Egypte.*
Sanuto s'efforça en vain de susciter une croisade convoitant l'Egypte pour Venise. (Bouillet. — Peignot.)

1622. SAVARY (Claude dit **Nicolas),** voyageur français, né en 1750, mort en 1788. *Lettres sur l'Egypte , où l'on offre le parallèle des mœurs anciennes et modernes de ses habitants; où l'on décrit l'état, le commerce, l'agriculture , le gouvernement , l'ancienne religion du pays, et la descente de saint Louis à Damiette , tirée de Joinville et des auteurs arabes, etc.* Paris, 1785, 3 vol. in-8, fig. — 2ᵉ édition , Paris , 1799-1801, 3 vol. (Grenoble, 19651. — Quérard. — Bibliothèque de Nice.)

1623. SCHOELCHER (Victor), né à Paris en 1804; voyagea en Egypte. *L'Egypte en 1845.* Paris, 1846, in-8. Tableau énergique de la misère des fellahs et de la servitude en Orient. (Bourquelot. — Delaroque , en 1874 , n° 4293, 3 fr. 50.)

1624. SEGUEZZI (Santo). *L'Etat des revenus de l'Egypte, en 1635;* imprimé dans la *Relation vérit. et curieuse de l'isle de Madagascar, etc.* ; Paris, 1651, in-4°.

1625. TALLIEN (Jean-Lambert), membre de l'expédition d'Egypte, né à Paris en 1769, mort en 1820. *Mémoire sur l'administration de l'Egypte à l'arrivée des Français ;* inséré dans le tome II de la *Décade égyptienne.* (Quérard.)

1626. TAYLOR (John) , lieutenant-colonel. *Lettres politiques, commerciales et littéraires sur l'Inde, ou Vues et intérêts de l'Angleterre relativement à la Russie , à l'Industan et à l'Egypte;* trad. de l'anglais (par Dugour, Madgett et Barrère). Paris, an IX (1801) , in-8 de XXXII-487 pp. (Quérard.)

1627. TEULIER (Th.), journalier manœuvre. *Au peuple français. Lettre à un ami sur la Turquie et l'Egypte, ou Réflexions sur les affaires d'Orient ; le tout relativement à la France.* Paris , 1839, in-8 de 56 pp. (Bourquelot.)

1628. THÉDÉNAT-DUVENT (P.-P.) , consul français à Alexandrie. *L'Egypte sous Méhémet-Aly , ou Aperçu rapide de l'administration civile et militaire de ce pacha;* par F.-J. Joly. Paris, 1822, in-8, portrait. (Quérard.)

1629. URQUHART (Dav.), homme politique anglais , né en 1805; voyagea en Orient. *Le Sultan et le pacha d'Egypte ,* trad. de l'anglais. Paris, 1839, in-8 de 132 pp. (Bourquelot.)

1630. VAN DRIVAL (l'abbé E.). *L'Art et la philosophie de l'Egypte ;* inséré dans la *Revue de l'Art chrétien,* 1869.

1631. WHATELEY (M.-L.). *Ragged Life in Egypt and More about Ragged Life in Egypt.* Nouv. édition, Londres, 1869, gr. in-8 de VI-276 pp. et ill. (*Revue bibliogr.* , 1870 , n° 881.)

Industrie et Commerce.

1632. AMEILHON (Hubert-Pascal). *Histoire du commerce et de la navigation des Egyptiens sous les Ptolémées.* Ouvrage couronné par l'Académie. Paris , 1766, in-8. (Nyon, 21185. — Van Hulthem, 5065 et 5066. — Yéméniz, adj. 6 fr. 50. — *Archives du bibliophile,* en 1858, 3 fr. 50.)

1633. BLANQUI (Jér.-Ad.). *Considérations sur l'état de l'industrie et du commerce en Egypte.* (Bourquelot.)

1634. BOSSI (le chev. L.). *Recherches sur l'art de la verrerie chez les Egyptiens, etc.;* impr. dans les *Observations sur le vase que l'on conservait à Gênes, etc.* Turin, 1837, in-8. (Quérard.)

1635. BOWRING (sir John), homme politique et littérateur anglais, né en 1792. L'E-

gypte, Candie, etc. (*On Egypt, Candia, etc.*).
1840, 2 vol. in-fol. Ouvrage relatif à l'industrie et au commerce. (Vapereau.)

1636. **FROMENT (Dominique)**. *Du commerce des Européens avec les Indes par la mer Rouge et l'Egypte.* Paris, an VII (1799), in-8 de 240 pp., 1 carte. On trouve dans cet ouvrage le tableau du commerce annuel de l'Egypte avec les places de Marseille, Londres, Venise, Livourne, Trieste, Constantinople, Smyrne et autres places; la valeur des différentes monnaies d'Egypte comparées à celles de la France; les poids et mesures, les ressources, etc. (Quérard. — Van Hulthem, n° 5092.)

1637. **GREAVES (J.)** en latin: **Gravius**, orientaliste anglais, né en 1602, mort en 1652; visita l'Egypte et l'Orient en 1637. *Traité de la manière de faire éclore les poulets dans les fours selon la méthode des Egyptiens.* (Peignot.)

1638. **GUILLEMIN (J.-Ant.)**. *L'Egypte actuelle. Son agriculture et le percement de l'isthme de Suez.* In-8, 1 pl. (Challamel, 6 fr.)

1639. **LE MÉTAYER-MASSELIN**. *L'Egypte et l'industrie rubanière.* Paris, 1870, in-8 de 56 pp. et 9 pl. d'armoiries.

1640. **MONTAUT (H. de)**. *Projet d'irrigation pour l'Egypte présenté à S. A. le Khédive.* Paris, 1869, in-8 de 24 pp.

1641. **REYNIER (J.-Louis-Ant.)**, agronome et botaniste, né à Lausanne en 1762, mort en 1824. *Considérations générales sur l'agriculture de l'Egypte et sur les améliorations dont elle est susceptible, et observations sur le palmier-dattier, et sur sa culture.* Paris, an XI, in-8.
C es Considérations furent publiées précédemment dans les *Annales d'agriculture;* les *Observations sur le palmier* parurent en 1800 dans la *Décade égyptienne*, et les deux parties ont été insérées depuis dans les *Mémoires sur l'Egypte.* (Quérard.)

1641 *bis*. **ROHAULT DE FLEURY**. *Les Etoffes égyptiennes, lettre à M. Devéria;* article inséré dans la *Revue archéologique,* avril 1870.

1641 *ter*. **ROUSSEAU (J.)**, jardinier en chef au Caire. *Notice sur la viticulture en Egypte.* Paris, impr. Donnaud, 1874, in-8 de 20 pp. (*Journal de la librairie.*)

1642. **STAMM (A.-Th.)**. *De præsenti statu agriculturæ Ægypti.* Berol., 1850. (Dr Schubert, en 1870.)

1642 *bis*. **ZICKLERI (Fréd.-Sam.)**. *De Ægyptiis bestiarum cultoribus diatribe.* Jenæ, 1656, in-8. (Nyon, 21195.)

Mathématiques.

1643. **AVERANI (Nic.)**, mort en 1727. On a de lui une savante dissertation sur le calendrier égyptien. (Peignot.)

1644. **BALBO (J.)**. *Del metro sesagesimale, antica misura egizia, rinnovata in Piemonte.* Turin, 1823, in-4°. (Catal. des Accroiss., II, 4, 73.)

1645. **BECKER** (le colonel). *Considérations sur la défense stratégique de l'Egypte.* Paris, 1874, in-8 de 19 pp. Extrait du *Journal des sciences militaires,* déc. 1873.

1646. **BIOT. (J.-Bapt.)**, professeur d'astronomie, membre de l'Institut, né à Paris en 1774, mort en 1862. *Recherches sur plusieurs points de l'astronomie égyptienne, appliquée aux monuments astronomiques trouvés en Egypte.* Paris, 1823, in-8 de xj-318 pp. et 4 pl. lith. Letronne a donné un compte-rendu très-étendu de cet ouvrage dans le *Journal des savants,* avril 1824.
— *Recherches sur l'année vague des Egyptiens; lues à l'Académie des inscriptions* en 1831. In-4°, grav. Ce mémoire a été imprimé dans le tome XIII du *Recueil de l'Académie roy. des sciences,* 1831. (Bourquelot.)
— *Mémoire de recherches sur quelques déterminations d'astronomie ancienne, étudiées comparativement chez les Egyptiens, les Chaldéens et les Chinois,* lecture faite à l'Acad. des sciences le 30 juin 1834. (Bourquelot.)

1647. **BOURGUIGNON D'ANVILLE (J.-Bapt.)**. *Mémoire sur la mesure du Schêne égyptien et du stade qui servait à le composer, avec un plan;* inséré dans le *Recueil de l'Académie des inscriptions et belles-lettres,* 1759. (Quérard.)

1648. **BRUGSCH (Henri-Ch.)**, égyptologue allemand, né à Berlin en 1827. *Matériaux pour servir à la reconstruction du calendrier des anciens Egyptiens.* Leipzig, 1864, in-4°, 13 pl. (Vapereau. — Vincent, en 1871.)
— *Nouvelles recherches sur la division de l'année des anciens Egyptiens.* Berlin, 1856, in-8, 4 pl. (Vapereau.)

1649. **CARTERON**. *Analyses des recherches de M. Letronne sur les représentations zodiacales, ou Etudes des monuments astronomiques des anciens peuples de l'Egypte, de l'Asie et de la Grèce, etc.* (1838-40), in-8. (*Journal de la librairie,* Feuill. 1870, p. 371.)

1650. **CHABAS (Fr.-Jos.)**. *Sur quelques instruments égyptiens de mesurage;* article inséré dans la *Zeitschrift für ægyptische sprache und alterthumskunde,* mai 1869.

— *Note sur un poids égyptien.* Paris, 1861, in-8. (Maisonneuve et Cⁱᵉ.)

— *Note sur quelques outils égyptiens du musée de Leyde.* Amst., 1866, in-8, 5 pp.

— *Détermination métrique de deux mesures égyptiennes de capacité.* Paris, 1867, in-8, 20 pp., 1 pl. (Maisonneuve et Cⁱᵉ.)

1651. **CHAMPOLLION-FIGEAC (Jacq.-Jos.)**, archéologue français, né à Figeac en 1778, correspondant de l'Institut. *Observations sur les coudées égyptiennes découvertes dans les ruines de Memphis.* Extrait du *Bulletin universel des sciences et de l'industrie.* Paris, 1824, in-8, 1 pl. L'auteur a publié la même année un petit *Supplément* dans le même *Bulletin.* (Grenoble, 26146.)

— *Article pour M. C. F.* (J.-J. Champollion-Figeac) *concernant l'archéologie égyptienne* (Scarabées et système numérique). Paris, 1825, in-8. (Grenoble, 26147.)

1652. **CHAMPOLLION-LE-JEUNE (J.-Fr.)**, frère du précédent, savant égyptologue français, né à Figeac en 1790, mort en 1831. Visita l'Egypte. *Mémoire sur les signes employés par les anciens Egyptiens à la notation des divisions du temps*, publié par Champollion-Figeac. Paris, 1841, in-4°, 6 pl. Extrait du tome XV des *Mémoires de l'Acad. des inscriptions et belles-lettres.* Tirage à part à 25 ex. (Veuve Hénaux, 6 fr.)

1653. **DELAMBRE (le chev. J.-B.-Jos.)**, astronome, membre de l'Académie des sciences, né à Amiens, en 1749, mort en 1822. *Rapport sur les Mémoires relatifs à l'origine commune des sphères de tous les anciens peuples et à l'époque voisine du commencement de notre ère, qui rétractent les zodiaques découverts en Egypte, et spécialement ceux de Denderah.* Mémoires lus à l'Académie, par M. de Paravey. Paris, 1821, in-8. (Quérard.)

1654. **DROVETTI (le chev. Bern.)**, lieut.-colonel pendant la campagne d'Egypte, puis consul général de France en Egypte, né à Livourne en 1775. *Lettre à M. Abel Rémusat sur une nouvelle mesure de coudée trouvée à Memphis.* Paris, 1827, in-4° de 28 pp. et 1 pl. (*Catalogue des accroissements*, II, 4, p. 73.)

1655. **DRUMMOND (Will.).** *Mémoires sur l'antiquité des zodiaques d'Esneh et de Denderah*, trad. de l'anglais (par Fresnel). Paris, 1822, gr. in-8. (Brunet.)

1656. **DUPUIS (Ch.-Fr.)**, membre de l'Académie des Inscriptions et Belles-Lettres, né en 1742, mort en 1809. *Mémoire explicatif du zodiaque, chronologique et mythologique, etc.*, d'après les Egyptiens, les Chinois, les Perses et les Arabes. Paris, 1806, in-4°, fig. Réimprimé sous le titre de *Dissertation sur le zodiaque*, etc. Paris, 1822, in-8, 2 pl.

— *Abrégé de l'origine de tous les cultes, augmenté de la Dissertation sur le zodiaque de Denderah.* Paris, 1822. — Autre édition: Paris, 1823, in-18. Cette dernière édition a été saisie lors de sa publication et condamnée à être lacérée. (Quérard.)

1657. **DUPUY (L.)**, secrétaire perpétuel de l'Académie des Inscriptions, né en 1709, mort en 1795. *Précis d'observations sur les quatre couchers du soleil, dont parle Hérodote d'après les prêtres égyptiens;* inséré dans la collection des *Inscriptions et Belles-Lettres*, 1764, t. XXIX. (Quérard.)

1658. **DUTEIL (Camille).** *Traité du zodiaque de Denderah et des planisphères horoscopiques de l'Inde, de la Perse et de l'Egypte, expliqués par l'astrologie et les hiéroglyphes idéographiques sans le secours de la langue sacrée.* Bordeaux et Paris, 1839, 1ʳᵉ partie, in-4°, 2 pl. (Bourquelot.)

1659. **GAULTIER.** *Zodiaque nouvellement découvert en Egypte par M. Testa*, trad. de l'italien. Paris, 1807, in-8 de 80 pp.

1660. **GIRARD (P.-S.)**, ingénieur, membre de l'Académie des sciences, né à Caen en 1765. *Résumé de deux Mémoires sur le nilomètre de l'île de l'Eléphantine, et sur l'ancienne coudée des Egyptiens;* inséré dans les *Mémoires de l'Institut*, sciences morales et politiques, t. V, 1804, réimprimé dans la *Description de l'Egypte.*

— *Mémoire sur les mesures agraires des anciens Egyptiens;* inséré dans la *Description de l'Egypte.* (Quérard.)

1661. **GOSSELIN (Pascal-Fr.-Jos.).** *Observations sur une coudée égyptienne découverte à Memphis;* imprimées dans le *Journal des savants*, déc. 1822. (Quérard.)

1662. **GÜSSEFELD.** *Nil, Ægypten, Nubien, und Habesch nach astronom. Beobachtungen entw....* Weim., 1800. — Le même ouvrage, autre éd., 1801, cartes. (Dʳ Schubert, 1870.)

1663. **HALMA (l'abbé).** *Examens et explications des zodiaques d'Egypte.* 1ʳᵉ, 2ᵉ et 3ᵉ parties. Paris, 1822, 2 vol. in-8, figures. La 1ʳᵉ partie comprend: *Examen et explication du zodiaque de Denderah comparé au globe céleste antique d'Alexandrie, conservé à Rome et de quelques autres zodiaques égyptiens.* — La 2ᵉ partie: *Examen et explication des zodiaques d'Esné*, suivi d'un *Mémoire sur le zodiaque primitif et nominal des anciens Egyptiens;* et un *Supplément.* (Quérard. — Vincent.)

1664. **HÉRON**, mécanicien et mathématicien d'Alexandrie, vivait vers l'an 120 av. J.-C. *Recherches critiques et géographiques sur les fragments d'Héron d'Alexandrie, ou du Système métrique égyptien considéré dans ses rapports avec les mesures itinéraires des Grecs et des Romains, et dans les modifications qu'il a subies depuis le règne des Pharaons jusqu'à l'invasion des Arabes;* ouvrage posthume de M. Letronne, revu par A.-J.-H. Vincent. Paris, impr. nation., 1851, in-4° de xv-294 pp. et planches. (Brunet.)

M. Th.-H. Martin a publié à Paris, en 1854, des *Recherches sur la vie et les ouvrages d'Héron;* in-4° de 480 pp. (Brunet.)

1665. **JOMARD** (Edme-Fr.), de l'Institut. *Mémoire sur le système métrique des anciens Egyptiens.* Paris, impr. royale, 1817, in-fol., 10 tableaux. (Quérard. — Vincent.)

— *Description d'un étalon métrique orné d'hiéroglyphes, découvert dans les ruines de Memphis par les soins du chevalier Drovetti.* Paris, 1822, in-4° de 20 pp., 1 pl.

— *Essai d'explication d'un tableau astronomique peint au plafond du premier tombeau des rois de Thèbes, à l'ouest de la vallée, suivi de Recherches sur le symbole des équinoxes.* Paris, 1814, in-fol. (Quérard.)

— *Lettre à M. Abel Rémusat, sur une nouvelle mesure de coudée, trouvée à Memphis.* Paris, 1827, in-4°, planches. (Quérard.)

— *Examen des instruments et des produits des arts de la collection égyptienne de Passalacqua.* Paris, 1827, in-8. (Quérard.)

1666. **LABARRE** (Louis-Franç.-Jos. de), membre de l'Académie des Inscriptions, né à Tournai en 1688, mort en 1738. *De la manière dont les Egyptiens comptaient les années du règne des empereurs: Objections contre la dissertation de M. le baron de La Bastie sur ce sujet; etc.;* inséré dans le *Recueil de l'Académie des Inscriptions,* t. XII. (Quérard.)

1667. **LA NAUZE** (L. Jouard de), jésuite, membre de l'Académie des Inscriptions, né à Villeneuve d'Agen en 1696, mort en 1773. *Histoire du calendrier égyptien, en 3 parties;* insérée dans le *Recueil de l'Académie des Inscriptions,* t. XIV et XVI. (Quérard.)

166⬚ **ARCHER** (P.-Henri), membre de l'Académie des Inscriptions, né à Dijon en 1726, mort en 1812. *Mémoire sur le Phénix, ou Recherches sur les périodes astronomiques et chronologiques des Egyptiens;* inséré dans les *Mém. de l'Institut, inscriptions,* t. 1er, 1815. (Quérard.)

1669. **LATREILLE** (P.-André). *Recherches sur les zodiaques égyptiens.* Paris, 1821, in-8 de 80 pp. (Quérard).

1669 *bis.* **LEPRINCE**. *Interprétation du zodiaque de Denderah.* Paris, 1822, in-8. (Catal. des Accroiss., avril 1865, p. 2, col. 1.)

1670. **LETRONNE**. *Nouvelles recherches sur le calendrier des anciens Egyptiens, sa nature, son histoire et son origine.* Paris, 1863, in-4°. (Vincent.)

— *Recherches sur plusieurs points d'astronomie égyptienne;* insérées dans le Journal des savants, avril 1824. (Bourquelot.)

— *Sur la mécanique des anciens Egyptiens,* art. inséré dans la *Revue archéologique,* tome V, p. 359.

1671. **NORDMEYER** (C.-H.-Ch.). *Commentatio calendarium Ægypti œconomicum sistens.* Gottingæ, 1792, in-12. (Vincent, en 1871, nos 969 et 1511.)

1672. **PARAVEY** (Ch.-Hipp. de), orientaliste français, né en 1787, mort en 1871. *Aperçu des mémoires sur l'origine de la sphère et sur l'âge des zodiaques égyptiens.* Paris, 1821, in-8. (Quérard.)

— *Illustrations de l'astronomie hiéroglyphique et des planisphères zodiaques retrouvées en Egypte, en Chaldée, etc., ou Réfutation de Volney, de Fourier et de Biot, etc.* Paris, 1869, in-8 de xii-273 pp.

1672 *bis.* **SAINT-MARTIN**. *Notice sur le zodiaque de Denderah.* Paris, 1822, in-8. (Catal. des Accroiss., avril 1865, p. 2, col. 2.)

1673. **SEYFFARTH** (G.). *Systema astronomiæ Ægyptiorum quadripartitum.* Leipzig, 1833. (Vapereau.)

— Notre Alphabeth, image du zodiaque (*Unser Alphabeth ein Abbild des Tierkreises.*) Leipzig, 1834. (Vapereau.)

1674. **VILLIERS** (René-Ed. de) de Terrace. Inspecteur général des ponts et chaussées, né à Versailles en 1780, mort en 1855.

— Avec **Jollois**: *Recherches sur les bas-reliefs astronomiques des Egyptiens, et parallèle de ces bas-reliefs avec les différents monuments astronomiques de l'antiquité, d'où résulte la connaissance de la majeure partie des constellations égyptiennes.* Paris, impr. roy., 1818, in-8, 2 pl. (Morel, de Nantes, en 1873, 3 fr. 50.)

Ces *Recherches...* se trouvent aussi dans le premier volume des antiquités (Mémoire) de la *Description de l'Egypte,* pp. 427 à 494. (Bourquelot.)

— *Appendice aux Recherches sur les bas-reliefs astronom. des Egyptiens.* Paris, 1834, in-8 de 48 pp., 1 pl. et 1 fac-simile. (Bourquelot.)

1675. **VILLOT** (**F.**), garde des archives. *Origine astronomique du jeu des échecs, expliquée par le calendrier égyptien, ou Mémoire relatif à la méthode de formation et à l'exposition d'une table qui présente d'une manière distincte, et dans le plus petit espace possible, toutes les combinaisons d'un nombre de signes donné;* suivi d'une application de cette même méthode aux sept jours de la semaine, représentés par les sept planètes connues des anciens: application de laquelle il résulte un *Calendrier perpétuel le plus complet,* pour toute division hebdomadaire du temps, et notamment un triple calendrier pour l'année vague des Egyptiens, pour leur grande période solaire, ou année sothique, et pour l'année et la période égyptienne lunaire; triple calendrier, dont le jeu des échecs offre la fidèle représentation. Paris, 1825, in-8 de 92 pp., 1 pl. (Quérard.)

1676. **VINCENT** (**J.-H.**) de l'Institut, mathématicien, né en 1797, mort en 1868. *Observations relatives à la note de M. de Rougé sur le calendrier et les dates égyptiennes.* Paris, in-8 de 8 pp.

— *Mémoire sur le calendrier des Lagides à l'occasion de la découverte de Canope.* Paris, 1868, in-8 de 32 pp. — Paris, 1869, in-4° de 42 pp.

— *Recherches sur le calendrier des Lagides, etc.* Paris, 1867, in-8 de 18 pp.

— *Recherches sur l'année égyptienne.* Paris, 1865, in-8 de 32 pp.

— *Note sur un papyrus astronomique.* Paris, 1864, in-8 de 4 pp.

1677. **ZUR HELLE** (**V.**). *Déterminations de latitudes et de longitudes prises de l'Egypte;* article inséré dans la *Zeitschrift der gesellschaft für erdkunde zu Berlin,* 3ᵉ livr., 1870.

Sciences naturelles, chimiques et physiques. Médecine et Hygiène.

1678. **ALPINI** (**Prosper**), médecin et professeur de botanique à Padoue, né en 1563, mort en 1616, voyagea en Egypte. On a de lui: *Historia Ægypti naturalis,* cum observ. Johan. Veslingii. Lugd.-Batav., 1735, 2 vol. in-4°, fig. Le premier volume contient: *Rerum œgyptiarum, libri IV,* ouvrage alors inédit, et le second: *De plantis Ægypti liber.* (Brunet.)

— Même ouvrage: Venetia, 1592, in-4°, fig. — Padua, 164., in-4°.

— *Medicina Ægyptiorum;* liber de balsamo et Jac. Bontii medicina Indorum. Lugd.-Batav., 1745, in-4°, fig. Il y a eu plusieurs

éditions de cet ouvrage, dont une de 1718. (Brunet. — Van-Hulthem, 7280.)

1679. **ASSALINI.** *Observations sur la maladie appelée la peste, le flux dyssentérique, l'ophtalmie d'Egypte, et des moyens de s'en préserver.* Paris, 1803. — 2ᵉ édition. Paris, 1805, in-12. (Bourquelot.)

1680. **AUBERT-ROCHE** (**Louis**), médecin français, chef de santé de la compagnie de l'isthme de Suez, né vers 1810. *De la peste ou typhus d'Orient, documents et observations recueillis pendant les années 1833 à 1839, en Egypte,* etc., suivis d'un *Essai sur le hachisch et son emploi dans le traitement de la peste.* Paris, 1840, in-8. L'auteur déclare dans ce livre que la peste n'est nullement contagieuse. (Vapereau.)

1680 *bis.* **AUTARD DE BRAGARD.** *Note à propos de l'introduction de plantes et d'animaux dans diverses contrées, notamment en Egypte.* Paris, 1874, in-8 de 9 pp. Extrait du *Bulletin de la Société d'acclimatation,* février 1874. (*Journal de la librairie.*)

1681. **BEAUCHAMP** (**Jos.**), membre de l'Institut, né à Vesoul en 1752. Le général Bonaparte le fit appeler en Egypte pour collaborer aux explorations scientifiques. La plupart de ses ouvrages ont été imprimés dans les *Mémoires de l'Académie des sciences.* (Peignot.)

1682. **BLUMENBACH** (**J.-Fréd.**), naturaliste allemand, né à Gotha en 1752. *Collectio craniorum diversarum gentium decades I ad VII.* Gottingæ, 1790. in-4°, grav. — Mumiæ Ægypt., — Turcæ, — Æthiop.; etc. (Dʳ Schubert, 20 sgr. — Brunet.)

— *Observations sur quelques momies d'Egypte, ouvertes à Londres;* trad. de l'angl. de Blumenbach, par Fréd. Chardel. Imprimé au commencement de l'ouvrage intitulé: *De l'unité du genre humain et de ses variétés,* trad. du latin, par le même. Paris, 1805, in-8. (Quérard.)

1683. **BOURGUIN.** *Les Premiers animaux domestiques... Les animaux domestiques dans l'antique Egypte. Rapports faits à la Société impériale d'acclimatation.* Paris, 1860, in-8 de 30 pp. (*Revue bibliographique.*)

1684. **BULARD** (le docteur **A.-F.**), de Méru, médecin des armées de Méhémet-Ali en Egypte. *De la peste orientale, d'après les matériaux recueillis à Alexandrie, au Caire, à Smyrne, à Constantinople, pendant les années 1833 à 1838.* Paris, 1839, in-8. (Bourquelot.)

1685. **CAZALIS DE FONDOUCE.** *Recherches sur la géologie de l'Egypte,* d'après les travaux les plus récents. Montpellier et Paris, 1868, in-8 de 96 pp.

1686. **CHAMPOLLION-FIGEAC**. *Notice sur une nouvelle espèce d'insecte trouvée dans une momie égyptienne.* Paris, 1814, in-8. Extrait du *Magasin encyclopédique.* (Quérard.)

1687. **CLOT** (**Ant.**), dit **Clot-bey**, médecin français, né à Grenoble en 1796, mort en 1868. Il partit pour l'Égypte en 1822, fit construire à 4 lieues du Caire l'hôpital d'Abou-Zabel et fonda au même lieu une Ecole de médecine. Il a laissé plusieurs écrits sur ces institutions. *De la peste observée en Egypte.* Paris, 1840, in-8, 2 pl.

— *Coup d'œil sur la peste.* 1851, in-8.

— *Derniers mots sur la non contagion de la peste.* Marseille, 1866, in-8.

— *De l'ophtalmie, du trichiasis, de l'extropion et de la cataracte observés en Egypte.* 1864, in-8.

— *Compte-rendu des travaux de l'école de médecine d'Abou-Zabel et de l'examen des élèves, avec l'exposé de la conduite et des travaux de l'auteur lui-même en Egypte.* Marseille, de 1825 à 1832, in-8 et tableau.

— *Compte-rendu du service médical et du service de santé en Egypte.* 1849, gr. in-8.

Le journal le *Temps,* 18 avril 1839, donna un article sur l'hôpital de l'Esbeckié, consacré aux femmes. Clot-bey attacha à cet hôpital un bureau de vaccination et d'accouchement. (Vapereau. — Bourquelot.)

1688. **COHEN-ATTHAR** (**Abul-Meny-ben-abu-Nasr Izrayly Harouny**), célèbre pharmacien du Caire; vivait au milieu du VIe siècle de l'hégire. On a de lui un *Traité de la préparation des médicaments.* (Peignot.)

1689. **COLUCCI-BEY** (**Ant.**), natif d'Alexandrie d'Egypte vers 1810, d'une famille napolitaine. Médecin du second vice-roi, président de l'Institut égyptien, il s'est fait une notoriété par ses observations suivies sur les épidémies de l'Egypte et les moyens de les combattre par l'hygiène. On a de lui des *Comptes-rendus, Procès-verbaux, Réglements,* etc.

— *Le Choléra en Egypte.* 1865, in-8.

— *Réponse à douze questions sur le choléra de 1865 en Egypte.* 1866, in-8. (Vapereau.)

1690. **CUVIER** (le baron **G.-L.-Chr.-Fr.-D.**), savant français, né en 1769. *Mémoire sur l'Ibis des anciens Egyptiens,* avec 3 pl.; inséré dans les *Annales du Muséum d'histoire naturelle,* tome IV, 1804.

1691. **DAVESIÈS** (**Lucien**). On a de lui des articles *sur les différentes races des habitants de l'Egypte;* insérés dans la *Revue universelle,* 1837-38. (Bourquelot.)

1692. **DELCHEVALIER** (**C.**), jardinier en chef du palais et des jardins publics du Caire. *Les Jardins du Caire;* notice publiée dans le *Bulletin de la Société centrale d'agriculture,* 1872.

— *Sur les végétaux d'ornement et d'utilité qui sont cultivés en Egypte.* Paris (1872), in-8 de 25 pp. Extrait du *Journal de la Société centrale d'agriculture de France.* 2e série, p. 169, 1872.

1692 *bis.* **DESGENETTES** (**René-Nic. Dufriche,** baron), médecin, né à Alençon en 1762, mort en 1837. *Avis sur la petite vérole régnante,* adressé au *Divan du Caire* (avec une traduction arabe en regard), par Raphael. Au Caire, an VIII, pet. in-4° de 44 pages. Réimpr. l'an IX, 25 pp. pet. in-4°. (Quérard.)

1693. **DEVERIA** (**Th.**). *Rapport sur deux scarabées égyptiens.* Paris, 1857, in-8 de 8 pp. (A. Voisin, en 1873, 1 fr. 25.)

1694. **EBERS** (**Georg**), savant allemand, découvrit en 1873, à Thèbes, un manuscrit (rouleau de papyrus), remontant au XVIIe siècle avant l'ère chrét., et contenant un Codex médical: Livre de la préparation des remèdes pour toutes les parties du corps humain. On y trouve, outre des remèdes contre les insectes, les serpents et les mouches, une recette contre les mauvaises odeurs et des remèdes contre les maladies nerveuses. (*Bulletin du bibliophile,* mai 1873, p. 238.)

1695. **ESMANGARD** (**F.-P.**), docteur en médecine. *Mémoire sur la peste observée en Egypte.* Paris, 1838, in-8. (Bourquelot.)

1696. **FRÉRET** (**Nic.**). *De l'accroissement ou élévation du sol d'Egypte par le débordement du Nil;* inséré dans le *Recueil de l'Académie des inscriptions,* t. XVI (1751). (Quérard.)

1697. **GEOFFROY-St-HILAIRE** (**Etienne.**) *De l'état de l'histoire naturelle chez les Egyptiens, principalement en ce qui concerne le crocodile* (séance de l'Institut, 24 avril 1828, in-4°, et *Revue encyclop.,* tome XXXVIII, p. 289.)

— *Description zoologique... du poisson connu en Egypte sous le nom de Fachhaca.* (*Décade égyptienne,* tome III, p. 294, et *Mém. sur l'Egypte,* tome II, p. 19, 1800.)

— *Description d'une nouvelle espèce de poisson du Nil* (*Décade égyptienne,* t. III, p. 292, et *Mém. sur l'Egypte,* t. II, p. 17.)

— *Sur une petite espèce de crocodile vivant dans le Nil.* (*Globe du 13 déc.* 1827, et *Bulletin des sciences nat. de Féruzzac.*)

— *Mémoire sur les animaux du Nil, consi-*

dérés dans leurs rapports avec la théogonie des anciens Egyptiens; inséré dans le *Bulletin philom.*, tome III, p. 129, 1802.

— *Note sur un monstre humain trouvé dans les ruines de Thèbes;* insérée dans le *Moniteur*, 13 janvier 1826. (Bourquelot.)

— *Histoire naturelle et description anatomique d'un nouveau genre de poisson du Nil, nommé polyptère,* avec 1 planche. (Dans les *Annales du Muséum d'histoire natur.*, tome Ier, 1802.)

— *Observations anatomiques sur le crocodile du Nil*, avec 2 planches. (*Annales du Muséum d'histoire natur.*, tome II, 1803.)

— *Observations sur les habitudes attribuées par Hérodote aux crocodiles du Nil.* (Id., tome IX, 1807.)

— *Description de deux crocodiles qui existent dans le Nil*, comparés aux crocodiles de Saint-Domingue, avec une planche. (Id., tome X, 1087.)

— *De la synonymie des espèces du genre Salmo, qui existent dans le Nil.* (Id., tome XIV, 1809.) (Quérard.)

1698. GIRARD (P.-S.). *Description de la vallée de l'Egarement et conséquences qui résultent de la reconnaissance qu'on en a faite;* insérée dans le *Journal des mines*, tome XXXIV, 1813; impr. aussi dans la *Description de l'Egypte.* (Quérard.)

— *Observations sur la vallée d'Egypte et sur l'exhaussement séculaire du sol qui la recouvre;* insérées dans les *Mémoires de l'Académie des sciences*, tome II, 1819, 1 pl. et dans la *Description de l'Egypte.* (Quérard.)

1698 bis. GODARD (Dr Ernest). *Egypte et Palestine, observations médicales et scientifiques*, avec une préface par Ch. Robin. Paris, Victor Masson, 1867, gr. in-8, et atlas in-fol. (*Catal.* Ste-Beuve, 1870, 2e partie, n° 101.)

1699. GRAFFENAUER (Jean-Phil.), docteur en médecine, né à Strasbourg en 1775. *Extrait d'un Mémoire contenant des analyses chimiques des matières colorantes des anciens Egyptiens*, trad. de l'allemand du prof. John; inséré dans le *Journal de la Société des sciences, etc., du Bas-Rhin*, 1825. (Quérard.)

1699 bis. GUETTARD (J.-Et.), médecin, né à Etampes, en 1715, mort en 1786. *Mémoire sur les granits de France, comparés à ceux d'Egypte*, avec une pl.; inséré dans le *Recueil de l'Académie des sciences*, 1751. (Quérard.)

1700. KUNTH (Ch.-Sig.), botaniste, membre de l'Académie des sciences de Berlin, correspondant de l'Institut de France, etc. *Recherches sur les plantes trouvées dans les tombeaux égyptiens*, par M. Passalacqua; article inséré dans les *Annales des sciences naturelles*, 1re série, tome VIII. (Bourquelot.)

1700 bis. LEPSIUS. *Analyse des inscriptions hiéroglyphiques qui se trouvent sur deux statues égyptiennes;* article inséré dans les *Annales de l'Institut de correspondance archéologique de Rome*, 1836, tome X. (Bourquelot.)

1701. LETRONNE. *Recherches sur le gissement et l'exploitation des carrières de porphyre et de granit dans le désert à l'Est du Nil*, publiées dans les *Nouvelles annales de l'Institut archéol. de Rome*, partie fr., tome I, reproduit à la fin de l'*Aristophane.* (Bourquelot.)

1702. L'HOTE (Nestor). *Lettres d'Egypte en 1841, Quosseyr, les mines d'émeraudes;* insérées dans la *Revue des Deux-Mondes*, 1er juillet 1841. (Bourquelot.)

1703. MAIMONIDE (Moïs), ou **Ben Maïnon,** célèbre rabbin, né à Cordoue vers 1135, mort en 1204; étudia la philosophie et la médecine sous Tophaïl et Averrhoès, passa de bonne heure en Egypte, et devint premier médecin de Saladin et de ses successeurs. Il a laissé un grand nombre d'ouvrages; les Juifs le regardent comme leur premier écrivain. (Bouillet. — Peignot.)

1704. MONCRIF (Fr.-Augustin Paradis de), de l'Académie française; né à Paris en 1687, mort en 1770. *Histoire des chats*, dissertation sur la prééminence des chats dans la société sur les autres animaux d'Egypte, sur les distinctions et privilèges dont ils ont joui personnellement, sur le traitement honorable qu'on leur faisait pendant leur vie, et des monuments et autels qu'on leur dressait après leur mort, avec plusieurs pièces qui y ont rapport. Paris, 1727, in-8; 1748. — Amst., 1767. — Rotterdam, 1741. — Réimpr. aussi dans le tome XII des *Œuvres* de Caylus. Il y a aussi des titres: *Lettres philosophiques sur les chats.*

1705. NASSER-MOHAMMED (Melik-al-), IXe Sultan mamelouk d'Egypte, de la dynastie des Baharites (1293-1341). Ce prince couvrit l'Egypte de digues, de routes, de canaux, de beaux monuments, encouragea l'agriculture et les arts. Il institua en 1318 des courses de chevaux et rédigea un *Traité d'hippiatrique*, qui a été publié et trad. en français par le Dr Perron, 1853. (Bouillet.)

1706. OWEN (Richard), naturaliste anglais, mort en 1800. *Aperçu de la géologie du désert d'Egypte, etc.;* article inséré dans le *Recueil de matériaux pour l'histoire primitive et naturelle de l'homme*, février 1869.

707. PAULET (D' **J.-Jacques**), membre de l'Académie royale de médecine, etc., né en 1740, mort en 1826. *Histoire de la petite vérole, avec les moyens d'en préserver les enfants, etc.* Paris, 1768, 2 vol. in-12.

L'auteur cherche à prouver que la petite vérole, prise à sa source, qui est l'Egypte, a été apportée pour la première fois en Europe par les Sarrasins. (Quérard.)

1708. PRUNER-BEY (D' **Fr.**), médecin et ethnologiste allemand, né en 1808 ; voyagea en Egypte. *Des débris de la race des anciens Egyptiens ;* inséré dans les *Mémoires de l'Académie de Munich*, 1846. (Vapereau.)

1709. RAFFENEAU-DELILE, professeur de botanique à la faculté de médecine de Montpellier, mort en 1843. *Observations sur le lotus d'Egypte :* article inséré dans les *Annales du Muséum d'histoire naturelle*, tome I, 1802. (Quérard.)

1710. RASPAIL (**Fr.-Vincent**), naturaliste, né à Carpentras en 1794. *Notice sur la détermination spécifique des céréales trouvées par M. Passalacqua dans un tombeau égyptien, et sur la préparation qu'on leur a fait subir ;* insérée dans le *Bulletin universel des sciences*, tome XV. (Quérard.)

1711. ROSSI (D' **E.**), bey. *Geografia medica dell'Egitto.* Livorno, 1870, in-8 de vi-433 pp. (*Revue bibliogr.*, 1870, p. 371.)

1712 ROZIÈRE. *Notice sur l'Ibis égyptien.* 1806, 22 pp. (Claudin, en 1871.)

1713. SALZE. *Observations sur la girafe envoyée au roi par le pacha d'Egypte, etc.* Imprimées dans le tome XIV du *Muséum d'histoire naturelle*, 1827. (Quérard.)

1714. SAVARESI (**Ant.**). *Description et traitement de l'ophthalmie d'Egypte;* insérée dans la *Décade égyptienne*, tome II. — *Notice sur la topographie physique et médicale de Ssalehyeh;* insérée dans le même recueil, tome III. (Quérard.)

1715. SAVIGNY (**J.-Cés. Lelorgne de**), membre de l'Institut d'Egypte, etc., né en 1779. *Histoire naturelle et mythologique de l'Ibis.* Paris, 1805, in-8 de xiii-224 pp., 6 pl.

Bruce est le premier qui ait découvert le véritable Ibis blanc, mais il ne l'a observé qu'en Ethiopie ; de Savigny l'a trouvé en Egypte même et l'a comparé avec celui des anciens Egyptiens. (Quérard.)

1716. SCHNEPP (**B.**). *Du climat de l'Egypte, de sa valeur dans les affections de la poitrine, comme station hivernale, com-*

parée à celles de Madère, d'Alger, de Palerme, de Naples, de Rome, de Venise, de Nice, etc. Paris, 1862, in-8. (Brunet, n° 7344.)

1717. SERVOIS (l'abbé). *Observations de M. Antès sur la peste en Egypte,* trad. de l'anglais ; article inséré dans les *Mémoires de la Société d'émulation de Cambrai*, en 1822. (Quérard.)

1718. SESTINI (l'abbé **Dom**). *Le Guide du voyageur en Egypte, ou Description des végétaux et des minéraux qui existent en Egypte,* traduit de l'italien ; ouvrage pouvant faire suite au voyage de Denon en Egypte. Paris, 1803, in-8. (Quérard.)

1719. STEINBÜCHEL (**Ant.**), de Rheinwall, né à Krems (Autriche), en 1790. *Scarabées égyptiens figurés du Musée des antiques de S. M. l'empereur à Vienne.* Vienne, 1826, in-4°, fig. (Brunet.)

1720. VISIANI (**Rob. de**). *Plantæ quædam Ægypti ac Nubiæ enum. atque illustr.* Patavii, 1836, in-8. (*Accroiss.*, XII, 1, p. 39.)

1721. WAD (**Grég.**). *Fossilia Ægyptiaca musei Borgiani Velestris.* Velestris, 1794, in-4°. Accompagné des observations de G. Zoëga. (Van Hulthem, I, 5784. — Brunet.)

1722. WESLINGIUS (**Jean**), mort en 1649. On a de lui : *De plantis Ægyptiorum observationes et notæ.* (Peignot.)

Linguistique.

1723. BARTHÉLÉMY (l'abbé **J.-J.**). *Réflexions générales sur les rapports des langues égyptienne, phénicienne et grecque.* (1763.) (Quérard.)

1724. BENFEY (**Théod.**), orientaliste allemand, né en 1809. *Ueber das verhältniss der Ægyptischen sprach zum semitischen sprachstamm* (Des rapports entre la langue égyptienne et les racines sémitiques). Leipzig, 1844, in-8. (Brunet, 11940.)

1725. BERGGREN (**J.**). *Guide* (Dictionnaire) *français-arabe vulgaire des voyageurs et des Francs en Syrie et en Egypte.* Upsala, 1844, in-4°, cartes et plans. (Lœscher, 1867, p. 38, 29 fr. — Brunet.)

1726. BERNARD (**H.**). *Vocabulaire français-égyptien.* 2° éd, Paris, 1865, in-12. (Lœscher, 1867, p. 38.)

1727. BRUGSCH (**H.**). *Grammaire démotique cont. les principes généraux de la langue et de l'écriture populaire des anciens Egyptiens.* Berlin, 1855, pet. in-fol., 3 pl. lith. et 10 pl. col.

— *Sammlung demotisch-griechischer Eigen-*

namen œgyptischer Privatlente, etc. Berlin, 1851, in-8. (Brunet.)

1728. **CHABAS (Fr.-Jos.).** *Sur l'étude de la langue égyptienne.* Amst., 1865, in-8 de 10 pp. (Maisonneuve et Comp.)

1729. **CHAMPOLLION** le jeune. *Grammaire égyptienne, ou Principes généraux de l'écriture sacrée égyptienne appliquée à la représentation de la langue parlée,* par Champollion le jeune, publiée sur le manuscrit autographe par l'ordre de M. Guizot, ministre. Paris, 1836-1841, pet. in-fol., divisés en 3 parties, avec des prolégomènes et un portrait de l'éditeur Champollion-Figeac. M. Dujardin a publié dans la *Revue des Deux-Mondes* (juillet 1836), un art. intitulé : *les Hiéroglyphes et la langue égyptienne à propos de la Grammaire de Champollion.* (Bourquelot.)

1730. **FREYTAG** (Dr **G.-W.**), orientaliste allemand. *Lexicon arabico-latinum, præsertim ex Djeuharii Firnzabadiique et aliorum Arabum operibus, etc.* Halis, 1830-37, 4 vol. gr. in-4°.
Il a été fait en 1837, un abrégé en 1 vol. in-4° de 694 pp.

— *Arabum proverbia, vocalibus instruxit, latine vertit....* Bonn, 1838-43, 3 vol. gr. in-8. Publication importante. (Brunet.)

1731. **GOODWIN (C.-W.).** *Coptic and Græco-Egyptian nœmes;* article inséré dans la Revue de langue et antiquités égyptiennes (*Zeitschrift für œgypt....*), mai 1868.

1732. **LEPSIUS (K.-R.).** *Ueber die Anordnung un Verwandtschaft der Semitschen... Alphabete* (Rapport des alphabets sémitiques, vieux persan, vieux égyptien, éthiopien). Berlin, 1835, *Collection de l'Académie.* (Vapereau.)

1733. **MALLOUF (Nassif),** orientaliste, né en Syrie en 1823, membre de la Société asiatique de Londres. *Guide de la conversation en trois langues, français, anglais, arabe* (dialecte d'Egypte et de Syrie). Paris, 1864, in-18 de 208 pp. (Maisonneuve et Comp.)

1734. **MASPÉRO.** *Des formes de la conjugaison en égyptien antique, en démotique et en copte.* (1871), gr. in-8. Bibliothèque de l'école pratique des hautes études, 6e fasc.

1735. **QUATREMÈRE** de Quincy (**Et.-Marc**). *Recherches critiques sur la langue et la littérature de l'Egypte.* Paris, 1808, gr. in-8. (Brunet.—Quérard.)

1736. **ROSELLINI** *Elementa linguæ œgyptiacæ seu copticæ.* Romæ, 1837, in-4°. (*Catalogue des Accroissements,* 1865, avril, p. 2, col. I.)

1737. **ROSSII (Ignatii).** *Etymologiæ œgyptiacæ.* Romæ, 1808, gr. in-4°. L'ouvrage de M. de Rossi contient un bien plus grand nombre de mots que le *Lexicon œgyptiaco latinum* de Lacroze, auquel il peut servir de supplément. (Brunet.)

1738. **SAVARY (Cl.** dit **Nic.).** *Grammaire de la langue arabe vulgaire et littérale* (français et latin). Ouvrage posthume de Savary (publié par L. Langlès). Paris, imprim. imp., 1813, in-4°. (Quérard.)

1739. **SCHOLTZ (Chr.).** *Grammatica œgyptiaca utriusque dialecti quam breviavit, illustravit Car. Godof. Woide.* Oxonii, 1778, in-4°. (Brunet.)

1740. **SEYFFARTH (G. de).** *Grammatica œgyptiaca. Erste Anleitung zum Uebersetzen altägyptischer Literaturwerke nebst Geschichte des Hieroglyphenschlussels.* Gotha, 1855, in-8 de 92 pl. lith. (Brunet, 29119.)

— *De lingua et litteris veterum Ægyptiorum.* Leipzig, 1825 et 1831, 2 vol. Cet ouvrage contient les écrits inédits laissés par Spohn.

— *Alphabeta genui Ægyptiorum et Asianorum.* Leipzig, 1840. (Vapereau.)

1741. **SICKLER (C.-L.).** *Die Heilige Priester sprache der alten Ægyptier...* (langue sacrée des prêtres chez les anciens Egyptiens, comme dialecte tirant son origine de l'ancienne langue sémitique, démontrée par des documents historiques). Hildburghausen, 1822 à 1826, in-4°. Dissertation en 4 parties, où l'auteur soutient que les hiéroglyphes sont une écriture phonétique. (Brunet.)

1742. **SPOHN (Fréd.-Aug.-Guill.),** philologue allemand, né en 1792, mort en 1824. *De lingua et literis veterum Ægyptiorum cum permultis tabulis lithographicis literas Ægyptiorum tum volgari tum sacerdotali rations scriptas explicantibus atque interpret. Rosettanæ aliarumque inscriptionum.. exhibentibus. Accedunt grammatica atqua glossaria œgypt.;* edidit et absolvit G. Seyffarth. Lipsiæ, 1825 et 1831, 2 part. gr. in-4°, pl. (Brunet.) Cet ouvrage est peu estimé.

1743. **TATTAM** (the rever. **Henry**). *A compendious grammar of the egyptian language as contained in the coptic and sahidic dialects; with observations on the Bashmuric: together with alphabets and numéral, in the hieroglyphic and enchorial characters; and a few explanatory observations: with an appendix, consisting of the rudiments of a dictionary of the ancient egyptian language, in the enchorial character,* by Thomas Young. London, 1830, in-8.
— Autre édit. London, 1863, in-8. (Brunet, 11934.)

— *Lexicon ægyptiaco-latinum ex veteribus linguæ ægyptiacæ monumentis, et ex operibus La Crozii, Woidii, et aliorum summa studio congestum; cum indice vocum latinum.* Oxonii, 1835, in-8. (Brunet.)

— *Duodecim prophetarum minorum libros in lingua ægyptiaca vulgo coptica*, edidit H. Tattam. Oxonii, 1836, in-8.

— *Prophetæ majores, in dialecto linguæ ægyptiacæ memphitica seu coptica cum versione latina*, edidit H. Tattam. Oxonii, 1852, 2 part. in-8. (Brunet.)

1744. VEYSSIÈRES (Mathurin) de LA CROZE, orientaliste, né à Nantes en 1661, mort en 1739. *Dictionarium lexicon ægyptiaco latinum ex veteribus illius linguæ monumentis*, avec les add. de Christ. Scholtz. Oxford, 1775, in-4°. (Bouillet. — Brunet. — Quérard.)

Calligraphie et Hiéroglyphes.

1745. AKERBLAD (J.-D.), archéologue suédois, mort en 1819. *Lettre sur l'inscription égyptienne de Rosette*, adressée à M. P. Silv. de Sacy. Paris et Strasbourg, 1802, in-8. (Quérard.)

— *Trois lettres de Villoison à Akerblad sur l'inscription grecque de Rosette.* Paris, 1803, in-8. (Brunet, 29105.)

1746. AMEILHON (H.-P.). *Eclaircissement sur l'inscription grecque du monument trouvé à Rosette.* Paris , 1803, in-4°, fig. (Vincent, en 1871.)

— *Analyse de l'inscription de Rosette.* Dresde, 1804. (Peignot. — Bouillet.)

1747. AMIOT. *Lettre de Pékin..., leur écriture* (chinoise) *symbolique comparée à celle des anciens Egyptiens*, réponse à celle de la société royale des sciences de Londres sur le même sujet. On y a joint l'extrait de deux ouvrages de M. de Guignes sur le même sujet, etc. Bruxelles, 1773 , in-4", fig. (Nyon , n° 7737.)

1748. ANCIENT *alphabets and hieroglyphic characters explained, with an account of the Egyptian priest, their classes, etc., in the arabic language*; by Ahmad Bin Abubekr bin Wahshih; and in english by Jos. Hammer. London, 1806, pet. in-4°.
Le nom de l'auteur arabe de ce livre n'est qu'une supercherie littéraire; Silv. de Sacy a donné une notice sur cet ouvrage dans le *Magasin encycl.* , nov. 1810. (Brunet.)

1749. ARAGO (Dom.-Fr.-Jos.). *Sur l'écriture hiéroglyphique égyptienne. Fragment de l'éloge historique du Dr Thomas Young.* Paris, 1833 , in-8 de 16 pp.

— *Des hiéroglyphes égyptiens. Histoire de la première interprétation exacte qui en ait été donnée;* insérée dans l'*Annuaire du bureau des longitudes*, 1836. (Bourquelot.)

1750. BAILEY (Jac.). *Hieroglyphicorum origo et natura: accedit Hermapionis obelisci interpretationis græcæ fragmentum, necnon quæ in tabula rosettana reperitur inscriptio græca.* Cantabrigiæ , 1816 , in-8. (Brunet, 29111.)

1751. BERNARDIN DE St-PIERRE (Jac. H.), membre de l'Institut, né en 1737, mort en 1814. *Des caractères hiéroglyphiques, et du tribunal d'équité en Egypte* (Fragment écrit en 1798), imprimé à la fin du tome VI des *Œuvres* de l'auteur. Paris, 1825-26, et Paris, 1830-31. (Quérard.)

1752. BERTUCH (Fréd.-Just.), littérateur allemand, né en 1823. *Essai sur les hiéroglyphes , ou Nouvelles lettres sur ce sujet.* Weimar, 1804 , in-4°. (Quérard. — Brunet , n° 29096.)

1753. BROWN, archéologue anglais. *Aperçu sur les hiéroglyphes d'Egypte et les progrès faits jusqu'à présent dans leur déchiffrement;* trad. de l'anglais, avec 1 plan représentant les alphabets égyptiens. Paris, 1827, in-8 de 92 pp. (Bourquelot.)

1754. BRUGSCH (H). *Scriptura Ægyptiorum demotica ex papyris et inscriptionibus explanata.* Berlin , 1848, in-4°, 3 pl. lith. Travail estimé par lequel ce savant débuta. (Brunet.)

— *Numerorum apud veteres Ægyptios demoticorum doctrina.* Berlin, 1849, in-fol. , 5 pl. (Brunet.)

— Texte de l'inscription de Rosette , avec commentaires (*Inscriptio rosettana hieroglyphica, etc.; accedunt Glossarium ægyptiaco-coptico-latinum atque IX tabulæ lithographicæ, etc.*). Berolini, 1851, gr. in-4°, fig. (Brunet.)

— *Die Inschrift von Rosette , nach ihrem ægyptisch-demotischen Texte sprachlich und sachlich erklaert, etc.* Berlin, 1850, in-4°, 10 pl. (Bourquelot.)

— *Lettre à M. le vicomte de Rougé, au sujet d'un manuscrit bilingue, sur papyrus, en écriture démotico-égyptienne et en grec cursif.* Berlin, 1850, gr. in-4°, 4 pl. (Brunet. — Vapereau.)

— Dictionnaire hiéroglyphique et démotique des anciens Egyptiens (*Hieroglyphisch-demotisches Wörterbuch..*). Leipzig, 1868, in-4°. (*Revue bibliogr.*)

— *Grammaire hiéroglyphique contenant les principes généraux de la langue et de l'é-*

Bibliographie.

11

criture *sacrées de, anciens Egyptiens.* Leipzig, 1872, in-4° de 132 pp. (Maisonneuve et Cᵉ, 32 fr., eu 1873.)

— *Index des hiéroglyphes phonétiques y compris les valeurs de l'écriture secrète et des signes déterminatifs qui se rencontrent dans le même système graphique des anciens Egyptiens.* Leipzig , 1872, in-4°. (Maisonneuve et Cⁱᵉ.)

1755. **BURTON** (**James**), junior. *Excerpta hieroglyphica , or exact copies of various hieroglyphical inscriptions and sculptured monuments still existing in Egypt, and Nubia , and at Mount Sinaï, etc.* Cairo, 1825-37, 4 part. en 1 vol. in-fol. obl.

Ces *excerpta* forment 62 pl (B. Quaritch, en 1858, 2 livr. 10 sh. — Brunet.)

1756. **CHABAS** (**Fr.-Jos.**). *Nouvelle explication d'une particule grammaticale de la langue hiéroglyphique.* Châlons, 1858, in-4°. (Maisonneuve et Cᵉ.)

— *L'Inscription hiéroglyphique de Rosette, analysée et comparée avec la version grecque.* Paris, 1867, in-8 de 124 pp. , 2 pl. (Maisonneuve et Cᵉ.)

1757. **CHAMPOLLION-FIGEAC.** *L'Ecriture démotique égyptienne. Lettre à M. Ch. Lenormant.* Paris, 1843, in-4° de 16 pp. (Vapereau. — Bourquelot.)

1758. **CHAMPOLLION-LE-JEUNE.** *Dictionnaire égyptien en écriture hiéroglyphique, par Champollion-le-jeune.* Publié d'après les manuscrits autographes , par M. Champollion-Figeac. Paris , 1842-44, pet. in-fol. (Catal. des *Accroiss.*, IX, p. 68. — Veuve Hénaux, en 1871, 50 fr.)

— *Précis sur le système hiéroglyphique des anciens Egyptiens, etc.* Paris , 1824, 2 vol. in-8. — 2ᵉ édition, augm. de la Lettre à M. Dacier. Paris, 1828, 2 vol. gr. in-8, pl.

Ouvrage qui fit la grande réputation de Champollion. (Brunet, 29113.)

— *Lettre de J.-Fr. Champollion le jeune à M. Z*** sur les écritures égyptiennes.* Paris, 1825, in-8. Extrait du *Bulletin univ. des sciences.* (Grenoble, n° 26137. — *Archives du bibliophile*, en 1858, n° 39, 9 fr.)

— *Hiéroglyphes phonétiques. Essai sur le système du Dᵣ Young et M. Champollion.* Notice de M. Champollion le jeune. 1826, 8 pages. (Claudin, 1873, n° 4011, 1 fr. 25.)

— *Lettre à M. Dacier, secrétaire perpétuel de l'Académie..., relative à l'alphabet des hiéroglyphes phonétiques employés par les Egyptiens pour inscrire sur leurs monuments les noms des souverains grecs et romains.* Paris, 1822, in-8, 4 pl.

Cette lettre se trouve reproduite dans le

Précis du syst. hiéroglyphique. 2ᵉ édition. (Grenoble, 26133.)

— *Aperçu des résultats historiques de la découverte de l'alphabet hiéroglyphique égyptien.* Extrait du *Bull. universel des sciences et de l'industrie.* Paris, 1827, in-8. (Grenoble, 26140. — Quérard.)

— *Analyse critique de la lettre sur la découverte des hiéroglyphes acrologiques , adressée à M. le chev. de Goulianoff, par M. Klaproth.* Extrait du *Bulletin univ. des sciences et de l'industrie.* Paris, 1827, in-8. (Grenoble, 26141.)

— *De l'écriture hiératique des anciens Egyptiens : explication des planches.* Grenoble, 1821, in-fol., fig.

Ce mémoire est le premier sur cette question qu'ait fait imprimer Champollion. (Klaproth, 50 fr. et 61 fr. Voir la note du *Manuel du libraire.*)

— *Examen critique des travaux de feu M. Champollion sur les hiéroglyphes*, par J. Klaproth. Paris, 1832, gr. in-8, 1 pl. (Bourquelot.)

1759. **CLÉMENT** (St), d'Alexandrie, docteur de l'Eglise au IIᵉ siècle ; il reste de lui une Exhortation aux gentils ; un livre intitulé : *Stromates* (tapisseries), recueil de pensées chrétiennes ; le *Pédagogue*, traité de morale chrétienne. (Bouillet.)

— *Examen d'un passage des stromates de S. Clément d'Alexandrie, relatif aux écritures égyptiennes*, par Ed. Dulaurier. Paris, 1833, in-8 de 52 pp. Ed. Dulaurier soumet ce passage à un double examen archéologique et philosophique, dont les résultats sont « qu'il y avait chez les Egyptiens quatre sortes d'écritures, ayant chacune un mode d'expression particulier : 1° les caractères figuratifs propres ; 2° les caractères figuratifs mimétiques ; 3° les caractères tropiques, et 4° les caractères énigmatiques. (Bourquelot.)

— *Sur les trois systèmes d'écritures égyptiens*, par Fortia d'Urban. 1833, in-8. C'est une explication du passage des stromates de Clément d'Alexandrie, concernant les trois écritures. (Bourquelot.)

1760. **COQUEREL** (**A.-L.-C.**), pasteur d'Amsterdam, né à Paris en 1795. *Lettre de M. Ch. Coquerel sur le système hiéroglyphique de M. Champollion, considéré dans ses rapports avec l'écriture sainte.* Amst., 1825, in-8. (Quérard.)

1761. **COUSINÉRY** (**E.-M.**). (Quatre) *Lettres sur l'inscription de Rosette.* insér. dans le *Magasin encyclopédique*, mai et sept. 1807, mai 1808 et février 1810. (Quérard.)

1762. **DEVERELL** (**Robert**). *Discoveries in hieroglyphics and other antiquities.* London, 1813, 6 vol. in-8, fig. L'ouvrage a été supprimé après la mise en vente, par son auteur. (Brunet, 29100.)

1763. **DEVÉRIA** (**Th.**). *Spécimen de l'interprétation des écritures de l'ancienne Égypte.* Paris, 1858, in-4° de 17 pp. (Maisonneuve et C°, en 1873.)

1764. **DINET** (**Pierre**). *Les Hiéroglyphes....* 1614, in-4°. (Grenoble, 26128.)

1765. **DUJARDIN** (**Jean**). *Les Hiéroglyphes et la langue égyptienne;* inséré dans la *Revue des Deux-Mondes*, 1836, tome VII. (Bourquelot.)

1766. **DUTEIL** (**Cam.**). *Dictionnaire des hiéroglyphes.* Bordeaux, 1841, 1re partie (A-Bo). In-4°. (Bourquelot.)

1767. **FERRY** (**Hipp.**), membre de la Société de géographie de Paris. *L'Obélisque de Louxor*, trad. littérale des inscriptions hiéroglyphiques couvrant les quatre faces de ce monument, précédée d'une Notice biographique sur Champollion, d'un exposé du système hiéroglyphique des anciens Egyptiens, de l'Alphabet hiéroglyphique, d'exemples de signes grammaticaux et de numération, de l'analyse de divers noms antiques, etc. Paris (1868), in-16 de 96 pp., la photographie des quatre faces de l'obélisque et bois gravés intercalés dans le texte. (Delahays, 50 cent. au lieu de 5 fr.)

1768. **FORTIA D'URBAN** (**Agr.-Jos.**, marquis de), né à Avignon en 1756, mort en 1843. *Essai sur l'origine de l'écriture...* Paris, 1832, in-8. L'auteur soutient qu'au temps d'Homère l'écriture et l'usage du papier étaient connus en Egypte depuis plusieurs siècles; Dugas Montbel avait tout récemment soutenu le contraire. (Bourquelot.)

1769. **GOULIANOF** (**J.-A. de**), membre de l'Académie russe, et conseiller de la cour de Russie. *Archéologie égyptienne, ou Recherches sur l'expression des signes hiéroglyphiques et sur les éléments de la langue sacrée des Egyptiens.* Leipzig, 1839, 3 tomes in-8. Ouvrage estimé qui devait avoir 9 vol. (Catal. des *Accroiss.*, VIII, p. 88. — Baur, en 1874, 10 fr.)

— *Essai sur les hiéroglyphes d'Horapollon.* Paris, 1827, in-4° de 50 pp. C'est une analyse de la théorie de Champollion le jeune, sur les hiéroglyphes des anciens Egyptiens. L'auteur avait promis quatre livraisons, mais la première seulement a été publiée. (Brunet, n° 29090. — *Superch. littér.*, II, col. 308.)

1770. **GOURDIN** (**Dom.-Fr.-Ph.**), né en 1739, mort en 1825. *Dissertation sur cette* question : *De la conformité entre les hiéroglyphes des Egyptiens et les anciens caractères chinois, doit-on conclure, ou que les Chinois soient une colonie égyptienne, ou que les Egyptiens aient commercé en Chine;* insérée dans le *Magasin encyclopédique*, tome VI. (Quérard.)

1771. **GRÄBERG DE HEMSO** (**comte Jac.**). *Nouvelles recherches sur l'inscription en lettres sacrées du monument de Rosette.* Florence, 1830, pet. in-8. (Vincent, en 1871.)

1772. **GREPPO** (**J.-G.-H.**), correspondant de l'Institut, de l'Académie de Turin, etc. *Essai sur le système hiéroglyphique de M. Champollion le jeune et sur les avantages qu'il offre à la critique sacrée.* Paris, 1829, in-8. (Soleil, en 1871. — Bourquelot.)

1773. **GUIGNIAULT** (**J.-D.**), ancien professeur d'hist. à l'Ecole normale. *Description et essai d'explication des peintures symboliques et des légendes hiéroglyphiques d'une caisse de momie égyptienne, conservée, etc. à Paris.* Paris, 1825, br. in-8, 1 pl. Extrait des *Religions de l'antiquité*, de Creuzer, trad. par Guigniault. (Quérard.)

1774. **GUIGNES** (**Ch.-L.-Jos. de**). *Essai sur le moyen de parvenir à la lecture et à l'intelligence des hiéroglyphes égyptiens;* inséré dans le *Recueil de l'Académie des inscriptions*, tome XXXIV, 1770. (Quérard.)

1775. **HORAPOLLON** ou *Horus Apollo*, grammairien grec du V° siècle de l'ère chrétienne. On a sous son nom un livre intitulé: *Hieroglyphica*, qui semble avoir été écrit originairement en égyptien, traduit en grec par un certain Philippe.

Cet ouvrage a été traduit et commenté dans presque toutes les langues européennes; plusieurs traductions françaises en ont été faites.

— *Les Sculptures ou gravures sacrées d'Orus Apollo Niliaque, c'est-à-dire voysin du Nil, lesquelles il composa luy-mesme en son langage égyptien, et Philippe les mit en grec;* nouvellement trad. du latin en françois, et imprimé avec les figures à chascun chapitre. On les vend à Paris, 1533, in-16 de 112 ff., grav. (Brunet.)

— *Orus Apollo de Ægypte* (sic) *de la signification des notes hiéroglyphiques des Egyptiens : c'est-à-dire des figures par lesquelles ils escrivoient leurs mystères secrets, et les choses sainctes et divines.* Nouvellement traduit du grec en françoys (par Jean Martin) et imprimé avec les figures à chascun chapitre. Paris, 1543, pet. in-8, fig., 104 ff. non chiffrés. Edition recherchée à cause des jolies gravures en bois qui la décorent.

L'édition suivante de 1553 fut retouchée entièrement et les gravures sont moins bien imprimées. (Brunet.)

— *Hiéroglyphes dits d'Horapolle*, trad. du grec, par Requier. Paris, 1779, in-12. — La même traduction, mais avec un nouveau titre, 1782, in-12.

Pour les textes grecs, latins et autres, voir le *Manuel du libraire*, article HORUS APOLLO.

1776. **IDELEIR (Jules-Lud.)**, né en 1809, mort en 1842, érudit allemand. *Hermapion, sive rudimenta hieroglyphicæ veterum Ægyptiorum literaturæ.* Leipzig, 1836-1841, 2 vol. in-4°, 33 pl. lithogr. (Brunet. — Daremberg, 20 fr.)

1777. **JANNELLI ou JANELLI (Cataldi)**. *Opus hermeneuticum.* Neapoli, typis reg., 1830-31, 4 vol. in-8.

Ouvrage sur les écritures des anciens peuples hébreux, syriaques, grecs, italiens, scandinaves, égyptiens, persans, indiens, etc. Sur les hiéroglyphes d'Horapollon, l'inscription de Rosette, etc. (Brunet.)

— *Tabulæ Rosettanæ hier. interpretatio.* Napoli, 1830, in-8. (Cat. des *Accroiss.*, mai 1865, p. 1, col. 2.)

— *Tentamina hierographica atque etymologica de hierographia et pantheo Etruscorum, etc.*, proposita a C. Jannello. Naples, 1840, in-8 de 24-344 pp. (Brunet.)

1778. **JOMARD**, de l'Institut. *Notice sur les lignes numériques des anciens Egyptiens, avec des Recherches sur la classification des signes hiéroglyphiques.* Paris, 1816 et 1819, in-8. (Quérard.)

— *Remarques sur les signes numériques des anciens Egyptiens, fragment d'un ouvrage ayant pour titre : Observations et recherches nouvelles sur les hiéroglyphes.* In-folio de 14 pp., avec 1 pl. (Morel, 1873, 2 fr.)

1779. **KIRCHER (Ath.)**, savant jésuite allemand, né en 1602, mort en 1680. *Obeliscus Pamphilius hoc est interpretatio nova obelisci hieroglyphici, quem ex veteri hippodromo Antonini Caracallæ Cæsaris in Argonale Forum transtulit..... Innocentius X.* Romæ, 1650, in-fol., fig. et portr. (Dr Schubert, 1870. — Brunet.)

— *Sphinx mystagoga, sive Diatribe hieroglyphica qua Mumiæ, ex Memphiticis Pyramidum adytis erutæ... Amst., 1676, in-fol., fig. (Schubert. — Brunet.)

— *Obelisci ægyptiaci, nuper inter Fori Romani rudera effossi interpretatio hieroglyphica.* Romæ, 1663, in-folio, fig. (Vincent. — Brunet.)

— *Table des hiéroglyphes des Egyptiens*; ouvrage traduit sur un manuscrit cophte, par le P. Kircher. In-4° (livre gravé). (Grenoble, 26131.)

— *Prodromus coptus sive ægyptiacus.* Romæ, 1636, in-4°. (Brunet.)

— *Ædipus ægyptiacus...* Romæ, 1652-1654, 3 vol. in-fol. Ouvrage rare et estimé. (Brunet.)

— *Lingua ægyptiaca restituta, opus tripartitum, cui adnectitur supplementum earum rerum quæ in prodromo copto et opere hoc tripartito vel omissa, vel obscurius tradita sunt.* Romæ, 1634, in-4°. Ce volume le plus rare de Kircher, comprend un *Supplément*, qui commence page 497 et va jusqu'à la page 622. Voir pour plus de détails le *Manuel du libraire*.

1780. **KLAPROTH (H.-Jules)**, orientaliste, né à Berlin en 1783, mort à Paris en 1835, membre de l'Académie des inscriptions de St-Pétersbourg, etc. *Lettre sur la découverte des hiéroglyphes acrologiques, adressée à M. le chevalier de Goulianoff.* Paris, 1827, in-8 de 48 pp.

— *Seconde lettre sur les hiéroglyphes, adressée à M. de S***.* Paris, 1827; in-8 de 48 pp.

L'objet de ces deux lettres a pour but de contester à Champollion le mérite de ses découvertes. (Quérard.)

— *Observations critiques sur l'alphabet hiéroglyphique découvert par M. Champollion le jeune, et sur le progrès fait jusqu'à ce jour dans l'art de déchiffrer les anciennes écritures égyptiennes;* impr. en tête de la Collection d'Antiquités égyptiennes, recueillies par le chev. Pahlin. (Quérard.)

1781. **LACOUR (Pierre)**, correspondant de l'Institut, né à Bordeaux, en 1779. *Fragments. Essai sur les hiéroglyphes égyptiens.* Bordeaux, 1821, in-8 de XL et 296 pp., et 14 planches. L'auteur cherche à prouver l'étymologie hiéroglyphique de la langue hébraïque, qu'il croit être la langue sacrée des anciens prêtres de l'Egypte avant Moïse et avoir été inventée par eux pour conserver la clef des hiéroglyphes primitifs. (Brunet. — Quérard.)

1782. **LANCI (Mich.-Aug.)**. *Lettre sur l'interprétation des hiéroglyphes égyptiens, adressée à M. Prisse d'Avesnes.* Paris, 1847, gr. in-8, 4 pl. (Brunet, 29121.)

1783. **LANDSEER (John)**. *Sabbaen researches, in a series of essays; including the substance of lectures delivered at the royal Institution of Great Britain, on the engraved hieroglyphics of Chaldea, Egypt and Canaan.* London, 1823, gr. in-4°, fig. (Brunet.)

1784. **LANGLOIS** (**Pierre**), sieur de Balestat. *Discours sur les hiéroglyphes égyptiens, etc.* Paris, 1583, in-4. — 1584, in-4°. (Grenoble, 21124. — Brunet.)

1785. **LENOIR** (**Alex.**), né à Paris en 1761. *Nouvelle explication des hiéroglyphes ou des figures symboliques et sacrées des Egyptiens et des Grecs.* Paris, 1809-10, 3 vol. gr. in-8, fig. (Brunet.)

— *Nouveaux essais sur les hiéroglyphes, ou figures symboliques et sacrés des Egyptiens et des Grecs.* Paris, 1822, in-8, fig. (Quérard. — Claudin, en 1873, 20 fr.)

1786. **LENORMANT** (**Charles**), archéologue né à Paris en 1802, mort en 1860, membre de l'Institut de France. *Recherches sur l'origine, la destination chez les anciens, et l'utilité actuelle des hiéroglyphiques d'Horapollon.* Paris, 1838, in-4° de 32 pp. Thèse pour le doctorat ès lettres. (Bourquelot.)

— *Essai sur le texte grec de l'inscription de Rosette.* Paris, 1839, in-4° de 1 pl. (Bourquelot.)

1787. **LEPSIUS.** *Lettre à M. Rosellini sur l'alphabeth hiéroglyphique.* Rome, 1837.

— *Das Todtenbuch der Ægypten nach dem hieroglyphischen Papirus in Turin........* Leipzig, 1842, gr. in-4°, avec 79 pl. (Brunet.)

— *Ueber eine hieroglyphische inschrift am tempel von Edfu.* Berlin, 1855, in-4. (Vincent.)

1788. **LETRONNE.** *Inscription grecque de Rosette. Texte et traduction litt., accompagnée d'un commentaire critique, historique et archéologique.* Paris, 1840, 2 fac-simile. Cet opuscule fait partie du t. Ier des *Fragmenta historicorum græcorum,* publiés par Ch. Müller dans la *Bibliothèque des classiques grecs* de Didot. (Brunet, 29108.)

1789. **LETTRE** *à un archéologue sur les hiéroglyphes égyptiens.* Douai, 1840. (Schubert.)

1790. **MARCEL.** *Mémoire sur les inscriptions koufiques recueillies en Egypte, et sur les autres caractères employés dans les monuments des Arabes.* Paris, impr. roy., 1827, in-fol. de 232 pp., fig. dans le texte. Extrait de la *Description de l'Egypte.* Ce Mémoire formait la première partie de la *Paléographie arabe,* du même auteur, dont il n'a jamais paru autre chose. (Morel, en 1873, 8 fr. — J. Baur, en 1873, 5 fr.)

1791. **NEEDHAM TUBERVILL** (l'abbé **Jean**), jésuite, né à Londres en 1713, mort à Bruxelles, en 1781. *Lettre sur le génie de la langue des Chinois et la nature de leur écriture symbolique comparée avec celle des Egyptiens.* Bruxelles, 1773, in-4°. (Grenoble, n° 14660).

— *De Inscriptione quâdam Ægyptiacâ Taurini inventâ. Epistola.* Romæ, 1761, pet. in-8 de 70 pp. et 2 pl.

L'auteur prétend que les caractères en usage à la Chine sont les mêmes que ceux dont se servaient les Egyptiens. (Quérard.)

— *Réponse aux deux lettres de M. Bartholi sur l'identité des anciens caractères égyptiens et chinois.* Turin, imprimerie royale, 1762, in-4°. (Quérard.)

1792. **PAHLIN** (le comte de). *Essai sur les hiéroglyphes, ou Nouvelles lettres sur ce sujet, avec deux planches et une vignette au frontispice; contenant vingt-quatre inscriptions et figures hiéroglyphiques, tirées la plupart du Voyage en Egypte, par Denon.* Weimar, 1804, in-4° de 120 pp. (Quérard.)

— *Nouvelles recherches sur l'inscription en lettres sacrées du monument de Rosette.* Florence, 1830, in-8. (Catalogue des accroissements, II, 3, p. 110.)

— *Analyse de l'inscription en hiéroglyphes du monument trouvé à Rosette, contenant un décret des prêtres de l'Egypte en l'honneur de Ptolémée Epiphane.* Dresde, 1804, in-4°, 2 ff. de titre, 175 pp. et 1 pl. (Brunet, n° 29107.)

— *De l'étude des hiéroglyphes, fragments.* Paris, 1812, 5 vol. in-12. (Brunet, 29000.)

— *Lettres sur les hiéroglyphes.* S. l., 1802, in-8, 1 pl. (Quérard.)

1793. **PAUTHIER** (**J.-P.-Guill.**), orientaliste français, né en 1801. *Sinico Ægyptiaca. Essai sur l'origine de la formation similaire des écritures figuratives chinoises et égyptiennes, etc.* Paris, 1842, in-8 de 160 pp. (Vapereau. — Bourquelot.)

1794. **ROBIANO** (l'abbé). *Etudes sur l'écriture, les hiéroglyphes et la langue de l'Egypte, et sur l'inscription de Rosette; suivies d'un Essai sur la langue punique.* Paris, 1834, in-4° de 83 pp., 2 tableaux et atlas de 12 planches. (Brunet, 29125. — Quérard.)

1795. **RODIER** (**Gabriel**), ethnographe français, né en 1800. *Les Hiéroglyphes des Saisons égyptiennes;* article inséré dans la *Revue linguistique,* 1869, oct.

1796. **ROSNY** (**Léon de**). *Les Ecritures figuratives et hiéroglyphiques des différents peuples anciens et modernes.* Chapitre Ier: Ecritures chinoises; chap. 2: les Américaines; chap. 3: Egyptiennes; — Livre 2: Ecritures cunéiformes. 2e éd., Paris, 1870, in-4°, 14 pl.

1797. **ROUGÉ** (le vicomte **de**). *Catalogue des signes hiéroglyphiques de l'impr. Nationale.* Paris, 1851, in-4°.

— *Mémoire sur l'origine égyptienne de l'alphabet phénicien.* Paris, 1874, gr. in-8 de II-114 pp., 3 pl. (Maisonneuve et Cᵉ, 10 fr.)

1798. **SACY** (le baron **Silv. de**). *Notice sur les ouvrages intitulés :* 1º *Lettre à M. Dacier...,* par M. Champollion le jeune ; 2º *Précis du système hiéroglyphique des anciens Egyptiens, etc.,* par le même ; 3º *An account...,* by Th. Young. Exposé de quelques découvertes récentes concernant la littérature hiéroglyphique et les antiquités égyptiennes, par Th. Young. Extrait du *Journal des savants,* mars 1825, in-8. (Grenoble, nº 26138.)

— *Notice sur la vie et les ouvrages de Champollion-le-jeune.* Paris, 1833, in-8 de 47 pp. (Quérard. — Claudin, 1 fr. 50.)

— *Lettre au citoyen Chaptal, ministre... au sujet de l'inscription égyptienne du monument trouvé à Rosette.* Paris, 1802, in-8, 2 pl. (Brunet, 29103. — Quérard.)

1799. **SAINT MARTIN** (**J.-A.**). Il donna dans le *Journal des savants:* une *Notice* sur l'ouvrage intitulé : *Eclaircissements sur un papyrus égyptien en écriture grecque cursive, de l'an 104 av. J.-C.,* lu à l'Académie de Berlin, par A. Bock (sept. 1821).

— *Note sur l'inscription hiéroglyphique de l'obélisque de Philé* (avril 1822); — *Notice sur quelques manuscrits apportés récemment d'Egypte* (sept. 1822); — *Extrait d'un Mémoire sur l'histoire d'Egypte en général, et sur les systèmes d'Hérodote et de Diodore en particulier* (sept. 1823).

1800. **SALT** (**H.**). *Essai sur le système des hiéroglyphes phonétiques du Dʳ Young et de M. Champollion le jeune; avec quelques découvertes additionnelles qui le rendent applicable à la lecture des noms des anciens rois d'Egypte et d'Ethiopie;* trad. de l'anglais et augmenté de notes, par L. Devere. Paris, 1827, in-8 de 74 pp., fig. (Grenoble, nº 26142. — Bachelin Deflorenne, en 1869, 2 francs.)

— *An Essay on Dʳ Young's and M. Champollion's phonetic system of hieroglyphics.* London, 1825, in-8. (Brunet.)

1801. **SALVOLINI** (**Fr. Pellegrin J.-Gaspard**), né en Italie en 1810, mort à Paris en 1838. *Spécimen de quelques corrections à l'édition de différents textes hiéroglyphiques qui ont paru dans la 1ʳᵉ livraison de l'ouvrage: les Monuments de l'Egypte et de la Nubie,* de Champollion le jeune, etc., 1835. Paris, 1835, in-4º de 16 pp. et 1 pl. (*Supercheries littéraires,* t. III.)

— *Traduction et analyse grammaticales des inscriptions sculptées sur l'obélisque égyp-*

tien *de Paris, suivie d'une Notice relative à la lecture des noms des rois qui y sont mentionnés.* Paris, 1837, in-4º de 148 pp , pl. (Tiré à 250 ex.). (Quérard. — Brunet, 29123.)

— *Analyse grammaticale et raisonnée de différents textes anciens égyptiens.* Paris, 1836, in-4º, 14 pl. Première partie du t. 1ᵉʳ, laquelle contient le texte hiéroglyphique et démotique de la pierre de Rosette. La suite n'a pas paru. L'ouvrage devait avoir 1200 pp. et plus de 200 planches. (Quérard.)

— *Des principales expressions qui servent à la notation des dates sur les monuments de l'ancienne Egypte, d'après l'inscription de Rosette. Lettre à l'abbé Costanzo Gazzera.* Paris, 1833, in-8 de 40 pp. et 66 pp., plus un *Errata* et 1 pl. (Brunet, 29121.)

L'on sait que Salvolini, bien accueilli par Champollion le jeune, parvint à lui soustraire quantité de manuscrits inédits et qu'il publia sous son propre nom, comme étant de lui, à la mort de Champollion.

Il a été publié à ce sujet l'opuscule suivant : — *Notice sur les manuscrits de Champollion-le-jeune, perdus en l'année 1832, et retrouvés en 1840, par M. Champollion-Figeac.* Paris, 1842, in-8 de 47 pp., 1 fac-simile. (Brunet. — *Supercheries littéraires,* t. III.)

1802. **SAULCY** (**Louis-Fél.-Jos. Caignard de**), membre de l'Institut, né à Lille en 1807. *Analyse grammaticale du texte démotique du décret de Rosette.* Paris, 1845, in-4º de 264 pp., 2 pl. (Brunet, 29100. — Maisonneuve et Cᵉ, en 1873, 7 fr.)

1803. **SCHLICHTEGROLL.** *Ueber die bey Rosette in Aegypten gefundene dreyfache Inschrift.* München, s. d. (1818), in-4º. (*Catalogue des accroissements,* p. 100, 5ᵉ livr.)

1804. **SEYFFARTH** (**Gust.**), égyptologue allemand, né à Uebigau (Saxe), en 1796. *Rudimenta hieroglyphices; accedunt explicationes XVII speciminum hieroglyphicorum, glossarium atque alphabeta, cum XXXVI tab. lithogr.* Lipsiæ, 1826, in-4º, 36 pl. lith. L'auteur adopte dans cet ouvrage les idées du professeur Spohn dont il a été le continuateur. (Brunet.)

— *De hieroglyphica ægyptiorum scriptura.* Lips., 1825, in-4º. (Dʳ Schubert.)

— avec **SPOHN.** *Brevis defensio hieroglyphices inventæ a Fr.-Aug.-Guill. Spohn et G. Seyffarth.* Lipsiæ, 1827, in-4º de 24 pp.

— *Réplique aux objections de M. Champollion-le-jeune contre le système hiéroglyphique de F.-A. Spohn et G. Seyffarth.* Leipzig, 1827, in-8 de 32 pp. (Quérard. — Brunet.)

1805. **THILORIER (A.).** *Examen des prin-*
cipaux groupes hiéroglyphiques. Paris, Ad.
Delahays, 18.., in-4. (Delahays, 1871, 4 fr. 50
au lieu de 30 fr.)

1806. **UHLEMANN (Max.-A.).** *Inscriptio-*
nis rosettanæ hieroglyphicæ decretum Sa-
cerdotale. Lipsiæ, 1853, in-4°. (Brunet, 29110.)

— *Das quousque tandem? der Champollio-*
nischen schule und die inschrift von Ro-
sette beleuchtet. Berlin, 1852, in-8. (Bibliothèque royale de Bruxelles.)

1807. **VALERIANUS (J.-P.).** *Hieroglyphica,*
sive de sacris Ægyptiorum, aut. J. Pierius
(Valerian). — Bâle, 1556, 1567, 1575, in-fol.,
fig. — Lyon, 1602. — Venetii, 1604, in-fol., fig.
— Lugduni, 1610, in-fol. — Lyon, 1626, in-fol.
Cette édition est la plus complète ; elle ren-
ferme les Hiéroglyphes d'Horus Apollon et
autres. — Francfort, 1678, in-4°, fig. s. b.
Une trad. française de Gabriel Chapuys.
Lyon, 1576, in-fol.

— *Les Hiéroglyphes de Jean Pierre Valé-*
rian, vulgairement nommé Pierius; autre-
ment commentaires des lettres et figures
sacrées des Egyptiens et autres nations;
nouvellement donnés en français par J. de
Montlyart. Lyon, 1615, in-fol. (Brunet. —
Grenoble, nos 26126 et 26127. — Dr Schubert,
en 1870.)

1808. **WARBURTON (W.),** savant prélat
anglais, chapelain du prince de Galles et
évêque de Glocester, né en 1698, mort en
1779. On a de lui un ouvrage intitulé : la
Divine légation de Moïse, 1738-1741 et 1766,
5 vol. in-8; ouvrage scientifique mais très-
paradoxal duquel a été extrait l'*Essai sur*
les hiéroglyphes des Egyptiens, où l'on voit
l'origine et le progrès du langage et de
l'écriture, l'antiquité des sciences en Egypte,
et l'origine du culte des animaux, traduit
de l'anglois (par Léonard des Malpeines);
avec des observations sur l'antiquité des hiéroglyphes scientifiques, etc. Paris, 1744, 2 v.
in-12, 7 fig. (Grenoble, n° 26132. — Van Hulthem, 10166. — Yéméniz, 4 fr.)

1809. **WERTERHOVIUS (Arn.-Henr.).**
Hieroglyphica of merkboelden (Hiéroglyphes,
ou Emblèmes des Egyptiens, Chaldéens, Phéniciens, Juifs, etc.). Amst., 1735, gr. in-4°,
63 fig. de Romain de Hooghe. (Brunet.)

1810. **WESCHER (C.).** *Notes sur deux ins-*
criptions grecques monumentales récem-
ment découvertes en Egypte. Rome, 1866,
15 pp. (Claudin, en 1873, n° 4205, 1 fr. 50.)

— *Eclaircissements sur une inscription*
grecque d'Alexandrie appartenant au règne
de Cléopâtre. Rome, 1865, 8 pp. (Claudin,
4209, 1 fr. 50.)

Dans la séance de l'Académie des inscrip-

tions et belles-lettres, 6 oct. 1871, ce savant
a lu la troisième partie de son *Mémoire sur*
les inscriptions grecques, etc. (Revue b.blio-
graphique, 1871, p. 252.)

1811. **YOUNG (Thomas),** savant médecin
anglais, né en 1773, mort en 1829. *An ac-*
count of some recent discoveries in hiero-
glyphical literature and Egyptian antiqui-
ties. London, 1823, in-8, fig. (Catalogue des
accroissements, XII, 1, p. 5.)

— *Dictionnaire égyptien,* publié en 1829.
(Bouillet.)

— *Miscellaneous Works, including his scien-*
tific memoir's; hieroglyphical essays and
correspondence, etc., with life by Dean Pea-
cock. London, 1855, 4 vol. in-8. (Brunet.)

— *Hieroglyphics collected by the egyptian*
society, arranged by Th. Young. London,
1823-28, in-fol., 100 pl. La dernière partie
contenant les pl. 81 à 98 a paru séparément.
(Brunet.)

— *Memoir of the life of Thomas Young.....*
with a catalogue of his works and essays.
London, 1831, in-8, fig. hiéroglyphiques.

Cet ouvrage contient un dictionnaire égyptien que la mort du Dr Young a laissé inachevé ; il est ici sous le titre : *Rudiments of*
an egyptian dictionary in the ancient en-
chorial character. (Brunet.)

Belles-Lettres.

1812. **ABOUT (Edmond),** littérateur français, né à Dieuze (Moselle), en 1828. *Le Fel-*
lah, souvenirs d'Egypte. Paris, Hachette,
1869, in-8 de 417 pp. — 3e édit. Paris, 1873,
in-12 de VI-327 pp., 3 fr. 50. — Roman de
mœurs égyptiennes contemporaines. L'auteur
fut chargé officiellement d'un voyage d'étude
en Egypte.

1813. **AGOUB (Jos.).** *L'Egypte, poésie.* (Quérard.)

1814. **AILLAUD** (l'abbé P.-Touss.), mort à
Montauban en 1826. *L'Egyptiade,* poëme héroïque en XII chants. Paris, 1813, in-8. La première édition est de Toulouse, 1802, in-8. —
C'est un poëme sur la campagne de Bonaparte, calqué sur celui de la *Jérusalem dé-*
livrée. L'auteur, pour l'effet de son *épopée,*
nous dit dans sa préface qu'il a pensé devoir
porter toute l'action de son poëme sur un
siège et un combat imaginaires sous les for-
teresses supposées, défendant le Caire, quoique cette ville, non fortifiée, fut prise sans
coup férir par les Français.

1815. **AMOSIS,** *prince Egyptien; histoire*
merveilleuse. Paris, 1728, in-12. Roman.
(Nyon, 8734.)

1816. **AUBERT DE VITRY.** *Le Jeune voyageur en Egypte et en Nubie ;* trad. de l'anglais. Paris, 1826, in-12, 25 gr. C'est un abrégé du Voyage de Belzoni arrangé en forme de dialogue. (Bourquelot.)

1817. **ANDRIEUX** (B.-G.-J.-S.), et **GUIL-LARD**. *Louis IX en Egypte*, opéra en 3 actes. Paris, 1790, in-8. (Quérard.)

1818. **AUDOUARD** (Mme **Olympe**), née à Aix (Bouches-du-Rhône), vers 1830. Voyagea en Egypte. On a d'elle divers voyages sur l'Orient, estimés. *Les Mystères de l'Egypte dévoilés*. Paris, 1865, in-12, portrait. (Vapereau.)

1819. **BAOUR-LORMIAN** (L.-P.-Mar.-F.). *Omasis, ou Joseph en Egypte*, tragédie en 5 actes. Nouvelle édition. Paris, 1817, in 8. — La première édition est de 1807. (Quérard.)

1820. **BARTHÉLEMY** (Aug.) et **MÉRY** (Jos.). *Napoléon en Egypte*, poëme en 8 ch. Paris, 1827, in-8. — IXe édit , Paris, 1828, in-8. On ne connaît pas d'éditions 2 à 8 y comprise; il existe deux éditions de ce poëme, format in-18, mais elles sont de dates plus récentes. (*Bulletin du bouquiniste*, 1874, no 244.)

1821. **BARTHÈS** (le baron A.) de **MAR-MORIÈRES**. *Moïse en Egypte et chez les Madianites*, par un solitaire du canton d'Appenzel. Paris, 1802, in-18. (Quérard.)

1822. **BELLERIVE** (H. **Vivian**), comédien. *Les Pyramides d'Egypte, Ode à Bonaparte*. Paris, 1801, in-8. (Quérard.)

1823. **BOGUMIL GOLTZ**, Polonais, né à Varsovie en 1801. L'Habitant de la petite ville en Egypte (*Ein Kleinstaeder in Ægypten*). Berlin. (Vapereau, p. 731.)

1824. **BOIS-ROBERT** (J.-B. de). *Nil et Danube, Egypte, etc.* Paris, 187. , in-8, 12 fig. (Feuilleton du *Journal de la librairie*, 1873, p. 1502, 7 fr.)

1825. **CHADRIN** (L.). *Odes au premier consul sur son retour d'Egypte*. Paris , 1800, in-12. (Bourquelot.)

1826. **CHAUDRUC DE CRAZANNES** (le baron), né en 1782, docteur ès lettres, conseiller d'État, etc. *Odes sur la conquête d'Egypte par les Français*. (Quérard.)

1827. **COMÉDIE** *admirable, intitulée : La Merveille, où l'on voit comme un capitaine françois, esclave du Soudan d'Egypte, transporté de son bon sens , se donne au diable pour s'affranchir de servitude, lequel il trompe même subtilement tant qu'il fut contraint lui rendre son obligation* (en 5 actes, en vers). Rouen. Abr. Cousturier (vers 1610), pet. in-8. (Brunet.)

1828. **CONTEMPORAINE** (La) *en Egypte, pour faire suite aux Souvenirs d'une femme sur les principaux personnages de la république, du consulat, de l'empire et de la restauration*. Paris, 1831 , 6 vol. in-8. (Mlle Pellatan, oct. 1873, no 585, 12 fr.)

L'auteur de cet écrit est Mme Elzélina van Aylde Jongue, connue sous le nom d'Ida Saint-Elme, et Saint-Edme, courtisane fameuse, et agent de police secrète de Napoléon.

1829. **COULOUGNAC** (J.), de Nîmes. *Poëme héroïque, ou Campagnes de Bonaparte en Egypte, mises en vers* (Pièce médiocre, composée en 1803). (Bibliothèque nationale de Paris. — Quérard.)

1830. **CREVEL DE CHARLEMAGNE.** *Le Croisé en Egypte*, grand opéra en 5 actes, paroles de Crevel de Charlemagne, musique de G. Meyerbeer. Paris, A. Leduc (1872).

1331. **CUVELIER DE TRIE.** *La Mort de Kléber, ou les Français en Egypte*, mimodrame historique et militaire en 2 actes. Nouvelle édition. Paris, 1823, in-8. La 1re édition est de 1818. (Quérard.)

1332. **DAMIN** (Louis). *La Mort de Kléber*, scène lyrique (en vers); suivie d'une Ode sur le passage du Mont St-Bernard, et d'une notice sur l'assassinat du gén. Kléber. Toulouse et Paris, 1801, in-8 de 20 pp. (Quérard.)

1832 *bis*. **DAUTREVAUX.** *La Peste de Jaffa, ou les Français en Egypte ;* drame en 3 actes. Paris, 1841, in-8. (Quérard.)

1833. **DAVID** (l'abbé P.). *Seconde épître à l'abbé Sicard, ou Histoire en vers burlesques d'une partie des folies et des crimes du Corse empereur* (Napoléon Ier), *depuis son entrée en Egypte, jusqu'à sa déportation à Sainte-Hélène*. Paris, 1817, in-8 de 44 pp. (Quérard.)

1833 *bis*. **DEBRIT** (Hugues). *Les Plaies d'Egypte ; roman*. Paris, 1848, in-8. (Bourquelot.)

1831. **DE LEON** (Edwin). *Askaros Kassis, The Copt : a Romance of Modern Egypt*. Philadelphie et Londres (1870), in-12 de 462 pages. (*Journal de la librairie*, Chronique, p. 84.)

1835. **DERNIER** (Le) *attentat contre le vice-roi d'Egypte, ballet de jambes et balai de crin. Contes des 1001 nuits au café anglais, etc.* 1re, 2e, 3e et 4e éd. Paris (1869), in-16 de 62 pp. (*Journal de la librairie*.)

1836. **DESPRÉAUX DE LA CONDA-MINE** (Sam.), né vers 1755. *Sédécias*, tragédie , précédée d'une *Dissertation sur les liaisons d'Ozaël, princesse d'Egypte, avec Sédécias, dernier roi de Judée*. Paris, 1829, in-8. (Bourquelot.)

1837. **DUREY DE SAUVOY** (Jos.), marquis du Terrail, né en 1712, mort en 1770. *Lagus, roi d'Egypte*, tragédie (en 5 actes et en vers). Paris, 1751, in-4°. (Quérard.)

1838. **EDOUARD** de Berville, *ou Aventures d'un étourdi, ses voyages, ses amours et ses campagnes en Hollande, en Italie et en Egypte*. Paris, 1804, 5 tomes in-12, figures. (Scheible, 7 fr. 50.)

1839. **FILLEMIN** (**A.**). *Souvenirs d'un voyage en Egypte ; les pyramides de Ghisch;* article inséré dans la *Revue contemporaine*, 30 nov. 1863.

1840. **GALLAND** (H.). *La Perle d'Orient. Légende orientale* (1802). Paris, 1855, in-12. Histoire d'amour et d'extase enchanteresse dont les scènes se déroulent sous le ciel de l'Egypte. (Vital-Puissant, 1 fr.)

1841. **GARNIER** (Sébast.). *Les Trois premiers livres de la Loyssée, contenant le voyage de saint-Louys, roy de France, pour aller en Egypte contre les Sarrazins, son embarquement et son arrivée en l'isle de Cypre, et adventures surprenantes*. Bloys, 1593, in-4°. Ce poëme, quoique resté inachevé, mérite d'être conservé à cause du sujet. (Brunet.)

1842. **GAUTIER** (Théoph.) *Egypte ;* article inséré dans le *Journal officiel*, de Paris, 7 et 8 mai 1870.

— *Le Roman de la momie*, qui a probablement inspiré la pièce d'Aïda, de Mariette-bey, intitulée : *Aïda*, roman en prose, mis en vers par Camille du Locle.

1843. **GEBLER** (le baron de). *Thamos, roi d'Egypte*, trad. en français et imprimé dans le *Théâtre allemand* de Junker. (Quérard.)

1844. **GIRAULT DE SAINVILLE**. *Philadelphe*, nouvelle égyptienne. Paris, 1687, in-12. (Nyon, 8736.)

1845. **HAPDÉ** (J.-B.-Aug.). *Les Pyramides d'Egypte*, tableaux militaires et histor., etc. Paris, 1811, in-8. (Quérard.)

1846. **HEAD** (The Capt. C.-F.). *Eastern and Egyptian scenery, ruins, etc., accompanied with descriptive notes and plans illustrative of a journey from India to Europe*... London, 1833, in-fol. obl., fig. (Brunet.)

1847. **HÉLIODORE**, évêque de Tricca (IVe siècle de l'ère chrétienne), avait é.é avant sa conversion prêtre égyptien. *Les Ethiopiques, ou Amours de Théagènes et de Chariclée*, roman où l'on trouve des détails intéressants sur l'Egypte Ce livre a été traduit dans toutes les langues, notamment en français par Amyot, Vital d'Audiguier, Montlyard, N. Quenneville, etc. Voir pour plus de détails bibliographiques le *Manuel du libraire* de Brunet et le *Dictionnaire des anonymes* de Barbier, 1873, tome II, col. 635 et suiv.

Voici un extrait de la table des matières de l'édition française imprimée à Lyon en 1575, pet. in-12 : Description du lac nommé Boucolia. — Police observée par les brigands d'Egypte — Leur demeure et manière de vivre. — Les brigands de Boucolia honorent leur capitaine comme roy. — Solennité appelée Panathenea. — L'adultère digne de mort par les lois. — L'abisme nommé Barathre où l'on précipite ceux qui sont dignes de mort. — Description de la caverne des brigands. — Harangue de Thamis à ses compagnons pour les enhardir à bien combattre. —Chemmis, bourg riche et bien peuplé.— La propriété des longs cheveux. — Offre des prémices du repas aux dieux, coustume des sages en Egypte. — Bacchus aime les comédies. — Protheus demeurant en l'île de Pharos, qui se transmuait en quelque figure saincte. — Chasteté des prestres d'Egypte. — Nature péculière du Nil. — Précipices du Nil en Catadoupy ville d'Egypte. — La vertu des herbes d'Egypte. — Ænianiens et de leurs anniversaires. — Jeux nommez Pythia. — Description de la procession faite en l'anniversaire des Ænianiens en Delphy. — Hécatombe centaine. — Pourquoy les Egyptiens feignent que leurs dieux avaient les pieds joinctz. — Homère Egyptien. — Mercure père d'Homère. — Homère signifie cuisse, d'où Homère a pris son nom ? — Pourquoy Homère céloit le lieu de sa naissance. — Diversité de la sagesse ou doctrine égyptienne. — Persina royne des Ethiopiens. — Ancêtre des roys d'Ethiopie. — Cause pourquoy Persina enfanta une fille blanche, oultre la coustume des Ethiopiens. — Les sages et doctes bien venus en la cour du roy d'Ethiopie. — La vertu de l'or envers les femmes. — Commodité de la nuit pour nager sur la mer. — Cérémonie des anciens au serment. — Sanctuaire du temple. — Augure de Calafiris, sur un crocodile qui ne pouvoit traverser le Nil. — Le Phœnix vient du païs des Indes et de l'Ethiopie. — Manière de baiser antiquement. — Occasion du siège de Memphis. — Joye inespérée survenue à ceux de Memphis, en un moment. — Devoir des enfans envers le père. — Eunuches de la maison royale. —Coustume durant les obsèques.— Coustume d'accompagner les morts avec resjouissance. — Tyare, chapeau royal. — Les Grecs méprisent la manière de faire des Egyptiens. — Cataractes, ou précipices du Nil. — Bornes et limites d'Egypte et Æthiopie. — Cause de la bataille entre les Egyptiens et les Ethiopiens. — Feinte du roy d'Ethiopie pour surprendre Philoe. — Surprise de Philoe. — La paix délivre ceux qui sont faits serfs par

la guerre. — La loy d'Egypte ne permet mourir aucun, sans être condamné par les ma-
gistrats. — Cruelle punition des Perses (alors
maîtres de l'Egypte). — Prière de Chariclea
preste à recevoir supplice. — Chose miraculeuse advenue à Chariclea estant en la flam-
me. — Arrivée de Bagoas à Memphis. —
L'œil de justice clair. — Tertre délicieux
sur le Nil. — Syené, ville. — Embûches d'a-
vancoureurs ethiopiens. — Troglodites, peuple d'Ethiopie, leur façon de vivre. — Combat des Troglodites et des Persiens. — Déli-
bération de Théagène de se rendre entre les
mains des Ethiopiens. — Théagène et Chariclea prisonniers des Ethiopiens. — Loyauté
des eunuques. — Syené assiégée par les
Ethiopiens. — Armée très-grande d'Hydaspes. — Théagène et Chariclea présentez à
Hydaspes roy des Ethiopiens. — L'on immo-
lait aux dieux les captifs, pour la victoire.
— Abondance d'or en Ethiopie. — Résistance
de ceux de Syené contre Hydaspes. — Siége
de merveilleuse entreprise. — Diligence de
ceux de Syené à se renforcer. — Mine de
ceux de Syené. — Syené environnée d'eux.
— Lamentation de ceux de Syené. — Oroondates fait attacher une lettre à une pierre,
pour l'envoyer à ses ennemis. — Bateaux
envoyez à Syené pour parlementer, et de ce
qu'il advint. — Remonstrance d'un vieillard
Syenien à ceux de Syené. — Harangue des
Ethiopiens à ceux de Syené. — Response des
Syeniens. — Finesse d'Oroondates pour ad-
vertir Elephantiné. — Niola grande célébrité
des Syeniens. — Nil dieu. — Abus des Egyptiens suivant leurs mystères. — Thiphons
géant. — Que Isis est la terre, et Osiris le
Nil. — Oroondates se sauve cauteleusement
de nuit avec son armée. — Renforcé, il vient
combattre les Ethiopiens. — Armure des gens
d'armes persiques. — Ceux de Méroé fort ex-
citez à l'escrime. — Disposition des deux
armées. — Les Perses usent de trompettes et
les Ethiopiens de tambours. — Force des élé-
phans. — Défaite des Perses, et fuite d'O-
roondates. — Mort prompte à ceux qui sont
ferus des sagettes teinctes du sang de dra-
gon. — Manière d'aller à la guerre de ceux
de la région où croist le cinnamome. — Egyptiens durs à la peine. — Fuite des Egyptiens.
— Oroondates blessé par Achemenes. — Mort
d'Achemenes et prise d'Oroondates. — Gra-
cieuseté d'Hydaspes à l'endroit d'Oroondates.
— Response d'Oroondates à la demande de
Hydaspes. — Entrée d'Hydaspes dans Syené.
— Pour connaître quand le Nil croît ou décroît. — Le Nil nommé Orus et Zedéas. — Le
Nil vient d'Ethiopie en Egypte. — Hydaspes
d'stribue à ses soldats ce que lui baillent les
Syeniens. — Fourreau magnifique de l'épée
d'Oroondates. — Sage response d'Hydaspes. —
Le droit de guerre donne la despouille à celui
qui prend au corps son ennemi. — Théagène

et Chariclea menés à Hydaspes. — Hydaspes
père de Chariclea. — Chariclea ne se veut dé-
clarer à son père. — La religion fort honorée
par les Ethiopiens. — La langue grecque est
en usage entre les Gimnosophistes. — Res-
ponce de Chariclea à la demande d'Hydaspes.
— Les eunuques naturellement jaloux. — De
quel langage use Hydaspes à Oroondates. —
Don d'Hydaspes à ceux de Syené, d'où chacun le bénit. — Oroondates prie pour Hydaspes. — Retour d'Hydaspes en Ethiopie. —
Sacrifice au Nil. — Lettres d'Hydaspes aux
sages de Méroé. — Grande plaine devant la
ville de Méroé, consacrée au Soleil, Lune,
Bacchus, dieux patrons du pays. — Lotus
fleur croissant au Nil. — Amour paternel
d'Hydaspes envers son peuple. — Temple de
Pan. — Prédiction de Sisimethres, gouverneur du collège des sages. — Les femmes
d'Ethiopie ne se trouvent aux sacrifices faits
au Soleil et Lune. — Coustume que le roy
sacrifie au Soleil et la royne à la Lune. —
Méroé, ville métropolitaine de l'Ethiopie. —
Méroé en forme d'isle triangulaire environnée par trois fleuves navigables, du Nil,
d'Astaboras et d'Asasobas. — La bonté de
l'île de Méroé. — Arrivée d'Hysdapes en
Méroé. — Memnon, Perseus, Andromeda, an-
cestres des rois d'Ethiopie. — Manière de
sacrifier. — La loy et coustume de sacrifier
un fils au Soleil, et une fille à la Lune. —
Foyer de l'épreuve de virginité. — Présents
des nations à Hydaspes pour sa victoire. —
Don du roy à ceux qui lui firent présens. —
Présent des Axiomites. — Lettres d'Oroondates à Hydaspes, etc., etc.

Ainsi qu'on peut le voir par cet extrait de
la table des matières, ce volume offre un
grand intérêt pour l'étude des mœurs de
l'antique Egypte; si l'ouvrage est un roman, il semble être le résultat de grandes
recherches sur la civilisation égyptienne ancienne, ou plus vraisemblablement la
reproduction d'un ancien roman égyptien simplement mis en grec par Héliodore, qui fut
sévèrement reprimandé pour la publication
de cette œuvre païenne.

— *Histoire éthiopique d'Héliodore*, etc.,
trad. d'Amyot, revue et corrigée, par Tro-
gnon, avec des notes par Corray. Paris, Corréard, 1822, 2 vol. in-8.

1848. HOPLEY (Howard). *Under Egyptian*
Palms; or Tree Bachelor's Journeyings on
the Nile. London, 1868, in-8 de xv-308 pp.
(*Revue bibliographique*, 1869, tome III.)

1849. HOUZÉ (V.), secrétaire de la sous-
préfecture d'Avesnes. *Entretiens d'une mère*
avec ses enfants sur les voyages de Belzoni
en Egypte et en Nubie. Ouvrage traduit de
l'anglais, précédé d'un abrégé de géographie
de l'Egypte, etc. Avesnes, 1838, in-12, 1
carte. (Bourquelot.)

1850. **JABLONOWSKA** (la princesse **Louise**). *Souvenirs d'Egypte.* Paris, 1871, in-12 de 120 pp. (*Journal de la librairie.*)

1851. **JOLY.** *L'Egyptienne*, poëme épique en douze chants (par le P. Jos. Romain Joly, capucin). Paris, 1776, in-12 de xx-373 pp. Il y a une seconde édition de cet ouvrage sous le titre : *L'Egyptiade, ou le Voyage de St-François d'Assise à la cour du roi d'Egypte.* Paris, 1786, in-12, avec le nom de l'auteur. Poëme ridicule. (Quérard.)

1852. **LAGRANGE** (**Léon-Marius**), né à Marseille en 1828, mort en 1868. Visita l'Egypte et à son retour publia deux volumes intitulés : *Caravanes*, et *Au Désert*, qui contiennent le récit de son voyage. (Vapereau.)

1853. **LAMBERT DE LA CROIX.** *L'Egypte, cinq minutes d'arrêt !!!* Paris, 1870, in-12 de 254 pp. Contenant: Alexandrie ; — le Caire ; — sur le Nil ; — le Temple de Denderah; — Karnack ; — la Vallée des tombeaux; — Thèbes ; — Assouan ; — les Pyramides ; — le Canal de Suez.

1854. **LANGLÈS** (**L.-Mathieu**), orientaliste, membre de l'Institut, etc., né en 1763, mort en 1824. *Recueil de lettres en arabe, en turc et en persan, par différents princes et souverains égyptiens, depuis 1304 jusqu'en 1517* ; inséré dans la *Collection des notices et extraits des mss. de la Bibliothèque du roi.*

— *Notice de trois magnifiques manuscrits orientaux rapportés d'Egypte par S. M. (Napoléon) et déposés par son ordre à la Bibliothèque impériale. L'Orient du bonheur, le Rosaire des justes, la Conversation des amants.* Paris, an v (1797), in-8. Extrait du *Magasin pittoresque.* (Quérard.)

1855. **LANGLOIS** (**J.-Ch.**), officier français. *Relation de la bataille des Pyramides, extraite en partie des dictées de l'empereur à Ste-Hélène et des pièces officielles.* Paris, 1853 ; — 2ᵉ édition, 1854. (Vapereau.)

1856. **LANOYE** (**Ferd. de**). *Ramsès le Grand, ou l'Egypte il y a 3300 ans*, ouvrage illustré de vignettes sur bois. Paris, 1866, in-12, 50 vign. s. b. — 2ᵉ édit., Paris, 1871, in-12, vign. et cartes

1857. **LANTIER** (**E.-F. de**). *Voyage d'Anténor en Grèce et en Asie, avec des notions sur l'Egypte.* Paris, 1798, 3 vol. in-8. — 3ᵉ édition, Paris, 1800, 5 vol. in-18, fig. — Paris, 1802, 3 vol. in-8. — 15ᵉ édition, Paris, 1821, 3 vol. in-8, cartes et fig., et autres éditions depuis. Ouvrage romanesque, sans valeur historique, mais bien écrit et qui eut un moment de grand succès; aujourd'hui sans valeur. (Quérard. — Bourquelot.)

1858. **LARCHEY** (**Et. Lorédan**), littérateur français, né à Metz en 1831. — *Correspondance intime de l'armée d'Egypte.* Paris, 1865, in-16. Réimpression de la correspondance interceptée, après le combat d'Aboukir, par l'escadre de Nelson, et publiée à Londres par le gouvernement anglais. (Vapereau.)

1859. **LAURENT** (**Ach.**), membre de la Société orientale de Paris. *Al-Cheïl et Exouli, ou Vengeance d'une Egyptienne;* conte oriental, traduit de l'arabe et mis en vers. Paris, 1838, in-8. (Bourquelot.)

1860. **LAURENT-PICHAT** (**Léon**), littérateur, né à Paris en 1823. A dix-huit ans, il entreprit avec son ami, M. Henri Chevreau, le voyage d'Italie, de Grèce, d'Egypte et de Syrie. Un volume d. vers, les *Voyageuses*, Paris, 1844, in-8, composé par les deux amis, fut le fruit de ce voyage. (Vapereau.)

1861. **LEFRANC.** *Pharaon, ou Joseph en Egypte*, mélodrame en 3 a. Paris, 1806, in-8. (Quérard.)

1861 bis. **LEPSIUS.** *Sur l'ordre des colonnes-piliers en Egypte ;* article inséré dans le tome IX des *Annales de l'Institut de correspondance archéol. de Rome.* 1837. (Bourquelot.)

1862. **LEMERCIER** (**Nép.**). *Louis IX en Egypte*, tragédie en 5 a. et en vers. Paris, 1821, in-8. (Quérard.)

1863. **LE ROY** (l'abbé **Nicolas**). *Saint Louis prisonnier en Egypte*, tragédie en 5 actes. Paris et Sédan, 1820, in-8. (Quérard.)

1863 bis. **LONGPÉRIER** (**H.-Adr. Prévost de**), conservateur au Louvre, né à Paris en 1816. *Vase fabriqué en Egypte pendant la domination perse;* article inséré dans la *Revue archéologique.* 1844. (Bourquelot.)

1864. **LYNN** (Miss **Eliza**), femme de lettres anglaise, née en 1828.
Dès l'âge de 17 ans elle débuta par une étude sur l'ancienne Egypte : *Azeth l'Egyptien.* Londres, 1846, 3 vol. in-8. (Vapereau.)

1865. **MALLIAN** (**Julien de**), auteur dramatique, né à la Guadeloupe en 1805, mort en 1851; et L.-Gabr. **Michaud**: *Le Château des sept tours*, drame en 5 actes, précédé de: *Les Français en Egypte*, épisode de 1799 (prologue). Paris, 1846, in-12. — 1854, 1857, in-4ᵒ à 2 col., 1 grav. (Bourquelot. — *Supercheries littér.*, I, col. 243.)

1866. **MARIN.** *La Bataille des pyramides*, poëme. Paris, 1826, in-8 de 80 pp. (Quérard.)

1867. **MARMIER** (**Xavier**). *Du Rhin au Nil, Egypte, etc.* Paris, 1847, 2 vol. in-12.

— Bruxelles, 1852, 3 vol. in-18. (Catal. des Accroiss., II, 2, p. 79.)

1868. **METZ-NOBLAT (M.-A. de).** *Bluet-les, par un touriste. Constantinople, Egypte, etc.* Paris, 1858, in-12. (*Superch. littér.*, tome III, col. 845.)

1869. **MOHAMMED-EL-MOHDY**, nommé d'abord Hébal-Allah, cheykh, secrétaire du divan du Caire, né dans cette ville. *Les Dix soirées musulmanes, ou Contes d'un endormeur.* Trad. de l'arabe par J.-J. Marcel. Paris, 1829, 3 vol. in-12, fig.

— *Contes arabes du cheykh El-Mohdy*; traduits de l'arabe (par Marcel). Paris, 1832, 3 vol. in-8. (Bourquelot.)

1870. **MORALITÉ** *de la vendition de Joseph fils du patriarche Jacob, comment ses frères esmeuz par envye... le vendirent... à Putifard en E( )te, lequel fut auprès de Pharaon roy dudict Egypte, etc.* Paris, à l'enseigne de St-Nicholas, pet. in-fol. goth. de 79 ff. Réimpr. *fac-simile.* Paris, 1835, pet. in-fol. (Brunet.)

1870 *bis.* **MOUHY** (le chev. de). *Lamékis, ou les Voyages extraordinaires d'un Egyptien dans la terre intérieure. Avec la découverte de l'île des Sylphides.* Enrichi de notes curieuses. Impr. dans les *Voyages imaginaires.* Amst. et Paris, 1788, tome XX.

1871. **NAVILLE (Ed.),** publiciste protestant, né en Suisse en 1816. *La Littérature de l'ancienne Egypte, séance donnée à l'Athénée*, le 14 mars 1871. Genève, Georg, 1871, 1 fr. (*Journal de Genève*, 23 avril 1871.)

1871 *bis.* **NOWAIRI (Chelab-Eddyn-Ahmed),** historien et jurisconsulte arabe, né vers 1280 à Al-Nowairch en Egypte; a laissé une espèce d'Encyclopédie historique, intitulée: *Nihayat alarab fi fonoun aladab* (c'est-à-dire, tout ce qu'on peut désirer de savoir concernant les différentes branches des belles-lettres), divisée en 5 parties, de 5 livres chacune. La bibliothèque de Leyde en possède un exemplaire complet. (Bouillet.)

1872. **PICHOT (A.-Pierre),** directeur de la *Revue britannique.* — *Les Invités du Khédive dans la Haute-Egypte et à l'isthme de Suez*; art. ins. dans la *Revue britann.*, janvier 1870, et publié séparément à Paris, en 1870, in-8 de 55 pp. (*Journal de la librairie.*)

1873. **PONCE (Pelipe).** *Admirables cosas de la excelsa S. Catherina reyna de Egypto.* Valencia, 1585, pet. in-8. Poëme peu commun. (Brunet.)

1874. **QUÉRIAU (Germain).** *Napoléon en Egypte, ou la Bataille des pyramides*, pan-

tomime historique en 3 actes. Lyon, 1830 in-8 de 8 pp. (Quérard.)

1875. **QUIGNON (J.-P.-H.).** *Lettres des jolies femmes du palais Egalité au consul Bonaparte, sur leur arrestation et leur déportation en Egypte.* Paris, an VIII, in-8. (*Superch. littér.*, tome II, col. 416.)

1875 *bis.* **ROSSI (Gaetano),** poëte dramatique, né à Naples. *Il Crociato in Egitto*, melodramma in 2 atti (ed in versi). — *Le Croisé en Egypte*, mélodrame en 2 actes (en prose). Paris, 1826, in-8. (Quérard.)

1876. **ROUGÉ** (le Vic. de). *Chrestomatie égyptienne.* Paris, 1869, in-4°. (*Revue bibliogr.*, 1869, tome III.)

1876 *bis.* **SAINT JOHN (J.-Aug.),** écrivain anglais, né en 1801. En 1830, il visita la Nubie et la seconde cataracte; il signala dans ce voyage une multitude de volcans éteints dans le désert Libyen et les traces de l'action volcanique sur les rives mêmes du Nil. A son retour, il étudia l'Egypte dans ses monuments et ses souvenirs historiques.

Il a raconté ses voyages dans divers ouvrages: Souvenirs d'un constable (*Constable's Miscellany*); — L'Egypte et Méhémet Ali (*Egypt and Mohammed Ali*); Isis; çà et là (*There and Back Again*), etc. (Vapereau.)

1877. **SAINT-YVES (Edouard Désiré).** Avec **Louis Lefebvre**: *Dinah l'Egyptienne*, drame en 3 actes. Paris, 1840, in-8. (*Supercheries littér.*, tome III, col. 563.)

1878. **SALADIN** ou **Salaheddin**, premier Sultan ayoubite d'Egypte et de Syrie. *Historie von Sultan Saladin, Hugo von Tiberius, un der Ritter Esawangz. Tandenaerde gheprendt.* In-4°. Poëme romanesque, en stances de 8 vers. C'est un livre fort rare qui a été impr. vers 1480, à Audenarde. (Brunet, tome III, col. 233.)

1879. **SALT (Henry).** *Egypt, a Description poem, with notes by a traveller.* Alexandria, 1824, in-8 de 55 pp. Ouvrage qui n'a été tiré qu'à 50 exempl. C'est le premier écrit en anglais qui ait été imprimé à Alexandrie. (Brunet.)

1880. **SAVARY (Cl. dit Nic.).** *Les Amours d'Anas-Eloujoud* (l'homme accompli) *et Ouardi*, conte traduit de l'arabe. Maestricht et Paris, 1789, in-18.

Savary dans ses voyages d'Egypte, avait recueilli plusieurs contes de ce genre, mais ils sont restées inédits. (Quérard.)

1880 *bis.* **STOLL (Louis-Fréd.),** littérateur allemand, né à Dresde en 1806. On a de lui: *Napoléon en Egypte.* (Vapereau.)

ÉGYPTE

133

1881. **SUDAN** (Adolphe). *Histoire et mythologie. L'Enfant de l'Oasis ou Gemilée, la fiancée du Nil,* avec des notes. Montpellier, 1844, in-8 de 32 pp. (Bourquelot.)

1882. **TERRASSON** (l'abbé **Jean**), né à Lyon en 1670, mort en 1712, membre de l'Académie française. *Séthos, Histoire ou Vie tirée des monuments anecdotes de l'ancienne Egypte,* traduite d'un manuscrit grec. Paris, 1731, 3 vol. in-12. — Amsterdam, 1732, 2 vol. — Paris, 1767, 2 vol. in-12. — Paris, an III (1794), 2 vol. in-8. Edition imprimée sur mauvais papier. — Paris, 1813, 6 vol. in-18. Edition augmentée.

Espèce de roman polémique sur la prééminence des anciens et des modernes ; l'auteur est pour les derniers. (Brunet. — Dr Schubert. — Quérard. — Nyon, 8737. — *Archives du bibliophile,* en 1858, n° 28864, 2 fr. 50.)

1883. **THÉOCRITE**, poëte grec, natif de Syracuse, vivait à la cour d'Egypte sous Ptolémée-Philadelphe, vers 285 avant l'ère chrét. Il nous reste de lui des *Idylles* en dialecte Dorien ; trad. en français et autres langues. (Peignot.)

1884. **TOTTOLA** (Leone). *Mosè in Egitto,* dramma. Parigi, 1832, in-8. (Quérard.)

1885. **WALDECK** (M.). *Vom Nordseestrand zum Wüstensand* (Des sables de la mer du Nord aux sables du désert). Tableaux de l'histoire de la civilisation pris en Allemagne, en Italie et en Egypte. Berlin, 1870, gr. in-8 de III-178 pp. et 8 pl. (*Revue bibliographique,* VI, n° 1022.)

1886. **YOUNG** (Edward), poëte anglais du XVIIIe siècle, chapelain de S. M. *Busiris, roi d'Egypte,* tragédie en 5 actes, traduite de l'anglais, par Letourneur ; imprimée dans les *Œuvres* de l'auteur. (Quérard.)

Arts libéraux.

[Dessin, Musique, etc.]

1887. **BERTIN** (Ed.-Fr.), peintre, né à Paris en 1797. On a de lui, publié sous le titre de *Souvenirs de voyages,* une série de dessins rappelant les sites de divers pays de l'Orient et de l'Egypte. (Vapereau.)

1888. **CHAM** (le vicomte **Amédée de Noé**). *Le Vice-roi d'Egypte s'arrangeant de façon à ce qu'on ne vienne pas s'asseoir sur son trône pendant son absence.* (*Journal de la librairie,* Caricatures, 1870.)

1889. **COSTE** (X.-Pascal), architecte, né à Marseille en 1787. Voyagea en Egypte. *L'Architecture arabe, ou Monuments du Kaire, mesurés et dessinés,* de 1818 à 1826. Paris, 1827 et ann. suiv., gr. in-fol. cont. 70 pl. et

un texte pour l'explication des planches, de la description histor. de chaque monument, et d'un précis sur l'histoire des Califs d'Egypte.

L'auteur fut employé de 1818 à 1826, au service de Méhémet-Ali. (Vapereau. — Brunet. — Quaritch, 1874, n° 16, 6 liv. st.)

1890. **DU BARRY DE MERVAL** (le comte). *Etudes sur l'architect. égyptienne.* Paris, 1873, in-8 de 340 pp. et 8 pl. (*Journal de la librairie.*)

1891. **DUVAL** (Amaury Pineux), membre de l'Institut de France, né à Rennes en 1760. *Monuments des arts du dessin chez les peuples tant anciens que modernes,* recueillis par le baron Vivant Denon, décrits par Am. Duval. Paris, 1829, 4 vol. in-fol. — Le t. Ier comprend les monuments de l'art chez les Sauvages, les Egyptiens, les Indiens, etc. (Quérard.)

1892. **GREAVES** (J.). Mesura les pyramides d'Egypte, et donna sur ce sujet l'ouvrage suivant : *Pyramidographia, or a description of the pyramids in Egypt.* London, 1646, in-8. (Nyon, 21202.)

1893. **GROHMANN** (J.-Godefroi), professeur de philosophie à l'Université de Leipzig, né en 1763, mort en 1805. *Restes d'architecture égyptienne, etc.* Leipzig, 1802, in-fol., pl. Il existe aussi une édition allemande de ce livre. (Quérard.)

1894. **HENSZLMANN** (le docteur). *Méthode des proportions dans l'architecture égyptienne, dorique et du moyen-âge.* Paris, 1860, in-4°, et planches in-fol. 1er vol. (Brunet, 9746.)

1895. **HOREAU** (Hector), architecte né à Versailles le 4 oct. 1801. Voyagea en Orient. *Panorama d'Egypte et de Nubie.* Paris, B. Huzard, 1841, in-fol., 37 pl. — Il y a un feuillet de texte pour chaque planche. Il a été fait des exempl. en planches coloriées. (Bourquelot. — Brunet, 28359.)

1896. **LENOIR** (Alex.). *Beaux-arts dans l'ancienne Egypte. Nouvel essai sur la Table isiaque.* Paris, 1809, in-8, fig. (*Archives du bibliophile,* 1869, n° 432, 2 fr.)

1897. **PRISSES D'AVESNES**. *Histoire de l'art égyptien d'après les monuments, depuis les temps les plus reculés jusqu'à la domination romaine;* ouvrage publié sous les auspices de M. Fould, ministre d'état. Paris, 1858, gr. in-fol. de planches et texte in-4°.

Cet ouvrage n'avait encore, en sept. 1862, que 5 livr. de paru sur 40 qu'il devait comprendre. Un catalogue de M. Weizel de Leipzig, daté de 1860, l'annonçait à tort comme complet, en 2 vol. comprenant 160 planches chromolith., et 1 vol. de texte. (Brunet.)

— *L'Art arabe d'après les monuments du Kaire depuis le VIIe siècle jusqu'à la fin du XVIIIe siècle.* Paris, 1869, un vol. in-4° de texte et 2 vol. in-fol. de planches.

— *Monuments égyptiens* pour faire suite aux Monuments de M. Champollion. Paris, 1847, in-fol., 52 pl. (Brunet.)

1898. **QUATREMÈRE DE QUINCY** (Ant.-Chrys.), membre de l'Institut, né à Paris, en 1755. *De l'architecture égyptienne considérée dans son origine des principes et son goût.* Paris, 1803, in-4°. (Brunet, 9694. — Quérard.)

1899. **ROCCHEGGIANI.** *Raccolta di cento (170) tavole rappresentanti i costumi religiosi, civili e militari degli antichi Egiziani, Etrusci, Greci e Romani, tratti dagli antichi monumenti, designate ed incise in rame da Lorenzo Roccheggiani.* Roma, 1804, 2 vol. in-fol. obl. Ouvrage estimé. (Brunet.)

1900. **SCHOPIN.** *Joseph vient réclamer son fils en Egypte,* gravé par Gauthier d'après Schopin. Paris, impr. Chardon aîné (1874). (*Journal de la librairie,* Gravures, 1874, n° 528.)

1901. **TRANBLAY** (P.-F.). *L'Art égyptien considéré dans toutes ses productions, temples, palais, colonnes, obélisques, colosses, statues, figurines, pierres gravées, peintures et manuscrits, etc.* Paris, 1833-35, in-fol. L'ouvrage devait avoir 6 livraisons, mais la moitié seule a paru. (Quérard.)

1902. **WILKINSON** (J.-G.). *Architecture of ancient Egypt....* London, 1850, in-fol., 18 grav., pl., et texte in-8. (Brunet.)

1903. **DAVID** (Félicien-César), compositeur français, né en 1810. Venu à Paris (1830), il entra au Conservatoire; il s'allia aux Saint-Simoniens, les suivit dans leur émigration et visita l'Egypte avec le père Enfantin. Là, il recueillit des mélodies et des airs populaires.

De retour en France (1835), il fit paraître son premier recueil: *Mélodies orientales;* en 1844, il fit exécuter au Conservatoire son *Désert,* grande ode symphonie, qui eut un succès complet. (Vapereau.)

1904. **LONATI** (Ed.). *Blonds d'Egypte,* mazurka pour piano. Paris (1873). (*Journal de la librairie,* 1874, Musique, n° 171.)

1905. **ROUSSIER** (l'abbé Pierre-Jos.), né à Marseille en 1716, mort en 1790, correspondant de l'Académie des inscriptions. *Mémoire sur la musique des anciens..., avec un Parallèle entre le système des Egyptiens et des modernes.* Paris, 1770, in-4°. (Quérard.)

1906. **VINCENT** (Alex.-Jos.). *De la notation musicale de l'Ecole d'Alexandrie;* article inséré dans la *Revue archéologique,* 3e année.

1907. **APERÇU** *sur le jeu de tarots, son origine reconnue égyptienne, etc.,* par D***. Brunswick, 1800, in-12. (Vincent.)

Histoire et Archéologie.

1908. **ABDALLATIF,** ou **ABD-EL-ATHYF,** historien arabe, mort en 1231. *Historiæ Ægypti compendium, arabice et lat.,* partim ipse vertit, partim a Pocockio filio versum edendum, notisque illustr. J. White. Oxonii, 1800, in-4°. Jos. White fit imprimer depuis en Angleterre une autre édition du *Compendium Ægypti,* in-8, que Paulus publia à Tubingue en 1789, in-8, avec une préface de sa composition. (Van Hulthem, n° 16860. — Brunet.)

— *Relation de l'Egypte, suivie de divers extraits d'écrivains orientaux, et d'un état des provinces et des villages de l'Egypte dans le XIVe siècle;* le tout traduit avec des notes historiques et critiques, par Ant.-Isaac-Silv. de Sacy. Paris, impr. imp., 1810, in-4°. (Brunet. — Grenoble, 25738.)

1909. **ABDORRAHMAN G'ABARTI.** *Journal (écrit) pendant l'occupation française en Egypte* (en 1798); *suivi du Précis de la même campagne par Moualien Nakoula-el-Turki, secrétaire du prince des Druses.* Trad. de l'arabe par Alex. Cardin; imprimé dans la *Revue rétrospective* (2e série), tome XII, et (3e série) tomes I et II. — Alexandrie, 1835, in-8. — Paris, 1838, in-8. (Brunet. — Quérard.)

— *L'Histoire de l'expédition des Français en Egypte, de Nakoula,* traduite par Alix Desgranges aîné, a été publiée à Paris, imprim. roy., en 1839, 3 part. en 1 vol. in-8 (texte arabe et trad.). (Brunet, n° 28379.)

Nicolas le Turc, par l'ordre de l'émir Béchir, s'était établi à Damiette pendant l'expédition française, pour observer les événements et en rendre compte au chef des Druses. (Bourquelot.)

1910. **ABUL-FÉDA.** *Descriptio Ægypti, arab. et lat.,* ex vers. et cum not. J. D. Michaelis. Gott., 1776, in-8, ou pet. in-4°. (Brunet.)

1911. **ABU-SELHA,** moine arménien. *Histoire des monastères de l'Egypte;* écrite au XIVe siècle. (Quérard.)

1912. **ADER** (J.-Joseph), littérateur, né à Bayonne (Basses-Pyrénées) en 1796. *Histoire de l'expédition d'Egypte et de Syrie,* revue pour les détails stratégiques par le général Beauvais. Paris, 1826, in-8, portr. et cartes. (Quérard. — Dr Schubert, en 1870, 15 sgr.)

1913. AGOUB (Jos.). *Discours historique sur l'Egypte.* Paris, 1823, broch. in-8. C'est un des premiers titres littéraires de l'auteur. Il forme l'introduction de l'Hist. de l'Egypte, sous Méhémet-Aly. (Quérard.)

— *Discours sur l'expédition des Français en Egypte*, considérée dans ses résultats littéraires, servant d'introduction au Journal de l'expédition anglaise, par le cap. Wall. (Quérard.)

— *Rapport sur le Discours de M. Agoub qui traite de l'expédition des Français en Egypte, en 1798, considérée dans ses résultats littéraires ;* inséré dans le *Journal asiatique.* (Écrit par J.-A.-S. Martin.)

— *Coup d'œil historique sur l'Egypte ancienne, ou Analyse raisonnée du grand ouvrage sur l'Egypte ;* article publié dans la *Revue encyclopédique.* (Bourquelot.)

1914. ALBUM *envoyé par le Khédive à l'Académie des inscriptions et belles-lettres*, en 1873, représentant les principaux trésors archéologiques du Musée égyptien de Boulacq. Cette collection unique provient de fouilles faites dans la riche vallée du Nil, sous la direction de A. Mariette bey. Les divers objets qui figurent sur cet album : monnaies et médailles anciennes, armures, pierres, inscriptions, etc., sont au nombre de plus de 800.

1915. ALEXANDER (Will.). *Egyptian monuments from the collection formed by the national institute under the direction Bonaparte... now deposited in the british Museum ;* engraved by Medland after the drawings of Alexander. London, 1805-1808, gr. in-fol., 21 pl. (Brunet.)

1916. AMPÈRE (J.-J.), de l'Académie française, né à Lyon en 1800, mort en 1864. *Voyage en Egypte et en Nubie.* Paris, Michel Lévy, 1868, in-8 de XXVII-583 pp. (Catalogue Ste-Beuve, en 1870, n° 768.)

1917. ANCESSY (l'abbé). *Texte très-obscur du Lévitique, expliqué par les monuments égyptiens (avec 6 grav.) ;* article inséré dans les *Annales de philosophie chrétienne*, 1870.

1918. ANDERSON (Æneas). *Narrative of the expedition of Egypt.* London, 1804, gr. in-4°, fig. Relation de la campagne d'Egypte faite sous le commandement du général Abercromby. (Brunet.)

1919. ANDRÉOSSY (comte F.), général d'artillerie, membre de l'Institut de France et de l'Institut d'Egypte, né à Castelnaudary, en 1761. *Analyse de la relation des campagnes de Bonaparte en Egypte*, par le général Berthier ; imprimée dans le *Moniteur*, 1801. (Quérard.)

1920. ANTÈS (J.). *Observations on the manners and customs of the Ægyptians, the overflowing of the Nil and its effects.* London, 1800, in-4° de 139 pp., 1 carte. (Brunet, n° 28363.)

1920 bis. ANTOINE (Saint), né en 251 à Coma (Haute-Egypte), mort vers 356. On a de lui des *Lettres*, une *Règle*, des *Sermons*, qu'on trouve dans la *Bibliothèque des Pères.* S. Athanase a écrit la *Vie de S. Antoine*, trad. en français par l'abbé Manoury, 1858. (Bouillet.)

1921. APION, grammairien d'Alexandrie, né en Egypte. Vivait dans le Ier siècle de l'ère chrét. Il composa une *Histoire d'Egypte* et une violente satire contre les Juifs que Josèphe a réfutée. Mr Didot en a quelques fragments dans sa collection. (Bouillet.)

1922. ARCELIN, HAMY ET LENORMANT. *L'Age de pierre en Egypte ;* article inséré dans le *Recueil de Matériaux pour l'histoire primitive et naturelle de l'homme*, 1869 et 1870.

— *L'Industrie primitive en Egypte ; âge de pierre ;* article inséré dans la même revue, en 1869.

1923. AUBERT DE VITRY. *Lettres sur la Palestine, la Syrie et l'Egypte, ou Voyage de Galilée ;* trad. de l'anglais sur la 2e édition. Paris, 1820, in-8, carte et 5 grav. Cet ouvrage a été retraduit en anglais. (Bourquelot.)

1924. AUDIFFRET (Pierre-Hyac.-Jacq. J.-B.). Il donna dans l'*Encyclopédie des gens du monde* divers articles, entre autres: *Egypte moderne.* (Bourquelot.)

1925. BACHMANN (Dieud.-Louis-Ern.), philologue allemand, né en 1792. *Les Papyrus égyptiens de la Bibliothèque du Vatican.* Leipzig, 1828. (Vapereau.)

1926. BAILLIÈRE (H.). *En Egypte, Alexandrie, Port Saïd, Suez ; Journal d'un touriste.* Paris, 1868, in-8 de 356 pp. (Journal de la librairie.)

1927. BARBAULT (J.). *Monumens antiques, ou Collection choisie d'anciens bas-reliefs et fragmens égyptiens, grecs, romains et étrusques.* Rome, 1783, in-fol., fig. (Brunet.) Cet ouvrage renferme 94 pl. au lieu de 200 annoncées sur le titre.

1928. BARGÈS (l'abbé J.-J.-L.). *Papyrus égypto-araméen, du musée du Louvre.* 1862, in-4°, 2 pl. (Vapereau.)

1929. BARON (A.). *L'Egypte et les sources du Nil ; voyages en Nubie et en Abyssinie de Bruce.* Limoges et Isle (1873), in-12 de 71 pp. et grav. Bibliothèque religieuse pour l'enfance.

— *Voyages en Nubie, en Abyssinie, en Egypte, etc.*, de Bruce et Mungo-Park. Limoges et Isle (1869), in-18 de 143 pp. et grav. Biblioth. religieuse de l'enfance.

1930. **BARRADAS** (**Séb.**), jésuite de Lisbonne, né en 1542, mort en 1615. *Itinerarium filiorum Israël ex Egypto in terram repromissionis;* impr. à Paris, en 1620, in-fol., et dans les *Œuvres de l'auteur.* Travail estimé. (Peignot.)

1931. **BART** (**N.-C.-D.-D.**). *The Far East; or Letters from Egypt, Palestine, etc.* Cincinnati, 1868, in-12 de 396 pp.

1932. **BARTHÉLEMY** (l'abbé **J.-J.**). *Remarques sur les médailles d'Antonin frappées en Egypte* (1775). (Quérard.)

1933. **BARUCCHI.** *Discorsi critici sopra la chronologia egiziana.* Torino, 1844, in-4°. (Catal. des *Accroiss.*, IX, p. 103.)

1934. **BAUDELOT DE DAIRVAL** (**Ch.-César**), né à Paris en 1648, mort en 1722. *Histoire de Ptolémée-Auletes.* Paris, 1698, in-12, fig. (Nyou, n° 20184.)

1935. **BEAUFORT** (**Emily-A.**). *Egyptian sepulchres and Syrian Shrines, etc.* Londres, 1861, 2 tomes en 1 vol. in-8 de 886 pp. (Brunet, 20030.)

1936. **BEAUJOUR** (le baron **L.-Ph.-Félix de**). *Voyage militaire dans l'empire ottoman, ou Description de ses frontières, etc.* Paris, 1829-1830, 2 vol. in-8 et 1 atlas in-fol. de 5 cartes.

Le 8e livre de cet ouvrage comprend l'Egypte, la Vallée du Nil, le Caire, le Delta et Alexandrie, ainsi que les marches militaires les plus célèbres à travers ce pays. (Bourquelot.)

1937. **BEAULIEU** (le commandant de), **Charles de St-Maure.** *Nouveau voyage de Grèce, d'Egypte, fait en 1721, 1722 et 1723.* La Haye, 1724, in-12. (Quérard.)

1938. **BEAUVAIS** (le général **Ch.-Th.**). *Correspondance inédite, officielle et confidentielle de Napoléon Ier avec les cours, les princes, etc., en Allemagne et en Egypte.* Paris, 1819-20, 7 vol. in-8. (Quérard.)

1939. **BELLEY** (l'abbé **Aug.**), membre de l'Académie des inscriptions, né en 1697, mort en 1771. *Observations sur plusieurs médailles frappées en Egypte en l'honneur de l'empereur Commode;* insérées dans le *Recueil de l'Académie des inscriptions et B.-L.*, tome XXI, 1754.

— *Observations géographiques et historiques sur les médailles impériales de plusieurs villes ou nomes d'Egypte, dont Le*

Vaillant *n'a publié aucune médaille*, avec une pl. (idem, idem). (Quérard.)

1940. **BELZONI** (**J.-B.**), voyageur italien, né à Padoue en 1778, mort en 1823. Il se rendit en Egypte (en 1812), où il exerça d'abord la profession de danseur, gagna la bienveillance du pacha et parvint à faire ouvrir les pyramides de Gizeh, celle du roi Chéphrem et plusieurs tombeaux à Thèbes. Il parcourut ensuite les bords de la mer Rouge, visita Bérénice, découvrit les mines d'émeraudes de Zabarah et pénétra jusqu'à l'oasis d'Ammon (Syouah). Il écrivit en anglais la relation de ce voyage:

— *Narrative of the operations and recent discoveries within the pyramids, temples, tombs and excavations in Egypt and Nubia, and of a journey to the coast of the red sea, in search of the ancient Berenice, and another to the oasis of Jupiter Ammon* (Syouah). London, 1820, in-4°, atlas in-fol de 44 pl. Relation estimée qui eut une seconde édition en 1821, in-4°, et une troisième en 1822, 2 vol. in-8.

On y joint un *Appendice*, extrait de l'article *Egypt*, du supplément de l'*Encyclopedia Britannica.* Cet appendice, avec un atlas de six pl., daté de 1822, s'est vendu séparément pour compléter la 1re édition.

— *Voyages en Egypte et en Nubie, cont. le récit des recherches et découvertes archéol. faites dans les pyramides, temples, ruines et tombes de ces pays; suivis d'un voyage sur la côte de la mer Rouge et à l'Oasis de Jupiter-Ammon*, traduit de l'anglais avec des notes par G.-B. Depping. Paris, 1821, 2 vol. in-8, fig., portr. et 1 carte. On joint à cette traduction l'atlas de l'édit. anglaise, avec front. en français, vol. gr. in-fol. de 44 pl. (Brunet. — Quérard.)

— *Narrative of the operations and recent discoverie in Egypt, etc.* Bruxelles, 1835, in-8. (Catal. des *Accroiss.*, V, p. 77.)

1941. **BENZELIUS** (**H.**), archevêque d'Upsal, né en 1689, mort en 1758. Voyagea en Orient et en Egypte; une grande partie des observations de ce voyageur se trouve consignée dans le Recueil de poésie latine qu'il fit paraître sous le titre de *Syntagma dissertationum in Academiâ Lundensi habitarum.* Leipzig, 1745, in-4°. (Peignot.)

1942. **BERGH** (**J.-A.**). *Ægypten in hist. geogr., relig., sittl., etc. Hinsicht.* Berlin, 1798. (Schubert.)

1943. **BERNARD** (**H.**). *Notice géographique et historique sur l'Egypte.* Paris, 1868, in-8 de 228 pp. — 2e édition, Paris, 1869, in-18, carte. (Maisonneuve et Cie.)

— *Itinéraire pour l'isthme de Suez et les grandes villes d'Egypte*, avec 1 carte. Paris, 1869, in-12 de 250 pp. Guide écrit, en collaboration avec M. **E. Tissot**, à l'usage des touristes et des commerçants, et en vue de l'inauguration de l'isthme de Suez. (*Revue bibliographique*, 1869, pp. 279-280.)

1944. **BERNARD** (**Samuel**). *Mémoire sur les monnaies d'Egypte*, avec 1 pl. et plusieurs tableaux. Ce mémoire est imprimé dans la *Description de l'Egypte*, et se trouve dans le tome XVI de l'édition de cet ouvrage, donnée par Panckoucke. (Quérard.)

1945. **BERNIER** (**Fr.**), voyageur et médecin, né à Angers vers 1625, mort en 1688. Parcourut l'Orient et l'Egypte (de 1654 à 1668). La relation de ses voyages est regardée comme un modèle d'exactitude.

— *Voyages, etc.* Amsterdam, 1699, 1710, ou 1724, 2 vol. in-12, fig. Ces trois éditions sont estimées. Celle de Paris, 1830, 2 vol. in-8, sans fig., a peu de valeur. Il y a eu deux trad. anglaises de ce livre. (Brunet. — Bouillet.)

1946. **BERTHIER** (**Alex.**), maréchal de France, né à Versailles en 1753, mort en 1815. *Relation des campagnes de Bonaparte en Egypte et en Syrie.* Paris, an VIII (1800), in-8 de 188 pp., carte.

Réimpression augmentée sous le titre : *Mémoires du maréchal Berthier. Campagne d'Egypte*, 1827, in-8. On joint à cet ouvrage les *Pièces officielles de l'armée d'E-gypte*. 1800-1801, 2 vol. in-8. (Quérard. — Brunet.)

1947. **BERTRAND** (**H. Gratien**, général comte), né en 1773 à Châteauroux, mort en 1844. *Guerre d'Orient. Campagnes d'Egypte et de Syrie*, 1798-1799. *Mémoires pour servir à l'histoire de Napoléon, dictés par lui-même à Ste-Hélène.* Paris, 1847, 2 vol. in-8 et atlas in-fol. (Brunet, 8764. — Bouillet.)

1947 bis. **BEULÉ.** *Fouilles et découvertes.* Résumé de toutes les recherches archéologiques récentes en Italie, en Grèce, en Egypte, en Mésopotamie. 2 vol. (Le *Temps*, avril 1874.)

1948. **BINOS** (l'abbé de), mort vers 1803. *Voyage par l'Italie en Egypte*, etc. Paris, 1786, 1787, et an VII (1799), 2 vol. in-12, fig. (Van Hulthem, n° 14509. — Quérard. — Potier, n° 2040. — Boucher de la Richarderie, n° 690.)

1949. **BIRCH** (**S.**). *Gallery of egyptian antiquities, selected from the British Museum by F. Arundale and Joseph Bonomi with historical and descriptive letter press by S. Birch.* London (1844), in-4°; 57 pl. (Brunet.)

— *Tablets and other egyptian monuments from the collection of the earl of Belmore now disposited in the British Museum.* London, 1843, gr. in-fol., 23 pl. coloriées. (Brunet.)

— *Fac-similes of two papyri found in a tomb at Thebes.* With a translation by S. Birch... London, 1863, in-4° obl. (Brunet, n° 29126.)

Divers articles d'archéologie égyptienne de ce savant, sont insérés dans la *Zeitschrift für Ægyptische sprache und Alterthumskunde*, 1869.

1950. **BOECKH** (**Aug.**), philologue allemand, né en 1785, professeur à l'Université de Berlin, membre de l'Académie des sciences, etc. *Manetho und di Hundssternperiode, ein Beitrag zur Geschichte der Pharaonen.* Berlin, 1845, in-8. (Brunet, 22754.)

— *Erklärung einer ægypt. Urkunde auf Papyrus in griech Cursivschrift vom J. 104 vor Chr.* Berlin, 1821, in-4°. (Dr Schubert, en 1870, 10 sgr.)

1951. **BOHLEN** (Dr **P.** von). *Das alte Indien, mit bezonderer Rücksicht auf Ægypten* (L'Inde ancienne, décrite, avec des considérations particulières sur l'Egypte). Königsberg, 1830, 2 vol. in-8. (Catal. des Accroiss., XII-1, p. 87. — Brunet, n° 19587.)

1952. **BOISSY** (**Louis de Laus de**). *Bonaparte au Caire, ou Mémoires sur l'expédition de ce général en Egypte, avec des détails curieux sur ce pays;* par un des savants embarqués sur la flotte française. Paris, an VII (1799), in-8 de 250 pp. (Jos. Baer et Cie, en 1872, 4 fr. — Quérard.) — Amst., an VII, 2 parties en 1 vol. pet. in-18. (Baur, en 1873, 2 fr. 25.)

1952 bis. **BOISSY** (**Louis-Michel**), académicien, né vers 1788. On a de lui divers ouvrages, entre autres : *Dissertations historiques et critiques sur la vie du grand-prêtre Aaron.* 1761, in-12.

Aaron, frère aîné de Moïse, de la tribu de Lévi, né en Egypte en 1574 avant J.-C., ou en 1728.

1953. **BONAPARTE** en *Egypte* (trad. de l'allemand en russe). Moscou, 1803, in-18. (Catal. des Accroiss., II, 3, p. 78.)

1954. **BOVET** (**De**). *Les Dynasties égyptiennes, suivant Manéthon....* 2e édition, Avignon, 1835, in-8 de 308 pp. La première édition est de 1829. (Bourquelot.)

— *L'Histoire des derniers Pharaons et des premiers rois de Perse, selon Hérodote, tirée des livres prophétiques et du livre d'Esther.* Avignon, 1835, 2 vol. in-8. (Bourquelot.)

1955. **BRÉMOND** (Gabr.). *Descrizioni esatte dell'Egitto superiore ed inferiore, con osservationi di costumi e notizie di successi cosi antichi come moderni*, di Gabriel Bremond, tradotta dal francese dal signor Angelo Riccardo Ceri. Roma, 1680, in-4". (Brunet.)

1956. **BRETON DE LA MART'NIÈRE** (J.-B.-J.). *L'Egypte et la Syrie, accompagné de notes et éclaircissemens*, par Marcel. Paris, 1813, 6 vol. in-18, avec 84 pl. (Brunet. — Quérard.)

1957. **BREUVERY** (J. de), et **Ed. de CADALVÈNE**. *L'Egypte et la Nubie* de 1829 à 1834. Paris, A. Bertrand, 1836, 2 vol. in-8, cartes et pl.

L'ouvrage qui devait avoir 4 volumes et 1 atlas, n'en a eu que deux seulement de publiés. Le *Journal des Débats* du 23 août 1836, a donné un compte-rendu de ce travail. (Bourquelot.)

1958. **BROCCHI** (G.-B.). *Giornale delle osservazioni fatte ne' viaggi in Egitto, nella Siria e nella Nubia*. Bassano, 1841, 5 tomes en 3 vol. in-8. (Brunet, n° 20804.)

1959. **BROOKS** (Shirley), auteur dramatique anglais, né en 1816. En 1854 il a exploré, aux frais du *Morning-Chronicle*, la Turquie et l'Egypte. Ses lettres ont été réunies en un volume sous le titre : *les Russes du Midi*. Londres, 1855. (Vapereau.)

1960. **BRUGSCH** (H.), conservateur du Musée égyptien de Berlin. *Monuments de l'Egypte, décrits, commentés et reproduits pendant le séjour qu'il a fait en ce pays, en 1853 et 1854, par ordre de S. M. le roi de Prusse*. Leipzig, 1857, in-fol. 18 pl. — Berlin, 1858, gr. in-fol., 18 pl. lith. (Brunet.)

— *Recueil de monuments égyptiens, dessinés sur les lieux*, etc. Leipzig, 1859, gr. in-4°, 2 parties, 107 pl. — Leipzig, 1862-63, 2 part. in-4°. (Vapereau. — Brunet, 29082.)

Il a fondé, en 1864, un journal de la langue et des antiquités égyptiennes, dont il a laissé, en quittant l'Europe, la direction à M. Lepsius (*Zeitschrift für Ægyptische sprach und alterthumskunde, herausgeg*. Leipzig, 1863, in-4°. (Brunet, 29126.)

— *Die Ægyptische Græberwelt*, etc. Leipzig, 1868, in-12. (Vincent, n° 1040.)

— *Uebersichtliche Erklärung ægyptischer Denkmäler der Kœnigl. neuen Museum zu Berlin*. Berlin, 1850, in-12. (Vincent, 1871, n° 1032.)

— *Saï an Sinsin, sive Liber metempsichosis veterum Ægyptiorum. E duobus papyris funeribus hieraticis signis exaratis, nunc primum edidit, latine vertit, notas*

adjecit. Henr. Brugsch. *Cum tabula mutisque contextui impressis signis*. Berolini, 1851, in-4°. (Brunet, tome V, col. 31.)

— *Die Geographie der Ægypter nach den Denkmälern aus den Zeiten der Ptolemäer und. Römer, nebst der geographis nach den altagyptischen Denkmälern*. Leipzig, 1860, in-4", grav. et cartes. (Dr Schubert, 6 2/3 thlr.)

— *Geographische Inschriften altaegyptischer Denkmaeler*, etc. Leipzig, 1857-58, 2 part. in-4°, 57 pl. et 2 cartes. (Brunet.)

— *Histoire d'Egypte dès les premiers temps de son existence jusqu'à nos jours*. Ouvrage dédié à S. A. le vice-roi d'Egypte, Mohammed-Saïd-Pacha, par le doct. H. Brugsch. Première partie : *L'Egypte sous les rois indigènes*. Leipzig, 1859, in-4°, pl.

La seconde partie traite de l'*Histoire d'Egypte sous la domination des Ptolémées et des Romains*; la troisième de l'*Histoire des événements qui ont eu lieu en Egypte à partir de la conquête du pays par les Arabes jusqu'aux temps modernes*, avec une table analytique des matières. (Brunet.)

— *Reisenberichte aus Ægypten; geschrieben vaehrend einer auf Befehl S. M. Königs Fred. Wilhelm von Preusser in den jahren 1853 und 1854 unter nommenen Wissenschaftlichen Reise nach dem Nilthale*, von H. Brugsch. Leipzig, 1855, in-8, fig. (Brunet.)

1961. **BRUNET DE PRESLE** (C.-M.-Wlad.), membre de l'Institut, né à Paris en 1809. *Examen critique de la succession des dynasties égyptiennes*. Paris, 1850, in-8. (Brunet, n° 22753.)

1962. **BUNSEN** (Christ.-Ch.-Josias, chevalier de), savant et homme d'état allemand, né en 1791, membre correspondant de l'Institut. *Ægyptens Stelle in der Weltgeschichte* (Du rôle de l'Egypte dans l'hist. du monde). Hambourg, 1845, 5 vol. in-8, fig. Avant d'être entièrement publié, le premier volume de cet ouvrage était déjà traduit en anglais et imprimé à Londres (1848, in-8). (Brunet, n° 22751. — Vapereau.)

1963. **BURCKHARDT** (J.-L.), voyageur, né à Lausanne en 1784, mort en 1817. *Travels in Nubia and in the interior North-Eastern Africa, performed in 1813, to which are prefixed a life of the author*. London, 1819, in-4°. — 2e édition, London, 1821, in-4°, fig. Ouvrage estimé. (Brunet. — Catal. des Accroiss., II, 4, p. 50.)

— *Arabic proverbs, or the Manners and customs of the modern Egyptians; illustrated from their proverbial sayings current at Cairo*; transl. and explained by the late J.-L. Burckhardt. — London, 1830, in-4°, et in-8 de VIII-232 pp. (Brunet.)

1964. **BURRINGTON** (**G**.). *Arrangement of the general of the Old Testament and Apocrypha; to wich are added a selection of single names and chron. table of Kings of Egypt, Syria and Assyria...* London, 1836, 3 part. en 2 vol. in-4°. (Brunet, 613.)

1965. **BURT** (**N.-C**.). *The Far East ; or, Lettres from Egypt, Palestine, etc.* Cincinnati, 1867, in-8 de 396 pp , ill. (*Revue bibliogr.*, 1868, tome II, p. 83.)

1966. **BUSSIERRE** (le vicomte **Théod. Renouard de**), né en 1803, m. en 1865. En 1827 il fit un voyage en Orient, en Egypte et en Nubie, et a publié des *Lettres sur l'Orient.* 1836, 2 vol. in-8. (*Bibliographe alsacien*, 1865, pp. 130 à 140.)

1967. **CAILLIAUD** (**Frédéric**), voyageur français, né à Nantes en 1787. En 1815, Méhémet-Ali le chargea d'explorer les déserts à l'est et à l'ouest du Nil. Il parcourut ensuite la Haute-Egypte avec M. Drovetti, pénétra en Nubie, et explora les monuments qu'on trouve entre les dernières cataractes du Nil. Il traversa soixante lieues de désert, pour arriver à la grande Oasis et à la ville de Thèbes, où il séjourna durant neuf mois. En février 1819, il revint en France et fit paraître la relation de ce premier voyage sous le titre : *Voyage à l'Oasis de Thèbes et dans les déserts situés à l'orient et à l'occident de la Thébaïde , fait pendant les années 1815 à 1818 par Cailliaud, et publié par Jomard* (de l'Institut); cont.: 1° le Voyage à l'Oasis de Dakel, par le chev. Drovetti; 2° le Journal du premier voyage de Cailliaud en Nubie; 3° des Recherches sur les oasis, sur les mines d'émeraudes et sur l'ancienne route du commerce entre le Nil et la mer Rouge. Paris, impr. royale, 1822, in-fol.

Première et unique livraison, composée d'un cahier de texte et d'un cahier de 25 pl. L'ouvrage devait avoir 2 vol. gr. in-fol. (Brunet. — Bourquelot.)

L'ouvrage fut publié au prix de 200 fr.

1968. **CARLYLE** (**Jos. Dracres**), orientaliste, né en 1759, mort en 1804. Visita l'Asie mineure, la Syrie, l'Egypte, etc., où il recueillit de nombreux documents. *Observations faites pendant son voyage dans les régions orientales.* (Peignot.)

1969. **CARTE** *topographique de l'Egypte et d'une partie de la Syrie, dressée au dépôt de la guerre.* Paris, 1807 à 1815, gr. in-fol., contenant 53 feuilles , y compris le tableau d'assemblage et la carte générale. (Brunet, n° 19720.)

1970. **CAUSSIN** (**Nicolas**). *Symbolica Ægyptiorum sapienta.* Paris, 1617, in-4°. (Grenoble, 26129.)

1971. **CAYLUS** (**Anne-Cl.-Phil.**, comte de), né à Paris en 1692, mort en 1765 ; membre de l'Académie des inscriptions. *Recueil d'antiquités égyptiennes, étrusques, etc.* Paris, 1752-67, 7 vol. in-4°, fig. — Nouvelle édit., Paris, 1761-67, 7 vol. in-4° , avec plus de 800 pl. (Bouillet. — Nyon, 20237. — Bachelin Deflorenne, 1870, 80 fr. — Jos. Baer, 1872, 125 fr.)

— *Des embaumements des Egyptiens;* inséré dans le *Recueil de l'Académie des inscriptions et belles-lettres,* en 1756, t. XXIII.

— *Sur deux édifices d'une seule pierre, transportés sur le Nil des carrières de l'Egypte, l'un à Sinaïs, l'autre à Butos,* inséré dans le même recueil, tome XXX, 1764.

— *Sur la porcelaine de l'ancienne Egypte ;* art. inséré dans le même recueil, tome XXXI, 1768. (Quérard.)

1972. **CHABAS** (**Fr.-Jos**.). *Une inscription historique du règne de Séthi Ier.* Châlon-sur-S. et Paris, 1856, in-4° , dessins et pl. (Vapereau.)

— *Le Papyrus magique Harris*, trad. analytique et commentée d'un manuscrit égyptien, avec tableau phonétique et glossaire. Châlon et Paris, 1861, in-4°, 10 pl. et 250 pp. (Vapereau. — Maisonneuve et Cie, 873.)

— *Mélanges égyptologiques.* Paris, Maisonneuve et Cie, 1862-1864-1870 (1re, 2e et 3e séries), planches. Publiés avec la collaboration de MM. Birch et Goodwin, de Horrack et Lefebure. (Vapereau.)

— *Les Papyrus hiératiques de Berlin, « récits d'il y a quatre mille ans »,* avec un Index. Paris, 1864, 2 pl. et 94 pp. (Maisonneuve, 1873.)

— *Revue rétrospective à propos de la publication de la liste royale d'Abydos.* Châlon, 1865, in-8, 2 suites, et 72 pp.

— *Notes sur la collection égyptienne de Bologne;* ins. dans le fasc. I, 1870, de la *Revista bolognese di scienze e lettere.*

— *Etudes sur l'antiquité historique d'après les sources égyptiennes et les monuments réputés préhistoriques.* Paris, de Maisonneuve, 1872, in-8 de 500 pp. , 7 pl. et nombreuses fig. dans le texte. Le *Journal de Genève*, janv. 1873, donne sur cet ouvrage un article analytique , par M. Ed. Naville. Prix : 26 fr. (*Journal de la librairie*, Feuill., 1872, p. 1219.)

Dans ses *Etudes sur l'antiquité...* l'auteur a voulu établir l'antiquité historique des peuples européens qui ont été en rapport avec les Egyptiens et les Phéniciens ; il démontre que ces peuples connaissaient les métaux et la navigation ; qu'ils étaient déjà parvenus à une civilisation avancée, vingt siècles avant Jésus-Christ.

— *Etudes sur l'antiquité historique, d'après les sources égyptiennes et les monuments réputés préhistoriques.* Deuxième édition, revue et augmentée, avec 6 planches et 260 fig. dans le texte. Paris, Maisonneuve et Ce, 1873, in-8 de VIII-606 pp., 25 fr.

Contient : La chronologie égyptienne. — Les métaux chez les Egyptiens. — Outils des anciens Egyptiens. — Sur les nations connues des anciens Egyptiens. — Usage des armes et outils de pierre chez les anciens Egyptiens. — Le chameau chez les Egyptiens. — Le cheval chez les Egyptiens. — Quelques observations sur les stations considérées comme préhistoriques. (*Journal de la librairie*, Feuilleton.)

— *Traduction complète des inscriptions hiéroglyphiques de l'obélisque de Louqsor, place de la Concorde à Paris.* Paris, 1868, in-8 de 13 pp., 1 pl. (*Journal de la librairie.*)

— *Les Inscriptions des mines d'or. Dissertation sur les textes égyptiens relatifs à l'exploitation des terrains aurifères du désert de Nubie, enrichie du texte hiéroglyphique de l'inscription de Kouban et d'une carte égyptienne antique des mines d'or.* Paris, 1862, in-4° de 36 pp. (Maisonneuve et Ce, 1873.)

— *Mémoire sur une patère égyptienne du Musée du Louvre*, par S. Birch, trad. de l'anglais par Chabas. Paris, 1858, in-8 de 74 pp. (Maisonneuve et Ce.)

— *Le Cèdre dans les hiéroglyphes.* Paris, 1861, in-8 de 7 pp. (Maisonneuve et Ce.)

— *Voyage d'un Egyptien en Syrie, en Phénicie, en Palestine, etc., au XIVe siècle avant notre ère, traduction analytique d'un papyrus du British Museum.* Paris, 1866, in-4°, pl., 418 pp.

Ouvrage important de l'ancienne littérature égyptienne et tiré à 150 exempl. (Vapereau. — Maisonneuve et Ce.)

— *Réponse à la critique du voyage d'un Egyptien, de M. Brugsch.* Paris, 1868, in-4° de 104 pp. (Maisonneuve et Ce.)

— *Lettre au directeur de la France littéraire, au sujet des discussions soulevées par la publication de la table royale d'Abydos.* Lyon, 1865, in-8 de 27 pp. (Maisonneuve et Ce.)

— *Sur les papyrus hiératiques*, par W. Goodwin, trad. par Chabas. Paris, 1860-61, 2 broch. in-8. (Maisonneuve et Ce.)

— *Trois articles de polémique à propos de la publication de la nouvelle table royale d'Abydos.* Paris, 1865, in-8 de 64 pp. (Maisonneuve et Ce.)

— *Recherches pour servir à l'histoire de la XIXe dynastie, et spécialement à celle des temps de l'Exode.* Paris, 1873, in-4° de 176 pp., 15 fr.

1973. **CHABRAND**, colonel. *Les Français en Egypte, ou Souvenirs des campagnes d'Egypte et de Syrie*, par un officier de l'expédition d'Egypte. Recueillis et mis en ordre par J.-J.-E. Roy. Tours, 1855-56-57; 1861, in-8. — Autres édit. 1868; — 1872. (*Supercheries littér.*, tome II, col. 1290.)

1974. **CHAMPOLLION-FIGEAC.** *Annales des Lagides, ou Chronologie des rois grecs de l'Egypte, successeurs d'Alexandre le Grand.* Paris, 1819, 2 vol. in-8, planches.

Cet ouvrage fut suivi d'un *Supplément*, répondant aux nombreuses critiques. Paris, 1820, in-8 de 64 pp. (Vapereau. — Brunet.)

— *L'Egypte ancienne et moderne.* Paris, 1839-1840, in-8, 98 pl. Ouvrage faisant partie de la collection de l'*Univ. pittoresque.* (Vapereau. — Daremberg, 1873, 4 fr.)

— *Explication de la date égyptienne d'une inscription grecque tracée sur le colosse de Memnon à Thèbes.* Paris, 1819, in-8, planches. (Quérard. — *Catal. des Accroiss.*, tome II, 4, p. 50.)

— *Eclaircissements histor. sur le papyrus grec trouvé en Egypte, et connu sous le nom de contrat de Ptolémaïs.* Paris, Faujat (vers 1821), in-8 de 44 pp. Cette broch. n'a été publiée qu'à 50 exempl., pour répondre à une critique de Champollion. (Quérard.)

— *Notice sur un papyrus grec et sur une inscription égyptienne et grecque du musée roy. égyptien de Turin.* In-8. Extrait de la *Revue encyclopédique*, juin, 1824. (Grenoble, n° 26144.)

— *Notice sur une momie égyptienne du temps d'Hadrien, déposée au Musée royal égyptien de Turin.* Paris, 1824, in-8 de 4 pp., 1 pl. Extrait du *Bulletin universel des sciences.* (Quérard.)

— *Notice sur un sarcophage royal nouvellement découvert en Egypte, et transporté de Thèbes à Paris.* Paris, 1833, in-8. (Grenoble, 26280.)

— *L'Obélisque de Louqsor transporté à Paris. Notice historique*, etc., avec la figure de l'Obélisque et l'interprétation de ses inscriptions hiéroglyphiques, d'après les dessins et les notes manuscrites de Champollion le jeune. Paris, 1833, in-8 de 120 pp., 3 pl. Il a été fait une traduction allemande de ce travail. Leipzig, 1834, in-8. (Bourquelot. — Brunet, n° 29472.)

— *Notice sur deux papyrus égyptiens en écriture démotique et du règne de Ptolémée Epiphane-Eucharistе.* Extrait du *Journal asiatique.* Paris, 1823, in-8, 1 planche. (Quérard.)

— *Observations sur les Annales des Lagides*, supplément, par Saint-Martin. Paris, impr. royale, 1820, in-8 de 40 pp. (Quérard.)

— *Notices chronologiques sur les dynasties égyptiennes de Manéthon;* impr. à la suite des *Lettres à M. le duc de Blacas*, par *Champollion le jeune.* (Quérard.)

— *Fourrier et Napoléon; l'Egypte et les cent jours. Mémoires et documents inédits.* Paris, 1844, in-8 de 376 pp., 1 pl. (Bourquelot.)

— *Nouvelles recherches sur la mort d'Alexandre le Grand et sur la Chronologie des Ptolémées, ou Examen critique de l'ouvrage d. M. Champollion Figeac: « Annales des Lagides »*, par J.-A. Saint-Martin. Paris, 1820, gr. in-8 de v-124 pp.

1975. CHAMPOLLION-LE-JEUNE. *Monuments de l'Egypte et de la Nubie. Notices descriptives conformes aux manuscrits autographes, rédigés sur les lieux, par Champollion le jeune, publiées sous la direction de M. le vicomte de Rougé.* Paris, 1844-1874, 5 vol. in-4°. Ouvrage en cours de publication. Prix de chaque volume, 75 francs.

— *Les Monuments de l'Egypte et de la Nubie, considérés dans leurs rapports avec l'histoire, la religion et les usages civils et domestiques de l'ancienne Egypte, décrits d'après les recherches faites dans ces contrées durant les années 1828 et 1829 par les deux commissions scientifiques française et toscane;* par MM. Champollion le jeune et H. Rosellini (Prospectus). Paris, 1831, in-8. L'ouvr. qui devait paraître en 2 langues (italienne et française) et avoir 10 vol. de texte et 400 pl., n'a pas été publié ainsi; mais il a paru en partie sous le titre suivant:

— *Lettres écrites d'Egypte et de Nubie en 1828 et 1829. Collection complète, accompagnée de trois Mémoires inédits et planches.* Paris, 1833, in-8 de 484 pp., 6 pl. Ces lettres ont été publiées par Champollion-Figeac. — Nouvelle édition. Paris, 1868, in-8. On y trouve un portrait auth. de Sésostris.

— *Monuments de l'Egypte et de la Nubie, d'après les dessins exécutés sur les lieux sous la direction de Champollion le jeune, et les descriptions autographes qu'il en a rédigées; publiées sous les auspices de M. Guizot et de M. Thiers, ministres.* Paris, 1835-1845, 4 vol. gr. in-8, 400 pl. (*Catalogue des Accroissements.* — Grenoble, n° 28761. — Bourquelot.)

— *Exposé des progrès des études égyptiennes, lu à la séance publique de la Société asiatique.* Paris, 1828, in-8.

— *Panthéon égyptien. Collection des personnages mythologiques de l'ancienne Egypte*

d'après les monuments, avec un *texte explicatif.* Paris, 1827-1831, in-4°, planches. — Il n'y a eu que 15 livraisons de publiées, la mort de l'auteur étant survenue dans les entrefaites. L'ouvrage devait avoir 2 vol. et 200 pl. (Bourquelot. — Grenoble, n° 26134.)

— *L'Egypte sous les Pharaons, ou Recherches sur la géographie, la religion, la langue, les écritures et l'histoire de l'Egypte avant l'invasion de Cambyse.* Grenoble et Paris, 1814, 2 vol. gr. in-8, 1 carte. (Grenoble, n° 22270. — Brunet.)

— *L'Egypte sous les Pharaons.* L'introduction de cet ouvrage a été imprimée à Grenoble en 1811, et tirée à part au nombre de 30 ex., lesquels contiennent un tableau synonymique des noms cophtes, grecs et vulgaires des villes de l'Egypte, tableau qui ne se trouve que là.

— *Notice sur l'ouvrage de M. Champollion le jeune, intitulé: L'Egypte sous les Pharaons, etc.* Paris, 1811, in-8 de 8 pp. Extrait du *Moniteur* de 1811, n° 211. (Quérard.)

— *Rapport à S. E. M. le duc de Doudeauville sur la collection égyptienne nouvellement acquise par l'ordre de Sa Majesté, à Livourne.* Extrait du *Bulletin universel des sciences et de l'industrie.* Paris, 1826, in-8 de 24 pp. (Grenoble, 26148. — Quérard. — Bourquelot.)

— *Deux lettres à M. le duc de Blacas d'Aulps, etc., relatives au Musée royal égyptien de Turin. Monuments historiques* (avec des notices chronologiques sur les dynasties égyptiennes de Manéthon, par Champollion-Figeac). Paris, 1824-26, 2 part. in-8 et atlas in-4° de 17 pl. Il a été publié depuis, du même Champollion, une 3ᵉ Lettre à M. le duc de Blacas sur le système hyéroglyph. de Spohn et Seyffarth. Florence, 1826, in-8. (Quérard.)

— *Lettre à M. Letronne sur l'expression phonétique des noms de Pétémenon et de Cléopâtre, dans les hiéroglyphes de la momie rapportée par M. Cailliaud.* Paris, 1824, in-8 de 8 pp. Imprimée d'abord à la suite des *Observations sur les représentations zodiacales*, de M. Letronne. (Quérard.)

— *Lettre à M. Z***, en réponse à M. Lanci.* Rome, 1826, in-8. (Quérard.)

— *Obélisque égyptien de Paris, d'après les dessins faits à Louqsor, en 1829.* Paris, 1836, in-pl. d'une feuille. (Bourquelot.)

— *Notice descriptive des monuments égyptiens du Musée Charles X. Seconde division.* Paris, 1827, in-12 de 168 pp. (Bourquelot.)

— *Rapport à M. le duc de Doudeauville sur la collection des monuments égyptiens provenant de M. Salt.* Paris, 1828, in-8. (Bourquelot.)

— *Lettres écrites d'Egypte en 1838 et 1839,*
cont. *des observations sur divers monuments
égyptiens nouvellement explorés et dessinés par* Nestor L'Hôte, *avec des remarques
de M. Letronne.* Paris, 1840, in-8, 63 pl.
(Brunet.)

— *Catalogue de la collection égyptienne du
Louvre.* Paris, 1827, in-12. (Bourquelot.)

— *Explication de la principale scène peinte
des papyrus funéraires égyptiens.* Paris,
1826, in-8 de 12 pp. Extrait du *Bull. univ.
des sciences.*

— *Explication d'une stèle égyptienne représentant un Sésostris enfant.* Livourne,
1826, in-8, planche.

— *Catalogue des papyrus égyptiens du musée du Vatican.* Rome, 1826, in-4°, 3 pl.
(Publié en italien avec préface d'Aug. Maï,
imprimé aux frais du pape). Ce catalogue a
été trad. en allemand l'année suivante, par
Kosegarten. Leipzig, in-4°. (Quérard.)

— *Notice sur la collection Drovetti.*

— *Notice sur le papyrus hiératique et les
peintures du cercueil de Pétaménoph.* Extrait du *Voyage à Méroé,* de Cailliaud. Paris,
1827, in-8.

— *Description d'un tombeau découvert par
Selloni.*

1977. **CHANLAIRE** (**P.-Gabriel**), né en
1758, mort à Paris en 1817, géographe. *Carte
d'Egypte, avec la carte particulière du
Delta.* (Quérard.)

1978. **CHANUT**, professeur d'histoire. *Campagne de Bonaparte en Egypte et en Syrie,
écrite sous la dictée d'un officier de la 32ᵉ
demi-brigade.* Paris, 1832, in-18. — 3ᵉ édit.
Paris, 1834, in-18 de 108 pp. Bibliothèque populaire à 30 centimes. (Bourquelot.)

1979. **CHEVALIER** (**Alexis**). *La Civilisation égyptienne d'après les découvertes les
plus récentes.* Paris, Douniol, 1872, in-8 de
84 pp. Extrait du *Correspondant.*

1980. **CHEVALIER** (**Nic.**), de Sédan, anti-
quaire. *Recherches curieuses d'antiquités
reçues d'Italie, de Grèce et d'Egypte, etc.*
Utrecht, 1709, in-fol., fig. Réimpression augmentée de la Description de la chambre des
raretés de la ville d'Utrecht. Utrecht, 1707,
fig. (Quérard.)

1981. **CHOIX** *des monuments les plus remarquables des anciens Egyptiens, Grecs,
Romains, etc.,* contenant 234 planches avec
leurs explications. Rome, 1785 et 1789, 2 vol.
in-fol. Très-mauvaise composition. (Brunet.)

1982. **CLARKE** (**Edw.-Daniel**), professeur
de minéralogie et voyageur anglais, mort

en 1822. *Travels in various countries of Europa, Asia and Africa.* Cambridge and London, 1810-23, 6 vol. gr. in-4°, fig. Relation
estimée; le tome 2 comprend la Grèce, l'E-
gypte et la Terre-Sainte. (Brunet.)

1983. **CLÉOPATRE** *d'après l'histoire* (par
J.-Fr. Marmontel).... S. l., 1750, in-12 de 118
pages. (Grenoble, n° 22273.)

— *La Vita di Cleopatra, reina d'Egitto,* per
Giulio Landi. Vineggia, 1551, in-8. — Paris,
1788, in-12. — On a une traduction française
de ce livre, par B. Barrère. Paris, 1809, in-18.
(Brunet.)

1984. **CLOT-BEY** (**A.-B.**). *Le Dr Clot-Bey,
sa vie et ses travaux en Egypte,* par Henri
Thiers. Paris, 1868, in-8 de 32 pp. et portr.
Extrait de la *Revue populaire.*

— *Méhémet-Ali, vice-roi d'Egypte.* Marseille,
1862, in-8.

— *Aperçu général sur l'Egypte,* par Clot-
Bey. Paris et Marseille, 1840-1842, 2 vol.
in-8, 1 portr. et 5 cartes. (Brunet, 28386.)
M. Saint-Marc Girardin fit paraître dans
la *Revue des Deux-Mondes,* 1840, un article
intitulé : *Méhémet-Ali. Aperçu général sur
l'Egypte,* par Clot-bey.

1985. **COMBES** (**Edm.**), voyageur, né à
Castelnaudary, en 1812. *Voyage en Egypte
et en Nubie, etc.* Paris, 1846; 2 vol. in-8.
(Brunet, n° 20804. — Catal. des *Accroissements,* VIII, p. 82.)

1986. **CONQUÊTES** *des Français en Egypte,*
contenant la description géographique, le
tableau des mœurs et coutumes des peuples
anciens qui ont habité ce pays. An VII, in-8.
(Bourquelot.)

1987. **CONSTANTIOS** (**Constantin**), ex-
patriarche de Constantinople, né en 1770; en
1798 il visita l'Egypte et le mont Sinaï, dont
il fut évêque en 1805. On cite de lui un *Essai
historique et descriptif sur l'Egypte.* (Vapereau.)

1988. **CORBAUX** (**Miss Fanny**), artiste et
écrivain anglaise, née en 1812. On a d'elle
des : *Questions d'archéologie hébraïque et
égyptiennes.* (Vapereau.)

1989. **CORNILLE** (**Henry**). *Souvenirs d'O-
rient : Constantinople, Grèce, Jérusalem,
Egypte,* 1831, 1832 et 1833. Paris, 1833, in-8.
— Réimpr. en 1836. (Bourquelot.)

1990. **CORRESPONDANCE** *interceptée de
Bonaparte et de son armée en Egypte,
avec l'introduction de l'éditeur anglais.*
Hambourg, 1799, in-8. (Quérard.)

1991. **COSTAZ** (**le baron L.**), né en 1767,
membre de l'Institut d'Egypte. *Mémoire sur
l'agriculture, sur plusieurs arts et sur plu-*

sieurs usages des anciens Egyptiens. Description des tombeaux des rois; inséré dans le grand ouvrage sur l'Egypte. (Quérard.)

1992. **CRESTIN** (Sim.), né en 1744, tué à la bataille d'Aboukir. Il fut appelé à l'expédition d'Egypte par Napoléon. Il fit construire le fort d'Alexandrie à qui l'empereur donna le nom de *Crestin*. Il n'a laissé aucun imprimé, mais les archives du génie au ministère de la guerre, possèdent de lui un grand nombre de *Mémoires*, de *Plans* et de *Cartes*. (Bourquelot.)

1993. **DALTON** (Richard). *Antiquities and views in Græce and Egypt, with the manners and customs of the inhabitants from drawings made in the spot.* London, 1791, gr. in-fol., 21 pl. chiffrées et 54 non chiffrées, assez mal exécutées. (Brunet.)

1994. **DAMAS** (le comte **Fr.-Et. de**), général et pair de France, né à Paris en 1764, mort en 1828. *Rapport fait au gouvernement français des événements qui se sont passés en Egypte depuis la conclusion du traité d'El-Arych , jusqu'à la fin de prairial an* VIII (1800). Au Kaire, de l'imprim. nationale, an VIII (1801), in-4°. (Brunet, n° 8764. — Quérard.)

1994 bis. **DANDOLO** (Emilio). *Viaggio in Egitto, nel Sudan, etc.* Milano, 1854, in-4°. (Catal. Ste-Beuve, 2ᵉ partie, n° 491.)

1995. **DANTAL** (P.), né en 1781, mort en 1820. *Abrégé de l'histoire d'Egypte.* Lyon, 1809, in-12. (Quérard.)

1996. **DAVESIÈS** (Lucien). *Mohammed-Ali ;* article inséré dans la *Revue des Deux-Mondes*, 1835. (Bourquelot.)

1997. **DELISLE DE SALES** (J.-B.-Cl.-Is.). *Histoire des Egyptiens sous les Pharaons ;* 3 vol. Ouvrage faisant partie de l'*Histoire universelle de tous les peuples du monde, ou Histoire des hommes.* Paris, 1781 et ann. suiv., 52 vol. in-12, et 3 vol. d'atlas in-4°, plus 111 planches. Peu estimé. (Quérard.)

1998. **DENON** (le baron **Dom. Vivant**), né en 1747, mort en 1825. *Voyage dans la Haute et Basse-Egypte pendant les campagnes du général Bonaparte.* Paris, an IX (1802), 2 vol. gr. in-fol., avec 141 pl. (Brunet.)

— Le même ouvrage, an X (1802), in-4°, et atlas in-fol. atlantique. (Grenoble, 10653. — *Journal de la librairie*, Feuill., en 1870, au lieu de 200 fr., net 20 fr.)

— Idem, Paris, 1802, 3 vol. in-12. (Boucher de la Richarderie, 1826, n° 945.)

— Edition augm. d'une *Notice sur l'auteur*, par Tissot. Paris, 1829, 2 vol. in-8 et atlas

in-fol., fig. (Lanctin, 1873, 1/2 reliure, 60 fr.) — Londres, 1802, 2 vol. in-4° et 1 vol. de pl. Edition recherchée pour le texte. (Brunet.)

— *Reisen durch Ober u. Unter-Ægypten wahr Bonaparte's Feldzügen.* Berlin, 1803, 2 vol. in-8, grav. et cart. (Dʳ Schubert. — Van Hulthem, n° 15023.)

— Une traduction italienne de cet ouvrage a été publiée à Florence, 2 vol. in-fol., et 141 pl.; il existe aussi une traduction anglaise. (Brunet.)

L'on sait que Denon accompagna Bonaparte en Egypte.

1999. **DESCRIPTION** ou *Recueil des observations et des recherches qui ont été faites en Egypte pendant l'expédition de l'armée française* (publié sous la direction de Jomard, de l'Institut). Paris, imprim. royale, 1809-1813, et impr. roy., 1818-28, 10 vol. in-fol. de texte et 12 vol. in-fol. atlantique de planches.

Edition originale de ce magnifique ouvrage exécutée aux frais de l'état. Chaque exemplaire se vendait 4,000 fr. en papier ordinaire, et 6,000 fr. en papier vélin. Aujourd'hui ils ne coûtent que de 800 fr. à 1000 fr. au plus.

Ce recueil comprend : 1° *Antiquités - Descriptions*, 2 vol. — 2° *Antiquités - Mémoires*, 2 vol. — 3° *Etat moderne*, 2 vol. — 4° *Histoire naturelle*, 2 vol. Plus : une Préface et deux avertissements, etc. Les planches sont au nombre de 894, non compris 31 que contiennent les volumes du texte.

Voir pour plus de détails bibliographiques le *Manuel du libraire*, col. 616 et 617, tome II.

Une 2ᵉ édition. Paris, 1820 à 1830, 24 tomes en 26 vol. in-8, et 12 vol. in-fol. de planches.

— *Collezione di monumenti architettonici egiziani, ossia la Grand'opera sull'Egitto, ridotta a semplici contorni con brevi illustrazioni.* Roma, in-fol. obl., 182 pl.

2000. **DESJARDINS** (Ernest), professeur et historien français, né en 1823. Voyagea en Egypte. *Les Découvertes de l'Egyptologie française , les missions et les travaux de M. Mariette;* article inséré dans la *Revue des Deux-Mondes*, 15 mars 1874. M. E. Renan avait déjà donné en avril 1865, dans la même revue, un premier article sur M. Mariette et ses travaux égyptologiques.

— *Les Découvertes de l'égyptologie française.* Paris, A. Detaille, 1874, gr. in-8, 2 fr.

2001. **DEVÉRIA** (Théod.), ancien conservateur adjoint du musée égyptien du Louvre. Articles sur l'archéologie égyptienne, insérés dans la *Zeitschrift für ægyptische sprache und alterthumskunde*, 1870, etc.

— *La Nouvelle table d'Abydos comparée aux autres listes royales de l'ancienne Egypte.* Paris, 186., in-8. Extrait de la *Revue archéologique.* (*Revue orient. et améric.*, X, p. 64.)

— *Catalogue des manuscrits égyptiens écrits sur papyrus, toile, tablettes et ostraca, en caractères hiéroglyphiques, hiératiques, démotiques, grecs, coptes, arabes et latins, qui sont conservés au musée égyptien du Louvre.* Paris, 1872, in-12 de 276 pp., 1 fr. 50.

2002. **DEVISMES (Anne-Pierre-Jacq.).** *Nouvelles recherches sur l'origine et la destination des Pyramides d'Egypte...*, par A. P. J. D. M. Paris, 1812, in-8 de IV-151 pp. Voir aussi nº 1602. (*Supercheries littér.*, I, col. 371.)

2003. **DIDOT (Ambr.-Firmin)**, libraire, né à Paris, en 1790. *Notes d'un voyage fait dans le Levant*, 1816 et 1817 (sur Constantinople, l'Asie mineure, l'Egypte, etc.). Paris, 1826, in-8. (Quérard.)

2004. **DIGEON (J.-M.)**, orientaliste, correspondant de l'Académie des inscriptions, né vers 1730, mort vers 1812. *Nouveaux contes turcs et arabes, précédés d'un abrégé chronol. de l'histoire de la maison ottomanne et du gouvernement de l'Egypte, etc.*, trad. du turc. 1781, 2 vol. in-12. (Quérard.)

2005. **DIODORE DE SICILE**, historien grec du Iᵉʳ siècle avant l'ère chrétienne. Les 5 premiers livres de sa *Bibliothèque historique*, traitent de l'Egypte, l'Assyrie, et des premiers temps de la Grèce. (Bouillet.)

2006. **DONA (Abrah.**, Burggraf zu). *Wunderliche Ausführung der Israeliten auss Egypten.....* (Francfort-sur-l'Oder), 1657, in-4º.

— *Die Plagen Ægyptie bey der Wunderlichen Ausführung des Volks Gotts.* Francfort, 1647, in-4º. (Dʳ Schubert.)

2007. **DORIGNY (Pierre-Adam)**, né à Reims en 1697, mort en 1774. *Dissertation où l'on examine quelques questions appartenantes à l'histoire des anciens égyptiens.* S. l., 1752, in-12 de 23-31 et 33 pp. (Quérard.)

— *L'Egypte ancienne, ou Mémoires historiques et critiques sur les objets les plus importants de l'histoire du grand empire des Egyptiens.* 1765, 2 vol. in-12. (Quérard.) Dorigny s'est occupé aussi d'une Histoire du grand empire des Egyptiens, depuis l'époque de sa fondation jusqu'à celle de son entière ruine, ouvrage resté inédit. (Quérard.)

2008. **DOROW (H.)**, conseiller de cour du roi de Prusse.

— Avec M. **Klaproth**: *Collection d'antiquités égyptiennes*, recueillies par le chev. de Pahlin, publiées par M. Dorow et Klaproth en 33 planches, plus une 34ᵉ pl., etc.. précédée d'observations crit. sur l'alphabet hiéroglyphique découvert par Champollion le jeune, et sur le progrès fait jusqu'à ce jour dans l'art de déchiffrer les anciennes écritures égyptiennes, avec 2 planches, par J. Klaproth. Paris, 1829, in-fol. (Brunet.)

2009. **DRAHÉRY (Khalyl ben Schahyne-al-)**, ou **Aldhahéry**, est auteur d'un livre écrit en arabe sous le titre d'*Exposition exacte des provinces et description des chemins et des rues*, en 40 livres ou chapitres, dont il a fait depuis un abrégé en 12 livres, sous le titre: *La Crème de l'exposition des provinces.* Volney a donné dans son *Voyage en Egypte et en Syrie* une Notice détaillée sur ce curieux ouvrage. Sacy a donné un fragment du 1ᵉʳ livre dans sa *Chrestomatie arabe.* Drahéry fut gouverneur d'Alexandrie, puis inspecteur des monnaies au Caire.

Son ouvrage a été publié dans le XVᵉ siècle. (Peignot.)

2010. **DUBOIS (L.-J.-J.)**, dessinateur et antiquaire. *Catalogue d'antiquités égyptiennes grecques, etc., collection de Grivaud de la Vincelle.* Paris, 1820, in-8.

— *Choix de pierres gravées antiques, égyptiennes et persannes, recueillies pendant un voyage au Levant, en 1815; précédé d'observations sur l'étude de ces antiquités.* — Paris, 1817, in-4º. Il n'a paru de cet ouvrage qu'une 1ʳᵉ livraison.

— *Catalogue d'antiquités égyptiennes, grecques, etc.; collection du comte de Choiseul-Gouffier.* Paris, 1818, in-4º. (Quérard.)

2011. **DUBOIS-AYMÉ**, membre de l'Institut d'Egypte. *Mémoires sur quelques parties de l'Egypte.* Livourne, 1814, in-8. (Claudin, en 1873.)

— *Mémoire sur les tribus arabes des déserts de l'Egypte;* inséré dans la *Description de l'Egypte.* (Quérard.)

— *Recherches sur les antiquités judaïques, ou Examen critique d'une notice sur le séjour des hébreux en Egypte et leur fuite dans le désert;* inséré dans la *Description de l'Egypte.* Lyon et Paris, 1830, in-8. (Grenoble, nº 22266.)

2012. **DU CAMP (Maxime)**, littérateur et artiste français, né à Paris en 1822. Voyagea en Egypte. *Egypte, Nubie, Palestine et Syrie*, dessins phot. recueillis pendant les années 1819, 1850 et 1851, et accompagnés d'un texte explicatif. Paris, Gide, 1852-54, 2 vol. in-fol., 125 pl. (Brunet.)

— *Le Nil, ou Lettres sur l'Egypte et la Nubie.* Paris, 1854, in-12. — 1860, in-12. (Vapereau. — Wolff.)

2013. **DUEMICHEN** (Dr **Johs.**). *Altägyp-tichen tempelinschriften* (Inscriptions égyp-tiennes antiques), etc. Leipzig, 1867. (*Revue bibliographique*, tome II, 1868, p. 17.)

— *Der Ægyptische Felsentempel von Abu-Simbel und seine Bildwerke und Inschrif-ten.* Berlin , 1869, gr. in-8.

— *Die Flotte einer ægyptischen Königin aus dem 17 Jahrhundert...* (La Flotte d'une reine égyptienne du XVIIe siècle avant no-tre ère, et des soldats de l'ancienne Egypte en grande tenue, sur un monument du même temps, etc.). Leipzig, 1868 , gr. in-4° de III-22 pp. de texte et 33 pl. (*Revue bibliogr.* , 1869, tome III, n° 1504.)

2014. **DUFEU** (A.), membre de l'Institut égyptien, etc. *La Mer de glace et les Py-ramides de Gizeh.* Paris (1869), in-fol. de 15 pp.

— *Découverte de l'âge et de la véritable des-tination des quatre pyramides de Gizeh , principalement de la grande pyramide :* renfermant des repères chronologiques et scientifiques pour fixer la date de la construc-tion , déterminer l'époque de la fondation de la monarchie des Pharaons, constater la connaissance des anciens Egyptiens en astro-nomie, en géodésie, en hydrologie, en géo-graphie, en géologie, et réglementer les al-luvions de la vallée du Nil pour l'améliora-tion de son agriculture. Paris, 1873, in-8 de LVIII-336 pp. (*Journal de la librairie.*)

2015. **DULAURIER** (J.-P.-L.-Fr.-Ed.), orientaliste français , membre de l'Institut, né en 1807 ou 1812. *Notice sur les princi-pales stèles funéraires égyptiennes du Mu-sée de Toulouse ;* insérée dans les *Mémoires de la Société archéologique du midi de la France,* 1836. (Vapereau.)

2016. **DULK.** *La Civilisation de l'ancienne Egypte ;* 4 articles insérés dans *les Pays étrangers* (das Ausland), n°s 39 à 42, 1868.

2017. **DUPUY** (L.), secrétaire perpétuel de l'Académie des inscriptions. *Précis d'obser-vations sur quelques traits de l'histoire égyptienne ;* inséré dans la Collection des *Inscriptions et belles-lettres,* 1768, t. XXXI. (Quérard.)

2018. **EBERS** (Friv.-Doc. Dr Geo.). *Ægyp-ten u. die Bücher Mose's sachlicher com-mentar zu den ægypt. stellen in Genesis u. Exodus* (l'Egypte et les livres de Moïse. Commentaire des passages de la Genèse et de l'Exode qui ont rapport à l'Egypte). Leip-zig, 1868, gr. in-8 de XVI-360 pp. (*Revue bi-bliogr.*, tome II, 1868, p. 83.)

2019. **EGGER** (A.-E.), né à Paris en 1813 , membre de l'Institut de France. *L'Egypte*

moderne et l'Egypte ancienne à propos d'une visite au parc égyptien du Champ de Mars. Paris, 1868, in-12 de 52 pp., 25 cent. (*Revue bibliogr.*, 1868, tome I, p. 13.)

2020. **EGMONT** (J. Ægid-van). *Voyage en Europe , au Levant et en Egypte* (en anglais: Travels through part of Europe, etc.; transl. from the dutch). London, 1759, 2 vol. in-8. (Brunet, 19922.)

2021. **EICHTHAL** (Gust. d'), né à Paris en 1804. *La Sortie d'Egypte, d'après les récits combinés du Pentateuque et de Manéthon, son caractère et ses conséquences historiques. Fragment d'un ouvrage intitulé : Annales mosaïques.* Paris , 1872, in-4° de 82 pp., 1 carte. (Maisonneuve et Ce.)

2022. **ERATOSTHÈNE** , natif de Cyrène, l'an 276 av. l'ère chrét., fut bibliothécaire d'Alexandrie et mourut l'an 194 av. J.-C. Il laissa une carte générale, qui fut longtemps l'unique base de la géographie ; il continua les recherches de Manéthon sur l'Egypte an-cienne, et dressa une *Chronologie des rois Thébains* , etc. (Bouillet.)

2023. **EXPÉDITION** de *Buonaparte en Egypte, ou Détails exacts des batailles et des combats livrés par les Français contre les Mamelouks et les Arabes,* etc. Paris, an VI, in-8. (Catal. Lefeld, 1873, n° 108.)

2024. **FÉNARDENT** (F.). *Collection de G. Demetrio. Numismatique. Egypte ancienne. Monnaie des rois.* Paris, 1869, gr. in-8, pl. (*Revue bibliogr.*, 1870, tome VI, p. 50.)

2025. **FITZ-CLARENCE** (lieut.-colonel). *Journal of a route across India , through Egypt to England , in the years 1817 and 1818.* London , 1819, gr. in-4°, 19 cartes et pl. color. (Brunet.)

2026. **FORTIA D'URBAN** (Aug.-Jos.). *L'Histoire scientifique et militaire de l'ex-pédition d'Egypte.* Paris, 1814. (Bourquelot.)

2027. **FOURMONT** (Et.), professeur de lan-gue arabe, et membre de l'Académie des ins-criptions , né en 1683 , mort en 1745. *Ré-flexions critiques sur l'origine, hist. et la succession des anciens peuples chaldéens, hébreux , phéniciens , égyptiens , jusqu'au temps de Cyrus.* Paris, 1735, 2 vol. in-4°.— Paris, 1747, 2 vol. in-4°, front. (Quérard.— Grenoble, 22233. — Nyon, 20138. — Claudin, en 1873, n° 3480, 10 fr.)

2028. **FOY-VAILLANT** (Dr Jean), célèbre numismate, médecin, membre de l'Académie des inscriptions , né en 1632, mort en 1706. *Historia Ptolemæorum Ægypt. regum , ad fidem numismatum accomodata.* Amsterd. , 1701, in-fol., fig. (Quérard.)

2029. **FRANKEN** (**Die**) *in Ægypten unter Bonaparte*, m. col. Kpf. u. Karte. Mannheim, 1798. (D' Schubert, 1870.)

2030. **FRÉRET** (**Nic.**). *Remarque sur le canon astronomique qui se trouve dans les mss. de Théon d'Alexandrie , et dans lequel la suite des rois de Babylone, de Perse et de l'Egypte , et des empereurs romains sont marquées par les années égyptiennes de l'ère de Nabonassar;* ins. dans le *Recueil de l'Académie des inscriptions ,* t. XXVII (1761).

2031. **FRESCOBALDI** (**L. di Nicc.**). *Viaggio in Egitto e in Terra Santa, etc.* Roma, 1818, in-8. (Brunet. — Catal. des *Accroiss.,* II, 4, p. 58.)

2032. **FRONT DE FONTPERTUIS** (**A.**). *L'Egypte et la Nubie;* article impr. dans la *Revue du Monde catholique ,* 25 sept. 1868.

2033. **GALLAND** (**A.**). *Tableau de l'Egypte pendant le séjour de l'armée française; suivi de l'état civil et militaire de l'armée d'Orient.* Paris, an XI (1803), an XIII (1804), 2 vol. in-8. (Marquis de Lescoet, nᵒ 1952. — Quérard. — Boucher de la Richarderie , nᵒ 1380.)

2034. **GALLES.** *Tableau de l'Egypte pendant le séjour de l'armée française, ouvrage où l'on traite des mœurs, usages et caractère des Egyptiens, etc.* Paris, 1804, 2 vol. in-8. (Bourquelot, tome II, p. 312.)
N'est-ce pas le même ouvrage que le précédent ?

2035. **GARRUCCIO** (**Gio.**). *Intorno i riti funebri degli Egiziani e sull'uso delle piramidi Memfitiche.* Napoli, 1852, in-8. (Catal. des *Accroiss.,* II, 2, p. 88.)

2036. **GAU** (**Fr.-Chr.**), architecte de Cologne, né en 1790, mort en 1854. Il alla explorer les monuments de l'Egypte et de la Nubie, et publia à son retour: *Antiquités de la Nubie , ou Monuments inédits des bords du Nil, situés entre la première et la seconde cataracte, dessinés et mesurés en 1819.* Stuttgart et Paris, 1821-1827, gr. in-fol. , 78 pl. (Catal. des *Accroiss.* , XII , 2, p. 29.)

— Autre édition, avec texte allemand. Stuttgart, 1820-1826, in-fol. (Brunet. — Quérard.)

2037. **GIBERT** (**Jos.-Balth.**), membre de l'Académie des inscriptions , né à Aix (Bouches-du-Rhône), en 1711, mort en 1771. *Lettre sur la chronologie des Babyloniens et des Egyptiens.* Amst., 1743, in-8. (Quérard.)

— *Observations sur différentes suites des rois d'Egypte ,* ins. dans les *Mémoires de l'Académie des inscriptions,* t. XIX (1753).

— *Observations sur l'obélisque interprété par Hermapion;* ins. dans les *Mémoires de l'Académie des inscriptions ,* tome XXXII (1770). (Quérard.)

2038. **CHABROL-DE-VOLVIC** (**le comte Gilbert-Joseph-Gaspard de**). *Essai sur les mœurs des habitants modernes de l'Egypte.* Paris , 1826, in-8. Extrait de la seconde édition de la *Description de l'Egypte.* (Quérard.)

2039. **GISQUET** (**Henri**), homme politique français, né en 1782, mort en 1866. Voyagea en Egypte, en 1844, et publia la relation de son voyage: *L'Egypte, les Turcs et les Arabes.* Paris, 1848, 2 vol. in-8. (Vapereau. — Wolff.)

2040. **GLIDDON** (**George**), consul des Etats-Unis au Caire , né dans le Devonshire, en 1809. Il ouvrit en Amérique, dans différentes villes, des cours publics sur les hiéroglyphes, et popularisa le nom de Champollion. Il a publié beaucoup de brochures sur l'Egypte ancienne et moderne , notoirement: *Otia Ægyptiaca.* Londres, 1846, in-8. (Vapereau.)

2041. **GOGUEL** (**Ed.**). *Les Juifs d'Egypte avant l'ère chrétienne.* Strasbourg , 1869, in-8 de 46 pp.

2042. **GORDON** (**Alex.**), écossais, secrétaire de la Société des antiquaires de Londres. On a de lui: *Essai sur les antiquités égyptiennes.* 1737 et 1739, in-fol. (Peignot.)

2043. **GOUIN** (**Ed.**). *L'Egypte au XIXᵉ siècle, histoire militaire , politique, anecdotique de Méhémet-Ali , Ibrahim-pacha , Soliman-pacha (colonel Selves), illustrée de gravures peintes à l'aquarelle , d'après les originaux de M. J.-A. Beaucé.* Paris, 1846-1848, in-8 jésus. (Bourquelot. — Delahays, en 1871, 2 fr. 50.)

2044. **GOULIN** (**Jean**), né à Reims en 1728, mort en 1799, conservateur de la Bibliothèque nationale de Paris. On a de lui une *Table de l'Egypte ancienne.* 1763.

2045. **GRANIER DE CASSAGNAC** (**Ad.**), publiciste et député , né en 1808. *Histoire du directoire.* Paris , 1863, 3 vol. in-8. On y trouve un passage sur le Prestige de l'expédition d'Egypte. (Delahays, en 1873, 4 fr. 50.)

2046. **GRASSET** aîné , conservateur de la bibliothèque et du musée de Varzy. *Antiquités égyptiennes.* Extrait du *Rapport,* nᵒ 20, de la *Société historique ,* etc. de Varzy. Nevers , in-8 de 20 pp. (*Journal de la librairie,* 1870.)

2047. **GREY** (**Will.**). *Journal of a visit to Egypt, Constantinople, the Crimea, Greece, etc., in the suite of the Prince and Prin-*

cess of Wales. London (1869), in-8 de vii-203 pp. (*Journal de la librairie*, 1870.)

2048. GUÉRIN DU ROCHER (P.-Mar.-Stan.), jésuite, professeur de droit can. en Pologne, né en Normandie, en 1731, mort en 1792. *Histoire véritable des temps fabuleux, dévoilés par l'histoire sainte.* Paris, 1777, 3 vol. in-8.

L'auteur cherche à y prouver que tout ce que l'on sait des Egyptiens, depuis Ménès jusqu'à la fondation de l'empire des Perses, n'est qu'un extrait altéré et défiguré des passages de l'Ecriture sainte qui regardent cette contrée. Cet ouvrage qui a été à la fin du dernier siècle le sujet d'une vive polémique, a été réimprimé, édition augmentée à Paris et à Besançon, en 1824, 5 vol. in-8. (Quérard.)

2049. GUIDE *pour une excursion dans l'Egypte ancienne et moderne, et au Canal de Suez.* Paris (1869), in-18 de iii-111 pp. et 4 cartes. (*Revue bibliogr.*, 1870, n° 412.)

2050. GUIGNES (Jos. de), orientaliste, membre de l'Académie des inscriptions. *Mémoire dans lequel, après avoir examiné l'origine des lettres phéniciennes et hébraïques, etc., on essaie d'établir que le caractère épistolaire, hiéroglyphique et symbolique des Egyptiens, se retrouve dans les caractères des Chinois, et que la nation chinoise est une colonie égyptienne;* inséré dans le *Recueil de l'Académie des inscriptions*, tome XXIX, 1764.

— *Mémoire dans lequel on prouve que les Chinois sont une colonie égyptienne.* Paris, 1759, in-8. — Autre édition, 1760, in-12. Cette opinion a été réfutée depuis. (Nyon, n° 21145. — Quérard.)

2051. GUIMET (Emile). *L'Ascia des Egyptiens;* publié dans les *Mémoires de la Société littéraire de Lyon*, et séparément à la suite de l'*Etude sur la dédicace des tombeaux gallo-romains de Martin-Daussigny.* Lyon (1873), in-8 de 7 pp.

2052. GUINAUMONT (Henri de), président de la première caravane partie de Marseille pour Jérusalem le 23 août 1853; il a publié le résumé de son voyage, sous le titre : *La Terre sainte, l'Egypte et la Nubie.* Paris, 1867, 3 vol. in-12. (*Revue bibliographique*, 1868, p. 88.)

2053. GUYON (l'abbé). *Histoire des empires et des républiques depuis le déluge jusqu'à Jésus-Christ, où l'on voit dans celles d'Egypte et d'Asie la liaison de l'histoire sainte avec la profane, etc.* Paris, 1733-41, 12 vol. in-12. (Nyon, 20137.)

2054. HAMAKER (H.-Ar.). *Incerti auctoris liber de expugnatione Memphidis et*

Alexandriæ, vulgo adscriptus Abou-Abdallæ Mohammedi Omari filio, Wakidæo, Medinensi; textum arabicum ex codice bibliothecæ L. B. descripsit, plurimisque vitiis purgatum edidit et annotationem adjecit H. Arens Hamaker. Leyde, 1825, in-4° de xvi-220 pp. de texte arabe.

Dans un article de Silvestre de Sacy, inséré dans le *Journal des savants*, 1827, se trouvent des corrections sur le texte de cet ouvrage. (Brunet, III, col. 432.)

2055. HAMILTON (Will.). *Remarks on several parts of Turkey; part. I. Ægyptica or some account of the ancient and modern state of Egypt, as obtained in the years 1801 and 1802.* London, 1809, in-4°, fig. (Brunet.)

Les planches de cet ouvrage, d'après les dessins de C. Hayes et au nombre de 25, forment un vol. in-folio.

2056. HAMMER PURGSTALL (Jos. de). *Copie figurée d'un rouleau de papyrus trouvé en Egypte.., expliqué.* Vienne, 1822, in-4°. (Bourquelot.)

2057. HAMONT (P.-N.), fondateur de l'Ecole vétérinaire d'Abou-Zabel, près le Caire, mort en 1848. *L'Egypte sous Méhémet-Ali, populations, gouvernement, institutions publiques, industrie, etc.* Paris, 1843, 2 vol. in-8. (Bourquelot.)

2058. HARTMANN (le Dr R.). *Etudes sur les peuplades du nord-est de l'Afrique;* art. ins. dans la *Zeitschrift für ethnologie* (Revue d'ethnologie), 1869 et 1870.

Le Dr Hartmann accompagnait le baron Adalbert de Baroim fils du prince H. Guill. Adalbert, lors de l'excursion de ce jeune seigneur en Egypte et en Nubie.

2059. HAWKS (L.-Francis), écrivain américain, né en 1798. On a de lui : *L'Egypte et ses monuments (Egypt and its monuments, or Egypt a Witness fort the Bible).* New-York, in-8. 2e édition, 1854, in-12. (Vapereau.)

2060. HENRICK (J.). *Ancient Egypt under the Pharaons.* London, 1850, 2 vol. in-8, fig. (Brunet, 22754.)

2061. HENRY (Dom.-M.-Jos.), littérateur français, né en 1798, conservateur de la bibliothèque de Perpignan. *Lettre à M. Champollion le jeune, sur l'incertitude de l'âge des monuments égyptiens et sur l'histoire physique, politique et religieuse de l'Egypte avant l'invasion de Cambyse.* Paris, 1828, in-8. (Quérard.)

M. Henry a aussi fourni des notes et des documents aux *Mélanges historiques* de Champollion-Figeac, tomes I, II et III. (Bourquelot.)

— *L'Egypte pharaonique, ou Histoire des institutions qui régirent les Egyptiens sous leurs rois nationaux.* Paris, 1846, 2 vol. in-8. — Paris, 1850, 2 vol. in-8. (Vapereau. — Bourquelot. — Brunet, 22754. — Wolff.)

Quérard, dans sa *France littéraire*, cite de cet auteur un *Voyage* inédit d'Amésis (égyptien) à Rome, sous le règne de Septime Sévère, pouvant former 3 vol. in-8.

2062. HERBIN DE HALLE (P.-Et.), né près de Nancy en 1772. *Conquête des Français en Egypte; ouvrage dans lequel on a joint à la description géogr., l'histoire des révolutions, le tableau des mœurs et coutumes des peuples anciens et modernes qui ont habité ce pays; des notes sur le commerce que l'Egypte fait annuellement, etc.* Paris, 1799, in-8, carte de Mentelle et Chanlaire. (*Supercheries littéraires*, tome III, col. 63.)

2063. HERMÈS TRISMÉGISTE (c'est-à-dire **Mercure trois fois grand**), le **Thoth** ou **Mercure des Egyptiens**, personnage fabuleux, que les Egyptiens et d'après eux les Grecs regardaient comme le père de toutes les sciences, le législateur et le bienfaiteur de l'Egypte. On lui attribuait l'invention de l'alphabet, de l'écriture, de la géométrie, de l'arithmétique, de l'astronomie, de la médecine. Il était aussi l'instituteur de la religion et des cérémonies, le créateur de la sculpture, de l'architecture, de la musique, enfin de tous les arts. On lui attribuait une foule d'ouvrages relatifs à la religion ou aux sciences, qui sont connus sous le nom de *Livres hermétiques*. Voir aussi n° 1579 *bis*.

2064. HÉRODOTE, natif d'Halicarnasse en 484 av. J.-C. Parcourut l'Egypte, l'Italie et la Grèce, et nous a transmis dans ses écrits la relation de ses voyages. L'*Histoire* écrite par Hérodote s'occupe accidentellement des Egyptiens.

2065. HERTZOG (Chr.). *Essai de mumiographie, ou plutôt Description exacte... d'une des plus... curieuses momies, etc.* Gotha, 1718, in-8. (Vincent, en 1871, n° 1039.)

2066. HOWEL (Thomas). *Observations on a passage to India through Egypt, also by Vienna... to Aleppo.* London, 1785, in-8. (Brunet, 20634.)

— *Voyage en retour de l'Inde par terre, suivi d'observations sur le passage dans l'Inde et l'Egypte et le grand désert, par James Capper* (trad. de l'anglais par Théophile Mandar). Paris, an v, in-4°. (Quérard. — Grenoble, 19486.)

2067. HUMBOLDT (Fréd.-H.-Alex.), baron de), savant et voyageur, né en 1769 à

Berlin, mort en 1859. *Bericht ü. die Reisen Ehrenberg's u. Hemprich's durch Ægypten, etc.* 1820-1825. Berlin, 1826, in-4°. (D' Schubert, 1870.)

2068. HUMPHREYS (Henri-Noel). *The Origin and progress of the art of writing. a connected narrative of the development of the art in Egypt, China, Mexico, etc., and its subsequent progress to the present day. Illustrated by a number of specimens of the writings of all ages.* London, 1853, in-4° de 176 pp. (Brunet.)

2069. IBN-HAJAR-EL-HAFEDH-SCHAHAB et **SCHAHAB-ED-DYNE**. On a de lui une *Histoire des princes qui ont régné en Egypte depuis l'introduction du mahométisme.* Un exempl. de cet ouvrage se trouve à la Bibliothèque nationale de Paris. (Peignot.)

2070. JABLANSKI (I.-Ern.). *Opuscula quibus lingua et antiquitas Ægyptiorum, etc., illustrantur,* ed. T. Water. Lugd.-Batav., 1804-1813, 4 vol. in-8. (Brunet. — Darember_, n° 3314, 16 fr.)

— *De Memnone Græcorum et Ægyptiorum hujusque celeberrima in Thébaïde statua dissertatio.* Francofurti ad Viadrum, 1753, in-4°, fig. (Daremberg, 3 fr. — Peignot.)

2071. JAMESON (Guill.). *Spicilegia antiquitatum Ægypti, atque ei vicinarum gentium.* Glasguæ, 1720, in-8. Curieux et rare. (Brunet.)

2072. JAUNA (Domin.). *Histoire générale des royaumes de Chypre, de Jérusalem, d'Arménie et d'Egypte, comprenant les croisades, etc.* Leyde, 1747, 2 vol. in-4°; il y a des exemplaires avec un nouveau titre et sans nom d'auteur, portant la date de 1785. (Brunet.)

2073. JEMAL-EL-DYNE (Ali ben Youssef, ou Jemal-eddin-Abul-Mehassen), né en Egypte vers la fin du VI° siècle de l'hégire (XIII° siècle de l'ère chrét.). Il a publié les *Annales* de sa nation; une *Histoire des Seljovades*, et celle des *hommes de lettres*, depuis Mahomet jusqu'à l'époque où il l'écrivit, et qui se trouve manuscrite dans la Bibliothèque de Leyde. (Peignot.)

— *Maured Allatafet Jemalleddini, filii Togri Bardii, seu rerum Ægyptiacarum annales, ab anno 971 ad ann. 1453;* arabice edidit, latine vertit notisque illustr. J. D. Carlyle. Cantabrigiæ, 1792, in-4°. (Brunet.)

2074. JÉROME (Saint), docteur de l'Eglise latine, né vers 331 ou 346, mort l'an 420. La *Vie des saints Peres du désert (Liber vitas Patrum sancti Hieronymi...).* Impressus per Johannem Zainer in Opido Ulm (circa

1174), pet. in-fol. goth. de 375 ff. non chif-frés. La 1re édition de ce livre semble être celle de Cologne, impr. en 1470, in-fol. de 159 ff. à 2 col. de 41 lignes (s. l. n. d.), goth. Il en existe encore une autre édition (s. l. n. d.), in-fol., à Cologne, vers 1472, une de 1475 (Casole), et une de Nuremberg, 1478. Voir pour les autres éditions latines, et pour plus de détails bibliographiques le *Manuel du libraire*, art. *Hieronymus.*

— *La Vie des Pères*, en françois. Paris, Jehan du Pré, 1486, in-fol. goth., fig. s. b.

— *Ensuit la très dévote, très louable et recommandable Vie des anciens saints Pères hermites*, nouv. transl. en françoys. Lyon, Dupré, 1486, in-fol. goth., fig. s. b. — Autre édition, Dupré, 1494, in-fol. goth., fig. s. b.

— *La Vie des Pères*, en françoys. Paris, Antoine Vérad (Antoine Vérard), 1495, in-fol. goth., fig. s. b. (Brunet.)

— *La Vie des Pères tant d'Egypte que de Syrie, etc.* Paris (s. d., vers 1500, marque de J. Petit), in-fol. goth. à 2 col., fig. s. b. (Soleil, 2088.)

— *La Vie des anciens Pères jadis demourans ès grands déserts de l'Egypte, Thébayde, Mésopotamie et aultres lieux solitaires*, trad. en fr. Paris, 1512, in-fol. goth., fig. s. b. (Nyon, 19611.)

— *Les Vies des anciens Pères...* Paris, 1540, in-fol. goth. (Nyon, 19612.)

— *Les Vies des Pères, tant d'Egypte....* Paris, 1520, in-fol. goth., fig. s. b. (Brunet.)

— *La Vie des Pères des deserts...*, trad. en franç. par Rob. Arnauld d'Andilly. Paris, 1653, 2 vol. in-4°. (Nyon, 19614.)

2075. **JOANNIS (Léon de)**. *Campagne pittoresque du Luxor.* Paris, 1835, 2 vol. in-8 et atlas in-fol. (Brunet, 20809.)

2076. **JOLLIFFE (T.-R.)**. *Letters from Palestine*, sec. edit. to which are added letters from Egypt. London, 1820, in-8. (Brunet, n° 20568.)

— *Lettres sur la Palestine, la Syrie, l'Egypte, etc.*; trad. de l'anglais par Aubert de Vitry. Paris, 1820, in-8, 5 fig. (Catal. des *Accroiss.*, II, 2, p. 78. — Brunet, 20568.)

— *Reis in Palestina, Syrie en Egypte, gedaan in het jaar 1817...*, traduction hollandaise de E.-F.-K. Rosenmuller. Amst., 1822, 2 tomes en 1 vol. in-8, fig. (Van Hulthem, n° 14885.)

✱ 2077. **JOMARD**, de l'Institut. *Recueil d'observations et Mémoires sur l'Egypte ancienne et moderne, ou Description hist. et pitt. des principaux monuments de cette* contrée; accompagnée de recherches sur les connaissances des anciens Egyptiens et de remarques sur la géographie, l'archéologie, et les beaux-arts. Paris, 1830, 4 vol. in-8, avec 1 tableau.

C'est la réunion de divers mémoires que M. Jomard a fournis à la Description de l'Egypte, dont il a été longtemps le directeur. Ces quatre volumes n'ont ni pagination ni réclames régulières. (Quérard.)

— *Contrat de Ptolémaïs.* Paris, 1822, in-4°; et in-fol., planches.

— *Parallèle entre les antiquités de l'Inde et de l'Egypte.* Paris, 1819, in-8. (Quérard.)

— *Sur l'emplacement de l'obélisque de Lougsor*, par Viator. Paris, 1834, in-8. (Superch. littér., t. III.)

2078. **JOUARD DE LA NAUZE (L.)**. *Remarques sur quelques récits d'Hérodote, d'après les prêtres égyptiens;* ins. dans le tome XXX du *Recueil de l'Académie des inscriptions*, partie historique. (Quérard.)

2079. **JOUVIN (Ant.)**. *Le Voyageur d'Europe, où est le voyage de Turquie, qui comprend la Terre-Sainte et l'Egypte.* Paris, 1676, — et Paris, 1684, in-12. (Brunet, 19918.)

2080. **JUNCKER (P.-J.)**. *Untersuchungen üb. die ægyptischen Sothisperioden.* Leipzig, 1859. (Dr Schubert.)

2081. **KETTNERI (Fred.-Gottlieb)**. *Historicum schediasma de Mumiis Ægyptiacis, de que egregiâ Lipsiensi in bibliothecâ senatûs quondam visâ;* editio secunda, multo auctior, Lipsiæ, 1703, in-8. (Nyon, 20180.)

2082. **KNÆTEL**. *Les Temps les plus anciens de l'histoire d'Egypte;* article inséré dans le *Reinisches Museum für philologie* (Musée rhénan de philologie), (1869), 24e année, 3e livraison.

2083. **KODAI (Abou-Abd-Allah)**, géographe arabe, mort l'an 454 de l'hégire, a laissé une *Description topographique de l'Egypte.* (Peignot.)

2084. **KORTE (Jonas)**. *Reize van Jonas Korte naar Palestina, Egypte, Phenicie....* Harlem, 1776, 2 vol. in-8, fig. (Van Hulthem, n°s 14497-14877.)

2085. **KOSEGARTEN (J.-Gottfr.-Lud.)**. *De Prisca Ægyptiorum literatura commentatio I.* Vimariæ, 1828, in-4°, avec 14 pl. (Brunet.)

— *Bemerkungen über den Ægyptischen Text eines Papyrus aus den Minutolischen Sammlung.* Greifswald, 1824, in-4°. (Catalogue des *Accroissements*, II. 4, p. 65.)

2086. **KRAFFT (A.)**. *Die Münzen der Mamelucken Sultane von Ægypten.* (Dr Schubert.)

13*

2087. **KREMER (Alfred de)**. *Egypte. Scènes de voyage en Orient*, dédiées à M. le comte Joseph Breunner, dessinées d'après nature par Louis Libay ; texte explicatif de Kremer. Vienne, 1858-59, gr. in-fol. obl., 60 chromolithographies. (Brunet.)

2088. **LABAT (le Dr Léon)**, médecin français au service du pacha d'Egypte, né en 1803, mort en 1847. *L'Egypte ancienne et moderne.* Paris, 1840, gr. in-8. (Vincent, 1871, n° 973.)

2089. **LACORRE (Alex.)** *Journal inédit d'un commis aux vivres pendant l'expédition d'Egypte.* Bordeaux, 1852, in-8. (*Catalogue des Accroissements*, XII, 1, p. 101.)

2090. **LACOUR (Raoul)**. *L'Egypte d'Alexandrie à la seconde cataracte.* Paris, 1871, in-8 de xi-476 pp., cartes d'Egypte et de Nubie, gravures. 7 fr. 50.

2091. **LACROIX (L.)**. *Souvenirs d'un voyage en Egypte;* article inséré dans le *Contemporain*, déc. 1869.

2092. **LAISNÉ (Ant.)**, directeur de la monnaie de Lyon et avocat au Parlement. *Dissertation sur les médailles de l'empereur Commode, frappées en Egypte;* art. ins. dans les *Mémoires de Trévoux*, mai 1737. (Quérard.)

2093. **LAMBERT (César)**, *Relation d'Alexandrie et autres villes d'Egypte, en 1627, 28, 29 et 32;* impr. dans la *Relation véritable et curieuse de l'isle de Madagascar, etc.* Paris, Courbé, 1651, in-4°.

2094. **LANCI (Michel-Ang.)**, interprète pour les langues orientales au Vatican. *Trattato delle simboliche rappresentanze arabiche e della varia generazione de' Musulmani caratteri sopra differenti matieri operati. — Paralipomeni alla illustrazione della Sacra Scrittura, per monumenti Fenico-Assirj.* Parigi, 1846, 3 vol. in-4°, dont 1 de planches. (Brunet.)

— *Illustrazione di un'iscrizione fenica, di un egizio monumento e di un egizio kilanaglifo con cifre numeriche.* Roma, 1825, gr. in-4°, fig. (Brunet.)

— *Lettera sopra uno scarabeo Fenico-Egizio e più monumenti Egiziani.* Napoli, 1826, gr. in-4°, fig. (Tiré à petit nombre). (Brunet.)

— *Osservazioni sul bassorilievo Fenico-Egizio che si conserva in Carpentrasso.* Roma, 1825, in-4°, fig. (Edit. tirée à 100 ex.). (Brunet.)

— *La Sacra Scrittura illustrata con monumenti fenico-assirj ed egiziani.* Roma, 1827, in-4°, fig.

L'édition de cette ouvrage, publiée aux frais du duc de Blacas, fut supprimée toute entière par ordre du gouvernement pontifical, et anéantie. (Brunet.)

— *La Sainte Ecriture, éclaircie à l'aide des monuments phéniciens, assyriens et égyptiens*, ouvrage traduit de l'italien par l'abbé J.-F. André. Orange, 1844, in-8. (Bourquelot.)

2095. **LANGLOIS (Victor)**, orientaliste, né à Dieppe en 1829. *Numismatique des nomes d'Egypte sous l'administration romaine.* Paris, 1852, in-4°. (Vapereau.)

2096. **LAPANOUSE**. *Mémoires sur l'Egypte.* Paris, an XI, in-8.

2097. **LA SAUVAGÈRE (Fél.-Fr. Le Boyer d'Artezet de)**, né à Strasbourg en 1707, mort en 1781. *Recueil d'antiquités dans les Gaules, etc.* Paris, 1770, in-4°, planches.

Cet ouvrage renferme une *Lettre à Court de Gébelin, sur deux sarcophages de momie, accompagnés d'hiéroglyphes*, avec 1 pl. — Kircher qui avait vu ces deux sarcophages à Marseille, lors de leur débarquement, en avait déjà hasardé l'explication en 1676. Ce volume est terminé par la *Réponse de Court de Gébelin à La Sauvagère au sujet de la lettre précédente.* Cette réponse est datée de 1769. (Quérard.)

2098. **LATREILLE (P.-André)**. *Eclaircissement sur la chronologie égyptienne;* ins. dans les *Mémoires sur divers sujets de l'histoire naturelle des insectes, etc.* Paris, 1819, in-8. (Quérard.)

2099. **LAUTH (Fr.-Jos.)**. *Die Geschichtlichen Ergebnisse der Ægyptologie* (Les Résultats historiques de l'égyptologie). Munich, 1869, gr. in-4°, 26 pp. (*Revue bibliographique*, 1869, VI, 795.)

2100. **LEBAS (J.-Bapt.-Apollinaire)**, ingénieur français, né le 13 août 1797. Il est surtout connu par les travaux auxquels on dut, en 1836, l'érection de l'obélisque de Louqsor sur la place de la Concorde. Il a publié sur ce fait, un bel ouvrage intitulé : *L'Obélisque de Luxor, Histoire de sa translation à Paris, description des travaux auxquels il a donné lieu, avec un Appendice sur les calculs des appareils d'abattage, d'embarquement, de halage et d'érection; détails pris sur les lieux et relatifs au sol, aux sciences, aux mœurs et aux usages de l'Egypte ancienne et moderne, suivi d'un Extrait de l'ouvrage de Fontana sur la translation de l'obélisque du Vatican.* Paris, 1839, gr. in-4°, fig. (Vapereau. — Catalogue Maurice, 1871, n° 326.)

2101. **LE BRUN (Corneille)**, ou **Corneille LE BRUYEN**, peintre et voyageur hollandais. *Reizen door Klein Asia,... van Ægypten, Syrien en Palestina.* Delft, 1698, in-fol. (Van Hulthem, n° 14867.)

— *Voyage au Levant ou dans les principaux
endroits de l'Asie mineure..., de même
que dans les plus considérables villes d'E-
gypte, etc.* ; trad. du flamand en françois.
Delft, 1700, in-fol., plus 210 fig. en taille-
douce. (Dr Schubert, 6 thlr. — Brunet. —
Quérard.) — Paris, 1704, in-fol., fig. (Quérard.) — Paris, Cavelier (Amst.), 1714, in-fol.,
plus de 200 fig. en taille-douce. (Brunet. —
Méon, en 1803, n° 3146.) — Paris, 1728, 5
vol. in-4°, fig. (Nyon, 20799.)

2102. **LEEMANS (Conrad)**, archéologue
hollandais, né en 1809. *Lettre à M. François
Salvolini sur les monuments égyptiens
portant des légendes royales dans les musées d'antiquités de Leyde, de Londres, etc.*
Leyde, 1836, in-8. (Bourquelot.)

— *Monuments égyptiens portant des légen-
des royales dans les musées de Leyde et de
Londres.* Leyde, 1833, in-8, avec 32 pl. lith.
(Brunet.)

— *Ægyptische Monumenten van het Museum te Leyden* (Monuments égyptiens du
Musée d'antiquités des Pays-Bas), publiés par
ordre du gouvernement. Leyde, 1842 et années
suiv., in-fol. Il y a des exemplaires avec un
texte français.

Le tome 1er se compose de trois ouvrages :
1° *Papyrus égyptien démotique à trans-
criptions grecques, du musée d'antiquités
des Pays-Bas.* Leyde, 1839, in-fol., contenant
14 pl. et 8 tableaux.
2° *Papyrus égyptien funéraire hiéroglyphique du même musée.* Leyde, 1841-1842,
in-fol. de 15 pl. impr. en couleur.
3° *Monuments égyptiens du Musée d'antiquités des Pays-Bas à Leyde :* I. Monuments de la religion et du culte public et
privé. — II. Monuments civils. (Brunet.)

— *Description raisonnée des monuments
égyptiens des antiquités des Pay-Bas.* Leyde,
1840, in-8. (Bourquelot.)

2103. **LEGH (Th.)**. *Narrative of a journey
in Egypt and the country beyond the ca-
taracts.* London, 1816, in-4° de 157 pp., 1
carte et 1 fac-simile. Il y a une seconde édition in-8 de cet ouvrage. (Brunet, 20797.)

2104. **LEGRAND (Jacques-Guill.)**, architecte, né à Paris en 1743, mort en 1807. *Analyse et Extrait du voyage dans la basse et
haute-Egypte, pendant les campagnes du
général Bonaparte*, par Denon. Paris, 1802,
in-8 de 72 pp. (Quérard.)

2105. **LE MASCRIER** (l'abbé). *Description
de l'Egypte, contenant plusieurs remarques
curieuses sur la géographie ancienne et
moderne de ce pays, sur les monumens anciens, sur les mœurs, les coutumes et la
religion des habitans, etc.; composée sur*

les Mémoires de Benoît de Maillet, consul
au Caire en 1692. Paris, 1735, in-4°, fig.
(Grenoble, 25739. — Nyon, 21200.) — Paris,
1740, 2 vol. in-12, fig. (Grenoble, 25740.) —
La Haye, 1740, 2 vol. in-12. (Quérard.)

— *Idée du gouvernement ancien et moderne
de l'Egypte*, par B. de Maillet. Paris, 1743,
2 part. en 1 vol. in-12, fig. — Bruxelles, 1744,
2 part. en 1 vol. in-12. (Peignot. — Brunet.)

2106. **LENOIR (Alex.)**. *Dissertation sur les
deux questions suivantes : A-t-il existé un
tribunal pour juger les rois d'Egypte après
leur mort? Les pyramides d'Egypte étaient-
elles destinées à servir de tombeaux aux
rois?* Paris, 1812, in-8 de 16 pp. (Quérard.)

— *Explication d'un manuscrit égyptien.*
Paris, 1812, gr. in-8 de 52 pp. et 9 pl.
Lenoir ayant fait imprimer depuis 38 pp.
d'additions, cette explication fut reproduite
en 1816, sous ce titre: *Explication d'un papyrus égyptien. Nouv. édition augm. de
notes, etc.* Paris, Hacquart. (Quérard.)

— *Examen des nouvelles salles du Louvre,
contenant les antiquités égyptiennes.* Paris,
1829, in-8 de 163 pp. (Quérard.)

— *Antiquités égyptiennes nouvellement apportées à Paris par M. Passalacqua.* Paris,
1825, in-8 de 24 pp. (Quérard. — Claudin,
en 1871, 1 fr. 50.)

— *Antiquités mexicaines. Relation des trois
expéditions du capitaine Dupain, ordon-
nées en 1805, 1806 et 1807.... Suivie d'un
parallèle de ses monuments avec ceux de
l'Egypte, de l'Indostan et du reste de l'ancien monde*, par Alex. Lenoir, etc. Paris, 2
vol. gr. in-fol., planches. Texte esp. et trad.
franç. (Brunet.)

2107. **LENORMANT (Ch.)**. *Notes sur un
voyage en Egypte* (découvertes des restes de
l'âge de pierre en Egypte, sur l'antiquité de
l'âne et du cheval comme animaux domestiques en Egypte, etc.). Paris, 1870, 2 broch.
in-4°. (Maisonneuve et Cie en 1873.)

— *Eclaircissements sur le cercueil du roi
memphite Mycérinus; traduits de l'anglais
et accompagnés de notes; suivis d'une lettre
sur les inscriptions de la grande pyra-
myde de Gizeh*; par le Dr Lepsius. Paris,
1839, in-4°, avec 2 pl. (Bourquelot.)

— *Musée des antiquités égyptiennes, ou Recueil des monuments égyptiens, architecture, statuaire, glyptique et peinture; accompagné d'un texte explicatif.* Paris, 1835-
42, in-fol. Ouvrage rédigé par MM. Nestor
L'Hôte et autres, sous la direction de M.
Ch. Lenormant. (Bourquelot.)
Les planches de ce volume sont des réduc-
tions d'une partie de celles de la Grande
Description de l'Egypte. (Brunet.)

2108. **LENORMANT (François)**. *Essai sur la classification des monnaies des Lagides.* 1856.

— *Les Premières civilisations. Etudes d'histoire et d'archéologie.* Paris, 1874, 2 vol. in-8 de 438 pp. — Tome I. L'Archéologie préhistorique — II. Egypte. (Feuilleton du *Journal de la librairie*, 1874, p. 75.)

2109. **LENORMANT (P.-L.)**. *Les Livres chez les Egyptiens.* Paris, 1857, 24 pp. (Claudin, en 1871, 2 fr.)

2110. **LEPRÉVOST D'IRAY** (le vicomte), membre de l'Institut, né en 1768, mort en 1849. *Histoire de l'Egypte sous le gouvernement des Romains, considérée principalement dans les différentes branches et les changements successifs de son administration, depuis la conquête de ce pays par Auguste, jusqu'à la prise d'Alexandrie par les Arabes.* Paris, 1816, 2 vol. in-8. (Quérard. — Brunet, 22759.)

2111. **LEPSIUS**. *Lettre sur les inscriptions de la grande pyramide de Gizeh, faisant suite aux Eclaircissements sur le cercueil du roi memphite Mycérinus,* traduits de l'anglais et accompagnés de notes, par Ch. Lenormant. Paris, 1839, in-4° de 52 pp., 2 pl. (Bourquelot.)

— *Auswahl der wichtigsten Urkunden des œgyptischen Alterthums, herausgegeben.* Leipzig, 1842, in-fol, 23 pl. (Brunet.)

— *Denkmœler aus Ægypten und Æthiopien, nach den Zeichnungen der von Sr Maj. dem Könige von Preussen Friedrich Wilhelm IV, etc.* Berlin, 1849-56, 6 part. en 12 vol. in-fol. max. avec planches lithogr. et color.
　　Important ouvrage publié aux frais du gouvernement prussien, sur les monuments d'Egypte et d'Ethiopie. (Brunet.)

— *Ueber einige Ergebnisse der œgyptischen Denkmœler für die Kenntniss der Ptolemäergeschichte* (Importance de quelques monuments égyptiens pour la connaissance de l'histoire des Ptolémées). Berlin, 1853, gr. in-4°, 10 pl. (Brunet.)

— *Das Bilingue Dekret von Kanopus, etc.* (Lettre à Letronne sur le décret de bilingue de Philes, dans son rapport avec le décret de Rosette). Berlin, 1866, in-fol. (Vincent, 1871, n° 961.)

— *Die Chronologie der Ægypter* (Chronologie des Egyptiens). Berlin, 1849, in-4°: le tome I seul a paru. (*Catalogue des Accroissements*, XI, p. 87. — Vapereau.)

— *Vorlaenfigue Nachricht* (texte abrégé de l'ouvrage: *Monuments de l'Egypte et de l'Ethiopie*), in-4°. (Vapereau.)

2112. **LESSEPS** (vicomte **Ferdinand de**), né à Versailles en 1805. *Egypte et Turquie.* Paris, 1869, in-8 de 52 pp. Un article critique de M. L. Alloury a été publié dans les *Débats* du 24 sept. 1869.

2113. **LESUEUR (J.-Bapt.-Cicéron)**, architecte, membre de l'Académie des Inscriptions, né en 1794. *Chronologie des rois d'Egypte; mémoire couronné par l'Académie des inscr. en 1846.* Paris, 1848-1850, in-4°, 13 pl. (Vapereau. — Brunet, 22753. — Daremberg, en 1873, n° 3639, 20 fr.)

2114. **LETRONNE**. *Sur la civilisation égyptienne depuis l'établissement des Grecs sous Psammitichus jusqu'à la conquête d'Alexandrie;* inséré dans les *Mémoires de l'Académie des Inscriptions et Belles-Lettres,* tome XVII, et tiré à part. Paris, 1845, 55 pp. (Bourquelot. — Claudin, en 1873, 2 fr.)

— *Observations sur un passage de Diodore de Sicile relatif à la durée de l'empire égyptien;* impr. dans les *Mémoires de l'Académie des Inscriptions et Belles-Lettres,* tome XII. (Bourquelot.)

— *Recherches pour servir à l'histoire de l'Egypte pendant la domination des Grecs et des Romains, etc.* Paris, 1823, in-8, 3 pl. (Brunet. — Quérard.)

— *Recueil des inscriptions grecques et latines de l'Egypte, étudiées dans leurs rapports avec l'histoire, l'administration intérieure, les institutions civiles et religieuses de ce pays, depuis la conquête d'Alexandrie jusqu'à celle des Arabes.* Paris, 1842-1848, 2 vol. in-4° et atlas. (Brunet.)

— *Etudes historiques sur l'Egypte ancienne:* insérées dans la *Revue des Deux-Mondes,* 1er février et 1er avril 1845. (Bourquelot.)

— *Inscription grecque gravée sur la base d'une statue trouvée dans les fouilles du Canal d'Alexandrie, et maintenant dans la collection Drovetti.* Paris, 1824, in-8 de 4 pp. (Quérard.)

— *La Statue vocale de Memnon.* Paris, impr. roy., 1833, in-4°, pl. (Quérard.)

— *Nouvelles observations sur le revêtement des pyramides de Djizeh;* art. ins. dans le *Journal des savants,* juillet et août 1841.

— *Lettre à M. Joseph Passalacqua sur un papyrus grec et sur quelques fragments de plusieurs papyrus appartenant à sa collection d'antiquités égyptiennes.* Paris, 1826, in-8, 1 fac-simile de papyrus. (Quérard.)

— *Observations crit. et archéol. sur l'objet des représentations zodiacales qui nous restent de l'antiquité, à l'occasion d'un zodiaque égyptien, peint dans une caisse de momie*, *qui porte une inscription grecque du temps de Trajan.* Paris, 1824, in-8, 1 pl. (Quérard.)

— Dans les *Annales des voyages*, article sur Le *Labyrinthe d'Egypte.* (Quérard.)

— *Mémoire sur le monument d'Osymandias.* 1831, in-4° de 73 pp. et 2 pl. (Claudin, 1871, n° 296, 2 fr.)

— *Mémoire sur une table horaire qui se trouve dans le temple égyptien de Taphis en Nubie ;* inséré dans les *Annales des voyages*, vol. XVII. (Bourquelot.)

— *Sur quelques locutions monétaires ;* art. inséré dans les *Annales des voyages.* (Quérard.)

— *Eclaircissement sur une inscription grecque contenant une pétition des prêtres d'Isis, dans l'île de Philœ, à Ptolémée Evergete second, copiée à Philœ,* par M. Cailliaud, en oct. 1816. Paris, 1821, in-8 de 48 pp. (Extrait du *Journal des savants*). (Bourquelot.)

— *Remarques faisant partie des lettres écrites d'Egypte en 1838 et 1839, contenant des observations sur divers monuments égyptiens nouvellement explorés, et dessinés par Nestor L'Hôte.* 1840, in-8. (Bourquelot.)

— *Analyse critique des représentations zodiacales de Denderah et d'Esneh ;* insérée dans les *Mémoires de l'Académie des inscriptions*, t. XVI. (Bourquelot.)

— *Examen archéologique de ces deux questions :* 1° La croix ansée égyptienne a-t-elle été employée par les chrétiens d'Egypte pour exprimer le monogramme de Christ ? 2° Retrouve-t-on ce symbole sur des monuments antiques étrangers à l'Egypte ? Inséré dans les *Mémoires de l'Académie des inscriptions*, tome XVI. (Bourquelot.)

— *De la croix ansée égyptienne ;* article publié dans les *Annales de l'Institut archéol. de Rome, en* 1843, tome XV, et tiré à part. Paris, in-8. (Bourquelot.)

2115. LEVESOW. *Opuscule sur la statue vocale de Memnon.* In-4°. (Vincent, 1871, n° 845.)

2116. LÉVESQUE DE BURIGNY (Jean), membre de l'Académie des inscriptions, né à Reims en 1692, mort en 1785. *Observations sur l'ancienne histoire de l'Egypte* insérées dans le *Recueil de l'Académie*, tome XLII. (Quérard.)

2117. L'HOTE (Nestor), voyageur égyptologue, né à Cologne en 1804 d'une famille d'origine française, m. en 1842. *Lettres écrites d'Egypte en 1838 et 1839, concernant des observations sur divers monuments égyptiens,* nouvellement explorés et dessinés par Nestor L'Hôte, avec des remarques de Letronne. Paris, 1840, in-8, 63 dessins gravés sur bois.

— *Notice sur les obélisques égyptiens et en particulier sur l'obélisque de Louqsor.* Paris, 1836, in-8 de 72 pp. et 3 lith. (Catalogue des *Accroissements*, XII, 1, p. 103.)

— *Lettre sur les monuments qui entourent les pyramides de Giseh ;* ins. dans le *Journal des savants*, janvier 1841. (Bourquelot.)

2118. LIEBLEIN. *Ægyptisch Chronologie. Ein Kritischer versuch.* Christiana, 1863, in-8. (*Actes de la Société d'ethnographie de Paris.*)

— *Etudes sur la place chronologique de la XXIIe dynastie égyptienne ;* article inséré dans la *Revue archéologique*, octobre 1868.

— *Généalogies égyptiennes ;* article ins. dans la *Zeitschrift für Ægyptische sprache und alterthunskunde*, octobre-nov. 1869.

2119. LIONNOIS (l'abbé **J.-J. Bouvier**, dit), né à Nancy en 1730, mort en 1806. *Explication de la fable par l'histoire et les hiéroglyphes des Egyptiens.* Paris, 1804, 3 vol. in-18, fig. (Quérard.)

2120. LISLE DE SALES (de). *Histoire des Egyptiens sous les Pharaons ;* avec cartes et gravures. Paris, 1781, 4 tomes en 2 vol. in-8. (Van-Hulthem, n° 10859.)

2121. LONGPÉRIER (H.-Adr. Prévost de). *Notice sur un statère d'or de Ptolémée I Soter, roi d'Egypte ;* article imprimé dans la *Revue numismatique*, 1841. (Bourquelot.)

— *Notice sur J.-A. Letronne.* Paris, 1849, in-8. (*Superch. littér.*, t. II, p. 811.)

2122. LUCAS (Paul), voyageur, né à Rouen en 1664, mort en 1737. Il parcourut plusieurs fois l'Orient et l'Egypte ; ses relations sont peu exactes, mais on les recherche pour ce qui concerne la Haute-Egypte. *Voyage au Levant* (rédigé par Baudelot de Dairval). On y trouve entre autres la Description de la Haute-Egypte. Paris, 1704. — La Haye, 1705, 2 vol., fig. et carte du Nil. (Dr Schubert. — Bouillet.)

— *Voyage* (deuxième) *dans la Grèce, l'Asie mineure, l'Afrique.* 1710. Paris, 1712, 2 part. in-12. — Paris, 1714. — Amst., 1714. — Amst., 1715. Ouvrage écrit en collaboration avec **Fourmont**.

— *Voyage* (troisième) *dans la Turquie, la Syrie, la Palestine, la Haute et Basse Egypte,* etc., etc. Rouen, 1719, 3 vol. in-12, fig. — Amst., 1720. — Rouen, 1728, 2 vol. in-12, pl. (En collab. avec l'abbé **Banier**).

Extrait de la table des matières du premier voyage, édition de La Haye, 1705 : Route d'Alexandrie ; Singularitez de cette ville. — Voyage au Caire ; description de la ville, et de quelques coutumes du lieu. — Promenades aux Pyramides. — Fête au Caire pour la naissance de Mahomet et pour l'entrée de l'eau du Nil dans le Kalis. — Voyage dans la Haute-Egypte ; Route de Boula à Manfalu ; Ceux qui passent pour médecins sont considérez dans ce lieu. — Filles de joie fondées pour les passants ; Maisons pour les gouverneurs, bâties de terre ; Pipe et café, premiers complimens du païs ; Repas sans boire ; Serpens qui se métamorphosent ; Crocodile timide. — Montagnes de six cens milles de long ; Pigeons volontaires ; Marbre d'un ancien temple ; Turcs aveugles au sortir d'une mosquée ; Phénomène singulier d'un bruit souterrain ; Histoire prodigieuse de serpent ; On croit que c'est le diable Asmodée. — Terre devenue rougeâtre depuis le martyre de 80,000 chrétiens ; Canton d'Akemin sans voleurs ; Scorpions à Girge, description de cette ville ; Cérémonies funèbres du païs ; Prix modique des terres et des maisons ; Mouches à face humaine. — Idée originale d'un prince arabe touchant la France ; Crocodile de vingt-cinq pieds de long ; Manière de prendre cet animal ; De la toüaste poisson qui dévore les œufs des crocodiles, et de ce qui différentie l'homme d'avec la femme. — Environs de Naasse pleins de ruines curieuses ; Grande ville superbement bâtie toute déserte ; Palais d'une magnificence inouye abandonné ; Ce que disent les anciens conforme à ce qu'on découvre encore sur les lieux ; Cataractes du Nil. — Retour des cataractes par Syene ; Temple ancien encore entier à Essenay ; Monastère bâty par sainte Hélène ; Un des endroits où il y eut tant de martyrs qui donnèrent lieu à l'époque célèbre ; Désert où Moyse naquit ; Grottes pleines de peintures singulières ; Serpent aveugle ; Palais et temples des anciens Egyptiens que Strabon avoit veus de son temps. — Restes considérables d'un superbe bâtiment à Dandre ; Tribut d'eunuques pour le Grand Seigneur ; Eunuques blancs faits des enfants des filles commodes fondées en Egypte ; Grotte du fameux serpent ; Pierre philosophale. — Antiquitez à Ansola ; Village où les Turcs ne peuvent habiter ; Grottes pleines de bas-reliefs, de statues, de peintures et de caractères inconnus ; Eau du Nil salubre, et ne fait point uriner ; Marabous aveugles en Egypte. — Ancien palais de Joseph ; Puits d'une profondeur immense fait par les ordres de ce patriarche ; Sa salle d'audience ; Description de l'état présent de ce château ; Adresse pour avoir du vin très-rare à Damiette ; Description de la ville ; Son négoce ; Vexation des douaniers ordinaires aux gens

de ce métier. — Fête au Caire pour le mariage du fils de l'Aga ; Illuminations singulières ; Symphonie turque misérable ; Danses sans règles et de fantaisie ; Vieux Caire habité par des Chrétiens et des Coptes ; Couvent où l'on ne reçoit des filles qu'à cinquante ans, lieu où la sainte Vierge et l'enfant Jésus ont demeuré ; Aucun Franc ne peut aller à cheval au Caire, excepté le consul françois.

2123. **MAGALON** (J.-D.), né en 1794. *Expédition d'Egypte et de Syrie.* Paris, 1826, in-32. (Quérard.)

2124. **MAGIUS** (Charles), secrétaire de la république de Venise. *Ses Voyages dans le Levant, Egypte,* etc. In-fol. Volume très-précieux, composé en 17 tableaux peints sur vélin, en 1578, et d'une *Description historique,* imprimée sur vélin, à Paris en 1761. Aujourd'hui l'exemplaire se trouve à la Bibliothèque nationale de Paris. Il a été tiré quelques exemplaires sur papier de la *Description historique,* laquelle a été réimprimée dans le 2e volume du catalogue Gaignat, pp. 17 à 30. Elle porte le titre : *Description historique des voyages et des aventures de Charles Magius... 1571.* (Brunet.)

2125. **MAHMOUD-BEY**. *Le Système métrique actuel d'Egypte.* — *Les Nilomètres anciens et modernes, et les antiques coudées d'Egypte ;* article inséré dans le *Journal asiatique,* janvier 1873, pp. 67 à 110.

2126. **MAI** (Angelo), savant jésuite, né en 1782, mort en 1854. *Die Ægypt. Papyrus d. Vaticanischen Bibliothek. A. d. Ital. v. Bachmann.* Leipzig, 1827, in-4°. (Dr Schubert, en 1870.)

2127. **MAKRIZI** (Taguy ed-Dyne Ahmed- al, ou Taki-Eddi-Ahmed), célèbre écrivain arabe, né au Caire vers l'an 1360, mort l'an 1442 ; remplit en Egypte plusieurs emplois dans l'administration et dans le culte. On a de lui : *Description historique et topographique de l'Egypte qui contient des détails intéressants sur les mœurs, les préjugés, l'histoire du pays* (depuis l'an 638). Boulaq, an 1270 (1854), 2 vol. in-fol. (Brunet. — Loescher, en 1867, 9 fr.)

— *Abrégé de la Description historique et topographique du Caire et de l'Egypte, de Makrizi,* par Abu's-Sorour-el-Bekry-ef-Icadyquy.

— *Histoire des Sultans Mamloucks de l'Egypte,* écrite en arabe, par Takin Eddin Ahmed-Makrizi, trad. en français et accompagnée de notes philologiques, historiques, géographiques, par Et. Quatremère. Paris, 1837-1845, 4 part. en 2 vol. in-4°. (B. Quaritch, en 1874, 1 liv. 1 sh. (26 fr. 25). — Catal. des *Accroiss.*, VIII, p. 112.)

✝ — *Histoire des califes Hakem.* (Extrait de la *Description topogr. et géographique de l'Egypte,* par Silv. de Sacy.)

— *Histoire des Egyptiens et des peuples qui se sont établis en Egypte.* (Peignot.)

— *Histoire d'Egypte depuis la conquête des Mahométans jusqu'aux califes Fathymites.* (Peignot.)

— *Histoire des califes Fathymites.* (Peignot.)

— *Dictionnaire des hommes célèbres de l'Egypte.* (Le manuscrit original se trouve à la Bibliothèque nationale de Paris.) (Bouillet.)

— *Introduction à la connaissance des dynasties royales.* Manuscrit. (Peignot.)

2128. **MANDEVILLE** (**J.** de), voyageur anglais, né en 1300. Il parcourut une partie de l'Asie et l'Egypte, et ne revint en Europe qu'après une absence de 34 ans. Le récit de son voyage, rempli de faits merveilleux, eut une grande vogue. L'ouvrage traduit en français a été publié pour la première fois en 1480, à Lyon, pet. in-fol. goth. sur 2 col., signatures; puis à Paris, Jean Bonfons, in-4° goth. Voir pour plus de détails bibliographiques le *Manuel du libraire,* article : MANDEVILLE.

2129. **MANÉTHON**, prêtre et historien égyptien du III° siècle avant l'ère chrétienne; garde des archives sacrées du temple d'Héliopolis. Il composa une *Histoire universelle de l'Egypte,* aujourd'hui perdue, il n'en reste plus que quelques fragments cités par Josèphe, Eusèbe, Jules l'Africain et Georges de Syncelle; celle publiée sous son nom par Annius de Viterbe est l'œuvre d'un faussaire dominicain dont le vrai nom était Jean Nanni.

— *Chronologie des deux premiers livres de Manéthon,* par Jean Potocki. Saint-Pétersbourg, 1805, in-4°. (Quérard.)

— *Dynastie du second livre de Manéthon,* du même. Florence, 1803, in-8. (Quérard.) J. Fruin a donné une Dissertation grecque et latine *De Manethone.* Leyde, 1698, in-4°. (Bouillet.— Peignot.)

2130. **MARCEL** (J.-J.). *Histoire de l'Egypte, depuis la conquête des Arabes jusqu'à celle des Français.* Annonce de mise en vente de 80 exempl. tirés à part de cet ouvrage, qui fait partie du tome II de l'*Histoire scientifique et militaire de l'expédition française en Egypte,* 1834, in-8. (Bourquelot.)

— *Supplément à toutes les biographies, souvenirs de quelques amis d'Egypte.* Paris, 1834, in-8. Comprenant sept notices. (Bourquelot.)

— Avec MM. **Ryme** et **Prisse d'Avesnes.**

l'Egypte sous la domination arabe, française, et sous Méhémet-Ali. Paris, 1851, in-8, avec 76 pl. (*Univers pittoresque.*) (Bourquelot.)

2131. **MARIETTE-BEY** (**Aug.-Ed.**), savant égyptologue, conservateur du Musée égyptien du Louvre, depuis directeur du musée de Boulaq; né à Boulogne-sur-Mer, en 1821. On a de lui de nombreux articles d'archéol. égyptienne, insérés dans diverses revues et publiés séparément.

— *Lettres à M. le vicomte de Rougé sur les résultats des fouilles entreprises par ordre du vice-roi d'Egypte.* 1860, in-8, pl.

— *Notice des principaux monuments exposés dans les galeries provisoires du musée d'antiquités égyptiennes à Boulaq.* Alexandrie, 1864, in-8. — 3° édition. Paris, 1869, in-8 de 306 pp.

— *Description du parc égyptien, à l'exposition universelle de 1867.* Paris, 1867, in-12. (Baur et Detaille, 1872, 1 fr.)

—*Les Tombes de l'ancien empire égyptien,etc.* Article ins. dans le *Moniteur des architectes,* 15 mars 1869.

— *Les Papyrus égyptiens du musée de Boulaq,* publiés en fac-simile sous les auspices de S. A. Ismaïl pacha, khédive d'Egypte. Paris, 1871, 2 vol. in-folio, pl.

— *Une visite au musée de Boulaq* (en arabe). Pet. in-8. (Feuill. du *Journal de la librairie,* 1873, p. 860.)

— *Aperçu de l'histoire d'Egypte depuis les temps les plus reculés jusqu'à la conquête musulmane.* Alexandrie, 1844-1867, 2 vol. in-8. (Un volume pour le texte français et un pour celui arabe). — Une seconde édit., Paris, 1867, gr. in-8. (Baur et Detaille, en 1872, 2 fr. — Feuill. du *Journal de la librairie,* 1873, p. 860, 5 fr.)

— *Description des fouilles exécutées en Egypte, en Nubie et au Soudan* (en 1850-1854), d'après les ordres du vice-roi d'Egypte. Paris, 1863 à 1867, in-fol., cartes et pl. (Vapereau.)

— *Monuments divers recueillis en Egypte et en Nubie.* Paris, 1873, in-fol. L'ouvrage complet se composera d'environ 80 planches. (*Journal de la librairie,* Feuilleton, 1873, p. 860.)

— *La Sortie d'Egypte des Hébreux,* conférence par le professeur Brugsch-bey; article inséré dans l'*Egypte* et reproduit dans le *Journal de Genève,* 11 juin 1874.

2132. **MARIN** (**P.-Louis-Claude**), né en 1721, mort en 1809. *Histoire de Saladin sultan d'Egypte, avec une Histoire abrégée de*

la dynastie de Ayoubites, etc. Paris, 1758,
2 vol. in-12. (Nyon, n° 21204. — Lécureux,
en 1873, 8 fr.)

2133. **MARIN** (le R. P. **Michel-Ange**), de
l'ordre des Minimes; né à Marseille, en
1697; m. en 1767. *Vies choisies des Pères
des déserts d'Orient, dans la Haute et la
Basse Thébaïde, la Nitrie, Siété, l'Egypte,etc.*
Avignon et Paris, 1761-64, 3 vol. in-4°, ou 9
vol. in-12. (Nyon, 19615.) — Lyon, Périsse,
1824, 9 vol. in-8, ou 10 vol. in-12. (Brunet.
— Quérard.)

— Les mêmes, abrégées sous ce titre: *Principales vies des Pères des déserts de l'O-
rient.* Avignon, Séguin, 1825, 3 vol. in-12.
(Quérard.) — Tours, Mame (1869), in-12 de
239 pp. et 2 grav. Bibliothèque de la jeunesse chrétienne.

2134. **MARIN** (**Scipion**). *Evénements et
aventures en Egypte en 1839.* Paris, 1840,
2 vol. in-8. (Bourquelot.)

— *La Vérité sur les affaires d'Orient, après
les études faites sur les lieux de l'Egypte
et de la Turquie.* 1841, in-8. (Bourquelot.)

2135. **MARITI** (G.). *Istoria della guerra
dell'anno 1771, di Aly-bey dell'Egitto*, con
aggiunte e note di G. Mariti. Firenze, 1772,
in-8. (Brunet, 28373.)

2136. **MARMONT** (**Aug.-Fréd.-Louis
Viesse de**), duc de Raguse, maréchal de
France, né en 1774, mort en 1852. *Voyage
en Hongrie, etc., dans quelques parties de
l'Asie mineure, en Syrie, en Palestine et
en Egypte.* Paris, 1837, 4 vol. in-8. Une
analyse critique de cet ouvrage, par St-Marc
Girardin a été publiée dans les *Débats* en
août 1837. (Bourquelot.)

2137. **MARSHAM**, érudit anglais, né à Londres en 1602, mort en 1685. *Canon chroni-
cus œgyptiacum, ebraicus, grœcus et dis-
quisitiones.* Lips., 1676, in-4°, front.— Londini, 1772, in-fol. — Francf., 1696, in-4°.
Ouvrage savant où l'auteur cherche à ré-
duire de beaucoup l'antiquité attribuée aux
Égyptiens. Il prétend aussi que les rites judaïques sont empruntés aux Egyptiens, ce
qui l'entraîna dans de vives disputes entre
Mencke, Prideaux et le P. Noël Alexandre,
(Bouillet. — Nyon, 19327. — Brunet. — Peignot. — Dr Schubert.)

2138. **MARTIN** (**Louis-Aug.**). *Les Civilisations primitives en Orient: Chinois, Indiens, Perses, Egyptiens, etc.* Paris, 1861,
in-8. (Brunet, 22717.)

2139. **MARTIN** (P.). *Histoire de l'expédition française en Egypte pendant les années 1798-1801.* Paris, 1815, 2 vol. in-8
(Brunet, 8761.)

2140. **MATHIEU** (F.-J.). *L'Egypte ancienne
et la Bible.* Turin, 1865, in-8. (Vincent, 1871,
n° 1023.)

2141. **MATTHEY**. *Les Tombes d'Egypte.
Nouvelles recherches dans les nécropoles
de Memphis et de Thèbes.* Genève, 1871?,
in-12. (Richard, 2 fr. 50.)

— *Explorations modernes en Egypte. Huit
séances données à Genève et à Lausanne.*
1870? in-12. (F. Richard, 2 fr. 50.)

2142. **MAUDET DE PENHOÜET** (B.-
A.-L.) colonel de gendarmerie, né en 1764.
*Antiquités égyptiennes dans le départe-
ment du Morbihan.* Vannes, 1812, in-fol. de
46 pp. et 8 pl. (*Dictionnaire des anonymes.*)

— *Monuments égyptiens dans le Morbihan.*
Vannes, 1812, in-fol., 6 pl. (Quérard.)

2143. **MAURICE** (**Thomas**). *Observations
on the remains of ancient Egyptian grandeur and superstition.* London, 1818, in-4°.
(Brunet.)

2144. **MAURY** (**L.-Ferd.-Alfred**), membre
de l'Institut de France, né à Meaux en 1817.
Collaborateur de la *Revue archéologique*,
depuis la fondation (1844); il a publié dans
ce recueil: *La Chronologie égyptienne.*
(Bourquelot.)

2145. **MAYER** (L.). *Wiers in Egypt, from
drawings in the possession of sir Rob. Ains-
lie, with an history of the Country.* London, 1801, gr. in-fol., 48 pl. color.

— *Vues en Egypte...* (texte français). Londres,
1802, in-fol., 48 pl.
Il y a des exempl. avec les deux textes,
anglais et français réunis. (Brunet. — Baur,
en 1874, 50 fr.)

2146. **MÉMOIRES** *sur l'Egypte, pendant
les campagnes du général Bonaparte.* Paris, an VIII (1800), 4 vol. in-8. (Brunet,
n° 28375.)

2147. **MÉRAY** (**Ebn Youcouf, Al-Mo-
caddecy**), auteur arabe, florissait au commencement du XI° siècle de l'hégire. On a
de lui une *Histoire des khalifs et des sultans
d'Egypte*, qui a été traduite en allemand
par Reisk. (Peignot.)

2148. **MERRUAU** (**Paul**), né vers 1806;
attaché à l'administration du canal de Suez,
dont il est devenu secrétaire général. *L'E-
gypte contemporaine (1840 à 1857) de Méhémet-Ali à Saïd-Pacha, précédée d'une
lettre de M. Ferd. de Lesseps.* Paris, 1858,
in-8. — Nouv. édition augm. d'une *Etude
sur l'isthme de Suez*, par M. F. de Lesseps.
Paris, 1869, in-8 de 266 pp. (Delahays, en
1873, 1 fr. 50 au lieu de 6 fr. — Rouquette,
en 1873, 3 fr.)

2149. **MIGER (P.-Aug.-Mar.)**, né à Lyon en 1772. *Tableaux historiques des campagnes de Napoléon en Italie, en Égypte et en Allemagne*. Paris, 1810, in-fol., fig. (Quérard.)

2150. **MILES (R.-H.)**, lieut.-colonel. *Egypt and a Journey to Palestine*; inséré dans *The New Montly Magazine*, février, mars 1863. (*Revue bibliographique*, 1868, p. 28.)

2151. **MILLIN**, ou **Millin de Grandmaison**, connu aussi sous le nom d'**Aubin Louis**, conservateur des antiques à la Bibliothèque nationale de Paris, né dans cette ville en 1759, mort en 1818. *Egyptiaques, ou Recueil de quelques monuments inédits*. Paris, 1816, et 12 pl. grav. (Quérard. — Baur, en 1873, 12 fr.)

2152. **MIMAUT.** *Description des antiquités égyptiennes, grecques et romaines de la collection de M. Mimaut*. Paris, 1837, in-8.

2153. **MINUTOLI** (la baronne), femme du général et archéologue prussien de ce nom. *Mes souvenirs d'Egypte*, revus et publiés par Raoul Rochette. Paris, 1826, 2 vol. pet. in-12, fig. (Quérard. — Lescoet, en 1372.)

2154. **MIOT (Jacq.-Franç.)**, officier supérieur, né à Versailles en 1779. *Mémoires pour servir à l'histoire des expéditions en Egypte et en Syrie* (1798-1801). Paris, 1804, in-8. — 2ᵉ édition revue et augm., Paris, 1814, in-8.
Cet ouvrage contient contre Bonaparte des inculpations graves, démenties depuis. (Quérard. — Bachelin-Deflorenne, en 1869, 2 fr. 50. — Brunet, n° 8763.)

2155. **MITCHELL (H.).** *The Coast of Egypt and the Suez Canal* (2 grav.); article imprimé dans *The North American Review*, 1869, oct.

2156. **MOMMSEN (Théod.)**, épigraphiste danois, né en nov. 1817. *Sur des dates du temps des Ptolémées, nouvellement découvertes*; article inséré dans le *Philologus*, tome XXVI, part. 4, 1868.

2157. **MONGEZ (Ant.)**, membre de l'Académie des inscriptions, né à Lyon en 1747. *Rapport sur une tunique égyptienne*, 1 pl. —*Mémoire sur la psychostasie, et sur Thèbes d'Egypte*, avec 1 pl.; articles insérés dans les *Mémoires de l'Académie des inscript. et belles-lettres*, nouv. série, tome Iᵉʳ, 1815. (Quérard.)

2158. **MONTAUT (Henri de)**, professeur à l'école militaire de la citadelle du Caire. *Egypte moderne. Tableaux de mœurs arabes*. Chromolith. par Becquet. Paris, 1869, in-fol. de 24 pp.

2159 **MONTULE (Ed. de).** *Voyage en Amérique, en Sicile et en Egypte, pendant les* années 1816 à 1819. Paris, 1821, 2 vol. in-8 et atlas in-fol. obl. de 59 pl. (Brunet.)

2160. **MONUMENTS** *égyptiens, consistant en obélisques, pyramides, chambres sépulcrales, statues, etc.; le tout gravé en 200 planches, avec leurs explications histor.* Rome, 1791, 2 vol. in-fol. Ouvrage d'une exécution médiocre. (Brunet.)

2161. **MOREAU DE JONNÈS (Alex.)**, statisticien français, membre de l'Institut, né près de Rennes en 1776 ou 1778. *Statistique des peuples de l'antiquité, les Egyptiens, les Hébreux, etc.* Paris, 1851, 2 vol. in-8. Comprenant l'économie sociale, civile et domestique de ces peuples, le territoire, la population, l'agriculture, l'industrie, la consommation, la richesse publique et la force militaire. (Vapereau.)

2162. **MOSCHUS (Jean)**, moine grec du VIᵉ siècle, vécut sous les règnes de Tibère II et de Maurice, et mourut en 620. Il visita la Palestine, la Syrie et l'Egypte, et laissa sous le titre de *Leimon* (pré ou verger spirituel), les *Vies des Saints* qu'il avait connus. (Bouillet.)

2163. **MOURIEZ (P.).** *Vie de Méhémet-Ali*. Paris, 1854-1858, 5 vol. in-8. (Brunet, 28335.)

2164. **MURRAY.** *Handbook for Egypt.* London, 1873, in-12. (Boyveau, à Paris, 18 fr. 75 relié.)

2165. **MURTADI.** *L'Egypte de Murtadi, fils du Gaphiphe, où il est traité des pyramides.* De la traduction de Pierre Vathier, d'après un manuscrit arabe. Paris, 1666, in-12. (Brunet, n° 28352. — Baur, en 1874.)

2166. **NETTER (Gédéon)**, rabbin de Nice. *Les Dix plaies d'Egypte. Sermon de Pâques.* Nice (1868), in-8 de 14 pp.

2167. **NOACK (Dʳ Ludw.).** *Die Pharaonem im Bibellande* (Les Pharaons sur le territoire biblique). Coup d'œil sur l'histoire ancienne de l'Egypte dans sa liaison avec l'histoire biblique. Gr. in-8 de VII-38 pp. (*Revue bibliographique*, 1870, n° 380.)

2168. **NOÉ** (comte de), fut au service de l'armée anglaise contre l'armée française; au retour des Bourbons, il fut créé Pair de France. *Mémoires relatifs à l'expédition anglaise partie du Bengale, en 1800, pour aller combattre en Egypte l'armée d'Orient.* Paris, imprim. royale, 1826, in-8, 19 lith. et deux cartes. (Quérard. — Bachelin-Deflorenne, 1870, 10 fr.)

2169. **NORDEN (Fréd.-Louis)**, voyageur danois, né à Gluckstadt (Holstein) en 1708, mort en 1742, capitaine de la marine royale. *Voyage d'Egypte et de Nubie* (trad. du danois en français, par Des Roches de Parthe-

nais. Copenhague, 1752-1755, 2 vol. in-fol.,
159 pl. et cartes. (La Vallière, n° 4540. —
Brunet. — Quérard.)

— Le même ouvrage, trad. avec des notes de
L. Langlès. Paris, an III, 1795-1801, 6 part.
en 3 vol. in-4°, 172 pl. et cartes. Edition inférieure à la précédente. (Quérard. — Boucher de la Richarderie, n° 943.)

— (Abrégé du) *Voyage d'Egypte et de Nubie*, publ. par M. Henri. Paris, 1800, 4 vol.
in-12, 22 pl. et carte. Cette édition fait partie de la *Bibliothèque portative des voyages*. (Quérard.)

Le *Voyage d'Egypte et de Nubie* a été
traduit en anglais et publié à Londres en
1757 ou 1792, 2 vol. gr. in-fol. Cette traduction renferme des notes de Pierre Temple-
man. (Brunet.)

En 1739, le comte de Desneval se démit
de son grade de vice-amiral dans la marine
danoise et partit pour l'Egypte en compagnie de sa femme. Le comte et la comtesse
arrivèrent au Caire, où ils s'attirèrent l'ani-
mosité des janissaires et des gardes de la
police. Il arma une barque et remonta le Nil,
non sans peine, jusqu'à la cataracte de Jan
Adel. Sur les observations que l'on lui fit, il
se décida à laisser à son lieutenant Norden,
qu'il s'était adjoint comme dessinateur, le
soin de poursuivre plus avant l'expédition
commencée.

Norden s'embarqua donc sur un des vaisseaux qui naviguent sur le Nil ; il s'attira
dans cette excursion nombre de disputes et
de combats avec les matelots et les porte-
faix, dûs en grande partie à l'ignorance du
langage. Après de grandes difficultés il arriva à Syené et à la première cataracte,
puis à Ibrin où le Katcheff le mit en prison, lui déroba tout ce qu'il avait porté dans
son bateau, et ne le laissa reprendre la route
du Caire, qu'après lui avoir longtemps fait
craindre qu'il l'égorgerait.

Bruce, *Voyage en Nubie*, tome III, pp. 719
et suiv., parle de l'expédition de Norden en
Egypte.

2170. NOROFF (Avraam). *Poutschestvïe
po Egiptou i Noubii. Voyage en Egypte et
Nubie* (en 1834-35). 2e édit. St-Pétersbourg,
impr. de la 3e section de la chancellerie impériale, 1853, 2 vol. in-12. (Brunet.)

2171. NORRY (Ch.), architecte, membre de
l'Institut d'Egypte, etc., né à Bercy en 1756.
*Relation de l'expédition d'Egypte, suivie
de la Description de plusieurs des monuments de cette contrée, et ornée de figures.*
Paris, an VII (1799), in-8, 1 fr. 20 c.

Il collabora aussi à la *Décade égyptienne*
(1799-1800) et il a fait plusieurs dessins de la
Description de l'Egypte. (Quérard.)

2172. NOUGARET (Pierre-Jean-Bapt.),
né à la Rochelle en 1742, mort en 1823.
*Beautés de l'histoire de l'Egypte ancienne
et moderne, ou Précis des annales de ces
peuples, etc. ; ou avec une Description exacte
de cette contrée, et des particularités sur
le Nil, sur les solitaires de la Thébaïde,
les religieux Cophtes et les Maronites. Ouvrage destiné à la jeunesse.* Paris, 1824,
in-12, fig. (Quérard.)

2173. OPPERT (Jules), orientaliste français,
né à Hambourg en 1825, membre de l'Académie des inscriptions et belles-lettres. *Mémoires sur les rapports de l'Egypte et
de l'Assyrie dans l'antiquité, d'après les
textes cunéiformes ;* article inséré dans le
tome VIII des *Mémoires présentés par divers savants à l'Académie des inscriptions
et belles-lettres.* Paris, 1869.

2174. ORIGNY (P. A. d'). *Dissertations
où l'on examine quelques questions appartenantes à l'histoire des anciens égyptiens.*
1752, in-12. La première est relative à un
passage d'Hérodote, qui sert d'autorité à de
nouveaux systèmes ; l'autre traite des obélisques d'Egypte, et particulièrement de ceux
qui furent transportés à Rome.

— *Chronologie des Egyptiens... depuis l'é-
poque de sa fondation par Ménès, jusqu'à
celle de sa ruine par la conquête de Cambyse.* Paris, 1765, 2 vol. in-12.

— *L'Egypte ancienne, ou Mémoires historiques et critiques sur les objets les plus
importants de l'histoire des Egyptiens.* Paris, 1762, 2 vol. in-12. Le tome Ier contient
des recherches sur l'étendue de l'Egypte et
sur le nombre de ses villes, que d'Origny
fait monter à plus de vingt mille ; sur la
population de cette contrée et sa fertilité, et
sur les hiéroglyphes. Dans le tome II, l'auteur traite de la religion des Egyptiens et
des obélisques. Pauw a critiqué cet ouvrage
dans ses *Recherches sur les Egyptiens.*
(Quérard. — Brunet, 22753.)

2175. OSBURN (Will). *The Monumental
history of Egypt, as recorded on the Ruins
of her temples, palaces and tombs.* London,
1854, 2 vol. in-8, nombr. fig. (Brunet, 29082.
— Baer et Ce, en 1872, 30 fr. — Catal. des
Accroiss., II, 4, p. 72.)

— *Ancient Egypt, her testimony to the
truth of the Bible.* London, 1846, in-8. (Catal. des *Accroiss.*, II, 3, p. 105.)

2176. PALLADE, Palladius, de Cappa-
doce, solitaire de Nitrie en 388, d'où il fut
tiré pour être élevé à l'épiscopat. On a de
lui une histoire des solitaires dite *Histoire
lausiaque*, parce qu'elle est dédiée à un préfet romain nommé Lausus. Hervet l'a fait

imprimer en latin, à Paris, en 1555, in-4°. (Peignot.)

— *Palladii historia lausiaca SS. Patrum qui vitam degebant in solitudine*, gr., cum not. la*. Jo. Meursii. Lugd.-Batav., 1616, in-4°. (Brunet, 22049.)

2177. **PALMER** (**Will.**). *Egyptian chronicles, wit a harmony of sacred an egyptian chronology, and an appendix of babylonian and assyrian antiquities*. London, 1860, 2 vol. in-8. (Brunet, n° 22752.)

2178. **PASSALACQUA** (**Jos.**), de Trieste. *Catalogue raisonné et historique des antiquités découvertes en Egypte*. Paris, 1826, in-8, 2 pl. lith. (Catal. des *Accroiss.*, VIII, p. 113. — *Archives du bibliophile*, 1869, 3 fr.)

— *Notes sur la galerie d'antiquités égyptiennes*. Paris, 1826, in-8 de 8 pp. Extrait du *Bull. universel des sciences*. (Quérard.)

2179. **PATON** (**A.-A.**). *A History of the Egyptian Revolution, from the Period of the Mamelukes to the Death of Mohammed-Ali*. 2e édition, London, 1870, 2 vol. in-8. La première édition est de Londres, 1863, 2 vol. in-8. L'auteur fut attaché à plusieurs missions diplomatiques en Egypte. (*Revue bibliographique*, 1870, tome V, n° 2441. — *Actes de la Société d'ethnographie de Paris*.)

2180. **PAUCTON** (**Alexis-J.-P.**), né en 1732, mort en 1798. *Dissertation sur les pyramides d'Egypte*. 1780, in-8. (Peignot.)

2181. **PAUW** (**J.-Corn. de**), philologue né à Amsterdam en 1739, mort en 1799. *Recherches philosophiques sur les Egyptiens et les Chinois*. Berlin, 1773, 2 vol. in-12. (Brunet, 22760. — Nyon, 20181.) — Autre édition: Berlin (Lyon), 1773, 2 vol. in-12. (Nyon, 20812.) — Londres (Berlin), 1774, 2 vol. in-12. (Boucher de la Richarderie, en 1826. — Quérard.) — Et dans les *Œuvres philosophiques* du même auteur. Paris, 1794, et Paris, 1795, 7 vol. in-8. (Peignot.)

2182. **PERIZONIUS** (**Jacques**), philologue, né en 1631 ou 1651 à Dam (Groningue). *Origines babylonicæ et ægyptiacæ*. Lugd.-Batav., 1771. — Utrecht, 1736, 2 vol. in-8. (Nyon, 19328. — Brunet, 22747. — Daremberg, 1873, n° 4381, 5 fr.)

2183. **PERRING** (**J.-E.**). *The Pyramids of Gizeh, from actual survey and admeasurement*, illustrated by notes and references to the several plans, by E. J. Andrews, etc. London, 1839-1842, 2 parties. — *The Pyramides to the Southward of Gizeh and at Abu-Roash;* also, Campbell's tomb. London; en tout 3 parties, gr. in-fol., 59 pl. (Catal. des *Accroiss.*, II, 3, p. 106. — Brunet.)

2184. **PERRON** (**D.-M.-P.**). *Leçons d'histoire*. T. 1: *De l'Egypte*. Paris, 1832, in-18. (Quérard.)

2185. **PERRY** (**Charles**). *View of the Levant, particularly of Constantinople, Syria, Egypte and Greece*. Londres, 1742, in-fol. (Brunet.)

2186. **PÉTRONE**, évêque de Bologne au IIIe siècle. On a de lui une *Vie des moines d'Egypte*, qui se trouve ins. dans le 2e livre des *Vies des Pères*. (Peignot.)

2187. **PEYRON** (l'abbé **Victor-Am.**), orientaliste, né à Turin en 1785, mort en 1870, membre de l'Académie royale des sciences de Turin, etc. *Papiri Greco-egizi di Zoïde dell'Imp. R. Museo di Vienna*. Turin, 1828, in-4°. (Catal. des *Accroiss.*, II, 4, p. 73.)

2188. **PHARAON** (**Joanny**). *Notice historique et biographique sur Mohammed-Aly, pacha d'Egypte*. Paris, 1829, in-8 de 30 pp. (Quérard.)

X 2189. **PHARAON** (**Florian**). *Le Caire et la Haute-Egypte*, dessins de A. Darjou. Paris, Dentu, 1872, gr. in-fol. de 56 pp. et 30 dessins. Tiré à 300 exempl. numérotés.

2190. **PHÉNOMÈNE** *littéraire, causé par la ressemblance des pensées des deux auteurs* (l'abbé de Longuerue et Richard Simon), *touchant les antiquités des Chaldéens et des Egyptiens; où l'on voit la fausseté d'un grand nombre d'années que quelques écrivains, soit anciens ou modernes, donnent aux observations célestes prétendues faites par ces deux nations* (publié par Nicolas Toinard). Paris, 1705, in-4° de 14 pp. et in-8 de 16 pp. (Grenoble, 19776. — Quérard.)

2191. **PIÈCES** *diverses et correspondance relative aux opérations de l'armée d'Orient en Egypte*. Paris, an ix, in-8. (Bourquelot, tome II, p. 312.)

2192. **PIERRET** (**Paul**), conservateur adjoint du Musée égyptien. *Musée du Louvre. Catalogue de la salle de la galerie égyptienne*. Paris, 1873, in-12 de 209 pp., 1 fr. 50.

— *Etudes égyptologiques, comprenant le texte et la traduction d'une stèle éthiopienne inédite et de divers manuscrits religieux, avec un glossaire-grec du Decret de Canope*. Paris, 1873, in-4° de 131 pp.

2193. **PIETRO** (**Domingue de**). *Voyage historique en Egypte, pendant les campagnes des généraux Bonaparte, Kléber et Menon*. Paris, 1818, in-8, carte. (Brunet, n° 20796. — Bourquelot, tome II, p. 312. — *Catal. des accroiss.*, mai 1865, p. 1, col. 1.)

2194. **POITOU** (**Eug.-Louis**), conseiller à la cour d'Angers, né dans cette ville en 1815. *Un hiver en Egypte.* Tours , Mame et Cᵉ, 1859, gr. in-8 de 463 pp. , 32 fig. — Tours , 1860, gr. in-8, fig.

L'auteur fit ce voyage en 1857. Il s'embarqua à Marseille pour Alexandrie, se rendit de là au Caire, remonta le Nil jusqu'aux Cataractes ; il visita Thèbes, Louqsor et les ruines de Karnac, Memphis et les pyramides de Sakkarak et de Ghizeh , revint au Caire, pénétra dans le harem du vice-roi, et termina par une station au couvent du Bon-Pasteur , en qualité de catholique . (*Revue bibliogr.* tome IV, p. 284. — Larose , en 1873, 7 fr.)

2195. **PORNIN** (**A.-F**), professeur de littérature à l'Ecole de Pont-le-Voy. *Précis de l'histoire des Egyptiens, des Assyriens, des Carthaginois, etc.* Paris, 1825, in-12.

Cet ouvrage avait déjà paru dès 1810, sous ce titre : *Abrégé de l'histoire des Egyptiens, des Assyriens, etc.* Paris, 1810, in-12. (Quérard.)

2196. **POTOCKI** (comte **Jean**, prince). *Examen critique du fragment égyptien connu sous le nom d'ancienne chronique.* Saint-Pétersbourg, 1808, in-8 de 16 pp. (Quérard.)

— *Voyage en Turquie et en Egypte fait en 1784.* Paris, Royer , 1788, in-12. (Brunet. — Quérard.)

2197. **PROKESCH-OSTEN** (**Ant.** baron **de**), officier supérieur, né à Graetz en 1795. Souvenirs d'Egypte et de l'Asie mineure (*Erinnerungen aus Ægypten und Kleinasien*). Vienne , 1829-1831 , 3 vol. En 1833 le baron Prokesch fut envoyé au Caire pour rétablir la paix entre le Sultan et le vice-roi d'Egypte. (Vapereau.)

— Le Pays compris entre les cataractes du Nil (*Das Landzwischen den Kataracten des Nil*). Vienne, 1832. (Vapereau.)

2198. **PUCKLER-MUSKAU** (**Hermann-Louis-Henri** , prince **de**), écrivain allemand, né à Muskau (Saxe), le 30 oct. 1785. En 1835, il visita le nord de l'Asie et de l'Afrique. On a de lui : *Sémilasso en Afrique.* Munich et Stuttgart, 1836, 5 vol.

— Le Royaume de Méhémet-Ali. 1844, 3 vol. (Vapereau.)

2199. **QUATREMÈRE DE QUINCY** (**Et.-Marc**). *Mémoires géographiques et historiques sur l'Egypte et sur quelques contrées voisines.* Recueil extrait des mss. coptes, arabes, etc. Paris , 1811 et années suiv. , 2 vol. in-8. (Catal. des *Accroiss.*, III, p. 90. — Lécureux, en 1874, 7 fr. — Brunet. — Quérard.)

— *Observations sur quelques points de la géographie de l'Egypte, pour servir de supplément aux Mémoires histor. et géogr. sur l'Egypte et sur quelques contrées voisines.* Paris , 1812 , in-8. (Quérard. — Brunet. nᵒˢ 28361, 28362, et 18342.)

— *Mémoire sur cette question : Quel fut l'état de l'architecture chez les Egyptiens, et qu'est-ce que les Grecs en ont emprunté?* Paris, 1804, in-4°, pl. (Quérard.)

— *Mémoires sur le char funéraire qui transporta de Babylone en Egypte le corps d'Alexandre , ou Projet de restitution de ce monument d'après la description de Diodore de Sicile,* avec 2 pl. ; ins. dans le *Recueil de l'Académie des inscriptions.* (Quérard.)

2200. **RAUMER** (**Ch.-G.** de), géologue et géographe allemand, né en 1781 , mort en 1865. La Sortie d'Egypte (*der Zug der Israeliten aus Egypten nach Canaan.*) Leipzig, 1837. (Vapereau.)

2201. **RECLUS** (**J.-J.-Elisée**) , littérateur français, né en 1830. *Voyage au Caire et dans la Haute-Egypte,* article ins. dans la *Revue de philosophie positive,* 1870.

2202. **RECUEIL** de travaux relatifs à la philologie et à l'archéologie égyptienne et assyrienne. Tome Iᵉʳ 1870 , in-4°. Chaque livraison , environ 12 fr. ; paraissant à des époques indéterminées. (*Journal de la librairie.* Feuill. , 1870, p. 405.)

2203. **RECUEIL** des pièces relatives à la procédure et au jugement de Soleyman El-Hhaleby , assassin du général Kléber ; en français, en turc et en arabe. Au Kaire, de l'Imprimerie nationale , an VIII, pet. in-4°. (Brunet.)

2204. **RÉGNY** (**E.** de). *Statistique de l'Egypte.* 1ʳᵉ et 2ᵉ années. Alexandrie (1870?), 2 broch. in-8. (Un ex. au Cercle de la librairie, à Paris.)

2205. **REINECCIUS** (**B.**). *De familiis trium priorum monarchiarum regnique Ægyptii.* Bâle, 1574, in-fol. (Bachelin-Deflorenne.)

2206. **RENAUDOT** (l'abbé **Eus.**), de l'Académie française, né en 1646 , mort en 1720. *Historia Patriarcharum Alexandrinorum Jacobitarum a D. Marco , usque ad finem sæculi XIII. Accedit epitome Historiæ Muhammedanæ ad illustrandas res ægyptiacas.* Parisiis, 1713, in-4°.

C'était, à cette époque, et peut-être encore aujourd'hui, le recueil le plus complet fait sur l'histoire ecclésiastique de l'Egypte et de la nation Copte. Renaudot a pris pour base de son travail , l'*Histoire des patriarches d'Alexandrie* (en arabe), de Sévère, évêque

d'Aschemounaïm, continuée par Michel, évêque de Tanis, par Mauhoub et autres écrivains.

On trouve aussi dans cet ouvrage de nombreuses notions sur la Nubie et sur l'Ethiopie, qu'on ne rencontre pas ailleurs. (Quérard.)

— *Défense de l'Histoire des Patriarches d'A-
lexandrie contre un écrit intitulé : Défense
de la mémoire de M. Ludolf* (par de La
Croze). Paris, 1717, in-12. La *Défense* de Ludolf est imprimée dans le tome IX du *Journal littéraire de la Haye.*

— *Histoire de Saladin*, tirée des auteurs
orientaux. (Ouvrage cité par Quérard d'après
le *Mercure* de janvier 1731.)

2207. REUVENS (Gasp.-J.-c.-Christ.).
*Lettres à M. Letronne sur les papyrus bi-
lingues et grecs, et sur quelques autres
monumens gréco-égyptiens du Musée d'antiquités de Leyde.* Leyde, 1830, in-4° et atlas
in-fol. (Brunet.)

2208. REY-DUSSEUIL (Ant.-Fr.-Ma-
rius), littérateur, né à Marseille, en 1800.
*Résumé de l'histoire d'Egypte, depuis les
temps fabuleux jusqu'à nos jours.* Paris,
1826, in-18. (Quérard.)

2209. REYBAUD (Louis), littérateur, membre de l'Institut de France, né à Marseille
le 15 août 1799. *Histoire scientifique et militaire de l'expédition française en Egypte,*
d'après les mémoires, matériaux, documents
inédits, fournis par le général comte Belliard,
Boucher, marquis de Châteaugiron, baron
Desgenettes, Poussielgue, Redouté, etc., sous
la direction de X.-B. Saintine, J. Marcel, L.
Reybaud; précédée d'une introduction présentant le tableau de l'Egypte ancienne et
moderne, depuis les Pharaons jusqu'aux successeurs d'Aly-Bey, et suivie du récit des
événemens survenus en ce pays depuis le
départ des Français et sous le règne de
Mohammed-Ali (cette dernière partie, sous le
titre d'*Histoire moderne de l'Egypte*, est
d'Achille de Vaulabelle). Paris, 1830-1836, 10
vol. in-8 ornés de 160 portraits.

Deux vol. in-4° obl., composés de 312 pl.,
sont joints à cet ouvrage. La rédaction du
texte est due, en grande partie, à M. Louis
Reybaud. Voir pour plus de détails: Quérard,
France littéraire, t. VII, p. 562. (Baur, en
1874, au lieu de 270 fr., net 90 fr.)

2210. REYNIER (le général comte J.-L.-
Ebnezer), né à Lausanne en 1771, mort en
1814. Accompagna Bonaparte en Egypte. *De
l'Egypte après la bataille d'Héliopolis, et
considérations générales sur l'organisation
physique et politique de ce pays.* Paris, 1802,
in-8, cartes. Ce livre, saisi par ordre de Bonaparte, a été réimprimé sous le titre de:

*Mémoires du comte Reynier, campagne
d'Egypte.* Paris, 1827, in-8. L'auteur y traite
avec peu de ménagement Menou et d'autres
généraux. (Brunet, 28382. — Bourquelot, t. II,
p. 311.)

— *Ub. Ægypten nach d. Schl. b. Helio-
polis, etc.* Aus dem Franz. Berlin, 1802. (Dr
Schubert.)

2211. REYNIER (J.-L.-A.), frère du général. *De l'Egypte sous la domination des
Romains.* Paris, 1807, in-8. L'auteur prétend démontrer, dans ce livre, que la caste
des anciens prêtres égyptiens n'a pas dis-
continué depuis trois mille ans de peser sur
les habitants de ce pays. Il la retrouve encore aujourd'hui dans les Cophtes. (Quérard.
— Bouillet.)

— *Sur les pyramides d'Egypte;* article ins.
dans la *Décade philosophique*, an XI.

— *Lettre sur le Sphinx qui accompagne les
pyramides. — Coup d'œil sur les ruines
qui existent en Egypte. — Conjectures sur
les anciens habitants d'Egypte*, etc. (Quérard.)

2212. RIAFIO (D.-J.-F.). *Apuntes sobre el
Egipto;* article inséré dans la *Revista de
Espana*, 10 juin 1870.

2213. RIBEYRE (Félix), journaliste et littérateur français, né en 1831. *Voyage de Sa
Majesté l'impératrice en Corse et en Orient.*
Paris, 1870, in-8 de 225 pp., portr. (*Revue
bibliographique*, 1870, t. V, n° 2382). L'on
sait qu'en 1869, l'impératrice Eugénie visita
Constantinople, Port-Saïd à la mer Rouge,
et une partie de l'Egypte.

2214. RICHARDOT (le lieutenant-colonel),
ancien officier d'artillerie de l'armée d'Orient.
*Nouveaux mémoires sur l'armée française
en Egypte et en Syrie, ou la Vérité mise
au jour sur les principaux événements de
cette armée; la statistique du pays, les
usages et les mœurs des habitants, avec le
plan de la côte d'Aboukir à Alexandrie et
à la tour des Arabes.* Paris, 1848, in-8.
(Bourquelot. — Brunet, n° 8764.)

— *Réfutation de quelques principaux articles des Mémoires d'outre-tombe, en ce qui
concerne l'armée d'Orient sous les ordres
du général Bonaparte.* Paris, 1849, in-8 de
24 pages. (Bourquelot.)

2215. RIFAUD (J.-J.), voyageur, né à Marseille en 1786. *Tableau de l'Egypte et de la
Nubie, et des lieux circonvoisins.* Paris,
1830, in-8 et 1 carte du cours du Nil. (Brunet, n° 20804. — Quérard.)

— *Voyage en Egypte, en Nubie et autres
lieux circonvoisins, de 1805 à 1827.* Paris,
1830 et années suivantes, 5 vol. in-8, et 3

vol. in-fol., chacun de 100 pl. (Brunet. — *Catalogue des accroissements*, XII, 2, p. 69.)

Il n'est pas certain que l'ouvrage ait été terminé?

— *Mœurs de l'Egypte et observations sur les Tantals;* article inséré dans la *Revue des Deux-Mondes*, janvier 1830. — Art. sur les *Mœurs égyptiennes*, inséré dans la *Mode*, *Album des salons*, 3ᵉ vol., 1830; et dans le *Voleur*, 1830. (Quérard.)

2216. **ROBERTS (Dav.).** *Sketches in Egypt and Nubia, with historical description;* by W. Brockedon. London, 1847, 3 vol. et atlas in-fol. (*Catal. des accroissements*, X, p. 87.)

2217. **ROBIOU (F.).** *Les Etudes historiques sur l'Orient renouvelées par les progrès de l'archéologie et les sciences des langues;* I. *l'Egypte;* article inséré dans la *Revue des questions historiques*, 1870.

— *Ægypti regimen quo animo susceperint et qua ratione tractaverint Ptolemaei* (Le gouvernement de l'Egypte sous les Ptolémées). Rhedonis, 1852, in-8, thèse. (Baur et Detaille, en 1872, 3 fr.)

— *Recherches sur la 14ᵉ dynastie de Manethon*. 1860, in-8. (Vapereau.)

— *Réclamation à propos de la dissertation du P. Tarquini sur l'invasion des Pasteurs en Egypte;* article inséré dans les *Annales de philosophie chrétienne*, 1870. (Vapereau.)

2218. **ROSELLINI (Hipp.).** *Monumenti dell'Egitto e de la Nubia*, disegnati della spedizione scientifico-litteraria toscana in Egitto, distribuiti in ordine di materie, interpretati ed illustrati dal dottore Ipp. Rosellini. Pisa, 1833-44, 9 vol. in-8 et 3 vol. de pl. in-fol., atlant. Les planches sont les mêmes que celles des *Monuments de l'Egypte*, de Champollion le jeune, mais le texte est spécial à l'ouvrage. (Brunet.)

2219. **ROSWEYDE (Héribert).** *La Forêt des Hermites et des Hermitesses d'Egypte et de Palestine, représentée en figures en taille-douce*. Anvers, 1619, in-4ᵒ. (*Supercheries littér.*, t. II, col. 312.)

2220. **ROUGÉ (le vicomte O.-C.-Emm. de).** *Compte rendu de l'ouvrage de M. Bunsen sur l'Egypte;* inséré dans les *Annales de Philosophie chrétienne*, 1845.

— *Lettres et observations sur les antiquités égyptiennes;* insérées dans la *Revue archéologique*, 1846 et ann. suiv. (Bourquelot.)

— *Notice sur un manuscrit égyptien en écriture hiératique, écrit sous le règne de Merienphthah, fils de Ramsès, vers le XVᵉ siècle avant l'ère chrét.* 1852, 24 pp. (Claudin, 1871, 1 fr. 75.)

— *Note sur les noms égyptiens des planètes*. Paris, 1856, gr. in-8, fig. (Baur et Detaille, 1872, 2 fr.)

— *Etude sur une stèle égyptienne*, texte hiéroglyphique; traduction interlinéaire. Paris, imprimerie impériale, 1858, gr. in-8, 1 pl. (Brunet, 29123.)

— *Notice des monuments exposés dans la galerie d'antiquités égyptiennes au Musée du Louvre*. Paris, 1849. in-8.

— *Notice sommaire des monuments égyptiens du Louvre*. Paris (1855), 16 pp.

— *Notice sommaire des monuments égyptiens exposés dans les galeries du Musée du Louvre*. Paris (1873), in-12 de 156 pp.

2221. **ROUGÉ (Jacques de).** *Monnaies des Nomes de l'Egypte*. Paris (1873), in-8 de 75 pp. et 2 pl. Extrait de la *Revue numismatique, nouvelle série*, t. XIV, 1869-1870.

2222. **ROY (Just.-J.-Et.).** *Histoire de l'Egypte....* Limoges, 1854, in-12, grav. — Nouvelle édition revue, 1864.

— *Les Illustrations de l'histoire d'Egypte*. Limoges, 1846, 1853, in-12, 1 grav. (Bourquelot.)

2223. **SACRÉ (Amédée)** et **OUTREBON (Louis).** *L'Egypte et Ismaïl Pacha*. Paris, 1865, in-8. Contenant: Ismaïl, vice-roi; — les Héritiers d'Ismaïl; — le Fellah; — la Corvée; — Alexandrie; — A travers le Caire; — Suez; — Esquisse au trait; — Ragheb-pacha; — Nubar-pacha, etc. (Delahays, en 1873, 1 fr. 50 au lieu de 3 fr.)

2224. **SACY (Silv. de).** *Du Livre des Etoiles errantes, histoire de l'Egypte et du Caire,* par le scheik Schemseddin Mohammed ben Abilsorour al Bakeri al Sadiki; inséré dans les *Notices et extrait de la Bibliothèque du roi*, tome Iᵉʳ.

— *Route de la capitale de l'Egypte à Damas;* article inséré dans le *Magasin encyclopédique*, VIIᵉ année (1801), t. 2.

2225. **SAINT-AIGNAN (l'abbé Laurent de).** *L'Egypte et Moïse*. Paris, 1872, in-8 de 23 pp. Extrait de la *Revue du monde catholique*.

2226. **SAINT-ALBIN (Hortensius CORBEAU de),** conseiller à la cour impériale de Paris, et ancien député. *J. Sulkowski. Mémoires historiques, politiques et militaires; — l'expédition d'Egypte*, 1798-1799. Paris, 1832, in-8, 1 portr.

Sulkowski était chef de brigade, aide de camp du général Bonaparte et membre de l'Institut d'Egypte. (*Supercheries littéraires*, tome III, col. 510.)

2227. SAINT-HILAIRE (**Barthél.**), de l'Institut. *Lettres sur l'Egypte*. Paris, .356, 2 vol. in-8. (Wolf.)

Le *Journal des Débats* a publié le récit du *Voyage en Egypte fait par M. Barthélemy St-Hilaire*, en 1855. (Vapereau.)

2228. SAINT-HILAIRE (**Et.-Geoffroy-**). *Rapport fait à l'Académie roy. des sciences, sur l'histoire scientifique et militaire de l'expédition française en Egypte*. Paris, 1836, in-8 de 16 pp.

2229. SAINT-MARTIN (**J.-A.**). *Notice sur les médailles greco-égyptiennes*, mentionnées dans une lettre de M. Reinaud au rédacteur du *Journal asiatique* (mars 1832).

2230. SALA (**André-Adolphe**). *Une excursion en Egypte*, par Viator. Impr. en feuilletons dans la *Gazette du midi*, sept. 1859; quelques exemplaires tirés à part. Marseille, impr. veuve Marius Olive, in-8 de 38 pages. (*Supercheries littéraires*, tome III, col. 938.)

2231. SALVOLINI (**Fr.**). *Campagne de Rhamsès-le-Grand, manuscrit hiératique égyptien. Notice sur ce manuscrit.* Paris, 1835, in-8 de 132 pp., 2 pl. (Brunet, 29122.— Quérard.)

2232. SANDYS (**George**), né en 1577 en Angleterre, mort en 1643. *Travels containing an history of turkish empire, a description of Constantinople, also of Greece, of Ægypt, of Armenia, Grand Cairio, Alexandrie*, etc. Loudon, 1615, in-fol. — London, 1670. — 7ᵉ édition, London, 1673, pet. in-fol. Contenant : l'Etat de l'Egypte, le Nil, exposé des rits, des coutumes et de la religion des Egyptiens. (Brunet.)

— *Sandys Reisen, inhaltende Histori d. Türkischen reichs, von Egypten, etc.* Francf., 1669, in-12. (Dᵣ Schubert.)

2233. SAREBRUCHE (**S. de**). *Journal du voyage fait à Hiérusalem et autres lieux de dévotion, tant en la Terre-Saincte qu'en Egypte*. Troyes, 1621, in-12. (Nyon, 20998. — Brunet.)

2234. SAULCY (**L.-Fél.-de**). *Etude sur la série des rois inscrits à la salle des ancêtres de Touthmès III*. Extrait des *Mémoires de l'Académie de Metz*. Metz, 1863, in-8.

M. de Saulcy a donné dans diverses revues scientifiques des articles d'archéologie égyptienne.

2235. SCHIÉBLE (**Erhard**), graveur. *Nouvelle carte générale de l'Egypte, donnant les sources du Nil découvertes par Speke et Grant*. Paris (1867). (*Journal de la librairie*.)

2236. SCHMARDA (**L.-Ch.**), naturaliste allemand, né en 1819, Dᵣ en philosophie et en médecine. *L'Egypte*. Brunswick, 1857. (Vapereau.)

2237. SCHMIDT (**Fréd.-Sam. de**). *Opuscula quibus res antiquæ præcipue ægyptiacæ explanantur.* Carolsruhæ, 1765, pet in-8. (Brunet.)

2238. SCHULTENS (**Alb.**), orientaliste, né en 1686 à Gröningue, mort en 1750. *Vita et res gestæ. Sultani Almalechi Alnasiri Saladini*, auct. Bohadino F. Sjeddadi, necnon excerpta ex hist. universali Abulfedæ ; itemque specimen ex historiâ majore Saladini conscripta ab Amadoddino Ispahanensi, ex mss. arabicis edidit ac latine vertit Alb. Schultens. Leyde, 1732, 1735, 1755, in-fol. (Nyon, 21203. — Peignot. — Brunet.)

Bohadin ou Boha-ed-Dyn, fils de Chaddad, célèbre historien arabe, est né à Mossoûl en 1145, et mort à Alep en 1235 ; il exerça sous Saladin, sultan d'Egypte, la dignité de kadi ou de muphti.

2239. SCIENCES *historiques et philologiques. Progrès des études relatives à l'Egypte et à l'Orient*. Paris, 1867, gr. in-8 de XI-217 pp. (*Revue bibliographique*, 1868, p. 18, nᵒ 374.)

2240. SCITIVAUX (**Roger de**), né en 1830, mort en 1870. *Voyage en Orient*, précédé d'une notice biographique par le comte de Ludre. Paris, Morel, 1873, in-fol., 25 lithogr. Un article analytique sur cet ouvrage, par Ch. Clément, se trouve inséré dans les *Débats*, 24 mars 1874. Roger de Scitivaux accompagna les princes d'Orléans dans leur excursion en Egypte, au Sinaï, et en Palestine.

2241. SCOUTETTEN (**Rob.-Jos.-H.**). *Sur les momies d'Egypte et sur la pratique des embaumements*. Metz, 1859, in-8. (Vapereau.)

2242. SCYLAX ou **Scylacis**, mathématicien et géographe, vivait vers l'an 522 avant l'ère chrétienne. Il voyagea en Egypte et écrivit la relation de cette excursion.

On a publié sous son nom un *Périple*, qui est l'œuvre d'un auteur beaucoup plus récent.

— *Geographica antiqua, hoc est : Scylacis Periplus maris Mediterranei, etc.* 1697, in-4ᵒ. .. La même édition, mais augmentée d'une pièce de 63 pp. intitulée : *Jac. Gronovii animadversio in recentem ab Oxonio Scylacis editionem, et dissertationis de Scylacis ætate examen.*

— *Geographica Marciani, Scylacis, etc.* Augustæ, 1600, in-8 de 8 ff. et 207 pp.

Première collection de *Petits Géographes grecs*. (Brunet.)

2243. SÉBASTIANI (Léopold). *Les Pharaons d'Abraham, de Joseph et de Moïse, constatés par l'Ecriture sainte et par des monuments égyptiens. Dissertation publiée à Rome,* trad. de l'italien, par J. B. J. Lyon, 1837, in-8 de 48 pp. (Quérard.)

2244. SEYFFARTH (G.). *Beitrage zur Kenntniss der literatur, Kunst Mythologie und geschichte des alten Ægypten.* Leipzig, 1826 à 1840, 7 cahiers in-4°. Cet ouvrage contient des notices sur les papyri qui se trouvent à la Biblioth. de Berlin. (Catalogue des Accroiss., II, 4, p. 80. — Brunet.)

2245. SHARPE (Sam.). *The History of Egypt under the Romans.* London, 1842, in-8. (Catal. des Accroiss., IXᵉ, p. 147.)

— *The History of Egypt under the Ptolomies.* London, 1838, in-4°. (Catal. des Accroiss. , IX, p. 147.)

— *The History of Egypt from the earliest times till the conquest by the arabs.* A. D. 640. 4ᵉ édit. London, 1859, 2 vol. in-8. (Brunet, 22752.)

— *Egyptian Inscriptions from the British Museum, and other sources.* 1850-1856, pl. d'hiéroglyphes. (B. Quaritch, nᵒˢ 129 et 130.)

— *The Decree of Canopius in Hieroglyphics and Greek, with a translation.* London, 1869, in-8.

2246. SHEILI ou **Soheili Effendi.** *Histoire de l'Egypte* (en langue turque). Constantinople, l'an de l'hégire 1142 (1729 de l'ère chrét.), pet. in-4°, 1 carte de l'Egypte, la première qui ait été gravée par les Turcs. (Brunet.)

2247. SICARD (le P. Cl.), jésuite missionnaire, né à Aubagne en 1677, mort au Caire en 1724 ou 1726. *Notes sur l'Egypte et ses antiquités...;* impr. pp. 199 à 242 dans l'ouvrage intitulé : *Réflexions historiques et politiques sur l'empire ottoman.* Paris, 1802, in-8.

— Ses *Lettres édifiantes,* renferment des observations intéressantes sur l'Egypte. (Bouillet. — Quérard.)

2248. SIMON (Ed.-Thomàs), né à Troyes en 1740, mort en 1818. *Correspondance de l'armée française en Egypte, interceptée par l'escadre de Nelson :* publiée à Londres avec une introduction et des notes de la Chancellerie anglaise; trad. en français, avec des observations, par E.-T. Simon. Paris, 1799, in-8, 1 carte de la Basse-Egypte. Une partie de cette *Correspondance* a été réimprimée à Paris en 1866, en 1 vol. in-12. (*Dictionn. des anonymes.* — Quérard.)

2249. SIMON (Rich.), né à Dieppe en 1638,

mort en 1712. *Antiquitates Ecclesiæ orientalis.* Londini, 1682, in-12. Dans ce qu'il dit des antiquités des Chaldéens et des Egyptiens, R. Simon paraît quelquefois n'avoir fait que copier l'abbé de Longuerue, et s'est attiré à ce sujet une vive accusation de plagiat de la part de Nolin. (Quérard.)

2250. SONNINI (Ch.-Sigisb.) de Manoncour. *Voyage dans la Haute et Basse-Egypte.* Paris, an VII (1799), 3 vol. in-8 et atlas in-4° de 40 pl. (Brunet. — Quérard. — A. Bertrand, 30 fr.)

2250 bis. STACQUEZ. *L'Egypte, la Basse-Nubie et le Sinaï.* Liège, 1865, in-8. (*Catal. des accroiss.,* juillet 1865.)

2251. STAHL (Arth.). *Im Lande der Pharaonen...* (Dans le pays des Pharaons. Impressions de voyage en Egypte). Wien, 1869, in-8 de II-230 pp. (*Revue bibliographique*, VI, nᵒ 782.)

2252. STATISTIQUE de l'Egypte (*Ministère de l'intérieur*). *Année 1873-1290 de l'Hégire.* Le Caire, Mourès et Cⁱᵉ, 1873, in-8 de LXXXVI-316 pp. et tableaux. Contenu de la table des matières : Rapport au Khédive. — Introduction. — Territoire et population. — Climatologie. — Mouvements de la population. — Instruction publique. — Chemins de fer. — Télégraphes. — Travaux publics. — Navigation. — Commerce. — Tableaux et notes. — Relation des monnaies, mesures et calendriers usités en Egypte avec le systèm : métrique décimal et le calendrier Grégorien. — Voir aussi nᵒ 2205.

2253. STROTH (Frid.-Andr.). *Ægyptiaca, seu veterum Scriptorum de rebus Ægyptiis, commentorii et fragmenta.* Gothæ, 1782, 1784, 2 part. en 1 vol. pet. in-8. (Vincent, 1871, nᵒ 1024. — Brunet.)

2254. STRUVE (K.-L.). *Ueber die chronologie des ægyptischen Geschichte nach dem Herodote.* Dorpat, 1809. (Dʳ Schubert.)

2255. SULKOWSKY (Joseph), aide-de-camp de Bonaparte pendant les campagnes d'Egypte. *Description de la route du Kaire à Ssalêhhiêh,* imprimée dans le Iᵉʳ volume de la *Décade égyptienne.* (Quérard.)

— Ses *Mémoires historiques, politiques et militaires sur...* (les campagnes d'Egypte, 1798, 1799). Paris, 1832, in-8, 1 pl. (Quérard.)

2256. TAGLIONI (Ch.). *Deux mois en Egypte, journal d'un invité du Khédive.* Paris, 1870, in-12 de VIII-317 pp.

2257. TAYLOR (le baron) et **Louis Reybaud.** *La Syrie, l'Egypte, etc. ; considérées sous leurs rapports historiques, archéologiques, descriptifs et pittoresques.*

Paris, 1835 et années suiv., in-4°, fig. —
Paris, 1839, in-4°, 150 pl.

— *L'Egypte* , par le R. P. Laorty Hadji.
Paris, 1856, in-12. Laorty Hadji n'est autre
que le baron Taylor. — *L'Egypte* , 1858 ,
gr. in-8 de vii-408 pp. et 36 pl.

Le baron Taylor a collaboré à l'*Histoire
scient. de l'expédition française en Egypte*.
Il fut chargé officiellement sous Charles X
et sous Louis-Philippe de deux voyages en
Egypte, pour traiter de l'acquisition des obélisques de Louqsor et des plus rares curiosités du musée égyptien. (Bourquelot. —
Brunet. — Vapereau. — *Supercheries littér.*,
II, col. 658.)

Le baron Isidore-Séverin-Justin Taylor,
membre de l'Institut de France et sénateur
de l'empire, est né à Bruxelles en 1789.

2258. **TEYNARD** (**Félix**), ingénieur civil.
*Egypte et Nubie. Sites et monuments les
plus intéressants pour l'étude de l'art et
de l'histoire. Atlas photographique accompagné de plans et d'une table explicative
servant de complément à la grande Description de l'Egypte.* Paris, 1853 et années
suiv. , 160 pl. (Brunet.)

2259. **THADÉE DUNI**. *De Peregrinatione
filiorum Israël in Ægypto.* Tiguri, 1599 ,
in-4°. (Peignot.)

2260. **THIBAUDEAU** (le comte **Ant.-
Claire**), fonctionnaire public français, mort
en 1823 âgé de 53 ans. *La Guerre d'Egypte*,
2 vol., formant les tomes IV et V de l'*Histoire générale de Napoléon*. Paris, 1827 et
années suiv., in-8; imprimée et vendue depuis séparément. (Quérard.)

2261. **TOCHON** d'Annecy (**Jean-Fr.**), député, membre de l'Institut, né à Annecy
en 1772, mort en 1820. *Recherches historiques et géographiques sur les médailles des
nomes ou préfectures de l'Egypte.* Paris ,
imprimerie royale, 1822 , in-4° , portrait de
l'auteur, nombreuses figures de médailles.
(Catal. des *Accroiss.*, I, n° 1686. —Brunet.—
Quérard.)

2262. **TOURTECHOT-GRANGER** , voyageur, né à Dijon, mort vers 1733. *Relation
d'un voyage fait en Egypte en l'année 1730,
où l'on voit ce qu'il y a de plus remarquable, particulièrement sur l'histoire naturelle.* Paris, 1715, in-12. (Nyon, n° 21199.
— Van Hulthem, nos 15017 et 15018.)

2263. **TURNER** (**Will.**), peintre, né à Londres,
en 1775, mort en 1851. *Journal of a tour in
the Levant* (Grèce, Egypte, etc.). London,
1820, 3 vol. in-8, cartes, fig. et vignettes sur
bois. (Brunet.)

2263 bis. **UHLEMANN**. *Handbuch der ge-
sammten ægyptischen Alterthumskunde.*

Leipzig, 1857-58, 4 part. in-8 , fig. (Brunet,
26089.)

— *Thoth oder die Wissenschaften der alten
Ægypter, nach klassischen und ægyptischen
Quellen bearbeitet.* Göttingen, 1855 , in-8, 1
pl. (Brunet, n° 29082.)

2264. **UPHAM** (**Edward**). *Rameses, an
egyptian tale, with historical notes of the
era of the Pharaons.* London, 1824, 3 vol.
(Brunet, d'après Lowndes.)

2265. **VALENTIN** (**Louis**), médecin, né en
1758, mort en 1829. *Lettre à M. Millin sur
les monuments antiques, transportés d'E-
gypte à Londres;* impr. dans le *Magasin
encyclopédique*, IXe année, 1803, tome 3.
(Quérard.)

2266. **VALERIANI** (**Dom.**). *Atlante monumentale del basso e dell'alto Egitto, illustrato dal professore D. Valeriani e com-
pilato dal fu Girolamo Segato.* Firenze, 1837,
2 vol. in-fol. contenant 135 pp.

Ces planches sont en grande partie copiées
sur celles des ouvrages de Denon, de Gau,
de la Commission française, de Cailliaud et
de Rosellini. On y réunit 2 vol. in-8 de texte
impr. à Florence , en 1836 et 1837: *Nuova
illustrazione historico - monumentale del
basso e dell'alto Egitto di Dom. Valeriani.*
(Brunet.)

2267. **VALLÉE** (**Pierre de la**), célèbre voyageur romain , mort en 1652 âgé de 66 ans.
Il parcourut l'Orient et l'Egypte, et à son
retour il publia la relation de son excursion; la meilleure édition est celle de Rome,
1662, 4 vol. in-4°. L'ouvrage a été traduit
de l'italien en français par les PP. Etienne
Carneau et Fr. Le Comte. Paris, 1661, ou
1663-64, ou 1670, 4 vol. in-4°. Cette traduction est peu estimée.

Voir pour plus de détails bibliographiques
le *Manuel du libraire*, tome V, col. 1059.

2268. **VAN-DRIVAL** (l'abbé **E.**). *Etude sur
le grand monument funéraire égyptien du
musée de Boulogne.* Paris, 1851, gr. in-8.
(Detaille, en 1873, 3 fr. 50.)

2269. **VANSLEB** (**Jean-Mich. Vansleb**,
dit le P.), né à Erford en Thuringe, en 1635,
de parents luthériens. Le duc de Saxe-Gotha
l'envoya en Egypte et en Ethiopie pour en
examiner les dogmes et les rites. En 1670,
Colbert le chargea d'une nouvelle mission
scientifique en Egypte. On a de lui: *Description de l'état de l'Egypte*, in-12 (ouvrage
cité dans le *Nouveau Dictionnaire historique portatif*, août 1771, t. IV, p. 609, col. 1);
et une Relation de son second voyage. Cette
deuxième excursion procura à la France 334
mss. arabes, turcs et persans qui furent
placés dans la Bibliothèque du roi. La *Vie*

de Vansleb a été publiée par l'abbé A. Pougeois, à Paris, en 1869, in-8 de xxxiii-483 pp.

— *Nouvelle relation en forme de journal,
d'un voyage fait en Egypte, en 1672 et 1673.*
Paris, 1677, in-12. (Grenoble, n° 19650. —
Van Hulthem, n°s 15014 et 15015.) — Autre
édition. Paris, 1698, in-12 (Nyon, n° 21198.
— Brunet, n° 20791.)

Cette dernière relation est écrite dans un
esprit d'observation raisonnable, spécialement
au point de vue ethnographique et historique.
Voici du reste un extrait des titres contenus
dans le volume :

Description générale de l'Egypte (ses premiers habitants, son histoire, son nom en
arabe, en turc et en hébreu, sa topographie, etc.). — Amsus. — Memphis. — Alexandrie. — Fostat. — Le Caire, etc., etc.
— Différentes langues parlées en Egypte. —
Du Saïd ou de la Haute-Egypte ; étymologie
du mot *Saïd ;* sa capitale ; son ancien et son
nouveau gouvernement. — Des Casciefs de
toute l'Egypte ; ce que c'est ; leur nombre ;
leurs coûtumes, etc. — Des saisons de l'E-
gypte. — Portraits des Egyptiens : couleurs
des Egyptiens ; leurs vices ; femmes d'Egypte.
— Du Nil : ses sources ; son cours ; ses branches et bouches ; ses particularités ; jour qu'il
commence à croître ; ce que c'est que la goutte ;
verdure du Nil ; écluse en Ethiopie ; rougeur
du Nil ; comment on clarifie l'eau du Nil ;
si le Nil décroît un jour précis ; effets de l'eau
du Nil ; ravages du Nil ; îles dans le Nil ;
leur origine ; diverses colonnes en Egypte
faites pour mesurer le Nil, etc. — De la colonne de Mikias. — Du puits d'Argenus. —
Des poissons du Nil. — Du crocodile. — Liste
très-exacte de tous les pachas qui ont gouverné l'Egypte, depuis que le sultan Selim
l'a conquise sur les Mammelucs circassiens,
jusqu'en l'an 1673. — Des Sangiac-beys de
l'Egypte : étymologie de ce nom ; d'où on les
prend ; de ceux qui vivaient en 1672. — Des
arbres, des plantes et des oiseaux de l'Egypte.
— Arrivée de l'auteur à Damiette, 1672 ;
le château de S. Louis. — Description de
Damiette ; de Mansoura ; des Pyramides ; Bou-
lac ; description du Caire, son aspect exté-
rieur, ses ports, ses lacs ; le vieux Caire ;
Babylone ; de la Sphinx ; des puits de mom-
mies ; puits des oiseaux embaumés ; privilège
des moines du Mont-Sinaï. — Voyage à Gemiane ; Gemiane. — Voyage à Rosette ; Rosette. — Voyage à Alexandrie ; Alexandrie ;
trafic des Français à Alexandrie. — Promenade au jardin de Ma-Tàrea. — Voyage
à la ville de Fiùm ; Tamish ; Fiùm. — Canal
de Joseph. — Petit voyage à Senmiris ; Se-
nhùr. — Description du désert. — Monastère
de St-Antoine. — Départ du Mahmel pour la
Mecque ; Description du Mahmel. — Départ
de la caravane des Pélerins pour la Mecque.

— Voyage dans l'Egypte supérieure. — Momfallòt. — Route du Caire à Syout ; nombre
des villages qui dépendent de Momfallòt. —
Description de Syout. — Voyage à Talita. —
Voyage dans la Thébaïde inférieure. — Retour en Europe.

2270. VARDI (Ibn-Al-). *Ægyptus*, edidit
Ch. Froeh. Halæ, 1804, in-8. (Vincent, 1871,
n° 1017.) — Voir Brunet, article : *Ibn-Al-
Vardi* pour les écrits de cet auteur.

**2271. VAULABELLE (Achille TE-
NAILLE de),** né en 1799. *Histoire de l'E-
gypte moderne* (1801 à 1833). Paris, 1835-36,
2 vol. in-8. Cet ouvrage fait partie de i *Histoire scientifique de l'expédition française
en Egypte.* (Quérard. — Vapereau.)

**2272. VERNINAC DE SAINT-MAUR
(Raymond-J.-Bapt.),** gouverneur de l'île
Bourbon, etc. *Voyage du Luxor en Egypte.*
Paris, 1835, in-8, 7 pl. L'auteur fut chargé
du commandement de l'expédition entreprise
pour transporter de Thèbes à Paris un des
obélisques de Sésostris. (Vapereau. — Grenoble, n° 28762. — Brunet, n° 20808. — Mlle
Pelletan, en 1873, 1 fr. 75.)

2273. VILLAMONT, chevalier de l'ordre
de Jérusalem. Ses *Voyages* (en Orient et en
Egypte), contenant une Description..... d'E-
gypte, de Damiette, du Grand-Caire, etc.
Paris, 1595, in-8. (Nyon, 20773.) C'est la 1re
édition de cet ouvrage réimprimé : à Arras,
1598, pet. in-8. — Paris, 1600, in-8. — Idem,
1602, in-8. — Arras, 1605, in-8. — Arras, 1606,
in-8. (Nyon, 20775). — Liége, 1608, in-8. —
Rouen, même date. — Paris, 1609, 2 tom. en
1 vol. — Rouen, 1610, ou 1613, in-8. (Brunet.
— Méon.)

2274. VISCONTI. *Notice d'une statue égyptienne qui se voit à St-Cloud.* 14 pp. et pl.
(Claudin, en 1871, 1 fr. 25.)

**2275. VOLNEY (Fr. Chasseboeuf, comte
de),** né en 1757, mort en 1820. *Voyage en
Egypte et en Syrie*, pendant les années 1783,
1784 et 1785. Paris, 1787, 2 vol. in-8, ou
2 vol. in-4°, cartes et fig. — 3me édit. Paris,
an vii (1793), 2 vol. in-8, fig. et cartes. —
Paris, 1808, 2 vol. in-8. — Paris, 1823, 3 vol.
in-18, fig. ; ou 1822, 2 vol. in-8, fig. (Bouillet.
— Quérard. — Grenoble, 19652. — Brunet. —
Yéméniz, n° 2716, relié en mar. rouge, 16 fr.
— Van Hulthem, 14880. — Lanctin, en 1871,
3 fr.)

— *Viage por Egipto y Siria, y traducida
al castellano.* Paris, 1830, 2 vol. in-8. (Quérard.)

2276. VYSE (colonel Howard). *Operations
carried on at the Pyramids of Gizeh in
1837, with an account of a voyage into
Upper Egypt.* London, 1840-42, 3 vol. in-8,
8 pl. et vign. sur bois. (Brunet.)

2277. **WAAGEN (Gust.-Fréd.**), né à Hambourg, en 1794. Sur quelques momies de la collection royale de Munich (*Ueber einige in der Koenigl. Sammlung zu München, befindliche ægypt. Mumien*). Munich, 1820. — Autre édition, s. l. n. d., in-4°. (Catal. des *Accroiss.*, II, 4, p. 85. — Vapereau.)

2278. **WALSH (The Captain)**. *Journal of the campaigne in Egypt*. London, 1803, gr. in-4°, figures. Ouvrage où sont contestés plusieurs faits avancés par Denon et d'autres écrivains français. (Brunet.)

— *Journal de l'expédition anglaise en Egypte dans l'année 1800*, trad. du capitaine Walsh, par M. A. Thierry, avec des notes, etc. Paris, 1823, in-8, fig. (Quérard. — Brunet.)

2279. **WATHEN (G.**). *Arts, antiquities, and chronology of ancient Egypt: from observations in 1839*. London, 1843, gr. in-8. (Catal. des *Accroiss.*, II, 2, p. 101.)

2280. **WHITE (Jos.**). *Ægyptiaca, or observations on the antiquities of Egypt, in two parts: pars 1, the History of Pompey's pillar elucidated; pars II, Abdollatif's account of the antiquities of Egypt, translated into english and illustrated*, with notes by W. White. Oxford, 1801, gr. in-4°. Première partie, la seule publiée. (Brunet.)

2281. **WILKINSON (J. Gardener)**. *Manners and customs of the anciens egyptians, derived from a comparison of the paintings, sculptures and monuments, still existings, with the accounts of ancients authors*. London, 1837, 3 vol. gr. in-8, fig. — Second series, 1841, 3 vol. gr. in-8, dont le dernier renferme 88 pl. — London, 1847, 5 vol. in-8, 600 pl. et fig. (C'est la 3e édit.). (Catal. des *Accroiss.*, XII, 1, p. 121. — Brunet, n° 29082. — Baer et Cie, n° 1049, 200 fr.)

— *Popular account of the private life manners and customs of ancient Egyptians*. London, 1853, 2 vol. pet. in-8, fig. s. b. Abrégé de l'ouvrage précédent.

— *Topography of Thebes, and general view Egypt*. London, 1835, in-8, fig.

— *Modern Egypt and Thebes: being a description of Egypt; including the information required for travellers in that country*. London, 1843, 2 vol. gr. in-8, carte et fig. (Baer et Cie, 40 fr. — B. Quaritch, 1874, 30 sh.)

— *Fragments of the hieratic papyrus of Turing, containing the names of egyptian kings*. London, 1851, 11 fac-sim. (Brunet.)

— *Hand-Book for travellers in Egypt, including description of the course of the Nile to the second cataract, Alexandria, etc.* London, 1847, in-12. (Catal. des *Accroiss.*, XII, 1, p. 121.)

2282. **WILSON**. *The History of the expedition of Egypt:* by Robert Th. Wilson. London, 1802, gr. in-4°, cartes et portr. du général Abercromby. — London, 1804, gr. in-4°. Cette relation renferme des détails curieux, mais souvent peu exacts, sur la campagne de Bonaparte en Egypte. (Brunet.)

— *The History of Egypt*. London, 1805, 3 vol. in-8. (Brunet, 28370.)

2283. **YORKE (Ch.**). En collaboration avec le colonel **Martin Leake**. *Les Principaux monuments égyptiens du Musée-britannique, et quelques autres qui se trouvent en Angleterre*. Londres, 1827, in-4°, 27 pl. lithogr. (*Catal. des accroiss.*, VIII, p. 117. — Brunet.)

2283 *bis*. **ZŒGA (George)**. *Numi Ægyptii imperatorii, prostantes in muses Borgiano Velisiris*, etc. Romæ, 1787, in-4° de 22 pl. (*Catal. des accroiss.*, XII, 1, p. 123.— Brunet.)

2284. **ZOTEMBERG (H.**). *Nouvelles inscriptions phéniciennes d'Egypte;* article inséré dans le *Journal asiatique*, 1868, avril-mai.

Publications périodiques.

2285. **BIBLIOTHECA** *ægyptiaca*. Leipzig, 1858. (*Journal de la librairie*, Chron., p. 199.)

2286. **COURRIER** de *l'Egypte*, depuis le 12 fructidor, an VI, jusqu'au 20 plairial an IX, pet. in-4°. Journal semi-officiel, imprimé au Caire, et composé en tout de 116 numéros. Paraissait à des intervalles irréguliers. Le seul mérite de cette publication consiste à être imprimée au Caire, à l'impr. nationale; son prix est fort élevé. Deschiens dit qu'un exemplaire complet ne se paierait pas moins de 5 à 600 fr., Brunet l'estime 200 à 300 fr.

2287. **LA DÉCADE** *égyptienne*, journal littéraire et d'économie politique. Au Kaire, de l'imprimerie nationale, an VII et an VIII, 3 vol. pet. in-4°. (Bourquelot, tome II, p. 312. — Brunet.)

2288. **L'EGYPTE**. Journal publié à Alexandrie. 1873; rédacteur Nicole. (*Annuaire* Didot.)

2289. **L'EGYPTOLOGIE**. Journal mensuel (F. Chabas). Paris, Maisonneuve et Cie, 1874, in-4°, 1 an, 24 fr., Ire année.

2290. **MASRIÉ** (l'Egypte). Journal arabe publié au Caire, 1873. (*Annuaire* Didot.)

2291. **ZEITSCHRIFT** *für ægyptische sprache und alterthumskunde* (Revue de langue et d'antiquité égyptienne); rédigée par le prof. Rich. Lepsius et le Dr Brugsch. Mensuelle; publiée à Leipzig.

Le Nil.

2292. ADAMS (ANDREW-L.). *Notes of a Naturalist in the Nile Valley and Malta. A Narrative of Exploration and Research in Connection with the Natural History, Geology and Archeology of the lower Nile and Maltese Islands.* Edinburgh and London, 1870, in-8 de 306 pp. (*Revue bibliogr.*, tome VI, n° 678.)

2293. ANIMAUX (Les) *plus remarquables des eaux du Nil.* Limoges, 1870, in-12. — Limoges, 1874, in-12 de 70 pp. et grav. — Bibliothèque chrétienne et morale.

2294. BACCI (Andrea). *Del Tevere, libri tre, ne' quali si tratta della natura delle acque, specialmente del Tevere, e dell'acque antiche di Roma, del Nilo, etc.* Venetia, 1576, et Roma, 1599, in-4°. (Brunet, n° 4651.)

2294 bis. BERLIOUX (Steph.-Félix), professeur d'histoire. *Doctrina Ptolemaei ab injuria recentiorum vindicata, sive Nilus superior et Niger verus, hodiernus Echirren, ab antiquis explorati. Opus tabulis instructum scripsit* Berlioux, etc. Paris, 1874, in-8 de 87 pp. et 2 cartes. (*Journal de la librairie.*)

2295. BERTRAND (Elie), pasteur, né à Orbe en 712. *Essais sur les usages des montagnes; avec une lettre sur le Nil.* Zurich, 1754, in-4°. (Quérard.)

2296. CATARACTE (La) du Nil, valse chantée, paroles de MM. Clairville, Siraudin et Koning, avec accompagnement de piano. Paris, F. Mackar (1873). (*Journal de la librairie*, 1873, n° 8.)

2297. CUREAU DE LA CHAMBRE (Marin). *Discours sur les causes du débordement du Nil.* Paris, 1665, in-12. (Grenoble, n° 25742.)

2298. CURTIS (G.-Will.), écrivain américain, né en 1824. *Voyage d'un Howadji sur le Nil* (*Nile notes of a Howadji*). New York, 1850, in-12. *Howadji* est le nom qu'on donne en Égypte, aux touristes étrangers. (Vapereau.)

— *Nil-Skizzen eines Howadji.* Ad. Engl. v. F. Spielhagen, Hannover, 1857. (D* Schubert, en 1870.)

2299. DAVESIÈS (Lucien). *Le Désert et le Nil;* article inséré dans la *Revue des Deux-Mondes*, 1835. (Bourquelot.)

2300. FRAAS (Osc.). *Aus dem Orient. Geologische Beobachtungen am Nil* (Observations géol. sur le Nil, etc.). Stuttgart, 1867, in-8 de VIII-222 pp. (*Revue bibliogr.*, 1868, p. 13, n° 254.)

2301. HAMM (W.). *Esquisses du Nil;* article inséré dans *Unsere Zeit* (Notre temps), 10 et 11 livr. 1870.

2302. HUET (P.-D.), évêque d'Avranches, membre de l'Académie française, né à Caen en 1630, mort en 1721. *Lettre à M. de Quesnay* (touchant l'opinion des anciens sur l'origine du Nil); ins. dans les *Dissertations sur différents sujets...* La Haye, 1714; — La Haye, 1720, 2 vol. in-12. (Quérard.)

2303. HUGO (comte Victor), poète français, né à Besançon en 1802, membre de l'Académie française. *Moïse sur le Nil,* ode couronnée par l'Académie des jeux floraux. Paris, 1822, in-8 de 4 pp. (Quérard.)

2304. LANGLÈS (L.). *Une table chronologique des crues du Nil les plus remarquables, depuis l'an 613 jusqu'en 1517,* tirée de la *Cosmographie* de Mohammed ben Ayas; ins. dans la Collection des *Notices et extraits des mss. de la Bibliothèque du roi.*

2305. LANOYE (Ferd. de). *Le Nil, son bassin et ses sources, explorations et récits extraits des voyageurs anciens et modernes.* Paris, Hachette, 1870, in-12 de 318 pp., 32 gravures s. b. et 2 cartes. — 2e édition (nouveau tirage), 1873, in-12. (*Journal de la librairie.*)

2306. LAPORTE (Laurent). *L'Égypte à la voile.* Paris, 1870, in-12 de 252 pp. Récit d'un voyage sur le Nil du Caire à Thèbes. (*Journal de la librairie*, 1871. Feuilleton, p. 310.)

2307. MASPÉRO (G.). *Hymne au Nil,* publié et trad. d'après les deux textes du Musée britannique. Paris, 1869, in-4° de 34 pp. (*Journal de la librairie.*)

2308. NOSSIUS (Is.). *Dissertation touchant le Nil,* trad. du latin. Paris, 1667, in-4°. (Brunet, 4652.)

2309. PRICE (E.). *Album of oriental costume,* 30 tinted lithographie plats representing the characters, costums and modes of life in valley of the Nil, from designs taken by E. Price, with descriptions by J. A. L. John. London, 1851, gr. in-fol. (Brunet, 9664.)

2310. PRIÉZAC (Salomon de). On a de lui une *Dissertation sur le Nil.* Paris, 1664, in-8. (Peignot. — *Archives du bibliophile*, 1869, n° 888.)

2311. QUATREMÈRE (E.-M.). *Table des crues du Nil, depuis l'année 20 jusqu'à l'an 955 de l'hégire.* (Quérard.)

2312. RITTER (Karl). *Ein Blick in das Nil-Quelland.* Berlin, 1844, in-8. (*Catal. des accroiss.*, VI, p. 119.)

2313. SCRIBANI (Alessandro). *Li Bar-cheggi del Nilo.* Pavia. 17.., 2 part. en 1 vol. in-12. (Nyon, 21197.)

2314. TISSOT (E.). *Etudes égyptiennes ; la crue du Nil;* article inséré dans la *Revue moderne,* 1869, 25 juillet.

2315. VALLÉE (La) *du Nil.* Paris, 1863, in-18, phot. (Ouvrage rédigé par A. Lefèvre sur les notes de M. H. Cammas, photogr. (Vapereau, article : LEFÈVRE.)

2316. VIEWS on the Nile *from Cairo to the second cataract ; drawn on stone ,* by G. Moore from sketches by Owen Jones and the late Jules Goury , with historical notices of monuments, by S. Birch. London, 1843, in-fol. (Brunet.)

2316 bis. WERNER (C.). *Nil Sketches.* London, 1873, in-fol. 10 sh. Paraît par parties. (*Année géogr.*)

2317. VOSSIUS (Is.). *De Nili et aliorum fluminum origine...* Parisiis, Séb. Cramoisy, 1666, in-4°. (Van Hulthem, n° 14360.)

2318. WISCHE (Pierre). *La Relation de la rivière du Nil,* trad. de l'anglais, insérée dans le *Recueil de divers voyages faits...* Paris, 1674, in-4°, fig.

Nil blanc.

(BAHR-EL-ABIAD).

2319. ABBADIE (Antoine Thomson et **Arnaud Michel d'),** voyageurs français, nés à Dublin (Irlande) d'une famille d'origine française, le premier en 1810 et le second en 1815. *Notes sur le haut fleuve blanc;* article inséré dans le *Bulletin de la Société de géographie,* et publié à part (1849).

L'exactitude des renseignements fournis a été contestée. (Vapereau.)

2320. ARNAUD (d'). *Documents et observations sur le cours du Bahr-el-Abiad, ou du fleuve Blanc, et sur quelques autres pièces géographiques.* Paris, s. d., in-8 de 48 pp., 1 carte. (Schubert, de Berlin, 20 sgr.)

Brun Rollet parle dans son ouvrage sur le Nil Blanc, pp. 126 et suiv., de l'expédition au Misselad (contrée et rivière du Bergou qui se joint au Nil vers le 10e degré de lat. N.), faite par M. d'Arnaud, qui dirigeait les opérations des troupes turques. Si M. d'Arnaud avait continué sa route sur ce fleuve, il aurait trouvé une belle rivière, au lieu de ce marais pestilentiel qu'il a fui. Il eût pu, sur la rive droite, se ravitailler et s'établir des relations importantes avec les nègres Djak et Ginguès, et sur la rive gauche avec les Bakkara-Omour.

2321. HEUGLIN (Théod. de). *Reisen in das Gebiet des weissen Nil und seiner westlichen Zuflüsse...* (Voyage sur le territoire du Nil blanc et de ses affluents occidentaux, de 1862 à 1864). Leipzig, 1869, gr. in-8, cartes, 9 grav., 8 pl. (*Revue bibliographique,* 1870, n° 413.)

2322. KLÖDEN (G. Ad. von). *Das Stromsystem des oberen Nil nach den neueren Kenntnissen mit Bezug auf die älteren Nachrichten.* Berlin, 1856, 5 cartes in-4° et in-fol. (Brunet, 4652. — Dr Schubert, 1870, n° 4652.)

2323. LOMBARDINI (Elie), ingénieur, membre de l'Institut des sciences à Milan. *Appendice IV al Saggio sull'idrologia del Nilo e dell'Africa centrale;* article inséré dans il *Politecnico,* avril 1869.

— *Essai sur l'hydrographie du Nil.* In-4°, planches. (Challamel, 6 fr.)

2324. PENEY (Dr Alfred), voyageur français. *Les Dernières explorations du docteur A. Peney, dans la région du haut fleuve Blanc,* par Malte-Brun. Paris, 1863, in-18.

2325. PONCET (Jules), négociant et voyageur à Khartoum. *Le Fleuve blanc,* notes géographiques et ethnologiques , et chasses à l'éléphant dans le pays des Dincha et des Djour. Paris, A. Bertrand, in-8, 1 carte dressée par M. Malte-Brun.

— **J.** et **Ambr. PONCET:** *Les Pays situés à l'ouest du Haut-Fleuve blanc ;* article inséré dans le *Bulletin de la Société de géographie,* mai 1868.

2326. SCHOTTI (Gasp.), ou **Schot.** *Anatomia physico-hydrostatica fontium ac fluminum,* lib. VI. Herbipoli, 1663, in-8, fig.

On y trouve, p. 416 à 433, un *Mémoire sur l'origine du Nil, et la découverte qui en a été faite vers 1618, par le père Jésuite Pierre Pays.* (Schulten, tome I, n° 5663.)

Coptes.

2327. AKERBLAD (J.-D.). *Deux lettres à M. de Sacy sur l'écriture cursive copte.* 1801. Le nom de Coptes ou Cophtes est donné aux chrétiens circoncis qui habitent l'Egypte, la Nubie et l'Abyssinie. Ils descendent des anciens Egyptiens. Le patriarche copte réside au Caire et prend le titre de patriarche d'Alexandrie et de Jérusalem. La langue copte s'est éteinte au milieu du XVIIe siècle. (Bouillet.)

2327 bis. BEYTS. *Fragments sur la langue égyptienne ou copte.* Manuscrit in-4° ; à la Bibliothèque royale de Bruxelles. (*Catal. des accroiss.,* XII-1, p. 239.)

2328. BLUMBERG (Chrétien-Gotthelf), né en 1664, mort en 1735. *Fondamenta linguæ copticæ.* Lipsiæ, 1716, in-8. (Brunet, n° 11930. — Peignot.)

2329. BONJOUR (F.-Guill.). *In monumenta coptica, seu ægyptica bibliotheca vaticanæ brevis exercitatio.* Rome, 1699, in-4°. Ouvrage estimé. (Brunet.)

2330. CHAMPOLLION-LE-JEUNE. *Observations sur le catalogue des manuscrits coptes du Musée Borgia, à Velletri;* ouvrage posthume de George Zoega. Extrait du *Magasin encyclopédique.* Paris, 1811, in-8. (Quérard. — Grenoble, 26944.)

2331. CHAMPOLLION-FIGEAC. *Notice sur deux grammaires coptes, etc.* 1842, in-8. Extrait de la *Revue bibliographique analytique.* (Bourquelot.)

2332. DUJARDIN (Dr). Il fut envoyé en Egypte, par le ministre de l'instruction publique, pour recueillir des mss. coptes. Il a donné sur les résultats de cette mission, un article inséré dans les *Débats,* 27 juillet 1838. (Bourquelot.)

2333. KLAPROTH. *Lettre à M. Champollion le jeune, relative à l'affinité du cophte avec les langues du nord de l'Asie et du nord-est de l'Europe.* Paris, 1823, in-8. (Bourquelot.)

2334. MAKRIZI. *Historia coptorum christianorum in Ægypto, arabice edita et in linguam latinam translata,* ab Jos. Wetzer. Solisbaci, 1828, in-8 de xxiv-215 pp. (Brunet.)

— *Geschichte der copten; arabisch herausg. u. übers.;* von F. Wüstenfeld. Gott., 1845, in-4°. (Brunet.)

2335. NÈVE (Fél.-J.-Bapt.-Jos.). *Des travaux de l'érudition chrétienne sur les monuments de la langue copte.* Louvain, 1843, in-8. (Catal. des Accroiss., II, 4, p. 71.)

2336. PARTHEY (G.). *Vocabularium coptico-latinum et latino-copticum e Peyroni et Tattami lexicis concinnavit. Accedunt elenchus episcopatuum Ægypti, index Ægypti geographicus coptico-latinus, index Ægypti geographicus latino-copticus, vocabula ægyptia a scriptoribus græcis explicata, vocabula ægyptia a scriptoribus latinis explicata.* Berolini, 1844, in-8. (Brunet.)

2337. PEYRON (l'abbé Victor-Am.). *Lexicon linguæ copticæ.* Turin, 1835, in-4° de 497 pp. (Brunet. — Daremberg, en 1873.)

— *Grammaticæ linguæ copticæ; accedunt additamenta ad lexicon copticum.* Taurini, 1841, in-8. (Brunet, 11935. — Vapereau.)

2338. ROSELLINI (Hipp.). *Elementa linguæ ægyptiacæ, vulgo copticæ.* Romæ, 1837, in-4° de xvi-136 pp. (Brunet, n° 11935. — Daremberg, 1873, 8 fr.)

2339. SCHWARTZE (G.). *Koptische Grammatik. Herausgegeben nach des Verfasser Tode von H. Steinhal.* Berlin, 1850, in-8. (Brunet.)

2340. TISSOT (E.). *Etudes sur le calendrier copte et ses éphémérides.* Alexandrie, 1867, in-8 de 26 pp. (*Journal de la librairie,* 1870, p. 817.)

2341. TUKI (Raph.). *Rudimenta linguæ copticæ, sive ægyptiacæ,* cum præfatione Joann. Christ. Amaduzzii. Romæ, 1778, in-4°. (Brunet.)

2342. UHLEMAN (Mx). *Linguæ copticæ grammatica cum chrestomathia et glossario, observationes de veter. Ægyptiorum grammatica.* Leipzig, 1853, in-8. (Brunet, 11935. — Catal. des Accroiss., II, 2, p. 53.)

2343. VALPERGA (Thomas) di Caluso, sous le pseudonyme **DYDIMUS TAURINENSIS:** *Litteraturæ copticæ rudimentum.* Parmæ, 1783, pet. in-4° et in-8. (Brunet, n° 11983.)

BASSE-ÉGYPTE

(*Voir aussi* nos **1539** *et suivants.*)

2343 bis. CARTE d'*Egypte, de Râs Alem-Room à Alexandrie;* revisée en 1873. Dépôt de la marine. 2 fr.

2344. COSTE (X.-Pascal). *Carte de la Basse-Egypte.* 4 feuilles. (Vapereau.)

2345. DUBOIS-AYMÉ. *Mémoire sur les anciennes branches du Nil et ses embouchures dans la mer.* Livourne (Paris), 1812, in-8 de 32 pp., tiré à 30 exempl. Extrait de la *Description de l'Egypte.* (Quérard.)

— Avec **Jollois:** *Voyage dans l'intérieur du Delta* (géographie et mœurs); ins. dans la *Description de l'Egypte.*

2346. LETRONNE. Dans le *Bulletin universel* de Férussac, article sur le passage d'Homère, relatif au Delta. (Quérard.)

2347. RAFALOVITCH (A.), ou RATALOVITCH. *Poutechestvīe po nijenemou Egipton* (Voyage dans la Basse-Egypte et dans les contrées intérieures du Delta). St-Pétersbourg, 1850, 2 vol. in-8. (Brunet, 20810.) En russe.

2348. ROCQUIGNY du Fayel (le comte de). *Trois mois en Orient, Basse-Egypte, Syrie, etc. Journal de voyage.* 1 vol. in-18. (Challamel, 3 fr. 50.)

2349. TISSOT. *Carte de la Basse-Égypte*, lithographiée par Tissot. Paris, impr. Chardon (1869). (*Journal de la librairie.*)

2350. CUVELIER DE TRIE et **Augustin HAPDÉ**. *La Bataille d'Aboukir, ou les Arabes du désert*, action militaire en deux parties. Paris, 1808, in-8. (Quérard.)

Aboukir est une bourgade de la Basse-Égypte, située à 17 kil. N.-E. d'Alexandrie. On y remarque des ruines que l'on suppose être celles de Canope ou de Caposiris.

2351. GROS (Ant.-J., baron), peintre d'histoire. On a de lui un tableau représentant la *bataille d'Aboukir*; Anne-Louis Girodet a écrit, sur cette œuvre, un *Examen du combat d'Aboukir*.

2352. HISTOIRE *des combats d'Aboukir, de Trafalgar, et autres batailles navales depuis 1798 jusqu'en 1813*. Paris, 1829, in-8. (B. Quaritch, en 1874, 2 sh. 6 d.)

Alexandrie.

2353. AUGUIS (P.-R.), homme de lettres, né à Melle (Deux-Sèvres), en 1786. *Examen critique du récit des historiens qui ont avancé que la bibliothèque d'Alexandrie avait été brûlée par le khalife Omar*; impr. dans les *Mémoires de la Société royale des antiquaires*, tome IV, 1823. (Bourquelot, p. 129.)

Les historiens chrétiens, dans l'intention de ternir la mémoire des héros musulmans, arrangèrent l'histoire suivante : Amrou-ben-El-Assa, un des plus grands généraux de l'Islamisme, conquérant de l'Egypte et de la Nubie (638-640), fondateur du Vieux-Caire, qui fit exécuter un canal unissant la mer Rouge à la Méditerranée, canal tombé en ruine depuis cette époque, aurait, sur l'ordre d'Omar Ier, gendre et successeur de Mahomet, fait brûler la célèbre bibliothèque d'Alexandrie. Cette assertion est erronée: la bibliothèque des Ptolémées était, à cette époque, en très-grande partie détruite par suite des guerres successives qui ont eu lieu dans ce pays ; ce qui restait de cette célèbre collection a été conservé; mais depuis, une partie des livres ont été dispersés (et non brûlés dans les bains publics). On les retrouve répartis dans les collections publiques et privées de l'Orient. Laurent de Médicis en acquit pour sa part, un certain nombre dont quelques-uns d'entre eux font partie de l'ancien fonds de la Bibliothèque du roi à Paris. Quoique ce fait de la destruction de la bibliothèque d'Alexandrie par Omar soit parfaitement réfuté aujourd'hui, nous trouvons encore à l'heure actuelle, un avocat célèbre, M. Jules Favre, présentant le vandalisme supposé d'Amrou, comme un fait réel, et cela en pleine chambre des députés, sans qu'aucun des auditeurs présents ne songe à réfuter l'orateur sur cette erreur historique.

2354. AVVENIRE (L') d'*Egitto*; rédacteur C. Castelnuovo. Journal publié à Alexandrie. 1872-1873. (*Annuaire* Didot.)

2355. BALME (le Dr **Claude**), médecin de l'expédition d'Orient, né à Belley, en 1766. *Observations et réflexions sur le scorbut, d'après celui qui a régné parmi les troupes françaises formant la garnison d'Alexandrie, pendant le blocus et le siège de cette ville*, en l'an IX (1801). Lyon, 1803, in-8. (Quérard.)

2356. BARTHÉLEMY St-HILAIRE. *De l'école d'Alexandrie...* Paris, 1845, in-8. (Vincent, 1871, no 1227. — Labitte, mai 1873, no 62.)

2357. BASILIDE, mystique et chef d'une école *Basilidienne*, né à Alexandrie le 1er siècle de l'ère chrétienne. Il eut un grand nombre de disciples ; il fit un évangile (24 livres) dont on ne trouve plus que quelques fragments dans le *Spicilège* de Grabbe. (Peignot. — Bouillet.)

2358. BONAMY (P.-Nic.), membre de l'Académie des inscriptions et belles-lettres, né en 1694, mort en 1770. *Dissertation historique sur la bibliothèque d'Alexandrie*, avec une pl. ; ins. dans le *Recueil de l'Académie des inscriptions*, tome IX, 1736.

— *Description de la ville d'Alexandrie telle qu'elle était du temps de Strabon*, avec 1 carte ; ins. dans le même volume.

— *Explication de la guerre de César dans Alexandrie, après la défaite de Pompée*; ins. dans le même volume. (Quérard.)

2359. BRUNETTI (Pasc.). *Descente de Bonaparte en Egypte, ou la Conquête d'Alexandrie*, ballet-pantomime en 4 actes, trad. de l'espagnol, par Cailhava d'Estendoux. Paris, 1800, in-8. (Quérard.)

2360. CECCALDI (G.-C.). *Le Temple de Vénus Arsinoé au Cap Zephyrium, environs d'Alexandrie d'Egypte*; articles insérés dans la *Revue archéolog.*, avril 1869, et dans le *Moniteur des architectes*, 1869, 15 juin.

2361. CHABROL DE VOLVIC et **LANCRET**. *Mémoire sur le canal d'Alexandrie*; ins. dans la *Description de l'Egypte*. (Quérard.)

2362. COGNAT (l'abbé). *Clément d'Alexandrie, sa doctrine et sa polémique*. Paris, 1859, in-8. (Daremberg, 1873, 5 fr.)

2363. CONSTANTIOS (Constantin). *Description de la ville d'Alexandrie*. Moscou, 1801. (Vapereau.)

2364. **COUSIN** (**Victor**), de l'Institut, né à Paris en 1792, mort en 1867. *Eunape, pour servir à l'histoire de la philosophie d'A-lexandrie.* Paris, 1827, in-8. Extrait du *Journal des savants*, déc. 1826, janvier et février 1827. (Quérard.)

2365. **CYRILLE** (saint), patriarche d'Alexandrie, surnommé le *défenseur de l'Eglise*, mort en 444. Combattit les sectes hérétiques, ferma les églises des Novatiens et chassa les Juifs d'Alexandrie; il eut avec Oreste. préfet d'Egypte, de sanglants démêlés. On a de lui divers pamphlets. Ses *Œuvres* ont été plusieurs fois réimprimées. (Bouillet.)

2366. **EGYPTE** (**L'**), *journal;* rédacteur Nicole. Alexandrie, 1873. (*Annuaire* Didot.)

2367. **EULOGE**, patriarche d'Alexandrie en 581, mort en 607; on a de lui divers opuscules contre les Novatiens et contre d'autres hérétiques de son temps. (Peignot.)

2368. **EUTYCHIUS**, ou **EUTICHE**, nommé en arabe: **SAÏD-IBN-BATRICH**, né en 875 à Fostat (Vieux-Caire), mort en 940. On a de lui divers écrits d'histoire, de théologie et de médecine. *Eustichii, Ægyptii Patriarchæ, orthodoxorum Alexandrini Ecclesiæ suæ origines,* nunc primum typis edidit arabice, ac versione et commentario auxit Joan. Seldenus. Londini, 1642, in-4°. (Nyon, 21206. — Peignot.)

2369. **GLATIGNY** (**Gabr. de**), premier avocat général à la cour des monnaies de Lyon, né en 1690, mort en 1755. *Discours académique sur la Bibliothèque d'Alexandrie;* ins. dans les *Œuvres posthumes de Monsieur de ***.* Lyon, 1757, pet. in-8. (Quérard.)

2370. **GUERIKE** (**H.-Ern.**). *De schola quæ Alexandriæ floruit catechetica comment. histor. et theolog.* Halis Sax., 1824, 2 part. en 1 vol. in-8. (Daremberg, 1873, 6 fr.)

2371. **HIRTIUS** (**Aulus**), général romain, disciple de Cicéron, attaché au parti de César. On lui attribue l'*Histoire d'Alexandrie et d'Afrique,* que l'on joint ordinairement aux *Commentaires de César.* (Peignot. — Bouillet.)

2372. **HYPATHIE**, **Hypatia**, surnommée la **PHILOSOPHE**, fille de Théon, née à Alexandrie vers l'an 370 de l'ère chrétienne. Savante mathématicienne. Elle fut lapidée par les chrétiens, ses membres brisés et brûlés pour avoir refusé de se convertir au christianisme. Ses ouvrages qui étaient très-estimés, ont été détruits. (Bouillet.)

— *Sentences de Sextius* (philosophe pythagoricien), traduites en français; *suivies de la vie d'Hypathie, femme célèbre et professeur à l'école d'Alexandrie.* Paris, 1843, in-12. (Bourquelot.)

2373. **LEBEAU** (**Jean-Louis**), membre de l'Académie des inscriptions, né à Paris en 1721, mort en 1766. *Remarques sur la description que fait Athénée d'une fête d'Alexandrie, donnée par Ptolémée-Philadelphe;* ins. dans le *Recueil de l'Académie des inscriptions,* tome XXXI. (Quérard.)

2374. **LE SAULNIER** de **Vanhello**, capitaine de vaisseau. *Notes sur l'atterrage et l'entrée des ports d'Alexandrie;* ins. dans les *Annales maritimes et coloniales,* t. LX, année 1839.

2375. **LETRONNE**. *Récompense promise à qui ramènera deux esclaves échappés d'Alexandrie. Annonce contenue dans un papyrus grec.* Paris, 1833, in-4° de 26 pp. (J. Baur, en 1873, n° 877, 2 fr. 50.)

2376. **MAHMOUD-BEY**, astronome de S. A. le vice-roi d'Egypte. *Carte de l'antique Alexandrie et de ses faubourgs,* au 20,000e; dressée par Mahmoud-bey. Paris, imprim. lithogr. Monrocq (1872). (*Journal de la librairie.*)

— *Carte des environs d'Alexandrie,* contenant le lac Maréotis, ceux d'Aboukir et d'Edkou, ainsi que les anciens cours d'eau et les villes (au 200,000e). Paris (1866). (*Année géogr.,* 1874, p. 223)

2377. **MANIFESTE** *journalier. Journal d'Alexandrie;* propriétaire gérant E. A. Schutz. 1872-1873. (*Annuaire du commerce* de Didot.)

2377 bis. **MARC** (saint), un des quatre évangélistes, natif de la Cyrénaïque? Il fonda, vers l'an 52, l'Eglise d'Alexandrie. Son *Evangile* n'est qu'un abrégé de celui de saint Mathieu. On lui attribue une lithurgie particulière qui est en usage dans l'Eglise d'Alexandrie. (Bouillet.)

2378. **MATTER** (**Jacques**). *Essais historiques sur l'école d'Alexandrie, etc.* Paris et Strasbourg, 1820, 2 vol. in-8. (Quérard. — Grenoble, 26429.)

— *Histoire de l'Ecole d'Alexandrie...;* 2e édition revue. Paris, 1840-48, 3 vol. in-8. (Brunet. — Quérard.)

2379. **MILLIE** (**J.**). *Alexandrie d'Egypte et le Caire, avec le plan de ces deux villes.* Milan, 1869, in-16 de 28-132 et XVI pp. (*Revue bibliogr.,* VI, n° 1361.)

2380. **MONTFAUCON** (**dom Bernard de**), bénédictin de Saint-Maur, né en 1655, mort en 1741. *Dissertation sur le phare d'Alexandrie, sur les autres phares bâtis depuis;* ins. dans le *Recueil de l'Académie des inscriptions,* t. VI, 1729. (Quérard.)

2381. **NIL** (**Le**), *journal politique, commercial et financier.* 8e année, 1873. Alexandrie et Paris; abonnement 30 fr. par an; départements, 48 fr.

2382. **PAJON** (**Henri**), avocat, né à Paris, mort en 1776. *Histoire des trois fils d'Hali-Bassa, et des trois filles de Siroco, gouverneur d'Alexandrie*, traduite du turc (composée par H. Pajon). Leyde (Paris), 1746, 1748, in-12. Réimprimée dans le 94e volume du *Choix des Mercures*. (*Dictionnaire des anonymes*, 1873, col. 770.)

2383. **PHILON le juif**, philosophe platonicien, né vers l'an 30 avant l'ère chrét., à Alexandrie, mort ˮers l'an 40 de l'ère chrétienne. On a de lui un grand nombre d'ouvrages relatifs à la théologie hébraïque, à l'histoire, à la philosophie. (Bouillet.)

— *Philon d'Alexandrie; écrits historiques, influences, luttes et persécutions de juifs dans le monde romain;* par Ferd. Delaunay; 2e édition. Paris, 1870, in-12 de XVI-391 pp.

2384. **PRIDEAUX** (**Humphrey**), historien anglais, né en 1648, mort en 1724. *The Old and New-Testament cornected in the History of the Jews and neighbouring Nations, etc.* London, 1715-1718, 2 vol. L'on trouve dans le tome II un Extrait de l'*Histoire d'Egypte et particulièrement relatif à l'histoire des bibliothèques d'Alexandrie*. Une analyse de cet ouvrage se trouve dans la *Bibliothèque angloise*. Amst., 1718, t. III, p. 484.

2385. **RITSCHL** (**Dr Fréd.-Guill.**), philologue allemand, né en 1806. *Les Bibliothèques d'Alexandrie, etc.* (*Die Alexandrinischen Bibliotheken und die Sammlung, etc.*). Breslau, 1838. (Vapereau.)

2386. **TATIUS** (**Achille**), écrivain grec d'Alexandrie du IIIe siècle de l'ère chrét. On a de lui divers écrits scientifiques et littéraires; son roman des *Amours de Clitophon et de Leucippe* est un des meilleurs de l'antiquité. (Bouillet.)

2387. **TROMBETTA** (**La**). *Journal commercial d'Alexandrie*. 1872, 1873. (*Annuaire* Didot.)

2388. **VANSLEB** (**le P.**). *Histoire de l'Eglise d'Alexandrie, ou des Jacobites cophtes*. Paris, 1677, in-12. (Brunet. — Peignot.)

2389. **VIGUIÉ** (**Ariste**), président du consistoire de Nîmes. *Alexandrie, étude géographique et philosophique*. Nîmes, 1868, in-8 de 27 pp. Extrait des *Mémoires de l'Académie du Gard*. (*Journal de la librairie*.)

Damiette.

2390. **COCTEAU** (**le Dr Jean-Théod.**), né à Paris en 1798, mort en 1838. *Conjectures* sur l'origine d'une des cryptes mortuaires de Qarsr, oasis de Bahryeh;* article inséré dans le *Journal asiatique*, mars 1836.

2391. **GIRARD** (**P.-S.**), ingénieur. *Notice sur l'aménagement et le produit des terres de la province de Damiette;* insérée dans la *Décade égyptienne*, tome Ier, 1799. (Quérard.)

2392. **MAKRIZI**. *Histoire de Damiette;* un manuscrit se trouve à Oxford. (Peignot.)

— *Histoire des expéditions des Grecs et des Francs contre Damiette;* publiée en arabe, avec traduction latine par Hamaker. Amst., 1824. (Bouillet.)

2393. **SAVARESI** (**Ant.**), médecin. *Essai sur la topographie physique et médicale de Damiette;* ins. dans la *Décade égyptienne*.

— *Observations sur les maladies qui ont régné à Damiette dans le premier semestre de l'an VII;* ins. dans le même recueil.

2394. **FOURMONT** (**Cl.-L. de**), né en 1713, mort en 1780. *Description des plaines de Memphis et d'Héliopolis*. Paris, 1755, in-12, 3 pl. (Brunet, 28360. — Peignot. — *Archives du bibliophile*, 1858, no 17144, 1 fr. 50. — Nyon, 21201.)

Héliopolis, ou On, chef-lieu de nome, était située à 11 kil. N.-E. du Caire. Platon habita cette ville pendant son séjour en Egypte.

2395. **ANDRÉOSSY** (**le comte F.**), général français. *Mémoire sur le lac Menzaleh et Mémoire sur la vallée des lacs de Natron et du fleuve sans eau;* ins. dans la *Décade égyptienne*, ans VII et VIII (1798-99); puis dans la Collection des *Mémoires sur l'Egypte*, 4 vol. in-8, et dans la *Description de l'Egypte*. (Quérard.)

2396. **DUFOUR et MORIN**. *Plan de la rade et des bassins de Port-Saïd* (Egypte). Paris, impr. Lemercier (1873). Dépôt des cartes et plans de la marine.

L'on sait que la fondation de Port-Saïd ne remonte pas au-delà de 1860.

2396 bis. **FRANÇOIS** (**le Dr J.-B.**). *Port-Saïd, son hygiène et sa constitution médicale*. Paris, impr. Parent, in-8 de 75 pp. (*Journal de la librairie*.)

2397. **PLAN** de la bouche de Rosette. Côte d'Egypte. Dépôt de la marine. 1/4 de feuille, 75 cent.

2397 bis. **VAUVRAY** (**Dr**), médecin principal de la Marine. *Port-Saïd;* ins. dans les *Archives de médecine navale*, sept. 1873, pp. 161 à 190. Note descriptive et médicale. (*Année géogr.*).

15°

Suez *(Canal et ville de)*.

2398. **AUBERT ROCHE**, chef du service de santé de la compagnie de l'isthme de Suez. On a de lui divers Rapports sur l'isthme de Suez et sur la santé des travailleurs dans l'isthme et le choléra (1862-1867). (Vapereau.)

2399. **AUTARD DE BRAGARD.** *Le Canal de Suez ;* article inséré dans la *Revue maritime ,* 1869. août.

2400. **AVOUT** (le baron), chef d'escadron d'état-major. *Notice sur le mode de péage du canal de Suez, d'après un principe nouveau rationnel.* Châtillon-sur-Seine et Paris, 1873, in-8 de 14 pp. *(Journal de la librairie.)*

2401. **BARRAULT** (Alexis), ingénieur, né à Sarrelouis en 1812, mort en 1865. *Lettre à M. de Bruck , ministre des finances d'Autriche, sur le percement de l'isthme de Suez.* 1856. (Vapereau.)

2402. **BARRAULT** (Emile), né à Paris en 1800, mort en 1869, frère du précédent. Il fit partie de la commission chargée d'étudier et d'exécuter le percement de l'isthme de Suez. Il a laissé divers écrits. (Vapereau.)

2403. **BAUCHE** (E.). *L'Agonie du canal de Suez , nullité de ses résultats actuels, sa ruine prochaine.* Paris, 1870, in-8 de 39 pp., 75 cent.

2404. **BEKE** (Ch.-T.). *Lettre insérée au journal l'Atheneum de Londres ,* n° du 14 août 1869, et datée du 9 août ; relative au projet, qui n'a pas eu de suite , du percement d'un canal du Nil à la mer Rouge.

2405. **BELLET** (Paul). *Le Canal de Suez et le canal maritime du midi* (Bordeaux à Toulouse et à Cette). Toulouse (1869), in-8 de 32 pp. , 1 fr.

2406. **BERNARD** (H.). *Itinéraire pour l'isthme de Suez...,* (écrit en collaboration avec M. **E. TISSOT**). Paris , 1869 , in-12. *(Revue bibliographique,* 1869, p. 279.)

2407. **BIAN** (Louis). *Rapport sur l'inauguration du canal de Suez présenté à la chambre de commerce de Mulhouse, par son délégué,* Mulhouse, 1870, in-8 de 20 pp. *(Journal de la librairie.)*

2408. **BILBAUT** (Théoph.). *Le Canal de Suez et les intérêts internationaux.* Douai, 1869, in-8 de 36 pp. Extrait du journal *l'Industrie du Nord. (Revue bibliographique,* 1870, tome VI, n° 114.)

2409. **BORDE** (Justin). *Canal de Suez ,* hymne , paroles de Justin Borde, avec ac-

comp. de piano. Paris (1870) , 3 fr. *(Journal de la librairie.)*

2410. **BORDE** (P.), ingénieur. *L'Isthme de Suez.* Paris, 1870, in-8 de 196 pp. et 4 cartes. (Historique ; — Largeur et profondeur du canal ; — Vitesse des navires ; — Port-Saïd ; — Ismaïlia ; — Suez ; — Rôle de l'Egypte ; — Réformes judiciaires en Egypte, etc.) La *Liberté* , de Paris , 12 avril 1870 ; la *France,* 31 mai 1870, et autres journaux ont analysé cet ouvrage. *(Revue bibliographique,* 1870, n° 2084.)

2411. **BOREL.** *Conférence sur l'achèvement du canal de Suez....* Paris (1868), in-8 de 30 pp. *(Journal de la librairie.)*

2412. **BORNIER** (le vicomte **Henri de**), né à Lunel (Hérault), en 1825. Il obtint le prix de poésie au concours de 1861, sur ce sujet : *L'Isthme de Suez.* (Vapereau.)

2413. **BOSSICAUT**(P.), ou **BOUNICEAU.** *Les Grandes routes du globe. Le Canal de Suez au point de vue financier.* Paris (1870), in-8 de 24 pp. *(Journal de la librairie.)* .

— *Les Actionnaires doivent-ils vendre le canal de Suez et à quel prix, ou Valeur réelle du canal.* Paris, 1872, in-8 de 26 pp. et tableau.

2414. **BOZOLI** (G.-M.). *L'Istmo di Suez. Lavori storici e statistici.* Ferrara , 1870 , in-8 de 80 pp. *(Revue bibliographique,* t. VI, n° 673.)

2415. **CADIAT** (V.). *De la situation du canal de Suez , en février 1868.* Paris, 1868, in-8 de 43 pp. *(Revue bibliographique,* 1868, p. 8.)

2416. **CALONNE** (A. de). *L'Inauguration du canal de Suez ;* article inséré dans la *Revue contemporaine,* 31 octobre 1869.

2417. **CANAL** (Le) *de Suez.* Journal publié à Paris, 52, Boulevard Haussmann, 1873.

2418. **CANAL MARITIME** *français, suivi d'une notice sur le canal de Suez.* Toulouse (1870), in-8 de 30 pp. et 1 carte. *(Journal de la librairie,* 1871, n° 6565.)

2419. **CARPAUT** (L.). *Le Canal de Suez ,* quadrille pour orchestre. Paris, A. Jaquot (1869). *(Journal de la librairie.)*

2420. **CARTES** *hydrographiques du Canal maritime de Suez* (publication de la compagnie du Canal de Suez),
Carte du canal, 3 feuilles. . . . . 6 fr.
— *Port et mouillage de Suez,* 2 feuilles 3 fr.
— *Lac Timsah,* 1/2 feuille . . . . . 1 fr.
— *Port-Saïd,* 1/2 feuille . . . . . 1 fr.

2421. **CLORK** (Capt.). *The Suez Canal ;* article inséré dans *The Fornightly Review,* février 1868.

2422. **COLIN** (**Aug**.). *Percement de l'isthme de Suez. Création de la 1re route universelle sur le globe.* Brochure in-8. (*Librairie des Sciences sociales*, en 1870, 25 cent.)

2423. **COMEIRAS** (**Victor DELPUECH de**), abbé de Sylvanès, né en 1733, mort en 1805. *Considérations sur la possibilité, l'intérêt et les moyens qu'aurait la France de s'ouvrir l'ancienne route du commerce de l'Inde, accompagnées de Recherches sur l'isthme de Suez et sur la jonction de la mer Rouge.* Paris, 1798, in-8. (Quérard.)

2424. **CONINCK** (**Fr. de**). *Le Canal de Suez après l'inauguration.* Paris, 1869, in-8 de 32 pp., 1 fr. (*Journal de la librairie.*)

2425. **CONSTITUTION** *de la Compagnie universelle du canal maritime de Suez. Recueil des pièces et documents officiels.* Paris, 1873, in-8 de 272 pp., 3 fr. (*Journal de la librairie.*)

2426. **COSTAZ** (le baron **L**.). Lors de son séjour en Egypte, il publia dans le numéro 24 du *Courrier d'Egypte*, la *Relation d'un voyage à Suez*, pendant lequel on reconnut les sources de Moïse et les traces de l'ancien canal qui unissait la mer Rouge à la Méditerranée. — Dans le même journal, le *Récit de la marque que l'armée française fit dans le désert pour retourner de la Palestine en Egypte.* (Quérard.)

2427. **COVINO** (**A**.). *L'Istmo di Suez;* article inséré dans la *Rivista contemporanea*, janvier, février, mars 1870.

2428. **DALENG** (**Ch**.), rédacteur de l'*Union nationale* de Montpellier. *L'Europe et l'Isthme de Suez.* Paris, 1869, in-8 de 103 pp.

2429. **DESPLACES** (**Eug.-Ern**.), littérateur, né en 1828. En 1855, il fonda le journal : *L'Isthme de Suez*, dont il fut le gérant. Il a publié aussi le *Canal de Suez, épisode de l'histoire du XIXe siècle.* Paris, 1855, in-12. — 2e édition, Paris, 1859, plus un *Appendice.* (Vapereau.)

— *Le Trafic probable du canal maritime de Suez.* Paris, 1869, in-8 de 16 pp. Extrait du journal l'*Isthme de Suez.* (*Journal de la librairie.*)

2430. **DRIGON DE MAGNY** (**C**.), généalogiste, créé marquis par le pape Grégoire XVI, né à Paris en 1797. *Canalisation des isthmes de Suez et de Panama par les frères de la compagnie maritime de Saint-Pie, ordre religieux, militaire et industriel.* Paris, 1848 (1847), in-8 de 72 pp. Plan de l'entreprise, signé M. D. M., de l'ordre de Saint-Etienne. (*Supercheries littéraires*, t. II, col. 1025.)

2431. **DROHOJOWSKA** (**A.-Jos.-Fr.-A.-S. de LATREICHE**, comtesse). *L'Egypte et le canal de Suez.* Paris, 1870, in-12 de 190 pp.

2432. **EATON** (**F.-A**.). *The Suez Canal;* article inséré dans *The Mac Millan's Magazine*, 1869, nov.

2433. **ENQUÊTE** *sur la question du tonnage. Compagnie universelle du canal maritime de Suez.* 1er recueil de documents, 1868-73, in-4°. — 2e recueil de documents, 1871-72-73. Paris, 1873, in-4° de 115 pp. (les 2 recueils, 4 fr. 50.)

2434. **ERHARD-SCHIÈBLE**. *Carte du canal de l'isthme de Suez.* Paris (1869.)

2435. **ÉTUDE** *sur le canal de Suez*, par un homme du monde (M. A. de V.). Nice, impr. Gauthier et Cie (1870), in-8 de 30 pp.

2436. **FABRE** (**Et**.). *Le Canal de Suez;* article inséré dans la *Revue contemporaine*, 1869, nov.

2437. **FIGUIER** (**Louis**), savant, né à Montpellier en 1819. *Histoire et description des travaux du canal de Suez;* article inséré dans la *Presse* de Paris, 7 et 8 déc. 1869.

2438. **FLACHAT** (**Eug**.), ingénieur français, né en 1802. *Mémoire sur les travaux de l'isthme de Suez.* 1865, in-8. (Vapereau.)

2438 *bis.* **FLORENZANO** (**Giov**.). *Suez ed il Nilo: ricordi.* Napoli, 1870, in-12 de 114 pp. (*Bibliografia italiana*, 1870, n° 4159.)

2439. **FONTANE** (**Marius**). *Le Canal maritime de Suez illustré. Histoire du canal et des travaux. Itinéraire de l'isthme*, par Riou. Paris, 1869, gr. in-8 de 191 pp., nombreuses gravures. (*Journal de la librairie.*)

— *De la marine marchande à propos du percement de l'isthme de Suez.* 2e édition, augmentée d'une carte générale du canal de Suez, des plans de Port-Saïd, Ismaïlia et Suez. Paris, Guillaumin, 1869, in-12 de 331 pp., 3 fr.

— *Voyage pittoresque a travers l'isthme de Suez.* 25 grandes aquarelles d'après nature; par Riou. Lithographiées en couleur par Eug. Cicéri. 1 vol. in-fol., 100 pp. de texte. 100 fr. Contenant: 1. Entrée de Port-Saïd. — 2. Canal maritime à travers les lacs Menzaleh.— 3. Caravanes attendant le bac à Kantara.— 4. Vue de Kantara. — 5. Le Seuil d'El-Guisr, pris de la rive d'Asie. — 6. Le Lac Timsah, vue du chalet du vice-roi. — 7. Chalet du vice-roi. — 8. Vue d'Ismaïlia. — 9. Quai d'Ismaïlia. — 10. Les Bains de mer et la flotille sur le lac Timsah (Ismaïlia). — 11. Cavalcade au désert. — 12. Gebel Mariam et Toussoum. — 13. Le Canal maritime au Serapeum. — 14. Entrée des lacs amers. — 15. Forêt noyée d'El-Amback (Lacs-Amers). — 16. Chalouff. — 17. Vue générale de Suez, prise du Canal. — 18. Le Quai de Suez; arrivée de la malle des Indes. — 19. Une rue au bazar de Suez. — 20. Fontaine de Moïse. — 21 à 25. Cérémonies de l'inauguration. — Plus un portrait de M. Ferd. de Lesseps et 1 carte générale de l'isthme et du canal.

2440. **FOUQUIER** (A.). *Hors Paris. — Canal de Suez, le Caire, etc.* Paris, 1869, in-12 de 420 pp. Tiré à 300 ex.

2441. **FOWLER**, ingénieur anglais. Le *Times*, février 1869, publia de lui un article sur le canal de Suez.

2442. **GEISENDÖRFER** (J.), graveur. *Plan du port et du mouillage de Suez*, gravé d'après Larrousse. Paris, impr. Lemercier, 1868. (*Journal de la librairie.*)

2443. **ISTHME** (L') *de Suez*. Journal publié à Paris, 11, rue Boudreau. 1859 à 1874.

2444. **ITINÉRAIRE** *des invités aux fêtes d'inauguration du canal de Suez*, *publié par ordre de S. A. le Khédive*. Pet. in-8, 1 carte d'Egypte et 1 plan du temple de Dendérah, 4 fr. (*Journal de la librairie*, 1870, Feuilleton, p. 630.)

2445. **JAMES** (le Dr **Constantin**). *Souvenirs de voyage. Les Hébreux dans l'isthme de Suez*. Avec 2 cartes de l'isthme. Paris, 1873, in-12 de 106 pp., 2 cartes. Extrait des *Stations d'hiver* de la huitième édition du *Guide aux eaux*, 1872. 1 fr.

2446. **JECKEL** (C.-J.). *Le Canal de Suez*; article inséré dans *Onze Tijd* (Notre temps), janvier et février 1870.

2447. **KARNEBEEK** (Jh.-H.-P. Van). *Grains de sable de l'isthme de Suez*; article inséré dans *Die Gids* (le Guide), avril 1869.

2448. **LA BÉDOLLIÈRE** (Em. **Girault de**), journaliste, né à Paris vers 1814. *De Paris à Suez. Souvenirs d'un voyage en Egypte*. Paris, 1870, in-12 de VIII-99 pp.

2449. **LAMBERTENGHI**, consul d'Italie à Suez. Envoya en mai 1871, une relation sur le mouvement maritime du canal, dont un extrait se trouve inséré dans la *Gazzetta Piemontese*, 4 juin 1871.

2450. **LANÇON** (J.-B.-Rom.-Aug.), né en 1820. Administrateur et publiciste français. *L'Isthme de Suez et l'industrie de la soie*. Paris, 1858, in-8. (Vapereau.)

2451. **LANGLÈS** (L.). La *Description historique du canal de l'Egypte* (Suez), tirée de la *Description de l'Egypte*, de Makrizi; insérée dans la collection des *Notices et extraits des manuscrits de la bibliothèque du roi*.

2452. **LASSERRE** (Raymond). *Inauguration du canal de Suez*. Ode. Perpignan (1870), pet. in-4° de 10 pp. (*Journal de la librairie*.)

2453. **LE PRÉVOST** (**Marc**). *Tout Paris à Suez*, fantaisie égyptienne en 1 acte et 2 tableaux. Paris, Dentu, 1869, in-12 de 60 pp. 1 fr. Théâtre Déjazet, 1re représentation 15 octobre 1869. (*Journal de la librairie.*)

2454. **LESAINT** (L.). *L'Isthme de Suez*. Paris, 1857, in-12, 1 carte.

2455. **LESSEPS** (le vicomte **Ferd.** de). Il conçut le percement de l'isthme de Suez, qu'il mit à exécution, et publia divers mémoires, brochures, notices, discours et rapports sur ce sujet. *Le Percement de l'isthme de Suez*. Paris (1856; — nouvelle édit, 1858; — 1868), in-8, ou in-12 de 50 pp. et 1 carte. Conférences de Vincennes. — Paris, 1855-1860, 5 vol. in-8, cartes et plans. (Morel, à Nantes, en 1874. n° 6703, 10 francs.)

— *Histoire du Canal de Suez. Extrait de l'Echo des lectures et conférences*. Paris, 1870, in-8. (*Journal de la librairie.*)

— *Rapport de M. Ferd. de Lesseps. Canal maritime de Suez. XVIIIe réunion, 2 juin 1874*. Inséré en entier dans le journal des *Débats*, 5 juin 1874.

2456. **LETRONNE**. *L'Isthme de Suez; le canal de jonction des deux mers*; article inséré dans la *Revue des Deux-Mondes*, 15 juillet 1841.

2457. **MARTEAU** (Amédée). *Le Canal de Suez*; article inséré dans la *Revue contemporaine*, 15 et 31 mars 1868, 15 février 1870, et publié à part. — *Le Canal de Suez*, *sa construction, son exploitation*. Paris, 1868, in-8 de 47 pp. (*Journal de la librairie.* — *Revue bibliographique*, p. 91.)

2458. **MERCHANT** (Jules). *Le Canal maritime de Suez*, *première année d'exploitation* (1870); article inséré dans le *Journal des économistes*, 1871, juillet.

2459. **METHVEN** (captain **Robert**). *The Suez Canal, with Soundings in Mid-Channel from sea to sea one month before the inauguration a report*. Marseille, 1869, in-8 de 46 pp. et carte.

2460. **MILLIÉ** (J.). *L'Isthme et le canal de Suez, son passé, son présent et son avenir*. Milan, 1868, in-32 de 136 pp. — Milan, 1869, 150 pp. (*Revue bibliographique*, V, n° 111.)

2461. **MOREL-FATIO** (Ant.-Léon), peintre, né à Rouen, vers 1810. *Isthme de Suez* (trois vues). Lithogr. d'après Riou. Paris, impr. Lemercier (1869.) (*Journal de la librairie.*)

2462. **MORIN** (Mlle **Elisa**). *Inauguration du canal maritime de Suez* (en vers). Nantes, 1870, in-8 de 8 pp. (*Journal de la librairie.*)

2463. **NOURSE** (J.-E.). *The Maritime Canal*

of *Suez. Map and Portrait.* Washington and London, 1870, 57 pp. (*Journal de la librairie*, 1870, p. 84, Chronique.)

2464. **PASQUA** (D'). *Suez*; article inséré dans la *Revue de Paris*, 1868, 15 décembre.

2465. **PERCEMENT** (*Le*) *de l'isthme de Suez. Enfantin. M. de Lesseps.* Résumé historique. Paris, 1869, in-8 de 46 pp. (*Journal de la librairie.*)

2465 bis. **PLAN** *du port et du mouillage de Suez* (Dépôt de la marine. Paris, 1874, 1/2 feuille, 1 fr., n° 2211).

2466. **RACHAT** *du peage du canal de Suez.* Le Caire, 1872. (*L'Opinione*, 13 avril 1873.)

2467. **RÉVILLIOD** (Gust.), littérateur, né à Genève en 1817. *De Genève à Suez. Lettres écrites d'Orient.* Genève, 1870, gr. in-8 de 342 pp. — 2ᵉ édit. (1873), in-12. (*Bibliographie suisse*, n° 21871, et *Journal de la librairie*, Feuilleton, 1873, p. 642.)

2468. **RITT** (Olivier). *Histoire de l'isthme de Suez.* 1ʳᵉ et 2ᵉ éditions. Paris, 1869, in-8 de xvɪ-437 pp., 5 plans, 1 tableau et 1 portrait de M. de Lesseps. (*Journal de la librairie.*)

Ouvrage bien exécuté. L'introduction offre un aperçu historique de l'isthme de l'an 1800 avant J.-C. jusqu'à l'an 800 après J.-C.; époque des essais de canaux dus à Nécos, à Darius, aux Ptolémées, à Trajan et aux Arabes; puis de l'an 800 à l'an 1854, époque pendant laquelle ce passage fut abandonné. L'on sait que l'idée du canal fut reprise lors de l'expédition d'Egypte; mais il ne lui fut pas donné suite.

En 1859, les Anglais s'y frayèrent un chemin de transit par terre. M. de Lesseps entreprit d'exécuter le percement de l'isthme, et après de grandes difficultés de tous genres, il parvint à mettre son projet à exécution.

Cet ouvrage est en partie la reproduction des lettres adressées par l'auteur à son frère; écrites sur les lieux au jour le jour, ces lettres reflètent, naturellement, les impressions du moment.

2469. **ROHLFS** (G.). *Le Canal de Suez en 1868*; article inséré dans *Unsere Zeit* (Notre temps), 15ᵉ et 16ᵉ livraisons.

2470. **ROLLAND** (Léon). *Suez au XIXᵉ siècle.* Paris (1869), in-8 de 16 pp., 1 fr. (*Journal de la librairie*, 1869, n° 8946.)

2471. **SANCES** (Giov.). *Il Canale di Suez.* Firenze, 1870, in-8 de 80 pp. Extrait de la *Revista Europea.* (*Revue bibliogr.*, 1870, t. VI, n° 116.)

2472. **SCHLEIDEN** (Mathieu-Jacques), botaniste allemand et docteur en droit, né à Hambourg, en 1804. *L'Isthme de Suez* (*Die Landenge von S.*). Leipzig, 1858. (*Vapereau.*)

2473. **SCHWAB** (Moïse). *L'Isthme de Suez*; article inséré dans la *Revue orientale et américaine*, t. X, pp. 44 et suivantes.

2474. **SILVESTRE** (Henri). *L'Isthme de Suez*, 1854-1869, avec cartes et pièces justificatives. Paris et Marseille, 1869, in-12 de 367 pp. L'auteur prend l'histoire à l'époque des Pharaons, mais il n'y consacre que 28 pages; le reste est spécial aux travaux du percement de l'isthme.

2475. **SORIN** (Elie). *Suez; histoire de la jonction des deux mers.* Paris, 1870, in-12 de 231 pp., 2 cartes et plan.

Dans les pages 11 à 25 se trouve un aperçu historique des tentatives de jonction entre les deux mers, du temps des Pharaons, des Grecs et des Romains. Chacun des chapitres est suivi de notes, dont quelques-unes sont fort curieuses, tels que les extraits d'Hérodote, d'Aristote et des historiens arabes sur le percement de l'isthme, etc. (*Revue bibliographique*, 1870, tome VI, p. 115.)

2476. **SPÉMENT** (A.), officier de marine. *Étude sur la situation actuelle de la compagnie du Canal de Suez.* Paris, 1872, in-8 de 20 pp. (*Journal de la librairie.*)

2477. **STUART** (M.-A.). *Les Droits du Canal de Suez.* Trad. de l'anglais. Paris, 1873, in-8 de 93 pp. (*Journal de la librairie.*)

2478. **SUCKAU** (H. de). *Les Grandes voies du progrès. Suez et le Honduras.* In-8, cartes. (*Journal de la librairie*, 1870, p. 273, Feuilleton.)

2479. **PLAN** *de la baie de Suez* (Dépôt de la marine, n° 3074), 1 feuille. (Challamel, 2 fr.)

2480. **SZARVADY** (Fréd.), homme politique hongrois, né en 1822. On a de lui une brochure sur l'isthme de Suez. Leipzig, 186., in-8. (*Vapereau.*)

2481. **TERNER.** *Souvenirs de Suez*; article imprimé dans le *Viestnik evropy* (le Messager de l'Europe), mai 1870.

2482. **TESTOT** (L.). *Le Canal de Suez, son passé, son présent, son avenir*; article inséré dans le *Correspondant*, 1869, 10 novembre, et tiré à part. Paris (1869), in-8 de 31 pp. (*Journal de la librairie.*)

2483. **TEX** (N.-J. den). *Egypte en het Suezkanaal. Voorlezing gehouden in Felix Meritis.* Amst., 1870, gr. in-8. (*Journal de la librairie*, 1870, Chron., p. 172, col. 2.)

2484. **VERSLAG** *over de vermoedelyke gevolgen der doorgraving van de Landengte van Suez voor den Handel en de resderyen van Nederland.* S' Gravenh. (La Haye), 1859, in-4°. (Dʳ Schubert, 1870.)

2485. WITEBSKI (L.). *Le Canal de Suez;* article inséré dans la *Revue générale*, déc. 1869.

Timsah.

2485 bis. GEISENDÖRFER (J.), graveur. *Plan du lac Timsah*, gravé d'après Larrousse. (Paris, impr. Lemercier, 1868). (*Journal de la librairie.*)

MOYENNE-EGYPTE

(*Voir aussi nos 1539 et suivants.*)

2486. ABUL SOOUD, poëte arabe, natif d'Egypte en 1828. On a de lui des romances (*maouals*) et des odes (*kacida*) devenues populaires au Caire. (Vapereau.)

2487. AILLY (Mar.-Jos -L. d'Albert d'), duc de **Chaulnes**, duc de **Pecquigny**, né en 1741, mort vers 1793, membre de la Société royale de Londres. *Mémoire sur la véritable entrée du monument égyptien qui se trouve à quatre lieues du Caire, près de Sakkara, consacré à la sépulture des animaux adorés pendant leur vie.* Paris, 1783, in-4°, fig. (Quérard.)

2488. BALSAMO (Jos.), dit comte Alex. de **Cagliostro**, célèbre thaumaturge, né à Palerme en 1743, mort en 1795. Voyagea en Orient, en Arabie et en Egypte. *Ses Confessions, avec l'histoire de ses voyages..., et dans les Pyramides d'Egypte.* Le Caire, 1787, in-4°, et in-8. (*Dictionnaire des anonymes*, col. 682.)

2489. BANCK (Dr J.). *Die Klimatischen Curort Cairo und Nil...* (Le Caire et le Nil, Nice, Menton, Madère, etc., considérés comme lieux de cure par leur climat), (texte allem.). Erlangen, 1869, gr. in-8 de v-64 pp. (*Revue bibliogr.*, 1870, n° 690.)

2490. BERKAT (Abu-Abd-Allah Mohammed Ibn), a écrit un ouvrage intitulé: *Description des divisions territoriales du Caire.*

2491. BUGUET (Henry). *Parti pour le Caire*, fantaisie turco-égypto-burlesco-parisienne en 1 acte (Ronde nouvelle de Paul Henrion). Paris, 1870, in-12 de 24 pp., 1 fr. 1re représentation au Théâtre des Folies bergères, déc. 1869. (*Journal de la librairie.*)

2492. CARAVANE (La) *du Caire, ou l'Heureux esclavage*, opéra-ballet en 3 a. (en vers libres), musique de Grétry. Paris, 1783, in-8. — Paris, 1785, in-12 de 40 pp. — Autre éd.,

1785, in-4°. 1re représentation au théâtre de l'Académie royale de musique, 12 janvier 1784. Cette pièce est écrite par Morel de Chedeville ; on croit que Louis XVI y a collaboré. (Quérard.)

2493. FRANCK (Louis). *Collection d'opuscules de médecine pratique, avec un Mémoire sur le commerce des nègres au Kaire.* Paris, 1812, in-8. (Quérard.)

— *Mémoire sur le commerce des nègres au Kaire, et sur les maladies auxquelles ils sont sujets en y arrivant.* Paris, 1802, in-8. (Quérard.)

2494. FRÈRE (Ch.-Théod.), peintre, né à Paris en 1815. Visita l'Orient en 1836. *Caravansérail au Khan-Kabel, au Caire.* Lithogr. par Turwanger. Paris. (*Journal de la librairie.*)

2495. GROBERT (Jacq.-Fr.-Louis), officier supérieur d'artillerie, né à Alger en 1757, de parents français. *Description des pyramides de Ghizé et de la ville du Caire et de ses environs.* Paris, an IX (1801), in-4°, 4 pl. (Quérard.)

2496. HAJAR (Ibn), El-Hâfedh-Schahâb et Schahab-ed-dyne, né l'an 773 de l'hégire (1371 de l'ère chrét.), mort l'an 852. On a de lui une *Histoire des câdis* (juges) *du Caire*, continuée par El-Sakhâouy. (Peignot.)

2497. HAY (Robert). *Illustrations of Cairo.* London, 1840, in-fol., 30 pl. lithogr. par Bourne sous la direction de Carler, architecte. (Brunet.)

2498. LENORMANT (François). *Lettres de voyages. Le Caire ;* ins. dans le *Moniteur des architectes*, 1869, 15 déc. (Vapereau.)

2499. MARCEL (J.-J.). *Précis hist. et descriptif sur le Môristan, ou le grand hôpital des fous du Caire.* Paris, 1833, in-8 de 33 pp. (Bourquelot.)

2500. MARTYR (Pierre) d'**Anghiéra**, historien italien, né en 1455, mort en 1526. *Legatio Babylonica.* 1500, in-fol. C'est la relation de son ambassade au Caire qu'il désigne sous le nom de *Babylone.* (Bouillet. — Peignot.)

2501. MASRIÉ (l'*Egypte*). Journal. Voir n° 2290.

2502. PRUNER BEY (Dr Fr.). *Topographie médicale du Caire, avec le plan de la ville et des environs.* Munich, 1846. L'auteur fut directeur de l'hôpital militaire du Caire. (Vapereau.)

2503. REVISTA (La). Journal italien publié au Caire. 1873. (*Annuaire* Didot.)

2504. **RODAT-EL-MANDARÈS**. Journal arabe publié au Caire; 1873. (*Annuaire* Didot.)

2505. **SIRVIN** (Emm.-Jos.), né à Perpignan en 1795. *La Révolte au Caire*, 1799, scène lyrique, mise en musique par Petit. Perpignan, 1844, in-4° de 4 pp. (Bourquelot.)

2506. **VERNIER** (Emile), lithographe. *Environs du Caire*, lithogr. d'après L.-Aug.-Ad. Belly. Paris (1869). (*Journal de la librairie.*)

2507. **WADI-EL-NIL**. Journal arabe du Caire. 1873. (*Annuaire du Commerce* Didot.)

2508. **WAKAYÉ**. Journal arabe publié au Caire. 1873. (*Annuaire* Didot.)

2509. **WESTRHEENE** (Mᵐᵉ). *Au Caire*; récit d'après l'allemand de Max Doruberg; article inséré dans *De Tijdspiegel* (Le Miroir du temps), janvier 1870.

2510. **RIFAUD** (J.-J.). *Description des fouilles et des découvertes faites par M. Rifaud dans la partie est de la butte Koum-Médinet-el-Farès, au Fayoum, accompagnée du dessin, des coupes et du plan des constructions intérieures, lue à la Société de géographie le 19 juin* 1829. Paris, 1829, in-8 de 16 pp., 1 pl. Les fouilles ont été faites en 1823-24; leur profondeur est de 55 mètres; on y a découvert cinq rangs de maisons bâties les unes sur les autres, et portant différentes dates. Cette description a été aussi impr. dans le *Bulletin de la Société de géographie*, ann. 1829. (Quérard.)

2511. **ANDRÉOSSY** (le comte F.), général français. *Observations sur le lac Moeris*; article ins. dans le *Moniteur*, 4 nov. 1800. (Quérard.)

Ce lac Moeris est situé dans l'Heptanomide à 10 milles de la rive gauche du Nil; il était destiné à recevoir le trop plein des eaux du Nil, et fut construit vers l'an 2000 avant l'ère chrétienne par les ordres de Moeris (Touthmès IV).

2512. **DISSERTATION** *sur le lac Moeris*; ins. dans les *Mémoires de l'Académie des inscriptions*, t. XXXIII (1770). (Quérard.)

2513. **LE ROY** (Julien-David), né à Paris en 1724, mort en 1803. *Mémoire sur le lac Moeris*, avec une planche; ins. dans les *Mémoires de l'Institut national*, 1799, t. II, et tiré à part, in-8. (Quérard.)

2514. **LINANT DE BELLEFONDS**, directeur général des ponts et chaussées du vice-roi d'Egypte. On a de lui un *Mémoire sur le lac Moeris*, 1842. (Bourquelot.)

2515. **CAILLIAUD** (Fréd.). *Voyage à l'oasis du Syouah*, rédigé et publié par Jomard (de l'Institut), d'après les matériaux recueillis par le chevalier Drovetti et par Fr. Cailliaud, pendant leur voyage en cette oasis, en 1816 et en 1820. Paris, 1823, in-fol., pl. (Brunet. — Quérard.)

2516. **MINUTOLI** (J.-Fr. baron von), homme d'état, né à Berlin, en 1805, mort en 1860. *Reise zum Tempel des Jupiter Ammon, im libyschen Wüste und nach Ober-Ægypten* (à Syouah). Berlin, 1824, in-4°, et atlas in-fol. de 38 pl. et 1 carte. (Brunet.)

— *Nachträge zu meinem Werke, betitelt: Reise zum des Jupiter Ammon*. Berlin, 1827, in-8, 7 pl. (Catal. des *Accroiss.*, VIᵉ livr., p. 113.)

2517. **TOELKEN** (Ern.-Henri), archéol. allemand, né à Brême en 1785, mort en 1864. *Erklärung der Bilderwerke am Tempel des Jupiter Ammon zu Siwah*. Berlin, 1823, gr. in-4°. (Dʳ Schubert.)

2518. **BRUNET DE PRESLE** (Ch.-M.-Wlad.). A la mort de Letronne (1848), il fut chargé de continuer la publication des papyrus grecs de l'Egypte préparée par le célèbre érudit. L'étude de ces papyrus et la nouvelle de la découverte de M. Mariette, lui suggérèrent l'idée d'une Monographie du *Sérapéon de Memphis*, d'après les auteurs anciens, impr. dans le tome II, 1ʳᵉ série des *Mémoires des savants étrangers*, de l'Académie des inscriptions et belles-lettres. (Vapereau.)

2519. **CUVELIER DE TRIE** et **HAPDÉ**. *L'Enfant prodigue*, mélodrame en 4 actes (en prose). Paris, an XII (1803), in-8. Cette pièce a reparu depuis, mais réduite en 3 a., sous le titre de: *l'Enfant prodigue, ou les Délices de Memphis*. Paris, 1812, in-8. (Quérard.)

2520. **FOURMONT** (Cl.-L. de). *Description historique et géographique des plaines de Memphis et d'Héliopolis*. Paris, 1755, in-12, 3 pl. (Brunet, 28360.)

2521. **MARIETTE-BEY**. *Choix de monuments et dessins découverts ou exécutés pendant le déblayement du Serapeum de Memphis*, découvert et décrit par A. Mariette. Paris, 1856, in-4°, 10 pl.

Spécimen de la publication intitulée: *Le Serapeum de Memphis*. Paris, 1857-1866, in-fol., 36 pl.

2522. **MILLER** (Emm.), bibliothécaire du corps législatif, né en 1812. *Inscription grecque trouvée à Memphis*; art. ins. dans la *Revue archéologique*, février et mars 1870.

HAUTE-EGYPTE ET NUBIE

2523. BARESTE (EUG.), né à Paris en 1814. On a de lui un travail sur les monuments de la Haute-Egypte et de la Nubie, la description du temple d'Hiérapolis, l'examen des principales pyramides d'Egypte, etc.; articles publiés dans l'*Artiste*, 1837.

2524. CAMILLE DU LOCLE. *Aïda*, par Mariette-bey, mise en vers. C'est un opéra dont l'action se passe à Memphis et à Thèbes, à l'époque de la puissance des Pharaons. La musique est de Verdi; il fut joué pour la première fois au Caire en janvier 1872.

2525. EDMONSTONE (Archibald). *A journey to two of the oasis of upper Egypt.* London, 1822, in-8. (Brunet, 20800.)

2526. GIRARD (P.-S.), ingénieur. *Mémoire sur l'agriculture, l'industrie et le commerce de la Haute-Egypte;* ins. dans la *Décade égyptienne*, tome III, 1800; réimpr. dans la *Description de l'Egypte*. (Quérard.)

2527. MARIETTE-BEY. *Itinéraire de la Haute-Egypte, comprenant une description des monuments antiques situés sur les rives du Nil, entre le Caire et la première cataracte.* Pet. in-8, 2 pl. (*Journal de la librairie*, 1873, Feuill., p. 860.)

2528. MEIGNAN (Victor). *Après bien d'autres. Souvenirs de la Haute-Egypte et de la Nubie.* Paris, 1873, in-8 de v-371 pp., 4 figures. Guide pour les touristes de l'Orient et pour ceux qui désirent étudier les antiquités égyptiennes. (*Journal de la librairie*, Feuill., 1873, p. 812, 7 fr. 50.)

2529. RIPAULT (l'abbé L.-Magd.), né à Orléans en 1775, mort en 1823. *Description abrégée des principaux monuments de la Haute-Egypte.* 1800, in-8. (Quérard.)

L'abbé Ripault fit partie de l'expédition scientifique d'Egypte, et fut à son retour bibliothécaire du général Bonaparte.

2530. SCHWARTZE (G.). *Das alte Ægypten, oder Sprache, Geschichte, Religion und Verfassung des alten Ægyptens, etc.* Leipzig, 1843, 2 vol. in-4°, fig. Cet ouvrage n'a pas été terminé. (Brunet.)

2531. WILKINSON (J.-Gard.). *Topographical survey of Thebes, Topé, Thaba, or Diospolis magna.* London, 18.., cartes in-pl. et texte in-8. (Catal des *Accroiss.*, XII, 1, p. 121.)

2532. ANDRIEU. *6 vues photographiées d'Abydos.* Paris, 1869.

2533. MARIETTE-BEY. *Abydos, description des fouilles exécutées sur l'emplacement de cette ville.* Paris, 1870, in-fol., pl. (*Journal de la librairie*, 1873, Feuill., p. 260.)

— *Nouvelle table d'Abydos*, 1865.

Abydos-Madfouneh (c'est-à-dire la *Ville enterrée*) est la plus ancienne de l'Egypte après Thèbes. Elle fut de bonne heure enfoncée sous les sables, et ce n'était plus qu'un village dès le temps de Strabon. C'est là que fut trouvée, en 1818, la table des anciens Pharaons, aujourd'hui au musée de Londres.

2534. MASPÉRO (G.). *Essai sur l'inscription dédicatoire du temple d'Abydos et la jeunesse de Sésostris.* Paris, 1869, in-4° de 81 pp. (*Journal de la librairie.*)

2535. ANDRIEU, photographe de Paris. 6 vues photographiées de Denderah (1869). (*Journal de la librairie.*)

2536. AYZAC (C.-L. d'), jurisconsulte d'Aix (Bouches-du-Rhône). *Démonstration de la seule époque à laquelle dut être tracé le zodiaque de Tentyris (Denderah), déposé au musée royal à Paris, etc.* Paris, 1822, in-8. (Bourquelot.)

2537. CHABERT (J.). Avec **L.-D. FERLUS.** *Explication du zodiaque de Denderah. Observations curieuses sur ce monument précieux et sur sa haute antiquité.* Paris, 1822, in-8 de 16 pp.

Plusieurs éditions augmentées publiées la même année, portant le nom de Ferlus, in-8 de 16 pp. chacune. (Quérard.)

2538. CHAMPOLLION-FIGEAC. *Lettre sur l'inscription grecque du temple de Denderah.* Grenoble, 1806, in-8. (Quérard.)

2539. CHAMPOLLION-LE-JEUNE. *Lettre sur le zodiaque de Denderah.*

2540. DUMERSAN (Guill.-Fr.-Marion), né à Ploermel (Bretagne), vers 1720, mort en 1821. *Notice sur le zodiaque de Denderah et sur son transport en France.* Paris, 1824-25, in-12 de 64 pp. et 5 pl. (*Archives du bibliophile*, 1861, n° 13179, 1 fr. 50. — Quérard.)

2541. HALMA (l'abbé). *Astrologie judiciaire et divinatoire égyptienne du planisphère de Denderah, déposé au Louvre.* Paris, 1824, in-8. (Vincent, 1871, n° 1006.)

2542. HESSE (le Landgrave **Ch. de**). *La Pierre zodiacale du temple de Denderah expliquée.* Copenhague, 1824, in-8. (Vincent, 1871, n° 1028.)

2543. LENOIR (Alex.). *Essai sur le zodiaque de Denderah.* Paris, 1822, in-8. (Quérard.)

2544. LEPRINCE (H.-S.), bibliothécaire de Versailles, né à Pontoise. *Essai d'interprétation du zodiaque circulaire de Denderah.* Paris, 1822, in-8 de 72 pp. (Quérard.)

2545. MARIETTE-BEY. *Denderah. Description générale du grand temple de cette ville.* Paris, 1873, 4 vol. gr. in-fol., texte et planches. (*Journal de la librairie*, 1873, p. 860, Feuill.)

2546. PACOME (St), né dans la Haute-Thébaïde vers 292. Il se retira à Tabena près de Tentyra (Denderah), où il convertit 5,000 cénobites, dont il fut le chef. On a de lui un Recueil de *Préceptes*, onze *Lettres*, et la *Règle* des monastères qu'il avait fondés, le tout écrit en grec. (Peignot. — Bouillet.)

2547. PARAVEY (Ch. de). *Nouvelles considérations sur le planisphère de Denderah, etc.* Paris, 1821, in-8. (Quérard.)

2548. SAINT-MARTIN (J.-A.). *Notice sur le zodiaque de Denderah, lue à l'Académie royale des Inscriptions et belles-lettres, dans la séance du 8 févr.* 1822. Paris, 1822, in-8 de 52 pp. (Quérard.)

2549. SAULNIER (Séb.-Louis), correspondant de l'Institut, né à Nancy en 1790, mort en 1835. *Observations sur le zodiaque de Denderah, et Notice sur le voyage de Le Lorrain en Egypte.* Paris, 1822, in-8 de 92 pp. (Quérard. — Lanctin, en 1871, 1 fr.)
   C'est au concours de Saulnier et Le Lorrain que la France doit la possession du zodiaque de Denderah et d'autres monuments.

2550. THÉAULON DE LAMBERT (Marie-Emm.-Guill.-Marg.), né en 1787. En collab. avec **Ferdinand (LANGLÉ)** et **BRISSET**: *Le Zodiaque de Paris, à propos du zodiaque de Denderah*, vaudeville en 1 a. Paris, 1822, in-8. (Quérard.)

2551. A NARRATIVE *of the expedition to Dongola and Sennaar under the command of Ismael Pacha...*, by a American in the service of the vice-roy. London, 1822; et aussi Boston, 1823, in-8. (Brunet, 20819.)

2552. ANGELIN (J.-P.). *Expédition du Louxor, ou Relation de la campagne faite dans la Thébaïde, pour en rapporter l'obélisque occidental de Thèbes.* Paris, 1833, in-8 de 120 pp. et 3 pl. (Bourquelot.)

2553. CADET (J.-Marc). *Copie figurée d'un rouleau de papyrus trouvé à Thèbes dans un tombeau des rois, accompagnée d'une notice descriptive.* Paris, 1805, in-fol. obl., 18 pl. sans texte. (Brunet.)

2554. CAILLIAUD. *Voyage dans l'oasis de Thèbes, etc.* Voir n° 1967.

2555. CHABAS (F.-Jos.). *Recherches sur le nom égyptien de Thèbes, etc.* Paris, 1863, in-8 de 44 pp. (Vapereau. — Maisonneuve et Cie, 3 fr. 50.)
   La fondation de *Thèbes*, *Tapé*, ou *Tpé*, la *Diospolis magna* des Grecs et des Latins, surnommée, on ne sait trop pourquoi, la *Thèbes aux cent portes*, car l'on ne lui connaît pas d'enceinte, remonte dans la nuit des temps. Elle fut prise et pillée par Cambyse, puis par Ptolémée Lathyre, ensuite par Cornelius Gallus, gouverneur de l'Egypte sous Auguste ; aujourd'hui, il ne reste plus que des ruines, dont quelques-unes sont encore magnifiques.

2556. DORMOY (Em.). *Un voyage à Thèbes et dans la Haute-Egypte ;* article inséré dans la *Revue contemporaine*, 1870, 15 juillet.

2556 bis. FLAUBERT (Gust.). *La Tentation de saint Antoine.* 2e édition. Paris, Charpentier, 1874, in-8 de 300 pp. 7 fr. 50. Ouvrage littéraire, mais sans valeur historique. Le sujet se passe dans la Thébaïde.

2557. GREENE (J.-B.). *Fouilles exécutées à Thèbes dans l'année 1855. Textes hiéroglyphiques, etc.* Paris, 1855, gr. in-fol. L'auteur découvrit en 1855, à *Médinet-Abou* (Thèbes), un magnifique palais, un colosse de Ramsès III, haut de 19 mètres, et un calendrier égyptien. (Catalogue Vincent, 1871, n° 955.)

2558. LETRONNE. Dans les *Annales des voyages*, article sur *la population de l'ancienne Thèbes.* (Quérard.)

2559. MASPÉRO (G.). *Une enquête judiciaire à Thèbes, au temps de la XXe dynastie. Etude sur le papyrus Abbott.* Paris, imprimerie nationale (1872), in-4° de 92 pp. Extrait du tome VIII des *Mémoires de l'Académie des Inscriptions et belles-lettres.*

2560. NORDEN (Fréd.-Louis). *Mémoire sur les ruines de Thèbes en Egypte* (en anglais). Londres, 1741. (Bouillet. — Peignot.)

2561. RIFAUD (J.-J.). *La Thébaïde ;* impr. dans les *Nouvelles annales de voyages*, 1830. (Quérard.)

2562. VELTHEIM (A.-F. comte de), né à Brunswick, mort en 1801. On a de lui une dissertation sur la statue de Memnon en Egypte. (Peignot.)

2563. VILLIERS DE TERRACE (R.-Ed. de). *Description générale de Thèbes, contenant une exposition détaillée de l'état actuel de ses ruines ; et suivie de recherches critiques sur l'histoire et l'étendue de cette première capitale de l'Egypte ;* par Jollois et De Villiers. Paris, impr. imp., 1813, in-fol. (*Archives du bibliophile*, 1859, n° 3959, 6 fr. — Boucher de la Richarderie, 1826, n° 1381.)

Bibliographie.   16

2564. **CHABROL DE VOLVIC** et **JO-MARD**, de l'Institut. *Description de la ville d'Ombos;* ins. dans la *Description de l'Egypte.* (Quérard.)

2565. **DUBOIS-AYMÉ**. *Mémoire sur la ville et la vallée de Qoçeir et sur les peuples nomades qui habitent cette partie de l'ancienne Troglodytique.* Livourne, 1812, in-8. (Rouveyre, 1873, n° 3099, 2 fr.)

2566. **COSTAZ** (le baron L.). *Mémoire sur la Nubie et les Barabras;* inséré dans le grand ouvrage sur l'Egypte. (Quérard.)

2567. **DUTAU** (P.-A.). *Fragment d'un récit de voyage dans la haute Nubie;* article inséré dans les *Etudes religieuses, historiques et littéraires,* 15 avril 1868.

2568. **SCHWEINFURTH** (le Dr G.). Son *Voyage de Khartoum à Souakin, à Berber, en janvier et février* 1866; par l'abbé Dinomé; article inséré dans les *Annales de voyages,* février et mars. (*Revue bibliographique,* p. 57.)

— *Nouveau voyage du Dr Schweinfürth dans les contrées du Nil.* Nouvelles préalables du voyage jusqu'à Chartum (Khartoum). (Août-novembre 1868); article inséré dans les *Mittheilungen aus J. Perthes geogr. Anstalt,* 2e livr. 1869.

— *Esquisse générale de la géographie des plantes du bassin du Nil et des rives de la mer Rouge;* article inséré dans les *Archives de géographie,* de Petermann (*Mittheilungen*), avril 1868.

— *Noms des végétaux de la langue béga entre Souakin et Berber. Notés en* 1868 par le Dr Schweinfürth; article inséré dans *Zeitschrift des gesellschaft für Erdkunde zu Berlin,* 1869, 4e livr.

— *Tracé d'un nouveau chemin de Souakin à Berber,* parcouru en sept. 1868 (avec 1 carte); article inséré dans les *Mittheilungen aus J. Perthes géogr. Anstalt,* 1869, 7e et 8e livr.

— *Voyage dans les contrées du Nil supérieur;* article inséré dans les 1re et 2e livr. de 1870, des *Mittheilungen.*

— *The Heart of Africa; or three Year's travels and adventures in the unexplored Regions of central Africa;* by George Schweinfürth, translated by Ellen E. Frewer, etc. London, Sampson and Co (1874), 2 vol. in-8. (*The Graphique,* p. 411.)

2569. **VAUCELLE** (L.). *Chronologie des monuments antiques de la Nubie, d'après l'interprétation des légendes royales contenues dans les bas-reliefs hiéroglyphiques.* Paris, 1829, in-8 de 24 pp. et 4 pl. (Quérard.)

2570. **BIZEMONT** (H. de), lieutenant de vaisseau. *De Korosko à Khartoum. Lettres à M. le marquis de Chasseloup-Laubat, président de la Société de géographie.* Paris (13 déc. 1870, 1871), in-8 de 31 pp. Extrait du *Bulletin de la Société de géographie,* mars et avril 1871.

2571. **BRUN-ROLLET**, dans son livre : *Le Nil blanc,* parle à plusieurs reprises du Sennaar, et particulièrement à la page 297 : *De l'état du Sennaar, de son avenir et de son influence sur l'avenir de l'Egypte.*

2572. **CAILLIAUD** (Fréd.). *Voyage à Méroé, au Fleuve Blanc, au-delà de Fazoq', dans le midi du Sennaâr, à Syouah et dans cinq autres oasis; fait dans les années* 1819, 1820, 1821 et 1822. (Paris), imprimerie royale, 1826 et 1827, 4 vol. in-8 et 1823, atlas in-fol.

Extrait de la table des matières; tome I : Alexandrie. — Boghâz de Rosette. — Le Caire. — Hypogées de Saqqârah; bœufs embaumés (Sakkara). — Benysoueyf. — Arabes rebelles. — Coquilles du canal de Joseph. — Camp arabe; affabilité des femmes; leurs usages. — Marche dans le désert. — Fossiles. — Source. — Cailloux d'Egypte; bois pétrifié. — Température. — Route qui mène à Alexandrie. — Difficultés pour entrer dans le village. — Gebel-Montâ, hypogées. — Ruine de l'ouest. — Qasr-Roum, monument remarquable. — Difficulté pour visiter Omm-Beydah. — Souvenir des voyages de Browne et d'Horuemann, dans l'oasis. — Drar-Abou-Béryk, montagne et hypogées. — Réduit où fut renfermé le colonel Boutin. — Position géographique du chef-lieu de l'oasis, description des lieux. — Tombeaux de Zeytoun; monuments divers. — Sol, mine de soufre, eau minérale, température; arbres, dattes, produits divers; population; langue parlée; aspect de la ville; sel; etc. — Villages divers de l'oasis. — Aventure de Browne à Arachyeh. — Description des ruines. — Arrivée d'une caravane. — Lac dans le désert. — Insectes malfaisants. — Fossiles et minéraux. — Petite oasis. — Accueil des habitans du Qasr. — Hypogées. — Arc de triomphe romain. — Aqueducs. — Source d'eau thermale. — Idée superstitieuse des habitants. — Topographie. — Température. — Sources ferrugineuses. — Population; étendue des terres; arbres, fruits; sol de l'oasis; maladies, etc. — Rencontre de M. Hyde, au Qasr. — Commerce avec l'Egypte. — El-Hayz, dépendance de la petite oasis. — Ruines chrétiennes. — Oasis de Farâfreb. — Position de Qasr chef-lieu de l'Oasis du Dakhel. — Source minérale, température. — Antiquités, Deyr-el-Hagar. — Description de l'oasis. — Ruines à Cheykh-Besendy et à Teneydeh. — Temple à A'yn-Amour. — El-Khargeh. —

Châteaux fortifiés. — Hospitalité reçue d'une femme bédouine. — Syout. — Retour au Caire. — Peste. — Arrivée de M. Drovetti à Syouâh; récit de son voyage et de la prise de l'oasis. — Lac et île d'Arachyeh. — Tentative de Browne pour y pénétrer. — Minyeh. — Syout. — Gournah. — Bois pétrifié sur la route de Suez. — M. Vidua arrivant de Laponie. — M. Salt. — Thèbes. — Syène.— Soldat enlevé par un crocodile. — Description du canal Mahmoudyeh. — Plaque d'or découverte à Canope. — Expédition du général Minutoli. — Crocodiles. — Petit temple peu connu. — Edfou. — Granit de Syène. — Monuments du pays des Barâbrahs. — Antiquités de Kardâseh. — Emploi fréquent de la cautérisation.— Travaux de M. Salt. — Plante légumineuse. — Position d'Arguy. — Difficulté pour trouver des aliments. — Cataracte. — Arrivée à Semneh. — Position du temple à Semneh. — Description des ruines. — Ile de Sâys. — Usages des Nubiens. — Hippopotames. — Ancien couvent des Coptes. — Chaussures des anciens encore en usage. — Hannecq, sa position. — Aspect du pays, si étranger à l'Egypte. — Haffir ; sa position. — MM. Waddington et Hambury.

Tome II: Difficulté de pénétrer dans l'île d'Argo. — Vocabulaire de la langue parlée à Syouah. — Antiquités d'Argo. — Description et position géographique de l'île. — Dongolah. — Méprise sur la position de Méroé. — Chaykyés, etc. — Burckhardt. — Pyramides. — Halfây ; description de la ville. — Produits de la province. — Fleuve Blanc et Fleuve Bleu. — Œufs de crocodile. — Caravane d'esclaves. — Familiarité du peuple. — Ibis noir. — Erreur de Bruce. — Singes. — Femmes du Sennâr. — Crocodiles naissans. — Royauté du Sennâr. — Chronologie des rois. — Description de la ville de Sennâr. — Soumission des femmes. — Langue, etc. — Détails sur l'assassinat de M. du Roule. — Frédiani, voyageur italien. — Rapport sur la prise du Kordofan. — M. Ricci, italien. — Difficultés des marches. — Rapport sur les mines d'or. — Traces de l'éléphant. — Chasse de l'éléphant.— Nègres captifs ; leur costume. — Captifs; leur sort. — Le Nil. — Fazoql. — Insecte fétiche. — Coiffure en rapport avec quelques-unes des anciens. — Vocabulaire de la langue nègre à Qamâmyl. — Vocabulaire de la langue parlée à Dongolah.

Tome III : Latitude d'Abqoulgui ; description du lieu. — Torrent. — Fouille de sables aurifères. — Récit de l'exploitation de l'or. — Captivité des Nègres; leur village. — Gisement de sables aurifères. — Usage cruel des Nègres et des Gallahs. — Singué. — Détails sur Singué. — Rivière Yabouss. — Fadâssy. — Villages des Gallahs; leur commerce. — Rapport sur le fleuve Blanc. — Erreur de Bruce. — Fazoql. — Époque des

pluies.— Montagnes dont les noms commencent par la syllabe *fâ*. — Arabes nomades; leurs occupations. — Nègres Chelouks. — Alfay ou Halfay. — Liste des cheykhs d'Alfây. — Ville de Chendy. — Chasse du crocodile. — Nègres esclaves. — Eunuques. — Objets de commerce. — Souâkin. — Méroé.— Rapport de Strabon concernant Napata (capitale du royaume de Candace). — Singes verts. — Remarques sur les pyramides d'Ethiopie. — Observations de M. Champollion-le-jeune. — Barkal. — Rapport d'Hérodote. — Thèbes. — M. Wilkinson. — Table généalogique trouvée à Abydos. — M. Rüppel. — Memphis. — Canal Mahmoudyeh.

Tome IV : Descriptions diverses. — Observations météorologiques faites en Egypte et en Nubie, au Caire et à Médynet-el-Fayoum; à Syouah ; à El-Ouah-el-Baryeh ; à Gournah ; à Sennâr, etc. — Journal des routes suivies. — Histoire naturelle. — Errata. — Liste des souscripteurs à l'ouvrage, etc., etc.

2573. **DELISLE** (Guill.), géographe du roi. *Conjectures sur la position de l'île de Méroé;* insérées dans le *Recueil de l'Académie des sciences* (1708). (Quérard.)

2574. **HOSKINS** (G.-A.). *Travels in Ethiopia, above the second cataract of the Nile; exhibiting the state of that country, and its various inhabitants, under the dominion of Mohammed Ali; and illustrating the antiquities, arts, and history of the ancient kingdom of Méroé.* London, 1835, in-4°, 1 carte et 90 pl. (Brunet.)

2574 bis. **MARNO** (Ernst). *Reisen in Hoch Sennaar,* 1870-71 ; suite d'articles insérés dans les *Mittheilungen* de Petermann.

Communications relatives à la région qui s'étend au-dessus de Khartoum, entre le Bahr-el-Abyad et le Bahr-el-Azrek, (*Année géogr.*)

— *Der Bahr Seraf; Reisebriefe, Dezember* 1871 *bis sept.* 1872; inséré dans le même recueil, n° IV, pp. 130-136, avec une carte de Bahr-el-Seraf, grande dérivation orientale du fleuve Blanc, au-dessus du Sobat. (*Année géogr.*, p. 230.)

— *Zur heutigen Lage des ægyptischen Sudan;* article inséré dans les *Mittheilungen der Geogr. Gesellsch. in Wien*, avril 1873, pp. 162-166. Note sur les modifications apportées depuis 1869 dans l'organisation administrative du Soudan égyptien, et sur l'expédition de Sam. Baker jusqu'à la fin de 1872. (*Année géogr.*, p. 230.)

2575. **RAFFENAU-DELILE**. *Centuries des plantes d'Afrique du voyage à Méroé* (rapportées par Cailliaud). Paris, 1826, in-8 de 112 pp. (*Catalogue des accroissements*, XII, 1, p. 35. — Quérard.)

IV

AFRIQUE CENTRALE

[Ethiopie , Soudan, Guinée, Sénégambie, Canaries & Cap-Vert]

ETHIOPIE — ABYSSINIE

Sciences.

2576. **ABBADIE (Ant. d')**, membre de l'Institut. *Observations relatives à la physique du globe faites au Brésil et en Ethiopie.* Rédigées par R. Radau. Paris , G. Villars, 1873, in-4° de IV-202 pp., 1 pl.

2577. **ABBADIE (Ant.-Thomson et Arn.-Michel d')**. *Géodésie d'Ethiopie, ou Triangulation d'une partie de la haute Ethiopie exécutée selon des méthodes nouvelles.* Vérifiée par R. Radau. Paris, 1873, G. Villars, in-4° de XXXII-508 pp., 10 pl., 11 cartes. (*Journal de la librairie.*)

— *Observations sur le tonnerre en Ethiopie.* In-4°. (Vapereau.)

2578. **BAKER (Sir Samuel-White)**, voyageur anglais, né en 1821. *Exploration des affluents abyssiniens du Nil* (1861-62) , 8 grav.; article inséré dans le *Tour du monde*, 1870.

— *L'Abyssinie;* article inséré dans la *Revue des cours littéraires*, 1870, 5 sept.

2578 bis. **BLANC (le D' Henry)**. *Notes médicales recueillies durant une mission diplomatique en Abyssinie.* Paris, G. Masson, 1874 , in-8 de 64 pp. Extrait de la *Gazette hebd. de médecine et de chirurgie.* (*Journal de la librairie.*)

2579. **NILZUFFLÜSSE** (*Die) in Abyssien* (Les Affluents du Nil Abyssinien); édit. allem. publiée par F. Steger. Brunswick , 1867 , 2 vol. in-8, fig. et cartes. (*Revue bibliogr.*, 1868, p. 13, n° 260.)

2580. **DES MURS (O.)**. On a de lui la partie qui concerne l'histoire naturelle, dans le *Voyage en Abyssinie*, de Th. Lefebvre (1839-43); Paris, s. d. ; et Paris 1845-50, t. VI.

2581. **PECHLIN (Jean-Nic.)**, médecin, né à Leyde en 1646, mort en 1706. *De habitu et colore Æthiopum, qui vulgò Nigritiæ, etc.* Kiel, 1677, in-8. (Nyon, 21244. — Brunet.)

2582. **RICHARD (Ach.)**, né en 1794, mort en 1854, publia des travaux estimés sur la Flore de la Sénégambie et de l'Abyssinie. *Tentamen Floræ Abyssinæ, seu enumeratio plantarum hucusque in plerisque Abyssiniæ provinciis detectarum.* Paris (1838-43), 2 vol. in-8 et atlas in-fol. de 102 pl. (Brunet.)

2583. **RÜPPEL (P.-Ed.-Sim.)**. *Neue Wirbelthiere zur Fauna Ab., etc.* (Nouvelle Faune de l'Abyssinie). Frankfort-am-M., 1835-1840, in-fol., pl. (Brunet.)

Belles-Lettres , Linguistique.

2584. **ALPHABETUM** *Æthiopicum.* Romæ , 1789, in-8. Publié par la S. Congrégation de la Foi. (Potier , 1871 , 2° partie , n° 816 t.)

2585. **BEKE (Ch.-T.)**. *On the geogr. ical distribution of the languages of Abyssinia and the neighbouring countries;* by the Ch. T. Beke. Edinburgh, 1848 , in-8, 1 carte. (Brunet, n° 11946.)

2586. **BERNATZ (J.-M.)**. *Bilder aus Æthiopen, nach der Natur aufgen. und gezeichnet.* Stuttgart 'et Hambourg, 1854, in-fol. obl. , avec 51 pl. chromolith. (Brunet.)

Une édition précédente de cet ouvrage fut publiée sous le titre : *Scenes in Æthiopia.* Munich and London , 1852, 2 vol. gr. in-fol. obl. , 48 pl. color. , 2 front. et 1 carte.

2586 bis. **BEURMANN (Mor. von)**, voyageur. *Glossar der Tigré-Sprache wie sie bei Massaua gesprochen wird...* (Glossaire de la langue Tigré, avec des éléments de grammaire). Leipzig , 1868 , gr. in-8 de 80 pp. (*Revue bibliogr.*, 1868, p. 110.)

2587. **CALIXTE (le R. P.)**, de la Providence , président du couvent de Cerfroid (Aisne). *Les Fleurs du désert, ou Vies admirables de trois jeunes éthiopiennes...,* avec des considérations sur l'œuvre de la régénération de l'Afrique centrale. 2° édit. Toulouse et Paris (1870), petit in-8 de 20 pp. (*Journal de la librairie.*)

2588. **DILMANN** (A.). *Grammatik der œthiopischen Sprache.* Leipzig, 1857, in-8 de xiv–436 pp. (Brunet, n° 11943.)

— *Lexicon linguæ œthiopicæ.* Lipsiæ, 1865, in-4°. (Catal. des *Accroiss.*, juin 1865, p. I, col. I.)

2589. **HALÉVY** (Jos.). *Essai sur la langue Agaou. Le dialecte des Talachas* (juifs d'Abyssinie). Paris, 187., in-8. Forme le n° 4 du tome III des *Actes de la Société philologique.* (Maisonneuve, 1873, 2 fr. 50.)

2590. **HARTMANN** (Jo.-Phil.). *Grammatica œthiopica.* Francof. ad Mœnum, 1707, in-4°. (Brunet, n° 11943.)

2591. **JOHNSON.** *Histoire de Rasselas, prince d'Abyssinie,* trad. de l'angl. par Mᵐᵉ Belot, depuis présidente Durey de Meynières. Paris, 1768, in-12. La première édition de cette traduction souvent réimprimée, est de 1759, 2 vol. in-18, et est intitulée : *Le Prince d'Abyssinie.*

— Le même ouvrage, trad. par Mᵐᵉ ••• (de Fresne). Paris, 1832, in-8. — Autre trad. par M. G.. (Gosselin). Paris, 1820, 2 vol. in-12. — Paris, 1827, 2 vol. in-32. Roman sans valeur historique. (*Dictionn. des anonymes.*)

2592. **LA SERRIE** (Fr.-Jos. de), littérateur né à La Serrie en 1770, mort en 1819. *Les Sources du Nil, ou l'Abyssinie, avec l'Épître, mêlée de vers, adressée à miss Wilhelmine Fox.* 1817, in-18, 4 grav. (Quérard.).

2593. **LUDOLF** (Jobi), ou **Ludolfi**, ou **Ludolfe**, ou **Ludolphe**, orientaliste, né à Erfurt, en 1624, mort en 1704. *Grammatica linguæ œthiopicæ.* Francof.-ad-M., 1601. — Idem, Francof.-ad-M., 1702, in-fol. (Brunet, n° 11942. — Bouillet.)

— *Lexicon œthiopico latinum.* Londini, 1661, in-4°; et Francofort., 1699, in-fol. (Br unet — Bouillet.)

2594. **MARCEL** (J.-J.). *Leçons de langue éthiopienne donnés au Collège de France.* Paris, 1819, in-8 de 60 pp. (Maisonneuve et Cᵉ, 1873.)

2595. **QUENNEVILLE** (N.). *Les Ethiopiennes,* trad. nouvelle et exacte, avec des notes. Paris, an xɪ (1803), 3 vol. in-12. (Brunet.)

2596. **THÉODOROSE**, empereur d'Abyssinie, ou Grand négus, connu aussi sous le nom de Théodore II; né en 1818, s'empara du pouvoir en 1854, et fut tué en 1868. *Deux prisonniers de Théodorose,* pochade abyssinienne en 1 acte; par Jules Renard. Paris, Michel Lévy (1869), in-12 de 33 pp. (jouée au théâtre du Palais-Royal en déc. 1868). (*Journal de la librairie.*)

— *Théodoros,* drame en 5 actes; de Théodore Barrière (1ʳᵉ représentation, en déc. 1868). Paris, 1868, in-4° de 23 pp. à 2 col. (*Journal de la librairie.*)

— *Théodoros et Juarez.* Paris, 1868, in-8 de 30 pp. (*Journal de la librairie.*)

2597. **VICTORIO** (Marian). *Chaldææ seu œthiopicæ linguæ institutiones, nunc recusæ studio Achillis Venerii.* Romæ, 1630, in-8. (Grenoble, n° 14170. — Brunet.)

2598. **VIEILLARD** (Le) *Abyssin, rencontré par Amlac, empereur d'Ethiopie.* Londres et Paris, 1779, in-12. Roman (Nyon, n° 8743. — Baur, en 1873, n° 557, ~ fr. 50.).

2599. **VEMMERS** (Jac.). *Lexicon œthiopicum, cum ejusd. linguæ institutionibus grammaticis.* Romæ, Congreg. de propaganda fide, 1638, in-4°. (Brunet.)

Histoire et Géographie.

2600. **ABBADIE** (A. d') de l'Institut. *L'Abyssinie et le roi Théodore;* article inséré dans le *Correspondant,* 25 fév. 1868, et publié séparément à Paris, 1868, in-8 de 45 pp.

— *Douze ans dans la Haute Ethiopie* (Abyssinie). Paris, Hachette, 1868, in-8, cartes. — C. Flamarion, dans le journal *le Siècle,* 8 juillet 1868, et P. André, dans le *Français,* 17 sept. 1868, ont donné sur cet ouvrage des articles critiques.

— *Observations sur les monnaies éthiopiennes;* article inséré dans la *Revue numismatique.* 1868.

2601. **ADULE.** *The Gate of civilisation to Abyssinia;* article ins. dans *The New Monthly Magazine,* février 1868. (*Revue bibliographique,* 1868, p. 28.)

2602. **ALMEIDA** (Emm.), jésuite, né en Portugal en 1580, mort en 1646. Ambassadeur auprès du roi de l'Abyssinie. On a de lui une *Histoire de la Haute-Ethiopie,* des *Lettres historiques,* etc. (Peignot.)

2603. **ALVAREZ** (François), aumônier d'Emmanuel, roi de Portugal, puis secrétaire de l'ambassade que ce prince envoya en 1515 à David, roi d'Ethiopie. Il publia à son retour la relation de son voyage, en langue portugaise, puis trad. en latin et du latin en italien.

— *Legatio David Æthiopiæ regis, ad sanctissimum D. N. Clementem Papa VII, una cum obedientia eidem sanctiss. D. N. præstita. Ejusdem David... ad Emanuelem Portugalliæ regem,* etc. Bononiæ, 1533, in-4°, lettres rondes. (Brunet, ɪ° 28420.)

— *La Legation overo embasciaria dil serenissimo David, re di Ethioppia sopra LXII
reami, al Sommo Pontefice Clemente Papa
VII, e la obedienza a lui datta con ogni
debita soggettione. Item, la risposta dil
Sommo Pontefice alle soe dimande per il
suo secretario, a Francesco Alvarezo, em-
basciatore del det.o re. Item, le copie et es-
semplari delle lettere del Serenissimo Emanuel, re di Portugallo, portate al Sommo
Pontefice. Item, la legation del suo figliuolo
Giovanni, re di Portogallo, al medesimo
Pontefice Clemente Papa VII, per Don
Martino suo nipote. Item, alcuni costumi
di esso Serenissimo David, e del suo paese
e genti, tradotta di lingua ethiopica in portogalese, e di portogalese in latino per l'im-
basciatore detto re Giovanni, e di latino in
volgar, per M. N. N. N.* (circa 1533), in-4°.
(Nyon, 21237.)

— *Lambaciara di David re dell'Etiopia al
S. N. Clemente VII; ad Emanuel re de Portugal, etc.* Bologna, 1533, pet. in-4°, lettres
italiques. (Brunet.)

— *Ho Preste Joam das Indias. Verdadera
informaçam das terras do Preste Joam Se-
gundo Vio, etc.* Angora novamente impresso
(en Coimbra... 1540), in-fol. goth., marque
de Louis Rodriguez.

— *Historia de las cosas d'Etiopia.* Anvers,
1557, in-8. — Saragosse, 1561, in-fol. — Tolède, 1588, in-8; etc. — Traduction espagn.
de la version portugaise. (Brunet.)

— *Historiale description de l'Ethiopie, contenant une vraye relation des terres et
païs du grand roy et empereur Prestre Jehan, l'assiette de ses royaumes et puissances, leurs coutumes, etc.* (Au commencement
se trouve le Voyage d'André Corsal, florentin du XVIe siècle, *Relation de la navigation de la mer Rouge et du golfe Persique.*)
Paris, 1556, dans la collection de J. Temporal.

— Autre édition de cette traduction française.
Anvers, Plantin, 1558, pet. in-8 de 15-341 ff.,
fig. s. b. (Brunet. — Peignot. — Nyon, 21241.
— Yéméniz, n° 2869, relié en mar. vert,
80 fr.)

Extrait de la table des matières: Absti-
nences terribles. — Abuna Marc (Patriarche
en Ethiopie) est visité par l'ambassadeur de
Portugal. — Adel, royaume des Mores. —
Aden, ville d'Arabie, et sa description. —
Agro, ville de Tigremahon. — Ambassade en
Ethiopie constituée de Prêtre Jean. — Amour
voyant des Ethiopiens, choysissant leurs femmes à boule veuë, et corps découvert. — L'an,
quand commence en Ethiopie. — Angotéras,
prêtre et roy. — Antiquité d'église. — Appareil
de Prêtre Jean pour célébrer la fête de Pas-

ques. — Arches grandes, jadis repositoires de
la reine de Sabée. — Armes. — Armée. — Baci-
nete, fleuve dont une terre retient le nom. —
Bagamidri, royaume bien ample. — Baptême
des masles au quarantiesme jour, des femelles au soixantiesme. — Barua et son assiette; — située sur le fleuve Marabo. —
Basilic fort odorant et dru en Ethiopie. —
Benim, royaume. — Bestial comment gardé
en Ethiopie. — Bêtes sauvages à foison. —
— Bois très-épais et impénétrables. — Bou-
cherie prohibée en Ethiopie. — Bunace, pauvre pays. — Burzo, royaume en Ethiopie. —
Calayate port d'Arabie et sa description. —
Camaran, isle en la mer Rouge. — Candace
royne, dont vint le commencement de la
chrétienneté en Ethiopie. — Captifs Abyssins, dix-neuf mille envoyés à la Mecque.
— Caravane. — Chanoines riches. — Chan-
sons et bals de dévotion éthiopique. — Chant
des anges. — Chapeaux de merveilleuse
grandeur et richesse. — Chaxume jadis cité,
et lieu de résidence de Magueda, reyne
de Saba, qui vint visiter Salomon. — Chaxume, lieu dans les pays du Prestre-Jean
qui premièrement se rangea à recevoir la
doctrine évangélique. — Cherche d'or ès terres découvertes par les pluyes. — Cire à
foison en Ethiopie. — Chroniques abyssines
concordent avec les Actes des Apôtres. —
— Contrats matrimoniaux. — Courtinages
des églises en Ethiopie. — Cour de trois
lieues de pays. — Cuisine de Prestre-Jean.
— Damute, royaume abondant en or. — David, nom du Prestre Jean. — Deuil funèbre.
— Dévotion singulière. — Difficulté de trans-
later nostre langue en l'Abyssine. — Diversité d'opinions quant à la succession du royaume d'Ethiopie. — Dobba, région chaude. —
Dofarse, ville fréquentée des chrétiens. —
Draperie grosse en Ethiopie. — Draps d'or,
et draps précieux envoyés au Saint-Sépulcre
par Prêtre-Jean. — Eau guérissant toutes
fièvres. — Edifices magnifiques. — Eglises.—
Eléphants paissants. — Encens bon et abondant en Ethiopie. — Epousailles en quelle
manière se font. — Esclaves bons de Damute. — Ethiopique courtoisie. — Fatigar,
royaume. — Femelles prohibées d'entrer dans
les monastères. — Femmes mal couvertes. —
Fer pour monnaie. — Fertilité du royaume
d'Adée. — Festes mobiles au pays du Prestre
J.an. — Fille répudiée pour avoir de trop
g.andes dents. — Fleuve de Ancone en Ethiopie. — Franques, sont appelés tous les Européens chrétiens, et pourquoi? — Franquie,
pays habité par les Blancs. — Fruits et lé-
gumes. — Gemma, fleuve abondant en poissons. — Gorages, peuples troglodytiques,
amateurs de liberté et impatients de servitude. — Grande étendue du royaume de
Prestre-Jean. — Habillements — habits. —
Herbages. — Hermitage de Saint-Antoine. —

Hérétiques condamnés au feu. — Hommes et femmes marins — Hommes lasches au nombre de cinq mille tués. — Hyver double en Ethiopie. — Nonnains d'Ethiopie. — Ignorance des Ethiopiens. — Imprimeurs requis pour aller au pays de Prestre-Jean. — Instance sur le mariage des prestres. — Interprètes de langues trouvés partout. — Justice. — Lacs. — Langoustes en grande abondance. — Lin d'Ethiopie. — Livres du pays. — Lions. — Maisons. — Marabo, fleuve qui tombe dans le Nil. — Mazua, isle de la mer Rouge. — Médecine. — Mer Rouge et son détroit. — Ile Méroé. — Millet zabure d'Ethiopie à nous incognue. — Minières d'argent devers le Nil. — Moyne bastonnant un capitaine. — Moynes éthiopiens. — Monastères. — Montagnes. — Maures. — Multiplication des chanoines par fils succédant aux pères. — Nature des fleuves et chemins de l'Ethiopie. — Négus, que signifie en notre langage. — Nicolas Brancaléon, peintre vénitien, très-riche au pays de Prêtre-Jean. — Nil, fleuve, et sa source. — Nonnains et leurs habits.— Nouvelles joyeuses. — Nubie abondante en toutes sortes de vivres et espèces d'animaux. — Nudité des parties honteuses. — Or. — Ormus, noble isle, sa description. — Ouvriers de tous les mestiers requis par Prestre-Jean. — Peines capitales en Ethiopie. — Physionomie, stature et âge du Prêtre-Jean. — Place des marchandises. — Pluralité des femmes des ceux du pays de Tigray et Tigremahon. — Polygamie défendue par l'Eglise et non par le Prince. — Portugalois. — Présents. — Prêtre-Jean. — Prix d'esclaves. — Prisons. — Processions. — Prophéties. — Publication de guerre contre les Nubiens. — Punition corporelle non ignominieuse. — Rasement des cheveux en signe de deuil.—Répudiation. — Résidence antique des rois. — Retenue des étrangers. — Révolte du peuple. — Roys établis et déposés à la volonté de Prêtre-Jean. — Ruines antiques. — Sabaï, cité en laquelle le roy de Saba a pris nom. — Sainte Marie d'Ancone en Ethiopie. — Sel pour monnaie. — Socotora, isle, et sa nature. — Spectacle. — Sucre en Ethiopie. — Tentes des putains. — Tentes d'artisans. — Tentes pour loger les étrangers. — Tentes diverses. — Tétins longs et pendants réputés pour grand beauté. — Trésors du roy d'Aden. — Troupeau de cinquante mille vaches. — Vallée horrible et mortelle. — Vermine. — Villages du pays de Prêtre-Jean. — Ville entaillée en roc, et caverneuse aux confins du pays des Gorages. — Vin de trois espèces. — Voleurs, brigands. — Hoa, royaume sous le domaine de Prêtre-Jean. — Etc.

2604. ARTICLE anonyme, sur l'événement de Kassa au titre d'empereur d'Abyssinie; ins. dans le journ. l'*Italie*, de Rome, 4 juin 1873.

2605. BECHTINGER (Dᵣ J.). *Ost-Afrika...* (L'Afrique orientale. Mélanges et souvenirs de la campagne d'Abyssinie). Vienne, 1870, gr. in-8 de x-238 pp., 4 pl. grav. (*Revue bibliographique*, 1870, t. V, nᵒ 2323.)

2606. BEKE (Charles Tilstone), voyageur anglais, né le 10 octobre 1800. Il entreprit de pénétrer par l'Abyssinie dans l'Afrique centrale, et après diverses démarches infructueuses, se décida à accompagner le major Harris (1843), chargé d'une mission en Abyssinie.

Durant ce voyage, M. Beke rendit des services; à la tête d'une troupe d'indigènes, il explora les provinces méridionales et découvrit des territoires inconnus. Les recueils des Sociétés de géographie de Londres et de Paris, ont fait mention de ces découvertes. On a de lui divers mémoires. (Vapereau.)

2607. BERMUDEZ (Jean), médecin portugais, mort à Lisbonne vers 1575. Suivit en 1520 l'ambassade du roi Emmanuel en Abyssinie et s'insinua tellement dans l'esprit du roi de ce pays, alors catholique, que le prince lui donna le titre de patriarche d'Abyssinie. Il résida dans cette contrée pendant trente ans. Il a laissé une *Relation* de son voyage, dédiée au roi Sébastien, et conservée manuscrite aux archives de Lisbonne. (Bouillet.)

2608. BLANC (le Dᵣ Henry), chirurgien de l'armée anglaise aux Indes. *Story of the Captives. A Narratives of the Events of Mᵣ Rassam's Mission's to the Abyssinia. To which in subjoined a Translation of M. Le Jean's Articles on Abyssinia and its Monarch.* From the *Revue des Deux-Mondes.* London, 1868, in-8 de 148 pp. (*Revue bibliogr.*, 1868, p. 48, nᵒ 741.)

— *Narrative of captivity in Abyssinia, with some Account of the late Emperor Theodore, his Country and People.* London, 1868, pet. in-8 de xii-411 pp. (*Revue bibl.*, 1868, t. II, p. 88.)

— *I Prigionieri di Teodoro e la campagna d'Abissinia.* Seconda edizione. Milano, Trèves, in-8, 18 grav., carte d'Abyssinie.

— *Les Captifs de Théodoros*, d'après la Relation du Dᵣ Blanc (1866-68), impr. dans *Le Tour du monde*, 1869 (12 et 19 sept.), numéros 506 et 507; ill. de 21 dessins par E. Bayard et A. Neuville.

— *Ma captivité en Abyssinie*, avec des détails sur l'empereur Theodoros, sa vie, ses mœurs, son peuple, son pays. Traduit par Mᵐᵉ Arbousse-Bastide. Paris, Société des traités religieux (1869), in-12 de viii-444 pp., 2 fr. 50.

2609. BLERZY (H.). *Les Guerres d'Abyssinie; l'expédition anglaise et la chute de*

Théodore II; article inséré dans la *Revue des Deux-Mondes,* 1868.

2310. BOULANGÉ (B.). *Les Anglais en Abyssinie;* article inséré dans la *Revue contemporaine,* 31 mars 1868. (*Revue bibliogr.,* 1868. p. 91.)

2611. BRAGARD (A. de). *L'Expédition d'Abyssinie;* article inséré dans la *Revue maritime et coloniale,* 1868.

2612. BRUCE (Jacques). *Voyage aux sources du Nil, en Nubie et en Abyssinie;* voir numéro 44.

Extrait de la table des matières :

L'auteur voyage en Egypte, et parcourt la Mer Rouge jusqu'à son arrivée à Masuah.— Il se rend à Alexandrie. — Part pour Rosette. — Arrive au Caire. — Visite les Pyramides. — S'embarque sur le Nil pour la Haute-Egypte.—Visite Metrahenny et Mohannon qu'il croit être Memphis. — Départ de Metrahenny. — Arrivée dans l'île d'Halouan. — Fausse Pyramide. — Ruines d'Antinopolis. — Accueil qu'il reçoit à Antinopolis. — Ruines d'Ashmouneïn. — Ruines de Gawa Kibeer. — Méprise de M. Norden. — Achmim. — Couvent de catholiques. — Denderah. — Ruines superbes. — *Aventure avec un saint du pays.* — Arrivée à Furshout. — Aventure du Père Christophe. — De Thèbes. — De Luxor et de Carnac. — Ruines d'Edfu et d'Esné. — Syène. — La Cataracte. — L'Aga propose au chevalier un voyage à Deir et à Ibrim. — Retour à Kenné. — Désert de la Thébaïde. — Montagnes de marbre. — Cosséïr sur la mer Rouge. — Jibbel Zumrud. — Isles de Jaffateen. — Tor. — Golfe de l'Elan. — Raddua. — Yambo. — Jedda. — Fausse opinion du docteur Arburnoth. — Konfoda; Ras Hell, borne de l'Arabie heureuse. — Lohéia. — Route vers le détroit de l'Océan Indien. — Arrivée au détroit. — Retour à Lohéia par la voie d'Azab. — Masuah. — Vue d'un volcan. — Dahalac. — Histoire de l'Ethiopie. — Conseils aux voyageurs sur la conservation de leur santé. — Maladies ordinaires à Masuah. — Route d'Arkéeko à Dixan, par le mont Taranta. — Route de Dixan à Adowa, capitale du Tigré. — Adowa. — Fremona. — Axum. — Siré. — Route de Siré à Addergey. — Route d'Addergey à Gondar par le mont Lamalmon. — Gondar. — Tableau de l'Abyssinie, divisée en provinces. — Usages d'Abyssinie qui ressemblent à ceux qu'on trouve établis en Perse. — Bruce est nommé gouverneur de la province de Ras-el-Feel. — Bataille de Banja. — Bruce se retire à Gondar. — Description de Gondar, d'Emfras et du lac Tzana. — Le roi établit son camp à Lamgué. — Il passe le Nil et va camper à Derderah. — Passage de la rivière de Gomara. — Dara. — Cataracte d'Alata. — Passage du Nil et halte à Tsoomwa. — Arrivée à Derderah. — Arrivée au camp du roi à Karcagna. — L'Armée royale se retire vers Gondar. — Mémorable passage du Nil. — Bataille de Limjour. — Seconde tentative pour découvrir les sources du Nil. — Rencontre de l'armée de Fasil à Bamba. — Arrivée à Goutto et vue de la première cataracte. — Montagnes de la Lune. — Ruse du guide Woldo. — Arrivée aux sources du Nil. — Coup d'œil sur les anciens qui ont tenté de découvrir les sources du Nil. — Preuve qu'ils ne les ont point découvertes. — Preuve que les Jésuites ne sont pas non plus parvenus jusqu'à ces sources. — Récits fabuleux du père Kircher. — *Description des sources du Nil.* — De Geesh. — Tableau des diverses cataractes du fleuve. — Du cours du Nil depuis ses sources jusqu'à la Méditerranée. — Des divers noms qu'on a donnés au Nil. — Cause véritable de ses débordements. — Position remarquable de la péninsule d'Afrique. — L'Egypte n'est point le produit du Nil. — Agows. — Portrait de ce peuple. — Retour des sources du Nil par le Maitsha. — Passage du Nil à Delakus. — Arrivée à Gondar. — Le roi passe le Tacazzé. — Bruce rejoint l'armée royale à Mariam Ohha. — Le roi sort de sa capitale. — Il va camper à Serbraxos. — Le ras Michael tente d'entrer dans le Begember. — Bataille de Serbraxos. — L'Iteghé rentre dans son palais de Koscam. — Bruce obtient la permission de quitter l'Abyssinie. — Route de Gondar à Tcherkin. — *Route de Tcherkin à Hor-Cacamoot, dans le Ras-el-Feel.* — Route de Hor-Cacamoot à Teawa, capitale de l'Atbara. — Nouvelles du Ras el Feel et de Sennaar. — *Route de Teawa à Beyla, tribu des Nubas.* — Sennaar. — Route de Sennaar à Chendi. — le Désert; arrivée à Syené. — Arrivée au Caire.

Le cinquième volume traite de l'histoire naturelle d'Ethiopie, et du *Voyage* de Paterson.

— *Abyssinien und die Angränzenden Länder, nach Bruce von Kinnaird entw.* Nürnbg, 1792. (Dr Schubert, 1870.)

2613. CAILLIAUD (Fréd.). *Recherches sur les arts et métiers, les usages civils et domestiques des anciens peuples de l'Egypte, de la Nubie et de l'Ethiopie, suivies de détails sur les mœurs et coutumes des peuples modernes de ces mêmes contrées.* Paris, 1831-37, 2 vol. in-4°, dont un de planches. (Vaperau. — Brunet, 29083.)

2614. CASTANHOSO (Mig. de). *Historia das cousas que Christovão da Gama fez nos reinos de Preste João.* Lisboa, 1564, in-4°. Relation écrite par un témoin oculaire. (Brunet, 28420.)

2615. CHRONIQUE d'Axoum. Un exemplaire

de cette histoire authentique de l'Abyssinie, conservé dans l'Eglise d'Axoum, a été rapporté en Europe par Jacques Bruce. (Bouillet.)

2616. COMBES (Edm.), et Maurice TAMISIER. *Voyage en Abyssinie, dans le pays des Gallas, de Choa et d'Ifat ; précédé d'une excursion dans l'Arabie heureuse, et accompagné d'une carte de ces diverses contrées.* Paris, 1835-1837, 1838-1843, 4 vol. in-8.

La carte de l'Abyssinie, du pays des Gallas, de Choa, et d'Ifat, in-fol. d'une feuille servant de couverture, et les cartes dressées par MM. Combes et Tamisier et dessinées par A. Vuillemin, ont paru à part en 1838 au prix de 2 fr. 50.

Il a été rendu compte de cet ouvrage dans le journal des *Débats* des 7 et 17 août 1838. (Quérard. — Brunet, n° 20816. — Catalogue des *Accroissements*, XI, p. 73.)

2617. COSME L'HERMITE, ou INDOPLAUSTES, moine et marchand à la fois. C'est un des premiers voyageurs qui ait exploré l'Abyssinie dans les temps modernes. Nonnosius, ambassadeur de l'empereur Justin, le fit partir la cinquième année du règne de ce prince, c'est-à-dire en 522. Cosme alla jusqu'à Axum ; il paraît qu'il observa très-bien les différences du climat, les noms et la situation des endroits où il passa. La Cour se tenait alors à Axum. (Bruce, *Voyage en Nubie et en Abyssinie*, t. III, p. 704.)

2618. CRUSIUS (Martinus). *Æthiopicæ Heliodori historiæ epitome cum observationibus.* Francofurti, 1584, in-8. Volume curieux. (Brunet.)

2619. CUVIER. *Lecture faite sur les Éthiopiens du bassin du Nil,* au point de vue de la géographie, de l'ethnographie et de l'histoire. Le *Bulletin de la Société de géographie de Strasbourg,* t. III, 1re livr., 1866, en donne une analyse. (*Bibliographe alsacien,* 1869, p. 47.)

2620. DARDE (le Père Jean), de la compagnie de Jésus. Traducteur de l'*Histoire de ce qui s'est passé en Ethiopie,* etc., trad. de l'italien. Paris, 1628, in-8. (Nyon, 20827.)

2621. DATI (Giuliano). *La Gran Magnificentia del Prete Janni Signore dell'India Maggiore e della Ethiopia.* (Au bas du dernier feuillet, recto): *Finito è questo trattato del massimo prete Janni pontefice e imperatore dell'India e della Ethiopia composto in versi volgari per Messer Giuliano Dati Fiorentino a laude della celestiale corte e esaltatione della cristiana religione. Amen.* (Sans date), in-4° de 4 ff. à 2 col. (vers 1495).

Version en 59 stances de 8 vers. La première page comprend une planche gravée en bois représentant le Prestre Jean et ses cardinaux.

Un ex. à une vente Libri, relié en mar. rouge, a été adjugé à 230 fr. — Il existe deux autres éditions de cet opuscule. Voir le *Manuel du libraire,* t. II, col. 529-530.

2622. DES VERGERS (Marie-Joseph-Noël). L'*Abyssinie;* imprimé dans l'*Univers pittoresque.* (Vapereau. — Bourquelot.)

2623. DIMOTHOÉS (le R. P.), légat de Sa Béatitude le Patriarche arménien auprès du roi Théodore. *Deux ans de séjour en Abyssinie, ou Vie morale, politique et religieuse des Abyssiniens.* Traduit par ordre de Sa Béatitude Mgr Isaie, patriarche arménien de Jérusalem. Jérusalem, imprimé par la Typographie arménienne du couvent de Saint-Jacques, 1872, un vol. in-8. (Sandoz, à Paris, en 1873, 7 fr.)

2624. DINOMÉ (l'abbé). *Voyage de Souakin à Massoua, en passant sur le territoire des Hadinhoa, des Beni-Amer et des Habalo, exécuté en 1868 par Otto Reil;* article inséré dans les *Annales de voyages,* 1870, avril.

2625. FERRET, avec GALINIER. *Voyage en Abyssinie, dans les provinces du Tigré, du Samen et de l'Amhara.* Paris, 1847-48, 3 vol. gr. in-8 et atlas in-fol. de 50 pl. et cartes. La partie concernant la géologie est de M. A. Rivière. (Bourquelot. — Brunet, 20816.)

2626. FLAD (J.-M.). *12 Jahre in Abessinien od. Geschichte d. Königs Theodoros II ....* (Douze ans en Abyssinie, ou Histoire du roi Théodoros II, et de la mission sous son règne). Bâle, 1869, in-8 de vii-176 pp. (*Revue bibliogr.,* 1869, t. III, n° 1173.)

2627. FONTANE (Marius). L'*Abyssinie et les Anglais;* article inséré dans le *Contemporain,* 31 mars et 30 avril 1868.

2628. GESTA *proxime per Portugalenses in India: Ethiopia et aliis orinetalibus (sic) terris.* Rome, nov. 1506, in-4° de 6 ff. Pièce fort rare, où sont relatés des événements qui s'étaient passés quelques mois avant sa publication. — Autres éd.: Impressum Colonie, anno 1507, février, pet. in-4° goth. de 4 ff. — Nuremberg, 1507, in-4° de 4 ff. (Brunet.)

2629. GOBAT (Samuel), évêque anglican de Jérusalem, né en 1799, dans le canton de Berne. En 1825, il fut chargé d'aller prêcher l'Evangile aux Abyssins et de leur porter une édition des Quatre Evangiles, imprimée en langue ambarique, aux frais de la Société biblique de Londres.

— *Journal d'un séjour en Abyssinie,* 1830, 1831 *et* 1832, publié par la Société des missions de Genève et précédé d'une introduction historique et géographique sur l'Abyssinie, avec carte et portrait. Paris et Genève,

1835, in-8 de 438 pp. — 2ᵉ édition. Londres, 1847.

Contenu du volume: 1ʳᵉ partie: L'Abyssinie et ses habitants. — 2ᵉ partie: Coup d'œil sur l'histoire des missions en Abyssinie dans les premiers siècles. — 3ᵉ partie: Remarques générales sur l'état actuel de l'Abyssinie. — Chap. I, II, III, IV et V: Voyage à Gondar. — Renseignements sur les Falaschas ou Juifs. — Visite à un village de Falaschas. — Croyances superstitieuses sur les sorciers. — Barbare traitement infligé à un voleur. — Divisions d'opinions entre les différentes provinces de l'Abyssinie, touchant la nature de N. S. — Arrivée à Adowa. — Fuite d'Adowa. — M. Gobat est envoyé au monastère de Debra-Damot afin d'y être protégé. — Son arrivée à Adigrate après un emprisonnement de trois mois. — Description des sauterelles. — Remarques sur le pays des Gallas. — Départ pour Massowa. — Jedda, Suez et le Caire, etc.

2630. **GODIGUE** (**N**ic.). *De Abassininorum rebus deque Æthiopiæ patriarchis, Joanne Nonio Barreto et Andrea à Oviedo, libri III.* Lugduni, 1615, in-8. (Grenoble, n° 25750.)

2631. **GOEZ** (**Damien de**), savant portugais, camérier du roi Emmanuel; mort en 1596. *Fides, religio moresque Æthiopum. Epistolæ aliquot Preteosi Joannis, etc.* Lovanii, 1544, in-4°. Cette description se trouve jointe à l'édition: *De orbe novo decades III*, de Cologne, 1574, in-8. (Brunet. — Peignot.)

— *Legatio magni imperatoris Presbyteri Joannis ad Emmanuelem Lusataniæ regem anno 1513, etc.* Lovanii, apud Joan. Graphæum, 1532, in-4°. (Brunet.)

2632. **GRAHAM** (le major **Douglas C.**). *Glimpses of Abyssinia ; or Extraits from Letters written while on a Mission from the government of India to the king of Abyssinia in the years* 1841, 1842 and 1843, *etc.* 1868, in-8 de VII-72 pp. (*Revue bibliograph.*, 1868, p. 82.)

2633. **GUÉRIN-MENNEVILLE** (**Félix-Ed.**), professeur d'histoire naturelle, né à Toulon en 1799. *Voyage en Abyssinie* .... (1839-1843). Paris.

2634. **HALY** (**G.-T.**). *Abyssinian Expedition, etc.* London, 1867, in-8. (*Revue-bibliographique*, 1868, p. 52, n° 838.)

2635. **HARRIS** (le major **W.-Corn.**). *Highlands of Æthiopia, including an account of eighteen months residence at the court of Shoa, etc.* London 1844, 3 vol. in-8, fig. (Brunet, 20814. — Bern. Quaritch, 1874, n° 17, p. 2, col. 2; 18 sh.)

— *Gesandschaftsreise nach Schoa u. Aufenthalt in süd abyssinien*, 1841-1843. *Deutsch. v. K. v. K.* Stutt., 1845, 2 vol., cartes. (Dᵉ Schubert.)

2635 bis. **HÉMERY**. *Baie d'Amphila.* (Paris, 1873, 1 fr.) Dépôt de la marine, n° 3149.

2636. **HENDECOURT** (**Louis d'**). *L'Expédition d'Abyssinie en* 1868. Paris, 1869, in-8 de 36 pp. Extrait de la *Revue des Deux-Mondes*, 1ᵉʳ avril 1869.

2637. **HENTY** (**G.-A.**), correspondant du *Standard* dans l'affaire d'Abyssinie. *The March to Magdala.* London, 1868, in-8 de 431 pp. L'auteur rend compte simplement des événements, sans exagération; il regarde l'Abyssinie comme pays peu intéressant pour l'archéologie et le naturaliste. (*Revue bibliographique*, p. 112, 1868, t. II.)

2638. **HERBERT** (Lady). *Abyssinia and its Apostle.* London, 1868, pet. in-8 de VII-200 pp. (*Revue bibliographique*, 1868, p. 159.)

2639. **HISTOIRE** *de ce qui s'est passé en Ethiopie, etc., tirée de lettres écrites ès années* 1620-1624; trad. de l'italien en françois, par un père de la comp. de Jésus. Paris, 1628, in-8. (Van Hulthem, n° 15597.)

2640. **HISTOIRE** *de ce qui s'est passé, en l'année* 1626 *jusqu'au mois de mars* 1627, *ès royaumes d'Ethiopie*, etc.; par un père jésuite. Paris, 1629, in-8. (Grenoble, n° 25754.)

2641. **HOLLAND** (le major), en collaboration avec the captain **Hozier**: *Record of the Expedition to Abyssinia. Compiled by order of the Secretary of state for War.* London, 1870, 2 vol. in-4, 15 cartes, 4 livr., 4 sh. (*Revue bibliographique*, 1870, t. VI, n° 511.)

2642. **HOTTEN** (**John Camden**). *Abyssinia and its People ; or Life in the Land of Prester John.* 1867, in-8 de VI-384 pp., cartes et planches. (*Revue bibliogr.*, 1868, n° 259.)

2643. **HOZIER** (The Capt. **Henry M.**). *The British Expedition Abyssinia. Compiled from authentic sources.* Londres, 1869, in-8 de XI-271 pp. (*Revue bibliographique*, IV, n° 3135.)

2644. **ISENBERG** (The Rev. **Ch.-Will.**), and **KRAPF**. *Journal of a proceeding in the kingdom of Shoa, and journeys in other parts of Abyssinia, in the years* 1839-1842. London, 1843, pet. in-8. (Brunet, 2082.)

2645. **JEAN** [**LE PRESTRE-**]. David, ou le Prestre-Jean semble, de prime abord, n'être qu'un personnage fabuleux; mais il a réellement existé. Il succéda, comme empereur d'Ethiopie, à son père, l'an 1507; son règne a duré 36 ans. M. J. Oppert publia en 1864, à Leipzig, in-8, un travail intitulé: *Der Presbyter Johann.*

— *La Légende du Prêtre-Jean.* Toulouse, 1869, in-8 de 29 pp.

— *Nouvelles de la terre de Prestre Jehan* (cy après sensuyvent les). Petit in-4° goth. de 14 ff. n. ch., à longues lignes, au nombre de 25 sur les pages. Edition de la fin du XV° siècle. (La Vallière, 6 fr. — Walckenaer, 550 fr. — Solar, 330 fr. — Brunet, t. IV, col. 119.)

— *Sensuivent plusieurs nouvelletes et divercités estant entre les bestes en la terre au prestre Jehan.* — Cy finissent les diversitez des hommes, des bestes et des oyseaulx, qui sont en la terre du Prestre Jehan. Imprimé à Paris, par Jehan Treperel, s. d., pet. in-4° goth. de 8 ff. de 24 à 30 lignes par page. (Cailhava, 100 fr.)

— *Cy finissent les diversites des hommes, des bestes et des oyseaulx qui sont en la terre de Prestre Jehan.* Imprimé à Paris par le petit Laurens, près Saint Yves, pet. in-4° goth. de 8 ff. à 29, 30 et 31 lignes par page. Volume imprimé en 1507.

Le texte de cette facétie a été reproduit à la suite de la *Nouvelle fabrique*, impr. en 1853, par les soins de MM. Jannet et Duplessis, et collationné sur l'édition de Treperel, en 8 ff., et l'édition en 14 ff. — Cette lettre a été reproduite plusieurs fois. Voir pour plus de détails bibliographiques le *Manuel* de Brunet, t. IV, col. 119.

2646. **JOHNSTON** (**Ch.**). *Travels in Southern Abyssinia, through the country of Adel, to the Kingdom of Shoa.* London, 1844, 2 vol. in-8, fig. et carte. (Brunet, n° 28021.)

2647. **JONVEAUX** (**Emile**). *L'Atbara et les frontières de l'Abyssinie;* article inséré dans la *Revue moderne*, 1865, 25 mars. (*Revue bibliogr.*, 1868.)

— *Deux ans dans l'Afrique orientale.* Tours, Mame, 1871, in-8 de 384 pp., fig.

2648. **JOUZY** (**Ibn-**) Sept Abul-Faraje, mort l'an 597 de l'hégire. On a de lui une *Histoire des nègres d'Ethiopie.* (Peignot.)

2649. **KLOEDEN** (**K.-F.**). *Beiträge zur neueren Geographie von Abyssinien.* Berlin, 1855. (D° Schubert, 1870.)

2650. **KODOLITSCH.** *Die Englische armee in Abyssinien im Feldzuge* 1867-1868 (L'Armée anglaise en Abyssinie dans la campagne de 1867-1868). Vienne, 1869, gr. in-8 de III-252 pp., 8 pl. et 52 grav. (*Revue bibliogr.*, IV, n° 1476.)

2651. **KOHLFS** (**Gerh.**). *Im Auftrage Sr Maj. des Königs von Preussen mit dem englischen Expedition corps in Abessinien Karte von Abessinien* (Sur l'ordre de S.M. le roi de Prusse et du corps de l'expédition anglaise en Abyssinie. Carte lith. de l'Abyssinie). Brême, 1869 (1868), gr. in-8 de VII-184 pp., 3 pl. in-fol. (*Revue bibliographique*, 1868, tome II, n° 2171.)

2652. **LEBRUN** (**Henri**). *Voyages en Abyssinie et en Nubie.* 9° édition. Tours (1870), in-12 de 288 pp. et 4 fig. Bibliothèque de la jeunesse chrétienne.

2653. **LEFEBVRE** (**Ch.-Théophile**), lieutenant de vaisseau. *Voyage en Abyssinie exécuté pendant les années* 1839, 1840, 1841, 1842, 1843, *par une commission scientifique* composée de MM. Th. Lefebvre, A. Petit et Quartin-Dillon, médecins, Vignaud, dessinateur; publié sous les auspices de M. le ministre de la marine. Paris, 1845-1850, 6 vol. gr. in-8, vign. et portrait, et un atlas de 202 pl. in-fol. dont 72 en couleur, et une carte gr. aigle.

La carte générale d'Abyssinie, 1 feuille grand aigle, se vendait séparément 10 fr. La partie concernant l'histoire naturelle est dûe à M. Guichenot. (Brunet. — Arthus Bertrand, 500 fr.)

2654. **LE GALL** (**P.-M.**). *Les Abyssins et les Gallas;* articles insérés dans les *Etudes religieuses, historiques et littéraires*, juillet 1868 et num. suiv.

2655. **LEJEAN** (**Guill.**). *Théodore II, le nouvel empire d'Abyssinie et les intérêts français dans le sud de la mer Rouge.* Paris, 1865, 1867, in-12 de 300 pp.

La plus grande partie du volume comprend les faits et gestes de ce roi à demi-sauvage et fanatique catholique. L'esprit de l'ouvrage est au fond écrit en faveur d'une alliance désirable entre le Négus et la France en vue de résister à l'élément musulman. A la fin du livre se trouvent quelques renseignements précieux sur le commerce en Abyssinie.

— *L'Abyssinie en 1868.* — *L'Expédition anglaise et le roi Théodore II.* Paris (1868), in-8 de 32 pp. Extrait de la *Revue des Deux-Mondes*, 1ᵉʳ mars 1868.

— *Voyage en Abyssinie, exécuté de 1862 à 1864.* Paris, Hachette, 1873, in-4° de 117 pp. et atlas de 9 cartes in-fol. 30 francs.

2656. **LIFE** in *Abyssinia; notices during three year's residence.* London, 1853, 2 vol. in-8, fig. (Brunet, 24818.)

2657. **LOBO** (le Père **Jér.**), jésuite missionnaire, né à Lisbonne en 1593, mort en 1678; fut envoyé en Abyssinie en 1634. On a de lui une *Histoire de l'Ethiopie*, en portugais. Coimbre, 1659, in-fol.; traduite et continuée en français par l'abbé Joach. Legrand, sous le titre : *Relation historique d'Abyssinie*, trad. Paris et La Haye, 1728, in-4°, fig. gr., cartes. (Yéméniz, n° 2871, 8 fr. — Grenoble, n° 25751. — Nyon, 21243. — Quérard. — Van Hulthem, n° 14978.)

— Une autre traduction française, faite d'après un manuscrit et non sur l'imprimé portugais, a été publiée sous le titre : *Voyage historique d'Abyssinie*. Amst., 1728, 2 vol. in-12, fig. (Quérard. — Brunet, 20812.)

Thevenot, dans son *Recueil*, tome II, reproduit la relation de Lobo, sur *l'empire des Abyssins, et les sources du Nil, etc.*

— *A Voyage to Abyssinia*. London, 1735, in-8. Traduction anglaise de Sam. Johnson. (Piget, nos 1746, 2056. — Brunet, 20812.)

— Autre édition de la traduction anglaise. Londres, 1789, in-8.

2658. **LUDOLF** (Job). *Habessinia seu Abassia, presbyteri Johannis regio dicta . ad exempl . Tab . Chorogr . Balth . Tellezii quanta fieri potuit diligentia formata. etc.* Anno Christi, 1683, gr. in-fol. (Dr Schubert.)

— *Istoria œthiopica ;* appendice et commentaires. Francfort, 1681-1691 et 1693, 3 vol. in-fol., fig. (Nyon, 21242.)

— Un extrait a été publié en français, sous le titre de *Nouvelle histoire d'Abyssinie ou d'Ethiopie, tirée de l'histoire latine ;* par Ludolf. Paris, 1684, in-12, fig. en t. d. (Quérard. — Yéméniz, 7 fr. — Grenoble, 25752.)

Il existe une traduction anglaise de cet ouvrage, publiée à Londres, en 1682, in-fol. Voir pour plus de détails bibliographiques le *Manuel du libraire.*

2659. **MACHAULT** (J.-B.), jésuite, mort à Paris en 1640 âgé de 29 ans. *Gesta a Societate Jesu in regno Sinensi , Æthiopico et Tibetano.* (Peignot.)

2660. **MAILLET** (Benoît de), consul de France au Caire en 1692, etc. *Relation envoyée à M. Ferriol, ambassadeur à Constantinople, touchant le dessein qu'ont les missionnaires d'entrer en Ethiopie ;* imprimé à la suite de la traduction française de la *Relation d'Abyssinie*, par le P. Lobo. (Quérard.)

2661. **MAKRIZI**. *Historia regum Islamiticarum in Abyssinia una cum Abulfedæ descript. reg. nigr.* , arab. et lat. edente Th. Rink. Lugd.-Bat. , 1793, in-4° — Autre éd. Lugd.-Batav. , 1790, in-4°. (Dr Schubert. — Brunet.)

2662. **MALFATTI** (le professeur **Bartolomeo**). *L'Abissinia e l'imperatore Teodoro II;* article ins. dans *Il Politecnico*, 1867, serie V, fasc. I. (*Revue bibliogr.*, 1868, p. 30.)

2663. **MANSFIELD PARKYNS**. *Life in Abyssinie, comprising notes of three year's residence and travels in that country*. London, 1853, 2 vol. in-8, fig. (Brunet, n° 20816.)

2664. **MARKHAM** (Clément **R.-F.-S.-A.**),

général anglais. *History of the Abyssinian expedition. With a Chapter containing an Account of the Mission and Captivity of Mr Rassam and his companions*, by lieut. W. Prideaux. London, 1868, in-8 de XII-484 pp.

— En 1868, le *Journal de la Société de géographie* de Londres a publié les résultats de son voyage fait en Abyssinie à la suite de l'armée expéditionnaire. (*Revue bibliogr.*, 1868, p. 300, et 1869, n° 1171.)

2665. **MENDEZ** (Alfonso), missionnaire portugais , créé patriarche d'Abyssinie en 1626. Il se conduisit avec tant d'insolence qu'il se fit bannir du pays en 1634. Il écrivit l'histoire du pays et de tout ce qui concernait sa mission , d'une manière fort détaillée. (Peignot. — Bruce, *Voyage en Nubie*, t. III, p. 706.)

2666. **MOREJON** (le P. Pierre), jésuite. *Les Dernières nouvelles de l'état de la chrestienté en Ethiopie , empire des Abyssins, communément appelé du Prêtre-Jean; où se voit la conversion à l'Eglise Romaine. Escrites en espagnol et trad. en françois. Ensemble la nouvelle réunion de Marc Elias patriarche de Babylone à l'Eglise Romaine*. Paris, 1622, in-12. (Nyon, 21236.)

2667. **MORRELL** (A.-J.). *Narrative of a voyage to the Ethiopia and south Atlantic Ocean, etc*. New-York, 1833, in-12. (Brunet, n° 19993.)

2668. **MUNZINGER** (Werner). Il publia des Etudes sur l'Afrique orientale (*Ostafrikanische Studien*). Schaffhausen , 1864, in-8 et 1 carte de l'Abyssinie du nord , du Mareb, du Barka et de l'Anseba. (*Actes de la Société d'ethnographie* de Paris.)

En 1867, étant agent consulaire britannique à Massouaha, où il a séjourné dix ans , il reçut l'invitation d'explorer la route, qui de Hanfila sur la mer Rouge conduit aux plateaux élevés abyssins. Cette route qui traverse le grand désert Salé , fut traversée par les PP. Jésuites Mendez et Lobo qui la décrivirent parfaitement. Une analyse de cette expédition est insérée dans le *Globe* de Genève, t. VIII, *comptes rendus*, pp. 151 à 153.

2669. **OSIO** (Cap. E.). *La Spedizione inglese in Abissinia* (1866-1868); *giornale di viaggio*. Firenze, 1869, in-8 de 59 pp. (*Revue bibliographique* , 1869, tome III , n° 2017.)

2670. **PAEZ** (Pierre). Voyageur qui explora l'Abyssinie sous le règne de Za-Denghel , vers 1600. Il a laissé une histoire manuscrite de la mission des Jésuites et des choses les plus remarquables qui se sont passées de son temps en Abyssinie. Cette histoire contient deux gros volumes in-8 , et est écrite d'un style simple et naturel. On en répandit des copies dans tous les colléges et les séminaires des Jésuites; et lors de la destruction de leur ordre, ces copies se sont trouvées dans toutes leurs bibliothèques. (Bruce, *Voyage en Nubie et en Abyssinie*, tome III, p. 705.)

2671. **PÉTERMANN** (Aug.-H.). *Der Englische Feldzug in Abyssinien.* La Campagne anglaise d'Abyssinie, de janvier à avril 1868.) Gotha, 1868, gr. in-4°.

2672. **PLATT** (T.). *The Didascalia: or Apostolical Constitutions of the Abyssinian Church,* translated from the Ethiopie; by T. Platt. 1834, in-4°. (B. Quaritch, 1874, p. 11, 4 sh.)

— *Catalogue of the ethiopic biblical mss. in the royal library of Paris,* etc. London, 1823, in-4°. (Brunet, 31376.)

2673. **PLOWDEN**. *Travels in Abyssinia and the Galla Country. With an Account of a Mission to Ras Ali in 1848...* London, 1868, in-8 de XVI-485 pp. (*Revue bibliogr.*, 1868, p. 156.)

2674. **PONCET** (Ch.-Jacques), médecin et voyageur français, établi au Caire; en 1700, il accompagna le jésuite Ch. de Brevedent en Abyssinie, où il parvint seul. On a de lui une *Relation abrégée de son voyage en Ethiopie, fait en 1698, 1699 et 1700.* Elle se trouve dans le tome IV, première partie du *Recueil de lettres édifiantes et curieuses sur les missions étrangères,* et dans le tome III de l'édition de 1786. (Quérard.)

Gobat, dans son *Journal*, page 69, donne aussi quelques fragments de la *Relation* de Poncet.

Poncet passe pour n'être qu'un imposteur ou au moins un auteur de mauvaise foi. En 1703, il devait retourner en Abyssinie avec des présents destinés aux principaux personnages éthiopiens; mais il s'enfuit avec eux en Perse.

2674 bis. **POUGEOIS** (l'abbé A.). *L'Abyssinie, son histoire naturelle, politique et religieuse, description géographique et physique de cette contrée.* Paris, 1868, in-8 de 292 pp. et carte.

Dans cet ouvrage l'auteur fait justice des indignes procédés de Bruce, qui, pour s'attribuer l'honneur d'avoir découvert le premier les sources du Nil bleu, traite sans cérémonie d'imposteurs les voyageurs qui l'ont précédé. (*Revue bibliographique*, 1868, t. II, p. 251.)

2674 ter. **RASSAM** (Hormazd). *Narrative of the British Mission to Theodore, King of Abyssinia.* With maps, plans, and illustrated. London, 1868, 2 vol. in-8. (*Revue bibliogr.*, tome III.)

2675. **RÉGIS** (Louis). *Douze ans de séjour dans la Haute Ethiopie;* article inséré dans le *Correspondant,* 25 mars 1869, et publié à part. Paris, 1869, in-8 de 23 pp. (*Journal de la librairie.*)

2676. **RESCRIPTION** (La) *du très-humain vertueulx et invectissime roy de Portugal. Envoyé à nostre sainct père le Pape. Des gestes faictz en la mer rouge. Et de la paix, paction, convenance et alliance commencée par lui avec Prebstre Jehan roy de Ethiopie.* Petit in-8 goth. de 4 ff. Pièce en prose où l'on a conservé la date de Lisbonne, 1521. (Brunet, n° 28420.)

2677. **REYBAUD** (M.-R.-L.). *La Polynésie et les îles Marquises; accompagnées d'un voyage en Abyssinie.* Paris, 1843, in-8. Cet ouvrage avait été publié en partie dans la *Revue des Deux-Mondes.* (Bourquelot.)

2678. **ROCHET D'HÉRICOURT.** M. L. Reybaud a donné dans la *Revue des Deux-Mondes,* 1er juillet 1841, un article sur l'Abyssinie méridionale, journal inédit de Rochet d'Héricourt.

On a de M. Rochet d'Héricourt des articles insérés dans la *Revue de l'Orient,* notamment dans le numéro de mai 1843: *Nouvelles d'Abyssinie;* — *Réception par le roi de Choa des présents du roi des Français;* etc. (Bourquelot.)

2679. **ROGER** (E.). *La Terre saincte,* etc.; *et une Relation de Zaga-Christ, prince d'Ethiopie,* etc. Paris, 1646, in-4°, figures. (Baur, 1874, n° 435, 12 fr.)

Zaga-Christ, prétendu roi d'Ethiopie; issu, à ce qu'il disait, du prince Jacques, fils naturel du roi d'Ethiopie. On voit son histoire dans le recueil des *Imposteurs,* de Rocoles. Il passa de l'Abyssinie en Egypte, d'Egypte à Jérusalem, de là à Rome, puis à Paris. Il mourut à Ruel, près Paris, en 1638, à 28 ans, épuisé par la débauche et les excès occasionnés par les subsides que lui accordait le roi de France.

2680. **ROHLFS** (Gerh.). *Itinéraire en Abyssinie;* article inséré dans le *Bulletin de la Société de géographie,* juillet 1868.

2681. **RUPPEL** (Ed.). *Reisen in Abyssinien.* Frankfurt a. M., 1838-40, 2 vol. gr. in-8, 10 pl. in-fol. (Brunet, n° 20821.)

2682. **SAINTE-MARIE** (Jean de), jacobin réformé, mort en 1660. Ecrivit sous le pseudonyme de **Réchac-le-jeune**. On a de lui: *Les Estranges événements du voyage de Zaga-Christ, prince d'Ethiopie, issu de lignée de David et de Salomon, fils de l'empereur Jacob, appelé communément le Prestre-Jean; avec la défaite de l'empereur Jacob et la fuite de ses deux enfants.* Paris,

1635, in-4° et in-8. (Brunet. — Nyon, 21238 et 21239.)

2683. **SALT** (Henri), voyageur anglais, mort en 1827. *Voyage to Abyssinia, and travels into interior part of that country, in the years* 1809 *and* 1810. London, 1814, gr. in-4°, fig.

— *Voyage en Abyssinie* (en 1809 et 1810), trad. de l'anglais par P.-F. Henry. Paris, 1816, 2 vol. in-8 et atlas in-4° de 33 pl. Extrait du *Voyage* de lord Valentia. (Brunet. — Van Hulthem, n° 15011.)

— *Voyage en Abyssinie, extrait des voyages de lord Valentia*; trad. de l'anglais (par Prévost, de Genève). Genève et Paris, 1812, 2 vol. in-12. (Quérard.)

L'on sait que Salt fut chargé d'une ambassade près l'empereur d'Abyssinie.

2684. **SANDOVAL** (Alonso de). *Tomo primero de instauranda Æthiopum salute. Historia de Æthiopia, naturaleça, policia, sagrada y profana... dividido en dos tomos, illustrados de nuevo en esta segunda impresion...* Madrid, 1647, in-fol. La première édition est de 1627, in-4°. (Brunet.)

2685. **SANTOS** (Jean-Dos.), dominicain. *Primeira parte de Ethiopia oriental, em que se da relaçam dos principaes reynos desta regiao dos custumes, ritos et abusos de seus habitadores, dos animaes, bichos et feras... de varias guerras entre Christianos, Mouros et Gentios.* Evora, Manoel de Lira (et non Lisboa), 1609, 2 part. en 1 vol. pet. in-fol. (Brunet. — B. Quaritch, en 1874, n° 17, p. 14, 7 liv. 10 sh.)

— *Histoire de l'Ethiopie orientale*, composée en portugais, trad. en françois par R. P. don Gaetan Charpy. Paris, 1684, in-12. — Paris, 1688, in-12. (Bibliothèque de Gènes, n° 4998. — Grenoble, n° 25753. — Brunet. — Yéméniz, 11 fr.)

2686. **SCHIMPER** (Guillaume), voyageur et naturaliste allemand, né le 19 août 1804, à Manheim (Gr. duché de Bade). Il visita l'Abyssinie, obtint la protection du prince Ubye qui résidait à Adoua et explora pendant trois ans le pays.

Le prince le combla d'honneurs, le nomma gouverneur d'un district sur la frontière du pays des Gallas, et plus tard du district d'Antitcha, en Tigré, situé près de la capitale Adoua et composé de onze villages et de quelques hameaux, où il épousa une indigène. S'étant converti au catholicisme avant son départ pour l'Afrique, et protégeant la mission des Lazaristes, il s'attira la malveillance des missionnaires anglais, qui, par leur influence auprès du prince Ubye, le firent destituer.

Après la dissolution de la Société des voyages de Vurtemberg, qui l'avait soutenu jusqu'à cette époque, il trouva un nouvel appui dans l'administration du Jardin des plantes de Paris, qui le chargea d'une mission permanente pour l'Abyssinie. Les écrits de ce voyageur consistent en rapports dont il accompagna ses envois de collections. (Vapereau.)

— *Ma captivité en Abyssinie*; article inséré dans les *Mittheilungen*. (Archives de géographie de Pétermann, août 1868.)

— *Esquisse de géognostique des environs du Tigré*; rédigée par le Dr Sadebebeck d'après les plans de Schimper, avec un épiloque de Kiépert (2 cartes); article ins. dans la *Zeitschrift der Gesellschaft für erdkunde zu Berlin*, 1869, 4° liv.

2687. **SECKENDORFF** (G. graf von). *Meine Erlebnisse m. dem englischen Expeditions-corps in Abessinien 1867-1868.* (Ce que j'ai vu quand j'étais avec le corps d'expédition anglais en Abyssinie de 1867 à 1868.) Postdam, 1868, gr. in-8 de v-208 pp. (*Revue bibliographique*, 1869, tome III, n° 1174.)

2688. **STERN** (the Rev. Henry-A.). *The Captive Missionary: being an Account of the Country and People of Abyssinia, Embracing a Narrative of King Theodore's Life, and his Treatment of Political and Religious Missions.* Cassel, 1868, in-8 de xvi-398 pp. (*Revue bibliograph.*, 1869, t. III, n° 1172.)

2689. **TELLÈS** (Balth.), jésuite savant. *Historia generale de Ethiopia a alta, ou Preste Joam, e do que nella obraram os Padres da Companhia de Jesus, etc.* Coimbra, 1660, in-fol., front. gr. et 1 carte. (Brunet.)

Un extrait de cette histoire a été traduit en français et inséré dans le *Recueil de divers voyages faits en Afrique*, 1674. (Peignot.)

On trouve dans cette Histoire de l'Abyssinie beaucoup de candeur et de partialité, vu l'esprit de ce temps-là. L'auteur déclare que son ouvrage est fait d'après les *Mémoires* du patriarche Alfonso Mendez et les deux volumes de Paez; ainsi que d'après les relations et les lettres de quelques autres jésuites, qui tous avaient été en différents endroits. Tellez eut une pleine communication de ces divers écrits. Il n'avait point surtout négligé les relations annuelles de Paez, depuis 1598 à 1622; il s'étend aussi avec complaisance sur le mérite et les longs travaux de chaque missionnaire, durant le règne du Sultan Segued (Socinios), qui occupe la moitié de son ouvrage. (Bruce, *Voyage en Nubie*, tome III, pp. 706 et 707.)

2690. **URRETA** (Louis de), dominicain.

Historia ecclesiastica, politica, natural y moral de los grandes remotos reynos de la Etiopia, monarchia del emperador llamado Preste Juan de las Indias. Valencia, 1610, in-4°. Cet ouvrage a été traduit en Portugais, avec des additions, par Ant. Colasso, jésuite, et imprimé à *Evora*, en 1611, in-4°. Un autre jésuite, Nic. Godigno, l'a vivement réfuté dans un livre intitulé: *De abissinorum rebus, de que Æthiopiæ patriarchis Joanne Nunnio Barreto et Andrea Oviedo, libri tres.* Lugduni, 1615, in-8. On cite aussi une réfutation de Diego de Conto, Portugais. (Brunet.)

2691. **VEYSSIÈRES DE LA CROZE** (**Mathurin**). *Histoire du christianisme d'Ethiopie et d'Arménie.* 1739, in-12. (Brunet; 21567.)

2692. **VIVIEN DE S. MARTIN**. *Coup d'œil sur la géographie générale de l'Abyssinie;* article inséré dans les *Annales des voyages,* avril 1868.

2693. **WADDINGTON** (**G.**), en collaboration avec le révérend Bernard **HANBURY**: *Journal of a visit to some parts of Ethiopie.* London, 1822, in-4°, fig. (*Catal. des Accroissements,* II, 4, p. 86. — Brunet.)

2694. **WALDMEIER** (**Theophil**). *Erlebnisse in Abessinien in den J. 1858-1868.* (Impressions de voyage en Abyssinie de 1858 à 1868.) 1re et 2e éditions. Bâle, 1869, in-8 de VIII-139 pp. et 12 fig. (*Revue bibliograph.,* 1869, t. III, n° 1068.)

2695. **WHARTON** (**Rich.**). *Observations on the authenticity of Bruce's travels in Abyssinia, in reply to some passage in Brown's travels through Egypt, etc.* Newcastle upon Tyne, 1800, in-4° de 84 pp. (Brunet.)

2696. **WILKINS** (**H. St-Clair**), colonel anglais. *Reconnoitring in Abyssinia...* London, 1869, in-8 de VI-409 pp., 10 vues col. et cartes. — *The Illustrated London New,* le 12 nov. 1870, donna une analyse de ce livre.

2697. **DENIS DE RIVOYRE**. *La Baie d'Adulis et ses alentours;* article inséré dans le *Bulletin de la Société de géographie,* 1868.

2698. **AZÉVÉDO** (**Louis d'**), né en Portugal l'an 1573, mort en 1634; fut missionnaire en Ethiopie. Il a traduit en éthiopien le *Nouveau Testament,* et le *Catéchisme;* il a aussi composé une *Grammaire amharique.* (Peignot.)

2699. **ISENBERG** (The rev. **Charles-William**). *Dictionary of the Amharic language, in two parts: Amharic-English, and Englis-Amharic.* London, 1841, in-4° de 442 pp.

— *Grammar of the Amharic language.* London, 1842, in-8 de 194 pp. (Brunet.)

2700 **LUDOLF** (**Job.**). *Grammaticæ linguæ amharicæ quæ vernacula est Habessinorum in usum eorum qui cum antiqua hac et præclara natione christiana conservare volent edita.* Francof.-ad-Mœnum, 1698, in-fol. Cette édition est ordinairement jointe au *Lexicon amharico latinum* du même auteur, également imprimé à Francfort, en 1698, in-fol. — Voir aussi n° 2593. (Bouillet. — Brunet.)

2701. **MASSAJA** (**G.** Ord. Cappuc.). *Lectiones grammaticales pro missionariis qui addiscere volunt linguam amaricam seu vulgarem Abyssiniæ, nec non et linguam oromonicam seu popularum galla nuncupatorum.* Paris, impr. imp., 1867, in-8 de 501 pp.

2701 bis. **BAIE** d'*Amphila.* Paris, Dépôt de la Marine, 1873, demi-feuille, n° 3149. (*Année géogr.*)

2702. **BECCARI**. *Relation* de M. Beccari, délégué de la Société de géographie italienne, relative aux négociations pour l'acquisition de la baie d'Assab par l'Italie, en 1870. Cette relation fut publiée dans *Il Diritto* de Florence, en mars 1871. Le chevalier Rubattino fut le négociateur de cette acquisition. La baie Assab est située à l'extrémité de la mer Rouge, à 80 kil. du détroit de Bab-el-Mandeb. Elle fut acquise par l'Italie en 1870, et elle lui sert de comptoir pour l'intérieur de l'Afrique.

2703. **KNOBLECHER** (don **Ignatio**), jésuite missionnaire en Ethiopie et dans la région du Haut Nil. En 1848, il fit un voyage qui a été publié; il a pénétré jusqu'à la montagne de Loupouck, vers le 4e degré lat. n., région du Nil. Il s'occupa activement d'organiser une propagande catholique dont le centre d'action était chez les Bary, à Bellenia. (Brun Rollet.)

2703 bis. **LAPANOUSE**. *Mémoire sur les caravanes du Darfour et du Sennaar.* Paris, 1802, in-8. (*Catal. des Accroiss.,* avril 1865, p. 2, col. 1.)

2704. **MALLET** (**F.**). *Die Sprach der Bari...* (Dissertation en allemand, sur la langue des Bari.) Wien, 1864, in-8. (*Annales de la Société d'ethnographie,* de Paris.)

2705. **MOHAMMED-BEN-OMAR** (le cheikh) surnommé **EL-TOUNSY** (le Tunisien), né à Tunis l'an 1204 de l'hégire (en 1799). *Observations sur le voyage au Darfour; suivies d'un vocabulaire de la langue des habitants et de remarques sur le Nil blanc supérieur.* Paris, 1845, in-8 de 80 pp. Ces observations qui se rapportent au *Voyage au Darfour,* par le cheikh Mohammed-ebn-Omar-el-Tounsy, ont été traduites par le Dr Perron et publiées par les soins de M. Jomard. Paris, 1845, in-8, portr., 3 cartes et 5 pl.

L'auteur vécut 8 ans au Darfour, où son père était en crédit près du Sultan (en 1803), et il en parcourut toute la contrée. (Bourquelot. — Vapereau. — Challamel, 10 fr. — Delaroque, 1874, n° 3963, 5 fr.)

La *Revue des Deux-Mondes*, 1er janvier 1846, donna une analyse de ce voyage, signée Th. Pavie.

— *Voyage au Darfour* (texte arabe), autographié et publié par M. Perron. Paris, 1850, in-4°, 1 pl. (Brunet. — Challamel, 15 fr.)

2706. **PERRON** (Dr). *Lettre sur le Darfour*, insérée dans le *Journal asiatique*, t. VIII.

2707. **HALÉVY** (Jos.). *Excursion chez les Falacha, en Abyssinie ;* article inséré dans le *Bulletin de la Société de géographie*, mars-avril 1869, et tiré à part, Paris, 1869, in-8 de 27 pp. et carte.

2708. **TUTSCHEK** (Charles et Lawr.). *Dictionary of the galla language*, composed by Charles Tutschek, published by Lawr. Tutschek. Munich, 1844-45, 3 parties in-8. La 1re partie comprend le dictionnaire *Galla-english-german ;* la 2e le diction. *English-galla ;* la 3e *A grammer of the galla language*. (Brunet, 11957.)

2709. **ANTINORI** (le marquis), explorateur de l'Afrique orientale; il publia dans les *Mittheilhungen* du Dr Petermann, en déc. 1862 (cahier suppl. n° 10), une *Relation* de son voyage en Afrique, sur la navigation du Gazal.

L'on sait que le Gazal, fleuve de l'Ethiopie, prend sa source dans le pays Niam-Niam, et se jette dans le lac Nô. L'air des marais de là contrée du Gazal est malsain et mortel pour les étrangers. Le Haut-Gazal est remarquable par ses forêts aquatiques. (Le *Globe*, de Genève.)

2710. **BEKE** (Ch.-T.). *Notes critiques sur le voyage à Kaffa de M. A. d'Abbadie*. Londres, 1850. (Vapereau.)

2711. **ESCAYRAC DE LAUTURE.** *Notice sur le Kordofan*. Paris, 1851, in-8.

2712 **KOTSCHY** (Th.). *Reliquiæ kotschyanæ...* (Description et dessins... de plantes... recueillies de 1837 à 1839 dans les montagnes des nègres libres, situées au sud de Kordofan et au-dessus de Fésoglu. Publié par le Dr Geo. Schweinfurt ; avec une esquisse biographique de Th. Kotschy par O. Kotschy). Berlin, in-4° de XL-52 pp. et 35 pl-, 1868. (*Revue bibliographique*, tome II, 1868, n° 1964.)

2713. **ILE** de *Périm* (mer Rouge). (Paris, 1873, 1/2 feuille, carte du Dépôt de la marine, n° 1912.)

2714. **BURTON** (Rich.-Francis), voyageur anglais né en 1820. A son retour au Caire, de la Mecque, il reçut la mission de visiter le pays des Saumalis, et partit avec les lieutenants Stroyan, Speke et Hern ; mais il ne put dépasser Harar, qu'aucun Européen n'avait encore visité jusque-là. Dans cette expédition il fut grièvement blessé et M. Stroyan tué. Le livre dans lequel il en est rendu compte est intitulé : Première excursion dans l'Afrique orientale (*First footsteps in east Africa, or an exploration of Harar*). London, 1856, in-8, cartes et pl. color. ; il contient une grammaire de la langue arabe d'Harar. Le 6 avril 1854, il se rembarqua à Barbera. (Vapereau. — Brunet, 20917.)

2715. **GUILLAIN** (Ch.), contre-amiral français. *Voyage à la côte orientale d'Afrique, exécuté par le brick le Ducouëdic sous le commandement de M. Guillain, publié par ordre du gouvernement*. Paris, A. Bertrand, 1846, 47 et 48, 3 vol. gr. in-8 et 1 atlas gr. in-fol. de 60 pl. (cartes, plans, vues, costumes, portraits, etc.).

Le tome Ier est l'exposé critique des différentes notions acquises sur l'Afrique orientale, depuis les temps les plus reculés jusqu'à nos jours, dont l'histoire est divisée en cinq périodes bien distinctes. Période antéhistorique. Période gréco-romaine. Période musulmane. Période portugaise. Période omanienne.

Les tomes II et III contiennent l'histoire du voyage avec ses explorations et une description complète du pays d'Oma, si peu connu jusqu'alors. Le tome III est terminé par un aperçu détaillé des idiômes de la côte orientale d'Afrique. De la langue Soumali. Petit vocabulaire français et soumali. Locutions diverses. Numération. Calendrier. De la langue souahhéli. Prononciation. Ecriture. Grammaires. Phrases usuelles en français et en souahhéli. Vocabulaire. Calendrier. (A. Bertrand, 102 fr. — Vapereau.)

2716. **MALLET** (F.). *Ueber de Harari sprach* (Dissertation allemande sur la langue Harari). Wien, 1864, in-8. (*Actes de la Société d'ethnographie*, de Paris.)

2717. **PLAN** de *l'île Socotra* (mer des Indes), demi-feuille. (Dépôt de la marine, n° 3193, 1873.)

L'île Socotra ou Socotora, est située à 170 kil. E. du cap Gardafui.

2717 bis. **KIRK** (J.), britan. Consul, Zanzibar. *Visit to the coast of Somali Land*, april 1873; ins. in *The Proceed. of the Roy. Geogr. Soc.*, vol. XVII. (*Année géogr.*)

SOURCES DU NIL
ET PAYS NYAM-NYAM

(Région des grands lacs)

2718. ABD-EL-HAMID-BEY (Du Couret). *Voyage au pays des Nyam-Nyam.* Paris, 1854, in-16. L'auteur partit pour l'Orient en 1834. Il visita d'abord l'Egypte, remonta le Nil, pénétra en Abyssinie. (Vapereau. — *Journal de la librairie*, Feuilleton, 1870, p. 444.)

Avant 1850, le pays des Niam-Niam n'était connu que de nom; les frères Poncet pour la première fois le marquèrent sur leur carte. Guillaume Lejean, vers la même époque, a donné des informations *de visu* sur ce peuple et sur la fameuse queue des naturels, dans le *Tour du monde*, et dans les *Annales des voyages*. Depuis, le marquis Antinori les a décrits avec soin dans une communication faite aux *Mittheilungen*, de Pétermann. Petherick a donné des notes sur cette contrée, mais elles manquent de précision. Un marchand carniolais, nommé Klancznick, pénétra aussi, un des premiers, dans le pays Niam-Niam, mais à son retour de Khartoum, il a été mis en prison comme trafiquant d'esclaves. Miss Alexina Tinné, qui a pénétré en 1863 jusqu'à Kosango, sur la frontière des Niam-Niam, n'a pu aller plus loin, bien qu'elle eût une invitation en forme du roi Mouflou. M. Lejean n'a pas été aussi loin, dans le pays, que Mlle Tinné; il n'a pu dépasser Toura, au fond du Bahr-el-Gazal, en mars 1861.

G. Lejean fait remarquer, dans sa causerie, *que les Niam-Niam ne sont pas noirs*, mais *rouges*, et font partie d'un ensemble de races rouges répandues dans toute l'Afrique équatoriale: les Peulhs, les Ronya ou Runga, les Dor. Bien que rouges, ils sont *négroïdes*, possédant les signes distinctifs du nègre: prognatisme, cheveux crépus, grosses lèvres, etc.

Ils sont organisés en grandes monarchies, à base féodale et fédérative. Les Niam-Niam sont un peuple actif, industrieux, s'occupant d'agriculture, tandis que les peuplades de nègres qui environnent ce pays, vivent dans un état sauvage.

2719. AMÉRO (C.). *L'Afrique équatoriale; les Sources du Nil et l'expédition militaire et scientifique dirigée par sir Sam. Baker;* article inséré dans la *Revue contemporaine*, 1869.

2720. ANGELO (don), missionnaire catholique autrichien, voyagea dans le Haut-Nil, la Nigritie orientale, l'Ethiopie. Il a vécu longtemps à Bellenia. Le Dr Mure fit un pa-

négyrique, en vers, de cet intrépide missionnaire. Ses notes d'observations ont été gardées probablement par les Jésuites, ou simplement consignées dans un des ouvrages de don Ign. Knoblecher, son supérieur. (Brun-Rollet.)

2721. ANVILLE (J.-B. d'). *Dissertation sur les Sources du Nil, pour prouver que l'on ne les a point encore découvertes,* avec 1 carte; ins. dans le *Recueil de l'Académie des inscriptions*, 1759. (Quérard.)

2722. BAKER (sir **Sam. White**). *The Albert N'Yanza. Great Basin of the Nile, and explorations of the Nile sources.* With maps and illustrations; publié en 1866, Nouvelle édition, 1871, in-8 de 518 pp.

M. Gust. Masson donna une traduction française de ce livre: *Découverte de l'Albert Nyanza, nouv. explorations aux sources du Nil.* Paris, 1867, gr. in-8, cartes et grav. Cette traduction avait paru précédemment dans le journal le *Tour du monde.*

— *Le Lac Albert, nouveau voyage aux sources du Nil,* abrégé de la trad. de Gust. Masson, par J. Belin de Launay. Paris, 1870, in-12 de XII-360 pp., 1 carte et 16 grav. — Le même ouvrage, 2e édition. Paris, 1873, in-12 de XII-360 pp.

Extrait de la table des matières: Du Caire à Gondocoro (la Prospérité de Khartoum n'est due qu'à la traite des esclaves; — la Nudité commence aux Chilloucs; — la Sobat; — la Rivière des Gazelles; — Roseaux du lac Nô; — Misère des Ketchs; — les Aliabs; — les Cheurs; — Gondocoro). — Les Complots et l'alliance (Mœurs et coutumes des Béris; — Speke et Grant arrivent au lac Victoria; — Instructions de Speke; — Vue de la vallée d'Elléria). — Le Létouka. — L'Obbo. — Le lac Albert (Cataracte de Kérouma; — Passage du Somerset; — Habillement des Gnoriennes; — Forge, poteries, huttes; — Mendicité royale; — En route pour le lac; — Découverte de Kara M' Woutan Nzigé ou du lac Albert; — Son littoral; — Ses riverains et ses affluents; — Embarquement à Vécovia; — Embouchure du Somerset; — Parkani; — Eppigoya; — Issue du Nil blanc). — Camrési (Somerset; — Cataracte Murchison; — la Rivière à Pétouán et sa descente de Kérouma au lac; — Séjour à Kisouna; — Traditions historiques; — Distillation du suc de patate). — De Kérouma à Gondocoro (Retour à la station du Choua; — Perruque des habitants du Lira; — Cours du Nil Blanc depuis le lac Albert jusqu'à Gondocoro; — Attaques des Béris; — Montagnes des environs de Gondocoro; — l'Egypte s'occupe de réprimer la traite des nègres; — la Peste ravage Khartoum). — Retour à Alexandrie (Description du bassin du Nil Blanc; — Causes des inondations périodiques en Egypte ; — Avenir des populations de la haute vallée de ce fleuve ; — Ethnologie et dialectes ; — Constitution physique du centre de l'Afrique; — Antilopes noirs près du lac Nô ; — Barrage végétal formé en travers du Nil Blanc; Nous le passons en y gagnant la peste ; — Ce que j'ai ajouté aux découvertes de Speke; — les Français ; — Montagnes qui longent la mer Rouge ; — Souakim ; — Suez ; — Chemin de fer du Caire à Alexandrie).

— *Les Voyages de Baker*, par Muller; article inséré dans *Die Natur*, nᵒˢ 13, 14 et 15, 1869.

— *Notice biographique de Baker*, par W. de Fonvielle; insérée dans l'*Illustration française* du 26 juillet 1873 ; avec 2 jolis portr., celui de S. Baker et celui de sa femme lady Baker. (*Revue bibliograph.*, 1870, tome VI, p. 373. — Vapereau.)

2723. **BARBIÉ DU BOCCAGE** (le chev. **J.-D.**). *Notice sur la communication du Niger avec le Nil d'Egypte ;* ins. dans le *Bulletin de la Société géographique*, t. III, 1825. (Quérard.)

2724. **BEKE** (**Ch.-Th.**). *On the Sources of the Nile.* London, 1849. (Vapereau.)

— *An Anquiry into the effect on Later geographers of Ptolemy's erroneous determination ;* article ins. dans *The Highways,* febr. and march 1873, pp. 342-345, 364-378.

2725. **BOURGEOIS** (**L.**). *Les Explorateurs des sources du Nil* (causerie géographique). Mulhouse, Risler (1869), in-12 de 19 pp. (*Journal de la librairie.*)

2726. **BURTON** (**Rich.-F.**). En 1856 il forma le projet d'aller à la découverte des sources du Nil, et il partit à la fin de l'année avec le capitaine Speke pour la côte Mozambique. Il découvrit le lac Tanganyika, et a donné la relation de cette découverte dans son *Voyage d'exploration à la recherche des grands lacs de l'Afrique orientale ;* une traduction française par Mᵐᵉ H. Loreau. Paris, 1862, gr. in-8 de 724 pp., vign. et cartes. Il a été fait aussi une traduction allemande de ce livre intitulée : *Reisen n. d. Binnenseen Afrika's und Entdkg. d. Nilquellen,* 1857-1863. (Expédition de Burton et de Speke, etc.) Berlin, 1864. (Dʳ Schubert, 10 sgr.)

— *Voyage du capitaine Burton à la Mecque, aux grands lacs d'Afrique, et chez les Mormons,* abrégés par J. Belin de Launay, d'après le texte original et les traductions de Mᵐᵉ H. Loreau. Paris (1871), in-12 de XVI-336 pp. 1 franc.

2727. **ESCAYRAC DE LAUTURE** (**N.**, marquis d'), voyageur français, né en 1822, mort en 1868. En 1856 il a été appelé par le vice-roi d'Egypte à conduire une expédition chargée de recherchər les sources du Nil. *Expédition à la recherche des sources du Nil. Journal de M. Thibaut* (1839-40), publié par le comte d'Escayrac de Lauture. Paris, 1856, in-8. (*Archives du bibliophile*, 1869, nᵒ 1182, 2 fr. 50.)

— *Notice sur ses travaux et ses voyages ;* par V. A. Malte-Brun ; ins. dans le *Bulletin de la Société de géographie*, février 1869, et publiée à part. Paris, 1869, in-8 de 20 pp.

2727 *bis.* **GRANT** (le lieut.-colonel **J.-A.**). *Summary of observations on the geography, climate, and natural history of the Lake Region of equatorial Africa, made by the Speke and Grant expedition,* 1860-1863; ins. dans *The Journal of the Roy. Geogr. Soc.*, vol. XLVII, pp. 243 et 342. Ce travail traite de la faune et de la flore de la région des lacs. (*Année géogr.*, p. 230.)

2728. **JOMARD**, de l'Institut. *Remarques au sujet de la notice də M. Fresnel sur les sources du Nil;* ins. dans un recueil et tiré à part. Paris, 1849, in-8. (Bourquelot.)

2729. **KIRCHER** (**Athan.**), jésuite. Bruce, dans son *Voyage en Nubie*, t. III, pp. 705 et 706, cite de cet auteur une *Description des sources du Nil*, tirée de l'ouvrage de Paez.

2730. **LEBRUN** (Mᵐᵉ **C.**). *L'Albert N. Yanza;* article ins. dans la *Revue contemporaine*, 31 mai 1868.

2730 *bis.* **MANUEL** (**J.**). *Carte des sources du Nil Blanc et de ses affluents ; pour servir et aider à l'extension et au développement des opérations commerciales avec le Soudan,* etc. Paris, 1873, 2 feuilles. (*Année géogr.*)

2731. **NÉRON** fit partir deux centurions pour découvrir les sources du Nil, et à leur retour, ils rendirent compte de leur voyage à l'empereur en présence de Sénèque qui semble n'avoir pas eu beaucoup de goût pour ces recherches. Les centurions rapportèrent donc qu'après avoir fait beaucoup de chemin, ils étaient arrivés chez un roi d'Ethiopie, qui leur avait fourni tous les secours nécessaires, et des recommandations avec lesquelles ils avaient pénétré dans des royaumes plus éloignés, où ils avaient vu des lacs immenses, dont l'étendue était inconnue aux gens du pays. (Bruce, *Voyages en Ethiopie et en Abyssinie*, tome III.)

2732. **PETHERICK** (Mʳ et Mʳˢ). *Travels in Central Africa, and Explorations of the Western Nile Tributaries.* London, 1869, 2 vol. in-8, pårt. et ill. (*Revue bibliographique*, 1869, tome IV, nᵒ 3004.)

2733. **PIAGGIA** (**Ch.**). *Le Pays des Niam-*

Niam et la ligne sud-ouest du partage des eaux du Nil, d'après les rapports de C. Piaggia et des frères Poncet; article ins. dans *Mittheilhungen aus J. Perthes,* nov. 1868.

— *Voyages de découvertes d'Antinori et de Piaggia dans les contrées du Haut-Nil et chez les Nègres de Niam-Niam ;* article ins. dans *Das Ausland,* n° 45, 1868.

On trouve dans le *Globe* de Genève, tome VIII, pp. 145-149, une *Description du pays Niam-Niam,* d'après Piaggia.

2734. **SCHIERN (F.).** *De la connaissance qu'ont eue les anciens des lacs sources du Nil ;* article ins. dans les *Annales des voyages,* avril 1868.

2735. **SPEKE (J. Hanning),** célèbre voyageur anglais, né en 1827, mort en 1864. Il fit avec succès une expédition aux grands lacs; parti de Zanzibar , il arriva à Khartoum après avoir reconnu le Nyanza et suivi la rivière qui s'en épanche (de 1857 à 1863). Il a écrit le journal de son voyage, qui a été trad. en français : *Les Sources du Nil , journal de voyage du capitaine Hann. Speke,* trad. de l'anglais par Forgues. Paris, Hachette, 1864, gr. in-8, fig. et cartes. Paris, 1865, gr. in-8, fig. et cartes.

Aujourd'hui l'on place les sources du Nil à environ 10 degrés de plus au sud , ce qui se rapporte aux données des explorateurs Portugais des XVI° et XVII° siècles.

— *Les Sources du Nil , voyage des capitaines Speke et Grant,* abrégé d'après la trad. de E.-D. Forgues, par J. Belin Delaunay. Paris, 1871 ou 1873, in-12 de xv-324 pp., 24 vign., 3 cartes. 2 francs.

— *Lake Victoria. A Narrative of Exploration in search of the source of the Nile.* Compiled from the Memoirs of captains Speke and Grant. Map and Illustr. ; by G.-C.-M.-A. Swayne. In-8 de ix-342 pp. (*Revue bibliogr.,* 1868, p. 82, n° 1282.)

— *Résumé hist. de l'expédition à la recherche des grands lacs de l'Afrique orientale , faite en 1857-1858 , par F. Burton et Speke ;* par Malte-Brun. Paris, 1860 , in-8, carte in-fol. (Rouveyre, en 1873 , n° 4942 , 3 francs.)

2735 bis. **SCHWEINFURTH.** *Linguistische Ergebnisse einer Reise nach Central Afrika.* Berlin, 1873, in-8 de 82 pp. Supplément à la *Zeitschrift für Ethnologie,* 1872. L'auteur passe en revue les langues ou dialectes des Bongo ou Dôr , des Nyam-Nyam (Sandeh), des Kredj , des Djour, des Golo du Dâr-Fertit, de la tribu dinka des Monk du Tondj. (*Année géogr.*)

On a encore d'autres articles de M. Schwein-

furth, ins. dans les revues allemandes, et concernant l'Afrique centrale.

2736. **TRIVISANO (Paul)**, voyageur du XV° siècle qui parcourut l'Asie et le centre africain. On a de lui : *De Nili origine et incremento; de Æthiopum regione et moribus.* In-fol. (Peignot.)

2737. **VAN DEVENTER (D' L.-W.).** *Les Anglais à la découverte des sources du Nil* (1 carte) ; article impr. dans *De Gids,* 1869, sept.

2738. **VIRLET D'AOUST ,** ingénieur. *Les Origines du Nil.* Paris , 1872, in-8. Extrait du journal *les Mondes,* nov. et déc. 1872.

L'auteur regarde le Nil comme le plus grand fleuve du monde. (*Année géograph.* , 1874, p. 230.)

SOUDAN, NIGRITIE CENTRALE

2739. **ALBINUS (Bern.-Sigefroy)**, né à Francfort sur l'Oder, en 1697, mort en 1770; professeur d'anatomie à Leyde. *De causa coloris Æthiopium.* 1737. (Bouillet.)

2739 bis. **ALLEN** (Captain) et D' **Thomas.** *Narrative of the expedition sent in 1841 , by the english gouverment to the river Niger.* London, 1848 , 2 vol. in-8, fig. (Brunet, n° 20867.)

2740. **AUGIER LA SAUZAYE (Philippe)**, né à Saint-Jean-d'Angély , en 1758. *Mémoire sur la possibilité de mettre les établissements français de la côte septent. de l'Afrique en rapport avec ceux de la côte occidentale , en leur donnant pour point de raccord , la ville centrale et commerciale de Tombouctou.* Paris , 1839, in-8 de 60 pp. — Nouvelle édition, 1839 (avec le nom de l'auteur). (Bourquelot.)

2741. **AVEZAC (D').** *Notice sur le pays et le peuple des Yébous en Afrique , avec un vocabulaire français-yebou, suivi d'un vocabulaire de la langue pongua , parlée au Gabon,* recueilli par H. Delaporte, et d'un vocabulaire giolof (wolof), mandingue, foulah, saracole, séraire, bagnon et floupe (publié d'après un manuscrit inédit de la bibliothèque); ins. dans les *Mémoires de la Société ethnologique;* Paris , 1841-45 , t. II. (Challamel, 1873.)

— *Réponse aux objections élevées en Angleterre contre l'authenticité du voyage de Caillé à Ten-Boktoue* (Tombouctou). 1830 , in-8.

2742. **BARON (A.).** *Voyages en Afrique et vers le Niger, de Mungo-Park.* Limoges et Isle (1873), in-12 de 71 pp. , grav. Biblioth. religieuse de l'enfance.

2743. BARTH (Henry). *Vocabulaire des langues de l'Afrique centrale* (en allemand). 1862, 2 vol. in-8. (Bouillet.)

2744. BEAUMIER (Aug.). *Premier établissement des israélites à Tombouctou* (portr. et carte); article inséré dans le *Bulletin de la Société de géographie*, 1870. Tirage à part : Paris, in-8 de 30 pp.

2744 bis. BLYDEN (Ed.-W.). *Report on the expedition to Falaba;* article ins. in *The Proceedings of the Roy Géogr. Soc.*, 1872, tome XVII. Cette mission avait pour but la question de l'esclavage, et celle du commerce. *(Année géogr.)*

2745. BOCANDÉ (Bertrand), naturaliste et voyageur français, né à Nantes, vers 1800. Il fit de fréquents voyages aux comptoirs français de l'Afrique et s'établit dans la Sénégambie méridionale; pendant un séjour d'au moins seize ans, il y recueillit sur les races, sur la topographie et l'histoire naturelle, des renseignements précieux qui ont fait bjet de plusieurs communications à la Société de géographie de Paris. On les retrouvera, en grande partie, dans ses *Notes sur la Guinée portugaise ou Sénégambie méridionale*, auxquelles il a joint une carte dressée d'après ses propres explorations, ainsi que dans divers *Mémoires* ins. dans le *Bulletin de la Société de géogr.* (1849), dont il a été nommé membre.

M. Bocandé a réuni de fort belles collections d'objets de toute sorte, antiques et modernes; il a rapporté à Nantes plus de quarante-cinq mille insectes. Il est retourné en Afrique, et s'est fixé dans une bourgade nommée *Ziguichor*, sur les bords de la Cassa-Mansa, à une journée de Cacheo, établissement commercial portugais. Il s'est familiarisé avec la langue, les usages et même les préjugés des Mandingues et des Balantes, dans l'intention de s'avancer aussi loin que possible dans l'intérieur du pays. (Vapereau.)

2746. BOWDICH (T.-E.). *The British and french expedition to Teembo: with remarks on civilization in Africa.* Paris, 1821, in-8 de 48 pp. (Quérard.)

2747. BOWEN (The rev. T.-J.). *Grammar and Dictionary of the Yoruba language, with an introductory description of the country and people of Yoruba.* Washington, 1858, in-4°, 1 carte, xxiv-136 pp. (Brunet, 11956.)

2747 bis. BURTON (R.-F.). *Wit and Wisdom from West Africa; or, a book of proverbial philosophy, idioms, etc.* 1865, in-8. Ce livre contient une collection de proverbes, etc. sur les pays d'Accra, Yorubra, d'Efik, Oji, et autres de l'Afrique occidentale. (B. Quaritch, en 1874, n° 18, 7 sh. 6 d)

2748. CAILLÉ (Réné), voyageur français, né en 1799, fils d'un pauvre boulanger; orphelin dès l'enfance, il s'embarqua à l'âge de quinze ans (en 1816), pour le Sénégal avec une somme de soixante francs pour toute fortune. Après dix ans d'obstacles de tout genre, il réussit à pénétrer dans l'intérieur de l'Afrique; il parvint à Djenné, puis à Tombouctou, dernier but de ses recherches (en 1823); revint en France après une absence de 16 ans. Il reçut de la Société de géographie un prix de 10,000 francs, et publia avec Jomard, de l'Institut, la relation de son voyage. Il mourut en 1838 des suites d'une maladie contractée en Afrique.

— *Journal d'un voyage à Tombouctou et à Djenné dans l'Afrique centrale, précédé d'observations faites chez les Maures-Braknas, les Nalons et d'autres peuples, pendant les années 1824 à 1828, avec des remarques géographiques par Jomard, de l'Institut.* Paris, 1830, 3 vol. in-8, 1 carte et des planches. (Daremberg, en 1873, 10 fr. — Bourquelot. — Brunet, n° 20867. — Rouveyre, en 1873, n° 2979, 15 fr.)

— Autre édition, Turin, 1832, 7 tomes en 3 3 vol. in-32, sans pl. ni cartes.

Extrait de la table des matières :

Tomes I et II : Voyage chez les Maures Braknas. — Marche à pied de S. Louis jusqu'à Neyré, en 1824. — Passage à N'ghiez. — Mœurs des habitants. — Pierre miraculeuse. — Les voleurs. — Réception du roi. — Défiance des Maures. — Description du camp du roi à Lam-Khaté. — Les écoles. — Manière de cultiver le mil et de l'employer. — Caractère des hassanes ou guerriers. — Le balanites ægyptiaca. — Manière de se préserver du froid dans l'intérieur des tentes. — Récolte de la gomme. — Mariages des marabouts; ceux des hassanes. — Successions. — Manière de tanner le cuir. — Costumes des Maures. — Difficulté pour aller au marché. — Vol de bœufs par une peuplade voisine. — Retour à S. Louis. — Nouveau départ. — Détails sur les environs de Kakondy. — Les Nalons. — Les Landamas et les Bagos. — Détails sur les mœurs et les habitudes de mes compagnons de voyage, et sur les caravanes de cette partie de l'Afrique. — Montagnes de Lantégué. — Rivière de Doulinca. — Fonte du fer. — Le Rio-Pongo. — Montagne de Touma. — Description d'Irnanké et de ses habitants. — Téléouel. — Cataracte du Concouro. — Orangers. — Popoco. — Montagnes granitiques. — Traversée du Bâ-fing (principal affluent du Sénégal), près de sa source. — Grande cataracte. — Fouta-Dhialon. — Langoué. — Couroufi. — Ecoles. — Albinos. — Industrie des habitants.

Tomes III et IV : Pont sur le Tankisso. —

— Caillié, *Rapport sur son voyage à Tem-
bouctou* et dans l'intérieur de l'Afrique. Paris,
1828, in-8.

Le voyage de Tombouctou fut l'objet de
vives contestations surtout de la part des
géographes anglais ; mais depuis l'on dut se
rendre à l'évidence de la véracité des faits
avancés par Caillié.

Le *Moniteur* du 27 avril et du 7 mai 1830,
parle du voyage à Tombouctou ; le même
journal a publié une lettre de Caillié en réponse à un article d'une revue anglaise du
6 mai 1830. (Bourquelot, t. II, p. 496.)

— *Notice historique sur la vie et les ouvrages de René Caillié*, par Edme Fr. Jomard.

Paris, 1839, in-8 de 70 pp., 1 portr. lithogr. (Bourquelot.)

— *Remarques et recherches géographiques sur le voyage de Caillié dans l'Afrique centrale;* article de Jomard ins. dans le *Bulletin de la Société de géographie.*

2749. **CHERBONNEAU (J.-Aug.).** *Itinéraire de Tombouctou aux monts de la Lune;* article ins. dans le tome Ier du Recueil publié par la Soc. archéologique de Constantine (1853).

2750. **COCHELET (Ch.).** *Naufrage du brick français la Sophie , perdu le 30 mai 1819 sur la côte occidentale d'Afrique , et de la captivité d'une partie des naufragés dans le désert de Sahara, avec de nouveaux renseignements sur la ville de Timectou* (publié par Eyriès). Paris, 1821, 2 vol. in-8, 8 planches et carte. (Brunet, 20851.)

2751. **COSMAS**, surnommé **Indicopleuste** , c'est-à-dire, **navigateur dans l'Inde;** marchand d'Alexandrie qui vivait au VIe siècle; voyagea en Orient vers 519, puis se fit moine. Il reste de lui une *Topographie chrétienne,* écrite vers 586, où il donne à la terre la forme d'une cage, dont le ciel formerait le toit. Il est aussi auteur d'une *Cosmographie des parties australes de l'Afrique.* (Bouillet. — Peignot.)

2752. **COSTE D'ARNOBAT (C.),** né à Bayonne en 1732, mort en 1810. *Voyage au pays de Bambouc , suivi d'observations sur les cartes indiennes* (par C. Coste d'Arnobat). Bruxelles, 1789, in-8. (Quérard. — Van Hulthem, n° 14501.)

2753. **CROWTHER (Sam.),** nègre de Yebouc, dépendance d'Yarriba , converti au protestantisme, et évêque de Sierra-Leone. *A Vocabulary of the Yoruba language, with grammatical elements prefixed ,* by S. Crowther. London, 1843, in-8. (Brunet , n° 11956.)
Ces deux ouvrages fixèrent les règles de la langue des Egbas. (Guillevin , *Voyage dans le Dahomey,* p. 47.)

— *Report of the overland journey from Lokoja to Bida, on the river Niger, and thence to Lagos on the sea coast , nov.* 10, 1871 ; *febr.* 1872. London, 1872, Church Missionary House. (*Année géogr.*, p. 243.)

2754. **DRÉOLLE (Jean-André)** , littérateur, né à Libourne (Gironde), en 1797. *Expédition anglaise sur le Niger, pendant les années* 1841 *et* 1842; trad. de l'anglais. Paris , 1845, gr. in-8. Extrait du journal des *Débats,* 1844. (Bourquelot. — Vapereau. — Comte de Rayneval, en 1873.)

2755. **DU BISSON** (le comte **Raoul**). *Les Femmes, les eunuques et les guerriers du Soudan.* Paris, 1868, in-12 de 401 pp. 3 fr. 50.

2756. **DU CHAILLU (Paul Belloni),** voyageur français, naturalisé à New-York sous le nom de **CHAYLION.** Il fut élevé dans un des établissements fondés par les jésuites vers l'embouchure de la rivière Gabon. En 1855 , il entreprit , dans l'intérêt de l'histoire naturelle , de parcourir l'intérieur du continent africain, sous l'équateur. Il y découvrit, dans une région couverte d'épaisses forêts, une chaîne de montagnes élevées, courant de l'E. à l'O., et dont le pic atteint, d'après ses calculs, la hauteur de 12,000 pieds. Il suppose que c'est de ces montagnes, que les quatre grands fleuves de l'Afrique, le Nil, le Zambèse , le Niger et le Zaïre ou Congo, prennent leur source. Le Musée britannique acquit de lui une collection d'oiseaux et de gorilles. En 1861, il a publié ses *Explorations et aventures,* et une carte de pays découvert par lui. Il en a été fait une édition française, en 1862, gr. in-8, carte et grav. (Vapereau.)

— *Géographie physique et climat de l'Afrique équatoriale;* impr. dans les *Annales des voyages,* janvier 1868. (*Revue bibliogr.,* 1868, p. 19.)

— *Avventure nella terra dei gorilla.* (Milano), 1869, in-8 de 255 pp. et 36 grav. (*Revue bibliographique,* n° 1367.)

— *Voyages et aventures dans l'Afrique équatoriale , mœurs et coutumes des habitants , chasses, etc.* Edition française revue et augmentée. Paris , 1863, gr. in-8, ill. et cartes. (Brunet, 20867.)

2757. **EICHTHAL (Gust. de).** *Histoire et origine des Foulhas ou Fellans.* Paris, 1842, in-8. Extrait des *Mémoires de la Société ethnologique.* (Quérard.)

2758. **ESCAYRAC DE LAUTURE.** *Géographie naturelle et politique, hist. et ethnographie, mœurs et institutions de l'empire des Fellatas, etc.* 1855-56, in-8. (*Revue bibliogr.*, t. III, 1869, p. 44.)

— *De l'influence du canal des deux mers.* — *Mémoire sur le Soudan.* 1855-1856. (Vapereau.)

2759. **FOCKE (H.-C.).** *Neger-engelsch Woordenboek.* Leyden , 1855 , in-8 de xiii-160 pp. (Brunet, 11957.)

2760. **GEMEENZAME** *Leerwyze on het Basterd of Neger-Engelsch op een gemakkelyke wyze te leeren verstaan en spreeken,* par G. C. W. — Paramaribo, 1798, in-12 de 152 pp. (Brunet — 11957.)

2761. **GILBERT (P.),** professeur de Louvain. *L'Afrique inconnue, récits et aventures des voyageurs modernes au Soudan oriental.* 3e édit. Tours (1868), in-8 de 240 pp., fig. Biblioth. de la jeunesse chrétienne.

2762. **HELLIS (Eug.-Clément)**, médecin. *Les Bords du Niger. Discours prononcé à l'ouverture de la séance de l'Académie royale des sciences, etc. de Rouen.* Rouen, 1833 , in-8 de 16 pp. (Bourquelot.)

2763. **HOOKER'S** *Niger flora; or an Enumeration of the Plants of Western Tropical Africa, with 2 Views , a map , and 50 Botanical plates.* 1849. (B. Quaritch, 1874, n° 56. 2 sh. 6 d.)

2764. **HOUGHTON** (le major), voyageur anglais, consul à Maroc, et major du fort de Gorée. Il fut chargé par le comité d'Afrique d'aller déterminer le cours du Niger. Parti de Pisania en 1791, il pénétra dans le royaume de Bambouck, et remonta vers le nord dans celui de Ludamar. C'est dans cette contrée que trahi et dépouillé par les Maures, auxquels il s'était imprudemment confié, il périt dans le désert. On n'a de lui que quelques fragments de son voyage. On a publié à Londres, en 1792, une *Relation* de son voyage, trad. par Lallemand avec les *Voyages de Mungo-Park.* Paris, 1795. (Bouillet. — Walckenaer, p. 75.)

2765. **IBN-HAUKAL.** Il voyagea l'an 943 de l'ère chrét. dans l'intérieur de l'Afrique, et il parle de diverses localités du Soudan avec connaissance de cause. (Walckenaer, p. 13, note.)

— *Ebn-Haukal's* (an arabian traveller of the tenth century), the oriental geography translated by Will. Ouseley. London, 1800, in-4°, fig. (Brunet, t. II, col. 935-36.)

Silv. de Sacy a donné sur cet ouvrage une *Notice* insérée dans le *Magasin encyclopédique,* en 1802, et tirée à part.

2766. **JACKSON (James GREY).** *An Account of Timbuctoo and Housa, in the interior of Africa, by El Haye Abd Salam Shabeeny, with notes critical and explanatory, to which is added letters descriptive of travels trough west and south Barbary and across the mourtains of Atlas, also fragments, notes, and anecdotes, specimens of the Arabic epistolary style.* London, 1820, in-8, cartes. (Brunet.)

2767. **JANNEQUIN** (Cl.), sieur de **ROCHEFORT,** *Voyage de Libye au royaume de Senega, le long du Niger ; avec la Description des habitans qui sont le long de ce fleuve , leurs coutumes et façons de vivre , les particularités les plus remarquables de ces pays.* Paris, 1643, in-12 de 8 ff.-228 pp. Armes sur le verso du titre. Dédicace à Monsieur de Leyne. L'auteur dans son avis aux lecteurs dit que par Libye, il entend la Libye maritime ou Sénégambie. (Nyon, 21205.)

Table des matières :

Commencement du voyage par la sortie du hâvre de Dieppe et séjour que nous fismes à la rade. — Description des isles Canaries. — Nostre arrivée au Cap-Blanc. — Nostre arrivée dans le Niger, rivière de Sénéga. — Deux Alcati Nègres ambassadeurs au capitaine Lambert , de la part du roy Damel et Brac. — Les coustumes qu'il faut payer à ces roys en arrivant sur leurs terres. — Description des marchandises que nous traitions en ces pays. — Habitations des Nègres comment basties. — Les quantités des roys qui habitent le long du Niger depuis l'embouchure du Sénéga jusqu'à deux cens lieues le long de cette rivière. — Election des rois en ce pays. — Façon de faire la guerre les uns contre les autres et les armes dont ils se servent. — Raison pourquoi les Nègres sont camus. — Justice des Nègres. — Religion des Nègres. — Ramadan des Nègres. — Circoncision des Nègres et les libertés que l'on donne aux circoncis pendant le temps de leur circoncision. — Superstition des Nègres avec leur grigris. — Enterrement des Nègres. — Mariage des Nègres. — Chasse du crocodile, et des propriétés. — Chasse de l'éléphant. — Combats des Nègres contre les lions seul à seul. — L'exercice des grands de ce pays. — Description de l'autruche. — La pesche des Nègres. — La pesche du cheval marin. — Arrières saisons malignes. — Perte d'un vaisseau en l'Isle S. Vincent du Cap-Verd. — Matelots désertez en l'isle de S. Vincent.

2768. **JOMARD**, de l'Institut. *Sur la communication du Nil des noirs ou Niger avec le Nil d'Egypte.* Paris, 1825, in-8 de 28 pp., 1 pl. — L'auteur n'admet point l'idée de la communication possible de ces deux fleuves. (Quérard.)

— *Réflexions sur l'état des connaissances relatives au cours du Dhioliba , vulgairement appelé Niger;* article inséré dans le *Bulletin de la Société de géographie.* (1829.)

2769. **KLAPROTH (H.-Jules).** *Essai sur la langue du Bournou; suivi des Vocabulaires du Begharmi , du Mandara et de Tombouctou.* Paris, 1826, in-8 de 42 pp. Ce livret est imprimé aussi à la suite de la traduction française des *Voyages de Denham, Clapperton et Oudney.* (Quérard.)

2770. **KOELLE (S.-W).** *Grammar of the Bornu or Kanuri language.* London, 1854, in-8 de 346 pp. (Brunet.)

— *African native literature, or proverbs, tales, fables and historical fragments in the Kanuri or Bornu language, etc.* London , 1854, in-8. (Brunet.)

— *Outlines of a grammar of the Vei language, together with a vei english vocabulary.* London, 1854, in-8 de 266 pp. (Brunet.)

2771. **KOWALEWSKI** ou **KOVALEFSKI** (J.-Et.). *Poutechestvïe vo unoutrennïou-nieg Afrikie. Voyage dans l'Afrique centrale.* St-Pétersbourg, 1849, 2 vol. in-8. (Brunet.)

2772. **KRAPF** (J.-L.). *Vocabulary of six East Africa languages* (Kisnabli, kinika, kikamba, kipokoma, kihian, kigalla). 1850, gr. in-4°. (Brunet, 11957.)

— *Vocabulary of the Engutuk Elochób or the language of the Wakuafi-nation in the interior of equatorial Africa*, compiled by J.-L. Krapf. Tubingen, 1854, in-8 de 144 pp. (Brunet.)

2773. **KURZGEFASSTE.** *Neger-englische Grammatik.* Bautzen, 1854, in-8 de 68 pp. (Brunet, 11957.)

2774. **LACÉPÈDE** (**Bern.-Germ.-Et. de LA VILLE SUR ILLON** , comte de), naturaliste, membre de l'Académie royale des sciences, etc., né en 1756, mort en 1825. *Mémoire sur le grand plateau de l'intérieur de l'Afrique;* inséré dans les *Annales du Muséum d'hist. nat.*, t. VI, 1805. (Quérard.)

2775. **LA FEUILLADE** (le marquis de). *Mémoire sur les moyens d'exploiter par le Sénégal les mines d'or de Bambouc, et de fonder un grand commerce avec l'Afrique intérieure;* par L. M. D. L. F. — Paris, 1826, in-8, carte. (*Supercheries littéraires*, t. II, p. 798.)

2776. **LAINÉ** fils, de Nantes. *Des avantages d'un grand développement à donner aux établissements coloniaux dans la partie occidentale de l'Afrique, ainsi qu'à l'exploitation des mines d'or que recèle cette vaste partie du monde, et particulièrement le royaume de Bambouck.* Paris, 1825, in-8 de 40 pp. (Quérard.)

2777. **LANDER** (les frères **Rich.** et **J.**), voyageurs anglais. *Narrative of the adventures and sufferings of John and Richard Lander, on their journey to discover the termination of the Niger.* London, 1832, 3 vol. in-18, fig., cartes et portr. (Brunet.)

— *Journal d'une expédition entreprise dans le but d'explorer le cours et l'embouchure du Niger, ou Relation d'un voyage sur cette rivière depuis Yaourie jusqu'à son embouchure*, trad. de l'anglais par Mme Louise Belloc. Paris, 1832, 3 vol. in-8, planches et 1 carte. La *Revue des Deux-Mondes*, 1852, t. VI, a donné une analyse de cet ouvrage. (*Catalogue des accroissements*, VIII, p. 96.)

Pour un premier voyage des frères Lander, voir Clapperton. Le récit du 3e et dernier voyage de R. Lander est contenu dans la narration de Mac-Gregor Laird et Oldfield, impr. en 1835. (Brunet.)

2778. **LANOYE** (**Ferd. Tugnot de**). *Le Niger et les explorateurs de l'Afrique centrale.* Paris, 1858; — 2e édition, 1860. (Vapereau. — Bouillet.)

2779. **LATREILLE** (P. André). *Dissertation sur l'expédition du consul Suétone Paulin en Afrique, et sur le fleuve Niger de Pline, et le Nigir de Ptolémée.* 1807, in-8. (Walckenaer, p. 254, note.)

— *Recherches géographiques sur l'Afrique centrale, d'après les écrits d'Edrisi et de Léon Africain, comparés avec les relations modernes.* Paris, 1824, in-8 de 32 pp. (Quérard.)

2780. **LYON** (G.-F.), marin anglais. *A Narrative of travels in northen Africa, in the years 1818, 19 and 20, accompanied by geographical notices of Soudan, and of the courses of the Niger.* London, 1821, gr. in-4°, cartes et fig. color. (Brunet.)

— *Voyage dans l'intérieur de l'Afrique, par l'auteur d'une année à Londres* (traduction de Defanconpret). Paris, 1821, in-8, fig. (Brunet.)

— *Voyage dans l'intérieur de l'Afrique, de 1818 à 1820;* trad. de l'anglais (par L. Gaultier). Paris, 1822, in-8, 1 carte et 4 grav. (Quérard. — Boucher de la Richarderie, n° 938.)

2781. **MAC-BRAIR** (the Rev. **R. Maxwell**). *Grammar of the Fulahlanguage*, edited by E. Norris. London, 1854, in-12 de VIII-95 pp. Tiré à 12 ex. (Brunet.)

2782. **MAC-GRÉGOR LAIRD.** En collaboration avec R. A. K. **Oldfield.** *Narrative of an expedition into interior of Africa, by the river Niger, in steam wessels, in 1832-34.* London, 1837, 2 vol. in-8, fig. (Brunet, 20865.)

2783. **MAGE** (**Abdalon Eug.**), marin et voyageur français, né en 1837, mort en 1869. Envoyé sous l'administration du général Faidherbe, dans la colonie du Sénégal, il accepta la mission de pénétrer par le haut-Sénégal dans l'intérieur de l'Afrique, en vue d'ouvrir des communications nouvelles au commerce français. Il partit avec M. Quentin, en sept. 1863, et exécutèrent ensemble un voyage qui dura trois années; ils explorèrent particulièrement le cours du Niger. M. Mage, rentré en France, a publié le résultat de ses études géographiques, ethnographiques et philosophiques, avec le résultat de ses aventures personnelles, sous le titre: *Voyage dans le Soudan occidental* (Sénégambie-Niger). Paris, Hachette, 1868, gr. in-8 de XI-693 pp., 31 gr. s. b., 2 plans et 6 cartes. Le *Tour du monde*, 1868, livr. 418 à 421, et la *Revue maritime et coloniale*, mai 1868, en ont donné des extraits. La *Revue bibliographique*, t. III, 1869, p. 35, contient un article critique de Ph. Tamizey de Larroque, sur cet ouvrage; l'*Opinion nationale*, 28 mai 1869, publia aussi un article critique, signé A. Méray.

— *Voyage dans le Soudan oriental*, abrégé par J. Belin de Launay. Paris, Hachette (1873), in-12 de XXVII-307 pp. , 16 grav. en bois et une carte ; — le même ouvrage, même édition, mais sans les gravures.

Extrait de la table des matières:

Chap. Ier : Du Bakel à Makadiambougou.

Chap. II : Du Kita au Ségou.

Chap. III: De Toumboula à Ségou-Sikoro.

Chap. IV : El Hadj Omar Cheikou.

Chap. V : Installation à Ségou-Sikoro.

Chap. VI : Ahmadou s'oppose à notre départ.

Chap. VII : Expéditions victorieuses.

Chap. VIII : Désastres.

Chap. IX : Conclusion d'un traité avec Ahmadou.

Chap. X: De Ségou-Sikoro à Saint-Louis.

L'ouvrage comprend toute la Sénégambie et la partie de la Nigritie comprise entre Tombouctou, le Sahara et les montagnes de Kong.

2783 bis. **MALTE-BRUN** (**V.-A**). *Résumé historique de la grande exploration faite dans l'Afrique centrale, de 1850 à 1855, par J. Richardson, H. Barth, A. Overweg.* Paris, 1856, in-8 et carte itinéraire. Voir aussi n° 273.

2784. **MANUEL** (John), membre de l'Institut d'Egypte. *Le Soudan, ses rapports avec le commerce européen.* Paris (1871), in-8 de 94 pp. (*Journal de la librairie.*)

2785. **MAURIN** (Dr Am.). *Les Caravanes françaises au Soudan. Relation du voyage d'Ali-ben-Mehrin, conducteur de la caravane de M. J. Solari.* Brochure in-8. (Challamel, 1 fr.)

2786. **MOHAMMED-BEN-OMAR-EL-TOUNSY**. *Voyage au Ouadây* (Bergou , Soudan oriental). Traduit de l'arabe par le Dr Perron, avec une préface de Jomard. Paris, 1850-1851, gr. in-8 et atlas. (Challamel, 15 fr. — Brunet, 20821.)

2787. **MORELLET** (**Hipp**.). *Meyriem. Voyage du grand amiral Kracquenblague à travers l'Afrique équatoriale.* Bourg, 1869, in-12 de 148 pp. (*Revue bibliogr.*, 1869, tome III.)

2788. **MUNGO-PARK** , célèbre voyageur anglais, né en 1771 , mort en 1806. Il fut chargé par la Société africaine de Londres, en 1795, de faire un voyage d'exploration en Nigritie , reconnut et remonta le Niger et revint en Europe, en 1797, avec de nombreux documents. Il entreprit, en 1803, un 2e voyage en Afrique où il fut tué. *Travels in the interior districts of Africa; performed in the years 1795, 1796 and 1797, and during a subsequent mission in 1805; with major Rennell's memoir on the geography of Africa.* London, 1816, 2 vol. in-4°, cartes et fig. — London, 1817 , 2 vol. in-8, fig., et autres édit. La 1re est de London, 1797, gr. in-4°, fig.

L'édition de 1816 et celle de 1817 , renferment le journal qui s'est publié séparément sous le titre : *The Journal of a mission to the interior of Africa, in the year 1805, by Mungo Park; togeter with other documents, official and private, relating to the same mission ; to wich is perfixed an account of the life of M. Park.* London, 1815, gr. in-4°, cartes. (Bouillet. — Brunet.)

— *Voyages et découvertes dans l'intérieur de l'Afrique par le major Hongkton et Mungo-Park , avec des éclaircissements sur la géographie d'Afrique ,* par le major Rennell , trad. de l'anglais (par Lallemand). Paris, an VI (1798), in-8. (Brunet, n° 20855.)

— *Voyage dans l'intérieur de l'Afrique, fait en 1795, 1796 et 1797; avec des éclaircissements sur la géographie de l'intérieur de l'Afrique par le major Rennell, traduit de l'anglais sur la 2e édition ,* par J. Castera (et Benoit). Paris, an VIII (1799), 2 vol. in-8, fig. et cartes. (Brunet. — Quérard. — Van Hulthem, n° 15000.)

— *Voyage dans l'intérieur de l'Afrique, fait de 1795 à 1797,* trad. par J.-B. Duvoisin (mort évêque de Nantes). Hambourg et Brunswick, 1799, 2 vol. in-8. Cette traduction française est la meilleure. (Quérard. — Brunet.)

— *Second journey.* London , 1815 , in-4°. Ce second voyage confirme le premier; il est estimé.

— *Second* (et dernier) *voyage dans l'intérieur de l'Afrique, fait en 1805, trad. de l'angl., avec des additions tirées de la narration du voyage de Rob. Adams, en Afrique, en 1810.* Paris, 1820, in-8, fig. et portr. de Mungo-Park. On y trouve le journal de M. Park (16 nov. 1805), la *Vie de l'auteur*, et la *Narration* d'Isaac, prêtre Mandingue, qui l'ac ompagna dans son voyage. (Walckenaer, p. 99. — Brunet. — Quérard.)

— *Abrégé du voyage de Mungo-Park dans l'intérieur de l'Afrique, rédigé à l'usage de la jeunesse, avec des notes et un Dictionnaire explicatif et descriptif;* par Et. Aignan. Orléans et Paris (1798), 1800, in-12 — et Breslau, 1807, in-8. (Quérard.)

— *Voyage en Afrique et vers le Niger*, de Mungo-Park, abrégé par A. Baron. Limoges et Isle (1869), in-12 de 71 pp., grav. (Bibliothèque religieuse de l'enfance.)

Mungo-Park pénétra dans le royaume de Bambouk, visita celui de Ladamar, atteignit à Ségo, la capitale du Bambarra, le Joliba ou le Niger; il suivit ce fleuve jusqu'à Silla.

La Relation de Mungo Park a été traduite dans presque toutes les langues européennes.

2788 bis. **NACHTIGAL** (Dr G.). *Reise nach dem Bahr el Ghasal, Kanem, Egai, Bodelé und Borku,* 1871; inséré dans les *Mittheilungen* de Petermann, 1873, n° 6, pp. 301-306.

2788 ter. **PYGMÉES**. *La Revue anthropologique*, mai 1874, renferme un article de renseignements sur une peuplade de pygmées qu'on dit exister dans l'Afrique centrale et dont deux échantillons sont en ce moment en Italie: les Akka.

C'est M. Schweinfurth qui, le premier, dans son voyage au pays des Monboutou, a vu des représentants de cette race. Les Monboutou habitent au sud des Nyam-Nyam, vers le 4e degré de latitude nord. Suivant ce voyageur, ces individus ne dépassent jamais 1 m.50, et sont cependant très-agiles et fort habiles à chasser.

Un autre voyageur italien, M. Miami, qui est mort à son tour depuis, avait acheté du roi Mounsa les deux individus qui sont aujourd'hui en Italie. L'Institut égyptien les a déjà étudiés, et il résulte qu'ils appartiennent à une peuplade mentionnée par Hérodote, Strabon et les historiens arabes.

L'article de la *Revue anthrop.* ne conclut rien d'affirmatif. (*Débats.*)

2789. **RILEY** (**James**), subrécargue ou capitaine d'un vaisseau américain, qui fit naufrage sur la côte d'Afrique en juin 1815. On a de lui: *Loss of the American brig Commerce on the western coast Africa, in 1815; with an account of Tambuctoo and of the hither to undiscovered great city of Wassanah...* London, 1817, in-4°. (Brunet, 20860.)

— *Naufrage du brigantin américain, le Commerce, sur la côte d'Afrique, etc.,* trad. de l'anglais (par J.-Gabr. Peltier). Paris, 1818, 2 vol. in-8, carte. (Quérard.)

2790. **RITTER** (**Karl**). *Ueber H. Barth u. Overweg's Begleitung d. J. Richardsonschen Reise expedition zum Tschad-See u. in das innere Africa. Nachversch.* Berlin, 1850, 1 carte et grav. (Schubert, 1870.)

2791. **RUELLE** (**Ch. de**), connu aussi sous le pseudonyme de **CLODIUS**. *Science populaire de Clodius.* Voyage à Tombouctou, intérieur de l'Afrique. — Premier voyage autour du monde. — Sur les voyages de La Peyrouse autour du monde. — Sur l'obélisque de Louqsor, etc. La *Science populaire* parut

à Paris de 1837 à 1841, et forme 36 vol. in-24, se vendant séparément. (Bourquelot.)

2792. **SCHÖN** (**J.-J.**). *Journals of the rev. J.-J. Schön and Mrs Crowther who accompanied the expedition up the Niger in* 1841, *in behalf of the church miss. Society.* London, 1842, in-8. (Brunet, 20867.)

2793. **SELIM-EL-ASSOUANBY**, voyageur arabe qui vivait au moyen-âge. A laissé des relations sur le Soudan oriental qu'il a exploré. (Cité par Brun Rollet.)

2794. **SHAABENY**. *Account of Timbouctou and Housa.* London, 1820, in-8. (Cité par Walckenaer, p. 19.)

2795. **SIMONIS** (l'abbé **J.-L.**). *Les Missions des noirs et l'Alsace.* Strasbourg, 1863, in-8 de 22 pp. Extrait de la *Revue catholique* d'Alsace. Contenant : Les Missions des noirs. — *Rapport de la mission d'Afrique avec l'Alsace, etc.* (*Bibliographe alsacien,* 1864, p. 233.)

2796. **STANLEY** (**Henry-M.**). *My Kalulu; Prince, King, and Slave. A Story from central Africa; by Henry-M. Stanley. Illustrated.* London, 1873, in-8 de xv-432 pp. (*Journal de la librairie,* 1874, I, col. 1.)

2797. **STUCKLÉ** (**Henry**). *Le Commerce de la France avec le Soudan.* In-18. (Challamel.)

2798. **TINNÉ** (Mlle **Alexina**), célèbre voyageuse hollandaise. *Plantæ. Tinneanæ, sive Descriptio plantarum in expeditione Tineana ad flumen Bahr-el-Ghasal ejusque affluentiis in sept. interioris Africæ, parte collectarum...* London, 1867, in-fol., grav.

— *Relation de la mort de Mlle Alexina Tinné et voyage au Tibesti;* par le Dr Nachtigal. Paris (1870), in-8 de 31 pp. Extrait du *Bulletin de la Société de géographie,* février 1870. (*Revue bibliogr.,* 1868, p. 147. — *Journal de la librairie.*)

2799. **TUCKER** (Miss). *Le Christianisme sous les tropiques.* — *Abbeokuta. Origine et développement du Christianisme et de la civilisation dans l'Afrique centrale;* trad. de l'anglais, par J. G., pasteur. In-12. (Sandoz et Fischbacker.)

2800. **VERNE** (**Jules**). *Aventures de trois Russes et de trois Anglais dans l'Afrique Australe. Illustré de 53 vignettes par Férat, gravées par Pannemaker.* Paris, Hetzel, 1872, gr. in-8 de 207 pp. Collection des voyages extraordinaires.

— *Cinq semaines en ballon; Voyage de découvertes en Afrique, par trois Anglais.* Paris, 1867, in-12; — 1869, in-12; — 1873, in-12. Cette dernière édition porte la mention de 22e. Ouvrage excentrique.

2801. **VOGEL** (**Ed.**). Explora l'Afrique centrale, visita la Nigritie, le Baghermé et mourut assassiné dans le Waday en 1856. *Résumé historique de l'exploration faite dans l'Afrique centrale, de 1853-1855*, rédigé par Malte-Brun. Paris, A. Bertrand, in-8, carte, 3 fr. 50.

— *Une exploration dans l'Afrique centrale;* article de Ch. Grad, imprimé dans la *Revue catholique d'Alsace*, 1869, juillet.

— *Niger flora; or an Enumeration of the Plants of Western Tropical Africa; collected by the late Dr Ed. Vogel, botanist to the Niger Expedition of 1841; including Spicilegia Gorgonea,* by B. P. Webb; and *Flora Nigritiana,* by J. D. Hooker and Geo. Bentham; with a sketch of the Life of Dr Vogel, and a Journal of the Voyage: edited by sir W. J. Hooker, with 2 Wiews, a Map, and 50 Botanical Plates. London, 1849, in-8. (Bern. Quaritch, cat. du 12 avril 1871. — Brunet.)

2802. **WATTEMARE** (**H.**). *Une mission évangélique dans l'Afrique centrale;* article inséré dans la *Revue contemporaine*, 1870, 15 avril.

2803. **WULLSCHLÄGEL** (**H.-R.**). *Deutsch-neger-englisches Wörterbuch, nebst einem Anhang neger-englischer Sprichwörter enthaltend.* Löbau, 1856, in-8 de x-340 pp. (Brunet, 11957.)

CÔTE DE GUINÉE

2803 bis. **ADMIRALTY** *Chart. Ashante and the Gold Coast, from Gram Bassam to Cap St-Paul.* London, 1873. 2 sh. (*Année géogr.*, p. 243.)

2804. **ANSON** (**G.**), amiral anglais, né en 1697. Il fit un 4e voyage, en 1738 et 1739, tant à la côte de Guinée qu'en Amérique, qui a été publié. (Peignot.)

2805. **AZURARA** ou **ZURARA** (**Gomez Eannes de**), historien portugais de la fin du XVe siècle. *Chronica do descobrimento e conquista de Guiné, escripta por mandado de el rei D. Alfonso V,* pelo chronista Gomes Eannes de Azurara; fielmente trasladada do manuscrito original contemporaneo, que se conserva na Bibliotheca real di Pariz, etc. Paris, 1841, gr. in-8, 1 fac simile et 1 portrait. (Brunet.)

M. Ferd. Denis a donné sur Azurara une *Notice biographique,* insérée dans le t. III de la *Nouvelle biographie générale* de Didot, col. 938. — Voir aussi no 2821.

2806. **BÉNÉZET** (**Ant.**), philanthrope américain, né à Saint-Quentin en 1713, mort en 1784. *Relation de la côte de la Guinée.*

1762. IVe éd. Londres, 1788, in-8. L'auteur fait connaître l'origine de la traite des Nègres et ses déplorables effets. (Quérard. — Bouillet.)

— *Mémoire historique sur la Guinée, avec des recherches sur l'origine et les progrès de la traite des Nègres, sa nature et ses tristes effets.* 1772, in-8. (Peignot.)

2807. **BESCHRYVING** van de goudtkust Guinea (Description de la côte de Guinée). Amst., 1650, in-4°, fig. (Van Hulthem, no 1489.)

2808. **BOSMAN** (**Guill.**), voyageur hollandais, qui visita au siècle dernier la Côte de Guinée, le pays des Aschantis. *Voyage de Guinée* (texte hollandais), imprimé à Utrecht en 1704, et à Amst., en 1709, in-4°, cartes et figures. Traduction française, Utrecht, 1705, in-12, fig. (Brunet, 20881. — *Archives du bibliophile,* 1857, no 1764, 2 fr.)

2809. **BOUET-VILLAUMEZ** (**Louis-Ed.**, comte), vice-amiral français, né en 1808, gouverneur du Sénégal en 1844. *Description nautique des côtes comprises entre le Sénégal et l'équateur,* ins. en 1845 dans les *Annales maritimes.* — 2e édit. Paris, 1849, in-8. (Brunet, 19771.)

— *Campagne aux côtes occidentales d'Afrique.* 1850, in-8. (Vapereau.)

Le comte Bouet fut chargé, en 1838, par le contre-amiral Montagniès de la Roque, de relever les côtes de l'Afrique occidentale.

2810. **CINTRA** (**Pierre de**), navigateur portugais, fut envoyé, en 1642, avec deux caravelles, pour continuer les découvertes le long des côtes de Guinée. La relation de son voyage se trouve dans le tome 1er du Recueil de Ramusio, dans le tome 1er du Recueil de Temporal, intitulé: *Historiale description de l'Afrique, plus cinq navigations au pays des Noirs.* Lyon, 1556, 2 vol. in-fol.; dans le *Novus Orbis* de Grynœus. (Peignot.)

2811. **DUNKER** (**Vill.**). *Index Molluscorum quæ in itinere ad Guineam inferiorem collegit Georgius Tams. Accedunt novarum specierum diagnoses, Cirrepedia nonnulla et X tab. iconum.* Cassellis, 1853, in-4°, 10 pl. lith. et color. (Brunet.)

2812. **ERDMAN ISERT** (**Paul**). *Voyages en Guinée et dans les îles Caraïbes...;* trad. de l'allemand. Paris, 1793, in-8, fig. (Grenoble, no 19665. — Quérard. — Brunet, 20043.)

2813. **FROSSARD** (**B.-S.**), ministre du saint évangile, né dans le pays de Vaud. *La Cause des esclaves nègres et des habitants de la Guinée portée au tribunal de la justice, de la religion et de la politique.* Paris, 1788, 2 vol. in-8. (Quérard.)

2814. GONÇALVES, ou ALVARES DE ALMADA (André). *Relaçaõ o descripçaõ de Guinée* (avec la description des mœurs, usages, religion et commerce des naturels). Lisbonne, 1733, in-4°. Ce livre fut écrit à la fin du XVIᵉ siècle, mais le style et la distribution ont été changés. (Brunet, article *Almada*.)

2815. HAWKINS (John). *A true declaration of the trouble some voyage* (the second) of Mr. John Hawkins to the partes of Guynea at the West Indies 1567 and 1568. London, 1569, in-8. (Brunet.)

2816. JECKEL (C.-J.). *Nos possessions sur la côte de Guinée;* articles insérés dans *Onze Tijd* (Notre temps), janvier et février 1869. — Un article signé F. H., intitulé : *A propos de C. Jeckel: Nos possessions sur la côte de Guinée,* a été inséré dans le *Der Nederlandsche Spectator* (le Spectateur Neerlandais), 27 février 1869.

2817. KEYMIS (Lawrence). *A relation of the second voyage to Guinea , performed and written in the years* 1596. London, 1596, pet. in-4°.

Cette relation est dédiée à sir Walter Raleigh, chef de l'expédition, et qui en a publié lui-même une relation. (Brunet.)

2818. LABARTHE (Pierre), chef de bureau des colonies orientales et des côtes d'Arabie, au ministère de la marine, de 1794 à 1808, né en 1760, mort en 1824. On a de lui divers écrits concernant l'Afrique, entre autres :

— *Voyage à la côte de Guinée, ou Description de l'Afrique , depuis le cap Tagrin jusqu'au cap Lopez Gonzalès,* etc. Paris, 1803, in-8 de 310 pp. , 1 carte. (Brunet, n° 20885. — Quérard.)

2819. LABAT (le P.), dominicain, né à Paris en 1663, mort 1738. *Voyage du chev. Des Marchais en Guinée et isles voisines* (1725 à 1727), etc. Paris, 1730, 4 vol. in-12, cartes et figures. Il y a deux éditions sous cette date. — Autre édition du même ouvrage. Amsterd., 1731, 4 vol. in-12, fig. et cartes. (Yéméniz, n° 2876, mar. bleu, 51 fr. — Nyon, 20865. — Jér. Bignon, en 1837 , n° 1403. — Brunet. — Van Hulthem.)

2820. LEE (Mrs), authoresse anglaise née vers 1800, accompagna en Afrique son premier mari M. Bowdich. *The Africans Wanderers or the Wanderings of Carlos and Antonio; embracing interesting Descriptions of the Manners and Customs of the Western Tribes, and the Natural Productions of the Country.* Fourth edition. London, Griffith and Farran, in-8.

Avant ce livre, l'auteur avait déjà publié des contes étrangers (*Stories of strange lands*). 1825. Les mœurs des tribus sauvages de la Cafrerie forment le sujet de cet ouvrage (Vapereau.)

2820 bis. READE (Winwood). *The African Sketch Book.* London , Smith , 1873, 2 vol. Excursions faites à la côte d'Or et dans le pays Mandingue, de 1868 à 1870. (*Année géogr.*)

2821. SANTAREM (Emm. de Barros y Souza, vicomte **de**), né à Lisbonne en 1790, mort à Paris en 1856. *Memoria sobre a prioridade dos descobrimentos portuguezes na costa d'Africa occidental, par servir de illustraçao a Chronica da conquista de Guiné, por Azurara.* Paris, 1841, in-8.

Une *Note* de Santarem sur la *Chronique inédite de la conquête de Guinée,* fait partie de l'*Histoire du Portugal* de Schoeffer, 1840, 2 vol. in-8. (Bourquelot.)

— *Recherches sur la priorité de la découverte des pays situés sur la côte occidentale d'Afrique , au-delà du Cap Bojador, et sur les progrès de la science géographique après les navigations des Portugais , au XVIᵉ siècle.* Paris, 1842, in-8 et atlas in-fol. (Brunet.)

2822. SCHUMACKER (F.-G.). *Beskrivelse af guineiske Planter , etc.* (Description des plantes trouvées sur la côte de Guinée par des naturalistes danois et principalement M. Thonning, publiée par F.-G. Schumacker). Copenbague , 1827, in-4° de 466 pp. En danois. (Brunet.)

2823. SMITH (Guill.). *Voyage de Guinée ;* trad. de l'anglais. Paris , 1751, 2 vol. in-12. (Brunet, 20884.)

2824. SNELGRAVE (Guillaume). *Nouvelle relation de quelques endroits de Guinée et du commerce d'esclaves qu'on y fait;* trad. de l'anglais par A.-F.-D. de Coulange. Amsterdam , 1735, in-12, fig. (Nyon , n° 21233. — Grenoble , n° 25756. — Brunet , n° 20883. — Quérard.)

2825. TEMMINCK (C.-J.). *Esquisses géologiques sur la côte de Guinée.* Leiden , 1853, in-8. (Brunet, n° 5679.)

2826. VAN BONDYCK Bastiaanse. *Voyage à la côte de Guinée, dans le golfe de Biafra, à l'île de Fernando Pô, etc.* La Haye, 1853, in-8. (Brunet, 20886.)

2827. VILLAULT, escuyer, sieur de **Bellefond.** Voyagea en 1666 et 1667 en Guinée et a donné la *Relation des costes d'Afrique appelées Guinée ; avec la Description du pays, mœurs et façons de vivre des habitans , des productions de la terre, et des marchandises qu'on en apporte , avec les Remarques historiques sur ces costes.* Paris, 1669, in-12 de 455 pp. (Grenoble, 19663.)

CÔTE DE GUINÉE

209

Contenu du volume : Description des costes en général. — Mauvais traitement des Hollandois envers les François. — Les Mores s'accommodent mieux à l'humeur de la nation françoise qu'à toute autre. — Facilité de voyage. — Départ de Paris. — Bruxelles agréable séjour. — Anvers, ville très-polie. — Fort de Lillo (près d'Anvers). — Rotterdam. — Doordreeckk. — Amsterdam, ville sans pareille. — Embarquement pour le Texel (forteresse de Hollande). — Rencontre d'un vaisseau. — Baptême des Hollandois au passage des Barlistes (Tropiques). — Description du Cap-Verd. — Description de l'île et du fort de Goure. — Rio-Fresca, place des costes d'Afrique. — Description de Rio-Fresca, des mœurs et religion des habitants. — Les Costes d'Afrique depuis le Cap-Verd jusques à Sierra-Léoné. — Costes des Malegettes. — Sierra-Léoné, royaume. — Description du frère du roy de Sierra-Léoné. — Description de Sierra-Léoné, ou montagne des lions. — Rivière de Sierra-Léoné. — Habitans du pays. — Description des villages et des maisons du lieu. — Poissons de Sierra-Léoné. — Religion de ce lieu. — Production de la terre. — Manger. — Langage du lieu, etc. — Cap de Monté, royaume, sa description. — Cap Miserado, capitainerie, sa description. — Rio de Junco et sa description. — Petit Dieppe. — Rio Sextos et sa description. — Description du roy de Rio-Sextos et de ses habitans. — D'où vient que les noirs portent le nom de quelques saints. — Salut d'Afrique. — Production de la terre, etc. — Remarques sur cette coste servant à l'histoire. — Coste des Graives appelées Malaguette et sa description. — Places de la coste de Malaguette. — Description du roy de Rio-Sanguin. — Rencontre de vaisseau. — Autre rencontre, etc. — Coste des Dents et sa description. — Places de la coste des Dents. — Rencontre d'un vaisseau breton commandé par un corsaire zélandois. — On attaque la maison d'un anglois, et la rase à coups de canon. — Prise de bâtiments et de 400 nègres. — Grand-Prouïn et sa description. — Rio S. André et sa description. — Animaux de ces costes. — Description des habitans. — Description des femmes. — Superstition. — Serment de ces peuples. — Marchandises bonnes pour le pays. — D'où vient qu'ils sont appelés *Qua Qua.* — Marchandises qu'on tire de la coste des Dents. — Coste d'Or. — De la route faite le long des places sur cette coste. — Places qui se trouvent sur cette coste : Albini et Tabo. — Cap Apollonia, sa description. — Axime. — Cap de Tres Puntas. — Botrou. — Korai. — Comendo. — S. Georges de la Mine. — Cap Corse. — Frederisbourg et sa description. — Description du général de Dannemarc. — Coustumes des Mores. — Grande guerre entre les roys du pays. — Soulèvement des Mores contre les Hollandais. — Fort de Nassau. — Eniacham. — Cormertin. — Remarques pour les vents qui règnent le long de ces côtes. — Description de la Coste d'Or. — Royaumes de la Coste d'Or. — De la taille des hommes du pays, de leur esprit, inclination, industrie et forme d'habits. — Des femmes, de leur génie, humeur et habits. — Coquetterie des filles. — De leur mariage, et nourriture des enfans. — Accouchement des femmes. — Education des enfans. — Education des filles. — Nourriture. — De leur marché, manière de vendre et achepter, de leurs mesures, poids et balances. — Leur religion. — De leur superstition, etc. — Enterrement. — Cérémonies des enterrements des femmes grosses. — Des vieillards, des esclaves, des estropiez, etc. — Ces maux du pays. — Remèdes pour la cholique et maux d'estomac. — Des vers de Guinée et remèdes. — De leurs danses et fêtes particulières et solemnelles. — De leurs exercices journaliers, métiers, marchandises et pesches, etc. — Des roys du pays, de leur cour et authorité, etc. — Succession du royaume. — Revenus du roy. — Festes des fétiches. — Mort du roy. — Election d'un autre roy. — Condition des enfans de roy. — De la noblesse, de quelle manière les roys font la guerre, etc. — De la justice civile et criminelle, et des successions des particuliers. — Des animaux, oyseaux et poissons qui s'y rencontrent. — Des fruits du pays, des herbes que produit la terre, du pain, du mil et mays, comme ils le sèment, et du sel qui s'y fait. — De l'or, où il se trouve, comment et des ouvrages qu'ils en font. — Du retour du vaisseau en Europe. — Saint-Thomé, isle sous la ligne et sa description. — Remarques sur les costes d'Afrique et notamment sur la Coste d'Or, pour justifier que les François y ont esté longtemps auparavant les autres nations. — Les François vont en Afrique en 1364. — Origine des manufactures d'ivoire à Dieppe. — Les François s'établissent à la Mine (en 1383). — Découverte de l'isle S. Thomé (1405). — Découverte de Benin et de la Coste d'Or par les Portugais. — Massacre des Portugais en Akara l'an 1476. — Retour des François en Guinée. — Massacre des François par les Portugais en 1586, 1591 et 1599. — Raisons pourquoy les Portugais furent chassez, etc.

2828. VOYAGES *aux côtes de Guinée et en Amérique.* Amst., 1719, in-12, fig. (Nyon, 20864. — Brunet, 20041. — Boucher de la Richarderie, 741.)

2829. VOYAGES *nouveaux aux côtes de Guinée et en Amérique,* par N... Amst., 1739, in-12, fig. (*Archives du bibliophile*, 1869, n° 1162, 1 fr. 50.)

18*

2830. **VOYAGE** *en Guinée*. Paris, 1751, in-12. (Baillieu, 1874, 2 fr. 50.)

2830 *bis*. **WEST COAST** of Africa. *Correspondence relative to the cession by the Netherlands government to the British government of the dutch settlements on the west coast of Africa*. London, 1873 (Parliamentary Papers), gr. in-4°, carte. 5 sh. 6 d. (*Année géographique*, 1874, p. 243.)

2831. **AYMÉS (A.).** *Exploration de l'Ogoway*; articles ins. dans la *Revue maritime et coloniale*, 1870, avril, mai.

2832. **LARTIGUE**, médecin de 1re classe. *Contributions à la géographie médicale. — La langue de Fernand-Vaz et le Delta de l'Ogo-Wé.* Paris (1870), in-8 (Extrait des *Archives de médecine navale*, sept. 1870, tome XIV). (*Journal de la librairie*, 1870, n° 8106.)

2833. **WALKER (R.-B.-N.).** *Relation d'une tentative d'exploration en 1866, de la rivière d'Ogové (Ougôoué), et à la recherche d'un grand lac devant se trouver dans l'Afrique centrale*; article ins. dans les *Annales des voyages*, 1870, janvier.

— *Letter on a journey up the Ogove river, west Africa*; ins. dans the *Proceed. of the Roy. Geogr. Soc.*, 1873, vol. XVII. pp. 354-355. (*Année géogr.*, p. 202.)

2834. **BAIE** *du Cap Lopez* (côte occidentale d'Afrique; Dépôt de la marine, n° 2806). 1873, 1 feuille, 2 fr. (*Journal de la librairie*, Feuill., p. 297.)

2835. **BARBEDOR.** *Note sur la faune et la flore du Gabon*; article ins. dans le *Bulletin de la Société de géographie*, 1869, juillet.

2836. **COTE** *occidentale d'Afrique. Gabon. Plan de Libreville.* Dépôt de la marine, n° 000, 1/4 de feuille. (Paris, Challamel.)

— *Gabon.* Dépôt de la marine, n° 3070. (Paris, 1873, 1 feuille, 2 fr.)

2837. **CARTE (Une)** (esquisse du Gabon), a été publiée dans le numéro de janvier 1870, des *Annales des voyages*.

2838. **KATESHISME** *inè inendyo si nendyo agamba M'agnambie go mission yi Gabon Afrike.* Paris, Adr. Le Clerc (1869), in-18 de 106 pp.

2839. **KERTANGUY (de).** *Note sur les éléments qui ont servi à dresser la carte du Gabon*; article inséré dans le *Bulletin de la Société de géographie*, 1869, juin.

2840. **LE BERRE** (le P.). *Grammaire de la langue Ponguée* (parlée au Sénégal au Gabon). Paris, 1873, in-12 de iv-227 pp. (Maisonneuve et Cie, en 1873.)

2841. **BENEDETTI.** *Les Iles espagnoles dans le goîfe de Guinée. Fernando Poo, Corisco, Annebon*; article ins. dans le *Bulletin de la Soc. de géographie*, janvier 1869.

2841 *bis*. **DE COMPIÈGNE et MARCHE.** *Lettre sur le Vieux-Calabar, Fernando-Po, etc.*; ins. dans le *Bulletin de la Soc. de géographie*, 1873, pp. 404-422. (*Année géogr.*)

2842. **PALLISSOT DE BEAUVOIS (Fr.-Jos.-Ambr.-Mar.**, baron), naturaliste, né à Arras en 1732, mort en 1820. Explora l'Afrique en 1786. *Flore d'Oware et de Benin.* Paris, 1804-21, 2 vol. in-fol., 120 pl. L'ouvrage n'a pas été entièrement terminé. (Brunet. — Quérard. — *Catal. des Accroissements*, XI, p. 13.)

— *Insectes recueillis en Afrique et en Amérique, dans les royaumes d'Oware et de Bénin.... en 1786-1797.* Paris, 1805-1819, in-fol., figures.

Cet ouvrage devait comprendre 30 livraisons, mais il n'en a paru que 15, y compris celle qu'a publiée en 1821, Mr Audinet-Serville. (Brunet.)

— *Mémoire sur un nouveau genre d'insectes trouvés à Oware, en Afrique, lu à la classe des sciences physiques et mathém. de l'Institut.* Paris, 1804, in-8, pl. (Quérard.)

2843. **BURTON (Rich.-F.),** consul d'Angleterre dans la baie de Biaffra; il a entrepris dans ces contrées diverses explorations; on a de lui: *Abeokuta and the Camarouns Mountains, an exploration*, 1863, in-8. (Vapereau.)

2844. **CARTE** *de la rivière de Sherboro*, gravée par J. Geisendörfer. Paris, imprim. Lemercier (1868). (*Journal de la librairie*.)

2845. **GORDON LAING** (the captain **Alex.**), voyageur anglais, major d'infanterie légère au corps royal africain. *Travels through the Timanee, etc., to the sources of the Rokelle and Niger.* London, 1825, in-8. Ouvrage traduit en français sous le titre suivant:

— *Voyage dans le Timanni, le Kouranko et le Soulimana, contrées de l'Afrique occidentale, fait en 1822* par le major Gordon Laing, trad. de l'anglais par Eyriès et de La Renaudière; précédé d'un Essai sur les progrès de la géographie de l'intérieur de l'Afrique, et sur les principaux voyages de découvertes qui s'y rattachent, par de La Renaudière. Paris, 1826, in-8, 1 carte et 8 pl. (Quérard. — Brunet, 20876.)

2846. **AN ACCOUNT** *of the colony of Sierra-Leone, etc.* London, 1795, in-8. Ce sont les voyages de James Watt et de Witerbottom. (Walckenaer, p. 48, notes.)

2847. DALLAS (R.-C.). *History of the Maroons, from their origin to the establishment of their chief at Sierra-Leone.* London, 1803, 2 vol. in-8. (Brunet, 28429.)

2848. FALCONBRIDGE (Anna-Maria). *Two voyages to Sierra-Leone, during the years 1791-93, in a series of letters by Anna Maria Falconbridge.* London, 1794, in-12. (Brunet, 20875.)

2849. GRANVILLE SHARP, né en 1735 à Bradford-Dale, mort en 1813. Il fonda, en 1787, la colonie de Sierra-Leone, et fut aussi un des fondateurs de la Société pour l'abolition de la traite. Il a écrit plus de cinquante brochures pour propager ses idées. (Bouillet.)

2850. GRÉGOIRE (le comte **Henri**), évêque de Blois. — *Notice sur la colonie de Sierra-Leone...* (Quérard, *France littéraire*.)

2851. LA SERVIÈRE. *Notice historique sur la colonie de Sierra-Leone.* Paris, 1816, in-8. (Bibliothèque de Nice.)

2851 bis. LEDDALI (The Rev. **Henry**). *The Missionary history of Sierra-Leone.* London, Hatchard, 1874, in-8, carte, 5 sh. (*The Graphic.*)

2852. MATTHEWS (John). *A Voyage to the River Sierra-Leone on the Coast of Africa.* London, 1788, in-8, fig. — Autre éd., 1791, in-8. (Brunet, 20874. — Boucher de la Richarderie, 951.)

— *Voyage à la rivière de Sierra-Leone sur la côte d'Afrique;* traduit de l'anglais, de J. Matthews (par Bellard). Paris, an v (1797), in-18. (Quérard. — Boucher de la Richarderie, 719.)

2853. STORMONT. *Essai sur la topographie médicale de la côte occidentale d'Afrique, et particulièrement sur la colonie de Sierra-Leone.* Paris, 1822, in-4°. (Bourquelot.)

2854. WADSTROM (Ch. Bernes), né à Stockholm en 1746, m. à Paris en 1799; ingénieur du roi de Suède. Vers 1769 il entreprit un voyage en Afrique, dont le but était l'affranchissement et la civilisation des nègres. A son retour il passa en Angleterre et y publia un volume in-4°, renfermant le résultat de ses observations en Afrique, etc.; une *Correspondance* sur la colonie de Sierra-Leone, ins. dans le *Magasin encyclopédique.*

— *Précis sur l'établissement des colonies de Sierra-Leone et de Boulama à la côte occidentale d'Afrique* (traduit de l'anglais par Pougens). Paris, 1798, in-8. (Quérard. — Brunet, 28428.)

2855. WINTERBOTTON (Th.). *An account of the native Africans in the neighbourhood of Sierra-Leone; to which is added an account of the present state of medicine among them.* London, 1803, 2 vol. in-8, fig. (Brunet, 28427.)

2856. CARTES : *Map of Ashanti and Gold Coast,* lith. et topogr. Dépôt of the War Office (10 milles au pouce). London, 1873, 1 feuille. Non mise dans le commerce. (*Année géogr.*)

— *Map of the Gold Coast and part of Ashanti* (9 milles au pouce); by Stanford. London, 1873, 1 feuille, 2 sh. 6 d. C'est la meilleure carte pour cette région. (*Année géogr.*)

— *Carte de la partie comprise entre le Cap de Palmas et le cap Sainte-Catherine.* Paris, Lemercier (1868). (*Journal de la librairie.*)

— *Carte du Cap des Palmes au Cap Coast.* (Dépôt de la marine, n° 1617. Paris, 1873, 1 feuille.)

2857. CORRY (Jos.). *Observations upon the windward coast of Africa, the religion, character, customs, etc., of the natives; with an appendix containing a letter on the most simple and effectual means of abolishing the slaves trade.* London, 1807, in-4°, fig. (Brunet, 28425.)

2858. HISTOIRE de *Louis Anniaba, roi d'Essenie en Afrique, sur la côte de Guinée.* Amst., 1740, in-12. Roman. (Nyon, n° 8742.)

2858 bis. LOYER (le P. **Godefroy**). *Relation du voyage du royaume d'Issiny, de la Côte d'Or, du pays de Guinée en Afrique; la Description du pays, les inclinations, les mœurs et la religion des habitans, avec ce qui s'y est passé de plus remarquable dans l'établissement que les Français y ont fait;* le tout recueilli par le père Godefroy Loyer. Paris, 1723, in-12, fig. (Nyon, 21234. — Grenoble, 19664.)

2859. SCHOENLEIN'S *botanischer Nachlass au Cap Palmas von Klotzsch.* Berlin, 1857, in-4°. (Dr Schubert, en 1870.)

2860. ASHANTI *Expedition New Map of the Gold Coast and Part of the Kingdom of Ashanti, compiled from the best sources, published and unpublished. Specially prepared to illustrated the progress of the Expedition under sir Garnet Wolseley and captain Clover. R. N. Couloured to show the limits of the British Protectorate.* London, Edward Stanford, 1873. — Scale, 9 miles to an inch; size 22 1/2 in by 34 in. — Scale 96 miles to an inch; size 17 1/2 in by 224 in.

2861. BOWDICH'S *Mission from Cape-Coast-Castle to Ashantee, With a Statistical account of that kingdom, and geogra-*

phical notices of other parts of the interior of Africa. London, 1819, gr. in-4°, fig. Cette relation a été impr. aussi dans The African Committee. London, 1819, in-8. — Une nouvelle édition a été faite à Londres, chez Griffith et Farran, en 1873; elle comprend une préface de Mrs Hale; in-8, prix : 5 sh.

— Voyage dans le pays d'Aschantie, ou Relation de l'ambassade envoyée dans ce royaume par les Anglais; avec des détails sur les mœurs, les usages, les lois et le gouvernement de ce pays, des notices géographiques sur d'autres contrées situées dans l'intérieur de l'Afrique et la traduction d'un manuscrit arabe où se trouve décrite la mort de Mungo Park; par T. E. Bowdich, trad. de l'anglais par le traducteur du voyage de Maxwell, etc. (A.-J.-B. Defauconpret). Paris, 1819, in-8, 1 carte. (Grenoble, 19672. — Brunet. — Quérard.)

2862. **BRACKENBURY** (The captain H.), R. A. Assistant Military secretary to sir Garnet Wolseley. Narrative of the Ashanti war. Prepared from Official Documents by permission of Major-General sir Garnet Wolseley. London, Blackwood and sons, 1874, carte. (Pall Mall Gazette, 1 april 1874.)

— Avec the captain **HUYSHE**: Fanti and Ashanti: Three papers on Ashanti and the Protectorate of the Gold-Coast. With an outline of the causes that have led to the war. London, Blackwood, 1873, pet. in-8, 5 sh. (Année géogr.)

2863. **CAP-COAST**. 1873. 1/8 feuille. (Carte du Dépôt de la marine, n° 1386, 50 centimes.) (Journal de la librairie, Feuilleton, 1874, p. 297.)

2864. **COLIN** (Léon), professeur au Val-de-Grâce. L'Expédition anglaise à la Côte-d'Or. Etude d'hygiène militaire et de géographie. Paris, 1874, in-8 de 20 pp. Extrait de la Gazette hebdomadaire de médecine et de chirurgie. (Journal de la librairie, n° 1609.)

2865. **CRUICKSHANG** (Brodie). Ein 18 jähriger Aufenthalt auf d. Goldküste Africa's. Leipzig. (Dr Schubert, 1870.)

— Eighteen years of the Gold Coast of Africa; including an account of the native tribes, and their intercourse with Europeans. London, 1855, 2 vol. pet. in-8. (Brunet, n° 20426.)

2866. **CUGOANO** (Ottobah), nègre né à Agimaque (côte de Fanti, Guinée). Enlevé par des corsaires euro ens, réduit à l'esclavage, amené en Angleterre, il publia un petit traité, traduit en français par Dyannières, sous le titre: Réflexions sur la traite et l'esclavage des nègres. Paris, 1788, in-12. (Peignot.)

2866 bis. **DALRYMPLE** Hay (sir John), vice amiral. Ashanti and the Gold Coast, and What Weknow of it; a Narrative of the Events leading to the late war, with an Account from the best authorities. 2° ed., London, Edw. Stanford, 1874, in-8, carte, 2 sh. 6 d. (Times.)

2867. **DESCRIPTION** et récit historial du riche Royaume d'or de Gunea, autrement nommé la Côte d'Or de Mina. Amsterdam, 1602. — Autre édition, M.VIC.V (1605), in-fol. de 2 ff.-99 pp., fig. (Brunet. — La Vallière, n° 4511. — Nyon, 20830. — Boucher de la Richarderie, 952. — Dictionnaire des anonymes, 904.)
Cette Description est de Pierre de Marces.

2868. **DU CHAILLU** (Paul). L'Afrique sauvage. Nouvelles excursions au pays des Ashantis, avec illustrations et cartes. Paris, Michel Lévy, gr. in-8. 15 fr.

2869. **DUPUIS** (Jos.). Journal of a residence in Ashantee. London, 1824, in-4°. (Brunet, 20889.)

2870. **FREEMAN**, missionnaire wesleyen. Une visite aux Achantis. Relation d'un voyage dans l'Afrique méridionale. Broch. in-8. (Sandoz et Fischbacher, 50 cent.)

2871. **HENTY** (G.-A.), correspondant du Standard. — Notice. The Ashantee War, The March to Coomassie. London, 1874, Tinsley brothers, in-8. (Daily News.)

2871 bis. **HUTTON** (Will.), consul anglais près du roi d'Ashanti. A Voyage to Africa (Ashantee); including a narrative of an embassy to the interior Kingdoms, in the year 1820. London, 1821, in-8. (Brunet.)

— Nouveau voyage dans l'intérieur de l'Afrique, ou Relation de l'ambassade anglaise, envoyée en 1820, au royaume d'Ashantée, etc. Trad. de l'anglais par le chev. Thorel de La Trouplinière. Paris, 1823, in-8, 2 cartes et 5 pl. (Brunet.)

2872. **MANNE** (Armand-Edm. de), employé à la Bibliothèque nationale de Paris. Missions au royaume d'Ashantée, trad. de l'anglais; article inséré dans les Annales des voyages, 1852. (Bourquelot.)

2873. **MEREDITH** (Henry). An account of the Gold Coast of Africa, with a brief history of the African company. London, 1812, gr. in-8. (Brunet, n° 23426.)

2873 bis. **PENCHGARIC**, capitaine au long-cours. Côte occidentale d'Afrique: Côte-d'Or;— Géographie; — Commerce;—Mœurs. In-8. (Challamel, 2 fr.)

2874. PLANCHUT (**Edm.**). *La Guerre des Ashantis ;* article ins. dans la *Revue des Deux-Mondes*, 15 décembre 1873.

2874 bis. STANLEY (**H.-M.**). *Coomassie and Magdala ; a Story of two British Campaigns in Africa.* London, Sampson and Cº (1874), in-8, cart. et grav., 16 sh. (*The Graphic*, p. 411.)

Le *Times*, 25 avril 1874, a donné sur ce livre un long article critique et analytique.

2875. ZUR-EICH, *Africanisch Reissbeschreibung in die Landschaft Fetu auf der guineischen Gold-Cüst gelegen.* Zurich, 1677. (Dr Schubert, en 1870.)

2876. BURTON (**R.-F.**), consul d'Angleterre dans la baie de Biaffra. *A Mission to Gelele King of Dahomey.* London, 1864, 2 vol. in-8. (Vapereau.)

2877. DATZEL (**Archibald**). *History of Dahomey, an inland kingdom of Africa.* London, 1792, in-4º, 1 carte et 6 pl. (Brunet, 28438.)

2878. FORBES (**F.-E.**). *Dahomey and the Dahomans ; journal of two missions to the king of Dahomey, and residence at his capital* (1849-50). London, 1851, 2 vol. pet. in-8, portr. et pl. (Brunet, 20890.)

2879. GUILLEVIN, lieut. de vaisseau. *Voyage dans l'intérieur du royaume de Dahomey.* Paris, A. Bertrand, 1862, in-8, 1 carte.

Contenant : Aperçu sur les côtes ou royaume de Dahomey. — Aspect de la côte depuis le Cap S. Paul. — Histoire. — Marché de Whydah. — Case aux serpents. — Fétiches. — Route de Whydah à Savée. — De Aouée au village d'Atoogo ; — à Akpouay ; — à Agrimey ; — à Cana ; — à Abomey. — Fête. — Garde du roi. — Excursion à la rivière Ouellon. — Chasse d'éléphants. — Retour à Whydah. — Notes sur Abéokutia.

2880. LAFFITTE (l'abbé), ancien missionnaire. *Le Dahomé, souvenirs de voyage et de mission.* Tours, Mame, 1873, in-8 de XXVII-223 pp., 2 grav. (*Journal de la librairie.*)

2881. LEOD (**John M'**), voyageur anglais, mort en 1820. *A Voyage to Africa, with some account of the manners and customs of dahomenian people.* London, 1820, in-12, fig. (Brunet.)

— *L'Afrique, ou Histoire, mœurs et coutumes des Africains : Dahomey ;* traduit de l'angl. par L.-Ed. Gaultier. Paris, 1821, in-18, pl. Traduction très-abrégée. (Quérard.)

2881 bis. NORRIS (**Rob.**). *Mémoires du règne de Bossa-Ahadée, roi de Dahomé, état situé dans l'intérieur de la Guinée, et voyage de l'auteur à Abomé, qui est la* capitale, par Norris ; plus des *Observations sur la traite des nègres, et une Description de quelques endroits de la côte de Guinée ;* par C.-B. Wadstrom. Trad. de l'anglais. Paris, 1790, in-8 de VII et 143 pp., 1 carte. (Quérard.)

— *Voyage au pays de Dahomey ; on y a ajouté des observations sur la traite des nègres,* par Wadstrom, trad. de l'anglais. Paris, an II (1794), in-8. (Quérard. — Brunet, 20890.)

2882. SKERTCHLY (**J.-A.**). *Dahomey.* London (1874), Chapman and Hall, in-8, ill. and map. 21 sh.

2882 bis. SWE *Irohin fu awon ara Egba ati Yariba,* c'est-à-dire : la feuille d'instruction pour les Egbas du pays d'Yarriba. Publication mensuelle faite à Abéokutia, en langue indigène. Le prix de la livraison est de 120 cauris, ou 2 fr. environ. Cette feuille qui donne les nouvelles du pays et de l'étranger, comptait déjà, en 1861, près de 3000 lecteurs. (Guillevin, *Voyage dans l'intérieur du royaume de Dahomey,* p. 47.)

SÉNÉGAMBIE

2883. ADANSON (**Michel**), naturaliste français ; explora le Sénégal où il séjourna 5 ans ; né en 1727, mort en 1806. On a de lui divers mémoires de botanique sénégambique ; plusieurs de ces écrits ont été publiés dans le *Recueil de l'Académie des sciences,* et quantité d'autres sont restés inédits.

— *Histoire naturelle du Sénégal* (Coquillage) avec la *Relation abrégée du voyage fait en ce pays* (de 1749 à 1753). Paris, 1757, in-4º, 20 planches. (Brunet. — Bouillet. — Grenoble, nº 12334. — Van Hulthem, nº 7142.)

L'*Histoire naturelle* d'Adanson est très-estimée ; ce n'est du reste qu'un extrait d'un travail qui devait avoir 8 volumes et qui n'a pas été publié.

Une traduction allemande a été faite sous ce titre : *Reise nach d. Sénégal u. d. Innern von Africa* a d. Franz. V. Schreber. Leipzig, 1773. (Dr Schubert, 10 sgr.)

2884. AFRIQUE (**L'**), ou *Histoire, mœurs, usages et coutumes des Africains ;* par R. G. V. (par R. Geoffroy). Le Sénégal. Ouvrage orné de 44 pl. ; Paris, 1814, 4 vol. pet. in-12. A la fin du tome Ier se trouve un *Vocabulaire de la langue ouolofe,* de 25 pp., avec pagination séparée 1 à 25, 1 carte.

Extrait de la table des matières : Origine des Maures, des Monselemines et des Maures, habitants de Zaahra. — Chef des Maures. — Camp ou Adouars. — Habillement des hommes. — Habillement des femmes, etc. —

Coup d'œil général sur les peuples qui habitent entre les fleuves du Sénégal et de la Gambie. — Empire des Bourba-Ouolof. — Oualo. — Cayor. — Baol. — Sine. — Voyage dans les pays de Cayor; Bourba-Ouolof; Baol et Sine. — Salum. — Mandings; Barra; Kollar et Badibou. — Haut et Bas-Yani; Walli; Woulli. — Les Peuls; Bondou. — Bambouck. — Galam; Kasson. — Etablissements des Européens en Afrique, depuis le Cap Boyador jusqu'au fleuve de la Gambie. — Le Cap Blanc. — Ile Saint-Louis du Sénégal, Podor et Galam. — Voyage de Galam. — Ile de Gorée, Albreda, le fort James. — Projet d'un établissement libre et colonial à la côte d'Afrique. — Possibilité de traverser l'Afrique dans sa largeur. — Histoire naturelle. — Caractère des nations qui habitent entre les fleuves du Sénégal et de la Gambie. — Gouvernement. — Administration de la justice. — Impôts et revenus du prince. — Armée. — Manière de faire la guerre. — Pillage. — Traite des esclaves. — Religion. — Marabouts. — Gris-Gris. — Mariage. — Sépulture. — Habitations. — Ameublement. — Aliments; manière de les préparer. — Agriculture. — Arts et industrie. — Guiriots. — Chasse; pêche; musique et divertissements.

2834 *bis.* **ALVISE DA CÀ DA MOSTO,** ou **Musti,** navigateur vénitien, au service du Portugal. En 1455 et 1456, il fit, sous les auspices du prince Henri, deux voyages sur la côte d'Afrique, explora les Canaries, le Sénégal, la Gambie, découvrit plusieurs îles du Cap Vert, et donna la relation de ce voyage: *La Prima navigazion per l'Oceano alle terre de' negri, della bassa Ethiopia.* Vicenza, 1507, in-4°. — Milano, 1519, in-4°. (Peignot. — Bouillet.)

2835. BÉRENGER-FÉRAUD (L.-J.-B.), médecin en chef de la marine. *Description topographique de l'île de Gorée;* article ins. dans la *Revue maritime et coloniale,* mars 1873. (*Année géogr.*)

— *De la fièvre bilieuse mélanurique des pays chauds comparée avec la fièvre jaune. Etude clinique faite au Sénégal.* Paris, 1874, in-8 de XVI-442 pp. (*Journal de la librairie.*)

— *De la fièvre jaune au Sénégal* (étude faite dans les hôpitaux de St-Louis et de Gorée). Paris, Adr. Delahaye, 1874, in-8 de IV-440 pp. (*Journal de la librairie.*)

2835 *bis.* **BESNARD,** lieut. de marine. — *Campagne du Curieux à la côte occidentale d'Afrique;* article ins. dans la *Revue maritime et coloniale,* sept. 1873. L'auteur fut chargé officiellement de visiter les établissements français de la côte occidentale d'Afrique. (*Année bibliogr.,* p. 244.)

2836. BOILAT (l'abbé). *Esquisses sénégalai-*

ses. Physionomie du pays, peuplades, commerce, religions, passé et avenir. Paris, 1853, in-8, 3 cartes et 24 pl. (Brunet, 28421. — Delaroque, 8 fr.)

2836 *bis.* **BOUFFLERS** (le chev. **Stanislas**), gouverneur du Sénégal, en 1785. *Lettre écrite des parages d'Afrique à madame de* ***; imprimée dans ses *Œuvres complètes.* (Quérard.)

2836 *ter.* **BRUE (André),** administrateur du Sénégal pour le compte de la Compagnie coloniale de Paris, pendant 26 ans (de 1697 à 1727). Ses curieuses relations ont été en partie reproduites par le P. Labat, l'abbé Prévost et Walckenaer. Vivien de St-Martin en fait mention dans son *Histoire de la géographie.* On a de M. Félix-Et. Berlioux, docteur ès lettres. une thèse intitulée: *Brue, ou l'Origine de la colonie française au Sénégal;* publiée à Lyon, et à Paris, chez Guillaumin, 1874, in-8 de 353 pp. Prix: 6 fr.

2887. CALVÉ (le D^r). Il donna dans les *Annales maritimes,* 1832, n° 7, une *Description de l'épidémie de fièvre jaune qui a ravagé les établissements de Gorée et de Saint-Louis du Sénégal pendant l'année 1830.* (Bourquelot.)

2887 *bis.* **CARRÈRE** (**Fréd.**), président hon. de la cour impériale du Sénégal. *Le Sénégal et son avenir.* Bordeaux, 1870, in-8 de 15 pp. (*Journal de la librairie.*)

2888. CARRIÈRE (**Fréd.**) avec **Paul HOLLE.** *De la Sénégambie française.* Paris, 1855, in-8. (Brunet, 28421.)

2889. CHARPENTIER (H.). *Carte du Sénégal.* Paris, impr. Clamaron (1867). (*Journal de la librairie.*)

2890. DARD (J.-M.). *Dictionnaire français-wolof et français-bambara, suivi d'un Dictionnaire wolof-français.* Paris, impr. roy., 1825, in-8. (Brunet.)

— *Grammaire wolofe, ou Méthode pour étudier la langue des noirs qui habitent les royaumes de Bourba, Yolof, Walo, Damel, Bour-Sine, Saloue, Baloe, en Sénégambie;* suivie d'un Appendice où sont établies les particularités les plus essentielles des principales langues de l'Afrique septentrionale. Paris, imprim. royale; Bligny-sous-Baume, 1826, in-8. (*Catal. des Accroiss.,* VIII, p. 58. — Brunet. — Quérard.)

2891. DAVID, directeur pour la Compagnie des Indes au Sénégal. *Observations du thermomètre faites, en 1738, dans l'île du Sénégal;* impr. dans les *Mémoires de l'Académie des sciences,* 1740. (Quérard.)

2892. DURAND, directeur de la compagnie du Sénégal, etc. *Voyage au Sénégal, en*

1784-1785, *ou Mémoires philosophiques et politiques sur les découvertes, les établissements et le commerce... depuis le Cap-Blanc jusqu'à la rivière de Sierra-Leone; suivi de la Relation d'un voyage par terre de l'île S. Louis à Galam*. Paris, 1802, 2 vol. in-8, ou 1 vol. in-4° et atlas. — Autre édition. Paris, 1807, 2 vol. in-8 et atlas gr. in-4°.

Le tome II, ch. VII, comprend les *Observations* de Bubault sur le pays de Galam. (Brunet, 20870. — Quérard.)

Walckenaer, p. 63, mentionne une édition de ce voyage... Paris, 1817, mais il y a là sans doute erreur de date ?

2893. **EHRMANN** (**Th.-F.**). *Sénégal-Länder nach Poirson u. Blanchot entw. v. Th. F. Ehrmann*. Weim., 1803. (Dr Schubert, 15 sgr.)

2894. **ENDURAN** (**L.**). *La Traite des nègres, ou Deux marins au Sénégal*. Lille, Lefort (1869), in-12 de 139 pp. (*Journal de la librairie*.)

2895. **FAIDHERBE** (général). Passa au Sénégal comme sous-directeur du génie, en 1852; fut gouverneur du Sénégal en 1854, s'empara, pour le compte de la France, de plusieurs provinces, et revint en France en 1865. On a de lui de nombreux articles sur le Soudan et la côte occidentale d'Afrique, ins. dans le *Bulletin de la Société de géographie*, les *Nouvelles Annales de voyages*, etc.

Il a fait publier un *Annuaire du Sénégal* en quatre langues: français, ouolof, toukouleur, sarrakhollé. 1860 et suiv.

— *Notice sur la colonie du Sénégal et sur les pays qui sont en relation avec elle.* 1859, in-8, et 1 carte du Sénégal et du Haut Niger par V. A. Malte-Brun. (Vapereau, *Supplément*.)

2896. **GABY** (**F.-J.-B.**), religieux observantin, et de Loches. *Relation de la Nigritie, cont. une exacte description de ses royaumes et de leurs gouvernements; la religion, les mœurs, avec la découverte de la rivière du Sénégal*. Paris, 1689, in-12, carte. (Yéméniz, 7 fr. — Grenoble, n° 25755. — *Archives du bibliophile*, 1859, n° 3936, 5 fr. — Nyon, 21235. — Brunet.)

2897. **GOLBERRY** (**Sylv.-M.-Xavier de**), officier supérieur du génie, né à Colmar en 1742, mort en 1822. *Fragments d'un voyage en Afrique, fait pendant les années 1785-1787, dans les contrées occidentales de ce continent comprises entre le Cap Blanc et le Cap des Palmes*. Paris, an X (1802), 2 vol. in-8, fig. et cartes. (Brunet, 20872. — Quérard. — Bourdillon, en 1830, n° 347.)

— *Lettres sur l'Afrique.* Paris, 1791, in-8. (Quérard.)

2898. **GOZLAN** (**Léon**), littérateur français, né à Marseille en 1803. Il voyagea, en 1824, au Sénégal, et a consigné ses observations et aventures de voyage, dans le *Musée des familles*. (Vapereau. — Bourquelot.)

2899. **GRAY** (The major **W.**), avec **DOCHARD**: *Travels in western Africa.... during the Years 1818 and following*. London, 1825, in-8.

— *Voyage dans l'Afrique occidentale pendant les années 1818-1821, depuis la rivière Gambie jusqu'au Niger, en traversant les états de Woulli, Bondoo, Galam, Kaarta et Foulidou;* trad. de l'anglais par Mme Charlotte Huguet. Paris, en 1826, in-8 et atlas de 14 pl. (Brunet. — Quérard.)

2900. **GUILLEMIN** (**J.-Ant.**), docteur en médecine, né à Montpellier, en 1842. *Floræ Senegambiæ tentamen, seu Historia plantarum in diversis Senegambiæ regionibus a perigrinatoribus Perrottet et Lepricur detectarum;* auctoribus J. A. Guillemin, S. Perrotet et A. Richard, etc. Paris, 1830 et ann. suivantes, 2 tomes en 1 vol. gr. in-4°.

L'ouvrage devait avoir 12 ou 15 livraisons; 8 seulement ont été publiées. Le texte est en latin. Ce volume comprend 72 fig. col. (Brunet. — St-Denis et Mallet, en 1871, 1/2 rel., 80 fr. — Bourquelot.)

2901. **HAURIGOT** (**S.**). *Quinze mois en Sénégambie.* — Paris (1868), in-8 de 44 pp. Extrait des *Annales des voyages*, janvier 1869. (*Journal de la librairie*.)

2902. **JOBSON** (**Richard**). *The Golden trade; or a discovery of the River Gamba; and the golden strade of the Æthiopians: also the commerce with a great blacke merchant, called Buckor Sano, and his report of the houses couered with gold, and other strange observations for the good of our owne country; set downe as they were collected in trauelling, part of the yeares 1620 and 1621.* London, 1623, in-4° de 166 pp. (Brunet. — Walckenaer, p. 46, note.)

L'auteur fut chargé d'explorer la Sénégambie et de se rendre à Tombouctou; il ne put parvenir jusqu'à cette ville. Purchass publia le journal de Jobson dans sa collection: *Histoire générale des voyages*, t. IX, p. 73, éd. in-12; Leyden, 1817, t. I.

2903. **JOMARD**, de l'Institut. *Remarques sur le cours du Sénégal et de la Gambie.* Paris, 1828, in-8, 2 cartes. (Quérard.)

2904. **LABAT** (le P.), dominicain. *Nouvelle relation de l'Afrique occidentale, contenant une Description exacte du Sénégal et des païs situés entre le Cap Blanc et la rivière de Sierra-Leone, jusqu'à plus de 300 lieues en avant dans les terres, etc., d'après les*

Mémoires d'André Brue. Avec l'état ancien et présent des compagnies. Paris, 1728-29 , 5 vol. in-12, nombr. cartes, pl. et fig. en t. d. (Brunet, 20869. — Nyon, n° 21193. — Van Hulthem, 14978. — Dʳ Schubert. — Quérard.)

2905. **LAJAILLE.** *Voyage au Sénégal en 1784-1785, contenant des recherches sur la géographie , la navigation et le commerce de la côte occidentale d'Afrique, depuis le Cap-Blanc jusqu'à la rivière de Sierra-Leone; avec des notes jusqu'en l'an x , par* P. Labarthe. An x (1802), in-8, 1 carte. (Van Hulthem, nᵒˢ 15003 et 15004. — Brunet, 20870. — Quérard.)

2906. **LAUGIER (André)**, professeur au Muséum; né à Lisieux en 1770. *Analyse chimique de plusieurs terres envoyées du Sénégal;* ins. dans les *Mémoires du Muséum d'hist. natur.* , t. X, 1823. (Quérard.)

2907. **LECOMTE (Jules)**, romancier et historien, né à Boulogne-sur-Mer, en 1813, mort en 1864. *Naufrage du baleinier franco-américain Woodrop-Sims sur la côte occidentale d'Afrique.* Le Hâvre et Paris, 1833, in-8 de 56 pp. (Bourquelot.)

2908. **MARCHAL (Ch.-Léop.-J.-B.)** , président du tribunal de St-Louis-Sénégal; né à Lunéville, en 1801. On a de lui un *Voyage scientifique au Sénégal.* 1854. (Vapereau.)

2909. **MAVIDAL (J.)**. *Le Sénégal, son état présent et son avenir.* Paris , 1863, in-8. (Brunet, 28421.)

2910. **MOLLIEN (M.-Gaspard)**, voyageur, l'un des naufragés de la *Méduse* (en 1816); né à Paris, en 1796. *Voyage dans l'intérieur de l'Afrique, aux sources du Sénégal et de la Gambie, fait en 1818 par ordre du gouvernement français.* Paris , 1820, 2 vol. in-8, fig. et carte. — 2ᵉ édition revue et augm. , Paris, A. Bertrand, 1822, 2 vol. in-8, cartes et fig. (Quérard. — Grenoble, 19670.)

A la fin du 2ᵉ vol. de ce *Voyage*, on trouve un *Mémoire* de Eyriès sur les découvertes de Mollien, et sur celles des voyageurs qui l'ont précédé dans cette partie de l'Afrique. La même relation a été donnée en anglais par T. E. Bowdisch. London , 1820, in-4° , cartes et fig. (Brunet.)

2911. **MONITEUR** *du Sénégal et dépendances* , journal officiel. In-folio. Hebd. Un an, 25 fr. Saint-Louis-Sénégal. (*Annuaire de la librairie.*)

2912. **MORENAS (Jos.)**, employé au Sénégal en qualité d'agriculteur-botaniste. *Pétition contre la traite des noirs qui se fait au Sénégal ; présentée à la Chambre des députés.* Paris, 1820, in-8 de 16 pp. (Quérard.)
— *Seconde pétition...* Paris, 1821, in-8 de 64 pp. (Quérard.)

— *Précis historique de la traite et de l'esclavage colonial, contenant, etc.* Paris, 1828, in-8. (Quérard.)

2913. **PELLETAN (Jean-Gabr.)**, voyageur français, administrateur général de la compagnie du Sénégal, né à Marseille, en 1747, mort en 1802. *Mémoire sur la colonie française du Sénégal, etc.* Paris, an IX, in-8 de XVI-118 pp., 1 carte. (Quérard. — Grenoble, 25757.)

2914. **PRUNEAU DE POMMEGORGE**, ancien conseiller au Conseil souverain de Sénégal ; mort vers 1802 dans un âge très-avancé. *Description de la Nigritie*, par M. P. D. P. Ouvrage terminé par un petit Dictionnaire des mots et de quelques phrases en usage chez les peuples Jolofs. Amsterdam et Paris, 1789, in-8, cartes. (Quérard.)

2915. **RAFFENEL (Anne)**. *Voyage dans l'Afrique occidentale, comprenant l'exploration du Sénégal, depuis Saint-Louis jusqu'à la Falémé, au-delà de Bakel ; de la Falémé , depuis son embouchure jusqu'à Sansanding ; des mines d'or de Kéniéba , dans le Bambouk ; des pays de Galam, Bondou et Wooli ; et de la Gambie, depuis Baracounda jusqu'à l'Océan ; exécuté en 1843 et 1844 , par une commission composée de* MM. Huard-Bessinières, Jamin, A. Raffenel, Peyre-Ferry et Pottin-Paterson ; rédigé et mis en ordre par A. Raffenel. Paris, A. Bertrand , 1846, gr. in-8 de 500 pp. et atlas in-4°, fig. col. (Bourquelot — Brunet, 20870. — Morel de Nantes, 1874, 5 fr.)

— *Nouveau voyage dans le pays des Nègres, suivi d'études sur la colonie du Sénégal, et documents.* Paris, 1856, 2 vol. in-8, 1 carte, 20 dessins et 1 tableau. (Brunet, 20869.)

— *Renseignements géographiques sur une partie de l'Afrique centrale, en réponse à la demande, d'instructions pour le projet de voyage de M. Raffenel, faite à la Société de géographie par* S. Exc. le ministre de la marine et des colonies ; par Mʳ Jomard (mars 1846); tiré à part , 1849, in-8. (Bourquelot.)

2916. **RICARD (le Dʳ)**. *Le Sénégal, étude intime.* In-18. (Challamel, 3 fr. 50.)

2917. **ROGER (le baron)**. *Kélédor , histoire africaine.* Paris , 1828 , in-8. — 2ᵉ édition, revue, Paris, 1829, 2 vol. in-12. (Quérard.)

2918. **ROSSEL (Elis.-Paul-Ed.-de)**. *Description nautique de la côte d'Afrique, depuis le cap Blanc jusqu'au Cap Formose.* Paris, impr. roy. , 1814, in-8. (*Dictionnaire des anonymes*, 908.)

2919. **SAVIGNY (J.-Bapt.-H.)**, chirurgien de la marine , et Alex. **CORRÉARD**, tous deux naufragés de la *Méduse. Naufrage* de la frégate la M.¹²use, faisant partie de l'expédition du Sénégal en 1816 : Relation contenant les événements qui ont eu lieu sur le radeau, dans le désert de Saara, à Saint-Louis et au camp de Daccard ; suivie d'un Examen sous les rapports agricoles de la partie de la côte d'Afrique depuis le cap Blanc jusqu'à l'embouchure de la Gambie. Paris , 1817 , in-8. — Seconde édition revue et augm. , avec le portrait du roi Zaïde. Paris, 1818, in-8, 2 portr. — 3ᵉ éd., Paris, 1821, grav. (Quérard.)

2920. SCHAUENBURG (le baron **Pierre Rielle de**), officier français, ancien pair , né le 10 mars 1793 , membre du conseil général du Bas-Rhin en 1847. *Note sur la Sénégambie.* Strasbourg , 1868 , in-8 de 6 pp. Extrait du *Bulletin de la Société littéraire.* (*Bibliographe alsacien*, 1869, p. 343.)

2921. SCHOTTE (J.-P.). *Traité de la Synoque atrabilieuse, qui régna au Sénégal en 1778, et qui fut mortelle à beaucoup d'Européens et à un grand nombre de naturels. Suivi de courtes réflexions sur le commerce de la gomme du Sénégal, etc.* Londres et Paris, 1785, in-8 de XIX et 144 pp. (Quérard.)

2922. TESSEIRE (Albert), négociant. *De la situation actuelle du Sénégal.* Bordeaux, 1870, in-8 de 24 pp. (*Journal de la librairie.*)

2923. THÉVENOT (J.-P.-F.), docteur en médecine , chirurgien de la marine , chargé en chef du service des hôpitaux du Sénégal, correspondant de l'Académie de médecine. *Traité des maladies des Européens dans les pays chauds, spécialement au Sénégal ; ou Essai médico-hygiénique sur le sol, le climat et les maladies de cette partie de l'Afrique.* Paris , 1840, in-8. (Brunet, 7344. — Bourquelot.)

2924. GRAMMAIRE *of bakèle language , with vocabularies by the Missionaries. Gaboon station, Western Afrika.* New-York , 1854, in-8 de 118 pp. (Brunet, 11940.)

2925. ALEXIS de St-Lô (le P.). *Relation du voyage du Cap-Verd.* Paris , 1637, in-8. (Brunet.)

2926. BELCHER (sir **Edw.**), né en 1799 , navigateur anglais, contre-amiral. *Direction for the river Gambie.* 1835, in-8. (Vapereau.)

2927. EMBOUCHURE *de la Gambie.* Carte gravée par Kautz. Paris, imprim. Lemercier, 1868. (*Journal de la librairie.*)

2928. LEDYARD (Jean), célèbre voyageur amér... , mort en 1786. *Voyages de MM. Ledyard et Lucas en Afrique, entrepris et publiés par ordre de la Société anglaise , avec un Plan de fondation de cette Société et une carte du nord de l'Afrique, par le*

major Rennel ; suivis d'extraits de voyages faits à la rivière de Gambie , par ordre de la compagnie anglaise d'Afrique, et d'un Mémoire écrit sous le règne de Charles II, concernant la grande quantité d'or qu'on trouve près de cette rivière ; avec une carte de ce fleuve et de ses environs, tracée sur les lieux. Trad. de l'anglais par A.-J.-N. Lallemant. Paris, 1804, in-8, cartes et plans.

L'édition anglaise la plus complète de cet ouvrage, fut imprimée à Londres , en 1810 , 2 vol. in-8 ; la traduction française n'a été faite que sur une édition moins complète. (Peignot. — Quérard. — Baur, en 1874, 5 fr.)

Lucas avait déjà résidé seize ans à Maroc, comme vice-consul anglais, lorsqu'il sollicita à Londres d'entreprendre le voyage de Tombouctou. Il partit de Marseille le 18 octobre 1788, et le 25 du même mois, il était à Tripoli. Il voulut se rendre au Fezzan par la route de Mesurata ; mais il n'alla pas plus loin que cette dernière ville. Lucas recueillit des renseignements sur le Fezzan et sur les voyages des Arabes dans l'intérieur de l'Afrique, du chérif Inhammed qui , en sa qualité de marchand d'esclaves, avait visité ces contrées. Lucas retourna à Londres. Les informations qu'ils avaient reçues du chérif Inhammed se trouvaient conformes à celles que la Société africaine s'était procurées de Ben-Ali, natif de Maroc, qui vingt ans auparavant avait aussi voyagé dans l'intérieur de l'Afrique. Walckenaer , p. 69 , renvoie à cet égard aux *Proceedings of the Association for promoting the discovery of the interior parts of Africa.* 1810, t. I, pp. 116-195.

2929. MOORE (François), voyageur. *Travels into the inland parts of Africa , containing a description of the several nations for the space of six hundred miles at the river Gambia , to which is added captain Stibb's voyage up the Gambia, in the year 1723.* London, 1738, in-8, fig. Relation intéressante, dont quelques extraits ont été traduits en français, et forment le second volume des *Voyages de Ledyard et de Lucas en Afrique.* Paris, 1804, 2 vol. in-8. (Quérard.)

2930. BOILAT (l'abbé). *Grammaire de la langue wolofe.* Paris, imprim. impér., 1858, gr. in-8. (Brunet, 11957.)

2931. LAMBERT (l'abbé **Cl.-Fr.**), jésuite. *Grand catéchisme wolof*, trad. Paris, 1843, in-18 de 168 pp. (Bourquelot.)

2932. PRÉO (de). *Les Youlofi . histoire d'un prêtre et d'un militaire français chez des nègres d'Afrique.* Lille, 1844. — 2ᵉ édition, 1846, in-12, 1 grav. (Bourquelot.)

2933. ROGER (le baron), capitaine de vaisseau , commandant et administrateur du Sénégal et des établissements français en Afri-

que, de 1821 à 1827. *Fables sénégalaises, recueillies dans l'Ouolof, et mises en vers
français, avec des notes destinées à faire
connaître la Sénégambie, son climat, ses
principales productions, la civilisation et
les mœurs des habitants.* Paris, 1828, in-12.
(Quérard.)

— *Recherches philosophiques sur la langue
Ouolofe, suivies d'un vocabulaire abrégé
français-ouolof.* Paris, 1829, in-8. (Quérard.)

2934. EMBOUCHURE *de la rivière Ponga;*
gravé par J. Geisendörfer. (Paris, Lemercier,
1868.) Dépôt de la marine, 1/2 feuille.

ARCHIPEL DES CANARIES

2935. AVEZAC (M.-A.-P. d'). *Note sur la
première expédition de Béthencourt aux
Canaries.* 1846. (Vincent, en 1871, n° 1546.)

2936. BARBIÉ DU BOCCAGE (le chev.
J.-Denis). *Notice sur les îles Canaries et
sur les îles des Navigateurs;* impr. dans le
Voyage de White à Botany-Bay, par Ch.
Pougens, 1794. (Quérard.)

2937. BARKER-WEBB (P.). *Histoire naturelle des îles Canaries;* par MM. Barker-
Webb et Sabin Berthelot. Paris, 1836 à 1851,
2 vol. gr. in-4°, et atlas gr. in-fol. Il y a
des exempl. avec planches coloriées qui se
vendaient, originairement, le double de ceux
avec fig. noires. (Brunet. — Bourquelot. —
Catal. Labitte, avril 1874, n° 21.)

— *Histoire naturelle des îles Canaries.* Paris, 1842, 4 vol. et atlas in-4°. (Labitte, avril
1874, n° 20.)

2938. BELCASTEL (Gabriel de), représentant français à l'Assemblée nationale.
*Les Iles Canaries et la vallée d'Orotava,
au point de vue hygiénique et médical.*
1862, in-8. (Vapereau, *Supplément.*)

2939. BERGHAUS (H.). *Carte des îles Canaries.* (*Catal. des accroiss.*, p. 88.)

2940. BERTHELOT (Sabin). *Mémoires sur
les Guanches,* fig.; ins. dans les *Mémoires
de la Société d'ethnologie.* Paris, 1841-45,
t. I et t. II.
Les Guanches étaient le peuple indigène
des Canaries; ils furent exterminés par les
Espagnols lors de la conquête des îles par
Jean de Béthencourt. Ce peuple paraît être
d'origine berbère et avait atteint un degré
élevé de civilisation.

2941. BORDA (J.-Ch.), né à Dax en 1733,
mort en 1799, capitaine de vaisseau, membre de l'Académie des sciences, etc. En 1776,
il voyagea aux îles Canaries, et en a donné
une carte. (Bouillet. — Peignot.)

2942. BORY DE S. VINCENT (J.-B.-G.-
M.). *Essai sur les îles Fortunées et l'antique Atlantide, ou Précis de l'Histoire
générale de l'archipel des Canaries.* Paris,
an XI (1803), in-4°, 7 pl. et 3 cartes. (Brunet,
n° 28448. — Grenoble, 25760.)

— *Karte der Canarien-Insel.* Weimar, 1803.
(Dr Schubert.)

2943. BUCH (Léopold de), géologue prussien, né en 1774, mort en 1853. Visita les
îles Canaries et publia: *Physikalische Beschreibung der Canarischen Inseln.* Berlin,
1825, in-4° et atlas de 8 pl. in-fol. (Brunet,
20924.)

— *Description physique des îles Canaries,
suivie d'une indication des principaux volcans du globe;* trad. de l'allem. par C.
Boullanger; nouv. édition revue. Paris, 1836,
in-8 et 1 atlas in-fol. de 4 pp. et 12 pl. La
première édition est de 1832. (Bourquelot. —
Bouillet. — Brunet.)

2944. COLOMB (Christ.), célèbre navigateur, né vers 1436 à Gênes, mort en 1506.
*De insulis inventis Epistola Chr. Colom...
in latinum convertit,* mai 1493. Pet. in-8
goth. de 10 ff. de 26 et 27 lignes à la page,
fig. en bois. Voir le *Manuel* de Brunet, t. II,
col. 163 et suiv., pour plus de détails bibliographiques sur cette édition et celles suivantes.
Traduction italienne publiée sous le titre:
*Questa è la historia della inventione delle
diese Isole di Cannaria...* 1493, in-4° de 4 ff.
à 2 col.

2945. ESPINOSA (B.). *Mémoire sur la fièvre jaune qui régna en 1810 et 1812 dans
quelques points des îles Canaries, et particulièrement à Ste-Croix de Ténériffe, présenté à l'Académie royale de médecine, le
24 janvier 1826.* Paris, 1826, in-8 de 40 pp.
(Quérard.)

2946. GLAS (George). *History of the discoveries and conquest of the Canary islands,
translated of spanish manuscript.* London,
1764, in-4°, with maps. (Brunet.)

2947. GREEFF (Dr Rich.). *Reise nach den
canarischen Inseln.* (Voyage aux îles Canaries.) Bonn, 1868, in-8 de XII-406 pp., fig.
(*Revue bibliographique,* tome II, 1868, p. 13.)

2948. HISTOIRE *de la première découverte
et conquête des Canaries, faite en l'an 1402
par Jean de Béthencourt, chambellan de
Charles VI, écrite du temps même par F.
Pierre Bonthier et Jean Le Verrier, et
mise en lumière par Galien de Béthencourt; plus un Traité de la navigation et
des voyages de découvertes et conquêtes modernes et principalement des Français* (par
Pierre Bergeron). Paris, 1630, 2 parties en 1

vol. pet. in-8. (Peignot. — Bouillet. — Nyon, 21256. — Grenoble, 25759. — Brunet, article *Béthencourt.*)

— *Le Traité de la navigation et des conquêtes.., avec une Description des isles Canaries*, est aussi imprimé dans les *Voyages faits principalement en Asie, dans les XIIe, XIIIe, XIVe et XVe siècles, etc.* La Haye, 1735, 2 vol. in-4°, fig. Cette relation a été aussi reproduite en partie dans l'*Histoire des marins français*, de M. Bouniol. Paris, 1868. (Van Hulthem, 14426. — *Archives du bibliophile*, 1857, n° 945, 8 fr. 50. — Nyon, n° 20955. — *Revue bibliographique*, 1868, t. II, p. 70.)

Jean seigneur de Béthencourt, gentilhomme normand et aventurier, descendit dans les îles Canaries en 1402; il soumit Lancerote, Fortaventure et l'île-de-Fer, et colonisa ces îles avec des soldats, des artisans et leurs femmes venus de Normandie. Il mourut en 1425. — Pierre Bergeron, géographe né vers 1580, mort en 1637.

2949. **LA CAMARA** (Christ. de). *Constitutiones sinodales del obispado de Canaria.* Madrid, 1631, in-4°. (Brunet, n° 21492.)

2951. **LEDRU** (Pierre-André), né e 1761. *Voyage aux îles Ténériffe, la Trinité, S. Thomas, Sainte-Croix et Porto Ricco* (de 1796 à 1798); avec notes et additions par Sonnini. Paris, 1810, 2 vol. in-8, cart. gr. par J. Tardieu d'après Lopel. (Van Hulthem, n° 14997. — Boucher de la Richarderie, n° 738.)

— *Mémoires sur les cérémonies religieuses et le vocabulaire des Guanches, premiers habitants des îles Canaries;* impr. dans le *Recueil celtique*, t. IV, 1809. (Quérard.)

2952. **MARTONNE** (G. Fr. de). *Jean de Béthencourt, roi des îles Canaries.* Sainte-Menehould, 1851, in-12. (Bourquelot.)

2953. **MINUTOLI** (J.-Fr. baron de). *Die Canarischen Inseln hire Vergangenheit und Zukunft.* Berlin, 1854, in-8. (*Catalogue des accroiss.*, II, I, p. 162.)

2954. **NOUGUÉS Y SÉGALL** (don Mariano), jurisconsulte et écrivain espagnol, né en 1808, à Saragosse. Il exerça diverses fonctions judiciaires aux îles Canaries. On a de lui des *Lettres Canariennes.* (Vapereau.)

2955. **OSBECK** (Pierre). *Voyages en Espagne, aux Canaries, en Chine, etc.* (en Suédois). Stockholm, 1757, in-8. — Une traduction anglaise: *A Voyage to China and the East Indies*, a été donnée par J.-R. Forster, et publiée à Londres en 1771, 2 vol. in-8, fig. Il a été fait aussi une trad. en allem. de ce livre, par J.-G. Georgi. Rostock, 1765, in-8, fig. (Brunet, n° 19921.)

2956. **PENA** (D. Juan Nunez de la). *Conquista, y antiguedad de las islas de la Gran Canaria, y su descripcion, con muchas advertencias de sus privilegios; conquistadores, pobladores, y otras particularidades en la muy poderosa isla de Thenerife.* Madrid, 1676, in-4°. (Brunet, n° 28415.)

2957. **ROBERT** (G.). *Voyage to the islands of Canaries, Cape de Verdo, etc.* London, 1726, in-8. (Brunet, 20787.)

2958. **SAINTE-CLAIRE DEVILLE** (Ch.), ingénieur géologue français, membre de l'Institut; né en 1811 ou en 1815, à St-Thomas (Antilles). Il entreprit, de 1839 à 1843, un voyage à Ténériffe et aux îles du Cap-Vert. *Voyage géologique aux Antilles et aux îles Ténériffe et de Fogo.* Paris, impr. impériale, 1856-1864, carte. (Brunet. — Vapereau.)

Des *Mémoires* et des *Observations* géologiques et métallurgiques faites dans ses voyages ont été insérés dans les *Comptes rendus de l'Académie des sciences*, 1841-45 et 46. (Bourquelot.)

2959. **TESSIER** (l'abbé H.-Alex.), agronome célèbre, docteur régent de la faculté de médecine de Paris, né en 1741, mort en 1837. *Etat de l'agriculture dans les îles de Canaries;* ins. dans les *Mémoires de l'Institut national, cl. des sciences mathém. et phys.*, t. Ier, 1798. (Quérard.)

2960. **VIERA-CLAVIGO** (don Joseph de), savant physicien et biographe, né dans l'île des Canaries, vers 1738, mort à Madrid en 1799. On a de lui divers écrits, entre autres une *Noticias de la historia general de las islas de Canaria.* Madrid, 1772-83, 4 vol. pet. in-4°, 1 carte. (Peignot. — Brunet.)

Atlantide.

2961. **BAILLY** (J.-Sylv.), astronome, membre de l'Académie française, né à Paris, en 1736, mort en 1793. *Lettre sur l'Atlantide de Platon.* Londres (Paris), 1779, in-8; ou 1808, in-8. — Paris, 1805, in-8, carte. (Quérard. — Bachelin-Deflorenne, 1870, n° 3900. — Daremberg, en 1873, 6 fr.)

— *Examen critique des observations sur l'Atlantide de Platon de M. Bailly;* par l'abbé Creyssent. Paris, 1779, in-12. (Van Hulthem, n° 16647.)

Ces *Observations* de l'abbé Creyssent de la Moselle, se trouvent dans le *Journal des savants*, février 1799. (Quérard.)

L'Atlantide était une île ou vaste continent, qui, selon les traditions antiques conservées par Platon (dans la *Timée* et le *Critias*), était situé dans l'Océan atlantique, en face

des Colonnes-d'Hercule. L'on suppose géné-
ralement qu'il s'agit ou des îles Canaries, ou
du Continent Américain ; quelques auteurs
n'y voient là qu'une île imaginaire.

Si l'Atlantique était réellement une île
Océanienne, située entre l'Afrique et l'Amérique, son cataclysme aurait eu lieu environ 5
ou 6 mille ans avant l'ère chrétienne ; mais
il n'y a pas lieu à s'arrêter sur ces dates
qui ne sont que de simples hypothèses.

2962. BAUDELOT DE DAIRVAL. On a
de lui une *Dissertation sur la guerre des
Athéniens contre les peuples de l'île Atlantide.*

2963. BONNAUD (l'abbé **J.-B.**), d'abord
jésuite, puis vicaire-général ; mort en 1792.
*Examen critique des observations sur l'A-
tlantide de Platon, de Bailly, par l'abbé
Crey...* (Creyssent de la Moselle). Lausanne
(Paris), 1779, in-12. (Quérard.)

2964. DUMAST (de). *Sur la question de
l'Atlantide. Quelques remarques linguistiques.* Nancy, 1869, 12 pp., 1 carte. (Claudin,
1871, n° 671, 1 fr. 25.)

2965. FORTIA D'URBAN (A.-Jos.). *Essai sur quelques-uns des plus anciens monuments de la géographie, terminé par les
preuves de l'identité des déluges d'Yao, de
Noé, d'Oxygès et de l'Atlantide, etc.;* inséré
dans les *Mémoires pour servir à l'histoire
ancienne du globe terrestre.* Paris, 1805-
1809, tomes IX et X.

2966. GRAVE (Ch.-Jos. de), conseiller au
conseil de Flandre ; né à Ursel (Belgique),
m. en 1805. *République des Champs-Élysées,
ou Monde ancien : ouvrage dans lequel on
démontre principalement que les Champs-
Élysées et l'Enfer des anciens sont le nom
d'une république d'hommes justes et religieux, située dans l'extrémité sept. de la Gaule,
et surtout dans les îles du Bas-Rhin ; que
cet enfer a été le premier sanctuaire de
l'initiation aux mystères, et qu'Ulysse y a
été initié; que la déesse Circé est l'emblème
de l'église élysienne ; que l'Élysée est le
berceau des arts, des sciences et de la mythologie; que les Élysiens, nommés aussi,
sous d'autres rapports, Atlantes, Hyperbo-
réens, Cimmériens, etc., ont civilisé les
peuples, y compris les Egyptiens et les
Grecs ; que les dieux de la fable ne sont
que les emblèmes des institutions sociales
de l'Élysée ; que la voûte céleste est le tableau de ces institutions et de la philosophie des législateurs de l'Atlantes; que
l'aigle céleste est l'emblème des fondateurs
de la nation gauloise, etc.* Gand, 1806. 3
vol. in-8. (Quérard.)

2967. HISTOIRE des Atlandes ; 3 vol. Ouvrage faisant partie de l'*Histoire univ. de*

tous les peuples du monde, ou Histoire des
hommes (par Delisle de Sales, Mayer et Mercier). Paris, 1779-1785, 53 vol. in-8 et 112
cartes. Peu estimé. (Brunet.)

2968. LATREILLE (P.-André). *De l'Atlantide de Platon ;* inséré dans les *Mémoires sur divers sujets de l'histoire naturelle
des insectes, etc.* Paris, 1819, in-8. (Quérard.)

2969 bis. ROISEL. *Les Atlantes.* Paris, G.
Baillière, 1874; un article ins. dans la *Revue
des Deux-Mondes*, 15 mai 1874.

Ténériffe.

2969. BAUDIN. *Voyage aux îles Ténériffe,
la Trinité, Saint-Thomas ; Ste-Croix et
Porto-Rico, exécuté par ordre du gouvernement sous la direction du capitaine Baudin, pour faire des recherches sur le climat, le sol, la population, etc., de ces îles;
sur le caractère, les mœurs et le commerce
de leurs habitants ;* ouvrage accompagné de
notes et d'additions, par Sonnini. Paris, A.
Bertrand, 1836, 2 vol. in-8, 1 carte, 12 fr.

2970. COX. *George Mortimer's observations
and remarks made during a voyage to the
islands of Teneriffa, etc.* London, 1791, gr.
in-4° de 71 pp. (Brunet, 20929.)

2971. EDENS (J.). *Relation d'un voyage
fait au mois d'août 1715, depuis le port
d'Orotava, dans l'île de Ténériffe, jusqu'au
sommet du Pic de la même isle ;* impr. dans
The Philosophical transactions. London,
M.DCC.XV, sept. et oct., n° 345. (*Biblioth.
angloise*, 1717, tome 1, p. 119.)

2972. FRITSCH (K. von). *Teneriffe, geolo-
gisch-topographisch, etc.* (Ténériffe; examen
géologique et topographique, en collaboration
avec MM. **G. Hartung** et **W. Reise**).
Winterthur, 1867, in-fol de 16 pp., 1 carte
et 6 pl. (*Revue bibliographique*, 1868.)

— En collaboration avec **W. Reise**: *Geo-
logische Beschreibung der Insel Tenerife*
(Description géologique de l'île de Ténériffe).
Winterthur, 1868, gr. in-8 de XVIII-496 pp.
(*Revue bibliographique*, t. II, 1868, p. 41.)

2973. GEISENDÖRFER (J.), graveur.
*Plan de la ville et de la rade de Ste-Croix
de Ténérife.* Paris, Lemercier, 1868. (*Journal de la librairie.*)

2974. GLASS (Jean), capitaine d'un vaisseau marchand anglais, tué en 1765. On a
de lui une *Description de Ténériffe.* (Peignot.)

2975. HÆCKEL. *Une ascension au pic de
Ténériffe ;* article inséré dans la *Zeitschrift
der gesellschaft für erdkunde zu Berlin*

(Revue de la Société de géographie de Berlin). (*Revue bibliogr.*, 1870, p. 177.)

2976. MAILLARD (**Ch.-Th.**), patriarche d'Antioche, cardinal de Tournon, etc.; né à Turin, mort en 1705 ou 1711. *Relazione del viaggio dall'isola di Teneriff nelle Canarie sino a Pondisceri nella costa di Coromandel.* In Roma, 1704, in-4°. (Quérard.)

2977. MANTEGAZZA (**Paolo**). *Rio della Plata e Teneriffe. Viaggi e studi.* 2e édit., Milan, 1870, in-16. (*Bibliografia italiana*, n° 22.)

2978. O'KEEFFE (Miss). *Dudley et Claudy, ou l'Ile de Ténériffe.* Paris, 1824, 6 vol. in-12. Roman traduit de l'anglais par la baronne de Montolieu. (Quérard.)

Madère.

2979. ACKERMAN. *History of Madera, with a series of twenty seven colored engravings illustrative of the customs, manners and occupations of his habitants.* London, 1821, gr. in-8. (Brunet, 28444.)

2980. ALBERS (**Joan.-Chr.**). *Malacographia maderensis, seu commentatio systematica molluscorum quæ in insulis Maderæ et Portus Sancti aut viva exstant aut fossilia reperiuntur.* Berolini, 1854, 17 pl. col. (Brunet, 6142.)

2981. ALCAFORADO (**François**), escuyer de l'Infant de Portugal don Henry. *Relation hist. de la découverte de l'isle de Madère*, traduite du portugais. Paris, 1671, in-12. Réimpr. à Paris, en 1869, in-8 de 36 pp.

L'auteur de cette relation fut témoin de la découverte de l'île de Madère, faite en 1421. Le texte original a été publié en portugais par D. Fr. Manoel. On cite aussi une traduction anglaise publiée à Londres en 1675, in-4°. (Brunet. — Nyon, 21257. — *Journal de la librairie.*)

2982. BARROW (**John**), voyageur et administrateur anglais. *Voyage à la Cochinchine par les îles de Madère, de Ténériffe et du Cap Vert*, etc., trad. de l'anglais par Malte-Brun. Paris, 1807, 2 vol. in-8 et atlas in-4° de 18 pl. (Bourdillon, 1830, n° 344.)

2983. BOWDICH (**T.-E.**). *Excursions in Madeira and Porto Sancto during the autumn of 1823, while on his third voyage to Africa.* London, 1825, in-4°, fig. (Brunet.)

— *Excursions dans les îles de Madère et de Porto-Santo, faites dans l'automne de 1823, pendant son troisième voyage en Afrique; suivies 1° du récit de l'arrivée de M. Bowdich en Afrique, et des circonstances qui ont accompagné sa mort; 2° d'une descrip-*tion des établissements anglais sur la Gambie; 3° d'un appendice contenant des observations relatives à la zoologie et à la botanique, et un choix de morceaux trad. de l'arabe, par le même Bowdich; ouvrage trad. de l'anglais, accompagné de notes du baron Cuvier et du baron de Humboldt. Paris et Strasbourg, 1826, in-8, et un atlas in-4° de 19 pl. (Quérard.)

2984. BULWER. *Views in the Maderas, executed on stone by Westall, Nicholson, Harding, etc., after drawings made from nature*, by James Bulwer. London, Rivington, 1827, in-fol., contenant 26 pl. (Brunet.)

2985. CONSTANTINI (**Em.**). *Insulæ Materiæ historia ad Philippum III.* Roma, 1599, in-4°. Histoire de l'île de Madère. (Brunet.)

2985 bis. DELAMARE. *Océan atlantique. Ile de Porto Santo. Baie de Porto Santo.* Dépôt de la marine. (Paris, 1874, 75 cent.)

2986. DELISLE (**Jos.-Nic.**), doyen de l'Académie des sciences, etc., né à Paris, en 1688, mort en 1768. *Détermination de la longitude de l'île de Madère, par les éclipses des satellites de Jupiter, observées par M. Bory, comparées avec celles de M. de La Caille, à l'île de France;* ins. dans les *Mémoires de l'Académie des sciences.* (Quérard.)

2987. HOCHSTETTER (**Ferd. de**), géologue allemand, né en 1829, mort en 1860. *Madère.* Vienne, 1861. (Vapereau.)

2988. MANTEGAZZA (**Dr Paolo**). *Un giorno a Madera. Una pagina dell'igiene d'amore.* 3a ed. Milano, 1871, in-8. L. 2 10. (*Bibliografia italiana*, 1873, n° 17, p. 80.)

2989. SLOANE (**Hans**), médecin et botaniste irlandais, né en 1660, mort en 1752. *A Voyage to the Islands Madera, Barbados, Nieves*, etc., *with the Natural History.* London, 1707-1725, 2 vol. in-fol., 220 pl. (La Vallière, n° 1665. — Brunet.)

Cap Vert.

2990. BELLIN (**Nic.**), ou Belin. *L'Hydrographie française;* pl. XI, *îles du Cap-Vert* (Dépôt général de la marine). (Brunet.)

2991. *Iles du Cap Vert. Plan de Porto Praya.* 1873, 1 feuille (Dépôt de la marine). (*Journal de la librairie*, 1873, n° 298, Feuilleton, p. 1329.)

V.

AFRIQUE MÉRIDIONALE

2902. ANDRÉ (Rich.). *Livingstone le missionnaire. Derniers voyages de découvertes dans le sud de l'Afrique, etc.* Récits des dernières découvertes de Livingstone (de 1858 à 1864), de celles de la mission de l'Université, des voyages de Chapman, Baines, Baldwing, etc. (en allemand). (*Livingstone der Missionnär...*) 2e édition revue et augm., Leipzig, 1869, 2 parties en 1 vol. in-8 de XII-336 pp., 80 fig. et carte de l'Afrique méridionale et de Madagascar. (*Revue bibliogr.*)

On y trouve aussi le récit des voyages à Madagascar dans les temps anciens et modernes.

2993. BAINES (Thomas). *Voyage dans le sud-ouest de l'Afrique, ou Récits d'exploitations faites en 1861 et 1862, depuis la baie Valfich jusqu'aux chutes Victoria.* Paris, 1868, in-12. Traduction française abrégée, faite par Belin de Launay, accompagnée d'une carte et de 22 grav. (*Journal de la librairie.*)

2994. BALDWING (Sir S.-W.-C.). *Du Natal au Zambèse, 1851-1866, récits de chasses,* trad. par Mme H. Loreau, abrégés par Belin de Launay. Paris, 1868, in-12 de VIII-312 pp., 1 carte et 24 grav., 2 fr. — Nouv. tirage. Paris, 1872.

2995. BABON (A.). *Voyages, chasses, excursions en Afrique de Levaillant et Marion Dufresne.* Limoges et Isle (1869), in-8 de 120 pp. av. gr. Bibliothèque religieuse de l'enfance. (*Journal de la librairie.*)

2996. BARROW, voyageur anglais. *Account of travels into the interior of southern Africa, in the years 1797 and 1798.* London, 1801-1803 or 1806, 2 vol. gr. in-4°, fig.

Ces deux relations, recherchées lors de leur apparition, sont sans valeur aujourd'hui. Elles ont été traduites, la 1re en français par le comte Louis de Grandpré, sous le titre de: *Voyage dans la partie méridionale de l'Afrique, fait dans les années 1797 et 1798.* Paris, an IX (1801), 2 vol. in-8. — La 2e par C.-A. Walckenaer sous le titre de: *Nouveau voyage dans la partie méridionale de l'Afrique.* Paris, 1806, 2 vol. in-8, cartes. (Bourdillon, n° 356. — Quérard. — Brunet. — Boucher de la Richarderie, n° 940. — Van Hulthem, 15009.)

2997. BEAUCLERT (Clément). *Trois explorateurs de l'Afrique équatoriale;* article ins. dans la *Revue de France,* 1873.

2997 bis. BÉLANGER (Ch.), naturaliste, né à Paris en 1805. *Voyage aux Indes orientales..., suivi de détails topographiques et statistiques* (sur Maurice et Bourbon, sur le Cap de Bonne-Espérance et l'île de Ste-Hélène\, *pendant les années 1825 à 1829.* Paris, 1831 et années suiv., 8 vol. gr. in-8, 3 atlas gr. in-4°, renfermant au moins 200 pl. (Bourquelot. — Grenoble, n° 19496.)

2998. BLEEK (le Dr W.-H.-J.), auteur de divers ouvrages sur l'Afrique. Grammaire comparée des idiômes de l'Afrique méridionale (*A comparative Grammar of South-African languages*). 1856, in-8. (*Société d'ethnol. de Paris.*) Voir n° 3181.

2999. BORY DE S. VINCENT, attaché comme naturaliste à l'expédition du capitaine Baudin (1802); il publia à son retour un *Voyage dans les quatre principales îles des mers d'Afrique, fait par ordre du gouvernement en 1801 et 1802.* Paris, 1804, 3 vol. in-8 et atlas gr. in-4°, 58 pl. dessinées sur les lieux par l'auteur, et gravées en taille-douce. (Brunet, 20922. — Catalogue Sormani, de Rome, en 1873, 10 fr.)

3000. BOTELHO (Séb.-Xav.). *Memoria estadistica sobre os dominios portuguezes na Africa oriental.* Lisboa, 1834-37, 2 vol. in-8. (Brunet, 28422.)

3001. BURCHELL (Will.-J.). *Travels in the interior of southern Africa.* London, Longman, 1822-1824, 2 vol. in-4°, avec 116 fig. en partie coloriées. L'ouvrage est peu estimé. (Brunet.)

3002. CAMPBELL (John). *Two travels in south Africa.* London, 1815-22, 3 vol. in-8, pl. et carte. (Brunet, 20907.)

3003. **CARREIRA (L.-Ant. d'Abreu,** vicomte de). *Memorias sobre as colonias de Portugal situadas na costa occidental d'Africa.* Paris, 1839, in-8. (Brunet, 28422 et 28423.)

3003 bis. **CASALIS (E.)**, directeur de la maison des Missions évangéliques. *Lettre sur l'état des missions en Afrique australe,* ins. dans les *Débats* du 14 avril 1874. Répondant à un article précédent de M. Assézat, sur l'infériorité morale des nègres.

3004. **CASTELNAU** (le comte **F. de**). *Mémoire sur les poissons de l'Afrique australe.* Paris, 1862, in-8 de VIII-78 pp. (Brunet, 5886.)

3005. **CHABERT** (le marquis **Jos.-Bern. de**), chef d'escadre et hydrographe; né à Toulon en 1723, mort en 1805. *Mémoire sur la nécessité, les objets et les moyens d'exécution du voyage que l'Académie propose de faire entreprendre à M. Pingré dans la partie occidentale et méridionale de l'Afrique, à l'occasion du passage de Vénus devant le Soleil, qui arrivera le 6 juin 1761;* ins. dans le *Recueil de l'Acad. des sciences,* 1762. (Quérard.)

3006. **CHAPMAN** (**James-F.-R.-S.-G**). *Travels in the Interior of south Africa..., with Maps and Engravings.* 1868, 2 vol. in-8. (*Revue bibliographique,* 1868, p. 82.) Des articles analytiques sur cet ouvrage ont été ins., en allemand, dans les Pays étrangers (*Das Ausland*) nos 46 et 47, 1868.

3007. **CODINE (J.).** *Mémoire géographique sur la Mer des Indes.* Paris (1867), in-8 de VIII-264 pp. 6 fr. (*Journal de la librairie.*)

3008. **CORDEYRO** (le P. **Ant.**). *Historia insulana das ilhas a Portugal sugeytas no Oceano occidental.* Lisbonne, 1717, in-fol. Sur les îles d'Afrique de la mer des Indes. (Brunet, 28441.)

3009. **CORNELISEN (J.-E.).** *On the temperature of the sea at the surface near the south-point of Africa.* Utrecht, 1869, in-4° de 7 pp. grav. et 6 pl.

3010. **CORTAMBERT** (**Richard**). *Livingstone et ses voyages;* article ins. dans le *Musée universel;* Paris, 1872.

3011. **CÔTE** *occidentale d'Afrique. De la baie Dunkin à la baie de la Table.* 1 feuille. (Feuill. du *Journal de la librairie,* 1874, p. 95.)

3012. **COULIER (Ph.-J.).** *Mer des Indes.* Paris, 1845, atlas in-4° de 22 cartes. (Bourquelot.)

3013. **DECKEN (Ch. Kloeus,** baron de), voyageur allemand, né le 8 août 1833, fils

d'un chambellan du Hanovre, tué à Berdera, en Afrique, le 2 octobre 1865. En 1857, il fit une excursion en Algérie et dans le Sahara. Il entreprit de parcourir, avec la protection du gouvernement anglais, les régions inconnues de l'est de l'Afrique, sous l'équateur. A la fin de 1860, il partit pour Zanzibar, mais par suite de la trahison d'un guide, cette excursion a avorté. En 1861, il revint à la charge, en compagnie de M. Thornton, et put recueillir un certain nombre de renseignements précieux géographiques et géodésiques. Il entreprit une nouvelle expédition dans les mêmes contrées et en rapporta de curieux renseignements ethnographiques et orographiques En 1863, il partit de Zanzibar avec le même compagnon pour explorer les différents points de la côte orientale d'Afrique et les îles voisines. Rentré en Europe dans l'été de 1864, il prépara une expédition plus importante avec de plus grandes ressources, et repartit au printemps de l'année suivante, sur deux vapeurs équipés à ses frais.

Les riches collections d'histoire naturelle amassées par le baron Decken dans ses voyages ont été envoyées en Allemagne, en attendant les publications dont elles doivent faire l'objet. (Vapereau).

— *Voyages du baron Carl Klaus von der Decken dans l'Afrique orientale,* par Otto Ule; art. ins. dans *Die Natur,* 1869.

— *Derniers renseignements relatifs à l'expédition du baron Decken dans l'Afrique orientale;* article de l'abbé Dinomé, ins. dans les *Annales des voyages,* nov. 1870.

— *Reisen in Ost-Afrika in den Jahren 1859-1865,* etc. (Voyages dans l'Afrique orientale de 1859 à 1865; publiés par ordre de la mère du voyageur, la princesse Adélaïde de Plesse). Leipzig, 1869, 3 vol. gr. in-4°, pl. La rédaction de cet ouvrage est due à MM. Otto Kersten, W. C. H. Peters, J. Carbonis, F. Hilgendorf, Ed. de Mertens, C. Serper. (*Revue bibliographique,* 1869 et 1870.)

3014. **DEGRANDPRÉ.** *Voyage à la côte occidentale d'Afrique en 1786 et 1787, orné de vues, cartes et du plan de la citadelle du Cap.* Paris, 1801, 2 tomes en 1 vol. in-8. (Baur, 1874, n° 151, 6 fr.)

3015. **DELEGORGUE (Adolphe)**, de Douai. *Voyages dans l'Afrique australe, notamment dans le territoire de Natal, dans celui des Cafres-Amazoulous, exécutés durant les années 1838-1844 y compris, avec dessins et cartes;* précédés d'une introduction, par Albert Montemont. Paris, 1847, 2 vol. gr. in-8, figures. (Wolff. — Brunet, 20919. — Larose, en 1873, 10 fr. — Delaroque, en 1873, 8 fr.)

3016. **DESMOULINS** (A.), docteur en médecine, né à Rouen, mort en 1828. *Histoire naturelle des races humaines du nord-est de l'Europe, de l'Asie boréale et orientale, et de l'Afrique australe, d'après les recherches spéciales d'antiquités, de physiologie, d'anatomie et de zoologie, etc.* Paris, 1826, in-8, 1 tableau et 6 portr. (Quérard.)

3017. **DRAYSON**. *Adventures of Hans Sterk, the South African Hunter and Pioneer*, by captain Drayson, author of *Tales of the Outspan*, etc. London, Griffith and Farran, in-8, figures.

« From first to last, it is full of life and variety, and will also give boys some knowledge of the people of South Africa and their mode of life. »

3018. **DU PETIT-THOUARS** (L.-M.-A.), botaniste, né en 1758, mort en 1831, membre de l'Institut. Séjourna dans les îles de France, Bourbon et Madagascar, revint en France en 1802. *Histoire des végétaux recueillis dans les îles australes d'Afrique*, première partie. Paris, 1806, in-4° de xvi-72 pp., plus 24 pl. color. (Brunet, n° 5260.)

— *Flore des îles australes de l'Afrique. Hist. particulière des plantes orchidées recueillies sur les trois terres australes d'Afrique, de Franc, de Bourbon et de Madagascar.* Paris, 1822, in-8, 110 pl. au trait. Ouvrage estimé. (Quérard. — Brunet)

— *Mélanges de botanique et de voyages* (Ier recueil). Paris, 1809, in-8, 1 carte, 18 pl. Comprenant six Mémoires : 1° *Dissertation sur l'enchaînement des êtres;* 2° *Genera nova Madagascarica*, adressés à De Jussieu, en 1795; 3° *Observations sur les îles australes d'Afrique*, adressées à Lamark, en 1801, 2 pl.; 4° *Cours de botanique appliqué aux productions végétales de l'île de France, première promenade* (la suite n'a pas été publiée); 5° *Esquisse de la flora de Tristan d'Acugna*, précédée de la description de cette île, avec 15 pl. et 1 carte; 6° *Essai sur la Moelle et le Liber.* (Quérard.)

3019. **ELLIS** (William), missionnaire protestant: Défense des missions de la mer du sud (*Vindication of the South-Sea Missions*). 1831. (Vapereau.)

3019 bis. **ELTON** (capt. Fred.). *Exploration of the Limpopo river* (1870); article ins. dans le *Journal of the Roy. Geogr. Society*, carte. (Année géogr.)

3020. **ERHARDT** (rev. J.). *Vocabulary of the Enguduk Iloigob, as spoken by the Maisaitribes in East-Africa.* Ludwigsburg, 1857, in-8. (Brunet, n° 11957.)

3020 bis. **ERSKINE** (Vincent). *Explora-*

tion of the part of S. E. Africa; article ins. dans *The Proceedings of the Roy. Geogr. Soc.*, vol. XVII, p. 297.

3021. **FALLOURS** (Sam.). *Histoire naturelle des plus rares curiosités de la mer des Indes, etc., peints au naturel.* 1718, 2 tomes en 1 vol. in-fol. (Quérard.)

3022. **FAULKNER** (Henry), voyageur et capitaine anglais, qui aurait été tué en Afrique en 1870. *Elephant Haunts: being a Sportsman's Narrative of the Search for Dr Livingstone. With scenes of Elephants, Buffalo, and Hippopotamus Hunting.* London, 1868, in-8 de ix-325 pp. (*Revue bibliographique*, 1868, t. II, n° 707.)

3023. **FLEURIOT DE LANGLE** (le vicomte), vice-amiral français, né en 1809. *La Traite des esclaves à la côte orientale d'Afrique.* Paris, 1873, in-8 de 44 pp. Extrait de la *Revue maritime et coloniale.* (*Journal de la librairie*, 1873.)

L'auteur fut employé pendant plusieurs années à la répression de la traite sur les côtes d'Afrique. Il a donné aussi des travaux hydrographiques. (Vapereau, *supplément.*)

3024. **FONCIN**, professeur d'histoire au lycée de Mont-de-Marsan. *L'Afrique australe, d'après les voyages récents.* Bayonne et Paris, 1869, in-12 de 47 pp. Conférence de l'Association philomatique de Bayonne. (*Journal de la librairie.*)

3024 bis. **FRITSCH** (Gust.), médecin de Berlin. *Die Eigeborenen süd-Afrika's ethnoraphisch und anatomisch beschrieben.* (Les Indigènes du Sud de l'Afrique.) Breslau, F. Hirt, 1872, gr. in-8 de 552 pp., 4 tableaux, 20 pl. lithogr., nombr. fig. s. b. dans le texte, et atlas composé de 60 portr.

— *Drei Jahre in Süd-Afrika...* (Trois ans dans le sud de l'Afrique. Esquisses de voyages classées d'après des notes de journal.) Breslau, 1868, gr. in-8 de xvi-416 pp., pl. gr. et 6 chromolith. (*Revue bibliogr.*, 1868, tome II, n° 2170.)

3025. **GAUME** (Mgr), protonotaire apostolique. *Voyage à la côte orientale d'Afrique pendant l'année 1866, par le R. P. Horner, missionnaire apostolique, accompagné de documents nouveaux sur l'Afrique.* Paris, 1872, in-12 de vii-267 pp.

3025 bis. **GRUAR FORBES** (J.). *Notice Africa: Geographical exploration and christian Enterprise, from the Earliest Times to the Present.* London, Sampson Low and C° (1874), in-8. 7 sh. 6 d. (*The Graphic*, p. 411.)

3026. **GUYON** (J.-L.-G.). *Considérations sur le traitement de la fièvre jaune chez*

les européens débarqués sous les tropiques.
Paris, 1861, in-8. (Vapereau.)

— *Sur une maladie connue dans les régions tropicales sous le nom de Dicho de cul, ou ver au fondement* (1840). (Bourquelot.)

3026 bis. HAHN (Rev. **Hugo**). *Reise im Lande der Hereró und Bergdamra in Süd-west-Afrika, 1871;* article ins. dans les *Mittheil.* de Petermann, 1873, pp. 95-101.

3026 ter. HANN (**C.-G.**). *Grundzüge einer Grammatik des Hereró, nebst einem Wörterbuche.* Berlin, 1857, gr. in-8, 4 pl. (Brunet, n° 11956.)

3027. HARVEY (**Vill.-Henry**). *The Genera of South African plants.* Cap-Town, 1838, in-4°. (Brunet, 5259.)

3028. JOHNSTON (**Alex. Keith**). *Map of the Lake Region of Eastern Afrika, recently Discovered by Livingstone.* London, 1870, in-8.

3029. HERHALLET. *Instructions nautiques sur la côte occidentale d'Afrique, comprenant : la côte du Congo ; la côte d'Angola, la côte de Benguela et la colonie du Cap ;* par C.-Phil. de Herhallet, capitaine de vaisseau, et A. Le Gras, chef de service des instructions. 3e partie. Paris, 1870, in-8 de xvi-406 pp. Dépôt de la marine. (*Journal de la librairie.*)

3029 bis. KÖRNER (**Friedrich**), professeur. *Süd-Afrika Natur-und Kulturbider, etc.* (Le Sud de l'Afrique. Topographie, histoire naturelle et notice historique); ouvrage illustré de gravures et de cartes. Leipzig, 1873, chez Ferd. Hirt et fils.

3029 ter. KRUPF. *Afrika. Entdeckungen,* von Dr Livingstone. Ludwigsburg, 1857, in-8. (*Catal. des accroiss.,* mai 1865, p. 1.)

3030. LAYARD (**E.-L.**). *Birds of South Africa. A descriptive Catalogue.* London, 1867, in-8. (*Revue bibliographique,* 1868, p. 5, n° 78.)

3030 bis. LAUTS. *De Kaapsche landverhuizers, of Neerlands afstammelingen in Zuid-Africa.* Leyden, 1847, in-8. (*Catal. des accroiss.,* IX, p. 128.)

3031. LEGUAT(**François**).*Voyages et aventures de Fr. Leguat et de ses compagnons en deux îles désertes des Indes orientales, avec la relation des choses remarquables qu'ils ont observées par l'isle Maurice, à Batavia, au Cap de Bonne Espérance, dans l'isle Ste-Hélène et en d'autres endroits de leur route.* Londres et Amsterdam, 1708, 2 tomes en 1 vol. in-12, cart. et fig. (Nyon, 20828. — Brunet, 20008.)

3032. LETRONNE. *Recherches de l'opinion*

d'Hipparque *sur le prolongement de l'Afrique au sud de l'équateur ;* ins. dans le *Journal des savants,* sept. 1847.

3033. LICHTENSTEIN (**H.**). *Reisen im südlichen Africa.* Berlin, 1811-12, 2 vol. in-8, fig. Translated in english, by Anna Plumter, London, 1812, in-4°. (Brunet, 20906.)

3034. LIVINGSTONE (**David**), célèbre voyageur et missionnaire protestant anglais, né vers 1815, mort en 1873.

En 1840, Livingstone s'embarqua pour l'Afrique méridionale ; il résida quelque temps au Cap, et se retira en 1843 dans la vallée de Mabotsa, où il épousa la fille du révérend Moffat.

C'est le 1er juin 1849 qu'il s'avança pour la première fois vers le nord et atteignit, après un fatigant voyage, les bords du lac Ngami. En 1851, il parvint jusqu'à Sebitoane, la principale ville du Mékalolo, et découvrit une vaste contrée fertile, habitée par un peuple industrieux. Sa troisième tentative eut non moins de succès. Parti le 8 juin 1852, il arriva, après des fatigues inouïes, à la station portugaise de Saint-Paul-de-Loanda, située sur la côte occidentale de l'Afrique. Un nouveau voyage d'exploration lui permit de traverser le continent dans toute sa largeur au sud et d'atteindre Quilimane, sur la côte orientale, au mois de mai 1856. Il revint en Angleterre et reçut deux médailles d'or des Sociétés de géographie de Londres et de Paris.

Depuis cette époque, le docteur Livingstone a fait de nouvelles et laborieuses explorations.

Dans l'une d'elles, il vit mourir sa femme, qui, depuis quelque temps, avait voulu s'associer à ses fatigues et à ses dangers. Mme Livingstone mourut dans le Zanzibar d'une fièvre du pays, le 27 août 1862.

Son deuxième retour à Londres eut lieu dans les derniers jours de juillet 1864. Mais le repos ne fut pas long. Il entreprit bientôt après un voyage encore plus aventureux que les précédents. C'est au mois de mars 1867 que, pour la première fois, des bruits sinistres coururent sur son compte. On était resté plus d'une année sans avoir de ses nouvelles, et la Société de géographie de Londres avait même reçu la nouvelle de sa mort. Des bruits de même nature ont circulé à diverses reprises; toute l'année 1868 et une grande partie de l'année 1869 se sont écoulées dans une incertitude complète sur la direction qu'il avait prise. En février 1869, Livingstone a été élu correspondant de l'Académie des sciences.

Depuis trois ans, aucunes nouvelles de Livingstone n'étaient parvenues en Europe, et on le croyait mort, lorsque M. Stanley, parti à sa recherche, découvrit dans la région du lac Unyanyembe le célèbre voyageur malade et presque sans ressources. Livingstone, sauvé par M. Stanley et rattaché de nouveau, grâce à lui, au monde civilisé, ne voulut pas revenir encore dans son pays. Il se remit en route pour achever l'exploration de la région des lacs de l'Afrique centrale et chercher des preuves nouvelles à l'appui de la découverte des sources du Nil, qu'il était persuadé d'avoir faite. C'est dans cette dernière exploration qu'il a succombé.

— *D' Livingstone's Letters to sir Thomas Maclear;* ins. dans *The Proceedings of the Roy. Geogr. Soc.*, vol. XVII, febr. 1873, pp. 67-73. Ces lettres ont été réimpr. du *Cape Monthly Magazine,* oct. 1872. (*Année géogr.,* 1874, p. 193.)

— *Correspondence respecting sir Bartle-Frere's mission to the East Coast of Africa, 1872-73.* London, 1873, in-fol. (Parliamentary Papers). 3 sh. Extrait analytique dans les *Highways,* oct. 1873, pp. 289-295. (*Année géogr.*, 1874, p. 194.)

— *Memorandum of instructions for the Livingstone East Coast expedition, Given at Zanzibar* (febr. 1873), by sir Bartle Frere; ins. dans *The Proceed. of the Roy. Geogr. Soc.,* vol. XVII, pp. 158-159. (*Année géogr.*)

— *Ch. Rev. New's of the Livingstone search and relief expedition. Life, wanderings, and labours in Eastern Afrika; with an account of the first successful ascent of the equatorial snow-mountain Kilimanjaro.* London, 1873, in-8, cartes, 10 sh. 6 d. L'auteur faisait partie de l'expédition organisée à Londres en 1871 pour la recherche de Livingstone.

— *Missionary travels and researches in South Africa; including a sketch of sixteen year's residence in the interior of Africa, and a journey from the cape of Good Hope to Loanda on the west coast, thence across the continent, down the river Zambesi to the eastern coast.* London, 1857, in-8, cartes et illustrations. Cette première relation a été traduite en français par Mme Henriette Loreau, sous le titre de: *Exploration dans l'intérieur de l'Afrique australe et voyage à travers le continent de S. Paul de Loanda à l'embouchure du Zambèse, de 1840 à 1856.* Paris, 1859, gr. in-8, figures et cartes. (Brunet, 20867.)

— *Explorations dans l'Afrique australe et dans le bassin du Zambèse, depuis 1840 à 1864;* trad. abrégée par J. Belin de Launay. Paris, Hachette, 1868, in-12 de XIX-343 pp., 20 grav. et carte. — 2e édition, Paris, Hachette, 1869, in-12, sans figures, 1 fr. — Paris, 1873. in-12 de XX-343 pp.

— Dans la Biblioteca di viaggi: *I viaggi di Livingstone. L'Africa australe. 1º viaggio* (1840-1856). Milano, Trèves, 1873, gr. in-8, illustré.

— *Narrative of an Expedition to the Zambesi and its tributaires.* London, 1865. Cette relation a été traduite en français en 1866, gr. in-8, grav. (Vapereau.)

— *Voyage dans l'Afrique centrale, exécuté de 1849 à 1856;* résumé par V. A. Malte-Brun. Paris, 1857, in-8, 1 carte.

— *Livingstone et ses explorations dans la région des lacs de l'Afrique orientale* (1866-1872), par H. Duveyrier. Paris, 1873, in-8 de 23 pp. et vign. Extrait du *Bulletin de la Société de géogr.*, octobre 1872.

— *Aperçu général sur le troisième voyage de Livingstone* (juillet 1866 à juillet 1869), d'après sa correspondance; article ins. dans les *Annales de voyages,* 1870, avril.

— Le *Constitutionnel* de Paris, 26 octobre 1868, parle de ce célèbre voyageur dans un article de G. Landrol: *Les Relations des voyageurs modernes.*

— Le D' *Livingstone et les sources du Nil;* article ins. dans les *Mittheilungen aus J. Perthes geograph. anstalt.* XIIe livr., 1869.

— *Lo Zambese ed i suoi affluenti, explorati dal dott. Livingstone.* Suite d'a... les ins. dans l'*Universo illustrato.* Milano, 1870-71.

— Le *Times* a publié, en anglais, en avril 1874, une *Lettre* de Livingstone au directeur du *New-York Hérald,* écrite quelque temps après le départ de M. Stanley; la *Revue scientifique* a reproduit cette lettre en français (avril 1874).

— *Voyages et découvertes de Livingstone. Récit dédié aux petits amis des missions.* In-18. (Sandoz et Fischbacher, 75 cent.)

— *The Life and Labours of David Livingstone;* by H. M. Stanley. Ins. dans *The Graphic.* London, 25 avril 1874, pp. 394 et suiv.; ill. de figures s. b. et du portrait de Livingstone.

— *Stanley's How I Found Livingstone.* Edition of: « The Great Lone Land » etc. London, Sampson Low, Marston and Cº, 1874, in-8. 7 sh. (*The Graphic,* p. 411.)

— *Livingstone,* par Et. Leroux; article ins. dans le *Journal de la jeunesse.* Paris, 2 mai 1874.

— *Il Dottor Livingstone. Elogio funebre letto nella solenne commemorazione celebrata dalla Società geografica italiana il giorno 19 maggio;* par Miniscalchi Erizzo, sénateur. Roma, 1874, in-4º de 22 pp. con due carte. (*Bigliogr. italiana.*)

3035. **LOPEZ DE LIMA** (J.-Joaq.). *Ensaios sobre la statistica das possessões portuguezas na Africa occidental, na China e na Oceania.* Lisboa, 1844, in-8, en 6 livraisons. (Brunet, nᵒˢ 27952 et 28422.)

3036. **MACQUEEN** (James). *Mémoire* lu par lui à la Société de géographie de Londres, le 10 déc. 1855, et basé sur les donn´es recueillies par Livingstone.

— Sa carte du centre africain servit à Livingstone lors de l'expédition de ce dernier, en 1867.

3037. **MALTE-BRUN**. (**V.-A**.). *Notice sur les découvertes récentes des missionnaires anglais dans l'Afrique équatoriale et sur l'existence de plusieurs grands lacs dans l'intérieur de ce continent, lue à l'Assemblée générale de la Société de géographie du 4 avril 1856.* Paris, 1856, broch. in-8, 1 carte.

— *Résumé de l'exploration à la recherche des grands lacs de l'Afrique orientale, faite en 1857 et 1858, par R. F. Burton et Speke,* par V.-A. Malte-Brun, Paris, Arthus Bertrand, 18.., in-8 de 62 pp. et 1 carte.

Contenant : I : Etat des connaissances géographiques sur l'Afrique orientale à l'ouest de Zanzibar, avant l'exploration des capitaines Burton et Speke. — Motifs qui la font entreprendre.

II. Mission confiée au capitaine Burton ; il s'associe avec le capitaine J. H. Speke. — Exploration préliminaire de la côte orientale d'Afrique. — Voyage sur la rivière Pangani et à Fuga.

III. Départ des explorateurs pour leur grand voyage dans l'intérieur du continent. — De Zanzibar au lac Tanganyika.

IV. Le lac Tanganyika. — Voyage du capitaine Speke aux îles qu'il renferme. — Navigation intérieure. — Retour à Kawélé.

V. De Kawélé sur le lac de Tanganyika à Kazéh dans l'Unyabembé. — Le capitaine Speke se rend seul au lac d'Ukéréwé ou Nyanza d'Ukéréwé.

VI. Le Nyanza d'Ukéréwé, ou le lac d'Ukéréwé, appelé par J.-H. Speke lac Victoria-Nyanza.

VII. Le Nyanza d'Ukéréwé et les sources du Nil.

VIII. L'espace inconnu dans l'Afrique équatoriale et centrale se restreint de plus en plus. — L'avenir !

3038. **MAUCH** (**Karl**). En avril 1868, il a été publié dans les *Geographische Mittheilungen* de Petermann, le récit de son voyage de huit mois, fait en 1867 dans l'Afrique méridionale et durant lequel il a découvert deux importants gissements d'or à soixante lieues de la colonie portugaise de Tété, sur le Zambèse. Parti avec à peine 2,000 fr., M. Mauch

a fait ses explorations en compagnie d'un anglais M. Harthley, qui, lui, chassait l'éléphant. Ces placers d'or, qui fournissent un métal très-pur, ont été déjà exploités par places, à une époque très-éloignée.

Dans les *Mittheilungen aus J. Perthes geogr. Anstalt,* 4ᵉ et 5ᵉ livr. (1869), on trouve le récit du 3ᵉ voyage de K. Mauch dans l'intérieur de l'Afrique, depuis le 8 mai jusqu'au 18 oct. 1868 ; dans le même recueil, janvier, février, mars, avril 1870, son voyage dans l'intérieur de l'Afrique méridionale.

3039. **MAYNE REID** (The captain). *Les Chasseurs de girafes;* trad. de l'anglais avec l'autorisation de l'auteur, par Hipp. Wattemare, et illustré de 10 gravures sur bois ; — 2ᵉ édition Paris, 1870, in-12 de 324 pp. La 1ʳᵉ édition est de 1869, in-12 de 320 pp., 2 fr. — Même ouvrage, traduit par E. Allouard. Paris, 1869, in-12 de 335 pp. (*Revue bibliogr.*)

Le consul des Pays-Bas au Cap de Bonne-Espérance reçut un jour de son gouvernement l'ordre d'expédier en Europe deux girafes mâle et femelle, et il avait offert 500 livres sterling au premier chasseur qui les lui procurerait. Nombre de chasseurs avaient inutilement tenté l'aventure, quand deux officiers hollandais se mirent en campagne et y parvinrent après une foule de péripéties. C'est une étude de mœurs africaines.

3039 *bis.* **MIANI**. Voyageur italien dans le Soudan oriental ou Haute région du Nil, mort en 1872. On a de lui des relations adressées à la Société de géographie italienne. On reproche à ses premières communications de certains écarts d'imagination. (*Année géographique,* p. 481.)

3040. **MOFFAT** (**Robert**), missionnaire. *A Life's Labour in south Africa: the Story of the Life-Work of Robert Moffat.* 1860, in-8 de 158 pp., 4 fr. 50. (*Journal de la librairie,* Chronique, 1871, p. 52.)

— *Vingt-trois ans de séjour dans le sud de l'Afrique, ou Travaux, voyages et récits missionnaires.* Trad. de l'anglais; par Horace Monod. Paris, 1845, in-8, 1 pl. (Bourquelot.)

Extrait de la table des matières : Considérations générales sur l'Afrique. — Tentatives d'explorations. — Origine probable des Hottentots. — Mode d'accroissement de la population. — Bushmen. — Tribu des Tamahas. — Origine et caractère des Cafres. — Bassoutos et Béchuanas. — Namaquois et Damaras. — Mission chez les Cafres. — Mission chez les Hottentots. — Mission de la rivière du Chat. — Les Bushmen demandent des instituteurs. — Revue des missions chez les Bushmen. — Chasse aux autruches. — Situation du pays des Namaquois. — Sa topographie , etc. — Journal de M. Schmelen. — Le lion et la girafe. — Les Griquois. — Aspect de la rivière Orange. — Rencontre d'un hippopotame. — Voyage au Cap. — Voyage à Lattakou. — Raisonnement d'un faiseur de pluie. — Gouvernement des Betchuenas. — Les femmes et les enfants. — Vif désir d'apprendre à lire. — L'Alphabet chanté, etc.

3041. **MOHR** (**Ed.**). Son *Expédition astronomique et géographique dans le sud de l'Afrique ;* article ins. dans les *Mittheilungen aus J. Perthes geograph. Anstaldt*, 1869, VIIe livraison.

— *Von Bremen nach dem Mosiwatunja, den Victoria-fällen des Zambesi ;* article ins. dans le *Elfter Jahresbericht des Vereins von Freunden der Erdkunde zu Leipzig.* Leipzig, 1872, in-8, pp. 31-56. Rapide itinéraire du Natal au Zambèse à travers le Transvaal et les territoires indigènes.

— *Expedition nach Sud-Ost Africa. Bericht über meteorologische Beobachtungen angestellt in den Jahren 1869 und 1870 in Sud-Ost Africa*, von Ad. Hübner ; article ins. dans *Zeitschrift der Gesellschaft für Erdkunde zu Berlin*, 1372. (*Année géograph.*, 1874, p. 234.)

3042. **MONTGOMMERY-MARTIN** (**R.**). *History of the Southern Africa.* London , 1836, 3 vol. in-8. L'ouvrage devait avoir 12 vol. (Brunet, 28439.)

3043. **MOODIE** (**J.-W.-D.**). *Ten years in South Africa.* London, 1835, 2 vol. gr. in-8. (Brunet, n° 20913.)

3043 bis. **NÉRAUD** (**J.**), naturaliste et avocat , mort vers 1859. Il parcourut l'Ile de France, Madagascar, etc. On a de lui : *Botanique à ma fille ; description amusante des plantes qui font l'ornement des jardins et des serres , le tout entremêlé de récits anecdotiques sur les mœurs et coutumes des pays qui les produisent.* (*Bibliographe Alsacien*, 1869, p. 105.)

3044. **NOTICE** *sur la Société des missions évangéliques chez les peuples non chrétiens établie à Paris , et sur les travaux de ses missionnaires dans l'Afrique méridionale.* In-12. (Sandoz et Fischbacher, 50 cent.)

3045. **PABVILLE** (**Henry de**). *Revue des sciences* , feuilleton du Journal des *Débats* du 30 octobre 1873. Géologie : les Champs diamantifères du Cap. Ces mines sont situées à 1200 kil. de la ville du Cap. — Particularités de ce gissement. — Les diamants éclatent à l'air. — Paléontologie : Recherches sur la faune de l'île Rodrigues. Leguat, voyageur, qui séjourna deux ans dans cette île, en 1791, est le premier qui en parle. Elle est située à 30 milles marins à l'ouest-nord de Maurice.

3046. **PAUMIER** (**Henri**). *L'Afrique ouverte, ou Une Esquisse des découvertes du Dr Livingstone ;* 3e édition. Paris, Meyrueis, 1868, in-12 de 144 pp. , 1 carte, fig.

Contenant : Jeunesse de Livingstone. — Tel enfant, tel homme. — Pauvreté de ses parents. — Il entre dans une filature. — Le secret de concilier ses travaux et ses études. — Influence de sa mère sur son développement religieux. — Son désir de se consacrer aux missions. — Difficultés et succès. — Il devient médecin missionnaire. — Son départ pour l'Afrique. — Premier séjour à la station du Kuruman. — Périls de la vie de missionnaire. — Trois ans de travaux. — Les faiseurs de pluie. — La famille du missionnaire en Afrique. — Le Kalahari, ses habitants , ses plantes et ses animaux. — *Premier voyage.* Découverte du lac Ngami. — *Deuxième voyage.* Epreuves et mauvais succès. — La piqûre du tsétsé. — *Troisième voyage*, en 1851. Dangers que courent les voyageurs par l'abandon de leur guide. — Découverte du Zambèse. — *Quatrième voyage.* Coutumes des Makololos. — *Première expédition vers la côte occidentale.* Influence des femmes chez les nègres. — Une princesse africaine. — Effet de la traite. — Loanda. — Productions d'Angola. — Voyage à Linyanti. — Lac Dilolo. — La poste aux lettres en Afrique. — Visite aux chutes du Zambèze. — Les fourmis blanches. — Les rhinocéros. — Arrivée à Tété en 1856. — Les Portugais en Afrique. — Traces laissées par les missions des jésuites. — Arrivée à Quilimane, etc.

3047. **PHILIP** (**John**). *Researches in South Africa.* London, 1828, 2 vol. in-8 , avec une carte et une autre pl. (Brunet. — Daremberg, en 1873, 5 fr.)

3048. **PRINGH** (**Th.**). *Narrative of a residence in South Africa.* A new edition, London, 1835, in-8. (Brunet, n° 20912.)

3049. **REINECKE** (**J.-C.-M.**). *Carte du Zanguebar , de la Cafrerie et de Madagascar* (texte allemand). Weim., 1801. — Autre édit., Weim. , 1804. (Dr Schubert, en 1870, 10 sgr.)

3050. **RIIS** (**H.-N.**). *Elemente des Akwapim-Dialects der Odschi-Sprache*, etc. Basel, 1853, in-8 de VIII-276 pp. (Brunet, 11957.)

— *Grammatical outline and vocabulary of the oji language , with especial reference to the akwapim-dialect , etc.* Basel, 1854, in-8 de VIII-276 pp. (Brunet, 11957.)

3051. **SCHÖN** (**J.-Fréd.**). *Vocabulary of the haussa language... and phrases and specimens of translations to which are prefixed the grammatical elements of the haussa language.* London, 1843, in-8. (Brunet, 11957.)

3052. **SCHRUMPF** (**Rosette Vorster**, dame), femme missionnaire. *Autobiographie de Mme Rosette Schrumpf, missionnaire au sud de l'Afrique. Ouvrage commencé par elle-même, continué et constaté au moyen de sa correspondance et des souvenirs de famille, par son mari.* Strasbourg, 1863, in-18 de 100 pp., portr. (*Bibliographe alsacien*, 1863, p. 218.)

— *Souvenirs de l'Afrique méridionale*, par le missionnaire Christian Schrumpf. Genève, 1860, in-12 de 80 pp. (Sandoz et Fischbacher, 60 cent.)

Contenant : I. Champ de la mission chez les Bassoutos. — II. Coup d'œil rapide sur notre œuvre dans le sud de l'Afrique. — III. Courte relation de voyage. Quelques scènes de la vie d'un missionnaire. — Etat religieux et moral du pays des Bassoutos. — Obstacles qui s'opposent au règne de Dieu. — Progrès de l'Evangile dans le Lessouto. — Faits encourageants. — Statistique des stations.

3053. **SCRIBE** (**Eug.**), auteur dramatique, né en 1791 à Paris, mort en 1861. *L'Africaine*, opéra en 5 actes ; mus. de Meyerbeer, paroles de Scribe. Paris, Brandus, 1873. — Idem, Paris, 1874, in-12 de 72 pp.

3054. **SMITH** (**Andrew**). *Illustrations of the zoology of south Africa.* London, 1841-49, 5 tomes en 3 vol. in-4°, 250 pl. (Brunet.)

3055. **SONNERAT** (**Pierre**), voyageur, né à Lyon vers 1745, mort à Paris en 1814. Les îles de France et de Bourbon lui doivent l'acclimatation de l'arbre à pin, du cacaotier, du mangoutan et de beaucoup d'autres plantes. *Voyage aux Indes orientales et à la Chine, fait depuis 1774 jusqu'en 1781, avec des Observations sur le Cap de Bonne-Espérance, les Iles de France et de Bourbon*, etc. Paris, 1782, 2 tomes en 3 vol. gr. in-8. Le 3e volume forme un atlas comprenant 140 planches gravées représentant les mœurs, religions, costumes et l'histoire naturelle de l'Inde, de la Chine, et aussi de la Cafrerie et de l'Hottentotie. — Autre édit., Paris, 1806, 4 vol. in-8 et atlas de 140 pl. Cette édition est moins estimée que celle de 1782 en 2 vol. in-4° pour les gravures ; il y a aussi des exemplaires de l'édition de 1806, en 2 vol. in-4°. (Brunet. — Quérard. — Bouillet.)

3056. **STANLEY** (**H.-M.**), né dans le Connecticut, Etats-Unis d'Amérique. *The Finding of Dr Livingstone, by H. M. Stanley, special correspondent of the New-York Hérald*, etc. Londres, 1872. Ce livre non avoué par M. Stanley n'est point fait avec les correspondances qui étaient alors déjà publiées, mais il contient les détails de diverses aventures arrivées à M. Stanley pendant ses recherches, ses quatre mois de résidence avec le docteur Livingstone, et un grand nombre de renseignements géographiques très-importants. (*Journal de la librairie*, Chronique, 1872, p. 7.)

— *Comment j'ai retrouvé Livingstone. Voyages, aventures et découvertes dans le centre de l'Afrique.* Ouvrage traduit de l'anglais par Mme H. Loreau. Contenant 60 grav. et 6 cartes. Paris, Hachette, 1873, grand in-8 de 604 pp., 10 fr. (*Journal de la librairie.*)

— *Voyage à la recherche de Livingstone.* Inséré dans le *Tour du monde*. Paris, 1873.

3057. **STEEDMAN** (**Andr.**). *Wanderings and adventures in the interior of southern Africa.* London, 1835, 2 vol. gr. in-8. (Brunet, 20914.)

3057 bis. **THOMAS** (**T.-M.**). *Eleven years in central Sout Afrika.* Londres, 1873, in-8. (*Année géogr.*, 1874, p. 234.)

3058. **THOMPSON** (**Geor.**). *Travels and adventures in Southern Africa, comprising observations made during eight years residence at the Cape.* London, 1827, in-4°, cartes et fig. — 2e édition, en 2 vol. in-8 et 40 pl. (Brunet.)

3059. **TUCKEY** (**J. Kingston**), navigateur irlandais. *Narrative of an expedition to explore the river Zaire, usually called the Congo in south Africa, in 1816, under the direction of captain J. H. Tuckey, to which is added the Journal of professor Smith*, etc. London, 1818, gr. in-4°, fig. (Brunet.)

— *Relation d'une expédition entreprise en 1816, pour reconnaître le Zaïre, communément appelé le Congo, fleuve...suivie du journal du professeur Smith; précédée d'une introduction.* Trad. de l'anglais. Paris, 1818, 2 vol. in-8 et atlas in-4°. (Boucher de la Richarderie, 1826, n° 954. — Marquis de Lescoet.)

En 1816, le gouvernement anglais crut devoir faire une grande tentative pour pénétrer dans l'intérieur de l'Afrique. Dans la persuasion où l'on était que le *Niger* était le *Zaïre*, ou la rivière du *Congo*, on dépensa de grandes sommes pour équiper des bâtiments afin de remonter ce fleuve. Cette entreprise fut la plus malheureuse de toutes celles qu'on avait tentées jusqu'alors. Le capitaine Tuckey, le lieut. Hawkey, le professeur Smith, et enfin vingt et une personnes de cette expédition, périrent en peu de temps de la fièvre, et l'on ne put explorer que l'embouchure du Zaïre. (Walckenaer, p. 121.)

3060. **VAN ESENBECK** (**Nees**). *Floræ Africæ australioris illustrationes.* Glasgoviæ, 1841, in-8. (*Catalogue des accroiss.*, III, nᵒˢ 3201 et 3630.)

3061. **VON BOUCHENROEDER (B.-F.).** *Reize in de binnenland van Zuid-Afrika, gedaan in der jare 1803.* Amst., 1806, in-8, carte. (Van Hulthem, nᵒˢ 15006 et 15008.)

3062. **WANGEMANN** (Dʳ). *Ein Reise-Jahr in Süd Afrika...* (Une année de voyages dans le sud de l'Afrique. Journal détaillé d'un voyage d'inspection fait en 1866 et 1867 à travers les stations de mission de la Société des missions de Berlin). Berlin, 1868, gr. in-3. (*Revue bibliograph.*, p. 156, 1868, et 1869.)

— *Maleo v. Sekukuni. Ein Lebensbild aus Südafrika.* (Maléo et Sekukuni. Tableau de la vie de l'Afrique méridionale). Berlin, 1868, gr. in-8 de 256 pp. et 10 grav. (*Revue bibliographique*, t. III, 1869, nᵒ 1030.)

3063. **WATHEN** (James). *Journal of a voyage performed in the years 1811 and 1812 to Madras and at China, returning by the Cape of Good-Hope, St-Helena, etc.* London, 1814, gr. in-4ᵒ, 20 pl. (Brunet.)

3064. **YOUNG** (E.-D.). *Search after Livingstone. A Diary Kept during the Investigation of his Reported Murder.* Revised by Rev. Horace Waller. London, 1868, in-12 de 262 pp. (*Revue bibliographique*, 1868, t. II, p. 47.)

CONGO

3065. **BESCHRYVINGE** *Van 't koningryck Congo met 't aepalende landt Angola* (Description des royaumes de Congo et d'Angola). Amst., 1650, in-4ᵒ, fig. (Van Hulthem, nᵒ 14892.)

3066. **BRAUN** (Samuel), ou **BRUNO**, chirurgien, natif de Bâle (fin du XVIᵉ siècle); fit trois voyages le long de la côte d'Afrique jusqu'à Angola. Ses observations se portent sur la climatologie des contrées qu'il a parcourues. A son retour, il publia la relation de ses voyages en allemand, dans la collection allemande des *Petits voyages*, de De Bry, en 1625, puis en latin, insérée à la suite de la 1ʳᵉ partie de leur édition latine sous le titre : *Appendix regni Congo quâ continentur navigationes quinque Samuelis Brunonis...*, 1625, fig. (Peignot.)

3067. **BRUSCIOTTI** (Hyac.). *Regulæ quædam pro difficillimi Congensium idiomatis faciliori captu.* Romæ, 1659, in-8. (Brunet.)

3068. **CANNECATTIM** (Bern.-Maria de). *Colleção de observações grammaticaes sobra a lingua bunda, o angolense, compostas por B. M. Cannecattim.* Lisboa, 1805, in-8 de xx-218 pp.

— *Diccionario da lingua bunda ou angolense, explicada na portugueze e latina.* Lisboa, impr. royale, 1804, pet. in-4ᵒ. (Brunet.)

3069. **CASTILLON** (J.-L.), né à Toulouse en 1720, littérateur. *Zingha, reine d'Angola, histoire africaine.* Bouillon, 1769, 2 part. en 1 vol. in-12. Roman. (Nyon, 8744. — Quérard.)

3070. **CAVAZZI** (J.-Ant.), missionnaire capucin, fut envoyé deux fois au Congo (en 1654 et en 1670). *Descrizione dei tre regni, cioe Congo, Matamba e Angola..., e delle missioni apostoliche, esercitateri da religiosi capucini, e nel presente stile ridotta dal P. Fortunato Alamandini,* etc. Bologne, 1687, in-fol., fig. — Milan, 1690, in-4ᵒ, fig. (Nyon, 21249. — Quérard. — Peignot.)

— Le P. Labat a donné une traduction française de ce livre: *Relation historique de l'Ethiopie occidentale,* etc. Paris, 1732, 5 vol. in-12. (Brunet.)

3071. **DOUVILLE** (Jean-Bapt.), membre des Sociétés de géographie de Paris et de Londres, né en 1794. Il parcourut dans son voyage en Afrique, tout le pays qui s'étend depuis San Felippe dans le Benguela, jusqu'au 25ᵒ 4' de longitude E. et 13ᵒ 27' lat. S. Cette excursion lui a coûté plus de 200,000 francs.

— *Revue de voyages,* l'*Astrolabe.* M. Douville au Congo, etc.; article écrit par Théod. Lacordaire, et ins. dans la *Revue des Deux-Mondes,* nov. 1832. (Bourquelot.)

— *Voyage au Congo et dans l'intérieur de l'Afrique équinoxiale, fait dans les années 1828, 1829 et 1830.* Paris, 1832, 3 vol. in-8 et atlas in-4ᵒ de 20 pl. et 1 carte, 1 front. et 1 table lithogr. Ouvrage rédigé avec la collaboration de M. Eyriès. (A. Morel, en 1874, 12 fr.)

— *Ma défense, ou Réponse au Foreign-Quaterly review sur le voyage au Congo* (1832).

— *Trente mois de ma vie, 15 mois avant et 15 mois après mon voyage au Congo, ou Ma justification des infamies débitées contre moi.* Paris, 1833, in-8. (Brunet, 19934.)

3072. **DROUET** (Henri). *Sur terre et sur mer. Excursion d'un naturaliste en France, aux Açores, à la Guyane et à Angola.* Paris, in-12 de 303 pp. (*Journal de la librairie,* 1870, nᵒ 2325.)

3073. **FRANÇOIS** (le P. Jean), de Rome, capucin. *Relation brieve et fidèle du succès de la mission des frères mineurs capucins au royaume de Congo, et des qualités, coutumes et manières de vivre du pays et des habitans; décrite et établie pour l'avance-

ment de la foi ; trad. en français. Lyon, in-8. (Grenoble, 19660.)

3074. GATTINI, ou **Michel-Ange de Gattine.** *Viaggio nel regno del Congo, de P. Mich. Angelo de Guattini da Reggio, et del Padre Dion. de Carli da Piacenza, Capuccini, missionarii apostolici nel regno del Congo, descritto per lettere continuate fino alla morte, del porto di Genova alla città di Loanda, da sudetto P. Guattini, al suo padre in Reggio ; con una fedele narrativa delli paesi del Congo, del detto P. Dionigi, et col suo ritorno in Italia.* Venetia, 1699, in-12. (Nyon, 21247.) Il existe une première édition : Bologna, 1674, in-12. (Brunet.)

— *Relation curieuse et nouvelle d'un voyage de Congo, fait ès années 1666 et 1667, par les RR. PP. Michel Ange de Gattine, et Denys de Carli de Plaisance.* Lyon, 1680, in-12. (Yéméniz, n° 2874, 15 fr. — Grenoble, n° 19661. — Nyon, 21248. — Brunet, 20893.) Cette traduction française a été faite sur la 1re édition du texte. Elle a été réimprimée dans la *Relation de l'Ethiopie occidentale,* du P. Labat, pp. 91 à 268.

3075. GRANDPRÉ (le comte **Louis de**), capitaine de vaisseau, né à Saint-Malo, en 1761. *Voyage à la côte occidentale d'Afrique, fait dans les anné٠ ٠186 et 1787, contenant la descriptic . des mœurs, usages, lois, gouvernement et commerce des états du Congo, fréquentés par les Européens, et un précis de la traite des noirs, ainsi qu'elle avait lieu avant la révolution française ; suivi d'un voyage fait au Cap de Bonne-Espérance, contenant la description militaire de cette colonie.* Paris, an IX (1801), 2 vol. in-8, 11 grav. et pl. de la citadelle du Cap de Bonne-Espérance. (Grenoble, 19662. — Brunet, 20886. — Quérard.)

3076. HUNGARIA (**Bernardin d'**), ainsi nommé parce qu'il était de Hongrie, missionnaire capucin ; il baptisa le roi et la reine de Loango, et mourut en 1664. On a de lui *l'Histoire de son Voyage et de sa mission, avec une relation des mœurs des habitants du Loango.* (Peignot.)

3077. LOPEZ (Od.), Portugais. *Relatione nel reame di Congo et delle circonvicine contrade,* tratta dalli scritti et ragionamenti di Od. Lopez, per Filippo Pigafetta, con disegni varii di geografia, di piante, d'habiti, di animali et altro. In Roma, s. d., in-4°, 8 planches. L'épître est datée de 1591. (Yéméniz, n° 2875, 105 fr. — Nyon, 21246.)

— *Das beschryvinghe van groot ende vermaert coninckryck van Congo... door Philips Pigafetta.* Amst., 1596, in-4°, fig. s. b. (trad. holl. faite par Everart. (*Archives du bibliophile,* 1857, 10 fr.)

Il existe aussi une traduction anglaise, par Abr. Hartwell. Londres, 1597, in-4°, 2 cartes. (Brunet.)

3078. MEROLLA (Girolamo), da Sorrento. *Relatione del viaggio nel regno di Congo nell'Africa.* Napoli, 1692, pet. in-8, fig. — Napoli, 1726, pet. in-8. (Brunet.)

3079. NYLANDER (the rev. **G. Reinh.**). *A Spelling-book of the bullom language, with a dialogue and scripture exercises.* London, 1814, in-12.

— *Grammar and vocabulary of the bullom language.* London, 1814, in-12. (Brunet, n° 11952.)

3080. PELLICER DE OSSAN Y TOVAR (D.-Jos.). *Mission evangelica al reyno de Congo, por la serafica religion de los Capuchinos.* Madrid, 1649, pet. in-4°. (Brunet.)

3081. PLAN de *l'embouchure du Rio Congo au Zaïre.* (Paris), 1873. (Dépôt de la marine, n° 2107), 1 feuille.

3082. PROYART (l'abbé **L. Bonav.**), né vers 1743, mort en 1808. On a de lui une *Histoire de Loango, Kokongo et autres royaumes d'Afrique, rédigée d'après les mémoires des préfets apostoliques de la mission française.* Paris, 1776, in-12, 1 carte. (Peignot.) Ce livre a été fait d'après les *Mémoires* de MM. Bellegarde et Descourvières, missionnaires. La première partie contient une description du pays et des mœurs des habitants, suivie de quelques détails sur leur langue ; la deuxième renferme l'histoire de la mission française, de 1766 à 1773. (Quérard.)

3082 bis. REBELLO (Amador). *Capitulos tirados das cartas que vieram este anno 1588 dos padres de comp. de Jesus que andam nas partes da India, China, Japoa e reino de Angola.* Lisboa, 1558, in-8. (Brunet.)

3083. REGNUM *Congo, hoc est vera descriptio regni Africani quod tam ab incolis quam Lusitanis Congus appellatur; per Phil. Pigafettam, olim ex Ed. Lopez Acromatis lingua italica excerpta, nunc latino sermone donata ab Aug. Cassiod. Renio ; iconibus et imaginibus rerum mirabilium quasi vivis, opera et industria J. Theodori et J. Israelis de Bry fratum.* Francofurti, 1598, front. gr., carte du royaume de Congo, carte d'Egypte, 14 pl. Dans la collection des *Petits voyages.*

— Une seconde édition du même ouvrage fut publiée en 1624, à Francf. A la suite de cette seconde édition se trouve ordinairement l'*Appendix regni Congo,* etc. de Sam. Braun ; Francf., 1625.

3084. SALDANHA DA GAMA (le maré-

chal **Antonio de**) , homme d'état portugais. *Memoria sobre as colonias de Portugal, situadas na costa occidental d'Africa ,
mandada ao governao pelo antigo governa-
dor e capitao general do reino de Angola ,
Antonio de Saldanha da Gama , em 1814.*
Paris, 1839, in-8 de 60 pp.

3085. **VETRALLA** (**Hyac. a**). *Doctrina
christiana ad profectum missionis totius
regni Congi in quatuor linguas per cor-
relativas columnas distincta... a F. Hya-
cintho a Vetralla.* Romæ , typis congr. de
Propaganda fide (1650) ; pet. in-4°. En langue
du Congo, en portugais, en latin et en italien. (Brunet.)

3086. **WICQUEFORT** (**Joachim** ou **Abraham**), mort en 1681. *Voyage très-curieux
et très-renommé , fait en Moscovie , etc. ,
dans lequel on trouve une Description...
du Congo ;* trad. de l'original (allemand) ,
et augm. par de Wicquefort. Nouv. édition,
Leyde, 1819; ou La Haye (Amst.), 1727; et
Amst. , 1737, 4 tomes en 2 vol. in-fol.

3087. **ZUCCHELLI DA GRADISCA** (Padre **Antonio**). *Relazioni del viaggio e mis-
sione di Congo.* Venezia, 1712 , in-4° de 438
pages. Relation curieuse , dont Walckenaer
a donné l'analyse dans le 13ᵉ volume de son
Histoire générale des voyages. L'ouvrage
du P. Zucchelli fait suite à celui du P. Merolla. (Brunet.)

ILE SAINTE-HÉLÈNE

3088. **BEATSON** (**Alex.**). *Tracts relative
to the Island of S.-Helena.* London , 1816 ,
in-16. (Brunet, n° 28452.)

3089. **BERTRAND** (**Arthur**), officier supérieur, troisième fils du général comte Bertrand , né à Ste-Hélène , le 9 janvier 1817.
En 1840 , il accompagna son père à Ste-
Hélène, et à son retour il publia des *Lettres
sur l'expédition de Ste-Hélène en 1840.*
Paris, 1840, in-12 de 248 pp. (Bourquelot.)

3090. **BEST** (**C.-C.**). *Briefe ueber Ost-Indien*
(Lettres sur les Indes orientales , le Cap de
Bonne-Espérance , et l'île de Sainte-Hélène ,
écrites de ces contrées); publiées par K.-
Glo. Küttner (en allemand). Leipzig , 1807,
pet. in-4°, orné de 13 et xiv pl. (Brunet.)

3091. **BROOKE** (**T.-H.**). *History of the island of S. Helena.* London, 1808, in-8. (Brunet, 28451.)

— *Description hist. de l'île de Ste-Hélène ,*
extrait de l'ouvrage anglais publié à Londres en 1808; traduit par J. Cohen, avec des
notes par Malte-Brun. Paris , 1815 , in-8 , 1
carte et 1 vue de James-Town. Cette tra-

duction a eu trois éditions la même année.
(Dʳ Schubert, en 1870, 1 5/6 thal.— Quérard.)

3092. **CHARRIÈRE** (**Ernest**). *Sainte-Hélène, ou Souvenirs d'un voyage aux Gran-
des-Indes* (poëme lyrique). Paris , 1826 , in-8
de 64 pp. (Quérard.)

3093. **COQUEREAU** (l'abbé **Félix**), né à
Laval en 1808, mort en 1865. En 1840, il fut
aumônier de la frégate la *Belle-Poule*, qui
allait chercher les restes de Napoléon Iᵉʳ.
Souvenirs du voyage de Sainte-Hélène. Paris, 1841 , in-8, 3 lith. (Vapereau. — Bourquelot, t. II, p. 309.)

3094. **DAMIAN**. *Une visite à Ste-Hélène ;*
ins. dans la *Revue du midi,* en 1845. (Bourquelot.)

3095. **DORIS** (**Ch.**), de Bourges. *Amours de
Napoléon Iᵉʳ et de sa famille.* 6ᵉ édition ,
augmentée de *Notes précieuses sur Napoléon Bonaparte à Sainte-Hélène.* Paris ,
1821, 6 vol. in-18. (Quérard.)

— *Chagrins domestiques de Napoléon Bonaparte à l'île Sainte-Hélène.* Paris , 1821,
in-8. Ouvrage publié sous le pseudonyme
d'Edw. Saintine, huissier du cabinet de Napoléon à Ste-Hélène. (Quérard.)

3096. **DURAND-BRAGER** (**J.-Bapt.-H.**),
peintre français , né en 1814. Attaché au
prince de Joinville lors de l'expédition de la
Belle-Poule à Ste-Hélène . Au retour , il en
publia la relation officielle intitulée: *Sainte-
Hélène* (1841) ; il y ajouta plus tard en collaboration avec le général **GOURGAUD**
l'*Histoire et vues pittoresques de tous les
sites de l'île.* Paris, Gide, 1843-1844, in-fol.,
pl. Publié au prix de 120 fr. (Bourquelot. —
Vapereau.)

3097. **GUILLOT** (chev. **Henry**). *Notice topographique, historique , statistique et militaire sur l'île Sainte-Hélène,* par le chev.
H... y G... t. Paris, 1815, in-12, 2 cartes et
1 pl. (*Supercheries littéraires ,* tome II,
col. 122.)

3098. **LAS CASES** (le comte **Aug.-Emm.-
Dieudonné-Mar.-Jos. de**). *Le Mémorial
de Sainte-Hélène ;* suivi de *Napoléon en
exil,* etc. Paris, 1842, 2 vol. gr. in-8. (Brunet.)

— *Diario de la isla de Santa Elena.* Bar-
celona, 1835, 4 vol. in-8. (Llordachs, en 1873,
p. 73.)

3099. **MONTHOLON SEMONVILLE** (le
comte , depuis marquis **Ch. Tristan de**),
général de brigade, aide de camp de Napoléon, dont il fut un des compagnons de captivité à Sainte-Hélène ; né en 1783. *Récits
de la captivité de l'empereur Napoléon à
Ste-Hélène.* Paris, 1847, 2 vol. in-8. Ces ré-

cits parurent d'abord en feuilletons. L'auteur a séjourné six ans dans l'île.

On a d'autres écrits littéraires du même auteur, empreints du souvenir de son exil à Sainte-Hélène. (Bourquelot.)

3100. **NOTICE** *topographique sur l'île Ste-Hélène.* Paris , 1815, in-12. (*Catal. des accroiss.*, VIII, p. 102.)

3101. **O'MEARA** **(Barry Edw**.), chirurgien de Napoléon à Ste-Hélène. *L'Echo de Sainte-Hélène*, trad. de l'anglais d'Omeara , avec préface (par Aug.-Alexis Floréal Baron, professeur à l'Université de Liége). Bruxelles, 1824, 3 vol. in-8. Ouvrage relatif à la vie de Napoléon avant son exil, faisant suite au *Mémorial*. Il y a eu plusieurs éditions de cet ouvrage. (*Dictionnaire des anonymes.*)

— *Relation des événements arrivés à Ste-Hélène, postérieurement à la nomination de sir Hudson Lowe au gouvernement de cette île, en réponse à une brochure intitulée: Faits démonstratifs des traitements qu'on fait éprouver à Napoléon Bonaparte, etc.* (Trad. de l'anglais par Beaupoil Saint-Aulaire). Paris, 1819, in-8. (Quérard.)

3102. **PLUCHONNEAU aîné**. *Sainte-Hélène en 1840 , ou Statistique raisonnée et historique de cette île, depuis sa découverte jusqu'à nos jours.* Paris, 1840, in-8, 4 lith. et 1 carte. (Bourquelot.)

3103. **SABINE (Edward**), physicien anglais, né en 1790. Il dirigea, en 1822, une expédition qui longea les côtes d'Afrique et d'Amérique, pour recueillir des observations relatives au pendule et au magnétisme terrestre. *Observatoire magnétique et météorologique de Ste-Hélène.* 1847. (Vapereau.)

3104. **SEALE (R.-F**.). *The Geognosy of the island S. Helena, illustrated in a series of views, plans and sections.* London, 1834, in-fol. obl. , 10 pl. (*Catal. des accroiss.*, XII, 1, p. 37.)

3105. **SKETCHES** *of India..., together with notes on the cape of Good Hope and S. Helena written in those places in 1815.* London, 1816, in-8. (Brunet, 20023.)

3106. **TOULOUZAN** , ou **Toulouzan de St-Martin** , professeur à Marseille, etc. *De l'île Sainte-Hélène et de Bonaparte ; Essai contenant la Description et la statistique de l'île Ste-Hélène, un Précis historique sur la navigation de la mer Atlantique ; des Vues commerciales et politiques sur cette colonie, etc.* Paris , 1815 , in-8 de 52 pp. (Quérard.)

3107. **VIDAL (Léon-Jérôme**), né à Marseille en 1796. Avec **Alph. SIGNOL:** *Mé-* *morial relatif à la captivité de Napoléon à Sainte-Hélène* , par le général sir Hudson Lowe. 1830, in-8, portr. (Bourquelot.)

3108. **VILLERS (Marius**). *Pèlerinage à Sainte-Hélène , ou Souvenirs d'un voyage autour du monde.* Paris, 1829, in-8 de 32 pp. (Quérard.)

3108 bis. **ILES** *Tritan d'Acuna.* Dépôt de la marine. 1873, n° 3169, 1/2 feuille. (*Année géogr.*, p. 274.)

HOTTENTOTIE

3108 ter. **ANGAS.** *The Cap of Good and Kaffir Land.* London, s. d. , in-fol. (*Catal. des accroiss.*, oct. 1865, p. 1, col. 1.)

3109. **BLEEK (Dʳ**). *Report concerning his researches into the Bushman language and customs.* Capetown , 1873, in-4°, 8 pp. (*Année géogr.*)

3109 bis. **CAMPBELL (John**). *Pacaltsdorp, ou le Village hottentot ; lettre sur les progrès remarquables de Hooge Kraal , village de l'Afrique méridionale...* Paris, 1829, in-18 de 36 pp. et 1 pl. (Bourquelot.)

3110. **CARTE** *de la côte méridionale d'Afrique de la baie Ste-Hélène à la baie Waterloo.* Paris , 1873. Dépôt de la marine. (Challamel, 2 fr.)

3111. **CASTÉRA (J**.). *Voyages dans le pays des Hottentots, à la Caffrerie, à la Baye Botanique , et dans la Nouvelle Hollande ;* traduit de l'anglais (par J. Castéra). Paris, 1790, in-8. (Boucher de la Richarderie, 727. — Baur, en 1874, n° 527, 6 fr.)

3112. **CUVIER** (le baron). *Extrait d'observations faites sur le cadavre d'une femme, connue à Paris et à Londres sous le nom de Vénus hottentote;* inséré dans les *Mémoires du Museum d'hist. naturelle*, t. III, 1817.

3113. **HARRIS** (le major). *Game and wild animals of southern Africa, delineated from life in their native haunts during a hunting expedition from the Cape colony as far as the tropic of Capricorn , in the years 1836-1837, with sketches of the Field Sports.* London, 1844, in-fol. impér., 30 pl. et 30 vign. — Autre édition, Londres, 1844, in-8 impér., contenant 26 pl. (Brunet.)

— *The Wild sports of southern Africa being the narrative of an expedition from the Cape of Good Hope through the territories of the chief Moselekatse, to tropic of Capricorn.* London , 1844, gr. in-8. — Autre édition. London , 1839, in-8. (Brunet, 20919. — *Catal. des accroiss.*, II, 2, p. 91.)

3114. **HASZKARL** (**Just.-Ch.**), voyageur et naturaliste allemand, né en 1811. Il a traduit en allemand le travail de Cals sur le Cap et les Caffres (*das Cap und die Kaffern*). Leipzig, 1852. (Vapereau.)

3115. **HOP** (le capitaine **Henri**). *Nouvelle description du Cap de Bônne-Espérance, avec un Journal historique d'un voyage de terre fait dans l'intérieur de l'Afrique par une caravane de 85 personnes sous le commandement du capitaine H. Hop* (publié avec des notes par J.-Nic.-Séb. Allamand et Klokner). Amsterdam, 1778, in-8, 16 figures. (Van Hulthem, n° 14987. — Brunet.)

3116. **KRAUSS** (**F.**). *Die Südafrikanischen Crustaceen. Eine Zusammenstellung aller bekannten Malacostraca, etc.* Stuttgart, 1843, in-4°, 4 pl. lith. (Brunet, n° 5914.)

— *Die Südafrikanischen Mollusken. Ein Beitrag zur Kenntniss der Mollusken der Kap-und Natallandes, etc.* Stuttgart, 1848, in-4°, 6 pl. lith. (Brunet.)

3117. **LATROBE** (The rev. **C.-J.**). *Journal of a visit to south Africa, in 1815 and 1816, with some account of the missionary settlements of the United Brethren, near the cape of Good Hope.* London, 1818, in-4°, fig. col. — Réimpr. à Londres en 1821, in-8. (Brunet.)

3118. **LE VAILLANT** (**François**), voyageur et naturaliste français, né en 1753, mort en 1824. En 1780, il parcourut le pays du Cap de Bonne-Espérance, la Cafrerie et l'Hottentotie; mais il essaya en vain de traverser toute l'Afrique du sud au nord. On a de lui: *Voyage dans l'intérieur de l'Afrique, par le Cap de Bonne-Espérance, dans les années 1780 à 1785.* Paris, 1790, 2 vol. in-8, fig.; ou 2 tomes en 1 vol. in-4°. — *Second voyage dans l'intérieur de l'Afrique dans les années 1783-1785.* Paris, an V (1795), 3 vol. in-8, fig., ou 2 vol. in-4°. Cet ouvrage a été composé en grande partie et rédigé par Casimir Varon sur les notes de Le Vaillant. (Quérard. — Brunet. — *Supercheries littér.*, t. II, col. 770.)

— *Premier et second voyages dans l'intérieur de l'Afrique par le Cap de Bonne-Espérance.* Paris, an VI-XI (1803), 5 vol. in-8. figures. (Yéméniz, n° 2879, mar. r., exempl. avec figures doubles en noir et en couleur, 100 fr.)

Ces deux relations ont été plusieurs fois réimprimées, mais les exemplaires ont aujourd'hui peu de valeur. (Brunet.)

— *Abrégé du voyage de Le Vaillant dans l'intérieur de l'Afrique.* Limoges, Barbou, 1845-1846, in-12, 1 grav. et 1 front. (Bourquelot.)

— *Viaggio nell'interno dell'Africa per il Capo di Buona Speranza.* Milano, 1816, 2 vol. in-12. (Bibliothèque de Gènes, n° 4616.)

— *Histoire naturelle des oiseaux d'Afrique.* Paris, ans VII à XI (1797 à 1812), 6 vol. in-4° et in-12, 309 fig. noires et coloriées. (*Catal. des accroiss.*, I, n° 637.)

L'auteur en mourant a laissé un 7e volume des oiseaux d'Afrique, en manuscrit. (Quérard.)

3119. **MACKENZIE** (**John**), membre de la Société des missionnaires de Londres. *The Years north of the Orange River: a Story of Every day life and work among of south African Tribes from 1859 to 1869.* Edinburg and London, 1871. (*Times*, 27 mars 1871.)

3120. **MARTIN**, graveur. *Ports de la côte S.-O. d'Afrique: Baie du Hottentot. — Baie Hondeklip. — Baie Rodewal. — Port Mac Dougall. — Baie Spencer. — Port d'Ilheo.* Paris (1873). Dépôt des cartes et plans de la marine, 50 cent.

3121. **MATUGÈNE DE KERALIO** (pseudonyme de A.-P.-F. **MÉNÉGAULT**), chirurgien de marine. *Le Robinson du faubourg S. Antoine, ou Relation des aventures du général Rossignol et de M. A. C., son secrétaire, déportés en Afrique à l'époque du 8 nivôse; contenant de nouvelles notions sur l'intérieur de l'Afrique, et des détails sur l'établissement d'une république fondée par Robinson auprès du Monomotapa, et dont il était encore le dictateur en 1816.* Paris, 1817, 4 vol. in-12. (Quérard.)

3122. **PATERSON** (**Will.**). *Narrative of four journeys into the country of the Hottentots and Caffraria in 1777-1779.* London, 1789 or 1790, gr. in-4°, 17 pl.

— *Quatre voyages chez les Hottentots et chez les Caffres* (1777-1779), trad. de l'anglais (par Théoph. Mandar). Paris, 1790, in-8. (Quérard. — Grenoble, 19668.) Cette traduction est imprimée aussi à la fin du *Voyage aux sources du Nil*, de Bruce. (Brunet. — Lécureux, en 1874, n° 12379, 2 fr. 50.)

— Le même ouvrage (trad. de J.-Benj. de La Borde). Paris, 1790, gr. in-8. (Quérard.)

3123. **REENEN** (**J. Van**). *Journal d'un voyage dans l'intérieur de l'Afrique, fait en 1790 et 1791, par J. Van Reenen, et autres colons du Cap de Bonne-Espérance, à la recherche de l'équipage du Grosvenor' vaisseau de la Compagnie des Indes orientales anglaises, échoué en 1782 sur la côte des Caffres; publié par le capitaine Riou; pour servir au premier voyage de Le Vaillant.* Paris, an VI (1798), broch. in-8. Traduction française faite par H. Jansen. (Quérard.)

3124. ROY (Just.-J.-Et.). *Joseph Duplessis, ou le Futur missionnaire en Cafrerie. Souvenirs d'un voyage dans la colonie du Cap de Bonne-Espérance, dans le pays des Hottentots, des Boschemans et des Cafres;* par Ed. Desforêts, publié par Roy. Tours, Mame, gr. in-8, 4 grav.

3125. SPARRMAN (André). *Voyage au Cap de Bonne-Espérance et autour du monde, fait avec le capitaine Cook, et principalement dans le pays des Hottentots et des Caffres;* avec cartes, fig. et planches; trad. par Le Tourneur. Paris, 1787, 2 vol. in-4°, ou en 3 vol. in-8, fig. Traduction médiocre d'un ouvrage publié en Suédois à Stockholm, en 1783, in-8 de 766 pp.

— *Voyage to the Cape of Good Hope, towards the antarctic polar circle, and round the world, but chiefly into the country of the Hottentots and Caffres.* London, 1786, 2 tomes in-4°, fig.

G. Forster a donné une traduction allemande de cet ouvrage, publiée à Berlin en 1784. (Brunet. — Schubert. — Quérard. — Van Hulthem, n° 14441. — Bern. Quaritch, en 1874, 12 sh.)

3126. ALEXANDER (Sir James-Edw.), secrétaire particulier de sir Benj. d'Urban, gouverneur de la colonie du Cap, voyagea dans l'intérieur de l'Afrique. *An expedition of discoveries into the interior of Africa, through the hitherto undescribed countries of the great Namaquas, Boschmans and Hill Damaras.* London, 1838, 2 vol. in-8. (Brunet, 20918. — Vapereau.)

3127. CHARENCEY (H. de). *Eléments de la langue hottentote, dialecte Nama.* Paris, 1861, in-8, 20 pp. (Maisonneuve et Comp.)

3128. ANDERSSON (Ch.-John), voyageur suédois. *Lake l'gami, or explorations.......* Second edition. London, 1856, gr. in-8, carte et illustrations.

Le même ouvrage en allemand (*Reisen in südwest-Afrika bis zum see Ngami* (de 1850 à 1954). Leipzig, 1858, 2 vol. in-8, fig. et carte. (Brunet, n° 20869.)

CAP DE BONNE-ESPÉRANCE

3129. BERGIUS (Pierre-Jonas), médecin et professeur d'histoire naturelle, mort à Stockholm en 1791. *Descriptiones plantarum ex Capite Bonæ Spei.* Stockholm, 1767, in-8. Cet ouvrage est souvent cité sous le titre de *Flora Capensis.* (Peignot. — Brunet, n° 5257.)

3120. BOYLE (Fr.). *To the Cape for diamonds. A story of digging experiences in south Africa, with comments and criti-*

cisms political, social and miscellaneous, upon the present state and future prospects of the diamond fields. London, 1873, in-8 de 410 pp., 14 sh. (*Année géogr.*)

3131. BREZENECH (Alfred), dit **Alfred de BRÉHAT**, littérateur français, mort en 1866. *Les Filles de Boëh, souvenirs du Cap de Bonne-Espérance.* 1859, in-12. (Vapereau.)

— *Les Chasseurs d'hommes, souvenirs du Cap de Bonne-Espérance.* Paris (1867), in-12 de 303 pp. (*Journal de la librairie.*)

3132. CARLIER (l'abbé Cl.), né en 1725, mort en 1787. *Journal historique du voyage fait au Cap de Bonne-Espérance,* par l'abbé de La Caille, précédé d'un *Discours sur la vie de l'auteur.* Paris, 1763, in-12, fig. (Nyon. 21250. — Peignot. — Grenoble, n° 19666. — Van Hulthem, n°s 14981 et 82.—Brunet, 20898.)

Les *Observations astronomiques* de l'abbé de La Caille avaient été publiées précédemment de 1751 à 1754, dans le *Recueil de l'Acad. des sciences.*

3133. CARTE de la baie de Saldanha (au nord-ouest de la colonie du Cap). Carte publiée par le dépôt de la marine (n° 3047), 1 feuille. (Paris.)

— *Carte de la côte sud-est d'Afrique. Rivière Buffalo;* par Archdéacon, gravée par Kautz (Paris, Lemercier et Comp., 1870). (*Journal de la librairie,* 1870.)

— *Entrée de la rivière Kowie* (port Alfred); par Kautz, d'après Stauton. Paris (1870). 1 fr. (Dépôt de la marine.)

— *Du Cap Frio à la baie d'Algoa.* (Dépôt de la marine. Paris, 2 fr.)

— *Entrée de la rivière San John ou Umzivubu.* (Dépôt de la marine, 1874. Paris, Challamel. 1 fr.)

— *Simons-Bay.* (Dépôt de la marine, n° 1879. Paris, Challamel, 1874. 1 fr.)

3134. COLEBROOKE (H.-T.). *State of the cape of Good-Hope in* 1822. London, 1822, in-8. (Brunet, n° 28432.)

3135. COUDRAY (Julien), né au Mans en 1771, mort en 1836. *Relâche au Cap de Bonne-Espérance et voyage à Constance, en* 1831. (Bourquelot.)

3136. DANIELL (Samuel). *African Scenery and animals at the cape of Good Hope.* London, 1806, in-fol., fig. col., cont. 30 pl. et un texte. (Brunet.)

— *Sketches representing the native tribes, animals, and Scenery of southern Africa, from drawings made by the late Sam. Daniell.* London, 1820, gr. in-4°, 48 planches et 48 pages de texte. (Brunet.)

3137. **DAUMAS** (**F.**), missionnaire de la Société des missions évangéliques de Paris. Avec **Thomas ARBOUSSET**. *Relation d'un voyage d'exploration au nord-est de la colonie du cap de Bonne-Espérance, entrepris dans les mois de mars, avril et mai 1836, publiée par le comité de la Société des missions évangéliques de Paris, chez les peuples non chrétiens.* Paris, 1842, gr. in-8, 11 dessins et 1 carte. (Quérard. — Brunet, n° 20904.)

3138. **DELISLE** (**Jos.-Nic.**). *Réponse à la lettre de M. Bradley, cont. le résultat des comparaisons des observations astronomiques faites à Greenwich, avec celles de l'abbé de La Caille, faites au Cap de Bonne-Espérance;* insérée dans les *Mémoires de l'Académie des sciences* de Paris, en 1752. (Quérard.)

3138 *bis.* **DESDEMAINE-HUGON**. *Les Champs diamantifères du Cap;* art. inséré dans les *Comptes-rendus de l'Académie des sciences,* 27 oct. 1873. (*Année géogr.*)

— *Les Mines de diamants du Cap, souvenirs d'un mineur;* art. ins. dans la *Revue des Deux-Mondes,* 1ᵉʳ juin 1874.

3138 *ter.* **DICELIUS**. *Navigationes ad promontorium Bonæ-Spei atque ex illes fructus optim.* Lips., 1709, in-4°. (Dʳ Schubert, 1870.)

3139. **GLEANINGS** in Africa, *exhibiting a view of the manners and customs of the inhabitants of the cape of Good-Hope... interspersed with observations on the state of Slavery in the southern extremity of the african continent.* London, 1806, in-8, fig. (Brunet, n° 28430.)

3140. **HERSCHEL** (**John-Fréd.-Will.**), baron et astronome anglais, né en 1792. En février 1834, il établit sa résidence aux environs du Cap de Bonne-Espérance, à Feldhausen, y fit construire un observatoire et s'y livra, pendant quatre ans, à une série d'études sur l'hémisphère céleste méridional. Il a fait connaître, d'après le journal qu'il rédigeait au Cap, le résultat de ses observations: *Results of astronomical observations at the Cape of Good Hope.* London, 1834-1847, in-4°, 18 pl. (Vapereau. — Brunet. — B. Quaritch, en 1874, 2 liv. 16 sh.)

— *Découvertes dans la lune, faites au Cap de Bonne-Espérance,* trad. de l'anglais. Paris, 1835, in-8 de 56 pp. (Rouquette, en 1873, n° 1418, 3 fr.)

3141. **HOEFER** (**J.-Christ.-Ferd.**). *Afrique australe; colonie du Cap de Bonne-Espérance;* imprimé dans l'*Univers pittoresque.* (Bourquelot.)

3142. **KOLBE** (**Pierre**), voyageur allemand, né en 1675, mort en 1726. *Description du Cap de Bonne-Espérance, où l'on trouve tout ce qui concerne l'histoire naturelle du pays, la religion, les mœurs, les usages des Hottentots et l'établissement des Hollandais; tirée des Mémoires de P. Kolbe* (rédigée par Jean Bertrand). Amst., 1741, 3 vol. in-8, fig. et cartes. — Amst. (Trévoux), 1742, 3 vol. in-12. — Amst., 1743, 3 vol. in-12, fig. La Relation originale de Kolbe parut en allemand à Nuremberg, en 1719, in-fol., fig.; et en hollandais, en 1727, sous le titre: *Naaukeurige en ustvœrigs Beschryving van de Kaap de Gœde Hoop;* 2 vol. in-fol., front. et planches. (La Vallière, 5395. — Quérard. — Brunet. — Grenoble, 25758. — Baur, en 1874, 25 fr. — *Dictionnaire des Anonymes.*)

3143. **LA CAILLE** (l'abbé **Nicolas**), astronome, membre de l'Académie des sciences, né en 1713, mort en 1762. *Cœlum australe stelliferum, seu observationes ad construendum stellarum austrialium catalogum institutæ, in Africa ad caput Bonæ-Spei.* Parisiis, 1763, in-4°. (Van Huithem, n° 8355.)

3143 *bis.* **LASTEYRIE-DUSAILLANT** (le comte **de**). *Histoire de l'introduction des moutons à laine fine d'Espagne dans les divers états de l'Europe et au Cap de Bonne-Espérance; état actuel,* etc. Paris, 1802, in-8. (Quérard.)

3144. **LUBBOCK** (Sir **John**). *Silex taillés du Cap de Bonne-Espérance* (avec planches); article inséré dans le *Recueil de matériaux pour l'histoire primitive de l'homme,* janvier 1870. (*Revue bibliographique,* 1870, t. V, p. 104.)

3145. **MACLEAR** (**T.**). *Astronomical observations made at the Royal Observatory, Cape of Good Hope, in 1834, under the direction of T. Maclear.* Cape of Good Hope, 1840, in-4°. (Quaritch, en 1874, 25 sh.)

3146. **PERCIVAL** (**Robert**), voyageur anglais. *An Account of the cap of Good Hope.* London, 1804, in-4°, fig. (Brunet.)

— *Voyage au Cap de Bonne-Espérance, fait dans les années 1796 et 1801, cont. l'hist. de cette colonie, depuis sa fondation jusqu'en 1795, où les troupes britanniques s'en emparèrent; les différents systèmes d'administration qu'y ont adoptés les Hollandais et les Anglais; la géographie et la description de toutes les productions naturelles du pays; le tableau des mœurs et coutumes des habitans de toutes les classes et de toutes les couleurs: et enfin le détail des avantages que cet établissement peut procurer, sous le rapport de la politique et sous celui du commerce. Trad. de l'anglais, par P.-F.*

Henry. Paris, 1806, in-8. (Quérard. — Brunet. — Boucher de la Richarderie.)

— Autre édition de la traduction française. Paris, 1809, in-8. (*Catalogue des Accroissements*, X, p. 83.)

3147. **PORTS** de mer d'Afrique et d'Amérique : Vue générale de la ville du Cap. Lithogr. par Deroy. Paris, impr. Turgis (1869), 1 planche lith. (*Journal de la librairie*, 1870, Monuments et vues, n° 18.)

3148. **SANDT DE VILLIERS** (B.-J. van de). *Almanac of Cape of Good Hope and annual register for* 1852, by B.-J. van de Sandt de Villiers. Cape-Town, 1851. (D' Schubert, 1870, 20 sgr.)

3149. **SCHMARDA** (Louis-Ch.), naturaliste; il explora le Cap et autres pays, et publia la relation de cette excursion sous le titre: Voyage autour du monde de 1853 à 1857 (*Reisen um die Erde, etc.*). Brunswick 1861, 3 vol. (Vapereau.)

3150. **STAVORINUS** (J.-S.), chef d'escadre de la république batave. *Voyage au Cap de Bonne-Espérance; à Batavia, etc.* (en 1768-71); traduction du hollandais de H. Jansen. Paris, an VII (1798), 2 vol. — *Voyage au Cap de Bonne-Espérance, à Batavia, etc.* (en 1774-78), trad. du holl., par H. Jansen. Paris, an VII (1799), 1 vol.; en tout 3 vol. in-8, cartes et figures. — Une 2ᵉ édition. Paris, 1805, 3 vol. in-8, cartes et figures. (Quérard.)

3151. **THUNBERG** (Car.-Petrus). *Voyage en Afrique et en Asie...* (1770-79), servant de suite au voyage de D. Sparmann, trad. du suédois en françois, avec des notes. Paris, 1794, in-8. (*Archives du bibliophile*, 1869, n° 1253. — Quérard. — Van Hulthem, numéros 15029 et 15030.)

— *Voyage au Japon, par le Cap de Bonne-Espérance, etc.*, trad. et rédigé (sur la version anglaise) par L. Langlès, et revu, quant à l'histoire naturelle, par Lamarck. Paris, an IV (1796), 2 vol. in-4°, fig., ou 4 vol. in-8, fig. — L'édition originale, en suédois, a été imprimée à Upsal de 1788 à 1813, en 4 vol. in-8.

— *Prodromus plantarum capensium, quas in promontorio Bonæ-Spei collegit Thunberg.* Upsaliæ, 1794, 2 part. en 1 vol. in-8, fig. — Une traduction anglaise a été publiée à Londres, en 1794-95, en 4 vol. in-8. (Brunet.)

— *Flora capensis, sistens plantas promontorii Bonæ-Spei Africes, secundum systema sexuale edidit et præfatus est J. A. Schultes.* Stutgardiæ, 1822-23, in-8, part. I et II. (Brunet.)

3151 bis. **VIVIEN St-MARTIN.** *La Côte orientale d'Afrique entre le cap Delgado et le Cap Gardafui. Esquisse historique et géographique*; art. ins. dans le t. III des *Annales de voyages*, 1845, p. 269.

3152. **WILMOT** (A.), et l'hon. **John C. CHASE.** *History of the colony of the Cape of Good Hope from its discovery to 1868.* London, 1869, in-8 de 558 pp. (*Revue bibliographique*, 1870.)

CAFRERIE

3153. **ALBERTI** (Lodew.). *De Kaffers aan de zuidkust van Afrika natuur-en geschiedkundig beschreven, met platen en kaarten.* Amst., 1810, in-8. (Van Hulthem, n° 15010.)

— *Description physique et historique des Cafres sur la côte méridionale de l'Afrique.* Amst., 1811, in-8, fig. color. (Brunet, n° 28435.)

3154. **ANGAS** (C.-F.). *Illustrations of the Kafirs.* London, 1847, in-fol., fig. chromolith. (Brunet, n° 28435.)

3155. **APPLEYARD** (J.-W.). *The Kaffir language comprising a Sketch of its history.* King William Town, 1850, in-8. (Brunet, n° 11956.)

3156. **AYLIFF** (J.). *Vocabulary of the kaffir language.* 1846, in-12. (Brunet, n° 11956.)

3157. **BONIFACE.** *Relation du naufrage du navire français l'Eole sur la côte de Cafrerie, en avril 1829....* Au Cap de Bonne-Espérance, 1829, in-8. (Brunet, n° 20920.)

3158. **BOYCE** (W.-B.). *Grammar of the kaffir language.* Seconde éd., augm., *With Vocabulary.* Graham's Town, 1844, in-8. (Brunet, n° 11956. — B. Quaritch, 1874, 15 sh.)

3159. **COTE** S.-E. d'Afrique, du Cap Corrientes au port Natal. 1873. (Feuilleton du *Journal de la librairie*, p. 297, 2 fr.) Carte du dépôt de la marine.

3160. **DOHNE** (J.-L.). *A Zulu-Kafir dictionary etymologically explained, preceded by an introduction on the Zulu-Kafir language.* Cap-Town, or London, 1857, in-8 de XII-417 pp. (Brunet, n° 11957.)

3161. **KAY** (Stephen). *Travels and researches in Caffraria.* London, 1833, pet. in-8. (Brunet, n° 20915. — *Catal. des accroiss.*, mai 1865.)

3162. **NARRATIVE** of the irruption of the Kafir hordes into the eastern province of the caps of Good Hope, 1834-1835, compiled from official documents and other authentic sources, by the editor of the Graham Town

journal. Graham's Town, 1836, gr. in-8.
(Brunet.)

3163. **PURRY** (Jean-Pierre), né à Neuchâ-
tel. *Mémoire sur le pays des Cafres et à la
terre de Nuyts*. Amst., 1718, in-12. (Quérard.)

3164. **SHOOTER** (Jos.). *The Kafirs of Natal and the Zulu country*. London, 1857,
in-8, fig. (Brunet, 28435.)

3165. **WAHLBERG** (J.-A.), géomètre, chargé par le gouvernement suédois d'une mission
scientifique dans l'Afrique méridionale, où il
séjourna huit ans (1838-1845). *Carol. H. Bo-
heman, Insecta Caffraria annis 1838-45 a
J.-A. Wahlberg collecta*. Holmiæ, 1848-1851.
Pars I, fasc. 1, 2; in-8. (Vapereau. — Brunet, n° 6013.)

3166. **CORTE-REAL** (Jer.). *Naufragio e
lastimoso successo da perdição da Manoel
de Souza de Sepulueda et Dona Lianor de
Sa' sua molher et filhos, vindo da India
para este reyno na nao chamada o Galião
grande S. Jeão que se perdeo no cabo de
Bôa Esperança, na terra do Natal: e a
peregrinação que tiverão rodeando terras
de Cafres mais de 300 legoas te sua morte;
composto em verso heroico, et octaua rima*.
(Lisboa), 1594, pet. in-4° de 4-206 ff.

Ce poëme en 17 chants a été publié après
la mort de l'auteur. Réimprimé à Lisbonne,
en 1788, pet. in-8, et aussi en 1840, en 2 vol.
in-32.

Il a été fait une traduction en espagnol de
ce poëme, par Fr. Conturas, sous le titre de
Nave tragica de India de Portugal. Madrid,
1624, in-4°. Il existe aussi une traduction
française: *Naufrage de Manuel de Souza de
Sepulveda et de dona Lianor de Sa*; trad.
pour la première fois par Ortaire Fournier.
Paris, 1844, in-8. (Brunet.)

3167. **FERNANDEZ** (Alvaro), un des marins portugais qui montaient le *St-Jean*, ga-
lion qui échoua en 1552 sur les côtes de Natal; il échappa à ce naufrage et donna un
récit qui fut publié à Lisbonne en 1554. Esménard a fait de cet évènement un des épisodes de son poëme sur *la Navigation*.
(Bouillet.)

3168. **GOVERNMENT** *Gazette*. Journal publié à Pietermaritzburg, capitale du Natal.
1872-73. (*Annuaire* de Didot.)

3168 bis. **MÉRY**. *Le Paradis terrestre*. Paris, Michel Lévy, 1874, in-12 de 276 pp. Roman dont le sujet se passe à Port-Natal, en
1832, qui, selon l'auteur, est le plus beau
pays du monde.

3169. **NATAL** *Journal*; publié à Pietermaritzburg, 1872-73. (*Annuaire* de Didot.)

3169 bis. **PORT NATAL**. Mars 1874, 1/2
feuille. (Dépôt de la marine; n° 1873. Paris,
Challamel, 1 fr.)

3170. **COLENSO** (John-William), évêque
anglican, fut nommé évêque de Natal, siége
suffragant du Cap. Il s'occupa beaucoup,
dans son diocèse, d'études locales, de philologie et de linguistique; il fit un *dictionnaire Zoulou*. Aidé d'un chef de cette peuplade, il essaya de traduire la *Bible* en Zoulou. Les objections de ses collaborateurs
ayant éveillé chez lui tout un ordre de pensées nouvelles, il vint en Angleterre pour
défendre ses nouvelles idées, ce qui donna
lieu à un grand scandale. (Vapereau.)

3171. **GARDINER** (Allen F.). *Narrative
of a journey to the Zoolu country in south
Africa*. London, 1836, gr. in-8, fig. (*Catal.
des accroiss.*, II, 4, p. 59. — Brunet, 20916.)

3172. **GROUT** (le Rev. Lewis), missionnaire
américain. On a de lui une Grammaire Zoulou (*A Grammar of the Zulu language, with
a Historical Introduction, also with Appendix*). Port-Natal, 1859, in-8. (Brunet. —
Actes de la Société d'ethnogr. de Paris.)

3173. **ISAACS** (Nathaniel). *Travels and
adventures in eastern Africa, descriptive
of the Zoolus*. London, 1836, 2 vol. in-8, fig.
(Brunet, n° 20917.)

3174. **SCHREUDER** (H.-P.). *Grammatik
for Zulu Sproget, med fortale og Anmerk,
of Holmboe*. Christ., 1850, in-8. (Brunet,
n° 11956.)

3175. **CASALIS** (Eugène), ministre protestant. *Etudes sur la langue Séchuana, précédées d'une Introduction sur l'origine et
les progrès de la mission chez les Bassoutos*. Publié par le comité de la Société des
Missions évangéliques de Paris, chez les
peuples non chrétiens. Paris, 1841, in-8 de
168 pp.

— *Les Bassoutos, ou Vingt-trois années de
séjour et d'observations au sud de l'Afrique*.
Paris, Meyrueis, 1860, in-8, figures et carte,
372 pp.

Contenant: I. Voyages d'exploration et
travaux. — II. Coutumes et mœurs des Bassoutos (Villages; habitations; ustensiles; occupations domestiques). — Moyens d'existence; propriété; chasses. — De la famille
et de la vie domestique. — Nationalité. —
Gouvernement. — Notion sur l'origine des
choses; idées religieuses. — Amulettes; pratiques superstitieuses. — Idées morales. —
Langue. — Produits intellectuels; poésies. —
Enigmes et contes. — III. Errata.

3176. **DIKE**, missionnaire. *Carte du pays des
Bassoutos et des pays environnants*. In-
folio. (Sandoz et Fischbacher, 2 fr.)

3177. **JEUNES (Les)** *missionnaires vaudois en Afrique*; article signé J. L. M., et ins. dans le *Journal de Genève*, 14 mars 1874. Mission chez les Bassoutos.

3178. **JEPPE (Fréd.).** *La République de Transvaal ou de l'Afrique du Sud, décrite par Fréd. Jeppe à Potchefstroom.* Avec un Appendice : *Le Voyage du Dr Vangemann dans le Sud de l'Afrique de 1866 à 1867.* Avec une *carte* originale de la république de Transvaal, etc. Imprim. dans les *Archives de géographie* de Petermann (*Mittheilungen*), octobre 1868, livr. suppl., n° 24.

3179. **KICHERER.** *Les Boschemen, ou les Hottentots à Londres; précédé de détails sur la mission commencée chez cette peuplade africaine.* Paris, 1829, in-18 de 72 pp. (Bourquelot.)

MOZAMBIQUE

3180. **BIANCONI (J.-Jos.).** *Specimena zoologica mosambique, quibus vel novæ vel minus notæ animalium species illustrantur, etc.* Bononiæ , 1850-63, in-4°, fig. col. Fascicules I à XIV. (Brunet, 5639.)

3181. **BLEEK** (Dr **W.-H.-J.**). *The Langues of Mozambique. Vocabularies of the dialects of Lourenzo, Marques, Inhambane, Sofala, Tette, Sena, Quellimane, Mozambique, Cape Degado, Anjoane, the Maravi, Mudsau, etc. drawn up from the manuscripts for Dr W. Peters, and from other materials.* London, 1856, in-8 de xx-404 pp. (Brunet, 11947.)

3182. **CARTE** *des côtes méridionales d'Afrique et de l'entrée du canal Mozambique. Plan du port Natal, plan de la baie de Lagoa ou Lorenzo-Marquez.* Octobre 1873, 1 feuille. (Feuill. du *Journal de la librairie*, p. 95.) Dépôt de la marine.

— *Carte du canal Mozambique et de l'île de Madagascar. Plan du port de Mozambique. Plan mouillage. Côte S.-O. de Zanzibar.* Déc. 1873. (Dépôt de la marine, n° 875, 2 fr.)

— *Côte orientale d'Afrique, du port Quilon à la pointe Caldeira.* 1873. (Dépôt de la marine, 1873, n° 1750, 2 fr.)

— *Côte orientale d'Afrique, de la pointe Caldeira au Cap Corrientes.* (Dépôt de la marine, 1873, n° 1751, 2 fr.) (Feuill. du *Journal de la librairie*, p. 297.)

— *Rivière Quillimane, bouche nord du Zambesi; rivière Inhambane.* (Dépôt de la marine, n° 1803. Paris, 1873 ; 2 fr.)

— *Banc et île Latham. Baie Almeida, récifs Mancabala et Indujo, rivière Monghow,*

Hâvre Ibo, rivière Lindy. (Dépôt de la marine, n° 1799. Paris, 1873 ; 1 fr.)

3182 bis. **DUPRAT** (le vicomte), consul general of Portugal in London. *The Trade of Mozambique;* ins. dans *The Highways*, 1872. Renseignements économiques et commerciaux. (*Année géogr.*)

3183. **HURD** (T.). *Atlas du canal de Mozambique et des îles à l'est de Madagascar* (en anglais). Londres, 1821, 48 feuilles. (Brunet, 19770.)

3184. **LAVAYSSÈRE** (P.). *Voyages dans l'intérieur de l'Afrique; relations du capitaine Mauduit naufragé dans le canal de Mozambique.* 3e édition, Limoges et Isles (1869), in-8 de 191 pp. Bibliothèque religieuse de l'enfance. (*Journal de la librairie.*)

3184 bis. **LIEUTARD.** *Côte orientale d'Afrique. Rivière de Nizizama. Croquis de mouillage de Dahiri Salum;* gravé par Kautz. Paris, Lemercier (1870). 75 cent.

3185. **OUTLINE** *of the elements of the kisuaheli language, with special reference to the kinika language.* Tubing, 1850, in-8. (Brunet, 11957.)

3186. **PETERS** (Dr **Wilh.-C.-H.**). *Naturwissen Schaftliche Reise nach Mossambique...* (Voyage scientifique à Mozambique, entrepris sur l'ordre du roi Frédéric-Guillaume IV, de 1842 à 1848...) Berlin, 1852, gr. in-4°, 46 pl. — Berlin, 1867. (*Revue bibliogr.*, 1868, t. II, p. 5. — *Catal. des accroiss.*, II, 2, p. 124. — Brunet.)

— *The Language of Mossambique.* (Brunet, 11957.)

3187. **VASCO** ou **VASQUEZ DE GAMA**, navigateur portugais, doubla le Cap en déc. 1497; forma des établissements à Mozambique, à Sofala, etc. L'expédition de Vasco de Gama a été racontée par Barros, et chantée par le Camoëns dans ses *Lusiades*. Ses voyages se trouvent dans Ramusio.

— *Roteiro da viagem que em descobrimento da India..... fez dom Vasco de Gama em 1497.* Lisboa, 1838, in-4°. M. Ferd. Denis a donné une traduction franç. de cet ouvrage dans son 3e volume des *Voyageurs anciens et modernes;* publié en 1855. (Brunet.)

3188. **CASTÉBA** (J.). *Relation de l'ambassade anglaise envoyée en 1795 dans le royaume d'Ava...; suivie d'un voyage fait, en 1798, à Colombo et à la baie de Lagoâ, sur la côte orientale de l'Afrique, etc.*, traduit de l'anglais du major Mich. Symes. Paris, an IX (1801), 3 vol. in-8 et atlas de 30 pl. (Quérard.)

3189. **ALLAIN** (A.). *Baie de Delagoa* (b. Lorenzo Marquez) ; article inséré dans le *Bulletin de la Société de géographie ;* 1873 , pp. 119-125. (*Année géogr.*, p. 235.)

3189 bis. **PLAN** *de la baie de Lagoâ.* (Paris, 1873.) Dépôt de la marine, n° 1876.

3189 ter. **THE DELAGOA** *Bay arbitration ;* article inséré dans *The Highways,* febr. 1873, p. 347, carte. (*Année géogr.*)

3190. **THE LANDS** *of Cazembe : Lacerda's Journey to Cazembe, translated and annotated by the captain R. F. Burton ; Journey of the Pombeiros across Africa, translated by Beadle ; with Beke's Résumé of the Journey of Monteiro and Gamitto.* London, 1873, in-8 de VIII-271 pp., carte. (Bern. Quaritch, en 1874, n° 17, p. 2, col. 2, 7 sh. 6 d.)

3191. **ANVILLE** (J.-B. d'). *Mémoire sur le pays d'Ophir, où les flottes de Salomon allaient chercher l'or;* 1 carte ; inséré dans le *Recueil de l'Académie des Inscriptions et B.-L.*, tome XXX, 1764. (Quérard.)

Ophir est le pays où les flottes de Salomon allaient chercher de l'or. On sait que pour s'y rendre, on s'embarquait au port d'Asiongaber et que l'on descendait le golfe arabique, mais voilà tout. Les savants l'ont placé le long de l'Afrique orientale (à Sofala ou aux environs), d'autres sur le littoral de l'Arabie heureuse ou aux Indes. Quant à nous, nous pencherions vers l'Afrique. De l'Arabie les transports pouvaient se faire facilement par terre ; les Indes étaient connues à cette époque, mais l'Afrique, alors inconnue, offrait un monopole qui seul explique le mystère tenu à l'égard de la direction donnée à ces flottes.

3192. **LINDLEY** (A.-F.), capitaine. On a de lui: *The Gold-Fields of Africa. — After Ophir ; or adventures in search of the Gold-Fields of South-Eastern Africa.* London, 1870, in-4° de 312 pp., 65 grav. (*The London Illustrated News*, novembre 1870.)

3193. **FUENTES** (Diego de). *La Conquista de Africa : La Conquista de Sena : Verdadera narracion da un desafio que pasò en Italia entro Marco Antonio Lunel, y Pedro de Tomayo, etc.* Anvers, 1575, in-8. (Brunet.)

3194. **ALMADA** (Fr. Vaz de). *Tratado do successo que teve naõ S. Joâa Batista, é jornada que fez a gente que della escapou desde trinta e tres graos no cabo da Boa-Esperança onde fez naufragio ate Zofala, vindo sempre marchando por terra.* Lisboa, 1625, pet. in-4°. (Cité par Brunet d'après Ternaux.)

3195. **CARNEIRO** (Ant.-Mariz), portugais du XVII° siècle. *Regimento de pilotos, e roteiro das navegaçoens de India orien-*

tal novamente emendado, e acrecentado com o roteiro de Sofala ate Moçambique, etc. Lisbonne, 1642, in-4° ; — idem, 1665-66. (Peignot.)

3196. **BEAVER** (captain Philip.). *African memoranda, relative to an attempt to establish a british settlement on the island of Bulama, on the western coast in Africa, in 1792, with a brief notice of the neighbouring tribes.* London, 1805, in-4°, carte. (Brunet, n° 28440.)

3196 bis. **LANGLOIS** (le Rév. P.). *Jomby-Soudy ; scènes et récits des îles Comores.* Paris, Albanel, 1872, in-18 de 250 pp. (*Année géogr.*, p. 273.)

MADAGASCAR

3197. **ABINAL** (P.-A.). *Les Fêtes du premier de l'an à Madagascar ;* article inséré dans les *Etudes religieuses, etc.*, 15 janvier 1868. (*Revue bibliogr.*, 1868, p. 21.)

3198. **ACKERMAN**. *Histoire des révolutions de Madagascar, depuis 1642 jusqu'à nos jours.* Paris, 1833, in-8. (Brunet, 28456.)

3199. **BARBIÉ DU BOCAGE**, membre de la commission centrale de la Société de géographie. *Madagascar, possession française depuis 1642 ; mœurs et coutumes, géographie, histoire, conquête et colonisation,* Paris, s. d. (1862), in-8, 1 carte dressée par V.-A. Malte-Brun. (A. Bertrand, 7 fr. 50. — Challamel, 7 fr.)

3200. **BARRY** (de). *Lettre de M. de Barry à M. G***, de l'Académie royale des sciences, contenant l'état actuel des mœurs, usages, commerce, cérémonies et musique des habitants de l'isle de Malegache (Madagascar).* Paris, 1764, in-8. (Nyon, 21245. — Quérard.)

3201. **BENIOWSKI** (Maur.-Aug., comte de), aventurier né en Hongrie, en 1741, mort en 1786. Il forma, en 1774, un établissement à Foulpointe ; il méditait de conquérir l'île de Madagascar quand il fut tué dans un engagement. Ses *Voyages* et ses *Mémoires*, écrits par lui-même en français, ont été publiés à Paris, en 1791, 2 vol. in-8. (Bouillet. — Peignot. — Laverdant, p. 192.)

3202. **BILLIARD** (Fr.-Jacq.-M.-Aug.). Dans son *Voyage aux colonies orientales.* (1817 à 1820), Paris, 1822, in-8, on trouve des vues sur le parti que la France peut tirer de Madagascar. (Bourquelot.)

3203. **BOISDUVAL** (Jean-Alphonse), médecin et naturaliste français, né en 1801. *Faune entomologique de Madagascar, Bourbon et Maurice. Lépidoptères ;* avec des notes de M. Sganzin. Paris, 1833, in-8, 16 planches. (Bourquelot. — Brunet. — Roret, 20 fr.)

3204. BOOTHBY et LOYD. Ont écrit sur Madagascar dans la collection d'*Osborne* (1644). (Cité par Laverdant, p. 193.)

3205. BROOKE (Adrien de), allemand. On a de lui une *Relation*, écrite en allemand, sur Madagascar. Leipzig, 1748, in-8. (Peignot.)

3206. BROSSARD DE CORBIGNY (le baron), capitaine de frégate. *Un Voyage à Madagascar* (janvier 1862). Brochure in-8. (Challamel, 1 fr. 50.)

3207. CAILLIATTE (C.). *Madagascar, ses luttes politiques et religieuses;* article ins. dans la *Bibliothèque universelle et Revue Suisse*, janvier et février 1869.

3208. CAPMARTIN. *Articles* sur Madagascar insérés dans les *Annales des voyages.* (Laverdant.)

3209. CARAYON (L.). *Histoire de l'établissement français de Madagascar pendant la restauration, etc.* Toulouse et Paris, 1845, in-8. (Brunet, 28459.)

3210. CARPAU DU SAUSSAY. *Voyage de Madagascar, connu aussi sous le nom d'île S.-Laurent*, par M. de V. Paris, 1722, in-12, 8 pl., 1 carte. (*Supercheries littér.*, tome III, col. 889. — Nyon, n° 21252.)

3211. CARTES *géographiques et plans.* En 1656, on publiait une grossière image de la nouvelle possession française. — En 1667, Sanson le fils en donnait une aussi mauvaise que celle tracée par son père. — Duval en fit une en 1666. — Robert en 1726, corrigée par Rochon en 1791. — Lislet-Geoffroy, ingénieur de Maurice et correspondant de l'Institut de France, publia en 1819, sous les auspices de sir Robert Towsend Farquhar, une carte assez bonne de l'île. La meilleure est celle du commodore Owen, réduite mais revue et augmentée des cours d'eau, de peuplades indigènes, par les missionnaires anglais. (Laverdant.)

— *Côte ouest: Baie Majambo*, par Dufour. (Paris, 1874.) — *Iles Radama;* — *Baies de Raminitoc, Rafala;* — *Port Radama.* (Paris, 1874.) — *Baie Narreenda et rivière Luza*, par F. Dufour. (Paris, 1874, 1 fr.) — *Baie Boyanna;* par Dufour. (Paris, 1874, 75 cent.) — *Baie de Bembatooka.* (Paris, 1874; 1 fr.) Dépôt de la marine.

— *Côte nord-ouest: Port Mazambo*, par F. Dufour. (Paris, 1874, 50 cent.) — *Rivière Makumba.* (Paris, 50 cent.) — *Rivière Boteler.* (Paris, 50 cent.) — *Plan de Nossi-Mitsion et autres petites îles environnantes situées à la côte N. O. de Madagascar.*

1874, 3 fr. Nossi-Bé, Nossi-Cumba, Nossi-Fali et Nossi-Mitsion (n°ˢ 988 et 991). Dépôt de la marine.

— Côte nord-est : *Ports Looké, Leven et Andrava*, par Martin, d'après Owen. (Paris, 1873, 1 fr.) Dépôt de la marine.

— *Plan de Batavocébé.* Paris, 1874, 1 fr. Dépôt de la marine, n° 990.

— *Carte des îles situées à l'est et au nord-est de Madagascar.* (Paris, 1873.) Dépôt de la marine.

— Côte est: *Croquis de la baie Veninguebec*, tiré de l'atlas de M. d'Après, par A. Martin. (Paris, 1873, 50 cent.) — *Rade de Moyoney.* (Paris, 1873, 50 cent.) Dépôt de la marine.

— *Entre le cap Ranouvalou et la roche des 24°22' fort Dauphin, Loucar et Sainte Lucie.* Paris, 2 fr. (Dépôt de la marine, n° 3233.)

— Côte sud-est: *Anse Dauphine (baie Fort Dauphin);* — *Anse Itapère.* Dépôt de la marine. (Paris, 1874, 75 cent.)

3212. CAUCHE (François), voyageur français; il séjourna 3 ans dans l'île de Madagascar. *Relation véritable et curieuse de l'isle de Madagascar, isles adjacentes et costes d'Afrique.* Paris, Aug. Courbé, 1651, in-4°.

Ce curieux recueil, qui a été publié par les frères Du Puy, renferme: 1° le Voyage de Fr. Cauche de Dieppe à Madagascar, commencé en 1638 et fini en 1644, rédigé par Cl. Barth. Morisot; 2° la Relation du voyage de Boulox au Brésil; 3° la Relation d'Alexandrie et autres villes d'Egypte, en 1627, 28, 29 et 32, par César Lambert; l'état des revenus de l'Egypte en 1635, par Santo Seguezzi; l'état de l'Egypte, en 1634, par Jacques Albert; 4° la Relation de Perse rédigée par Morisot. (Nyon, 20863. — Brunet.— Grenoble, 19438. — Baur, en 1874, n° 429, 12 fr.)

3213. CHALLAND. *Vocabulaire françois et malgaché* (idiome du sud de Madagascar). A l'Isle de France, 1773, pet. in-4° ou in-8. (Brunet.)

3214. CHAPELIER. A écrit sur Madagascar, dans les *Annales des voyages.* (Laverdant.)

3215. CHARPENTIER. *Histoire de l'établissement de la Compagnie des Indes orientales, dédiée au roy.* Paris, 1666, in-4°. Cet ouvrage parle de Madagascar. (Laverdant, p. 192.)

3216. COIGNET (F.), ingénieur civil des mines. *Excursion sur la côte nord-est de l'île de Madagascar.* Paris, 1868, in-8 de 95 pages. Extrait du *Bulletin de la Société de géographie*, 1867. (*Revue bibliogr.*)

3217. **COLIN** (Epidariste). A écrit sur Madagascar dans les *Annales des voyages*. (Laverdant.)

3218. **COPLAND** (Sam.). *History of the Island of Madagascar*. London , 1822 , in-8. (Brunet, n° 28459.)

3219. **DAY** (Th.), écrivain anglais du XVIIIᵉ siècle. *Histoire et Voyages du petit Jacques à l'île de Madagascar ;* imité de l'anglais , par Mlle Trémadeure (ou plutôt Mlle S. U. Dudrezène). Paris, 1827, 3 vol. in-18, 7 grav. (Quérard.)

3220. **DESCAMPS** (Henri), sous le pseud. de **MACÉ-DESCARTES**. Employé au ministère de la marine. *Histoire et géographie de Madagascar, depuis la découverte de l'île, en 1506 , jusqu'au récit des derniers événements de Tamatave.* Paris, 1846, in-8. (Brunet, n° 28459. — *Supercheries littéraires*, tome II, col. 1020.)

3221. **DRURY** (Robert). *Madagascar , or Journal during fifteen years captivity on that island.* London, 1722, in-8, fig. — Réimpr. en 1729, et en 1807, in-8. Relation qui passe pour être fidèle. (Brunet. — Boucher de la Richarderie, n° 951.)

3222. **DUMAINE**. A écrit sur Madagascar dans les *Annales des voyages*. (Laverdant.)

3223. **DUPRÉ** (Marie-Jules), amiral français, né en 1813. Il commandait la division navale des côtes orientales d'Afrique lors de l'affaire Lambert à Madagascar. On a de lui: *Trois mois de séjour à Madagascar.* Paris, 1863, in-12, carte. Ouvrage non mis da commerce. (Brunet, 20936. — Vapereau. — H. Delaroque, en 1874, n° 5016; 5 fr.)

3224. **ELLIS** (Will.). *Three visits to Madagascar during the years 1853, 1854 et 1856, including a journey to the country, and the present civilisation of the people.* London, 1858, in-8. (Brunet, 20936 et 28459.)

— *History of Madagascar.* London , 1838 , 2 vol. in-8. (Vapereau.)

— *Madagascar revisited ;* article inséré dans le *Göttingische Gelehrte anzeiger* , 1868. (Vapereau.)

3225. **EVANGILE** (L') à *Madagascar.* Brochure in-8, 50 cent. (Sandoz et Fischbacher.)

3226. **FAVIÈRES** (Edm.-Guill.-Fr. de), né vers 1760. *Elisca, ou l'Habitante de Madagascar ;* drame lyrique en 3 actes. Paris, 1812, in-8. (Quérard.)

3227. **FLACOURT** (Estienne de), directeur général de la compagnie française de l'Orient, commanda, en 1648, une expédition dans l'île de Madagascar, qui manqua, mais qui a procuré une histoire très-détaillée de cette île. *Histoire de la grande isle de Madagascar, ou Relation de ce qui s'est passé en cette île depuis l'an 1642 jusqu'en 1655, et une Dissertation sur la cause pour laquelle les intéressés de la compagnie n'ont pas fait grands profits à Madagascar.* Paris, 1658, in-4°. (Brunet. — Peignot. — Nyon, n° 21253. — Grenoble, 19674.)

— Autre édition , Troyes et Paris , 1661 , P. Bienfait, in-4°, fig. grav. et cart. (Brunet. — Grenoble, 19675. — *Archives du biblioph.*, en 1869, n° 29883, 12 fr.)

Huet de Froberville a donné depuis une nouvelle édition de cet ouvrage. (Bourquelot.) Les figures ont été dessinées par l'auteur même.

— *Dictionnaire de la langue de Madagascar, avec un petit recueil des noms et dictions propres , plus quelques mots du langage des sauvages de la baye de Saldagne ; un petit catéchisme, etc. , en françois et en cette langue.* Paris, 1658, pet. in-8. (Brunet.)

3228. **FONTMICHEL**. *Voyage à Madagascar pendant les années 1823 et 1824.* Paris, 1830, in-8. Article sur Madagascar, ins. dans la *Revue des Deux-Mondes*, en 1830 , par le même. (Laverdant, p. 192.)

3229. **FRESSANGE**. A écrit sur Madagascar, dans les *Annales des voyages*. (Laverdant.)

3229 *bis.* **GABONNE**, ancien député etc. *Considérations politiques sur l'état actuel de l'Europe, etc. , ou Mémoire sur l'île de Madagascar.* Paris, 1814, in-8. (Quérard.)

3230. **GEOFFROY St-HILAIRE** (Et.). *Considérations sur l'aye-aye, mammifère de Madagascar ;* ins. dans la *Décade philos.*, 1794. (Bourquelot.)

3230 *bis.* **GRANDIDIER** (A.). *Deux Rapports sur une mission à Madagascar ;* ins. dans les *Archives des missions scientifiques*, VII, 1872, pp. 445-477. (Année géogr.)

3231. **GRASSE** (Annibal de), capitaine au long cours. *Aperçu d'un projet relatif à la fondation d'une colonie répressive à l'île de Madagascar, pour recevoir les condamnés à la déportation et aux travaux forcés , et les individus désireux d'aller y exercer une industrie. Adressé à la chambre des députés.* Paris, 1837 , in-4° de 4 pp. (Bourquelot.)

3232. **GUILLAIN** (Ch.), contre-amiral. *Documents sur l'histoire, la géographie et le commerce de la partie occidentale de l'île de Madagascar, recueillis et rédigés par M. Guillain.* Paris, impr. roy. , 1845 , in-8, carte. (Vapereau. — A. Bertrand, 12 fr.)

3233. **HISTOIRE** des naufrages, par Deperthes. Nouvelle édition refondue, corrigée et augm. de plusieurs morceaux inédits (par J. Fr. Née de La Rochelle), tels que les Aventures de Drury à Madagascar, celle de Quirini, les naufrages de Groswenor, du brick américain le Commerce, du vaisseau l'Alceste, de la frégate la Méduse, par J.-B. Eyriès. Paris, 1816, 1818, 1821, ou Paris, 1825, 3 vol. in-12, avec 3 cartes. — La 1re édition de cet ouvrage parut à Reims en 1781, sous le titre de Relations d'infortunes sur mer, 3 part. in-8; il fut réimprimé en 1790, 3 vol. in-8; en 1795, 5 vol. in-8. (Quérard, t. II, col. 482.)

3234. **HISTOIRE** du grand et admirable royaume d'Antangil, en l'île de Madagascar. Paris, 1616. Sorte de roman philosophique, publié sous les initiales: J. D. M. O. T. (Laverdant, p. 193.)

3235. **HOUTMAN** (**Fr. de**). Spraekende Woordboek in de Maleysche ende Madagaskarsche Talen; met veele Arabische ende Turcsche Woorden. Amsterdam, 1604, in-4° obl. (Brunet.)

3236. **HUET DE FROBERVILLE** (**Barth.**), né à Romorantin en 1761, mort en 1835. On a de lui: Grand Dictionnaire malgache. A l'Isle de France, 2 vol. in-fol. Dumont D'Urville a donné un abrégé de cet ouvrage dans la Philologie du Voyage de la corvette l'Astrolabe. Paris, 1830. (Brunet, n° 11948. — Bourquelot.)

— Histoire de Ratsimilaho, roi de Foulpointe, d'après les traditions des Malgaches. In-fol. (Bourquelot.)

— Essai sur les Malgaches. Cet ouvrage a été égaré au moment d'être imprimé. (Bourquelot.)

— Collection des voyages de Mayeur (interprète de Beniowsky), à Madagascar. 6 vol. in-fol. (Bourquelot.)

3236 bis. **LACAZE** (**H.**). Population de Madagascar; article inséré dans le Bulletin de la Société des Sciences et Arts de la Réunion. 1869, pp. 29 à 69. (Année géogr., p. 273.)

— Influence européenne à Madagascar. Idem. (Idem.)

3236 ter. **LACORDAIRE** (**Théod.**), voyageur et naturaliste, doyen de la Faculté des sciences de Liége. Histoire des révolutions de Madagascar; article inséré dans la Revue des Deux-Mondes, 1833. (Bourquelot.)

3237. **LALANDE** (**Jos.-Jér. le François de**), astronome. Examen de la latitude et de la longitude de l'île de Madagascar, par les observations de M. Le Gentil (1767). (Quérard.)

3238. **LAVERDANT** (**Désiré**), écrivain de l'école phalanstérienne. Article sur l'île Malegache (Madagascar), inséré dans l'Annuaire des voyages, de Fr. Lacroix. (Bourquelot.)

— Note sur la transportation des insurgés sur la colonisation de Madagascar et sur un nouveau principe de politique colonisatrice. In-8. (Bourquelot.)

— Colonisation de Madagascar. Paris, 1844, gr. in-8 de VIII-199 pp., 1 carte. Ouvrage écrit dans un point de vue socialiste.
Table des matières: Préface de la Société maritime. — De la politique colonisatrice. — C'est Madagascar qu'il faut coloniser. — Aspect général de l'île. — Population. — Rapports des Européens avec Malegache. — Critique des essais de colonisation. — Etat général du pays. — Les Houvas. — Le Grand roi Radama. — Question des droits de la France. — Expédition Gourbeyre. — Etat actuel du pays. — Mode d'intervention. — Principes qui doivent guider les colonisateurs. — La colonisation est un devoir religieux. — A S. A. R. le prince de Joinville. — Appendice: Notes; noms propres. — Récit de la prise de Tamatave par un témoin oculaire. — Extrait du Moniteur de 1830. — Le prince Coroller. — Note sur la carte de l'île Malegache. — Nomenclature des principaux ouvrages publiés sur l'île Malegache. — Note du secrétaire de la Société maritime sur la question des droits de la France.

3239. **LE GENTIL DE LA GALAISIÈRE** (**Guill.-Hyac.-Jos.**), membre de l'Académie des sciences; né à Coutances, en 1725, mort en 1792. Observations sur les marées, à Madagascar, dans la zône torride; ins. dans le Recueil de l'Académie des sciences, 1773. (Quérard.)

— Voyage dans les mers de l'Inde. Paris, 1779 à 1781, 2 vol. in-4°; — et aussi: En Suisse, 1785, 5 vol. L'auteur y parle de Madagascar. (Laverdant, p. 192.)

3240. **LEGUEVEL** ou **LEGUEREL DE LA COMBE** (**B.-F.**). Voyage à Madagascar et aux îles Comores (1823 à 1830); précédé d'une Notice historique et géographique sur Madagascar, par M. Eugène de Froberville. Paris, 1840, 2 vol. in-8, avec un atlas de 8 pl. et 2 cartes. (Bourquelot. — Brunet, 20936.)

3241. **L'ESCALLIER** (le baron **Daniel**), correspondant de l'Institut, né à Lyon en 1743, mort en 1820. Il a écrit sur Madagascar dans les Mémoires de l'Institut national (sciences morales et politiques), tome IV (1803). (Quérard.)

3242. **MACÉ DESCARTES.** Histoire et

géographie de Madagascar. Paris, 1846. Ouvrage bien fait. (Pfeiffer, *Voyage à Madagascar*, p. II.) — Voir **DESCAMPS**.

3243. **MALTE-BRUN.** A écrit sur Madagascar, dans les *Annales des voyages.* (Laverdant.)

3244. **NARIN** (le P. **Mich.-A.**). *Théodule,
ou l'Enfant de la bénédiction; augm. de
l'historique des missions entreprises dans
l'île de Madagascar en Afrique, par les ordres de saint Vincent de Paul.* Douai, 1826,
in-18. (Quérard.)

3245. **MILNE-EDWARDS** (**Alph.**) et
GRANDIDIER. *Observations anatomiques sur quelques mammifères de Madagascar.* Paris, 1867, in-4º de 48 pp. — *Description d'un nouveau mammifère insectivore
de Madagascar* (Geogale aurita). — *Description de quelques reptiles nouveaux découverts à Madagascar en 1870.* — *Notes sur
les crabes d'eau douce de Madagascar.* Paris (1872), in-8 de 14 pp.

3246. **NAVARETE** (**Domingo-Fernan-
dez**). A écrit sur Madagascar dans la collection de *Churchill* (1704). (Laverdant,
p. 193.)

3247. **NOEL** (**A.**). *Les Nouvelles fleurs du
Parnasse.* Lyon, 1667, pet. in-12. Ce petit
recueil renferme un *Voyage de l'amour à
l'île de Madagascar.* (Brunet.)

3248. **PANON DES BASSYNS,** baron de
Richemont (**Paul**). Le 2 mai 1863, il fut
nommé gouverneur de la compagnie foncière,
industrielle et commerciale de Madagascar;
il a publié une étude sur cette compagnie :
Documents. Paris (1867), in-8 de 430 pp.
(Challamel.)

3249. **PERREYMAN.** *Colonisation de Madagascar.* Paris, broch. in-8. (*Librairie des
sciences sociales*, en 1873, 75 cent.)

3250. **PFEIFFER** (**Mme Ida**). *Voyage à Madagascar;* trad. de l'allemand avec l'autorisation de la famille de l'auteur, par W.
de Suckau, et précédé d'une *Notice historique sur Madagascar,* par Francis Riaux.
Paris, Hachette, 1862, in-12 de LXXXIV-312
pp., 1 carte.
   Extrait de la table des matières : Introduction. — Notice histor. et polit. sur Madagascar. — Ida Pfeiffer. — Notice biographique. — Avant-propos. — Nouvelles de Madagascar. — La ville du Cap. — Voyage à l'île
Bourbon. — Ile Maurice. — Port-Louis. —
Adieux à l'île Maurice. — Arrivée à Madagascar. — Mlle Julie. — Description de Tamatave. — Les indigènes. — Hospitalité des
Malgaches. — Les Européens à Tamatave. —
Le bain de la reine. — Soldats et officiers.
— Banquet et bal. — Visite à Antandroroho.

— Les fièvres. — La culture du pays. — Am-
batoarana. — Célébration de la fête nationale.
— Beforona. — Le plateau d'Ankay. — Le
territoire d'Emir. — Réception solennelle. —
Ambatomango. — Arrivée à Tananariva. —
M. Laborde. — Le prince Rakoto. — Marie.
— La revue. — La noblesse de Madagascar. —
La Société anglaise des missions et les missionnaires. — W. Ellis. — Présentation à la
cour. — Le Palais de la reine. — Les Howas.
— Persécution des chrétiens. — Haine contre
les Européens. — Les dames de Madagascar
et les modes de Paris. — Le bal costumé. —
— Concert à la cour. — Le palais d'argent.
— Le coup d'état manqué. — Indépendance
des femmes de Madagascar. — L'arrêt. — Le
bannissement. — Arrivée à Tamatave. — Arrivée à Maurice. — Conclusion. — Aperçu
général sur la géographie, les diverses productions et les populations de Madagascar.

3251. **POLLEN** (**Fr.-P.-L.**). *Recherches sur
la faune de Madagascar et de ses dépendances.* Leyde, 1867-1868, in-4º, planches et
carte (La 1re partie : Relation de Pollen; —
2e partie : Mammifères et oiseaux, par Schlegel et Pollen; — 3e partie : Insectes, par
R.-C. Snellen, van Vollenhoven et B.-Edm.
de Sélys Longchamps. (*Revue bibliograph.*,
1868, II, p. 74.)

3252. **PONT-JEST** (**L.-Ren. Delmas de**),
né à Reims en 1830. On a de lui un recueil
de souvenirs de l'Océan indien : *Bolina le
Négrier.* Paris, 1863, in-12. La scène principale se passe à Madagascar. (Vapereau.)

3253. **PRÉCIS** *sur les établissements français
formés à Madagascar.* Paris, impr. roy.,
1836, in-8. Publié par le département de la
marine. (Laverdant, p. 192.)

3254. **SELYS-LONCHAMPS** (**Edm. de**).
*Notes sur plusieurs odonates de Madagas-
car et des îles Macariennes.* Paris, 1872,
in-8 de 8 pp. Extrait de la *Revue et Magasin de zoologie,* mai 1872.

3255. **SIBREE** (**James**), architecte à Tana-
narive. *Madagascar and its People. Notes of
a Four Year's Residence. Comprising an
Account of the Geography, Natural History, and Productions of the Island, etc.*
London, 1870, gr. in-8, grav. (*Revue bibliographique*, 1870, nos 2324 et 2749.)

— *Madagascar et ses habitants. Journal
d'un séjour de quatre ans dans l'île.* Traduit de l'anglais par Henry Monod, pasteur
et avocat. Toulouse et Paris, 1873, in-8 de
XII-624 pp., 40 grav. sur bois et une carte.
Prix : 5 fr. Ouvrage publié par la Société
des livres religieux de Toulouse.

3256. **SOUCHU DE RENNEFORT** (**Urbain.**). *La Relation du premier voyage de*

la Compagnie des Indes orientales dans l'isle de Madagascar, ou Dauphine. Paris, 1668, in-12. (Nyon, 21251. — Grenoble, 19676. — Brunet, 20932. — Rouveyre, en 1873, 5059.)

3257 **VIDAL** (**Edm.**). *Madagascar. Situation actuelle.* Bordeaux, 1845, in-8 de 64 pp. (Bourquelot.)

3258. **VINSON** (**Aug.**). *Aranéides des îles de la Réunion, Maurice et Madagascar.* Paris, gr. in-8., ill. de 14 planches. (Roret, en fig. noires, 20 fr.; en fig. col., 30 fr.)

— *Voyage à Madagascar, au Couronnement de Radama II. Ouvrage enrichi de catalogues spéciaux publiés par MM. J. Verreaux, Guénée et Ch. Coquerel.* Paris, gr. in-8, fig. Il y a des ex. fig. col., et des ex. en fig. noires. (Roret.)

3258 *bis.* **DOUBLET** (**E.**). *Quelques notes sur Nossi-bé ;* ins. dans le *Bulletin de la Société des sciences et arts de la Réunion,* 1870, pp. 47 à 60. (*Année géogr.*, p. 273.)

3259. **DALMOND** (l'abbé). *Exercices de la langue sakalave.* Ile Bourbon, 1841, in-12. (Brunet, n° 11956.)

3260. **NOEL.** Le *Bulletin de la Société de géographie* a publié plusieurs articles sur les populations Sakalaves de l'ouest (province de Madagascar). (Laverdant, p. 193.)

3261. **PLAN** *des passages et mouillages de la partie sud-est de Mayotte.* (Paris), 1873 ; 1 feuille. Dépôt de la marine, n° 987.

— *Carte de l'île Mayotte.* Dépôt de la marine, n° 1046.

ILES MASCAREIGNES

[Réunion et Maurice]

3262. **APRÈS DE MANNEVILLETTE** (**J.-B.-Nic.-Den. d'**), hydrographe, correspondant de l'Académie des sciences, né au Havre en 1707, mort en 1780 *Relation d'un voyage aux îles de France et de Bourbon*, qui contient plusieurs observations astronomiques, tant pour déterminer la position des longitudes sur mer, que pour déterminer la position géographique de ces îles ; ins. dans le *Recueil des savants étrangers de l'Académie des sciences,* tome IV, 1763. (Quérard.)

3263. **BEAUVAIS DE PRÉAUX** (**Ch.-Nic.**), médecin, né à Orléans en 1745, mort en 1794. *Mémoire sur les maladies épizotiques des bêtes à cornes des îles de France et de Bourbon.* Paris , 1783, in-8. (Quérard.)

3264. **BERNARDIN DE St-PIERRE** (**Jacq.-H.**). *Voyages à l'isle de France, à l'isle de Bourbon, au Cap de Bonne-Espérance, etc.* Amsterdam et Paris, 1773, 2 parties in-8, fig. de Moreau. — Autre édition, Paris, 1835, 2 vol. in-18. Cette dernière édition fait partie des *Œuvres* de l'auteur et se vendait séparément. Ouvrage qui eut quelque succès. (Nyon, 21254. — Van Hulthem, 14984 et 14985.)

Bernardin de Saint-Pierre séjourna trois ans à l'Ile de France comme ingénieur. On a aussi de cet auteur : *Paul et Virginie*, roman de mœurs qui eut une grande célébrité , et dont le sujet se passe à l'Ile de France.

— Sa *Correspondance* a été publiée à Paris, en 1826, en 3 vol. in-8. (Quérard.)

3265. **CARTE** *des îles de France* (île Maurice) *et de la Réunion* (ile Bourbon), par Bory de St-Vincent. (Paris, Arthus Bertrand, 10 fr.) Une feuille grand aigle.

3266. **COSSIGNY** (**Jos.-Fr. Charpentier**), de Palma. *Voyage à Canton..., par Gorée, le Cap de Bonne-Espérance , les îles de France et de la Réunion, etc.* Paris, an VII, in-8. (Grenoble, 19637. — Brunet , 20016.)

3267. **FABRE** (**Et.**). *Les Bouvet. Voyages et combats , récits historiques et biographiques.* Paris (1869), in-8 de 191 pp. , 4 francs. Contenant : St-Malo et ses marins; — La Compagnie des Indes, les Iles de France et de Bourbon, etc. Extrait de la *Revue maritime et coloniale.* (*Journal de la librairie.*)

3268. **HUET DE FROBERVILLE.** Passa plusieurs années à l'Ile de France, et il rédigea le journal hebdomadaire des îles de France et de Bourbon. (Bourquelot.)

3269. **LABOURDONNAIS** (**Fr. Mahé de**), né en 1699, mort en 1755 ; gouverneur général des îles de France et de la Réunion (1734 et années suivantes). On a de lui des *Mémoires*, publiés à Paris en 1827 , in-8 , par son petit-fils le célèbre joueur d'échecs.

L'on sait que Labourdonnais fut disgracié, emprisonné, ruiné, et qu'il en mourut de douleur. Bernardin de Saint-Pierre fut le premier auteur qui réhabilita la mémoire de Labourdonnais, et en 1859, une statue lui a été élevée à Port-Louis (Ile de France). (Brunet.)

3270. **LALEU** (**G. de**). *Code des isles de France et de Bourbon , avec deux suppléments.* Isle de France, 1777-87, 4 vol. in-4°.

— *Code de l'Ile de France , depuis le 1er vendem. an XII jusqu'en 1823.* Ile de France, 1808-23, 5 part. in-4°. (Brunet.)

3271. **POIVRE** , intendant des îles de France et de Bourbon, né à Lyon en 1715, mort en 1786. On a de lui des *Discours* prononcés aux habitants des îles de France et de Bourbon ; impr. dans ses *Œuvres*. Paris , 1797 , in-8. (Peignot.)

3272. **RICHARD** (Ach.). *Monographie des orchidées des îles de France et de Bourbon;* ins. dans les *Mémoires de la Société d'hist. naturelle de Paris* , t. IV, 1828. (Quérard.)

3273. **ROY** (J.-J.-E.). *Une famille créole des îles Maurice et de la Réunion.* Tours, Mame, 1859, in-12, grav. — Nouvelles éditions, 1860, 1870. (*Journal de la librairie.*)

3274. **UNIENVILLE** (le baron d'). *Statistique de l'île Maurice et ses dépendances; suivie d'une Notice historique sur cette colonie et d'un Essai sur l'île de Madagascar.* Paris, 1838 , 3 vol. in-8, 74 tableaux. (Quérard. — Bourquelot. — Brunet, 28454.)

Ile de la Réunion

(Bourbon)

3275. **ALMANACH** *religieux de l'île Bourbon ou de la Réunion pour l'année 1874. XVIᵉ année.* Saint-Denis, 1874, in-12 de 172 pages. (*Journal de la librairie.*)

3276. **AZÉMA** (Georges). *Histoire de l'île de Bourbon depuis 1646 jusqu'au 20 déc. 1848.* Paris , 1859 ; — et aussi 1862, in-8. (Brunet, 28453.)

3277. **BARBAROUX** (Ch. Ozé), procureur général à l'île Bourbon. *De l'application de l'amnistie du 8 mai 1837 aux condamnés de l'île Bourbon , etc.* Paris , 1838, in-8 de 88 pp. (Bourquelot.)

— *Quelques observations sur l'émancipation des esclaves, par un Français d'Europe , qui habite les colonies depuis vingt ans.* Paris, 1841 , in-8 de 21 pp. (*Supercheries littéraires*, II, col. 81.)

3277 bis. **BETTING DE LANCASTEL** (Nicolas), littérateur français, né en 1798. Envoyé en 1825 à l'île Bourbon en qualité de directeur général de l'intérieur , il y séjourna jusqu'en 1831. Pendant son séjour dans cette colonie, il publia une *statistique de l'île Bourbon.* Saint-Denis , 1827 , in-8. (Vapereau.)

3278. **BILLIARD** (Fr.-Jacq.-Marie-Aug.), avocat et publiciste, né en 1788 à Courtomer (Orne). Obligé de quitter la France en 1816, il se rendit à l'île de Bourbon, d'où il revint en 1820 comme premier candidat à la députation de cette colonie , auprès de la métropole. Peu de temps après son retour, il publia son *Voyage aux colonies orientales, ou Lettres écrites des îles de France et de Bourbon pendant les années 1817-1820, à M. le comte de Montalivet.* Paris, 1822 ,

in-8, 1 plan de Port-Louis , et 1 carte, bien gravée, de l'île Bourbon. — Autre édition , 1829, in-8. Ouvrage rempli de détails curieux sur l'agriculture , le commerce , les mœurs , l'histoire , etc. L'auteur a traité dans son livre , 1° de la physionomie locale ; 2° des institutions de la colonie ; 3° des mœurs, et 4° des améliorations. (Bourquelot. — Brunet, n° 20931.)

— *Graves erreurs de M. Thomas dans son Essai de statistique sur l'île de Bourbon...* Paris, 1828, in-8 de 24 pp. (Bourquelot.)

3279. **BORY DE SAINT VINCENT.** *Sur une éruption du volcan de l'île de Mascareigne, qui eut lieu en 1812. Mémoire lu à l'Académie des sciences;* avec 1 pl. ; ins. dans les *Annales générales des sciences physiques.* Bruxelles, 1820, tome III.

On sait que le nom de Mascareignes fut donné à plusieurs îles de la mer des Indes situées à l'est de Madagascar (Maurice, Réunion, Rodríguez, etc.), en souvenir du Portugais Mascarenhas qui découvrit l'île Bourbon en 1545.

3280. **BULLETIN** *officiel de l'île Bourbon.* Saint-Denis, 1817-1826, pet. in-4°. (Catalogue Labitte, 13 avril 1874, n° 86.)

3281. **CHARPENTIER** (H.). *Carte de l'île de la Réunion.* Paris, impr. Clamaron (1867). (*Journal de la librairie.*)

3282. **DELABARRE DE NANTEUIL**, avoué à l'île Bourbon. *Législation de l'île Bourbon. Répertoire des lois, etc. , en vigueur dans cette colonie.* Paris, 1844, 3 vol. in-8. Ouvrage destiné au service de l'île. (Bourquelot.)

— 2ᵉ édition publiée sous le titre : *Législation de l'île de la Réunion.* Paris , 5 vol. in-8. Le 4ᵉ vol. a paru en 1862. (Brunet.)

3283. **DOCUMENTS** *officiels relatifs à la loi sur le régime douanier des colonies de la Martinique , de la Guadeloupe et de la Réunion.* In-8. (Challamel, 2 fr.)

3284. **DU PEYRAT** (Aug.), ancien ingénieur à l'île de la Réunion. *Situation de l'agriculture à l'île de la Réunion en 1868.* Paris (1870), in-8 de 29 pp. Extrait de la *Revue maritime et coloniale*, août 1870. (*Journal de la librairie.*)

— Autre édition. Paris, Huzard (1873), in-8 de 144 pp., 2 fr. 50. Extrait des *Mémoires de la Société d'agricultu. de France*, 1872.

3285. **ESTINGOY** (E.), habitant sucrier de l'île de la Réunion. *Culture des plantes saccharifères en général et nouveau système de culture de la canne, de la fertilisation du sol combinées à l'île de la Réunion.* Bordeaux, 1870, in-8 de 24 pp.

3286. **ÉVÉNEMENTS** de l'île de la Réunion ; par G. Desjardins, Ern. Jalabert, Ed. Le Roy. 1re et 2e éditions, Paris, 1868, in-8 de 115 pp. (Journal de la librairie.)

3286 bis. **FONTPERTUIS** (A.-F. de). L'Ile de la Réunion. Son passé et sa situation actuelle ; article inséré dans l'Economiste français, 15 nov. 1872. (Année géographique, p. 273.)

3287. **ILE** (L') de la Réunion. Question coloniale ; par un créole de cette île. Paris, 1869, in-8 de 15 pp., 50 cent. (Journal de la librairie.)

3288. **LABARBINAIS-LEGENTIL**, voyageur français. Nouveau voyage autour du monde, etc. Paris, 1727, 3 vol. in-12, cartes et fig. — Amst., 1728, 1731, 3 vol. in-12, fig. Cet ouvrage contient des détails intéressants sur l'île Bourbon, alors nommée Mascarin, colonie qui était encore dans l'enfance. (Quérard.)

3289. **LAVERDANT** (Désiré). Aux habitants de l'Ile Bourbon ; la question coloniale. 1848, in-8. (Bourquelot.)

3290. **LE MONNIER** (Pierre-Ch.), né à Paris, en 1715, mort en 1799 ; astronome, membre de l'Académie des sciences, etc. Recherches sur la longitude de l'île Bourbon; ins. dans le Recueil de l'Académie des sciences, en 1742. (Quérard.)

3291. **MAUPOINT**, évêque de S. Denis-Réunion, né en 1810, mort en 1871. On a de lui de nombreuses notices insérées dans l'Almanach de l'île de la Réunion. Il a laissé inédite, mais achevée, une grande Histoire de l'île Bourbon, fruit de longues recherches, etc. (Revue bibliogr.)

3292. **MONFORAND** (P. de). L'Ile de la Réunion et les travailleurs étrangers. Scènes de la vie de créole. Auch, 1870, in-8 de 78 pp. Extrait du journal le Gers. (Revue bibliogr., 1870, tome V.)

3293. **PAVIE** (Théod.-Marie), orientaliste, né à Angers en 1811. Voyagea à l'île Bourbon. L'Ile Bourbon ; article inséré dans la Revue des Deux-Mondes, 1er février 1844. (Vapereau.)

3294. **ROUSSIN**. Album de l'île de la Réunion. Recueil de dessins représentant les sites les plus pittoresques et les principaux monuments de la colonie. Etude de fruits et de fleurs. Saint-Denis (Réunion), in-4°, 1860. (Brunet, 28453.)

3295. **SULLY-BRUNET**. De l'article 64 de la charte, et observations sur l'île Bourbon. Paris, 1830, in-8 de 52 pp. (Quérard.)

— Compte rendu aux habitants de l'île Bourbon. Paris, 1833, in-8 de 32 pp. (Quérard.)

3296. **THOMAS** (P.-P.-U.), commissaire ordonnateur de la marine à l'île Bourbon. Essai de statistique de l'île de Bourbon, considérée dans sa topographie, sa population, son agriculture, son commerce ; suivi d'un projet de colonisation, etc. Paris, 1828, 2 vol. in-8. (Brunet, 28453. — Quérard.)

3297. **VIDAL** (Edm.). Bourbon et l'esclavage ; mai 1847. Bordeaux et Paris, 1847, in-8 de 64 pp. (Bourquelot.)

3298. **VINSOT** (Gust.), avocat, membre du conseil général de l'île de la Réunion. Lacunes et erreurs du projet du Sénatus consulte portant modification de la constitution des colonies de la Martinique, la Guadeloupe et l'île de la Réunion. Paris, 1869, in-8 de 19 pp. (Journal de la librairie.)

Ile Maurice

(Cerno, ou Ile de France)

3299. **BOJER** (Wenceslas), naturaliste allemand, né à Prague, en 1797. Après avoir exploré toutes les îles de l'Afrique : Réunion, Madagascar, Seychelles, Amirantes, Zanzibar, etc., il vint s'établir à Maurice et y enseigna la botanique. Hortus mauritianus, ou énumération des plantes exotiques et indigènes qui croissent à l'île Maurice, disposées d'après la méthode naturelle. Maurice, 1837, gr. in-8 de viii-456 pp. Ouvrage le plus complet qui existe sur la botanique de l'île Maurice. (Brunet. — Vapereau. — Bourquelot.)

3300. **BRUNET** (P.), docteur médecin ; né à Nantes en 1770. Voyage à l'île de France, dans l'Inde, etc. Paris, 1825, in-8. (Quérard.)

3301. **CÉRÉ** (Jean-Nicolas), directeur du jardin botanique de l'Ile de France, né dans cette île, en 1737. On a de lui un Mémoire sur la culture des diverses espèces de riz à l'Isle de France ; imprimé dans le Recueil de la Société d'agriculture de Paris. (Peignot.)

3302. **COUDRAY** (Julien). Relation de l'ouragan qui a eu lieu à Maurice du 28 février au 1er mars 1818 ; suivie d'une lettre sur le même sujet. Port-Louis, 1818, broch. in-8. (Bourquelot.)

3303. **DESJARDINS** (Julien-François), naturaliste, fondateur de la Société d'histoire naturelle de l'île Maurice, né dans cette île en 1799. Neuvième rapport annuel sur les travaux de la Société d'histoire naturelle de l'île Maurice, lu dans la séance du 24 août 1838. Paris, 1840, in-8 de 60 pp. — Dans les dernières années de sa vie, il s'occupait d'un grand travail sur son pays natal, qu'il n'a pu terminer. (Bourquelot.)

3304. FREYCINET (L.-Cl. DESAULSES de), capitaine de vaisseau, membre de l'Institut, né en 1779. *Mémoire sur la géographie et la navigation de l'île de France.* Paris, 1812, in-4°. Extrait du *Voyage pittoresque à l'île de France*, de J. Milbert (1812), et tiré seulement à douze exemplaires. (Quérard.)

3305. GEOFFROY ST-HILAIRE (Et.). *Note sur quelques habitudes de la grande chauve-souris de l'Ile de France, connue sous le nom de Roussette;* insérée dans les *Annales du muséum d'hist. nat.*, t. VI, 1805. (Bourquelot.)

3306. GRANT (Charles), vicomte de Vaux. *The History of Mauritius or the Isle of France.* London, 1801, in-4°, fig. (Brunet. — Boucher de La Richarderie, n° 1397.)

3307. GUIGNES (Chr.-Louis-Jos. de), corresp. de l'Académie des sciences et de celle des inscr., né à Paris en 1759. *Voyages à Pékin, Manille et Isle de France, faits de 1784 à 1801.* Paris, 1808, 3 vol. in-8 et atlas in-fol. de 6 cartes et 59 pl. (Grenoble, n° 19490. — Bourdillon, n° 345. — Bachelin Defiorenne, 1870, 9 fr. — Brunet.)

3308. HUET DE FROBERVILLE. *Le Cimetière de Port-Louis*, scènes historiques. 2 vol. in-4°. (Bourquelot.)

3309. JOHNSON (The captain Ch.). *A General history of the pyrates, from their first rise and settlement in the Island of the Providence, to the present time, etc.* London, 1826, 2 vol. in-8. (Brunet.)

— *Histoire des pirates anglais, depuis leur établissement dans l'île de la Providence jusqu'à présent; avec la vie et les aventures de deux femmes pirates, Marie Read et Anne Bonny, et un extrait des lois et des ordonnances concernant la piraterie.* Paris, 1726, in-12. (Grenoble, n° 27530.) — Cet ouvrage a été réimprimé en 1744, et en 1775, en 4 vol. in-12, sous le titre : *Histoire des aventuriers flibustiers.* (Brunet.)

3310. MAGON DE ST-ELIER (Ferd.). *Travaux historiques, politiques et pittoresques de l'Ile de France, aujourd'hui Maurice, depuis sa découverte jusqu'à nos jours.* Port-Louis, 1839, in-8. (Brunet, 28454.)

3310 bis. PIKE (Nic.). *Sub-tropical Rambles in the land of Aphanapterix.* London, Sampson, 1873, in-8. — Ouvrage curieux sur l'île Maurice. (*Année géogr.*)

3311. THÉVENOT. *De la relation des îles Salomon; de la collection de voyages*, de Melchisedec Thévenot. — Réimpression des feuilles *A* et *C*, soit pages 1 à 4 et 9 à 12, qui manquent à tous les exemplaires connus, moins deux ou trois. (L'Ecureux, en 1874, 25 fr.)

ZANGUEBAR & ZANZIBAR

3312. BARTLE-FRÈRE, président de la Société royale de géographie de Londres, en 1874. On a de lui des articles insérés dans les Revues de géographie. *Lettre sur la côte orientale d'Afrique* (le Zanzibar); insérée dans la *Gazette de Cologne*, juin 1873. Un extrait traduit en français a été inséré dans le journal *l'Italie*, 28 juin 1873.

— *Eastern Africa as field for Missionary Labour. Four Letters to the Archbischop of Canterbury.* London, John Murray, 1874, in-8, carte, 5 sh. (*Pall Mall Gazette.*)

3312 bis. BRENNER (Richard), mort à Zanzibar en mars 1874, âgé de 40 ans. *Exploration de R. Brenner dans l'Afrique orientale;* article inséré dans *Mittheilungen aus J. Perthes*, 12ᵉ livraison, 1868; — 5ᵉ livraison, 1870.

— *Etudes de Richard Brenner dans l'est de l'Afrique*, avec cartes; article inséré dans les *Archives de géographie de Pétermann* (Mittheilungen), octobre 1868.

— Son *Voyage d'exploration dans l'Afrique orientale;* articles, par l'abbé Dinomé, insérés dans les *Annales des voyages*, 1869, mai et juin.

3313. HORNER (le Rév. P.), supérieur de la mission du Zanguebar. *De Bagamoyo à l'Oukami;* article inséré dans le *Bulletin de la Société de géogr.*, 1873, pp. 125 à 139. — Bagamo est un village situé sur la côte de Zanzibar et le point de départ habituel pour l'intérieur. (*Année géogr.*)

3314. REBMANN, missionnaire protestant, résidant à Mombaz (Côte de Zanzibar.) Parmi les plus importants de ses ouvrages encore manuscrits, on cite : 1° Un *Dictionnaire kimika;* 2° Un *Dictionnaire kisuahéli;* 3° Un *Dictionnaire nyassa ou kinguassa.* La *Gazette de Cologne*, juin 1873, renferme une lettre datée de Zanzibar, sur quelques localités de la Côte, où il est question de ce savant linguiste.

3315. ROSS BROWNE (James), voyageur et écrivain américain, né vers 1817. Il s'engagea comme baleinier et débarqua à l'île de Zanzibar où il séjourna assez longtemps. — Tableau d'une croisière à la pêche de la baleine; avec les détails d'un séjour dans l'île de Zanzibar, etc. (*Etchings of a Whaling cruise*). New-York, 1846, in-8, ill. (Vapereau.)

3316. **STEERÈS**. *Collections for a Handbook of the Shambala Language*. Zanzibar, 18.., in-12. (Quaritch, février 1874, p. 42, 2 sh., 2 fr. 50.)

3316 *bis*. **THOUVENIN** (**P.-D.**). *L'Esclavage à Zanzibar et la mission de sir Bartle Frère;* article ins. dans la *Revue des Deux-Mondes*, 1874.

3316 *ter*. **SULIVAN** (Capt. **G. L.**), R. N. *Dhow chasing in Zanzibar waters and on the eastern coast of Africa: A narrative of five year's experiences in the suppression of the slave trade*. London, 1873, pet. in-8, ill. (*Année géogr.*, 1874, p. 233.)

SEYCHELLES OU LES SEPT FRÈRES

3317. **CARTE** *des îles Seychelles* (Paris, Challamel, 1874). Dépôt de la marine, n° 1205; 2 francs.

— *Archipel. des Seychelles. Mouillage de Ste-Anne* (Paris, 1874). Dépôt de la marine, n° 807; 2 francs.

3317 *bis*. **GRANDPRÉ** (le comte **L.-Mar.-Jos.-O. de**). *Voyage dans l'Inde (1789-90), contenant la description des Iles Sechelles et le Trinquemalay, suivi d'un voyage fait dans la mer Rouge, contenant la description de Moka et du commerce des Arabes de l'Yémen;* des détails sur leur caractère, leurs mœurs, etc. Paris, an IX (1801), 2 vol. in-8, 7 grav. et pl. (Quérard.)

3318. **LAROCHE** (**T.-R.-P.-Mathieu de**), provincial des capucins de Savoie, préfet apostolique de la Mission des Seychelles. *Rapport*. Paris, 1874, in-8 de 17 pp. Extrait des *Annales franciscaines*. (*Journal de la librairie*.)

3319. **LE FRANC** (**Jean-Bapt.-Ant.**), architecte à Paris avant 1789, déporté en 1816. *Les Infortunes de plusieurs victimes de la tyrannie de Napoléon Bonaparte, ou Tableau des malheurs de 71 français déportés sans jugement aux Iles Séchelles, à l'occasion de la machine infernale du 3 nivôse, an IX (24 déc. 1800); par l'une des deux seules victimes qui aient survécu à la déportation*. Paris, 1816. in-8, fig. (Quérard.)

3320. **PLAN** *de la baie et du port de Mahé* (Iles de Seychelles). 1873. Dépôt de la marine.

MER ROUGE & GOLFE PERSIQUE

3321. **CORSAL** (**André**), florentin du XVI° siècle. On a de lui une *Relation de la navigation de la mer Rouge et du golfe Persique*, publiée en espagnol, traduite en français et impr. dans l'*Historiale description de l'Ethiopie*, etc., d'Alvarez. Anvers, 1558. (Peignot.)

3322. **FONTANIER** (**V.**), consul à Singapour, correspondant de l'Institut de France. *Voyage dans l'Inde et dans le Golfe Persique par l'Egypte et la mer Rouge*. Paris, 1844-48, 3 vol. in-8. (Brunet, 20656.)

3323. **HURD** (The captain **T.**). *Atlas de la mer Rouge, du Golfe Persique et des côtes jusqu'à Bombay* (en anglais). Londres, 1820, 51 feuilles. (Brunet, 19764.)

— *Atlas de l'Océan indien, de la mer Rouge, du Golfe Persique et des Côtes de l'Inde* (en anglais). Londres, 1822, 28 feuilles. (Brunet, 19763.)

3324. **PAVIE** (**Th.-M.**). *La Mer Rouge et le Golfe Persique;* article inséré dans la *Revue des Deux-Mondes*, 1844. (Bourquelot.)

MER ROUGE OU GOLFE ARABIQUE

3325. **ABBADIE** (**A. d'**). *Climat des rivages de la mer Rouge;* 2 articles insérés dans le *Cosmos*, juin 1868.

3326. **AGATHARCHIDE**, géographe de Cnide, né vers l'an 150 avant J.-C. On a de lui un *Périple de la mer Rouge*. (Bouillet. — Peignot.)

3327. **BISSEL** (**Austin**). *A Voyage from England to the Red Sea and along the east coast of Arabia to Bombay, in 1798 and 1799*, published by A. Dalrymple. London, 1806, in-4°. (Brunet, 20638.)

3328. **CARTES** et **PLANS**. *Entrée de la mer Rouge. Détroit de Bab-el-Mandeb. Plan d'Anden, 1873*. 1 feuille. (Feuill. du *Journal de la librairie*, p. 95.) Dépôt de la marine, 1874.

— *Mer Rouge*, carte de 4 feuilles. (Paris, 1873.) Dépôt de la marine, n°s 2127, 2128, 2129.

— *Plans de la mer Rouge. Iles Harnish-Loheia. Anse Nowarat. Gheesan. Anse Suggeed* (île Farrun). 1873. 1/4 feuille. Dépôt de la marine, n° 2157. (Paris.)

3329. **CASTRO** (**Joam de**). *Roteiro de dom Joam de Castro da viagem que fizeram os Portuguezes ao mar Roxo no ano 1541*. Paris, 1833, in-8 et atlas. (Brunet, 20580.)

3330. **CONSTANT** (**David**), professeur de théologie de Lausanne, né en 1638, mort en 1733. On a de lui une dissertation sur le *Passage de la mer Rouge*.

3331. **DUBOIS AYMÉ**. *Mémoire et Ap-*

pendice au Mémoire sur les anciennes limites de la mer Rouge ; ins. dans la *Description de l'Egypte.* (Quérard.)

3332. EHRENBERG (Christ.-Gottfried). Les Coraux de la mer Rouge (*die Korallenthiere des rothen Meeres*). 1834.

— *Les Acalèphes de la mer Rouge.* 1836.
Ouvrages d'observations microscopiques sur les infusoires de la mer Rouge. (Vapereau.)

3333. GÉRARD (J.-F.). *Vues pittoresques de l'Inde, de la Chine et des bords de la mer Rouge.* Paris, 1840, 2 vol. in-4°, 60 gr. (Bourquelot.)

3334. GIBERT (Jos.-Balth.). *Mémoire sur le passage de la mer Rouge.* Paris, 1755, in-4°. (Quérard.)

3335. HARDY (Pierre), curé. *Essai physique sur l'heure des marées dans la mer Rouge, comparée avec l'heure du passage des Hébreux.* Paris, 1755, in-12 de 103 pp.
Cet opuscule estimé a été réimprimé à Gottingue en 1758, in-8, avec des remarques de J.-D. Michaelis. (Quérard. — *Dictionn. des anonymes*, III, col. 223.)

3335 bis. HEBER (Reginald), voyageur, évêque de Calcutta, né à Maupas (comté de Chester), en 1783, m. en 1826. On a de lui un poëme intitulé : *La Passage de la mer Rouge.* (Bourquelot.)

3336. HERSAN (Marc-Ant.), professeur de l'Université de Paris; né en 1652, mort en 1724. *Cantique de Moïse, après le passage de la mer Rouge, expliqué selon les règles de la rhétorique.* Paris, 1700, in-12. Réimprimé à la fin du second volume du *Traité des études* de Rollin. (Quérard.)

3336 bis. KROPP (capitaine Wilh.), de la marine autrichienne. *Notes sur la mer Rouge* (trad. de l'allem. par A. Le Gras); ins. dans les *Annales hydrographiques*, 1872, pp. 483-510. (*Année géogr.*)

— *Physical geography of the Red Sea, with Sailing directions. Transl. from the german by E. R. Knotz, with the addition of a translation of a paper issued by the Meteorolog. Society of the Netherlands.* Wash. U. S. Hydr. office, 1872, in-8 de 46 pp. (*Année géogr.*, 1874, p. 183.)

3337. LECOINTRE, ingénieur en chef des forges de la Méditerranée. *Du passage de la mer Rouge par les Hébreux.* Paris, 1869, in-8 de 40 pp. Extrait des *Etudes religieuses.* (*Journal de la librairie.*)

3338. LE GRAS (A.), chef du service des instructions. *Instructions pour naviguer dans la mer Rouge ;* d'après R. Moresby et T. Elwon et les documents les plus récents. Paris (1870), in-8 de xvi-346 pp. Dépôt de la marine, 6 fr.

3339. LETRONNE. *Sur la prétendue communication de la mer Morte et de la mer Rouge ;* article inséré dans le *Journal des savants*, août 1838.

3340. MONTAGNE (J.-Fr.-Cam.), de l'Institut; né en 1784, mort en 1866. *Mémoire sur la coloration des eaux de la mer Rouge* (1844). (Vapereau.)

3341. PRELLER (Louis), archéologue allemand, né à Hambourg en 1809.—Importance commerciale de la mer Rouge dans l'antiquité (*Ueber die Bedeutung des Schwartzen Meers, etc.*). 1842, Dorpat. (Vapereau.)

3342. ROBERTS (Dav.). *Vues pittoresques de l'Inde, de la Chine et des bords de la mer Rouge.* Londres, 2 vol. gr. in-4°, 60 gr. d'après Elliot.

3343. SCHWEINFÜRTH (Dʳ G.). *Esquisse générale de la géographie des plantes du bassin du Nil et des rives de la mer Rouge ;* article inséré dans les Archives de géographie de Pétermann (*Mittheilungen*), avril 1868.

3344. SICARD (le P.), jésuite missionnaire. *Dissertation sur le passage de la mer Rouge par les Israélites ;* insérée dans les *Nouveaux Mémoires des missions*, 8 vol. in-12.

3345. VERDIER (J.), né en 1735, mort en 1820. *Poëme séculaire d'Horace..., avec le sublime cantique de Moïse sur le passage de la mer Rouge ;* traduit de l'hébreu... (Quérard.)

Golfe Persique.

3346. CARTE du golfe Persique (en anglais). 1709, in-fol. (Catalogue Merlin, 1871, n° 240.)

3347. SICARD (Félix), capitaine au long cours. *Une excursion dans le golfe Persique ;* article imprimé du Feuilleton du *Journal de Nice*, 1873.

VI

ARABIE — ARABES

Théologie, Philosophie et Sciences.

3348. ABU-CHODJA. *Précis de jurisprudence musulmane selon le rite Châfeite.* Publication du texte arabe, avec traduction et annotations; par S. Keiyzer. Leyde, 1859, in-8 de 117 pp. (Maisonneuve et Cie.)

3349. ABUL-BAKA. *Encyclopédie des sciences* (en arabe). Boulaq, 1253 de l'hégire, in-fol. (Brunet.)

3349 bis. ALARD (Mar.-Jos.-L.-J.-Fr.-Ant.), docteur en médecine, né à Toulouse en 1779. *Histoire de l'Eléphantiasis des Arabes.* Paris, 1809, in-8, 2 pl. La 2e édition de cet ouvrage parut sous le titre: *Histoire de la maladie particulière au Système lymphatique.* Paris, 1809, in-8, 2 pl.; et en 1824, une 3e édition fut publiée sous le titre: *De l'inflammation des vaisseaux lymphatiques, etc.*

— *Nouvelles observations sur l'Eléphantiasis des Arabes.* Paris, 1811, in-8. (Quérard.)

3350. AMOUREUX (P.-Jos.), docteur en médecine, né à Beaucaire, mort en 1824. *Essai historique et littéraire sur la médecine des Arabes.* Montpellier, 1805, in-8. (Brunet, n° 6502. — Quérard.)

3351. BEAUCHAMP (Joseph). *Réflexion sur les mœurs des Arabes;* ins. dans le *Journal encyclopédique*, 1793. (Quérard.)

3352. BÉLIN, consul général de France en Orient. *Du régime des fiefs militaires dans l'Islamisme.* In-8. (Challamel, 2 fr. 50.)

3353. BERNARD (Samuel). *Notice sur les poids arabes anciens et modernes;* ce mémoire est imprimé dans la *Description de l'Egypte*, et se trouve dans le tome XVI de l'édition de cet ouvrage donnée par Panckoucke. (Quérard.)

3354. CASSEM ALFAREDH, poëte arabe né au Grand-Caire l'an 1184 de l'ère chrét. On a de lui 600 distiques sur les devoirs des faquirs. (Peignot.)

3355. CHAFFI, ou **CHAFEI (Mohammed Ben-Idrys)**, fondateur d'un des quatre rits orthodoxes suivis dans la religion musulmane; né l'an 150 de l'hégire, mort l'an 204. On a de lui un *Traité sur les Ossoul*, ou *Fondements du musulmanisme;* et deux autres écrits: *Sonan* et *Mesned*, sur le même sujet. (Peignot.)

3356. CHATELAIN (le chev.). *Mémoire sur les chevaux arabes.* Paris, 1816, in-8. (Quérard.)

3357. CORAN, *Alcoran*, c'est-à-dire: *la Lecture*, rédigé par Mahomet qui le donna comme l'œuvre de Dieu à lui transmise par l'ange Gabriel. C'est un recueil de dogmes et de préceptes musulmans, un code civil, criminel, politique et militaire, le tout écrit dans le dialecte de l'Hedjaz, qui est l'arabe le plus pur; il renferme de nombreux passages obscurs. Le Coran fut mis en ordre et publié par Abu-Bekr, successeur de Mahomet, l'an 13e de l'hégire (634 de J.-C.).

Les lois du Coran sont très-hostiles à l'intérêt des femmes, étant écrit dans un esprit purement révolutionnaire. Peu de temps après la mort de Mahomet l'on comptait plus de deux cents commentaires sur ce livre.

La meilleure édition ancienne du *Coran* est celle de Maracci, en arabe et en latin. Padoue, 1698, 2 vol. in-folio, notes. Il a été traduit dans toutes les langues parlées de l'Europe. Du Ryer en a donné une version française, publiée à La Haye, en 1685, in-12, fig. — Nouvelle édition, revue, 1700, 2 vol. in-12. — Suivant la copie (Leyde, Elzévier), 1649, in-12. — Amst., 1670, 2 vol. in-12. — Suiv. la copie, 1672, pet. in-12. Savary donna une traduction française, avec un *Abrégé de la vie de Mahomet*, publiée à Paris en 1783, 2 vol. in-8. — Amst., 1786, 2 vol. in-12. — Paris, 1798, 2 vol. in-8. — Kasimirski donna aussi une traduction française publiée avec le texte arabe à Paris en 1840; 1841; 1844; 1848; 1850; et en 1873, in-12.

Il existe encore plusieurs autres traductions françaises, mais moins connues; les traductions en langues étrangères du *Coran* et leurs

éditions sont fort nombreuses. (Voir Brunet,
article *Mahomet*. — Van Hulthem, n°⁵ 2505
et 2506. — Peignot. — Bourquelot. — Bouillet.)

Un savant linguiste, André Oculuth (né à
Bernstadt, en 1654), donna une édition du
Coran en 4 langues, arabe, persane, turque
et latine ; imprimée à Berlin, en 1701, in-fol.
Bausch (mort dans la 546ᵉ année de l'hégire)
écrivit un livre intitulé : *Eknaa-fil-corat-
Sebaa*, ou les *Sept manières de lire le Coran*.

Bern. Perez de Chinchon, chanoine de Valence, au XVIᵉ siècle, écrivit un *Anti-Alco-
ran* ; c'est une satire contre les sectateurs
de Mahomet.

Denys le Chartreux, mort en 1471, donna
un *Traicté contre l'Alcoran*, en 5 livres,
imprimé à Cologne, 1533, in-8. (Peignot.)

— *Introduction à la lecture du Coran*, trad.
nouvelle, par Ch. Solvet. Alger, 1846, in-8,
pl. (Bourquelot.)

3358. DURAND (David). *Religion des Mahométans, tirée du latin* d'Adr. Reland.
La Haye, 1721, in-12. Ouvrage estimé. (Quérard.)

3359. FLORIAN-PHARAON. *Sidi-Siouti.
Livre de la miséricorde dans l'art de gué-
rir les maladies et de conserver la santé* ;
traduit de l'arabe en collaboration avec le
Dʳ **A. Bertherand**. In-8. (Challamel.)

3360. FORTIN D'IVRY (T.). *Coutumes de
la culture arabe. Aperçu sur les us et coutumes agricoles des Arabes, suivi de quelques considérations générales*. Broch. in-8.
(Challamel.)

3361. FREYTAG (le Dʳ **G.-Guill.**), orientaliste né à Lunebourg, en 1788, professeur
à Bonn. *Darstellung des Arabischen Me-
trik* (De l'art métrique des Arabes ; remarques sur la poésie des Arabes et sur les poëtes arabes, etc.). Bonn, 1830, in-8 de XVI-557
pp. (Loescher, en 1867, 5 fr.)

3362. GARCIN DE TASSY. *De l'exposition de la foi musulmane*, traduit du turc
de Mohammed-Benpir-Ali-Elberkevi, etc. Paris, 1822, in-8. A la suite se trouve : *le Borda*,
poëme à la louange de Mahomet, trad. de
l'arabe. (Quérard. — Daremberg, en 1873,
2 fr.)

— *Science des religions. L'Islamisme d'après
le Coran, l'enseignement doctrinal et la
pratique*. Paris, Maisonneuve, 1874, in-8,
7 fr. 50.

3363. GEIGER (Abr.), écrivain israélite allemand, né en 1810 à Francfort-sur-le-Mein.
*Qu'est-ce que Mahomet a emprunté de la
religion judaïque ?* (Was hat Mohammed
aus dem Judenthum aufgenommen¹) Bonn,
1833. (Vapereau.)

3364. KHALIL-IBN-ISH'AK' (Sidi).
*Précis de jurisprudence musulmane, sui-
vant le rite malékite* ; par Sidi Khalil ;
texte arabe publié par la Société asiatique.
Paris, 1853-57, in-8. (Brunet.)

— *Précis de jurisprudence musulmane*, trad.
de l'arabe par Perron, et publié dans le recueil : *Explorations scientifiques de l'Algérie...*, sciences hist., X, XI, XII, 7 vol.
gr. in-8, dont 1 de table alphabétique. Depuis, Paris, 1872, in-8.

3364 bis. MACÉDO (Joac.-Jose da Costa),
secrétaire perpétuel de l'Académie royale de
Lisbonne, mort en 1873. On a de lui des *Mémoires* relatifs à l'histoire des Arabes, entre
autres : *Sur l'état de la Navigation chez les
Arabes dans les temps voisins de Mahomet*,
etc. — *Mém. dans lequel on prouve que les
Arabes n'ont pas connu les Canaries avant
les Portugais*, etc. Ces mémoires sont impr.
dans ceux de l'Académie. (*Année géogr.*,
p. 479.)

3365. MALEK-ABU-ABD-ALLAH, docteur musulman, chef des Malékites ; né à
Médine l'an 90 ou 95 de l'hégire, mort l'an
177. Un exempl. manuscrit de son *Mouvetta*,
ouvrage qui traite des lois orales du prophète, se trouve dans la Bibliothèque de
l'Escurial. (Bouillet. — Peignot.)

3366. MICHAELIS (J.-D.). *Recueil de questions proposées à une Société de savans qui
font le voyage de l'Arabie*, par Michaelis,
avec un *extrait de la Description de l'A-
rabie* (de Niebuhr). Amsterdam, 1774, in-4°.
(Brunet.)

Les *Questions de Michaelis* ont d'abord
paru en allemand. Francfort, 1762, pet. in-8 ;
ensuite la traduction française (par Merian)
a été impr. dans la même ville ; en 1763,
in-12 ; Gottingue et Paris, 1763, in-8 ; et
Amst., 1775, in-4°. On ne trouve pas dans
la première édition française, qui n'est pas
tout à fait conforme à la seconde pour le
style, l'extrait de la *Description*. Il parut
aussi des exemplaires de cette première édition française sous le titre : *Les Voyageurs
savants et curieux, ou Tablettes instructi-
ves, et guide de ceux que S. M. danoise a
envoyés en Arabie*, etc. London, 1768, 2 vol.
in-8, fig. (Brunet.)

3367. OELSNER, né à Goldberg (Silésie, en
1760). *Des effets de la religion de Mahomet
pendant les trois premiers siècles de sa fondation, sur l'esprit, les mœurs et les gouvernements des peuples chez lesquels cette
religion s'est établie*. Paris, 1810, in-8. (Quérard. — Brunet, 28006.)

3368. PAVY (L.-Ant.-Aug.), prélat français. *Du Mahométisme*. 1853, in-8. (Vapereau.)

3369. RAUWOLFF (Léonard), médecin
et botaniste, né à Augsbourg, parcourut,
en 1573, l'Arabie et l'Orient. Le catalogue
des plantes que Rauwolff a observées en
Orient a été publié, en latin, sous le titre de
Flora orientalis, par Gronovius. Leyde, 1755,
in-8. (Peignot.)

3370. RAYMOND DE LULLE. *Livre de
la loi au Sarrazin*, publié à la suite du
Roman de Mahomet. Paris, 1831, gr. in-8.

Raymond de Lulle conçut l'idée d'une croisade spirituelle destinée à convertir les musulmans par la raison ; il apprit, à cet effet, les langues orientales, et se familiarisa
avec les auteurs et les philosophes afin de
les combattre. Il fit, en 1292, un premier
voyage à Tunis ; en 1309, un voyage à Bone
et à Alger, et en 1314, à l'âge de 80 ans,
un second voyage à Tunis où il obtint d'a-
bord quelques succès, puis il fut lapidé. On
a de lui plus de mille ouvrages. (Bouillet.)

3371. RELAND (Adrien), né en Hollande,
en 1676, mort en 1719 ; professeur de langues
orientales à Utrecht. *De religione moham-
medica libri duo*. Trajecti-ad-Rhen., 1717,
in-8. Edition augmentée. Ouvrage estimé qui
parut d'abord en 1705, et qui fut trad. en
français sous le titre : *La Religion des Mahométans, exposée par leurs propres docteurs*, trad. du latin (par David Durand).
La Haye, 1721, in-12, figures. L'ouvrage est
terminé par un catalogue raisonné de 24 manuscrits arabes dont l'auteur s'était servi,
suivi d'un index, d'un errata, etc. La traduction française est faite sur la seconde édition de l'original. (Peignot. — Brunet. —
Quérard. — Rouquette, en 1873, exempl. relié en mar. r., 25 fr.)

3372. ROUSSEAU (J.-B.), consul général
de France près la régence de Tripoli de Barbarie, né en 1780, mort en 1831. *Mémoire
sur les trois plus fameuses sectes du musulmanisme, les Wahabis, les Nosaïris et les
Ismaélis* ; par M. R. Marseille, 1818, in-8 de
84 pp. (Quérard.)

3373. SCALIGER (Pacifique), capucin,
connu pour avoir apporté de l'Orient, dans
le XVIIᵉ siècle, le fameux *Diplôme testa-
mentaire de Mahomet*, par lequel celui-ci
accordait aux chrétiens établis dans ses états
l'entière jouissance de leurs possessions et de
leurs avantages temporels. Ce diplôme fut
d'abord publié en arabe et en latin par Gabriel Sionita. Paris, 1630. On le regarde
comme apocryphe. (Peignot.)

3374. SCHMÖLDERS (Auguste), docteur
en philosophie. *Essai sur les écoles philoso-*

*phiques chez les Arabes, et notamment sur
la doctrine d'Algazzali*. Paris, 1842, in-8.
(Texte et traduction.) L'auteur fait connaître
les différentes sectes arabes, et l'influence
considérable qu'elles ont exercée en Occident
pendant le moyen-âge. (Bourquelot.)

**3375. SÉDILLOT (Louis-Pierre-Eug.-
Am.)**, orientaliste français, né à Paris en
1808. *Mémoire sur le système géographique
des Grecs et des Arabes, etc.* Paris, 1843,
in-4º de 32 pp., 2 pl. (Bourquelot.)

— *Recherches pour servir à l'histoire de
l'Astronomie chez les Arabes;* insérées dans
le *Journal de la Société asiatique*, 2ᵉ série,
tome XVI. (Bourquelot.)

— *Mémoire sur les instruments astronomiques des Arabes*. Paris, 1841, in-4º, 36 pl.
Extrait du tome Iᵉʳ des *Mém. présentés par
divers savants à l'Académie des inscriptions
et belles-lettres*. (Bourquelot.)

— *Article de critique* dans le *Journal des
savants*, sept., oct. et nov. 1841, sur le
Traité des instruments arabes, de Abul-
Hassan, par Sédillot (Signé J.-Bapt. Biot,
professeur d'astronomie). (Bourquelot.)

3376. SOLVET (Ch.), magistrat français, né
à Paris en 1795. *Institut du droit mahométan sur la guerre avec les infidèles*, ou
*Extraits du livre d'Abul-I-Hosain-Ahmed-
el-Kodouri sur le droit, et de celui de Seud-
Ali-el-Hamadini*, intitulé : *Trésor des rois*,
trad. de l'arabe en français, par Ch. Solvet.
Paris, 1829, in-8 de 40 pp. (Quérard.)

— *Institutions du droit mahométan, relatives à la guerre sainte*. Dissertation de
Hadrien Reland, traduite du latin en français. Alger, 1838, in-8 de 44 pp. (Bourquelot.)

3377. VINCENT (B.), avocat. *Etudes sur
la loi musulmane* (rit de Malek), *législation criminelle*. Paris, 1842, in-8 de 128 pp.
(Bourquelot.)

3378. WORMS. *Recherches sur la constitution de la propriété territoriale dans les
pays musulmans*. Paris, 1846, in-8. (Catal.
des Accroissements, VIII, p. 26.)

3378 bis. WRIGHT. *Early Christany in Arabia*. London, 1855, in-8. (*Catalogue des Accroissements*, février 1865.)

**3379. YOUHANNA BEN SARAFIOU-
NE.** Iman de la grande mosquée d'Alger.
Traité de médecine (en arabe). Manuscrit
in-4º, écrit l'an 660 de l'hégire (1262 de l'ère
chrétienne). (*Catal. des Accrois.*, p. 242.)

Linguistique.

*(Ouvrages écrits en langue française, et les
principaux en langues étrangères, traitant de la langue arabe.)*

3380. ABOUGIT (le P. **L.-X.**). *Principes de
la grammaire arabe à l'usage des écoles de
français en Orient.* Beyrouth , 1862, in-12
de 396 pp. (Maisonneuve et Cⁱᵉ, en 1873.)

3381. ABU-MANSOUR-EL-TCHALEB.
Fekh-el-Loghat, sorte de dictionnaire, texte
arabe, corrigé, ponctué. Paris, 1861, in-8 de
xvi-172 pp. (Brunet.)

3382. AGOUB, orientaliste franç., né au Caire.
On a de lui divers ouvrages et écrits sur la
littérature orientale. *Des règles de l'Arabe
vulgaire ;* article inséré dans le *Journal
asiatique* (1826), et dont il a été fait un tirage à part. (Quérard.)

3382 bis. ARYDA (Anton.). *Institutiones
grammaticæ arabicæ.* Viennæ, 1813, gr. in-4.
(Brunet.)

3383. AUDRAN (Prosper-Gabriel). *Grammaire arabe en tableaux, à l'usage des étu-
diants qui cultivent la langue hébraïque.*
Paris, 1818, in-4°. *(Supercheries littéraires,
III, 94.)*

3383 bis. BLAU (Dʳ **O.**), consul général.
Altarabische sprachstudien. Zeitschr. der
Deutschen Morgenländ. Gesellsch. XXVII,
heft 1-2, 1873, pp. 295-363. (*Année géogr.*,
1874, p. 180.)

— *Das Alt-Nord arabische Sprach-Gebiet,
nach den alten altarabischen studien.* I, II,
Ibid. (*Année géographique.*)

384. BOCTHOR (Ellious), orientaliste, né
à Syout (H.-Egypte), en 1784, mort à Paris en 1821. Professeur d'arabe vulgaire à la
Bibliothèque du roi. On a de lui: *Alphabet
arabe.* Paris, 1820, in-4°.

— *Abrégé des conjugaisons arabes.* Paris,
1820, in-8. (Bourquelot.)

— *Dictionnaire arabe et français.* Paris,
1827-1829, 2 vol. in-4°. — Nouv. édit., publiée
par Caussin de Perceval. Paris , 1848, in-4°.
— *Dictionnaire français-arabe.* 3ᵉ édition,
revue et augm. par Caussin de Perceval.
Paris, 1864, gr. in-8 de 867 pp. (Brunet. —
Bouillet. — Maisonneuve et Cⁱᵉ .)

— *Discours prononcé à l'ouverture d'un
cours d'arabe vulgaire de l'Ecole royale, etc.,
des langues orientales vivantes, le 8 décembre 1819.* Paris, 1820, une feuille. (Quérard.)

3385. BRESNIER (Louis-Jacques), orientaliste ; né à Montargis , en 1814 , mort en
1869. Professeur à la chaire d'arabe d'Alger. *Grammaire arabe élémentaire de Mohammed ben Dawoud el Sanhadji ;* texte
arabe et trad. française , accompagnée de
notes. 2ᵉ édition, Alger , 1866, in-8 de 93 pp.
(Brunet, 11584.)

— *Principes élémentaires de la langue arabe.*
Alger, 1867, in-12 de 306 pp. (Vapereau.)

— *Chrestomathie arabe. Lettres, actes et pièces diverses , avec la traduction française
en regard. Notes et observations. Suivie
d'une notice sur les successions musulmanes, etc.* 2ᵉ édition augm. , Alger, 1857, in-8
de 526 pp. , avec titre arabe or et couleurs.
(Challamel, 9 fr. — Maisonneuve et Cⁱᵉ .)

— *Cours pratique et théorique de langue
arabe. Principes détaillés de la lecture, de
la grammaire et du style. Eléments de la
prosodie. Traité du langage arabe usuel
et de ses divers dialectes en Algérie.* 2ᵉ éd.,
Alger, 1855, in-8. Titre arabe or et couleurs.

— *Eléments de calligraphie orientale, comprenant 34 modèles d'écritures* (Maroc, Alger, Tunis, Egypte, Syrie, etc.). Introduction
explicative. Alger, 1855, cahier in-8 oblong
de 34 pp. (Maisonneuve et Cⁱᵉ. — Challamel,
3 fr. 50.)

— *Anthologie arabe élémentaire. Choix de
maximes et des textes variés, la plupart inédits,* accompagné d'un *Vocabulaire arabe-
français ,* à l'usage du lycée et des écoles
primaires de toute l'Agérie. Alger, 1853,
in-12. (Challamel, 5 fr.— Maisonneuve et Cⁱᵉ .)

3385 bis. CALLEMBERG (J.-Henri), orientaliste et théol. luthérien , né en Allemagne
en 1694, mort en 1760. On a de lui: *Prima
rudimenta linguæ arabicæ.* Halle, 1729.
(Bouillet.)

3386. CALLIGARIS. *Il Nuovo Erpenio...*
Torino, 1863, in-4°, 108 pp.

— *Le Nouvel Erpenius, ou Cours théorique
et pratique de langue arabe.* Turin, 1867,
in-12, 141 pp. et 28 tableaux. (Maisonneuve
et Cⁱᵉ. — Loescher, en 1867, p. 38, 8 fr.)

3387. CANNÈS (Fr.), religieux et missionnaire , né à Valence (Espagne), mort en
1795. *Grammatica arabigo-espanola, vulgar
y literal, con un diccionario arabigo-espanol.*
Madrid, 1775, in-4°.

— *Diccionario espagnol-latino-arabigo....,
para facilitar el estudio de la lengua ara-
bigo a los misioneros, y a los qui viajaren
o contratan en African y levante.* Madrid,
1787, 3 vol. in-fol. Ouvrage estimé. (Peignot.
— Brunet.)

3388. **CATAFAGO (Joseph)**, né en Syrie en 1821. En 1840 secrétaire interprète de Soliman-pacha, major général de l'armée égyptienne en Syrie. Il devint ensuite chancelier interprète du consulat général de Prusse à Beyrouth. En 1855, il se rendit à Londres où il publia son *Arabic dictionary: an Arabic-English and English-Arabic Dictionary.* London, 1858, 2 vol. in-fol. (Quaritch, en 1871. — Vapereau. — Loescher, en 1867.)

3389. **CAUSSIN DE PERCEVAL (Arm.-Pierre)**, orientaliste, membre de l'Institut, né à Paris en 1795, etc. *Grammaire arabe vulgaire, dialectes de Barbarie et d'Orient.* Paris, 1824, in-4°. — 2e édition, 1833, in-4° de 200 pp. — Nouv. édition revue et augm. du *Dictionnaire français-arabe*, d'Ellious Bocthor. Paris, 1848 ; — 4e édition ; Paris, 1858, in-8. (Vapereau.— Maisonneuve et Cie.)

3390. **CHERBONNEAU (Jacq.-Auguste)**. *Dialogues arabes à l'usage des fonctionnaires et des employés de l'administration.* Gr. in-8. (Vapereau.)

3390 bis. **CHRISTMAN (Jacob)**, savant et mathém., professeur d'arabe. On a de lui un *Alphabetum arabicum.* Neustadt (Neapoli Nemetum), 1582, in-4°.

3391. **COMBAREL (E.)**, professeur d'arabe à la chaire d'Oran. *Rudiment de la grammaire arabe.* In-8. (Challamel, 6 fr.)

3392. **COTELLE (H.)**. *Dialogue français-arabe, avec la prononciation figurée.* Alger, in-12 obl., 120 pp. (Maisonneuve et Cie.)

— *Le Langage arabe ordinaire, ou Dialogues arabes élémentaires destinés aux Français qui habitent l'Afrique.* Alger, in-8. (Challamel, 2 fr.)

3393. **DEFEUILLE (A.)**. *Méthode de lecture et de prononciation arabe. Manuel...* In-16 ; et *Sept grands tableaux.* (Challamel, 4 francs.)

3394. **DICTIONNAIRE** de poche français-arabe, et arabe-français, à l'usage des voyageurs, des militaires, etc. In-18. (Challamel, 5 francs.)

3395. **DIZIONARIO** italiano e arabo, che contiene in succinto tutti i vocaboli che sono più in uso e più necessari per imparar a parlare le due lingue correttamente. Egli è diviso in due parti : Parte Iª, del Dizionario disposto nell'ordine alfabetico ; parte IIª, che contiene una breve raccolta di nomi e di verbi li più necessari e più utili allo studio delle due lingue. Bolacco, della Stamperia reale, 1820, in-4° de 266 pp.
Un des ouvrages les plus remarquables qui jusqu'alors fût sorti des presses de l'im-primerie roy. établie à Boulacq près le Caire, par le vice-roi Mohammed-Ali-pacha.(Brunet.)

3396. **DOMBAY (Franç. de)**. *Grammatica linguæ mauro-arabicæ juxte vernaculi idiomatis usum.* Vindobonæ, 1800, in-4°. (Brunet.)

3397. **DOZY (R.-P.-A.)**, et **REINIER**. *Dictionnaire détaillé des noms des vêtements chez les Arabes.* Amsterdam, 1845, in-8, et in-4°. (Brunet, 27989. — Catal. des accroiss., VIII, p. 52.)

3398. **DUGAT (Gust.)**, et le cheik Farès Ecchidiak : *Grammaire française à l'usage des Arabes de l'Algérie, de Tunis, du Maroc et de la Syrie.* Paris, impr. imp., 1854, in-8 de 125 pp. (Brunet, 11615. — Vapereau.)

— *A Practical Grammar of the Arabic language, etc.* London, 1866, in-12 de 162 pp. (Maisonneuve et Cie.)

3399. **DUMONT (H.)**, interprète de l'état-major général de l'armée d'Afrique. *Guide de la lecture des manuscrits arabes.* Alger, 1842, gr. in-8 jésus, autogr. de 13 demi-feuilles. (Quérard.)

3400. **ERPENIUS** ou **ERPONIUS (Thomas)**, orientaliste, professeur à l'Université de Leyde ; né en Hollande en 1584, mort en 1324. *Grammatica arabica, etc.* (1re édit.), Leyde, 1613, in-4° ; autres éditions peu recherchées, même celle de Leyde, 1654, in-4°, augmentée par Grolius. — Édit. avec les Fables et autres pièces, Leyde, 1748 ; et 1767, in-4°, sont estimées.

— *Rudimenta de linguæ arabicæ, florilegium scientiarum arabicarum, et clavim dialector. adjecit Alb. Schultens.* Lugd.-Batav., 1770, in-4°. La première édition est de 1620, in-8. — Autre édition. Paris, 1638, in-12.

— *Rudiments de la langue arabe*, trad. en français, avec des notes et un supplément, par A.-E. Hébert. Paris, impr. roy., 1844, in-8.

— *Proverbiorum arabicorum centuriæ II, arabice, cum interpretatione latina et scholiis Jos. Scaligeri et Th. Erpenii.* Lugd.-Batav., 1623, pet. in-8. La première édition est de Leyde, 1614, in-4. (Brunet. — Bachelin-Deflorenne, en 1870, n° 808. — Grenoble, n° 25625. — Bouillet.)

3400 bis. **FARÈS ECCHIDIACK (le Cheik)**, poëte et littér. arabe, né vers 1796. *Arabic Grammar.* 2e édition, 1866. (Loescher, en 1867.)

3401. **FARHAT (Ger.)**, évêque d'Alep. *Dictionnaire arabe*, par Germanos Farhat, revu, corrigé et augm. par Rochaïd-ed-Dahdah, scheick maronite. Marseille, 1849, in-4°, portrait de Farhat, 723 pp. (Brunet.)

3402. FLORIAN PHARAON. Avec le Dr **E.-L. Bertherand.** *Vocabulaire français-arabe, à l'usage des médecins, des vétérinaires, des sages-femmes, pharmaciens, etc.* In-18. (Challamel.)

3403. FREYTAG. *Lexicon arabico-latinum.* Halis, 1830-37, 4 vol. in-4°. (Maisonneuve et Cie.)

3404. GARCIN DE TASSY. *Rhétorique et Prosodie des langues de l'Orient musulman, à l'usage des élèves de l'école spéciale des langues orientales.* Seconde édition, revue, corrigée et augm. Paris, 1873, Maisonneuve et Cie, in-8 de VIII-439 pp.

— *Mémoire sur les noms propres et les titres musulmans.* In-8. (Challamel, 3 fr. 50.)

3404 bis. GLAIRE (l'abbé **J.-Bapt.**), théologien orientaliste français, né à Bordeaux en 1798. On a de lui des *Principes de grammaire arabe, avec exercices.* 1857 et 1861, gr. in-8. (Vapereau. — Loescher, en 1867.)

3404 ter. GOESCHL (**L.**). *Kurze Grammatik des Arabischen Sprache; mit einer Chrestomathie u. glossar.* 1861, gr. in-8. (Loescher, en 1867.)

3405. GOLIUS (**Jacques**), orientaliste, né à La Haye en 1596, mort en 1667. Voyagea en Orient. *Lexicon arabico-latinum.* Leyde, 1653, in-fol. Ouvrage estimé. (Bouillet. — Brunet.)

3406. GORGUOS (**A.**). *Cours d'arabe vulgaire.* 4e édition. Paris, Hachette, 1871, in-12 de 307 pp., 3 fr. (*Journal de la librairie.*)

3407. GRANGERET DE LAGRANGE (**Jean-Bapt.-André**), orientaliste, conservateur de la Bibliothèque de l'Arsenal; né à Paris en 1790. *Anthologie arabe, ou Choix des poésies arabes inédites,* trad. pour la première fois en français, et accompagnées d'observations critiques et littéraires. Paris, impr. royale, 1828, in-8 de 262 et 162 pp. (Brunet.—Bourquelot. — Maisonneuve et Cie.)

3408. GUÉRIN (**Edouard**), interprète militaire, et professeur d'arabe. *La Clef du langage arabe, ou le Premier livre de l'arabisant, à l'usage des personnes qui, sans maître, veulent apprendre rapidement à parler la langue arabe.* Alger, 1873, in-8 de VII-64 pp. (*Journal de la librairie.*)

3409. HANDJÉRI (le prince **A.**). *Dictionnaire français-arabe, etc.* Moscou, 1840-41, 3 vol. in-4° à 2 col. Ce dictionnaire donne l'interprétation et la signification des mots français dans les trois principales langues de l'Orient musulman (arabe, persan et turc). (Maisonneuve et Cie.)

3410. HARTWIG DERENBOURG. *Notes sur la grammaire arabe.* 1re partie: Théorie des formes; et 2e partie. Paris, 1869 et 1872, in-8 de 22-19 pp. Extrait de la *Revue de linguistique.* (*Journal de la librairie.*)

3411. HÉLOT (**H. et L.**). *Dictionnaire de poche français-arabe et arabe-français, à l'usage des voyageurs, des militaires, etc.* Alger, in-18, 531 pp. (1870). 5 fr. (Maisonneuve et Cie.)

3412. HERBIN (**Aug.-Fr.-Jul.**), né à Paris en 1783, mort en 1806. *Développements des principes de la langue arabe moderne, suivis d'un Recueil de phrases, de traduction interlinéaire, de proverbes arabes, et d'un Essai de calligraphie orientale.* Paris, an XI (1803), in-fol., planches, ou in-4°.

L'auteur n'avait que 16 ans lorsqu'il entreprit cette grammaire.

— *Dictionnaire arabe-français et français-arabe,* 2 vol.

— *Essai sur les synonymes arabes.* — *Liste des homonymes arabes,* etc. (Peignot. — Quérard. — Brunet.)

3413. HOTTINGER (**J.-H.**). *Etymologicum orientale, sive lexicon harmonicum heptaglotton, quo non matris tantum hebraïcæ linguæ radices biblicæ, sed et chaldaïcæ, syriacæ, arabicæ, etc., filiarum voces explicantur.* Francof., 1661, in-4°. (Brunet.)

— *Grammatica quatuor linguarum hebr., chald., syr. et arab., harmonica.* Heidelbergæ, 1659, in-4°. (Fleury. — Bouillet. — Peignot.)

3414. HUMBERT (**Jean**). *Arabica chrestomathia facilior...* Paris, impr. royale, 1834, in-8.

Cette *Chrestomathie,* jugée par les Scheiks du Caire la meilleure en son genre, a été réimprimée en Egypte en 1837. (Bourquelot.)

— *Guide de la conversation arabe, ou Vocabulaire français-arabe, contenant...* Bone et Paris, 1838, in-8 de 274 pp. Ouvrage utile aux voyageurs et aux personnes qui veulent apprendre à parler l'arabe en Egypte.

— *Anthologie arabe, ou Choix de poésies arabes inédites,* trad. en français avec le texte en regard, et accompagnées d'une version latine littérale. Paris, 1819, in-8. (Quérard. — Gromier, en 1871, 3 fr.)

— *Discours sur l'utilité de la langue arabe,* prononcé le 16 juin 1823. Genève, 1823, in-8. (Quérard.)

3415. JÉMAL-EL-DYNE (**Ben Hes-**

châm), habile grammairien ; né au Caire l'an 708 de l'hégire, mort l'an 761. On a de lui : *Commentaire sur les poëmes arabes Alfyeh , Borda et de Ca'b-ben-Zohaïr ;* et une *Grammaire,* ainsi que d'autres écrits , et un *Commentaire* de la Grammaire d'Ibn-Hajeb. (Peignot.)

3415 bis. JÉMAL-EL-DYNE MOHAM-MED, connu sous le nom d'**Ebn-Malek,** surnommé le prince des grammairiens arabes de l'Espagne ; né l'an 693 de l'hégire, mort à Damas âgé de 70 ans. *Alfiyya , ou la Quintessence de la grammaire arabe.* Ouvrage publié en original, avec un commentaire par le baron Silv. de Sacy. (Paris, impr. royale), à Londres , 1833, in-8 de plus de 400 pp.

Ouvrage imprimé aux frais du comité anglais des traductions orientales. Le texte arabe de cet ouvrage a été imprimé séparément à Boulacq, en 1838, in-8 ; un commentaire par Ibn Akil, a été publié à Boulacq , en 1837, in-8.

3416. JÉMAL-EL-DYNE, Ibn Hajeb, ou **Al-Takhtazâny,** mort à Alexandrie l'an 646 de l'hégire (1248). On a de lui une *Grammaire arabe.* Rome, 1592, in-4°.—Constantinople,1786;—et Calcutta, 1803, in-4°.(Peignot.)

3417. KIRSTENIUS (Pierre), médecin , né à Breslau en 1577, mort en 1640. *Grammatica arabica.* Breslæ, 1608-1610, in-fol. On trouve difficilement les trois livres réunis de cette grammaire. (Brunet.)

— *Tria specimina characterum arabicorum.* Breslau, in-fol. (Peignot. — Brunet.)

3418. LEGUEST (l'abbé). *Essai sur la formation et la décomposition des racines arabes* (linguistique). 1856, 31 pp. (Claudin, en 1873, n° 3970, 2 fr. 25.)

3419. MAHMETO, fils de **David ALSA-NHAGIJ.** *Grammatica arabica...* Rome , 1592 , pet. in-4°, impr. en rouge et en noir. (Bachelin-Deflorenne, en 1870, 3 fr. 50.)

3420. MARCEL (J.). *Alphabet arabe, turk et persan, à l'usage de l'imprimerie orientale et française. Exercices de lecture d'arabe littéral , à l'usage de ceux qui commencent l'étude de cette langue ;* par J.-J. M. — Alexandrie, de l'impr. orientale et française, an VI (1798), pet. in-4° de 16 pp. (Quérard. —. *Supercheries littéraires,* II, col. 404.)

— *Exercices de lecture d'arabe littéral à l'usage de ceux qui commencent l'étude de cette langue.* Alexandrie, imprimerie orientale et française, an VI, in-4° de 12 pp. (*Dictionnaire des anonymes.*)

— *Vocabulaire français-arabe du dialecte vulgaire d'Alger, de Tunis et du Maroc.*

Paris, 1830, in-16. — 2ᵉ édit. , la même année. Publié aussi au Caire en 1799 ; et à Paris en 1837, in-8. (Quérard.)

— *Dictionnaire français-arabe des dialectes vulgaires d'Alger, d'Egypte, de Tunis et de Maroc.* 2ᵉ édition. Paris, 1869, in-8 de 572 pp. à 2 col. (*Journal de la librairie.*)

— *Grammaire arabe des dialectes vulgaires d'Egypte et de Syrie.* Au Caire, l'an VII (1798), in-4° de 168 pp. — Ouvrage resté inachevé. (Brunet.)

— Autres ouvrages: *Chrestomathie arabe et chaldaïque ; Paléographie arabe.* Paris, 1828, in-fol., etc. (Bourquelot.)

3421. MARTIN (A.). *Dialogues arabes-français, avec la prononciation figurée.* Paris , 1847, in-8 de 208 pp. (Maisonneuve et Comp.)

3422. MEDICI (le P. **Minas**). *Grammaire polyglotte, contenant les principes des langues turque, persane, arabe et tartare, avec des remarques analytiques sur d'autres langues.* Venise, 1846, in-4°. (Brunet.)

3422 bis. PALMER (E.-H.), professeur de langue arabe à l'Université de Cambridge. *Grammar of the Arabic Language.* London, Allen and Cᵒ, 1874, in-8, 18 sh. (*Times.*)

3423. PIHAN (A.-P.), ancien prote de la typographie orientale à l'imprimerie nationale de Paris. *Grammaire algérienne à l'usage des Français qui veulent apprendre l'arabe vulgaire...* Paris, impr. nat., 1851, in-8. — Paris, impr. impér., 1854, in-8. (Daremberg, 2 fr. — Brunet, n° 11615.)

— *Glossaire des mots français tirés de l'arabe, du persan et du turc, etc.* Paris, 1847, in-8. Avec un *Appendice.* (Challamel, 7 fr. 50.)

3423 bis. PODESTA (J.-Bapt.). *Cursus grammaticus linguarum orientalium, arabicæ scilicet , persicæ et turcicæ.* Viennæ Austriæ, 1691-1703, 3 vol. in-4°. Ouvrage qui se trouve difficilement avec le 3ᵉ vol. Le 1ᵉʳ est sans date et a paru vers 1686, le 2ᵉ porte la date de 1691, et renferme plus de 1000 pages en tout. (Brunet.)

3423 ter. POSTEL (Guill). *Grammatica arabica.* Parisiis (circa 1538), in-4° de 44 pp. (Brunet.)

3424. ROLAND DE BUSSY. Cours complet du dialecte arabe en usage sur les côtes de l'Afrique septentrionale , renfermant des *Dictionnaires français-arabe et arabe-français ;* un texte complet de *Grammaire élémentaire et des dialogues familiers,* avec traduction et transcription en regard, figurée en caractères français. In-8. (Challamel, 10 fr.)

3425. **ROSENMÜLLER** (Fréd. Ern.), professeur de langues orientales à Leipzig, né en 1768, mort en 1835. *Institutiones et fundamenta linguœ arabicœ; accedunt sententiœ et narrationes arabicœ, una cum glossario arabica-latinœ.* Lipsiæ, 1818, gr. in-8.

— *Analecta arabica edidit, latine vertit et notis illustravit.* Lipsiæ, 1825-28, 3 part. in-4°. (Brunet.)

— *Arabisches elementar und Lesebuch, mit einem vortregister.* Leipzig, 1799, in-8. (Bachelin-Deflorenne, en 1870, 2 fr. 50.)

3426. **ROUX** (D.), directeur de l'école arabe-française à Alger. *Album de l'arabisant, ou Recueil choisi d'autographes arabes, suivi d'une transcription textuelle pour initier à la lecture de manuscrits.* In-8 oblong. (Challamel, 4 fr.)

3427. **SACY** (Silv. de). *Alfiyya, ou la Quintessence de la grammaire arabe, ouvrage de Djémal-eddin Mohammed, publié en original, avec un Commentaire;* par S. de Sacy. Paris et Londres, 1834, in-8. — Voir aussi n° 3415.

— *Grammaire arabe à l'usage des élèves de l'Ecole spéciale des langues orientales.* Paris, impr. impér., 1810, 2 vol. in-8, 8 pl. — 2e édition. Paris, impr. royale, 1831, 2 vol. gr. in-8, fig. — Edition augmentée. (Brunet. — Quérard.)

— *Du traité sur l'orthographe primitive de l'Alcoran et sur la ponctuation ;* ins. dans les *Notices et extraits*..... t. VIII.

— *Du traité de la prononciation des lettres arabes;* dans le même recueil, t. IX. — Ce morceau sert de complément à la *Grammaire arabe,* de Sacy.

— *Traité élémentaire de la prosodie et de la métrique des Arabes.* Paris, 1831, in-8. (Brunet.)

— *Observations sur le nom donné par les Grecs et les Arabes aux pyramides d'Egypte, et sur quelques autres objets d'antiquité égyptienne.* Paris, 1801, in-8. Extrait du *Magasin encyclopédique,* VIe année, t. VI. — Ces *Observations sur le nom des Pyramides,* ont été aussi imprimées dans les *Mémoires de littérature orientale.* Paris, 1866, in-8, portr.

— *Chrestomathie arabe, ou Extraits de divers écrivains arabes, tant en prose qu'en vers, avec une traduction française et des notes,* 2e édition, corrigée et augmentée. Paris, impr. roy., 1827, 3 vol. gr. in-8. (Quérard. — Brunet.) La première édition de cet ouvrage parut à Paris, impr. impér., 1806, 3 vol. in-8. (B. Quaritch, en 1874, 20 sh.)

— *Anthologie grammaticale arabe, ou Morceaux choisis de divers auteurs arabes, avec une trad. française et des notes.* Paris, impr. royale, 1829, gr. in-8. Ouvrage faisant suite à la *Chrestomathie arabe.* (Brunet. — Quérard.)

3427 bis. **SCHIER** (Ch.). *Grammaire arabe.* Nouv. édit., Leipzig, 1862, gr. in-8. (Loescher, 1867, 9 fr.)

3428. **VAUCELLE** (L.), orientaliste (ce n'est pas Louvencourt sieur de Vauchelles, ainsi que l'ont pensé quelques bibliographes). Traducteur de la *Grammaire arabe de Mohammed-ben-Daoud;* publiée à Paris, avec le texte arabe, en 1833, in-8. (Bachelin-Deflorenne, en 1870, n° 309, 2 fr. 50.)

— *L'Adjroumieh,* grammaire arabe, de Mohammed-ben-Daoud; publiée en arabe et en français. Paris, 1834, in-8 de 44 pp. (Quérard. — Brunet, n° 11584.)

3429. **VOLNEY** (Ch.-Fr. comte de). *Simplification des langues arabes, ou Méthode nouvelle et facile pour apprendre....* Paris, an III (1795), in-8. (Grenoble, n° 14130. — Van Hulthem, n° 10100. — Brunet, n° 11575. — Quérard.)

3430. **WAHRMUND** (A.). *Prakt. Handbuch der Neu-Arabischen Sprache.* 1861-1866, 4 part. I. Gramm.; — II. Chrestom.; III. Glossar.; — IV. Chiave. (Loescher, en 1867, p. 39, 24 fr. 50.)

3431. **WIMMERSTEDT** (G.). *De Conformatione linguarum semiticarum.* Lundæ, 1823, in-8, partes I, II et III. Tableau comparé des langues chaldéenne, syriaque, hébraïque et arabe. (Brunet.)

Belles-Lettres et Beaux-Arts.

3431 bis. **ALI-BEN-ABOU-TALEB,** cousin de Mahomet, tué en 661. On a de lui un *Recueil de sentences et de poésies,* dont une partie a été traduite en français par Vatier. Paris, 1660.

— *Ali-ben-Abi-Taleb carmina, arab. et lat., edit. et notis illustr.* Gerardus Kuypers. Lugd.-Bat., 1745, in-8. (Brunet.)

— *Sentences* (en arabe et en latin). Oxonii, 1806, in-4° de XVI-428 pp. (Brunet.)

3432. **ANTAR,** poète et guerrier arabe du VIe siècle, fils d'un chef de tribu et d'une esclave abyssinienne, mort en 615. Ses aventures font le sujet du *Roman d'Antar,* espèce d'Iliade arabe, dont l'auteur, Abul-Moyed-Ibn-Essaigh vivait au XIe siècle : trad. en français, en partie, par Perceval, Cardonne, Dugat et Lamartine. (Bouillet.)

3433. BARBIER DE MEYNARD. *Ibrahim fils de Mehdi, fragments historiques ; scènes de la vie d'artiste au IIIe siècle de l'hégire (778-839 de l'ère chrét.).* Paris, impr. impér., 1869, in-8. Curieuse étude de la vie arabe, prise sous le côté musical. (Maisonneuve et Comp.)

3434. BERINGTON (Joseph), historien anglais. *Histoire littéraire des Arabes ou des Sarrasins pendant le moyen-âge,* traduite de l'anglais par A.-M.-H. B. (Ant.-Mar.-Henri Boulard). Paris, 1823, in-8 de 2 ff. et 112 pp. Cet ouvrage est une des sept parties de *The litterary History of the Midle Ages.* (Quérard. — *Dict. des anonymes,* col. 814.)

3435. BOURGOIN. *Les Arts arabes. Architecture, menuiseries, bronzes, plafonds, revêtements, pavements, vitraux, etc., et Traité général de l'art arabe.* Paris, 1873, 5 parties en 1 vol. in-fol., 92 pl. (Quaritch, en 1874, n° 16.)

3436. CARLYLE (J.-D.). *Specimen of arabian poetry, from the earliest time to the extinction of the khaliphat, with some account of the authors.* Cambridge, 1796, in-4°; autre édition, 1810, in-8. (Brunet.)

3436 bis. CHRISTIANOWITSCH. *Esquisse de la musique arabe.* Cologne, 1863, in-fol. (*Catalogue des accroiss.,* 1865, p. 13.)

3437. DANIEL (Salvador). *La Musique arabe. Ses rapports avec la musique grecque et le chant Grégorien.* In-8. (Challamel, 2 fr.)

3438. FARED (Ibn-el) **Abou hafs Scherf-ed-dyne Omar,** né au Caire l'an 576 ou 577 de l'hégire. Poëte célèbre ; les bibliothèques nationales de Paris, de l'Escurial, de Leyde et autres possèdent de ses manuscrits. *Le Diwan du cheikh Omar Ibn-Faredh, accompagné du commentaire du cheikh Hassan-al-Bouriny, pour le sens littéral, et de celui du cheikh Abd-el-Ghany En-Naboulsy pour le sens mystique ;* texte arabe édité par le cheikh Rochaïd-ed-Dahdah, avec une préface écrite en français par l'abbé Bargès. Marseille et Paris, 1855, gr. in-8. (Peignot. — Brunet.)

3439. HAMMER, baron de **Purgstall** (**Jos. de**), orientaliste; né à Graetz en 1774, mort en 1856. *Histoire de la littérature arabe* (*Literatur-geschichte der Araber*). Wien, 1850-1856, 7 vol. in-4°. Cet ouvrage devait avoir 12 volumes, mais il n'en a paru que sept. Le dernier s'arrête à la chute du Califat de Bagdad, en 656 de l'hégire (1258 de l'ère chrét.). (Brunet, 30148. — Bouillet.)

3440. KIESEWETTER (R.-G.). *Freiherrn v. Hammer-Purgstall. Die Musik der Ara-*

ber. Leipzig, 1842, in-4°. (Catalogue Vincent, n° 344.)

3441. KOCK (Paul de), littérateur français. *L'Arabe et son coursier,* romance dramatique, paroles de Paul de Kock. Bordeaux et Paris (1869), 1 fr. (*Journal de la librairie,* 1869, Musique, n° 3387.)

3441 bis. LAMOTHE (G.). *Danse arabe pour piano.* Paris, G. Avocat. Prix : 7 fr. 50. (*Journal de la librairie,* 1874.)

3442. LEMERCIER (**Népomucène-L.**), membre de l'Académie française, né à Paris en 1773. *Ismaël au désert, ou l'Origine du peuple arabe,* scène orientale (en vers). Paris, an x (1801), in-12. Représenté à l'Odéon, et réimprimé en 1818 sous le titre : *Agar et Ismaël, ou l'Origine du peuple arabe.* Paris, in-8 de 32 pp. (Quérard.)

3443. MAKRIZI. *Histoire des poëtes arabes.* (Peignot.)

3444. MEIDANI. *Proverbium arabicorum pars,* latine vertit et notis illustr. Henr. Alb. Schultens; opus posthurum (curavit Schrœder). Lugd.-Batav., 1795, in-4°. C'est la première partie d'un ouvrage qui devait former 3 volumes ; elle contient 451 proverbes ; le recueil de Meidani en renferme 6000.

Le recueil publié par G.-W. Freytag a réduit de beaucoup l'importance de celui-ci.

— *Specimen proverbiorum Meidanii,* ex versione procockiana edidit H.-Alb. Schultens. Lond. et Lugd.-Batav., 1773, in-4°.

— *Selecta quædam Arabum adagia,* e meidanensi proverbiorum..., latina versa atque illustrata ab E.-F.-C. Rosenmüllero. Leipzig, 1796, in-4°.

— *Proverbes arabes de Meidani,* publiés, traduits et expliqués par M. Et. Quatremère. Paris, impr. roy., 1836, in-8.

— *Mémoire sur les ouvrages et la vie de Meidani,* par Et. Quatremère. Paris, impr. roy., 1826, in-8 de 61 pp. (Brunet.)

3445. MOALLAKATS (les Sept), nom que les Arabes donnent à sept poëmes fort anciens qu'ils regardent comme sacrés, et dont un exemplaire est suspendu aux voûtes de la Kaaba à la Mecque. Ce sont les plus anciens monuments de la littérature arabe. Ils ont pour auteurs des poëtes antérieurs à Mahomet: Imroulcays, Tarafa, Labid, Zohaïr-Abou-Selma, Antara, Amr-ibn-Kolthoum et Harith. Caussin de Perceval a donné une édition du texte, et son fils Armand Caussin, les a traduits en français dans son *Histoire des Arabes avant l'Islamisme.* (Bouillet.)

— *Notice historique des anciens poëmes arabes connus sous le nom de Moallakas,* par

Silv. de Sacy. 1798, in-8. Extrait du *Magasin encycl.*, III° année, tome VI.

Voir pour plus de détails bibliographiques le *Manuel* de Brunet, tome III, col. 1780 et 1781.

3446. **PERRON** (D'). *Les Femmes arabes avant et après l'islamisme.* Alger, 1858, gr. in-8 de 611 pp. (Brunet, n° 27998. — Challamel, 7 fr. 50.)

3447. **SACY** (Silv. de). *De l'utilité de l'étude de la poésie arabe.* Paris, 1826, in-8 de 24 pp. Extrait du *Journal asiatique.*

— *Sur l'origine et les anciens monuments de la littérature parmi les Arabes;* ins. dans les *Mémoires de l'Institut.* (Quérard.)

3448. **SAINT-VINCENT** (l'abbé de). *Un jeune captif chez les Arabes.* Lille, 1870, in-8 de 142 pp. Petit livret religieux pour l'instruction de la jeunesse catholique.

3449. **SCHULTENS** (Henr.-Alb.). *Anthologia sententiarum arabicarum, cum scholiis Zamachsjarii,* arab. et lat. edidit. Henr.-Alb. Schultens. Lugd.-Batav., 1772, in-4°. (Brunet.)

3449 *bis.* **VENTRE** (Christ.-Camille). *Almanach comparé français, grec, turc, arabe, établissant jour par jour, mois par mois la concordance entre les calendriers Romain, Grégorien, Julien, Musulman, Hébraïque, etc., avec les principales foires, leurs époques, et les marchandises qui s'y débitent. A l'usage des orientaux et des peuples en relation avec l'Orient.* Marseille, 1873, in-8 de 96 pp. Brochure lithographiée.

3450. **VERNET** (Horace). *Des rapports qui existent entre le costume des Hébreux et celui des Arabes modernes.* Lu à la séance de l'Académie des beaux-arts et publié dans l'*Illustration* du 12 février 1848, avec des dessins. (Bourquelot.)

3451. **WEIL** (Gust.), orientaliste et historien allemand; né en 1808; il voyagea en Orient et séjourna pendant 5 années au Caire. On a de lui divers travaux sur les orientaux : la Littérature poétique des Arabes (*Die poetische Literatur der Araber*). Stuttgart, 1837. — *Introduction historique et critique au Koran.* 1844. — Légendes bibliques des musulmans (*Biblisches Legenden der Musulmankeim*). 1846-1851, 3 vol., etc. (Vapereau.)

Histoire et Géographie.

3452. **ARABIA**, *seu Arabum vicinarumque gentium orientalium leges, ritus, sacri et profani mores, instituita et historia, a Gabriele Sionità et Joanne Hesronità.* Ams-

terdam, 1653, in-24. — Autre édition, Amst., 1635, in-24. (Grenoble, 25619, et 25620.)

3453. **ARVIEUX** (Laurent, chev. d'). *Voyage fait par ordre du roy Louis XIV dans la Palestine, avec la Description générale de l'Arabie faite par le Sultan Ismael-Abul-Féda, et trad. en français avec des notes par D. L. R.* (le chev. de La Roque). Paris, 1717, in-12, fig. — Id., Amst., 1718, in-12, fig. (Bouillet. — Peignot. — Yéméniz, n° 2711, ex. relié en mar. bleu, 20 fr. — Van Hulthem, 14869, 14870 et 14872. — Quérard. — D' Schubert, de Berlin.)

3454. **ASSEMANI** (Sim.) de Syrie; né en 1752, mort à Padoue en 1821. *Saggio sull'origine, culto, letteratura e costumi degli Arabi avanti il pseudo-profeta Maometto.* Padova, 1787, in-8. (Brunet, 27994. — Bouillet.)

A part cet *Essai sur les Arabes avant Mahomet*, Simon Assemani a donné un *Catalogue des manuscrits orientaux de la Bibliothèque du comte de Nani.* Padoue, 1787-1792.

Un autre **ASSEMANI** (Joseph-Simon), savant orientaliste, né en 1687, mort en 1768, a publié divers ouvrages, entre autres, une *Bibliotheca orientalis Clementico-Vaticana.* Rome, 1719-1728, 4 vol. in-fol. (Bouillet.)

3455. **BARTHÉLEMY** (l'abbé J.-J.). On a de lui des *Dissertations sur des médailles arabes*, 1753. (Quérard.)

3456. **BOULAINVILLIERS** (Henri de St-Laire, comte de), né en Normandie en 1658, mort en 1722. *Histoire des Arabes et la Vie de Mahomet, avec des réflexions sur la religion de Mahomet et les coutumes des Musulmans.* Londres, 1730; Amst. (Paris), 1731, 2 tomes in-12. (Nyon, 21026. — Quérard. — Peignot. — D' Schubert, de Berlin, 15 sgr. — Saint-Denis et Mallet, en 1871, 3 fr. 50. — Brunet, 28002.)

3457. **CARTES GÉOGRAPHIQUES ET PLANS:** Carte d'Arabie (*Karte von Arabia un das Nilland;* von H. Berghaus. Gotha.) (D' Schubert.)

— *Côte sud-est, Ports et mouillages.* 2 cartes. (Paris, 1870.) Dépôt de la marine.

— *Plans à la côte nord-est d'Arabie*, par Hémery. (Paris, 1872.)

— *Hydrographie française; côte de l'Arabie et mer Rouge;* par N. Bellin ou Belin. Dépôt de la marine.

3458. **CASTRIES DE LACROIX** (J.-Fr. marquis de) et Ant. **HORNOT**. *Anecdotes arabes et musulmanes, jusqu'à l'extinction du Khalifat en 1538.* Paris, 1772, pet. in-8. (Brunet, 28013. — Quérard. — *Dictionnaire des anonymes*, col. 179.)

3459. **CAUSSIN DE PERCEVAL (Am.-P.)**. *Essai sur l'histoire des Arabes avant l'islamisme, pendant l'époque de Mahomet et jusqu'à la réduction de toutes les tribus sous la loi musulmane.* Paris, 1847-1849, 3 vol. in-8. (Brunet, 27998.)

Cet ouvrage rédigé d'après les nombreux manuscrits de la Bibliothèque impériale de Paris, a valu à son auteur le titre de membre de l'Académie des inscriptions et belles-lettres.

3460. **COMBES (Edm.)**. Etant consul dans un petit port de l'Asie mineure, il entreprit de visiter l'Arabie.

Il a donné, sur l'état d'anarchie dans lequel l'Arabie est tombée, des détails qui sont consignés dans une lettre insérée dans les *Débats*, 28 sept. 1841. Voir aussi n° 2616. (Vapereau.)

3461. **CORANCEZ (L.-A.-O.)**. *Histoire des Wahabis, depuis leur origine jusqu'à la fin de 1809.* Paris, 1810, in-8 de 200 pp.

A la suite du chapitre V, l'auteur y a réuni tous les faits depuis la mort d'Abd-el-Azis. C'est depuis cette époque que l'histoire des Wahabis a pris un grand intérêt. C'est dans le cours des années qui l'ont suivie que les Arabes, maîtres enfin dans la Mecque, se sont emparés successivement de Médine, de Djedda, de presque toute l'Arabie, qu'ils ont fait contre l'Egypte, la Syrie et Bagdad, plusieurs tentatives infructueuses. Ils ont exercé sur les états de l'iman de Mascate une influence très-active, mais de peu de durée. (*Supercheries littér.*, 1ʳᵉ partie, col. 143. — Claudin, en 1853, 3 fr. 50. — Quérard.)

3462. **CRICHTON (And.)**. *The History of Arabia, ancient and modern.* London, 1833, 2 vol. in-12. (Brunet, 27998.)

3463. **DERIDDER**. *Cinq cartes pour la géographie. Arabie.* (*Catal. des accroiss.*, II, 12, p. 52.)

3464. **DES VERGERS (Noel)**. *L'Arabie.* Paris, 1847, in-8. (Univers pittoresque.) (*Catalogue des accroiss.*, IX, p. 137. — Daremberg, en 1873, 3 fr.)

3465. **DRECHSLER (M.)**. *De arabicæ gentis ac terræ indole.* Erlang., 1842, in-4°. (1ʳ Schubert, 1870.)

3466. **EDRISI (Abu-Abd-Allah-Mohammed-al)**. *De geographia universali hortus cultissimus, mire orbis regiones, provincias, etc., earumque dimensiones et orisonta describens, arabice.* Romæ, 1592, in-4° de 163 ff. non chiffrés. Abrégé du travail d'Edrisi.

— *Geographia nubiensis...*, ex arabico in lat. versa a Gabr. Sionita et J. Hesronita.

Paris, 1619, in-4°. Traduction plus recherchée que l'original.

— *Géographie d'Edrisi, trad. de l'arabe en français d'après deux manuscrits de la Bibliothèque du roi, avec des notes, par Am. Jaubert.* Paris, impr. roy., 1837-1841, 2 vol. in-4°. Formant les tomes V et VI du *Recueil de voyages et de Mémoires de la Société de géographie.* Voir pour plus de détails bibliographiques le *Manuel* de Brunet, tome II, col. 945 et 946, ainsi qu'au n° 345 de notre *Bibliographie.*

Cette géographie est intéressante pour l'Asie et l'Afrique; la partie concernant l'Arabie surtout y est supérieurement bien traitée.

3467. **EICHHORN (J.-Gottfried)**. *Monumenta antiquissimæ historiæ arabum, post Alb. Schultens, arabice edidit, latine vertit et animadvers.* Gothæ, 1775, in-8. (Brunet, n° 27089.)

3568. **ELMACIN (George)**, ou **IBN-AMID**, écrivain de la cour des Sultans d'Egypte; né en 1223, mort en 1273. On a de lui une *Histoire des Sarrasins*, écrite en arabe, traduite en français par Vattier sous le titre: *Histoire mahométane, ou les 49 chalifes (sic) du Macine.* Paris, 1657, in-4°; et traduite en partie en latin, par Th. Erpennius: *Historia saracenica, in qua res gestæ Muslimorum fidelissime explicantur, arabice, latine reddita... accedit et Roderici Ximenez historia Arabum (de 750 à 1150).* Lugd.-Batav., 1625, in-fol. (Brunet. — Grenoble, 25623. — Bouillet. — Nyon, 21032. — Peignot.)

— *De Arabicorum..... Casani*, 1815, in-4°. (Brunet.)

3569. **FEUDRIX DE BRÉQUIGNY (G.-O.)**. *Mémoire sur l'établissement de la religion et de l'empire de Mahomet, en deux parties;* inséré dans le *Recueil de l'Académie des inscriptions*, tome XXXII, 1768. (Quérard.)

3570. **FORSTER (C.)**. *Historical geography of Arabia, or patriarchal evidences of revelated religion.* London, 1844, 2 vol. in-8, cartes. (Brunet, n° 19594.)

3571. **FRESNEL (Fulgence)**. consul de France à Djedda. *Lettres sur l'histoire des Arabes avant l'islamisme.* Paris, 1836, in-8 de 124 pp. (Bourquelot.)

3572. **GARNIER (Henri)**. *Voyages en Perse..., Arabie, etc.*, 7ᵉ édition. Tours, Mame (1870), in-12 de 285 pp. et 4 grav. Bibliothèque de la jeunesse chrétienne.

3573. **GRIFFITHS (John)**, membre de la Société royale d'Edimbourg, etc. *Travels in*

Europe, Asia Minor, and Arabia. London ,
1805, in-4°. (Brunet, n° 19960.)

— Nouveau voyage dans la Turquie d'Europe et d'Asie et en Arabie ; trad. de l'anglais par B. Barrère de Vieuzac. Paris, 1812,
2 vol. in-8. (Quérard.)

3574. GUARMANI (Carlo) de Livourne. Il
a parcouru diverses régions d'Arabie et en a
donné 'a relation. (Rivista italiana , nov.
1873, article sur Sidon et Tir.)

3575. HENRY (le P. F.). Il a coopéré à la
Géographie universelle, en 16 vol. in-8, publiée par Mentelle et Malte-Brun ; et y a
donné les 3 vol. dans lesquels figure l'Arabie.
(Quérard.)

3576. HEUDE (W.). Voyage de la côte de
Malabar à Constantinople par le golfe persique, l'Arabie, etc. , trad. de l'anglais (par
Ch.-Aug. Defauconpret). Paris , 1820 , 2 vol.
in-8, 1 carte et planches. (Quérard.)

3577. IBN-KHALDOUN. Histoire, antiquités, connaissances , guerres et domination des Arabes. Le manuscrit se trouve
dans la Bibliothèque publique de Leyde.
(Peignot.)

— Extrait des prolégomènes historiques d'Ibn
Khaldoun (avec le texte) : De l'Art de l'architecture ; par Eug. Coquebert de Mont-
bret. Paris, 1824-1827 , in-8 de 16 pp. (Quérard.)

3578. IBN KHALLIKAN, Vitæ illustrium
virorum , e pluribus codd. mss. inter se
collatis, nunc primum arabice edidit... instruxit Ferd. Wüstenfeld. Gottingæ , 1835-
50, in-4°, lithogr.
    M. de Slane a publié les Vies des hommes
illustres de l'islamisme, en arabe, de cet
auteur. Paris , Didot, 1838-1842, in-4° ; il a
donné aussi une traduction anglaise du Dictionnaire biographique d'Ibn-Khallikan, sous
le titre : Ibn-Kallikan's biographical Dictionary , translated from the arabic. Paris ,
1842-1843, 2 vol. in-4°. (Bourquelot. — Brunet.)

3579. JAMES (Silas). Narrative of a voyage
to Arabia , India , etc. London, 1797, in-8.
(Brunet, 20015 et 20647.)

3580. JOMARD. Etudes géographiques et
historiques sur l'Arabie, accompagnées d'une
carte de l'Asie et d'une carte de l'Arabie, etc.;
par Jomard. Paris, 1839, in-8. (Brunet, 27988.)

3581. LANGLOIS (Victor). Numismatique
des Arabes avant l'islamisme. 1859, in-4°,
pl. (Wolff.)

3582. LAURENT DE St-AIGNAN (l'abbé). La Tribu des Rechabites et celle des
Ismaélites retrouvées en Arabie. Versailles,
1870, in-8. Extrait des Annales de la philosophie chrétienne.

— La Tribu des Rechabites retrouvée. Nouveaux renseignements. Versailles, 1871, in-8.
Extrait des Annales de la philos. chrét.

3583. LEBRECHT FLÜGEL (Gust.),
orientaliste allemand ; on a de lui divers
écrits concernant les Arabes, entre autres
une Histoire des Arabes (en allemand).
Dresde et Leipzig, 1832-1833, 2 vol. in-8. —
2e édition, 1866. (Vapereau.)

3584. LÉON AFRICAIN. Vie des philosophes arabes ; imprimée en latin , par les
soins de Hottinger. Zurich, 1664. (Peignot.)

3585. MAKRIZI. Traité des monnaies musulmanes, trad. de l'arabe , par A.-J.-Silv.
de Sacy. Paris, an v (1797), in-8. — Paris ,
an vii (1799), in-8.

— Diatribe de monetæ arabicæ incunabulis,
a Macrizio, arabe , mente conceptis. Dor-
pati , 1809, in-fol. (Quérard. — Dr Schubert.
— Peignot.)

3586. MARIGNY (l'abbé Augier de). His-
toire des Arabes sous le gouvernement des
Califes. Paris, 1750 ; — en 1756, 4 vol. in-12.
Ouvrage peu estimé. (Nyon, 21026.)

— Histoire des révolutions de l'empire des
Arabes. (Rédigée par l'abbé Pérau.) Paris,
1750, ou 1752, 4 vol. in-12. (Brunet. — Quérard. — Nyon, 21028.)

3586 bis. MAUGHAN (W.-Ch.). The Alps
of Arabia ; or Travels through Egypt , Sinaï, Arabia, and the Holy Land. London,
1873. pet. in-8, 12 sh. (Année géogr. , 1874,
p. 181.)

3587. MAYEUX (F.-J.). Les Bédouins, ou
les Arabes du désert , ouvrage publié d'a-
près les notes inédites de D. Raphaël. Paris,
1816, 3 vol. in-18, fig. (Brunet, 28016.)

3588. MAZAS (Alex.). Les Hommes illustres de l'Orient rangés par ordre chronologique depuis l'établissement de l'islamisme jusqu'à Mahomet II. Paris , 1847 , 2
vol. in-8. (Brunet, 27983.)

3588 bis. MILES (The Capt. S.-B.). A Brief
account of four arabic works on the history and geography of Arabia. Dans le
journal of the Roy. Asiat. Society. Vol. VI, 1.
Londou, 1872, pp. 20-27. — Sommaire du
contenu des 4 ouvrages manuscrits suivants :
The Iklil fi Ansab de Hassan ben Ahmed el
Hamdani ; le Kitab el Djézéreh, du même
auteur; le Tarikh el Mostabsir d'Ibn-el-
Modjavir ; et le Kerrat el Oyoûn d'el Dobbi.
(Année géogr. , 1874, p. 180.)

3589. NIEBUHR (Carsten), voyageur danois, né en 1733, mort en 1815; il parcourut
l'Arabie avec Forskal, Cramer, Baurenfeind,
Van Haven, et ce voyage dura six ans.
Reisebeschreibung nach Arabien und an-

deren umlieg. Ländern. Kopenhaguen, 1774
et 1778, 2 vol. in-4°, nombr. planches. — On
y joint un 3e vol., en allemand, publié à
Hambourg, en 1837, in-4°, portr. de l'auteur.
L'ouvrage avait été publié précédemment à
Copenhague en 1772, in-4°. (Dr Schubert. —
Brunet. — Van Hulthem, n° 15025.)

— *Description de l'Arabie* (trad. par F.-L.
Mourier). Copenhague, 1773, in-4°, 25 fig.
(1re édition de la traduction française). —
Amst., 1774, 2 tomes en 1 vol., fig. Edition
peu recherchée. — Paris, 1779, 2 tomes en
1 vol., fig. et cartes. Cette édition revue par
de Guignes est moins estimée que les deux
précédentes. (B. Quaritch, en 1874. — Bouillet.
— Brunet. — Quérard. — Nyon, 21017. —
Grenoble, 25621.)

— *Voyage en Arabie et en d'autres pays
circonvoisins* (fait en 1761-66), par Faven,
Forskal, Cramer, Baurenfeind et Niebuhr;
trad. de l'allemand.-Amst. et Utrecht, 1776-
80, 2 vol. in-4°, fig., cartes. (Van Hulthem,
15024. — Nyon, 21018. — Brunet. — B. Quaritch, en 1874. — Quérard.)

On joint à ces *Voyages* les *Questions proposées à une Société de savants.* 1774, in-4°.

— *Voyage en Arabie*, abrégé, avec l'extrait
de la *Description d'Arabie* et les *Observations* de Forskal. Genève, 1780, 2 vol. in-8.

3590. **PELLY** (le colonel), anglais. On a de
lui une *Relation sur l'Arabie.* (*Rivista italiana*, novembre 1873, article sur Sidon et
Tyr.)

3591. **PRICE** (**David**), major. *Essay towards
the history of Arabia, antecedent to the
birth of Mahommed.* London, 1824, in-4°.
(Brunet, 27997.)

3591 bis. **RASMUSSEN** (D. **Janus Lassen**).
*Historia præcipuorum Arabum regnorum,
rerumque ab iis gestarum ante Islamismum*, e codicibus mss. arabicis bibliothecæ
hauniensis collegit, vertit et animadversiones
addidit Lassen Rasmussen. Hauniæ, 1817,
pet. in-4° de vi et 146 pp. (Brunet.)

— *Additamenta ad historiam Arabum ante
Islamismum*, excerpta ex Ibn Nobatah, No-
veirio atque Ibn Koteibah, arabice edidit et
latine vertit D. Janus Rasmussen. Hauniæ,
1821, pet. in-4° de 82 pp. et 76 pp. (Brunet.)

3592. **RAUWOLFF** (**Léonard**), médecin et
botaniste. Parcourut en 1573 l'Orient et l'A-
rabie, et a publié la relation de son voyage:
Aigentliebe beschreibung der Reyss, etc.
Francfurth, 1582, 3 part. en 1 vol. in-4°.
On trouve des exemplaires datés de 1583
comprenant une 4e partie avec les figures de
42 plantes exotiques décrites dans les trois
premières parties.

Une traduction anglaise a été publiée à
Londres, en 1693, in-8. (Peignot. — Brunet.)

3592 bis. **REINAUD**. *Notice sur les dictionnaires géographiques des Arabes et sur le
système primitif de la numération chez les
peuples de la race berbère.* Paris, 1861, in-8
de 54 pp. (Maisonneuve et Comp.)

— *Monuments arabes, persans et turcs, du
cabinet de M. le duc de Blacas et d'autres
cabinets, considérés et décrits d'après leurs
rapports avec les croyances, les mœurs et
l'histoire des nations musulmanes.* Paris,
1828, 2 vol. in-8, avec planches. (Bourquelot.)

3593. **REISKE** (**Jo.-Jac.**), philologue et orientaliste, né à Zoerbig, en Saxe, en 1706 ou
1716, mort en 1774. On a de lui divers ouvrages, entre autres une *Géographie* d'Abul-
féda, trad. de l'arabe; une *Histoire des
Arabes*, publiée après sa mort, en 1789. Sa
femme, née Ernestine-Christine Muller, l'ai-
dait dans ses travaux. (Bouillet.)

— *Jo. Jac. Reiskii, Primæ lineæ historiæ
regnorum Arabicum medio inter Christum
et Muhammedem tempore gestarum, etc.*,
edidit Ferd. Wüstenfeld. Gottingue, 1847, in-8.
(Brunet, 27988.)

3594. **SACY** (**Silv.** de). *Mémoire sur divers
événements de l'histoire des Arabes avant
Mahomet;* inséré dans les *Mémoires de l'Institut.* (Quérard.)

3595. **SALMON** (**Thomas**), **G. SALE**. La
partie concernant les Arabes dans l'*Histoire
universelle depuis le commencement du
Monde jusqu'à présent*, trad. de l'anglais.
Amst. et Paris, 1742-1792. (*Supercheries littéraires*, t. III, col. 665.)

3596. **SAULCY** (**F.** de), membre de l'Institut.
Numismatique de la Terre-Sainte. Description des monnaies autonomes de la Palestine
et de l'Arabie Pétrée. — Etude des monuments antiques de la Phénicie libanaise, de
la Palestine et de l'Arabie. Paris, 1873, gr.
in-4°, contenant environ 2000 monnaies, 25
planches, et 424 pages de texte avec 1206
inscriptions. (Feuilleton du *Journal de la librairie*, 1873, p. 1493, 60 fr.)

3597. **SAUVAGNER**, ou **SAVAGNER**
(**François-Ch.-Fréd.**), professeur d'his-
toire, né en 1808, mort en 1849. *Histoire des
Arabes et des Turcs.* Paris, 1835, in-18 de
36 pp., 10 centimes. — Paris, 1838, in-18.
(Bourquelot. — Quérard.)

3598. **SAUVEBŒUF** (le comte de **FER-
RIÈRES**). *Mémoires historiques et politiques de ses voyages en Orient et en Arabie, de 1782 à 1789.* Maestricht et Paris, 1790,
2 tomes in-12. — Le même ouvrage, sous
le titre: *Voyages faits en Turquie, en Perse
et en Arabie.* Paris, 1807, 2 tomes en 1 vol.
in-8. (Quérard. — Van Hulthem, n°s 14839,
14503. — Brunet, 19990.)

3599. **SCHNURRER** (**C.-F.**). *Bibliotheca arabica;* auctam nunc atque integrum edidit. Halam ad Salam, 1811, in-8. (*Catalogue des accroissements*, II, 12, p. 23. — Brunet.)

Les 7 parties dont cet ouvrage se compose avaient d'abord paru séparément de 1799 à 1806; elles sont ici revues et augmentées; mais comme l'auteur n'en a pas relu les épreuves, il s'y est glissé un si grand nombre de fautes d'impression, qu'il a fallu un errata de 9 pages pour les corriger.

3600. **SÉDILLOT** (**L.-S.-Eug.-Am.**). *Histoire des Arabes.* Paris, 1854, in-12. (Wolff. — Vapereau.)

3601. **SEETZEN** (**Ulrich-Jasper**), né en 1767, mort en 1811. Converti au musulmanisme, il fit en 1809 le pélerinage de la Mecque, puis, de 1810 à 1811, parcourut l'Yémen et visita Moka. Il n'existe point de relation complète de ses voyages; on n'a que des fragments épars, publiés dans différents recueils ou journaux, d'après les lettres qu'il adressa au baron de Zach, grand maréchal de la cour de Saxe-Gotha, qui les a insérées dans sa *Correspondance géographique et astronomique.* Indépendamment des détails relatifs aux excursions de Seetzen, ces lettres renferment des *Mémoires sur les tribus d'Arabes nomades du désert et des contrées voisines.* Seetzen devait ces détails à un guide qu'il avait pris à Damas, lequel avait vécu plusieurs années parmi eux; il convient que Niebuhr a donné les renseignements les plus intéressants sur ces peuples; sur *Ophir*, Seetzen pense que c'est l'Oman; sur le pays de Souakem et Massouah; sur le Darfour; sur le royaume ou empire de Bournou; sur le Mobbah ou Bergou, et quelques autres pays voisins. Tous ces morceaux ont été insérés dans les *Annales des voyages* (1809-14). La traduction est assez médiocre. En 1854, Kruse a publié à Berlin les *Voyages de Seetzen.* (Bouillet. — Quérard.)

3601 bis. **SPRENGER** (**A.**). *The Campaign of Ælius Galus in Arabia;* inséré dans *The Journal of the Royal Asiatic Society.* 1872, vol. VI, pp. 121-141. (*Année géographique.* Paris, 1874, p. 180.)

3602. **STAFFORD - BETTESWORTH - HAINES**, capitaine de la marine des Indes orientales. *Description des côtes méridionales d'Arabie, depuis l'entrée de la mer Rouge jusqu'à celle du golfe persique;* traduite de l'anglais, par J. Passama et J. de Laveissière de Lavergne. Paris, 1849, in-8 de 92 pp.

Extrait des *Annales hydrographiques*, de 1848-49. 1re partie revue et mise en ordre par E. Darondeau. (Bourquelot.)

— *Description de 500 milles de la côte sud de l'Arabie, depuis Rasbab-el-Mandeb jusqu'à Misenat*, par J. Passama. Paris, 1843, in-8. (Bourquelot, article *Passama.*)

3603. **WELLSTED** (le lieut. **J.-R.**). *Travels in Arabia.* London, 1838, 2 vol. in-8, fig. (Brunet, n° 20587.)

3604. **WETZTEIN** (**Dr**), vice-consul de Prusse à Damas. On a de lui une *Relation d'Arabie*, d'après Hamed, natif de Kacim (Nedjed). (*Rivista italiana*, novembre 1873, article sur *Sidon et Tyr.*)

HEDJAZ

3605. **AVRIL** (le baron **Adolphe d'**), consul général de France. *L'Arabie contemporaine, avec la Description de la Mecque.* Paris, 1868, in-8 de 319 pp., 1 carte par Kiépert. (Challamel, 7 fr.)

3605 bis. **BUEZ** (**Dr A.**). *Une mission au Hedjaz. Contributions à l'histoire du choléra. Le Pélerinage de la Mecque, les services sanitaires et les institutions quarantaires de la mer Rouge, etc. Le commerce des esclaves dans la mer Rouge. Ethnologie, géographie de la Péninsule arabique.* Paris, 1873, in-8 de 135 pp. (*Année géogr.*)

3606. **BURCKHARDT** (**Jean-Louis**). *Travels in Arabia, comprehending an account of those territories in Hedjaz*, etc. (published by Wil. Ouseley). London, 1829, in-4° de XVI-478 pp. — Une 2e édition, la même année, mais en 2 vol. in-8.

— *Notes on the Bedouins and Wahabys, collected during his travels in the East.* London, 1830, in-4° de IX-439 pp. (publiées par M. W. Ouseley). (Brunet.)

— *Voyages en Arabie, cont. la Description des parties du Hedjaz regardées comme sacrées par les musulmans* (celles des villes de la Mecque et de Médine), *suivis de notes sur les Bédouins et d'un Essai sur l'histoire des Wahhabites*, traduits de l'anglais par J.-B.-B. Eyriès. Paris, 1834, 3 vol. in-8 et 5 pl. (Brunet. — Bourquelot, p. 476.)

La secte des Wahabites est répandue dans la plus grande partie du Nedjed (ou Derreyeh, leur place principale) et dans le Lahsa, ou el Hasa, ou Hadjar, ou el Haca, ils professent l'islamisme, mais refusent à Mahomet, ainsi qu'aux imans descendant d'Ali, tout caractère divin; leurs mœurs sont simples; ils ont pour principe l'égalité absolue. Cette secte ne date que du XVIIIe siècle.

3607. **DU COURET**, sous le pseudonyme de **ABD-EL-HAMID-BEY**, voyageur français. *Pélerinage de Médine à la Mecque*, publié par Alex. Dumas. Paris, 1855-56, 4 vol. in-8.

L'auteur s'était converti à l'islamisme, ce qui lui permit de faire le pélerinage de la Mecque ; de cette ville, il se rendit à Maskate, puis en Perse. (Vapereau. — *Supercheries littéraires.*)

— *Impressions de voyages: l'Arabie heureuse, souvenirs de voyages*, publiés par Alex. Dumas. Paris, 1860, gr. in-8 de 133 pp. à 2 col. Cet ouvrage parut d'abord en feuilletons dans le *Siècle*, en 1858, sous le titre de *l'Arabie heureuse, souvenirs, etc.* (*Supercheries littéraires*, Iʳᵉ partie, 163.)

3608. TAMISIER (**Maurice**), voyageur français, né en 1810. *Voyage en Arabie, séjour dans l'Hedjaz, campagne d'Assir.* Paris, 1840, 2 vol. in-8, 1 carte. (Bourquelot. — Brunet, 20588. — Morel, en 1874, 4 fr.)

Ouvrages sur Mahomet.

3609. BACHELET (**Jean-Louis-Théod.**), littérateur français, né en 1820. *Mahomet et les Arabes.* 1853. (Vapereau.)

3610. BARTHÉLEMY St-HILAIRE (**J.**). *Mahomet et le Coran.* 1868, in-8, et in-12. (Vapereau.)

3611. BAUDIER (**Michel**), historiographe de France, né vers 1589, mort en 1645. *Histoire générale de la religion des Turcs, avec la Vie de Mahomet et des quatre premiers califes.* Paris, 1632, in-8. (Bouillet. — Peignot.)

3612. BOUSYRI, poëte arabe, originaire d'Afrique et de la tribu de Sanhadjah, né dans la Haute-Egypte au bourg de Bébeschim, en l'année 608 de l'hégire. On a de lui plusieurs poëmes en l'honneur de Mahomet; celui intitulé *Bordah* est le plus célèbre. (Peignot.)

3613. BUCHMANN, connu sous le pseudonyme de **Théod. BIBLIANDER**, théologien suisse; né en 1500, mort en 1564. *Vie de Mahomet*, à la suite de l'édition de l'Alcoran, trad. en latin par Fabricius, et publiée à Bâle en 1543. (Bouillet.)

3614. ABUL-FÉDA. *De vita et rebus gestis Mohamedis*, arab. et lat., cum præfat. et not. Joan. Gagnier. Oxonii, 1723, in-fol. (Brunet.)

— *Vie de Mahomet*, texte arabe, accompagné d'une traduction française et de notes, par A. Noel Desvergers. Paris, impr. roy., 1837, gr. in-8. (Brunet.)

3615. AUDIFFRET (**P.-Hyac.-Jacques-J.-B.**), publia dans la *Biographie universelle* un article sur *Mahomet*. (Quérard.)

3615 bis. BOSWORTH SMITH, M. A. (**R.**). *Mohammed and Mohammedanism. Lectures delivered at the Royal Institution of Great Britain, in febr. and march 1874.* London, Smith and Cᵒ, 1874, in-8, 6 sh. (*Pall Mall Gazette*, 29 april 1874.)

3616. BUSH (**Georg**), écrivain mystique et orientaliste américain, né en 1796. Professeur à New-York. *Life of Mahomet.* 1832, in-18. — C'est le premier ouvrage de cet auteur. (Vapereau.)

3617. DAUMER (**George-Fréd.**), poëte allemand, né en Bavière en 1800. *Mahomet.* Hambourg, 1848 (poésies). (Vapereau.)

3617 bis. DELAPORTE (**P.-Henry**), ancien consul général en Orient. *Vie de Mahomet, d'après le Corân et les historiens arabes.* Paris, E. Leroux, 1874, gr. in-8 de 572 pp. Prix : 10 fr. (*Journal de la librairie.*)

3618. DUPONT (**Alex.**). *Roman de Mahomet*, en vers du XIIIᵉ siècle, par Alexandre Du Pont ; et le *Livre de la loi au Sarrazin*, en prose du XIVᵉ siècle, par Raymond de Lulle; publiés pour la première fois, avec notes, par Reinaud et Francisque Michel. Paris, 1831, gr. in-8, 2 fac-sim. color. (Brunet.)

3619. GAGNIER (**Jean**), né à Paris vers 1670, mort en 1740. Chanoine de Ste-Geneviève, puis professeur de langues orientales à Oxford. *La Vie de Mahomet; traduite et compilée de l'Alcoran, des traditions authentiques de La Sonna et des meilleurs auteurs arabes.* Amsterdam, 1732, 2 vol. in-8, ou 1748, 3 vol. in-12.

Extrait de la table des matières : De l'origine des Arabes. — Généalogie de Mahomet. — Naissance. — Premier voyage de Mahomet en Syrie. — Second voyage. — Son mariage avec Khadigjia. — Mission de Mahomet. — Mahomet manifeste sa vocation. — Oppositions qu'il rencontre. — De l'Hégire première ou de la fuite des Musulmans en Ethiopie. — L'Apôtre de Dieu est persécuté; il prophétise et il opère un miracle. — L'ange Gabriel vient consoler et fortifier Mahomet. — Conspiration de Koraïshites contre l'Apôtre de Dieu. — Mahomet est cité devant Habib. — L'ange Gabriel apparaît à Mahomet. — Alarmes des compagnons de l'Apôtre de Dieu. — Prodiges qu'opère le prophète de Dieu. — Abrogation du décret de Koraïshites. — Mort d'Abu-Taleb et de Khadigjia. — Le Prophète appelle en vain les Thakifites à l'islamisme; il convertit les génies de la ville de Nisibe. — Son mariage avec Sawda. — Les Chazregjtes embrassent la religion de Mahomet. — Voyage nocturne de Mahomet, depuis la Mecque jusqu'à Jérusalem. — Ce qu'il vit sur la route. — Continuation du voyage nocturne dans les sept ciels et au delà; ce qu'il y vit; il approche du trône

Bibliographie.

23

du Seigneur à la distance de deux arcs. —
Récit de ce qui s'y passa ; il revient sur la
terre et il fait la relation de son voyage. —
Si le voyage de Mahomet a été fait corpo-
rellement ou spirituellement. — Une troupe
d'Ansariens prête serment de fidélité au Prophète de Dieu. — Progrès de l'islamisme
dans la ville de Médine. — La crainte des
Koraïshites l'oblige de prendre la fuite. —
Mahomet s'enfuit de la Mecque à Médine. —
Il séjourne à Koba , et y bâtit la première
Mosquée. — Entrée du Prophète de Dieu à
Médine ; il y bâtit une maison pour lui ; il
épouse Aïesha ; il établit une fraternité entre
les Musulmans. — Le Prophète de Dieu commence à prendre les armes contre les infidèles. — Le Prophète de Dieu règle le culte
et les cérémonies de la nouvelle religion. —
Mariage de sa fille Fatema avec Ali. — La
guerre de Bedre, dite la grande. — L'Apôtre
de Dieu remporte la victoire sur les Koraïshites. — Mort de sa fille Rokaïa. — Les Koraïshites cherchent à se venger de leur défaite. — Ils envoyent des ambassadeurs au
roi d'Ethiopie. — Différentes expéditions militaires du Prophète. — L'alliance entre les
Juifs et les Mahométans rompue. — Ce qui
en arriva. — Mariage du Prophète avec Hafsa.
— Il enlève une caravane des Koraïshites
— Assassinat de Ca'ab par l'ordre de Mahomet. — La guerre d'Ohod. — Expédition des
Musulmans contre les Asadites. — Le Prophète fait assassiner Sofian. — Trahison des
habitants des villes d'Edlh et d'Al-Kara et
celle des habitants de la province du Nagjd.
— Guerre contre les juifs Nacbirites. — Seconde expédition dans la province du Nagjd.
— Mahomet se rend à Bèdre pour une conférence ; mais les Koraïshites n'y viennent
point. — Il se marie avec Zainab, et ensuite
avec Omm-Salama. — Son expédition contre
les Arabes voisins de la Syrie. — Histoire de
Zaïd. — Mahomet épouse Zainab. — Mahomet travaille à attirer les chrétiens à l'Islamisme. — Il épouse Gjomaira. — Histoire de
la fausse accusation contre Aïesha. — Zaïd
prend la princesse Omm-Forka dans son
château et la fait mourir. — De la paix entre
Mahomet et les Koraïshites. — L'Apôtre de
Dieu retourne à Médine. — La guerre de
Khaïbar. — L'Apôtre de Dieu est empoisonné.
— Partage de la dépouille des Juifs. — Mahomet épouse Omm-Habiba. — Présent que
Mahomet reçoit. — Il commet un crime de
fornication, et il en est absous. — Infraction
à la paix et prise de la Mecque. — Origine
de l'idolâtrie des Arabes. — La guerre d'Ho-
nain. — Mahomet assiége Al-Taïef. — La
guerre de Tabuc. — Les Takifites embrassent l'islamisme. — Histoire du Nagjaschi ou
Négus d'Ethiopie. — Mahomet réforme le calendrier des Arabes. — Mort de Mahomet. —
Des compagnons du Prophète. — Des fem-

mes et des enfants du Prophète. — De la
noblesse et de l'excellence de Médine, etc.

3620. **IRWING** (**Wash.**), historien et romancier américain. *The Life of Mahomet and
his successor.* London , 1850. (Dr Schubert.
— Brunet.)

Le même ouvrage, traduit en français, par
M. Georges. Paris , 1863, in-8. (Larose , en
1873, 3 fr.)

3621. **KAAB**, poëte arabe contemporain de
Mahomet, avait d'abord écrit contre le prophète ; mais lorsque Mahomet se fut emparé
de la Mecque, craignant sa vengeance , il fit
à son éloge un beau poëme qui est au nombre des sept *Moallakats*, poëmes suspendus
au temple de la Mecque. (Bouillet.)

3621 bis. **MILLS** (**Charles**). A *History of
Mohammedanism ; comprising the life of
the arabian prophet, and succint accounts
of the empires founded by the mahomme-
dan arms.* London, 1817, in-8. Réimprimé en
1818 et depuis.

Cet ouvrage traduit en français par (Tiby),
fut publié en 1825, in-8, à Paris. (Brunet.)

3622. **MUIR** (**Will.**). *The Life of Mohamet
and history of Islam to the Hegira.* London, 1858-61, 4 vol. in-8. (Brunet, 28003.)

3623. **PRIDEAUX** (**Jean**). *Vie de l'imposteur Mahomet, recueillie des auteurs arabes, etc.;* trad. de l'anglais (par Dan. de La-
roque). Amst., 1698 , in-12 , fig. — Paris ,
1699, in-12. (Quérard. — Brunet, 28001.)

3624. **REINAUD** (**J.-T.**). *Notice sur Mahomet.* 1860, in-8. Contenant un résumé , d'a-
près les meilleures sources, de la vie et des
doctrines du prophète. (Vapereau.)

3625. **SALLES** (**Eus.-Fr.**, comte de). *Mahomet considéré comme homme privé, artiste et politique, etc.* 1833, in-12. (Vapereau.)

3626. **SPRENGER** (**Aloys**), orientaliste allemand, né dans le Tyrol en 1818. *Das Leben und die Lehre der Mohammed* (Vie et
doctrine de Mahomet). Berlin , 1861-1865 , 3
vol. in-8. (Brunet , 28004. — Vapereau.)

C'est le principal ouvrage allemand de
l'auteur.

— *Life of Mohammed.* Allahabad , 1851. (Vapereau.)

3627. **TURPIN** (**Fr.-H. de**), né en 1709,
mort en 1799 ; professeur à l'Université de
Caen. *Vie de Mahomet.* Paris, 1773-1779, 3
vol. in-12. (Brunet, 28003. — Peignot.)

3628. **WEIL** (**Gust.**). *Mohammed der Prophet, sein Leben und seine Lehre.* Stuttgard, 1843, pet. in-8. (Brunet, 28003.)

3628 bis. **EXTRAIT** d'itinéraire de Djedda

au golfe Persique; ins. dans le journal géographique *le Globe,* de Genève, tome XI, 1872, pp. 132 à 138. Notes recueillies par Mᵣ Clément, d'un marchand voyageur italien, qui avait traversé le centre de l'Arabie par des régions peu connues et d'un trajet très-difficile. L'orthographe des noms arabes est ici très-*simplifiée.* (*Année géogr.*, 1874, p. 181.)

3629. **PLAN** *de la rade de Djeddah ;* par E. Hémery. (Paris, 1873, 1 fr.) Dépôt de la marine, n° 3148.

Djeddah est une ville-sainte située à 80 kil. de la Mecque.

3630. **ABDIAS**, le IVᵉ des douze petits prophètes, vivait vers l'an 600 avant l'ère chrétienne. On a de lui un chapitre qui prédit la ruine des Iduméens.

Les Iduméens ou Edomistes, étaient un peuple de l'Hedjaz, qui prétendait descendre d'Esaü surnommé*Edom*(c'est-à-dire *le Rouge*). Ils s'établirent d'abord au nord de la mer Rouge, au sud de la mer Morte et des monts Seir ; ensuite ils se fixèrent dans l'Arabie Pétrée et dans les pays voisins. On donnait quelquefois le nom d'*Idumée* à la mer Rouge. (Bouillet.)

3631. **ABDUL-KURREEM**, ou **ABDUL-KÉRYM**. *The Memoirs of Khojeh Abdul-Kurreem, etc.*, translated from the original persian, by Fr. Gladwin. Calcutta, 1738, in-8.

L. Langlès a extrait de ces *Mémoires* la *Relation du pélerinage à la Mecque*, qui forme le tome Iᵉʳ de sa Collection portative de voyages. Paris, 1797, 5 vol. in-8. (Brunet.)

Cette traduction française a été publiée aussi séparément sous le titre de *Voyage de l'Inde à la Mekke ;* traduit avec des notes géographiques, littéraires, etc., par Langlès. Paris, an v (1797), pet. in-12. — Une 2ᵉ édition, Paris, 1825, in-18, front. gr. (Brunet. — Lescoet, en 1872, nᵒˢ 1316 et 1317. — Quérard. — *Archives du bibliophile*, en 1869, n° 1159, 2 fr.)

3632. **ALI-BEY**, premier drogman ou interprète du grand Seigneur, mort en 1676. On a de lui divers écrits sur les Turcs, *de leur pélerinage à la Mecque.* Ali-bey était Polonais de naissance. (Peignot.)

3633. **BIANCHI** (**Th.-Xavier**), orientaliste, né à Paris en 1783. *Itinéraire de Constantinople à la Mecque*, extrait et trad. de l'ouvrage turc de Mohammed Edib, intitulé : *le Guide des pélerins ;* impr. dans le t. II du *Recueil de la Société de géographie*, 1827. (Bourquelot.)

3634. **BURTON** (**Rich.-Fr.**), voyageur anglais. Il forma le projet de visiter Médine et la Mecque où aucun Européen n'avait pénétré depuis Burckhardt ; il se rendit à la fin de 1851 en Angleterre, pour prendre, avant de tenter ce voyage périlleux, les instructions de la Société de géographie de Londres, et s'embarqua à Southampton, en avril 1853. Arrivé à Suez, il pénétra dans le Hedjaz par Yembou, costumé en pélerin afghan. Il réussit à visiter les deux villes saintes et il opéra son retour par Djedda. La relation de ce pélerinage à Médine et à la Mecque, parut sous le titre : *Personal narrative of a pilgrimage to El Medinah an Meccah*, Londres, 1855, 3 vol. in-12 ; — 2ᵉ édition, 1857 ; — Tauchnitz, 1874, in-16 ; Prix : 6 fr. Cet ouvrage a obtenu un grand succès en Angleterre. (Vapereau. — Brunet.)

— *Voyages du capitaine Burton à la Mecque, etc.*, abrégés par J. Belin de Launay, d'après le texte et la traduction de Mᵐᵉ H. Loreau. Paris, Hachette, 1871, in-12 de XVI-336 pp. (*Journal de la librairie.*)

3635. **CARAVANE** *de la Mecque, en 1870;* articles insérés dans les *Annales des voyages*, avril 1870.

3636. **COTHB-EDDYN**, mort en 1580. *Histoire de la Mecque*, analysée par Silv. de Sacy dans ses *Notices et extraits des manuscrits.* (Bouillet.)

3637. **DANCOURT** (**Flor.-L.-H.**), auteur et artiste dramatique, né vers 1725, mort en 1801. *La Rencontre imprévue*, com. en 3 a. en prose, tirée des *Pélerins de la Mecque.* 2ᵉ édition. Vienne (Autriche), 1764, in-8 ; ou Paris, 1776, in-8. Cette pièce existe sous ce titre : *Ali et Rézia, ou la Rencontre imprévue*, opéra-bouffon en 3 actes et en prose, tiré des *Pélerins de la Mecque.* Bordeaux (1766), in-8. (Quérard.)

3638. **FYROUZABADY** (**Imâm Mejjed-ed-dyne-Mohammed-ben Yacoûb**), Persan, né l'an 729 de l'hégire, mort près de la Mecque, l'an 817. On a de lui une *Histoire de la Mecque.*

3639. **GALLAND** (**Julien-Claude**). *Recueil des rites et cérémonies du pélerinage de la Mecque, auquel on a joint divers écrits relatifs aux sciences et aux mœurs des Turcs.* Paris, 1754, in-8. (Van Hulthem, t. I, n° 2509. — Grenoble, 5218. — Nyon, 21020. — Quérard. — Lanctin, en 1871, 2 fr.)

3640. **GASSANY** (**Al-Azzâky-al**), né en Syrie, docteur musulman. On a de lui une *Histoire de la Mecque.* Ouvrage estimé.

3641. **HACKLAENDER** (**Fréd.-Guill. de**), écrivain allemand, né en 1816. Pélerinage à la Mecque (*Pilgerzuch nach Mekka*). Stuttgard, 1847. (Vapereau.)

3642. **MAKRIZI.** *Histoire du pélerinage de la Mecque et des princes qui l'ont entrepris.* (Peignot.)

3643. **SACY** (**Silv. de**). *Notice sur le livre qui apprend à connaître la ville sainte de la Mecque*, par le scheikh Kotbeddin Alkanéfi ; ins. dans les *Notices et extraits des manuscrits de la Bibliothèque du roi.*

3644. **VIEN** (**Jos.-M.**), dessinateur et graveur, né à Montpellier en 1716, mort en 1809. *Caravane du Sultan à la Mecque. Mascarade turque donnée à Rome par les pensionnaires de l'Académie de France, et leurs amis, au carnaval de l'année 1748*, 30 planches. Paris, Bassan et Poignan, Fessard, in-fol. (La Vallière, n° 1945. — Brunet.)

3645. **WÜSTENFELD** (**Ferd.**). *Geschichte und Beschreibung der Stadt Mekka von Abul-Wal Muhammed ben Abdallah-el-Azraki, nach den Handschriften zu Berlin, Gotha, Leyden, Paris, and Petersburg, herausgegeben* von Dr Ferd. Wüstenfeld. Leipzig, 1848, 1858, gr. in-4° de xxix-518 pp. (texte arabe).

Premier volume du recueil : *Die Chroniken der Stadt Mekka, gesammelt und auf Kosten der deutschen morgen ländischen Gesellschaft herausgegeben* von Ferd. Wüstenfeld. (Brunet.)

— *Das Gebiet von Medina. Nach arabischen Geographen bearbeitet.* Gœttingen, 1873, in-4° de 86 pp., 1 carte. Extrait des *Mém. de la Société des sciences de Gottingue.* (*Année géogr.*, 1874, p. 180.)

ARABIE PÉTRÉE

3646. **BOURASSÉ** (l'abbé **J.-J.**). *La Terre sainte, voyages dans l'Arabie Pétrée, etc.* Tours, Mame et Cie, gr. in-8, 32 grav. sur bois, d'après Girardet.

3647. **LABORDE** (marquis **Léon de**). *Voyage de l'Arabie Pétrée* (en collaboration avec M. **LINANT** de Bellefonds). Paris, 1830-33, gr. in-fol., 69 pl. et nombr. vignettes sur bois. Cet ouvrage a été traduit en anglais en format in-8, et publié avec toutes les planches. (Rapilly, en 1872, 75 fr. — Quérard. — Brunet.)

— *Fragments d'une flore de l'Arabie Pétrée ;* plantes recueillies par M. Léon de Laborde, nommées, classées et décrites par Delile, de l'Institut. Paris, 1834, in-4° de 52 pp. Extrait du *Voyage de l'Arabie Pétrée.* (Bourquelot.)

— *Commentaire géographique sur l'Exode et les nombres.* Paris, 1841, in-fol., 10 pl. Observations curieuses qui se rattachent au voyage de l'auteur dans l'Arabie Pétrée. (Brunet.)

— *Rapport sur le voyage dans l'Arabie Pétrée de MM. L. de Laborde et Linant ;* par J.-T. Reinaud. Paris, impr. royale, 1835, in-8. Brochure extraite du *Journal asiatique.* (Bourquelot.)

3648. **QUATREMÈRE** (**Et.-Marc**). *Mémoires sur les Nabathéens.* 1855. (Bouillet.)

3649. **ROBINSON** (Dr). *Biblical researches in Palestine, mount Sinaï and Arabia Petræa.* London, 1841, 3 vol. in-8. — New edit. greatly enlarged, 1856, 3 vol. in-8, carte. (Brunet, n° 28026.)

3650. **SAULCY** (**F. de**). *Numismatique des rois nabathéens de Pétra, lettre à M. Chabouillet, conservateur du cabinet des médailles.* Paris, 1874, in-8 de 35 pp. et 2 pl. Extrait de *l'Annuaire de la Société française de numismatique et d'archéologie.* (*Journal de la librairie.*)

3650 bis. **VISCONTI** (Mis **Giammartino Arconati**). *Diario di un viaggio in Arabia Petrea* (1805). Torino, 1872, in-4° de 400 pp., 1 carte et nombreuses photographies, plus 1 atlas. — In mare; — Basso Egitto; — Arabia Petrea.

Mont Sinaï

3651. **ARUNDALE** (**F.**). *Pittoresque tout through Jerusalem, mount Sinaï, etc.* London, 1837, in-4°, lithogr. (Brunet, 20575.)

3651 bis. **BEKE** (le Dr **Ch.-T.**). *Mount Sinai a Volcano.* London, 1873, in-8 de 48 pp., 3 francs.

Au sentiment de M. Beke, le véritable Sinaï, avec les phénomènes dont l'entoure le récit de l'*Exode*, a dû être un volcan alors en éruption situé dans la région volcanique, qui se trouve plus loin à l'E., au-delà de la grande vallée d'Akaba. (*Année géogr.*, 1874, p. 180.)

3652. **BREYDENBACH** (**Bernard de**), doyen de la Cathédrale de Mayence, né en 1454, fit en 1483 un voyage à Jérusalem et au mont Sinaï, dont il publia la Relation en latin, à Mayence, 1486, in-fol. C'est le plus ancien livre où l'on trouve l'alphabet arabe. *Opusculum sanctarum peregrinationum in montem-Syon, ad venerandum Christi Sepulchrum in Jerusalem, etc.* Mayence, 1486, in-fol., fig. s. b. et grav., cartes. — Nouvelle édition réimpr. sous ce titre : *Peregrinatio Hierosolymitana ad sepulchrum Domini, etc., cum iconibus.* Spire, 1490 et 1502, in-fol. (Peignot. — Bouillet. — Baillieu, en 1873, 30 fr.)

L'ouvrage de Breydenbach traduit en français, a eu de nombreuses éditions à la fin du XVe siècle, et au commencement du XVIe; il a été fait aussi de nombreuses traductions en langues étrangères. Voir pour plus de détails bibliographiques le *Manuel* de Brunet, tome I, col. 1249 à 1254.

3653. BROCHARD (Bonav.), ou **BROCARD**, cordelier au couvent de Bernay, né en Allemagne dans le XIIIe siècle, fut envoyé dans la Terre-Sainte, en 1233, où il resta dix ans. Il écrivit en français la *Relation de son voyage* (à Jérusalem et au mont Sinaï); le manuscrit est placé à la *Bibliothèque nationale*, sous le n° 10265. (Peignot.)

3654. CAPODILISTA (Gabriele). *Itinerario di Terra Santa, e del monte Sinaï.* (S. l. n. d.), in-4°, 82 ff.

Relation d'un voyage entrepris, en 1458, par Gabriel Capodilista, noble padouan, accompagné d'Ant. Capodilista, chanoine de Padoue, son parent, et de plusieurs autres nobles personnages. L'édition est imprimée en caractères ronds, sans chiffres, réclames, ni signatures, et elle a toute l'apparence d'une grande ancienneté. A la tête du volume se lit une préface commençant par ces mots: « *Mostrandomi el magnifico et splendido cavaliere et conte mis. Gabriel Capodelista al presente... pretor de questa nostra augusta cita Perusina...* » de laquelle il semble résulter que ce livre a été imprimé à Pérouse et qu'il est probablement une des premières productions des presses de cette ville. Colomb de Batines a donné la description suivante de ce livre fort rare, d'après l'exemplaire de la Riccardiana de Florence. Le volume est imprimé en caractères ronds assez mauvais et avec beaucoup d'abréviations, sans chiffres, récl., ni signat., à 25 lig. dans les pages entières. Il se compose de 10 cahiers, tous de 8 ff., excepté le premier qui en a 10 de plus. D'après Vermigioli (*Principj della stampa in Perugia*, p. 128-131), on doit trouver à la tête du volume 2 ff. entièrement blancs. (Brunet.)

3655. CASTELLA (Henri), ou **CASTELA**. *Le Saint voyage de Hiérusalem et mont Sinay, faict en 1600.* Paris et Bordeaux, 1603, pet. in-4°, fig. — Le même ouvrage, Bordeaux, 1611, in-4°. (Grenoble, n° 19585. — Brunet. — Nyon, 20995.)

— Autres éditions: Bordeaux, 1601, in-8. Il n'est pas certain qu'elle existe; — et 1812, pet. in-12. (Brunet.)

3656. COLA (J.). *Viazo* (sic) *da Venesia al sancto Iherusalem et al monte Sinaï...* Bologna, 1500, in-fol. de 68 ff. goth., fig. s. b.

Ouvrage anonyme; une épître latine de J. Cola à Gibert Pio, prince de Carpi, se trouve à la fin du volume.

— *Viaggio da Venetia al sancto Sepulcro et*

al monte Synaï. Nic. detto Zopino e Vincentio, 1521, pet. in-8, fig. s. b.

— *Viaggio da Vinegia al sancto Sepulcro et al monte Synaï.* Vinegia, 1538, in-8, fig. s. b. — Le même voyage, id. 1531, in-8. (Brunet.)

3657. DAMAS (le P. de), de la compagnie de Jésus. *En Orient:* I. *Voyage au Sinaï.* 2e éd. Paris (1870), in-12 de 319 pp.

3658. DUMAS (Alex.) et **A. DAUZATS**. *Quinze jours au Sinaï.* Paris, 1839, in-8.— Paris, 1846, 2 vol. in-8. Il a été fait plusieurs éditions de ce livre. Alex. Dumas n'a jamais voyagé en Egypte, ni au Sinaï; il s'est contenté d'arranger à sa façon les souvenirs de M. Dauzats. Les renseignements sont inexacts; ce n'est là qu'un recueil de farces, de chûtes d'âne, de natation dans le Nil, de fragments historiques ramassés dans la *Bible* et dans d'autres écrits. (*Supercheries littéraires.*)

Contenu de l'ouvrage: TOME Ier: I. Alexandrie. — II. Les Bains. — III. Damanhour. — IV. Navigation sur le Nil. — V et VI. Le Caire. — VII. Les Pyramides; Mourad. — VIII. Soleyman-el-Haleby. — IX. Visite au colonel Selves et à Clot-bey. — X. La Ville des Califes. — XI. Arabes et dromadaires. — XII. Le Désert. — XIII. La Mer Rouge. — TOME 2: I. La Vallée de l'égarement. — II. Couvent du Sinaï. — III et IV. Mont Oreb. — V. Le Khamsin. — VI. Le Gouverneur de Suez. — VII. Damiette. — VIII. Mansourah. — IX. La Maison de Fakreddim-ben-Lokman.

3659. GÉRAMB (Marie-Jos., baron de). *Pélerinage à Jérusalem et au Mont-Sinaï, en 1831, 32 et 33.* Paris, 1836.— 3e édition; Paris, 1840, 3 vol. in-12. — 7e édition; Paris, Adrien Leclère, 1844, 3 vol. in-12. Cet ouvrage a été traduit en allemand, 1848, 3 vol. in-12. (Brunet, n° 20570. — Challamel.)

3660. GIRAUDET (Gabr.). *Discours du voyage d'Outremer au Saint-Sépulcre de Jérusalem et autres lieux de la terre sainte et du Mont de Sinaï.* Tolose, 1583, pet. in-8. (Nyon, 20993.)

Duverdier en cite une édition de 1575, in-8, publiée par Jove à Lyon. Il en existe une édition de 1585, in-8, publiée à Paris, par Th. Brume. (Brunet.)

3661. HOLLAND (le R. P. F.-P.). *Explorations récentes dans la Péninsule du Sinaï....*, au sujet de l'expédition anglaise faite en 1868. Article inséré dans le *Globe*, de Genève, t. VIII, pp. 1.9-150, comptes-rendus.

3662. LE HUEN. *Le Grand voyage de Jérusalem, lequel traite des pérégrinations de la Sainte-Cité, du Mont-Sinaï et autres* *lieux saints.* Paris, 1517, in-4°, figures s. b. (Baur, 1874, n° 283, 15 fr.)

3663. **LENORMANT** (**Fr.**). *Sur l'origine chrétienne des inscriptions Sinaïtiques.* 1859, in-8.

3664. **MONTAGUE** (**Ed. Wortley**), fils de la célèbre lady Montague, mort en 1776 ; voyagea en Asie et finit par se faire musulman. On a de lui un *Voyage au Mont-Sinaï.* (Bouillet.)

3665. **MORISON**. *Relation d'un voyage nouvellement fait au Mont-Sinaï et à Jérusalem.* Paris, 1714, in-4°. (Daremberg, en 1873, 8 fr.)

3666. **NOE** (le R. P. F.), de l'ordre de saint François. *Viaggio da Venetia al Santo Sepolcro et al Monte Sinaï.* Venetia, 1546, pet. in-8, fig. ; — idem, 1548, in-8, fig. (Cette réimpression est un peu modifiée, mais elle a les mêmes figures en bois). (Yéméniz, n° 2702, 72 fr. ; — n° 2703, 10 fr.) — Autres éditions: Venetia, 1598, nombr. fig. (Van Hulthem, 14858.) — Venetia, Dom. Imberti, 1604. (Brunet.) — Idem, 1622, in-8. — Idem, 1627, in-8. (Grenoble, n°s 19588 et 19589.)

Il est à remarquer que le R. P. Noe n'ayant fait son voyage qu'en 1527, les éditions antérieures à cette date ne sont pas de lui, quoique portant le même titre. (Brunet.) — Voir aussi n° 3656.

3667. **OUMANTZ** (**A.**). *Poïezdka na Sinaï.* Voyage au Sinaï, avec quelques notices sur l'Egypte et la Terre-Sainte. St-Pétersbourg, impr. de la 3e section de la chancellerie impériale, 1850, in-8, 3 cartes et 10 dessins. (Brunet.)

3668. **PERGAMENI** a donné dans le *Bulletin de la Société de géographie* (3e série, t. VII, 1847), la traduction du *Voyage fait en 1845, dans la région du Sinaï*, par Lepsius. (Bourquelot.)

3669. **SIGOLI** (**Simone**). *Viaggio al monte Sinai; texto di lingua per la prima volta pubblicato.* Firenze, 1829, in-8, portr. Edition enrichie de notes par Fr. Poggi et Louis Fiacchi. Il a été fait à Naples en 1831 une nouvelle édition, mais les notes y sont abrégées. (Brunet.)

3670. **SPITZ** (l'abbé **Fr.-Ch.**), professeur au séminaire de Strasbourg. Traduction de l'allemand du *Voyage à Jerusalem et au mont Sinaï.* 1837-1838, 2 vol. in-8. (Bourquelot.)

3671. **STRAUSS** (**Fréd.-Adolphe**), théologien protestant allemand, né en 1817. En 1835, il fit un voyage en Orient et en publia la relation sous le titre: *Sinaï und Golgotha, Reise in das Morgeland* (Sinaï et Golgotha, voyage en Orient). Berlin, 1847. — 8e édit.

1865. — Une édition de luxe en 1866. (Vapereau.)

3672. **TESSON** (**L. de**). *Réflexions et croquis chemin faisant. Voyage au mont Sinaï.* Dinan, 1844, in-12. — Une 3e édit. Tours, Mame, 1849, in-12. (Bourquelot.)

3673. **THOUIN** (**André**), botaniste, né à Paris en 1747, mort en 1824. *Histoire et description d'une nouvelle espèce de poirier, envoyée du mont Sinaï, avec une planche;* ins. dans les *Mém. du Muséum d'histoire naturelle,* tome Ier, 1815. (Quérard.)

3674. **TISCHENDORF** (**Lob.-F.-Const.**), érudit allemand, né en 1815. Il visita l'Egypte et la Palestine, et publia la relation de cette excursion sous le titre: *Reisen in den Orient.* Leipzig, 1845-1846, 2 vol. On y trouve des notes bibliographiques très-intéressantes, notamment sur la bibliothèque du mont-Sinaï. (Vapereau.)

YÉMEN

3675. **BOTTA** (**Paul-Emile**), archéologue et voyageur français, né vers 1805. Médecin de Méhémet-Ali, puis consul à Alexandrie, etc. *Relation d'un voyage dans l'Yémen, entrepris en 1837 pour le Muséum d'histoire naturelle de Paris.* Paris, 1841, in-8 de 152 pp. (Bourquelot.)

— *Description des plantes recueillies par Em. Botta dans l'Arabie Heureuse, en 1843,* par Jos. Decaisne ; ins. dans les *Archives du Muséum d'histoire naturelle.*

— *Note sur le voyage de M. Paul-Em. Botta dans l'Arabie Heureuse, et description des plantes recueillies par ce voyageur,* par Jos. Decaisne. Paris, in-4°, 3 pl. (Bourquelot.)

3676. **BRUSLÉ DE MONTPLEINCHAMP**. *Le Festin nuptial dressé dans l'Arabie Heureuse, aux mariages d'Esope, de Phèdre et de Pilpai, avec trois fées, divisé en trois tables,* par M. de Palidor (J. Bruslé de Montpleinchamp). A Piron, en Basse-Normandie (Bruxelles), chez Florent A-Fable (J.-B. Léener), à l'enseigne de la Vérité dévoilée, 1700, pet. in-8. (Amédée Rigaud, 1874, n° 615.)

3677. **OOTHB EDDYN**, ou **DIELDYNE**. *Histoire de l'Yémen,* analysée par Silv. de Sacy dans ses *Notices et extraits.* (Bouillet.)

3678. **GEORGE** (**J.-F.-L.**). *De Æthiopum imperio in Arabia felici.* Berol., 1833. (Dr Schubert.)

3679. **HALÉVY** (**Jos.**). *Mission archéologique dans le Yémen.* Paris, 1872, in-8. Cet ouvrage, tiré à petit nombre, contient le texte de 680 inscriptions himyarites, pour la plupart inédites, et traduction de plus de 200 de ces inscriptions. 20 fr. (*Journal de la librairie.*)

3680. **LA ROQUE** (Jean chevalier de), voyageur et littérateur, né à Marseille en 1661, mort en 1745. On a de lui : *Voyage de l'Arabie Heureuse, par l'Océan oriental et le détroit de la mer Rouge, fait par les Français pour la première fois, dans les années 1708, 1709 et 1710, avec la Relation particulière faite du port de Moka à la cour du roy d'Yémen, dans la seconde expédition, en 1711, 1712 et 1713; (plus) un Mémoire concernant l'arbre et le fruit du café.* Paris, 1716, in-12, figures. Curieux ouvrage. (*Archives du biblioph.*, 1857, n° 1776. 3 fr. 50. — Bachelin-Deflorenne, en 1869, 20 fr. — Brunet. — Yéméniz, 2 fr. — Nyon, 21021.— Quérard.)

— *Viaggio nell'Arabia Felice (1708 à 1710), con la relazion particolare d'un viaggio dal porto di Moka alla Corte del Re d'Yemen (1711-1713).* Vinezia, 1721, in-12, fig. (Nyon, 21022.)

3680 bis. **PRIDEAUX** (captain **W.-F.**). *On some recent discoveries in South Western-Arabia;* ins. dans les *Transact. of the Soc. of Biblical Archæology*, 1873. Ce Mémoire renferme des recherches intéressantes sur l'ère des rois himyarites et sur l'âge des monuments que les découvertes récentes ont mis au jour dans l'Arabie. (*Année géogr.*, 1874, p. 182.)

3681. **SACY** (Silv. de). *De la Foudre du Yémen, ou Conquête du Yémen par les Ottomans;* par le scheikh Almekki; ins. dans les *Notices et extraits des manuscrits de la Biblioth. du roi*, t. Ier.

— *Du lever des astres, ou Particularités de l'histoire du Yémen;* par Ahmed Ben Yousouf ben Mohammed Firouz; ins. dans le même recueil.

— *Du livre des Couronnes d'un grand prix, ou Histoire du Yémen, depuis l'arrivée du pacha Redhwan jusqu'à celle du pacha de Behram;* ins. dans le même recueil.

— *Du livre des Vœux accomplis, ou Hist. du gouvernement de Behram,* par Mohammed ben Yahya Almotayyel Alhaneß Alzebidi (idem).

— *Table géographique pour servir à l'intelligence des quatre notices précédentes* (id.). (Quérard.)

3682. **CARTE** du golfe d'Aden, de Ras-Addhah à l'entrée de la mer Rouge. (Paris, 1873), 1 feuille. Dépôt de la marine.

3683. **EXUPÈRE** (le R. P. P.) de **Prats de Mollo**, capucin. *Aden et le golfe d'A-*

den. Lettres. Tours, Mame, 1871, in-8 de 180 pp., 1 grav.

— *Voyage à Aden et sur la côte orientale d'Afrique;* articles insérés dans la *Revue du monde catholique*, 10 et 25 août et 10 sept. 1868.

3684. **DESFONTAINES** (P.-Fr. Guyot), né à Rouen en 1685, mort en 1747. *Relation de l'expédition de Moka en l'année 1737, sous les ordres de La Garde Jazier,* de St-Malo. Paris, 1739, in-12, carte et fig. (Quérard. — Boucher de la Richarderie. — Labitte en 1874. — Baillieu, en 1874, n° 470, 4 fr.)

3635. **GRANDPRÉ** (comte **L.-M.-Jos.-O. de**). *Description de Moka et du commerce des Arabes de l'Yémen, avec des détails sur leur caractère et leurs mœurs, etc.;* impr. dans le *Voyage dans l'Inde, etc.;* Paris, an IX (1801), 2 vol. in-8, 7 grav. et pl. (Quérard.)

MAHRAH, OMAN, NEDJED, ETC.

3636. **CARTE** d'Arabie et de Perse, depuis l'île Socotroa jusqu'à Bombay. (Paris, 1873.) Dépôt de la marine, n° 903, 2 fr.

3687. **SABA**, dite aussi *Mara*, *Mariaba*, auj. *Mareb*, ou *Sabbiah*, ancienne ville d'Arabie située entre Mascate et l'Yémen, était habitée par les Sabéens et chef-lieu de l'état de Saba. C'était une place de commerce importante ; les Sabéens étaient le peuple le plus riche de l'Arabie ; on y faisait le commerce de la myrrhe, de l'encens, de la cinnamome, du baume, du vin de palmier, etc. Diodore et Strabon en donnent une description qui semble fabuleuse. M. Jos. Arnaud a exploré en 1841 les ruines de Saba. (Bouillet.)

3687 bis. **HALÉVY** (J.). *Etudes sabéennes. Examen critique et philol. des inscriptions sabéennes connues jusqu'à ce jour;* ins. dans le *Journal asiatique*, mai-juin 1873, pp. 434-521. (*Année géogr.*, p. 216.)

3688. **MANSUR** (Shaik), de Rome. *History of Seyd Said, sultan of Mascat, together with an account of the countries and people on the shores of the persian Gulf, particularly of the Wahabees,* by Shaik Mansur, translated from the original italian. London, 1819, in-8, carte. (Brunet, 28018.)

3689. **RUSCHENBERGER** (S.-W.-Will.), naturaliste américain, né dans le New-Jersey, en 1807, de parents allemands. *Voyage round the World* (Voyage autour du monde, comprenant le récit d'une ambassade à Siam et à Mascate). 1838. (Vapereau.)

3691. **PLAN** de la côte nord-est d'Arabie. (Paris, 1872.) Dépôt de la marine. 75 cent.

3692. **MAKRIZI**. *Description de la vallée d'Hadramant dans l'Yémen.* (Peignot.)

3693. **PLATE (W.)**. *Ptolemy's knowledge of Arabia especialy of Hadhramant and the wilderners El-Ahkaf.* London, 1845, in-8. (*Catal. des accroiss.*, IX, p. 140.)

3694. **FATALLA SAYEGHIR**. *Récit de son séjour chez les Arabes errants du Grand désert.* Bruxelles, 1835, in-8 (*Catalogus des accroiss.*, V, p. 98.)

3694 *bis.* **HALÉVY (Jos.)**. *Voyage au Nedjrān;* ins. dans le *Bulletin de la Société de géographie*, juillet 1873, pp. 5 à 31; sept. pp. 249 à 273, et 1 carte.

Ce travail a été fait sur les rapports d'Israélites qui ont parcouru l'Arabie, l'auteur n'ayant pas eu l'occasion de voir cette contrée. Il fut honoré d'une médaille d'or par la Société de géographie. (*Année géographique*, 1874, pp. 182 et 468.)

3695. **JOMARD**, de l'Institut. *Notice géographique sur le pays de Nedjd, en Arabie centrale*, par E. J. D. L. Paris, 1824, in-8 de 68 pp. Extrait et tirage à part à 100 ex. de l'*Histoire d'Egypte sous Mohammed-Aly;* par F. Mengen. (*Supercheries littéraires*, 1re partie, col. 1216.)

3696. **PALGRAVE (Will. Gifford)**, de l'Université d'Oxford. Il parcourut l'Arabie, s'initiant aux mœurs et usages des naturels, en 1862-1863. A son retour il publia la relation de son excursion, en 2 vol. Une traduction française en a été faite par Emile Jouveaux; elle parut à Paris, chez Hachette, sous le titre: *Une année de voyage dans l'Arabie centrale*, en 2 vol. in-8 illustrés, 1 carte et 4 plans. J. Belin de Launay fit un abrégé de cette traduction: Paris, Hachette, 1869, in-12 de xx-340 pp., 1 carte. (*Rivista italiana*, nov. 1873, article sur *Sydon et Tyr.* — *Journal de la librairie.*)

FIN DE LA BIBLIOGRAPHIE

TABLE ALPHABÉTIQUE

DES NOMS DES LIEUX CITÉS DANS LE VOLUME

~~~~~~

A

Abbeokuta. Voir numéros: 2799, 2843, 2879, 2882 *bis*.

Abomey — 2879.

Aboukir (*Canope*) — 43, 1676, 1858, 2214, 2245, 2350 et suivants, 2376, 2572.

Abqoulgui — 2572.

Abydos — 1972, 2532, 2533, 2534, 2572.

Abyssinie (Voir aussi: *Ethiopie*) — 17, 18, 29, 44, 74, 121, 138, 184, 216, 298, 306, 350, 1544, 1559, 1662, 1929, 2327, 2576 et suiv.

Achmin — 2612.

Açoudi (*Ahir* ou *Asouda*) — 397.

Adel — 115, 216, 2603, 2646.

Aden — 29, 126, 129, 2603, 3328, 3682, 3683.

Adigrâte — 2629.

Adowa (*Adoua*) — 2612, 2629.

Adulis — 2697.

Afnou — 397.

Agably — 397.

Agadez (*Aghadez*) — 397.

Agaou — 2589.

Agows — 3612.

Agrimey — 2879.

Agro — 2603.

Ahir; voir *Açoudi*.

Akaba — 3651 *bis*.

Akara — 2827.

Akka — 397, 2788 *ter*.

Akpouay — 2879.

Akwapim — 3050.

Albini — 2827.

Albreda — 2884.

Alexandrie — 43, 61, 124, 125, 136, 218, 318, 334, 1663, 1684, 1853, 1906, 1926, 1936, 2009, 2054, 2094, 2115, 2123, 2143 *bis*, 2194, 2206, 2214, 2224, 2269, 2281, 2353 et suivants, 2572, 2612, 3212, 3658.

Alfred — 3133.

Alger — 121, 129, 136, 308, 310, 391, 423, 479 *bis*, 863, 1716.

Algérie — 122, 314, 319, 341, 347, 381, 393, 394, 399 et suivants, 447, 514 et suivants, 1321, 1326, 1506, 1517.

Algoa — 3133.

Aliabs — 2722.

Almeida — 3182.

Amhara (Voir: *Gondar*) — 2625, 2698 et suivants.

Ammon; voir: *Syouah*.

Amoul-el-Ekseif — 2748.

Amoul-Gragim — 2748.

Amphila — 2701 *bis*.

Ancone — 2603.

Andrava — 3211.

Angola — 297, 3029, 3046, 3065, 3068, 3069, 3070, 3072, 3082 *bis*, 3084.

Angra — 212.

Anjoane — 3181.

Ankay — 3250.

Annebon — 2841.

Ansariens — 3619.

Anseba — 2568.

Anse Dauphine — 3211.

Antangil — 3234.

Antinopolis — 2612.

Aouée — 2879.

Apollonia — 2827.

Arabie *déserte* ou *pierreuse* — 102, 140.

Arabie *heureuse* — 14, 44, 116, 140, 2612, 2616, 3607, 3675, 3676, 3678.

Arabie *Pétrée* — 12, 15, 64, 67, 76, 99, 117, 391, 3596, 3646 et suivants.

Arachyeh — 2572.

Araouan — 2748.

Arbate; voir: *Rabat*.

Argo — 2572.

Arguy — 2572.

Arib — 2748.

Asadites — 3619.

N

O

RÉPERTOIRE

DES NOMS PROPRES CONTENUS DANS LE VOLUME

A

Abbadie. Voir numéros 216, 321, 2319, 2576, 2577, 2600, 3325.

Abd-al-Atif — 1908, 2280.

Abd-Arrachman-Aga — 397.

Abd-el-Ghany — 3438.

Abd-el-Hamid bey ; voir : *Du Couret*.

Abd-el-Kader — 565, 567, 850, 861, 939, 951, 1094, 1191.

Abdery ; voir : *Abd-Hari*.

Abdollatif ; voir : *Abd-al-Atif*.

Abdorrahman — 1909.

Abdul-Kurreem — 3631.

Abinal — 3197.

Abougit — 3380.

About — 1812.

Abreu — 3003.

Abu-Abd-Allah Mohammed — 1192.

Abu-Bekr (*Abou Bakre*) — 397, 1520, 1748, 3357.

Abu-Chodja — 3348.

Abul-Baka — 3349.

Abul-Fédâ — 30, 399, 1910, 2661, 3453, 3614.

Abul-Hassan — 1286, 3375.

Abul-I-Hosain — 3376.

Abul-Moyed — 3432.

Abul-Sooud — 2486.

Abul-Wal — 3645.

Abu-Mansour — 3381.

Abu-Obeid-al-Bekri — 323.

Abu-Selha — 1911.

Abu'S-Sorour-al-Bekry-ef-Icadyquy — 2127.

Achmet-ibn-Hassân — 397.

Ackerman — 2979, 3198.

Adams — 1518, 2292, 2788.

Adanson — 397, 2883.

Addisson — 1213, 1394.

Adelung — 19.

Ader — 1912.

Ad-Hari — 400, 413, 1314.

Adias — 3630.

Adjaï — 790.

Adolphe — 734.

Adule — 2601.

Agatharchide — 3326.

Agius de Soldanis — 1471.

Agoub — 91, 1813, 1913, 3382.

Agrell — 1214.

Aguilard — 401.

Ahmed-Baba — 324.

Ahmed-ben-Youfsouf — 3681.

Aignan — 2788.

Aillaud — 1814.

Ailly — 1462, 2487.

Aimé — 1029.

Aithon ; voir : *Hayton*.

Akerblad — 1745, 2327.

Aladenize — 1588.

Alamandini — 3070.

Alarcon — 318.

Alard — 3349 *bis*.

Albers — 2980.

Albert (voir aussi : *Ailly*) — 3212.

Alberti — 3153.

Albinus — 2739.

Albuquerque — 252.

Alby — 1191, 1215.

Alcaforado — 2981.

Aldhahéry — 2009.

Alexander — 1915, 3126.

Alexis de St-Lô — 2925.

Algazzali — 3374.

Al-Haçan ; voir : *Léon Africain*.

Ali-Achi-Moula-Ahmed — 402, 1029.

Ali-ben-Abu-Taleb — 3431.

Ali-ben-Mehrin — 2785.

Ali-bey — 3632.

Ali-bey ; voir : *Badia-y-Leiblich*.

Alix — 736.

B

C

Edmonstone — 2525.
Edrisi — 345, 397, 2779, 3466.
Edwards — 1199.
Egger — 2019.
Egmont — 2020.
Egron — 516.
Ehrenberg — 17, 3332.
Ehrmann — 2893.
Eichhorn — 30, 227, 3467.
Eichthal — 2021, 2757.
Einhorn — 1598.
Einsiedel (von) — 397.
El-Aïâchi — 1495.
El Dobbi — 3588 bis.
Ellis — 3019, 3224, 3250.
Elmacin — 3568.
El-Sakhâouy — 2496.
Elton — 3019 bis.
El Tounsy ; voir : Mohammed-ben-Omar.
Elwon — 3338.
Enduran — 2894.
Enfantin — 346, 609, 1007, 2465.
Eon de Beaumont — 1600.
Eratosthène — 2022.
Erben (Ch.-Jaromir) — 50.
Erdman Isert — 2812.
Erhard-Schieble — 2434.
Erhardt — 3020.
Erivanne — 1132.
Erpenius — 3400, 3568.
Erskine — 3020 bis.
Escayrac de Lauture — 216, 1526, 2711, 2727, 2758.
Eschyle — 397.
Esmangard — 1695.
Esménard — 3167.
Espina — 1481.
Espinosa — 2945.
Estancelin — 228.
Etienne — 611.
Estingoy — 3285.
Estourneau — 129.
Estrup — 1418.
Estry — 1062 ter.
Etlar — 433.
Etourneau — 612.
Etrobio — 1376.
Eugène (St) — 1419.
Eugénie — 2213.
Euloge — 2367.
Eusèbe — 2129.
Eutychius — 2368.
Everart — 3077.
Evliya Efendi — 51 bis.
Exupère — 3683.
Eymery (Alexis) — 229.
Eyreville — 1063.
Eyriès — 51, 337, 1321, 2750, 2845, 2910, 3071, 3233, 3600.

F

Fabar — 886.
Fabio Maretti — 1447.
Fabre — 2436, 3267.
Fabri (Félix) — 52.
Fabricius — 3613.
Faidherbe — 317, 893, 911, 1527, 2895.
Falbe — 1420, 1472.
Falconbridge — 2848.
Falconer — 239.
Fallours — 3021.
Fara — 2718.
Fared — 3438.
Farès (le Cheik) — 1323.
Fares Echchidiag — 784, 3400 bis.
Farhat — 3401.
Faria y Sousa — 230.
Farine — 808, 894.
Fatalla Sayeghir — 3694.
Faucon — 1601.
Faulkner — 3022.
Faure — 434.
Faven — 3589.
Favières — 3226.
Favre — 614, 1159 bis.
Féline — 615.
Féraud — 1116, 1155, 1157, 1160.
Ferlus — 2537.
Fernandez — 3167.
Fernel — 895.
Ferrario (Jules) — 183.
Ferret — 2625.
Ferrières Sauvebœuf — 3598.
Ferry — 1767.
Férussac — 616.
Feuardent — 2024.
Feudrix de Bréquigny — 3569.
Feuilleret (H.) — 348.
Fey — 1173.
Feydeau — 809, 1063 bis.
Fiacchi — 3369.
Fialin — 1602.
Figuier — 2437.
Fillemin — 1839.
Fillias — 896, 1232.
Finotti — 1327.
Fischer — 90.
Fisquet — 897.
Fitz-Clarence — 397, 2025.
Flaccus (Septime) — 397.
Flachat — 2, 2438.
Flacourt — 3227.
Flad — 2626.
Flandre — 397.
Flandrin — 616 bis.
Flassan — 1603.
Flaubert — 1421, 2556 bis.
Flaux — 1323, 1361.
Fleuriot de Langle — 3023.

G

H

L

N

Napoléon (le prince) **Bonaparte** — 1011.
Napoléon III — 670 *bis*, 986.
Narbonne — 1408.
Nasamons — 397.
Nasser-Mohammed — 1705.
Nau de Champlouis — 377.
Navarete — 3246.
Naville — 1871, 1972.
Nazarieux — 935.
Né de La Rochelle — 3232.
Needham Tubervill — 1791.
Neitschitz — 269.
Némésien — 1443.
Néraud — 3043 *bis*.
Néron — 2731.
Nettement — 671, 936.
Netter — 2166.
Neu — 1359.
Nevé — 2335.
Neveu — 519.
New — 3034.
Newman — 505.
Nicholls — 398.
Nicholson — 2984.
Nichtigal — 1533.
Nicolaï — 1560.
Nicole — 2366.
Nicot — 1042.
Niebuhr — 14, 397, 3366, 3589.
Noack — 2167.
Nodier — 1124.
Noe — 802, 2168, 3666.
Noël — 3247, 3260.
Noël Alexandre — 2137.
Noir — 828, 1209.
Nolin — 2249.
Nonce-Rocca — 1361.
Noothe (Charlotte) — 159.
Norden — 2169, 2560, 2612.
Nordmeyer — 1671.
Noroff — 2170.
Norris — 2781, 2881.
Norry — 2171.
Nossius — 2308.
Nougaret — 2172.
Nouguès — 2954.
Nourse — 2463.
Nowaïri; voir: *Schelab-Eddyn*.
Nucula — 378.
Nugent — 429.
Nully — 495.
Nylander — 3079.

O

Obert — 673.
Ockley — 93, 1259.
Oculuth — 3357.
Odolant-Desnos — 674.
Oelsner — 3367.
Oget — 937.

Ogilby — 271.
O'Keeffe — 2978.
O'Kelly — 1363.
Oldfield — 2782.
Olin — 99.
Olivier — 100, 1159 *bis*.
O'Meara — 3101.
Oppert — 2173, 2645.
Optat — 1445.
Orésiésis — 1561.
Origny — 2174.
Orléans — 938, 2240.
Ortaire Fournier — 3166.
Ortélius — 397.
Osbeck — 2955.
Osburn — 2175.
Osio — 2669.
Osorius — 240.
Otth — 830.
Otto Kersten — 3013.
Otto Ulle — 291, 3013.
Ottone — 959.
Oudney (Dr) — 337.
Oumantz — 3667.
Ouseley — 2765, 3606.
Outrebon — 2224.
Outrey — 940.
Overweg — 273, 2783 *bis*.
Owen — 39, 101, 171, 1706, 3211.

P

Pacaud — 154.
Pacheco — 252.
Pacho — 252, 1512, 1514.
Pacôme — 2546.
Paddock — 1250.
Paez — 2670, 2689.
Pahlin — 1780, 1792, 2008.
Paillet — 1261.
Pajon — 2382.
Palerne — 102.
Palgrave — 3696.
Pallade — 2176.
Pallissot de Beauvais — 2342.
Palmer — 2177, 3422 *bis*.
Pananti — 941.
Panon des Bassyns — 3248.
Pansa — 1364.
Papencordt — 460.
Papirire-Masson — 1446.
Paravey — 1653, 1672, 2547.
Pardiac — 1179.
Pardo — 103.
Paris — 772, 942, 1125.
Parraud — 66.
Parsons — 104.
Parthey — 2336.
Parville — 3045.
Pascal — 943.
Pasqua — 2464.

Wallon — 360.
Walsh — 2278.
Walsin Esterhazy — 1182.
Walter — 848, 1393.
Walter-Raleigh — 2817.
Wangemann — 3062.
Warburton — 1808.
Warden — 513.
Warnery — 711.
Warnier — 606, 657, 712, 990, 1007.
Wathen — 2279, 3063.
Watt — 397, 2846.
Wattemare — 2802, 3039.
Webbe (Edw.) — 146, 2801.
Weber — 713.
Weil — 3451, 3628.
Weiland — 300.
Wellsted — 3603.
Wemmers — 2599.
Werner (Charles) — 26, 2316 bis.
Werterhovius — 1809.
Wescher — 1810.
Weslingius — 1722.
Westall — 2984.
Westrheene — 2509.
Wetzer — 2334.
Wetztein — 3604.
Wharton (Rich.) — 44, 2695.
Whateley — 1631.
White — 2280.
Wicquefort — 62, 3086.
Wilkie (David) — 27.
Wilkins — 2696.
Wilkinson — 2572.
Wilkinson (J. Gardener) — 147, 1902, 2281, 2531.
Williams — 28, 301.
Wilmot — 3152.
Wilson — 2232.
Wimmerstedt — 3431.
Wimpffen — 991.
Windus — 1294.
Winterbottom — 397, 2846, 2955.
Wische — 277, 2318.
Witebski — 2485.

Witsius — 1581.
Wittman — 148.
Wolde — 1739, 1743.
Wolf — 551.
Worms — 979, 1142, 3378.
Wright — 3378 bis.
Wullschlägel — 2803.
Wüstenfeld — 2334, 3578, 3593, 3645.

X

Ximenès — 445, 3568.

Y

Yanoski — 397.
Yorke — 2283.
Youhanna — 3379.
Young — 1749, 1758, 1798, 1800, 1811, 1886, 3064.
Ysuf — 992.
Yvert — 849.

Z

Zaccone — 1143.
Zagiell (le prince J.-T.) — 12.
Zanardini — 182.
Zeebout — 139.
Zickleri — 1642 bis.
Ziegler — 149.
Zoëga — 1721, 2283 bis, 2330.
Zohaïr — 3445.
Zotemberg — 1470, 2284.
Zucchelli da Gradisca — 3087.
Zurara — 2805.
Zur-Eich — 2375.
Zur-Helle — 1577.
Zurla (P.) — 201.

FIN

www.ingramcontent.com/pod-product-compliance
Lightning Source LLC
Chambersburg PA
CBHW050504270326
41927CB00009B/1888